BB

Bücher des Betriebs-Beraters

Bundes-Bodenschutzgesetz in der betrieblichen und steuerlichen Praxis

von

Professor Dr. Lothar Knopp

Cottbus

und

Professor Dr. Dirk Löhr

Mannheim

unter Mitwirkung von
Ass. jur. Eike Albrecht, Cottbus;
Rebecca Ebermann-Finken, Birkenfeld (Nahe)

Verlag Recht und Wirtschaft GmbH
Heidelberg

Die Deutsche Bibliothek – CIP-Einheitsaufnahme

Knopp, Lothar:
Bundes-Bodenschutzgesetz in der betrieblichen und steuerlichen Praxis / von Lothar Knopp und Dirk Löhr. Unter Mitwirkung von Eike Albrecht ; Rebecca Ebermann-Finken. – Heidelberg : Verl. Recht und Wirtschaft, 2000

(Bücher des Betriebs-Beraters)
ISBN 3-8005-1244-0

ISBN 3-8005-1244-0

© 2000 Verlag Recht und Wirtschaft GmbH, Heidelberg

Das Werk einschließlich aller seiner Teile ist urheberrechtlich geschützt. Jede Verwertung außerhalb der engen Grenzen des Urheberrechtsgesetzes ist ohne Zustimmung des Verlages unzulässig und strafbar. Das gilt insbesondere für Vervielfältigungen, Bearbeitungen, Übersetzungen, Mikroverfilmungen und die Einspeicherung und Verarbeitung in elektronischen Systemen.

Satzkonvertierung: Lichtsatz Michael Glaese GmbH, 69502 Hemsbach

Druck und Verarbeitung: Wilhelm & Adam, Werbe- und Verlagsdruck GmbH, 63150 Heusenstamm

♾ Gedruckt auf säurefreiem, alterungsbeständigem Papier, hergestellt aus chlorfrei gebleichtem Zellstoff (TCF-Norm)

Printed in Germany

Für
Annemarie Becker,
eine große Unternehmerpersönlichkeit

Vorwort

Nach Jahren rechtlicher Zersplitterung und damit einhergehender (Investitions-)Unsicherheiten hat mit Inkrafttreten des *Bundes-Bodenschutzgesetzes* zum 1. 3. 1999 für das Umweltmedium des Bodens ein neues Zeitalter begonnen: An die Stelle oftmals differierender, die Anwendung erschwerender Landesgesetze ist ein bundesweit geltendes, möglichst bundeseinheitlich regelndes Gesetz getreten. Das BBodSchG will Rechtsvereinheitlichung und damit Kostenminimierung bewirken, es will notwendige Sanierungsverfahren beschleunigen und damit sogar zum Einsatz kommende Sanierungstechnik zum Exportschlager machen. Freilich ist bei dieser hehren Zielsetzung nicht zu übersehen, daß das Gesetz aus mehreren Gründen rechtliche Fragen aufwirft und damit gerade in dem recht kurzen Zeitraum nach seinem Inkrafttreten zu Beurteilungsunsicherheiten führen kann, vermutlich mit an Sicherheit grenzender Wahrscheinlichkeit auch führen wird! Verfassungsrechtlich ist in diesem Zusammenhang in erster Linie an die Frage zu denken, ob und inwieweit der Gesetzgeber des BBodSchG den Ländern für eine eigene Altlastenpraxis überhaupt noch Regelungsspielräume gelassen hat, Fragen werden auch durch die Tatsache ausgelöst, daß auch das BBodSchG unter den Nachwirkungen eines letztlich unter den Einigungsbemühungen des Vermittlungsausschusses zwischen Bundestag und Bundesrat an der einen oder anderen Stelle zu leiden hat. Bedenkt man zudem, daß es im Regelfall mit den Normen des BBodSchG um die Kostenverantwortung für den Pflichtigen geht, steht fest, welche Auswirkungen rechtliche Unsicherheiten bewirken können, welch große Bedeutung aber auch der Interessenwahrnehmung des Pflichtigen zukommt, sei es, daß es um die Vertragsgestaltung beim Verkauf altlastverdächtiger oder -behafteter Grundstücke geht, sei es, daß im Zusammenhang mit Sanierungsuntersuchungen und/oder Sanierungsplan Altlastenmanagement gefordert ist, übrigens gerade dann, wenn man berücksichtigt, daß umweltverwaltungsrechtliche Zweifel rasch in Ordnungswidrigkeiten, gar strafrechtliche Bedenken umschlagen können.

Vor diesem Hintergrund ist es aus der Sicht des Praktikers wie des umweltrechtlich Interessierten ausdrücklich zu begrüßen, wenn mit dem vorliegenden Werk wissenschaftlich wie praktisch ausgewiesene Autoren sich dem BBodSchG von mehreren Seiten nähern. Dies gilt gerade in bezug auf die Rechtsfragen, zu denen wegen des kurzen gesetzlichen Geltungszeitraums naturgemäß Rechtsprechungsgrundlagen fehlen. Der Leser wird daher dankbar vermerken, daß beispielsweise Auswirkungen der in § 4 Abs. 3 S. 1 BBodSchG statuierten Gesamtrechtsnachfolge gerade in bezug auf die Spaltungstatbestände bei Unternehmen untersucht werden oder bei der in § 4 Abs. 3 S. 3 BBodSchG vorgesehenen Einstandspflicht aus gesellschaftsrechtlichem Rechtsgrund Stichworte wie Unterkapitalisierung, Sphärenvermischung und Beherrschungsverhältnisse aufgegriffen werden. Dem *„Knopp/Löhr"* kann daher bereits jetzt hinreichende Aufmerksamkeit des fachlichen Adressatenkreises sicher sein.

Potsdam, im Mai 2000

Rechtsanwalt *Dr. Matthias Dombert*

Vorwort der Verfasser

Das Manuskript zu diesem Buch wurde am 30. 4. 2000 abgeschlossen. Literatur und Rechtsprechung bis zu diesem Datum wurden, soweit erforderlich, berücksichtigt. Angesichts der zum 30. 4. 2000 noch bestehenden Unsicherheiten hinsichtlich der Verabschiedung durch den Bundesrat ging das Steuersenkungsgesetz nicht in den Text ein.

An dieser Stelle sei auch im einzelnen gedankt:

Herrn Dipl.-Bw. Jörg Lambrecht und Herrn Ralf Löwer, die insbesondere Teil C des Manuskripts kritisch durchgeschaut und teilweise wichtige Anregungen gegeben haben; Frau Christine Müller vom Lehrstuhl für Umweltrecht an der Brandenburgischen Technischen Universität (BTU) als Verantwortliche für weite Teile der Manuskripterstellung und -bearbeitung sowie Frau Kerstin Golz vom Dekanat der Fakultät Umweltwissenschaften und Verfahrenstechnik, die ihr im Einzelfall hilfreich zur Seite stand.

Cottbus/Mannheim, den 1. Mai 2000

Lothar Knopp und Dirk Löhr

Inhaltsverzeichnis

Abkürzungsverzeichnis 21

A. Einführung 25

B. Betrieblich-rechtliche Fragestellungen
von Lothar Knopp

I. Entwicklung des Bodenschutzes und Gesetzgebungsverfahren 29
II. Zielsetzungen, Aufbau und Inhalt des BBodSchG 32
   1. Zielsetzungen... 32
   2. Aufbau und Inhalt.. 32
     a) Gesetzeszweck, Begriffsbestimmungen und Anwendungsbereich 33
     b) Pflichten und Pflichtige, Maßnahmen zur Durchsetzung 37
     c) Verfahrensbezogene Vorschriften zum Altlastenmanagement 38
     d) Landwirtschaftliche Bodennutzung 38
     e) Schlußvorschriften.. 39
III. Zentrale Zielsetzung: Investitionssicherheit durch Rechtssicherheit..... 40
IV. Kostenverantwortung der Pflichtigen................................ 42
   1. Vorbemerkung.. 42
   2. Pflichtigen-Katalog des BBodSchG................................. 43
     a) Gefahrenvermeidungspflichten und Pflichtige 43
     b) Sanierungspflicht und Pflichtige 45
   3. Sanierungspflichtige und Altlastenverantwortung 48
     a) Verursacherhaftung 48
     b) Gesamtrechtsnachfolgerhaftung 50
       (aa) Begriff und Tatbestände..................................... 50
       (bb) Sonderfälle der partiellen Gesamtrechtsnachfolge 53
         (1) Spaltungstatbestände bei Unternehmen..................... 53
         (2) Problemstellung... 54
         (3) Übertragung der Verursacherhaftung durch Spaltungs- und Übernahmevertrag.. 54
         (4) Fehlende Zuordnung im Spaltungs- und Übernahmevertrag .. 58
         (5) Sanierungsverantwortung des gesamtschuldnerisch mithaftenden Rechtsträgers............................... 59
       (cc) Zeitliche Grenze 60
       (dd) Haftungsgrenzen... 62
         (1) Haftungsbegrenzung auf den Wert des übergegangenen Vermögens... 63
         (2) Sonderproblem: Verlust der Verursacherhaftung bei Spaltungsvorgängen 63
     c) Eigentümer- und Besitzerverantwortung........................... 64
       (aa) Tatbestände 64

Inhaltsverzeichnis

        (bb) Haftungsgrenzen... 66
        (cc) Keine Haftungsbegrenzung bei Eigentumsverzicht und
             sittenwidriger Eigentumsübertragung....................... 68
             (1) Eigentumsverzicht 68
             (2) Sittenwidrige Eigentumsübertragung 69
    d) Einstandspflicht aus handelsrechtlichem und gesellschaftsrechtlichem
       Rechtsgrund 70
       (aa) Tatbestand 70
       (bb) Einstandspflicht aus gesellschaftsrechtlichem Rechtsgrund:
            Durchgriffshaftung....................................... 71
            (1) Begriff und Funktion................................. 71
            (2) Unterkapitalisierung................................. 73
            (3) Sphärenvermischung 75
            (4) Beherrschungsverhältnisse – „qualifizierte" Konzernverant-
               wortung.. 76
       (cc) Einstandspflicht aus handelsrechtlichem Rechtsgrund 79
       (dd) Zeitliche Grenze und Haftungsbeendigung 81
    e) Nachhaftung des früheren Eigentümers........................... 81
       (aa) Tatbestand 81
       (bb) Verletzung von Verfassungsrecht?.......................... 85
    f) Derelinquentenhaftung 88

V. Kostenausgleich und Kostentragung................................ 89

  1. Mehrere Verantwortliche.. 89
  2. Kostenausgleichsanspruch.. 91
    a) Mehrere Verpflichtete.. 92
    b) Anspruchsumfang 92
    c) Verjährung.. 93
    d) Zeitlicher Geltungsbereich.................................... 93
    e) Zuständigkeit der Zivilgerichte 93
    f) Anderweitige Vereinbarungen................................. 94
  3. Gefahrerforschungsmaßnahmen...................................... 94
    a) Begriff und Problematik..................................... 94
    b) Regelungen im BBodSchG 96
       (aa) Amtsermittlung... 96
       (bb) Gefahrerforschungseingriffe bzw. Untersuchungsanordnungen.. 97
  4. Sanierungsmaßnahmen 98
  5. Sicherheitsleistung 99

VI. Vertragliche Absicherungsstrategien 100

  1. Interessenlagen 100
  2. Rechtliche Ausgangssituation....................................... 101
  3. Vertragliche Regelungen 102
    a) Vereinbarte Begriffe 102
    b) Praktische Vertragsgestaltung 104
       (1) Aus Sicht des Verkäufers/ehemaligen Grundstückseigentümers . 104
       (2) Aus Sicht des Käufers/(neuen) Grundstückseigentümers 105
       (3) Aus Sicht des Verkäufers/ehemaligen Grundstückseigentümers . 106

(4) Aus Sicht des Vermieters/Grundstückseigentümers 107
(5) Aus Sicht des Mieters/Inhabers der tatsächlichen Gewalt über
    das Grundstück 107
c) Wertausgleichspflicht 108
d) Belehrungspflichten des Notars 109

VII. „Altlastenmanagement" 110

1. Sanierungsuntersuchungen und Sanierungsplanung 110
2. „Behördlicher" Sanierungsplan 113
3. Sanierungsvertrag 113
4. Erfassung, Information der Betroffenen 116

VIII. Wertausgleichsregelung nach § 25 BBodSchG: Chancen für Kommunen – Risiken für die Kreditsicherung (Albrecht) 118

1. Einführung 118
2. Inhalt der Regelung 119
   a) Voraussetzungen 119
     (aa) Einsatz öffentlicher Mittel 119
       (1) Bundesmittel und Bundesprojekte 124
           (1.1) Freistellung nach URG/Verwaltungsabkommen 124
           (1.2) Technologieförderung 125
           (1.3) Städtebauförderung 125
           (1.4) Förderung der Infrastruktur und Strukturhilfemittel . . . 125
           (1.5) Sanierung militärischer Altlasten 127
           (1.6) Zinsvergünstigungen durch bundeseigene Banken zur
                 Sanierung von Bodenkontaminationen 128
       (2) Landesmittel und Ländermodelle 128
           (2.1) Baden-Württemberg 128
           (2.2) Bayern 129
           (2.3) Berlin 130
           (2.4) Brandenburg 130
           (2.5) Bremen 131
           (2.6) Hamburg 131
           (2.7) Hessen 132
           (2.8) Mecklenburg-Vorpommern 132
           (2.9) Niedersachsen 133
           (2.10) Nordrhein-Westfalen 133
           (2.11) Rheinland-Pfalz 133
           (2.12) Saarland 134
           (2.13) Sachsen 134
           (2.14) Sachsen-Anhalt 135
           (2.15) Schleswig-Holstein 135
           (2.16) Thüringen 136
       (3) Kommunale Maßnahmen 137
           (3.1) Einführung 137
           (3.2) Verfahren bei Altlasten 140
           (3.3) Finanzierungsmodelle und Projektmanagement 140
           (3.4) Problembereiche und Chancen 143

Inhaltsverzeichnis

        (4) Europäische Maßnahmen 146
    (bb) Keine oder keine vollständige Kostentragung durch den Grundstückseigentümer 147
    (cc) Wesentliche Erhöhung des Grundstückswerts durch die Sanierung 148
  b) Kein Wertausgleichsanspruch 148
    (aa) Freistellung nach Umweltrahmengesetz 148
    (bb) Maßnahme im förmlich festgelegten Sanierungs- oder Entwicklungsgebiet gemäß §§ 136 ff. bzw. 165 ff. BauGB 149
  c) Rechtsfolge 149
  d) Höhe des Wertausgleichs 149
    (aa) Wertzuwachsberechnung 149
    (bb) Begrenzung 150
    (cc) Berücksichtigung von Ersatzleistungen Dritter 151
  e) Ausnahmen 152
    (aa) Absehen einer Festsetzung wegen öffentlichen Interesses 152
    (bb) Absehen einer Festsetzung wegen unbilliger Härten 153
  f) Festsetzungsverfahren 153
3. Der Wertausgleichsanspruch als öffentliche Last 154
  a) Vorbemerkung 154
  b) Rechtliche Ausgestaltung zur Sicherung von Ansprüchen der öffentlichen Hand 155
  c) Öffentliche Last zugunsten privater Sanierer 155
  d) Änderung der Grundbuchverfügung durch die VO über die Eintragung des Bodenschutzlastvermerks 157
  e) Praktische Umsetzung im Verwaltungsverfahren 158
  f) Erlöschen der öffentlichen Last nach vier Jahren 158
4. BBodSchG und Kreditsicherung 159
  a) Entwertung von Sicherungsrechten durch Altlasten 159
  b) Auswirkungen des BBodSchG auf die Kreditsicherung 162
  c) Strategien und Vorsorgemaßnahmen bei der Kreditvergabe 162
  d) Verwertung 163
    (aa) Stellung des Grundpfandrechtsinhabers im Verwertungsverfahren 164
    (bb) Lösungsmöglichkeiten und Handlungsstrategien 165
        (1) Passive Beteiligung am Sanierungsverfahren 165
        (2) Aktive Beteiligung am Sanierungsverfahren 165
        (3) Weitere Handlungsmöglichkeiten 166
5. Ausblick 166

IX. Investitionssicherheit durch die neue Bundes-Bodenschutz- und Altlastenverordnung? (*Ebermann-Finken*) 168

1. Aufbau und Inhalt 168
2. Verordnungsermächtigungen im BBodSchG 168
  a) § 6 BBodSchG – Auf- und Einbringen von Materialien auf oder in den Boden 168
  b) § 8 BBodSchG – Werte und Anforderungen 169
  c) § 13 Abs. 1 BBodSchG – Sanierungsuntersuchungen und Sanierungsplan 173

d) Sonderfall: § 5 BBodSchG – Entsiegelung 174
3. Wertesystem der BBodSchV 175
   a) Prüfwerte.. 175
      (aa) Prüfwerte Wirkungspfad Boden-Mensch 176
      (bb) Prüfwerte Wirkungspfad Boden-Nutzpflanze 178
      (cc) Prüfwerte Wirkungspfad Boden-Grundwasser 180
   b) Maßnahmenwerte 181
      (aa) Maßnahmenwerte Wirkungspfad Boden-Mensch............... 182
      (bb) Maßnahmenwerte Wirkungspfad Boden-Nutzpflanze 182
      (cc) Maßnahmenwerte Wirkungspfad Boden-Grundwasser 182
   c) Vorsorgewerte... 183
4. Verweisungsproblematik 184
   a) Verweisung auf Bundesanzeiger 161 a 184
      (aa) Berechungsbeispiel bei einem in der BBodSchV fehlenden
           Prüfwert nach Bundesanzeiger 161 a....................... 185
      (bb) Beurteilung der Anwendbarkeit des Bundesanzeigers 161 a..... 186
   b) Weitere Verweise 187
5. Anwendung des BBodSchG und der BBodSchV in der Praxis der
   Altlastenuntersuchung 187
   a) Historische Erkundung 188
   b) Orientierende Untersuchung 188
      (aa) Unterschreiten der Prüfwerte 189
      (bb) Überschreiten der Prüfwerte 190
   c) Detailuntersuchung 190
   d) Sanierungsuntersuchungen 192
   e) Sanierungsplan... 193
6. Gesetzgeberische Zielsetzung „Investitions- und Rechtssicherheit" 194

X. Exkurs: Landesrechtliche Regelungen und Zuständigkeiten
(Ebermann-Finken) 196

1. BBodSchG und landesrechtliche Regelungsspielräume................ 196
   a) Ergänzende Verfahrensregelungen 197
      (aa) Behördenzuständigkeiten 198
         (1) Baden-Württemberg 198
         (2) Bayern 199
         (3) Berlin 199
         (4) Brandenburg....................................... 200
         (5) Bremen... 201
         (6) Hamburg.. 202
         (7) Hessen 202
         (8) Mecklenburg-Vorpommern 203
         (9) Niedersachsen...................................... 204
         (10) Nordrhein-Westfalen 204
         (11) Rheinland-Pfalz 205
         (12) Saarland... 206
         (13) Sachsen 206
         (14) Sachsen-Anhalt.................................... 206
         (15) Schleswig-Holstein 207

Inhaltsverzeichnis

        (16) Thüringen 207
        (bb) Ausweisung von Bodenbelastungsgebieten 208
        (cc) Bodeninformationssysteme 209
   b) Weitere länderrechtliche Regelungsmöglichkeiten nach BBodSchG .. 210
2. Würdigung 210

XI. BBodSchG und Versicherungsrecht 212

XII. BBodSchG und Straf- und Ordnungswidrigkeitenrecht 214

   1. Straftatbestände 214
      a) Unerlaubter Umgang mit gefährlichen Abfällen, § 326 StGB 214
      b) Gewässerverunreinigung, § 324 StGB 215
      c) Bodenverunreinigung, § 324a StGB 216
   2. Strafbarkeit betrieblicher Verantwortlicher 217
   3. Bußgeldtatbestände 217

XIII. Bodenschutzregelungen im UGBE (Unabhängige Sachverständigen-Kommission) 220

   1. Vorbemerkung 220
   2. Regelungen zu Verantwortlichen und deren Pflichten 220
      a) Sanierungs- und Rekultivierungspflicht 220
      b) Verantwortliche bzw. Pflichtige 221
      c) Mitteilungs- und Mitwirkungspflichten 222
      d) Mehrere Verantwortliche 222
      e) Ausgleichsanspruch 223
   3. Wertzuwachsausgleich 224

C. Handelsrechtliche, steuerrechtliche und betriebswirtschaftliche Fragestellungen
von Dirk Löhr

I. Handels- und Steuerbilanz 225

   1. Kreis der bilanzierenden Unternehmen 225
   2. Inventur der Risiken 226
      a) Erfassung der Risiken 228
         (aa) Grundsätze der Risiko-Inventur 228
         (bb) Grobinventur 229
         (cc) Feininventur 230
      b) Untersuchung der Verpflichtungslage 231
      c) Untersuchung auf Wertminderungen am Vermögen 233
      d) Bilanzierungsentscheidung/Bilanzierungskonkurrenzen 234
         (aa) Denkbare Konkurrenzen 234
         (bb) Die „isolierte Betrachtungsweise" 238
         (cc) Die Konkurrenzthese 239
            (1) Vorrang der außerplanmäßigen Abschreibung/Teilwertabschreibung 239

    (2) Vorrang der Rückstellungsbildung 240
  (dd) Kritik der Konkurrenzthese 241
3. Qualifikation als Wirtschaftsgut bzw. als Vermögensgegenstand 242
4. Betriebliche Vermögenszugehörigkeit 244
5. Bilanzierung von Rückstellungen in der Handels- und Steuerbilanz –
 Ungewißheit dem Grunde nach. 246
 a) Ansatz von Verbindlichkeitsrückstellungen in der Handelsbilanz..... 248
  (aa) Grund für die Inanspruchnahme........................... 248
   (1) Ungewisse öffentlich-rechtliche Verbindlichkeiten.......... 248
   (2) Ungewisse zivilrechtliche Verbindlichkeiten 249
   (3) Faktische Verpflichtungen 250
  (bb) Außenverpflichtung....................................... 250
  (cc) Wirtschaftliche Belastung.................................. 251
  (dd) Wirtschaftlicher Bezugspunkt 252
  (ee) Grad der Ungewißheit 254
  (ff) Einzelfragen zu Verbindlichkeitsrückstellungen. 257
 b) Ansatz von Verbindlichkeitsrückstellungen in der Steuerbilanz 259
  (aa) Allgemeine steuerliche Konkretisierungserfordernisse 260
   (1) Konkretisierungsmerkmal: Bestehen oder Wahrscheinlich-
    keit des Entstehens einer Verbindlichkeit 260
   (2) Konkretisierungsmerkmal: „Wirtschaftliche Verursachung" 261
   (3) Konkretisierungsmerkmal: „Ernsthaftes Rechnen mit der
    Inanspruchnahme" 263
  (bb) Besondere Konkretisierungserfordernisse im Hinblick auf
   öffentlich-rechtliche Verbindlichkeiten 268
  (cc) Verdichtung des Wahrscheinlichkeitsurteils durch das Kriterium
   der Gläubigerkenntnis 272
  (dd) Beurteilung der Konkretisierungserfordernisse und Lösungsvorschläge 273
   (1) Zum Kriterium der Gläubigerkenntnis.................... 273
   (2) Sonderrecht für öffentlich-rechtliche Verbindlichkeiten? ... 275
   (3) Lösungsvorschläge in der Literatur 276
 c) Rückstellungsgründe aus dem BBodSchG in der Handelsbilanz...... 280
  (aa) Altlastenvermutung und Altlastenverdacht (Ermittlungen der
   ersten Stufe)... 280
  (bb) Kosten der Gefahrenabschätzung und -erforschung
   (Ermittlungen der zweiten Stufe)............................ 281
   (1) Wahrscheinlichkeit des Be- oder Entstehens einer
    Verbindlichkeit... 282
   (2) Wahrscheinlichkeit der Inanspruchnahme aus der
    Verbindlichkeit... 283
  (cc) Sanierungsuntersuchung, Sanierungsplanung und Sanierungsvertrag 283
   (1) Wahrscheinlichkeit des Be- oder Entstehens einer
    Verbindlichkeit... 285
   (2) Wahrscheinlichkeit der Inanspruchnahme aus der
    Verbindlichkeit... 286
  (dd) Rückstellungen für Sanierungsverpflichtungen................ 287

Inhaltsverzeichnis

```
            (1)  Wahrscheinlichkeit des Be- oder Entstehens einer
                 Verbindlichkeit. . . . . . . . . . . . . . . . . . . . . . . . . . . . . . . . . . .  287
            (2)  Wahrscheinlichkeit der Inanspruchnahme aus der
                 Verbindlichkeit. . . . . . . . . . . . . . . . . . . . . . . . . . . . . . . . . . .  288
      d) Rückstellungen nach dem BBodSchG in der Steuerbilanz . . . . . . . . . . .  289
         (aa) Allgemeine steuerliche Konkretisierungsmerkmale . . . . . . . . . . .  289
            (1)  Wahrscheinlichkeit des Bestehens oder Entstehens einer
                 Verbindlichkeit. . . . . . . . . . . . . . . . . . . . . . . . . . . . . . . . . . .  289
            (2)  Wirtschaftliche Verursachung zum Bilanzstichtag . . . . . . . . .  290
            (3)  Gefahr der Inanspruchnahme . . . . . . . . . . . . . . . . . . . . . . . . .  291
         (bb) Spezielle steuerliche Konkretisierungserfordernisse . . . . . . . . . . .  292
            (1)  Sachliches Konkretisierungserfordernis: Vorgabe eines
                 inhaltlich genau bestimmten Handelns durch das Gesetz . . . .  292
            (2)  Zeitliche Konkretisierung: Handeln innerhalb eines
                 bestimmten Zeitraums . . . . . . . . . . . . . . . . . . . . . . . . . . . . . .  293
            (3)  Sanktionsbewehrung . . . . . . . . . . . . . . . . . . . . . . . . . . . . . . .  294
         (cc) Exkurs: Vergessene Verbindlichkeiten im Rahmen der Gesamt-
              rechtsnachfolge . . . . . . . . . . . . . . . . . . . . . . . . . . . . . . . . . . . . . . .  295
      e) Ausgleichsverpflichtung nach § 24 Abs. 2 BBodSchG . . . . . . . . . . . . .  296
         (aa) Handelsrechtliche Konkretisierungserfordernisse . . . . . . . . . . . . .  296
            (1)  Wahrscheinlichkeit des Be- oder Entstehens einer
                 Verbindlichkeit. . . . . . . . . . . . . . . . . . . . . . . . . . . . . . . . . . .  296
            (2)  Wahrscheinlichkeit der Inanspruchnahme . . . . . . . . . . . . . . . .  296
         (bb) Allgemeine steuerliche Konkretisierungserfordernisse . . . . . . . . .  297
            (1)  Wahrscheinlichkeit des Be- oder des künftigen Entstehens
                 der Ausgleichsverpflichtung . . . . . . . . . . . . . . . . . . . . . . . . . .  297
            (2)  Wirtschaftliche Verursachung vor dem Bilanzstichtag . . . . . .  297
            (3)  Gefahr der Inanspruchnahme. . . . . . . . . . . . . . . . . . . . . . . . . .  297
         (cc) Spezielle steuerliche Konkretisierungserfordernisse . . . . . . . . . . .  297
         (dd) Besonderheiten . . . . . . . . . . . . . . . . . . . . . . . . . . . . . . . . . . . . . .  297
      f) Haftungsbegrenzung oder -ausschluß. . . . . . . . . . . . . . . . . . . . . . . . . .  298
         (aa) Haftungsbegrenzung durch die Opferrolle des Zustands-
              verantwortlichen? . . . . . . . . . . . . . . . . . . . . . . . . . . . . . . . . . . . . .  298
         (bb) Begrenzung durch die Legalisierungswirkung? . . . . . . . . . . . . . .  298
         (cc) Haftungsfreistellung nach dem Umweltrahmengesetz der DDR?  300
      g) Rechtswidrige Inanspruchnahme eines „Nicht-Störers". . . . . . . . . . . .  300
      h) Rückstellbarkeit von Vorsorgeverpflichtungen sowie Schutz- und
         Beschränkungsmaßnahmen? . . . . . . . . . . . . . . . . . . . . . . . . . . . . . . . . .  301
         (aa) Vorsorgeverpflichtungen . . . . . . . . . . . . . . . . . . . . . . . . . . . . . . .  301
         (bb) Schutz- und Beschränkungsmaßnahmen . . . . . . . . . . . . . . . . . . .  302
      i) Faktische Verpflichtungen . . . . . . . . . . . . . . . . . . . . . . . . . . . . . . . . . .  302
      j) Aufwandsrückstellungen . . . . . . . . . . . . . . . . . . . . . . . . . . . . . . . . . . .  303
   6. Bewertung von Rückstellungen in der Handels- und Steuerbilanz –
      Ungewißheit der Höhe nach . . . . . . . . . . . . . . . . . . . . . . . . . . . . . . . . . . . .  306
      a) Die Bedeutung des BBodSchG für die Bewertung. . . . . . . . . . . . . . . .  306
      b) Bewertung von Verbindlichkeitsrückstellungen in der Handelsbilanz .  306
      c) Bilanzsteuerrechtliche Bewertung von Verbindlichkeitsrück-
         stellungen . . . . . . . . . . . . . . . . . . . . . . . . . . . . . . . . . . . . . . . . . . . . . . .  314
```

d) Bewertung von Aufwandsrückstellungen in der Handelsbilanz....... 316
e) Exkurs: Handels- und steuerrechtliche Zulässigkeit pauschaler Rückstellungen für Umweltschutzverpflichtungen..................... 318
7. § 6b-Rücklage, Rücklage für Ersatzbeschaffung 319
   a) Rücklage nach § 6 b EStG 319
   b) Rücklage nach R 35 EStR.. 319
8. Aktivische Berücksichtigung von Kontaminationsschäden und Sanierungsaufwendungen 320
   a) Aktivierung von Sanierungsaufwendungen dem Grunde nach........ 320
      (aa) Die betroffenen Wirtschaftsgüter........................... 320
      (bb) (Nachträgliche) Anschaffungs- und Herstellungskosten 321
      (cc) Lastentragung bei Kontamination vor dem Erwerb............ 325
          (1) Kenntnis des Mangels/eingeschränkter Nutzungs- und Funktionszusammenhang 325
          (2) Keine Kenntnis des Mangels/eingeschränkter Nutzungs- und Funktionszusammenhang.......................... 326
          (3) Kenntnis des Mangels/keine Einschränkung des Nutzungs- und Funktionszusammenhangs......................... 328
          (4) Keine Kenntnis des Mangels/ keine Einschränkung des Nutzungs- und Funktionszusammenhangs 328
      (dd) Lastentragung bei schädlicher Bodenveränderung nach dem Erwerb... 329
      (ee) Wertausgleich nach § 25 BBodSchG als nachträgliche Anschaffungs- oder Herstellungskosten?..................... 330
   b) Ansatz der Höhe nach – Anschaffungs- oder Herstellungskosten?.... 331
   c) Abschreibung auf den niedrigeren beizulegenden Wert und Teilwertabschreibung... 332
      (aa) Zulässigkeit der Abschreibung auf den niedrigeren beizulegenden Wert 332
      (bb) Zulässigkeit der Abschreibung auf den niedrigeren Teilwert..... 334
      (cc) Höhe der Abschreibung auf den niedrigeren beizulegenden Wert bzw. der Teilwertabschreibung 338
      (dd) Absetzungen für außergewöhnliche technische oder wirtschaftliche Abnutzung (AfaA) 341
   d) Wertaufholung 342
   e) Ausgleichsansprüche als Forderungen 344
      (aa) Ansatz... 344
          (1) Ausgleichsanspruch nach § 24 Abs. 2 BBodSchG.......... 345
          (2) Ausgleichsanspruch nach § 24 Abs. 1 S. 2 i. V. mit § 9 Abs. 2 S. 1 BBodSchG 346
      (bb) Wegfall/Verzicht auf den Ausgleichsanspruch................. 346
      (cc) Bewertung 347
          (1) Ausgleichsanspruch nach § 24 Abs. 2 BBodSchG 347
          (2) Ausgleichsanspruch nach § 24 Abs. 1 S. 2 i. V. mit § 9 Abs. 2 S. 1 BBodSchG 349
          (3) Sonstiges.. 349
   f) Aktive Rechnungsabgrenzung................................... 349
9. Ausgewählte bilanzsteuerrechtliche Themenkomplexe 350

Inhaltsverzeichnis

        a) Die bilanzsteuerlichen Konsequenzen der Durchgriffshaftung 350
        b) Das kontaminierte Grundstück im Rahmen der Betriebsaufspaltung .. 351
           (aa) Merkmale.. 351
           (bb) Zur haftungsrechtlichen Motivation 352
           (cc) Bilanzsteuerrechtliche Konsequenzen möglicher Fälle 353
           (dd) Wegfall der sachlichen Verflechtung im Zusammenhang mit
               Maßnahmen des BBodSchG?............................... 355
        c) Nießbrauch 357
           (aa) Grundsätze der Kostentragung 357
           (bb) Zuwendungsnießbrauch. 358
           (cc) Vermächtnisnießbrauch................................... 359
           (dd) Vorbehaltsnießbrauch 359

II. Einzelsteuergesetze – ausgewählte Themen.......................... 361
    1. Einkommensteuerliche Fragen....................................... 361
        a) Besonderheiten bei Einnahmenüberschußrechnern (Gewinn-
           ermittlung nach § 4 Abs. 3 EStG)............................... 361
           (aa) Zufluß-Abfluß-Prinzip.. 361
           (bb) Verbot von Teilwertabschreibungen und Rückstellungen......... 361
        b) (Nach-)Haftung des Veräußerers/früheren Grundstückseigentümers .. 362
           (aa) Übereignung eines Grundstücks im Rahmen einer Betriebs-
               veräußerung oder Entnahme des Grundstücks im Rahmen
               der Betriebsaufgabe 363
           (bb) Veräußerung einer wesentlichen Beteiligung (§ 17 EStG)....... 364
           (cc) Isolierte Veräußerung eines Grundstücks des Betriebsvermögens 365
        c) Kontamination von Grundstücken im Privatvermögen 365
           (aa) Keine Einkünfteerzielungsabsicht.......................... 366
              (1) Ausschließliche Zustandsverantwortlichkeit/keine
                 vorsätzliche oder grob fahrlässige Schädigung............. 366
              (2) Vorsätzliche/grob fahrlässige Schädigung. 367
           (bb) Einkünfteerzielungsabsicht (§ 21 EStG) 368
           (cc) Private Veräußerungsgeschäfte (§ 23 EStG) 372
              (1) Kauf oder Entnahme eines schon kontaminierten
                 Grundstücks – Verkauf nach Sanierung innerhalb von
                 zehn Jahren 373
              (2) Kauf oder Entnahme eines nicht kontaminierten
                 Grundstücks und Kontamination im privaten Bereich –
                 Veräußerung nach Sanierung innerhalb von zehn Jahren 374
              (3) Veräußerung eines kontaminierten Grundstücks außerhalb
                 der Zehn-Jahres-Frist 374
              (4) Abzug von Sanierungskosten als Veräußerungskosten 375
           (dd) Einbringung oder Einlage eines kontaminierten Grundstücks in
               das Betriebsvermögen.. 375
              (1) Einlage des kontaminierten Grundstücks in das Betriebs-
                 vermögen einer Personenunternehmung 376
              (2) Einbringung des Grundstücks in eine Kapitalgesellschaft ... 377
    2. Problembereiche in sonstigen Einzelsteuergesetzen.................... 379
        a) Bedarfsbewertung/Erbschaft- und Schenkungsteuer 379

b) Einheitsbewertung/Grundsteuer 380
   (aa) Unbebaute Grundstücke (des Grundvermögens). 380
   (bb) Bebaute Grundstücke (des Grundvermögens) 381
       (1) Ertragswertverfahren 381
       (2) Sachwertverfahren.................................... 382
   (cc) Fortschreibungen 383
c) Grunderwerbsteuer 383
   (aa) Zum Begriff der Gegenleistung............................ 383
   (bb) Mögliche Vertragskonstellationen......................... 384
d) Umsatzsteuer 385
   (aa) Vorsteuerabzug für Sanierungsaufwendungen, Gutachten etc.... 385
   (bb) Bemessungsgrundlage bei Veräußerung des Grundstücks....... 386
   (cc) Ausgleichsanspruch nach § 24 Abs. 2 BBodSchG 386
   (dd) Wertausgleich nach § 25 BBodSchG......................... 387
3. Exkurs: BBodSchG und Steuergeheimnis............................ 387

III. Handels- und wertpapierrechtliche Erläuterungs- und Publizitätserfordernisse 390
1. Handelsrechtliche Erläuterungs- und Publizitätserfordernisse 390
   a) Anhang 390
      (aa) Angabe der sonstigen finanziellen Verpflichtungen nach § 285 Nr. 3 HGB 390
      (bb) Erläuterung der Position „sonstige Rückstellungen" (§ 285 Nr. 12 HGB)... 392
      (cc) Erläuterung der GuV-Positionen......................... 393
   b) Lagebericht.. 395
   c) Handelsrechtlicher Ausweis von Eventualverbindlichkeiten (Haftungsverhältnissen)? 398
2. Wertpapierrechtliche Erläuterungs- und Publizitätserfordernisse........ 399
   a) Mitteilungen im Börsenzulassungsprospekt oder Unternehmensbericht 399
   b) Mitteilungen im Zwischenbericht. 400
   c) Ad-hoc-Publizität.. 402

IV. Ausgewählte betriebswirtschaftliche Problemkomplexe 410
1. Due Diligence und Risikobewertung – Bestandsaufnahme 410
   a) Umwelt Due Diligence Prüfung 410
   b) Risikobewertung 411
      (aa) Abschätzung des subjektiven Risikos 411
      (bb) Abschätzung des objektiven Risikos 413
      (cc) Zusammenführung zum Gesamtrisiko 413
2. Controlling und Risikomanagementsystem 414
   a) Risikofrühwarnsystem und KonTraG............................ 414
      (aa) Pflicht zur Einrichtung eines Risikomanagementsystems 415
      (bb) Implementation.. 416
          (1) Bestimmung der Risikofelder 417
          (2) Risikoerfassung und Risikokommunikation 417

Inhaltsverzeichnis

     (3) Zuordnung von Verantwortlichkeiten, Organisation
       und Überwachung 418
     (4) Dokumentation der Maßnahmen (Risikohandbuch) 420
   (cc) Bewertung des prospektiven bodenschutzrechtsbezogenen
     Risikos 420
   (dd) Risikomanagementprozeß und Risikoentscheidungen.......... 423
   (ee) Aufgaben des Wirtschaftsprüfers........................... 424
  b) Projektcontrolling/Kostenplanung 425
   (aa) Untersuchung 426
   (bb) Sanierungsmaßnahmen 426
   (cc) Abschluß der Sanierung.................................. 427

Anhang

1. Gesetz zum Schutz des Bodens (BBodSchG)............................ 431
2. Bundes-Bodenschutz- und Altlastenverordnung (BBodSchV) 447
3. Verordnung über die Eintragung des Bodenschutzlastvermerks 492
4. Strafgesetzbuch (StGB) – Auszüge 493
5. Bewertungsgesetz (BewG) – Auszüge.................................. 495
6. Erbschaftsteuergesetz (ErbStG) – Auszüge 499
7. Grunderwerbsteuergesetz (GrEStG) – Auszüge......................... 500
8. Handelsgesetzbuch (HGB) – Auszüge 502
9. Abgabenordnung (AO) – Auszüge..................................... 506
10. Einkommensteuergesetz (EStG) – Auszüge........................... 508
11. Gesetz zur Kontrolle und Transparenz im Unternehmensbereich (KonTraG)
  – Auszüge.. 512

Urteilsverzeichnis für Teil C 514

Literaturverzeichnis... 515

Sachregister 533

Abkürzungsverzeichnis

A	Abschnitt
AbfG	Abfallgesetz
AfA	Absetzungen für Abnutzung
AfaA	Absetzungen für außergewöhnliche technische oder wirtschaftliche Abnutzung
AG	Aktiengesellschaft/Die Aktiengesellschaft (Zeitschrift)
AktG	Aktiengesetz
Amtsbl.	Amtsblatt
Anh.	Anhang
AO	Abgabenordnung
Art.	Artikel
AtG	Atomgesetz
BAG	Bundesarbeitsgericht
BAnz.	Bundesanzeiger
BauGB	Baugesetzbuch
BauR	Baurecht (Zeitschrift)
Ba-Wü.	Baden-Württemberg
BayAbfAlG	Gesetz zur Vermeidung, Verwertung und sonstigen Entsorgung von Abfällen und Überwachung von Altlasten in Bayern
BayObLG	Bayerisches Oberstes Landesgericht
BayVGH	Bayerischer Verwaltungsgerichtshof
BB	Betriebs-Berater (Zeitschrift)
BBergG	Bundes-Berggesetz
BbgAbfG	Brandenburgisches Abfallgesetz
BBK	Buchführung, Bilanz, Kostenrechnung (Zeitschrift)
BBodSchG	Bundes-Bodenschutzgesetz
BBodSchV	Bundes-Bodenschutz- und Altlastenverordnung
BewG	Bewertungsgesetz
Bew-Kartei	Bewertungs-Kartei
BewRGr.	Richtlinien für die Bewertung des Grundvermögens
BFH	Bundesfinanzhof
BFH/NV	Sammlung amtlich nicht veröffentlichter Urteile des Bundesfinanzhofs
BFHE	Sammlung der Entscheidungen des Bundesfinanzhofs
BGB	Bürgerliches Gesetzbuch
BGBl.	Bundesgesetzblatt
BGH	Bundesgerichtshof
BGHZ	Amtliche Sammlung von Entscheidungen des Bundesgerichtshofs in Zivilsachen
BImSchG	Bundes-Immissionsschutzgesetz
BR-Dr./BR-Drucks.	Bundesrats-Drucksache
BStBl.	Bundessteuerblatt
BT-Dr./BT-Drucks.	Bundestags-Drucksache
BVerfG	Bundesverfassungsgericht
BVerfGE	Sammlung der Entscheidungen des Bundesverfassungsgerichts
BVerwG	Bundesverwaltungsgericht
BVerwGE	Sammlung der Entscheidungen des Bundesverwaltungsgerichts
DAX	Deutscher Aktienindex
DB	Der Betrieb (Zeitschrift)

Abkürzungsverzeichnis

DDR	Deutsche Demokratische Republik
DGFB	Deutsche Gesellschaft für Betriebswirtschaft
DIHT	Deutscher Industrie- und Handelstag
DMBilG	D-Mark-Bilanzgesetz
DÖV	Die Öffentliche Verwaltung (Zeitschrift)
DStR	Deutsches Steuerrecht (Zeitschrift)
DStZ	Deutsche Steuerzeitung (Zeitschrift)
DSWR	Datenverarbeitung Steuer Wirtschaft Recht (Zeitschrift)
DV	Durchführungsverordnung
DVBl.	Deutsches Verwaltungsblatt (Zeitschrift)
EFG	Entscheidungen der Finanzgerichte
EK	Eigenkapital
ErbStG	Erbschaftsteuergesetz
ErbStR	Erbschaftsteuer-Richtlinien
EStDV	Einkommensteuer-Durchführungsverordnung
EStG	Einkommensteuergesetz
EStH	Einkommensteuer-Hinweise
EStR	Einkommensteuer-Richtlinien
EuGH	Europäischer Gerichtshof
F.	Fach
FG	Finanzgericht
FM	Finanzministerium
FR	Finanz-Rundschau (bis 1990); Finanz-Rundschau für Einkommensteuer, Körperschaftsteuer und Gewerbesteuer (seit 1991) (Zeitschrift)
GABl.	Gemeinsames Amtsblatt des Landes Baden-Württemberg
GBl.	Gesetzblatt
GewArch	Gewerbearchiv (Zeitschrift)
GewO	Gewerbeordnung
GewStG	Gewerbesteuergesetz
GewStR	Gewerbesteuerrichtlinien
GG	Grundgesetz
GmbH	Gesellschaft mit beschränkter Haftung
GmbHG	Gesetz betreffend die Gesellschaften mit beschränkter Haftung
GmbHR	GmbH-Rundschau
GoB	Grundsätze ordnungsmäßiger Buchführung
GrEStG	Grunderwerbsteuergesetz
GrS	Großer Senat
GuV	Gewinn- und Verlustrechnung
GVBl.	Gesetz- und Verordnungsblatt
HAbfAG	Hessisches Abfallwirtschafts- und Altlastengesetz
HessAltlastG	Hessisches Gesetz über die Erkundung, Sicherung und Sanierung von Altlasten
HFR	Höchstrichterliche Finanzrechtsprechung
HGB	Handelsgesetzbuch
IdW	Institut der Wirtschaftsprüfer
INF	Die Information über Steuer und Wirtschaft (Zeitschrift)
InsO	Insolvenzordnung
IPO	Initial public offer
JZ	Juristenzeitung (Zeitschrift)
Kap.	Kapitel
KapCoRiLiG	Kapitalgesellschaften- und Co-Richtlinie-Gesetz
KG	Kommanditgesellschaft
KonTraG	Gesetz zur Kontrolle und Transparenz im Unternehmensbereich

KrW-/AbfG	Kreislaufwirtschafts- und Abfallgesetz
KStG	Körperschaftsteuergesetz
KStR	Körperschaftsteuer-Richtlinien
KZ	Kennziffer
LAbfGNW	Landesabfallgesetz Nordrhein-Westfalen
LAbfWAG Rh.-Pf.	Rheinland-Pfälzisches Landesabfallwirtschafts- und Altlastengesetz
LAGA	Länderarbeitsgemeinschaft Abfall
LG	Landgericht
LKV	Landes- und Kommunalverwaltung (Zeitschrift)
LT-Dr.	Landtags-Drucksache
MaHmbH	Mindestanforderungen an das Betreiben von Handelsgeschäften mit beschränkter Haftung
MDR	Monatsschrift für Deutsches Recht (Zeitschrift)
MinBl. Sachs.-Anh.	Ministerialblatt Sachsen-Anhalt
MittBayNot	Mitteilung des Bayerischen Notarvereins
Mrd.	Milliarden
NiedersAbfG	Niedersächsisches Abfallgesetz
NJW	Neue Juristische Wochenschrift (Zeitschrift)
NJW-RR	Neue Juristische Wochenschrift Rechtsprechungs-Report
NRW	Nordrhein-Westfalen
NuR	Natur und Recht (Zeitschrift)
NVA	Nationale Volksarmee
NVwZ	Neue Zeitschrift für Verwaltungsrecht (Zeitschrift)
NVwZ-RR	Neue Zeitschrift für Verwaltungsrecht Rechtsprechungs-Report
NWB	Neue Wirtschaftsbriefe (Zeitschrift/Loseblattsammlung)
NWVBl.	Nordrhein-Westfälische Verwaltungsblätter
NZG	Neue Zeitschrift für Gesellschaftsrecht (Zeitschrift)
OFD	Oberfinanzdirektion
OHG	Offene Handelsgesellschaft
OLG	Oberlandesgericht
OVG	Oberverwaltungsgericht
PR	Public relations
PublG	Publizitätsgesetz
R	Richtlinienstelle
Rechtspr.	Rechtsprechung
Rechtspr.-Nachw.	Rechtsprechungs-Nachweise
RegE	Regierungsentwurf
RFH	Reichsfinanzhof
RPfleger	Rechtspfleger (Zeitschrift)
SächsEGAB	Erstes Gesetz zur Abfallwirtschaft und zum Bodenschutz im Freistaat Sachsen
StbJb.	Steuerberater-Jahrbuch
StBp.	Die steuerliche Betriebsprüfung (Zeitschrift)
StEntlG	Steuerentlastungsgesetz
SteuerStud	Steuer und Studium (Zeitschrift)
StGB	Strafgesetzbuch
Stpfl.	Steuerpflichtiger
StrÄndG	Strafrechtsänderungsgesetz
StRG	Strafrechtsreformgesetz
StuW	Steuer und Wirtschaft (Zeitschrift)
Thür.StAnz.	Thüringer Staatsanzeiger

Abkürzungsverzeichnis

ThürAbfG	Thüringer Abfallwirtschafts- und Altlastengesetz
UBA	Umweltbundesamt
UmwG	Umwandlungsgesetz
UmwStG	Umwandlungssteuergesetz
UPR	Umwelt- und Planungsrecht (Zeitschrift)
URG	Umweltrahmengesetz
USA	United States of America
UStG	Umsatzsteuer-Gesetz
UStR	Umsatzsteuer-Richtlinien
VA	Verwaltungsabkommen
VBlBW	Verwaltungsblätter für Baden-Württemberg
VersR	Versicherungsrecht (Zeitschrift)
Vfg.	Verfügung
VG	Verwaltungsgericht
VGH	Verwaltungsgerichtshof
vgl.	vergleiche
VO	Verordnung
VStR	Vermögensteuer-Richtlinien
VW	Versicherungswirtschaft (Zeitschrift)
VwGO	Verwaltungsgerichtsordnung
VwVfG	Verwaltungsverfahrensgesetz
WHG	Wasserhaushaltsgesetz
WM	Wertpapier-Mitteilungen (Zeitschrift)
WPg	Wirtschaftsprüfung (Zeitschrift)
WpHG	Wertpapier-Handelsgesetz
ZAP	Zeitschrift für die Rechts- und Anwaltspraxis (Loseblatt)
ZAU	Zeitschrift für Angewandte Umweltforschung
ZfIR	Zeitschrift für Immobilienrecht
Ziff.	Ziffer
ZIP	Zeitschrift für Wirtschaftsrecht
ZNotP	Zeitschrift für die Notar-Praxis
ZPO	Zivilprozeßordnung
ZUR	Zeitschrift für Umweltrecht
ZVG	Gesetz über die Zwangsversteigerung und Zwangsverwaltung

A. Einführung

Am 1. März 1999 ist das Bundes-Bodenschutzgesetz (BBodSchG) – vollständig – in Kraft getreten[1]. Das Gesetz vom 17. 3. 1998[2] ist bereits im wesentlichen mit seinen Vorschriften, die zum Erlaß des untergesetzlichen Regelwerks ermächtigen[3], seit 25. 3. 1998 in Kraft. Als für das Umweltmedium Boden spezifisches Schutzgesetz schließt es eine wesentliche Lücke des Umweltschutzrechts des Bundes[4].

Der Erlaß des BBodSchG wurde seit langem erwartet und diskutiert. Die gesetzgeberischen Bemühungen um ein solches Gesetz reichen bis ins Jahr 1985 zurück. In diesem Jahr beschloß die Bundesregierung ein Bodenschutzkonzept[5]. Der offizielle Referentenentwurf vom September 1993 scheiterte auf Bundesebene vor allem aufgrund der Widerstände des Landwirtschafts- und des Bauministeriums. Auch seitens der Länder war erhebliche Kritik in rechtlicher und fachlicher Hinsicht laut geworden[6]. Dem Gesetzentwurf der Bundesregierung vom 14. 1. 1997[7] verweigerte der Bundesrat zunächst seine Zustimmung, da keine abschließenden Entwürfe zu dem untergesetzlichen Regelwerk vorgelegt worden waren. Nach Einschaltung des Vermittlungsausschusses aufgrund zahlreicher Änderungsanträge aus dem Bundesrat stimmten schließlich der Bundestag am 5. 2. 1998 und der Bundesrat am 6. 2. 1998 dem Vermittlungsergebnis zu[8]. Die Verkündung des Gesetzes vom 17. 3. 1998 erfolgte am 24. 3. 1998 im Bundesgesetzblatt[9].

Zu den Grundentscheidungen des BBodSchG gehören die Herstellung der Verbindung zwischen vor- und nachsorgendem Bodenschutz und der Nutzungsbezug[10]. Einen Schwerpunkt bildet in diesem Zusammenhang die Altlastenbehandlung, bislang teilweise rechtlich unterschiedlich oder unvoll-

---

1 Vgl. Art. 4 des Gesetzes zum Schutz des Bodens.
2 BGBl. I, S. 502 (Gesetz zum Schutz vor schädlichen Bodenveränderungen und zur Sanierung von Altlasten).
3 Vgl. §§ 6, 8, 13 Abs. 1 S. 2 BBodSchG.
4 *Sanden/Schoeneck,* Bundes-Bodenschutzgesetz, 1998, Einführung, Rdnr. 13.
5 BT-Dr. 10/2977; vgl. hierzu *Sanden/Schoeneck,* a. a O., Einführung, Rdnr. 4; *Holzwarth,* in: Holzwarth/Radtke/Hilger/Bachmann, Bundes-Bodenschutzgesetz/Bundes-Bodenschutz- und Altlastenverordnung, 2. Aufl., 2000, Einführung, Rdnr. 12 ff.; *Kloepfer,* Umweltrecht, 2. Aufl., 1998, § 12 Rdnr. 7.
6 Vgl. auch *Knopp/Albrecht*, Altlastenrecht in der Praxis, 2. Aufl., 1998, Rdnr. 20.
7 BT-Dr. 13/6701.
8 *Sanden/Schoeneck*, Bundes-Bodenschutzgesetz, Einführung, Rdnr. 100 f. m. w. N.
9 S. o. Fn. 2.
10 *Sanden/Schoeneck*, a. a. O., Rdnr. 38 ff.; auch *Holzwarth,* in: Holzwarth/Radtke/Hilger/Bachmann, Bundes-Bodenschutzgesetz/Bundes-Bodenschutz- und Altlastenverordnung, Einführung, Rdnr. 72 ff.

Einführung

ständig geregelt in den Landesabfall- und Landesaltlastengesetzen[11], ergänzt durch die Landesbodenschutzgesetze in Baden-Württemberg[12], Sachsen[13] und Berlin[14].

4 Der Begriff „Altlasten" umschreibt nach wie vor eines der größten Umweltprobleme in der Bundesrepublik, mit dem sich nicht nur die öffentliche Hand, sondern gerade auch Unternehmen und Betriebe auseinanderzusetzen haben. Eindrucksvoll belegt wird die Thematik in Zahlen wie derzeit 244.592 erfaßten Altlastenverdachtsflächen, wobei auf die neuen Bundesländer etwa 102.891 und die alten Bundesländer rd. 141.701 entfallen. Hierbei handelt es sich um 102.079 sog. Altablagerungen sowie um 142.513 Altstandorte[15]. Hinzu kommen noch rd. 5.019 militärische, kriegsbedingte und Rüstungsaltlasten sowie 3.667 „sonstige" Altlasten[16]. Die vorläufige Schätzung der Kosten für die Altlastenbewältigung in den neuen Bundesländern soll sich auf rd. insgesamt 50.098 Mrd. DM belaufen, in den alten Bundesländern je nach Sanierungsvariante auf zwischen rd. 184 und 925 Mrd. DM[17]. Im Mittelpunkt von Altlastenfragen steht danach aus unternehmerischer Sicht insbesondere die Kostenlast. Wer die Kosten einer Altlastenerkundung und -beseitigung letztlich zu tragen hat, ist Gegenstand der jeweiligen gesetzlichen Haftungsvoraussetzungen, die im neuen BBodSchG in einem umfänglichen Katalog der Sanierungspflichten zusammengefaßt sind[18].

5 Wird ein Unternehmer mit Schadstoffkontaminationen in Form von Neu- oder Altlasten konfrontiert, stellt sich darüber hinaus die Frage der steuerlichen Behandlung der Kostenhaftung, u. a. etwa in Form ausreichender Rückstellungsbildung in der Jahresbilanz[19].

6 Der vorliegende Beitrag zum BBodSchG hat sich nicht zum Ziel gesetzt, die Reihe der Kommentare[20] zu diesem Gesetz zu erweitern, sondern er beschäf-

---

11 Vgl. hierzu die Übersicht bei *Knopp/Albrecht*, Altlastenrecht in der Praxis, Rdnr. 48; s. auch *Kügel*, NJW 2000, 107 ff., 109; *Erbguth/Stollmann*, UPR 1996, 281 ff.
12 Gesetz zum Schutz des Bodens (Baden-Württemberg, BadWürttBodSchG) v. 24. 6. 1991, GBl., S. 434.
13 Erstes Gesetz zur Abfallwirtschaft und zum Bodenschutz im Freistaat Sachsen (SächsEGAB) v. 12. 8. 1991, GVBl., S. 306, §§ 7 ff.
14 Berliner Gesetz zur Vermeidung und Sanierung von Bodenverunreinigungen (BerlBodSchG) v. 10. 10. 1995, GVBl., S. 646.
15 Vgl. hierzu im einzelnen *Schidlowski-Bos*, TerraTech 1999, 28 ff., 29 m. Hinw. auf das UBA (Stand: Oktober 1998) sowie die bislang vorliegenden Meldungen der Bundesländer.
16 *Schidlowski-Bos*, a.a.O., 28, wonach die „sonstigen" gemeldeten Altlastenflächen die Länder Brandenburg und Hamburg betreffen.
17 *Brandt*, in: Oldiges (Hrsg.), Das neue Bundes-Bodenschutzgesetz – Fragen und Erwartungen, 1996, S. 91 ff., 93 f. m. Hinw. auf den Sachverständigenrat für Umweltfragen (SRU), Sondergutachten Altlasten II (v. 2. 2. 1995, BT-Dr. 13/380).
18 S. hierzu ausführl. unten Kap. IV.
19 S. hierzu ausführl. unten C. Kap. I.
20 S. insbes. *Sanden/Schoeneck*, Bundes-Bodenschutzgesetz; *Holzwarth/Radtke/Hilger/Bachmann*, Bundes-Bodenschutzgesetz/Bundes-Bodenschutz- und Altlastenverordnung; *Bickel*,

tigt sich aus dem Blickwinkel von Unternehmen und der gewerblichen Wirtschaft mit ausgewählten rechtlichen Fragestellungen anhand der vom Gesetzgeber verfolgten Zielsetzungen bei besonderer Berücksichtigung der steuerlichen Komponente und der betriebswirtschaftlichen Auswirkungen. Zu diesen Fragestellungen gehören insbesondere die Themenkreise

- Haftungsvoraussetzungen und Kostenverantwortung der Sanierungspflichtigen gegenüber der öffentlichen Hand.
- Kostenausgleich zwischen den Sanierungspflichtigen und betriebliche Absicherungsstrategien.
- Wertausgleich bei Sanierungsmaßnahmen der öffentlichen Hand.
- Investitions- und Rechtssicherheit durch das BBodSchG und die Bundes-Bodenschutz- und Altlastenverordnung?
- Bilanzsteuerrechtliche (insbesondere Rückstellungen) und einkommensteuerrechtliche (z.B. bei der Betriebsaufspaltung, Durchgriffshaftung) Fragen.
- Handels- und wertpapierrechtliche Publizitätserfordernisse.
- Due diligence und Risikomanagement bei Berücksichtigung des KonTraG.

Die Industrie hat das Inkrafttreten des BBodSchG grundsätzlich begrüßt[21]. Begründet wird dies im wesentlichen mit der Tatsache, daß mit dem neuen Gesetzeswerk und seinem untergesetzlichen Regelwerk, der Bundes-Bodenschutz- und Altlastenverordnung, nunmehr erstmals bundeseinheitliche Maßstäbe für Altlastenuntersuchungen und ihre Bewertung in Form von Prüf- und Maßnahmenwerten festgelegt sind: „Die Berechenbarkeit und gestiegene Kostentransparenz bei Untersuchungen, Bewertung, Festlegung des Sanierungsbedarfes und -aufwandes wird Anlaß zu einem vermehrten Flächenrecycling sein. Die Entlassung von Flächen, die bisher im Altlastenverdacht standen, wird dazu beitragen, daß der Flächenverbrauch durch Überbauung abnimmt und nicht nur die Industrie auf recycelte Flächen zurückgreifen kann"[22]. Gleichwohl bietet gerade die Bundes-Bodenschutz- und Altlastenverordnung vom 12. 7. 1999 (BBodSchV)[23], die das BBodSchG erst vollziehbar macht, mit ihren Werten, Berechnungs- und Ableitungsverfahren nicht unerhebliche Ansätze zur Kritik[24], die das vom Gesetzgeber gesetzte zentrale Ziel der Investitions- und Rechtssicherheit durch ein einheitliches Wertesystem in Frage stellen.

In der sich in kurzer Zeit bereits umfassend entwickelnden Literatur[25] zum BBodSchG ist dem ein oder anderen problematischen Aspekt nachgegangen

---

Bundes-Bodenschutzgesetz, 1999; *Oerder/Numberger/Schönfeld,* Bundes-Bodenschutzgesetz, 1999; *Becker,* Bundes-Bodenschutzgesetz (Loseblatt: Stand 1/2000).
21 *Hulpke,* altlasten spektrum 1998, 48; *Hulpke/Jorns/Schendel,* altlasten spektrum 1998, 249 ff.
22 *Hulpke/Jorns/Schendel,* a. a. O., 251.
23 V. 12. 7. 1999, BGBl. I, S. 1554, am 17. 7. 1999 in Kraft getreten; s. hierzu unten Kap. IX.
24 S. hierzu unten Kap. IX.
25 Vgl. statt aller jüngst die Hinw. bei *Kügel,* NJW 2000, 107 ff.

Einführung

noch 8 worden, der hier – soweit erforderlich – im ersten Teil vertieft dargestellt und mit den jeweiligen Konsequenzen transparent gemacht wird. Das BBodSchG wirft ferner eine Reihe steuerlicher und betriebswirtschaftlicher Fragen auf, denen im zweiten Teil des Werkes nachgegangen wird.

B. Betrieblich-rechtliche Fragestellungen
von Lothar Knopp

I. Entwicklung des Bodenschutzes und Gesetzgebungsverfahren[26]

Als Zeitpunkt des Beginns der Entwicklung des Bodenschutzrechts allgemein in Deutschland kann der 28. 2. 1983 genannt werden, als in einer gemeinsamen Erklärung der für den Bodenschutz zuständigen Bundesminister die Entscheidung festgehalten wurde, den Bodenschutz künftig umfassend wie Naturschutz und Landschaftspflege, Luftreinhaltung, Lärmbekämpfung, Sicherung des Wasserhaushaltes und Abfallbeseitigung wahrzunehmen und dabei die vielfältigen ökologischen wie auch ökonomischen Zusammenhänge und Wechselwirkungen einzubeziehen. Am 7. 3. 1985 legte die Bundesregierung in Erfüllung dieses Auftrages eine Bodenschutzkonzeption vor, in der der Bodenschutz in seiner gesamten Bandbreite vom Landverbrauch über Bodenerosion, großflächige Kontaminationen bis zu punktförmigen hochgradigen Kontaminationen als Aufgabe umweltpolitischen Handelns angesprochen wird. Betont wird seinerzeit allerdings von der Bundesregierung, daß der Bodenschutz eine Querschnittaufgabe des Umweltschutzes darstelle, der durch eine Politik der Verbesserung der Rechtsgrundlagen in den jeweiligen Fachgesetzen verfolgt wird. In die gleiche Richtung weist auch der am 8. 5. 1987 von der Umweltministerkonferenz abschließend beratene Entwurf „Maßnahmen des Bundes und der Länder zum Bodenschutz", der von einer Bund-Länder-Arbeitsgruppe erstellt wurde. Am 8.12.1987 schließlich verabschiedete die Bundesregierung ein Maßnahmenpaket von „Leitlinien und Maßnahmen zum Bodenschutz", mit dem die Handlungsaufträge der Bodenschutzkonzeption von 1985 in konkrete Vorhaben umgesetzt werden sollten. Am 12. 1. 1988 wurde der Maßnahmenkatalog dem Bundestag vorgelegt. Um in diesem Zusammenhang eine wesentliche Lücke des Bundesumweltrechts zu schließen und um die Fragestellungen im Hinblick auf einen effektiven Bodenschutz bundeseinheitlich zu konzentrieren, nachdem gerade bei spektakulären Altlastenfällen festgestellt wurde, daß mit dem ausschließlich querschnittsorientierten Regelungsansatz ein wirksamer Bodenschutz nicht

9

---

26 Vgl. die Zusammenfassung bei *Sanden/Schoeneck*, Bundes-Bodenschutzgesetz, Einführung, insbes. Rdnr. 83 ff. m. w. N. (zum Gesetzgebungsverfahren); s. auch *Kloepfer*, Umweltrecht, § 12 Rdnr. 7 f.; *Knopp*, ZUR 1999, 210 ff., 210; die Frage der Gesetzgebungszuständigkeit des Bundes für das BBodSchG, in der Lit. teilweise umstritten, soll hier nicht behandelt werden, vgl. hierzu nur *Sanden/Schoeneck*, a. a. O., Einführung, Rdnr. 26 m. w. N.; *Holzwarth*, in: Holzwarth/Radtke/Hilger/Bachmann, Bundes-Bodenschutzgesetz/Bundes-Bodenschutz- und Altlastenverordnung, Rdnr. 41 ff. m. w. N.; s. jüngst die Gesetzgebungskompetenz des Bundes bestätigend VG Frankfurt a. M., Beschl. v. 23. 7. 1999, NuR 1999, 711 ff., 712.

Betrieblich-rechtliche Fragestellungen

erreicht wurde[27], wurde mit umfangreichen Vorarbeiten auf Referentenebene zu einem Bundes-Bodenschutzgesetz begonnen. Am 22. 3. 1986 legte das Bundes-Umweltministerium einen ersten Referentenentwurf eines Gesetzes zum Schutz des Bodens vor.

10 Die wesentlichen Stationen des Gesetzgebungsverfahrens nach vorherigen langwierigen Diskussionen und Abstimmungen innerhalb der Bundesregierung und auf Länderebene lassen sich stichwortartig so zusammenfassen[28]:

- Kabinettsbeschluß vom 25. 9. 1996 (BR-Dr. 702/96) und Zuleitung des Regierungsentwurfs an den Bundesrat.
- Im Rahmen der Behandlung des Entwurfs im Bundesrat Anträge verschiedener Länder und Bundesrats-Beschluß vom 29.11.1996 zur Abgabe einer Stellungnahme (BR-Dr. 702/96).
- Beschluß des Bundestages am 14. 1. 1997, zur Stellungnahme des Bundesrates eine Gegenäußerung abzugeben (BT-Dr. 13/6701, S. 61 ff.).
- Beratung des Gesetzes im Bundestag (BT-Plenarprotokoll 13/152 v. 17. 1. 97, S. 13709 B-13729 C) und Zurückweisung des Entwurfs zur Beratung in die Ausschüsse.
- Durchführung einer öffentlichen Sachverständigen-Anhörung durch den federführenden Ausschuß für Umwelt, Naturschutz und Reaktorsicherheit am 19. 2. 1997 (Ausschuß-Protokoll Nr. 49).
- Vorlage der Beschlussempfehlung und des Berichts des federführenden Ausschusses (s.o.) am 10. 6. 1997 (BT-Dr. 13/7891).
- Berichterstattung durch den Haushaltsausschuß gegenüber dem Bundestag am 10. 6. 1997 (BT-Dr. 13/7904).
- Änderungsantrag der SPD-Fraktion am 11. 6. 1997 (BT-Dr. 13/7904).
- Beratung im Bundestag am 12. 6. 1997 (BT-Plenarprotokoll 13/181 v. 12. 6. 97, S. 16302 B-16317 C) und Beschluß zur Annahme des Gesetzesentwurfs der Bundesregierung (BT-Dr. 13/6701 und 13/7891) bei gleichzeitiger Ablehnung der Änderungsanträge der SPD-Fraktion (BT-Dr. 13/7904).
- Dritte Beratung des Gesetzes ebenfalls am 12. 6. 1997 im Bundestag (BT-Plenarprotokoll 13/181 v. 12. 6. 97, S. 16317 C) und Beschluß der Annahme des Gesetzes (BT-Dr. 13/6701 und 13/7891 sowie BR-Dr. 422/ 97 v. 13. 6. 1997).
- Abgabe der Stellungnahme des federführenden Ausschusses für Umwelt, Naturschutz und Reaktorsicherheit sowie des Finanzausschusses im Rahmen der Beratung des Bundesrates vom 24. 6. 1997 (BR-Dr. 422/1/97). Antrag des Umweltausschusses zur Anrufung des Vermittlungsausschusses und Empfehlung der Versagung der Zustimmung durch den Finanzausschuß.

---

27 *Knopp*, ZUR 1999, 210 m.w.N.; *Sanden/Schoeneck*, Bundes-Bodenschutzgesetz, Einführung, Rdnr. 5, führen z.B. den Fall der fehlgeschlagenen Rekultivierung der Deponie Georgswerder in Hamburg an.
28 *Sanden/Schoeneck*, a.a.O., Einführung, Rdnr. 83 ff.

- Beschluß des Bundesrates vom 4. 7. 1997 (Plenarprotokoll 714 v. 4. 7. 97, S. 287 A–B, 307 C–311 D/Anl.), den Vermittlungsausschuß anzurufen (vgl. Art. 77 Abs. 2 GG).
- Vorlage des Vermittlungsergebnisses durch den Vermittlungsausschuß am 14. 1. 1998 (BT-Dr. 13/9637).
- Akzeptanz des Vermittlungsergebnisses durch den Bundestag in seiner Plenarsitzung v. 5. 2. 1998 (BT-Plenarprotokoll 13/216 v. 5. 2. 97, S. 19733 B–C, 19820 B–C/Anl.) ohne weitere Änderung (BT-Dr. 13/9637, BR-DR. 13/9637, BR-Dr. 90/98).
- Zustimmung des Bundesrates mittels Beschluß am 6. 2. 1998 (s. Art. 84 Abs. 1 GG , BR-Plenarprotokoll 721 v. 6. 2. 98, S. 19 C–20 C, BR-Dr. 90/98).
- Verkündung des Gesetzes vom 17. 3. 1998 am 24. 3. 1998 im Bundesgesetzblatt (BGBl. I, S. 502) und Inkrafttreten der Verordnungsermächtigungen sowie der Vorschrift über die Anhörung der beteiligten Kreise am 25. 3. 1998 (Art. 4 des Gesetzes zum Schutz des Bodens); Inkrafttreten der übrigen Vorschriften am 1. März 1999.

II. Zielsetzungen, Aufbau und Inhalt des BBodSchG

1. Zielsetzungen

11 Mit dem BBodSchG und seinem untergesetzlichen Regelwerk, der Bundes-Bodenschutz- und Altlastenverordnung, werden bei Bodenverunreinigungen erstmals bundeseinheitliche Maßstäbe für Detailuntersuchungen bei Bodenverunreinigungen und ihrer Bewertung festgelegt[29]. Dadurch sollen die mit Bodenbelastungen und Altlasten verbundenen Risiken kalkulierbarer als bisher werden und Rechtssicherheit für neue Investitionen entstehen[30]. Zugleich verbindet das neue Bodenschutzrecht vorsorgenden und nachsorgenden Bodenschutz und ist damit kein reines Altlastensanierungsgesetz[31], wenn auch die Altlastenthematik einen Schwerpunkt des neuen Rechts darstellt. Vorsorgepflichten und -anforderungen finden sich expressis verbis in § 7 BBodSchG, ebenfalls betreffen die Vermeidungs- und Abwehrpflichten in § 4 Abs. 1, 2 BBodSchG den präventiven Bodenschutz[32]. Demgegenüber stehen insbesondere die Sanierungspflichten in § 4 Abs. 3, 6 BBodSchG als Teil des repressiven Bodenschutzes[33]. Im Bereich der Bodensanierung orientiert sich das BBodSchG am Nutzungsbezug, was heißt, daß die gegenwärtige bzw. künftig planerisch zulässige Art und Weise einer Bodennutzung den Maßstab für die Bodensanierung bildet[34]. Damit wird auch dem ungeschriebenen Verfassungsprinzip der Verhältnismäßigkeit Rechnung getragen, wonach künftig die einzusetzenden Mittel für die Bodensanierung nutzungsbezogen zu verwenden und „Luxussanierungen" verboten sind[35].

2. Aufbau und Inhalt

12 Das Gesetz zum Schutz des Bodens besteht aus 4 Artikeln, von denen Art. 1 das eigentliche BBodSchG enthält. Art. 2 betrifft Änderungen des Kreislaufwirtschafts- und Abfallgesetzes[36]. Art. 3 behandelt Änderungen des Bun-

---

29 BT-Dr. 13/6701, S. 19.
30 S. hierzu unten Kap. III.
31 *Sanden/Schoeneck*, Bundes-Bodenschutzgesetz, Einführung, Rdnr. 38.
32 *Knopp/Albrecht*, Altlastenrecht in der Praxis, Rdnr. 96; *Knopp*, ZUR 1999, 211; BT-Dr. 13/6701, S. 22, 34.
33 *Oerder*, in: Oerder/Numberger/Schönfeld, Bundes-Bodenschutzgesetz, § 4 Rdnr. 1; BT-Dr. 13/6701, S. 22, 34.
34 Vgl. § 4 Abs. 4 BBodSchG.
35 *Vierhaus*, NJW 1998, 1262 ff., 1264; s. auch *Kobes*, NVwZ 1998, 786 ff., 791.
36 Das Kreislaufwirtschafts- und Abfallgesetz v. 27. 9. 1994 (BGBl. I, S. 2705), geändert durch Artikel 3 des Gesetzes v. 12. 9. 1996 (BGBl. I, S. 1354), wird wie folgt geändert:
  1. Dem § 36 Abs. 2 wird folgender Satz 2 angefügt: „Besteht der Verdacht, daß von einer stillgelegten Deponie nach Absatz 1 schädliche Bodenveränderungen oder sonstige Gefahren für den einzelnen oder die Allgemeinheit ausgehen, so finden für die Erfassung, Untersuchung, Bewertung und Sanierung die Vorschriften des Bundes-Bodenschutzgesetzes Anwendung.
  2. § 40 Abs. 1 S. 2 wird gestrichen."

des-Immissionsschutzgesetzes[37] und Art. 4 regelt das Inkrafttreten des Gesetzes.

Das BBodSchG selbst besteht aus fünf Teilen:

a) Gesetzeszweck, Begriffsbestimmungen und Anwendungsbereich

Der *erste Teil* enthält allgemeine Vorschriften, d. h. Gesetzeszweck und Grundsätze, Begriffsbestimmungen und regelt den Anwendungsbereich des Gesetzes. 13

Nach dem eingangs aufgeführten Gesetzeszweck (§ 1) steht die nachhaltige Sicherung oder Wiederherstellung der Bodenfunktion im Vordergrund. Beabsichtigt sind nach § 1 Abs. 2 BBodSchG die Gefahrenabwehr einerseits und die Risikovorsorge andererseits[38]. 14

Zu den für die betriebliche Praxis relevanten zentralen Bestimmungen, die das Gesetz definiert, gehören die „schädlichen Bodenveränderungen" und die „Altlasten". Der Altlastenbegriff ist Teil des Gesetzes, das am 1. März 1999 in Kraft getreten ist. Er setzt den weitergehenden Begriff der sog. „schädlichen Bodenveränderungen" voraus, der als „Oberbegriff" des BBodSchG gilt[39]. In dem Begriff der „schädlichen Bodenveränderungen" werden alle Bodenbelastungen, von denen Gefahren für Mensch und Umwelt ausgehen, zusammengefaßt. 15

§ 2 Abs. 3 BBodSchG: „Schädliche Bodenveränderungen im Sinne dieses Gesetzes sind Beeinträchtigungen der Bodenfunktionen, die geeignet sind, Gefahren, erhebliche Nachteile oder erhebliche Belästigungen für den einzelnen oder die Allgemeinheit herbeizuführen."

Die an die Vorschläge des Sachverständigenrates für Umweltfragen anknüpfende[40] und jetzt bundeseinheitlich geltende Altlasten-Definition erfaßt im wesentlichen stillgelegte Abfallbeseitigungsanlagen und Deponien – sog. Altablagerungen und stillgelegte Industriestandorte –, also Standorte, durch die schädliche Bodenveränderungen oder sonstige Gefahren hervorgerufen werden. 16

---

37 Das Bundes-Immissionsschutzgesetz in der Fassung der Bekanntmachung 14. 5. 1990 (BGBl. I, S. 880), zuletzt geändert durch Artikel 2 des Gesetzes vom 18. 4. 1997 (BGBl. I, S. 805), wird wie folgt geändert:
 1. In § 5 Abs. 3 wird der einleitende Satzteil wie folgt gefaßt:
 „Genehmigungsbedürftige Anlagen sind so zu errichten, zu betreiben und stillzulegen, daß auch nach einer Betriebseinstellung ..."
 2. In § 17 Abs. 4a werden die Worte „zehn Jahren" durch die Worte „einem Jahr" ersetzt.
38 *Vierhaus*, NJW 1998, 1263.
39 *Knopp/Albrecht*, Altlastenrecht in der Praxis, Rdnr. 54; *Knopp*, ZUR 1999, 211; *Brandt*, in: Erbguth (Hrsg.), Aktuelle Fragen des Altlasten- und Bodenschutzrechts, 1996, S. 29 ff., 36; *Holzwarth*, in: Holzwarth/Radtke/Hilger/Bachmann, Bundes-Bodenschutzgesetz/Bundes-Bodenschutz- und Altlastenverordnung, Einführung, Rdnr. 61 f.
40 BT-Dr. 13/6701, S. 30.

§ 2 Abs. 5 BBodSchG: „Altlasten im Sinne dieses Gesetzes sind
1. stillgelegte Abfallbeseitigungsanlagen sowie sonstige Grundstücke, auf denen Abfälle behandelt, gelagert oder abgelagert worden sind (Altablagerungen), und
2. Grundstücke stillgelegter Anlagen und sonstige Grundstücke, auf denen mit umweltgefährdenden Stoffen umgegangen worden ist, ausgenommen Anlagen, deren Stillegung einer Genehmigung nach dem Atomgesetz bedarf (Altstandorte),

durch die schädliche Bodenveränderungen oder sonstige Gefahren für den einzelnen oder die Allgemeinheit hervorgerufen werden."

17 An die Begriffe der schädlichen Bodenveränderungen und Altlasten knüpfen auch die Vorsorge- und Gefahrenabwehrpflichten des Gesetzes bei gleichzeitiger Bestimmung der Pflichtigen bzw. Verantwortlichen an (§ 4 BBodSchG).

18 Weiterer bedeutsamer Begriff ist der der „Sanierung". Bestätigt und konkretisiert sich aufgrund der Untersuchungsergebnisse aus Untersuchungs- bzw. Erkundungsmaßnahmen ein Altlastenverdacht, kommen gegen den/die Pflichtigen behördliche Sanierungsmaßnahmen in Betracht.

§ 2 Abs. 7 BBodSchG: „Sanierung im Sinne dieses Gesetzes sind Maßnahmen
1. zur Beseitigung oder Verminderung der Schadstoffe (Dekontaminationsmaßnahmen),
2. die eine Ausbreitung der Schadstoffe langfristig verhindern oder vermindern, ohne die Schadstoffe zu beseitigen (Sicherungsmaßnahmen),
3. zur Beseitigung oder Verminderung schädlicher Veränderungen der physikalischen, chemischen oder biologischen Beschaffenheit des Bodens."

19 Sanierungsmaßnahmen kommen bei Altlasten alternativ, kumulativ oder hintereinander zur Anwendung. Das BBodSchG hat hinsichtlich des Verhältnisses der einzelnen Sanierungsmaßnahmen zueinander keine rechtliche Rangfolge aufgestellt[41]. Soweit schädliche Bodenveränderungen oder Altlasten nach dem 1. März 1999 eingetreten sind, müssen die Schadstoffe beseitigt werden, wenn dies im Hinblick auf die Vorbelastung des Bodens verhältnismäßig ist. Nur insoweit gilt damit von der Verpflichtung aus § 4 Abs. 5 BBodSchG her gesehen ein Vorrang der anzuordnenden Dekontaminationsmaßnahmen gegenüber den Sicherungsmaßnahmen[42].

– Dekontaminationsmaßnahmen:

20 Nach § 2 Abs. 7 Nr. 1 BBodSchG handelt es sich bei den Dekontaminationsmaßnahmen zur Sanierung einer Altlast um Maßnahmen zur Beseitigung oder Verminderung der Schadstoffe. Die Dekontamination bezweckt damit

---

[41] *Radtke*, in: Holzwarth/Radtke/Hilger/Bachmann, Bundes-Bodenschutzgesetz/Bundes-Bodenschutz- und Altlastenverordnung, § 2 BBodSchG Rdnr. 53 f.; differenzierend im Hinblick auf das Verhältnis Dekontaminations- und Sicherungsmaßnahmen *Numberger*, in: Oerder/Numberger/Schönfeld, Bundes-Bodenschutzgesetz, § 2 Rdnr. 40.
[42] *Sanden/Schoeneck*, Bundes-Bodenschutzgesetz, § 2 Rdnr. 95.

die endgültige Beseitigung der Gefahren an der Quelle und im kontaminierten Umfeld (Gefahrenabwehrmaßnahmen)[43]. In Abhängigkeit vom Stand der Sanierungstechnik und den Kosten der Dekontamination sowie den Möglichkeiten zur ordnungsgemäßen Beseitigung können zur Gefahrenabwehr auch eine Verminderung der stofflichen Belastung oder eine Entnahme von Bodenmaterial und dessen Verwertung oder Beseitigung an anderer Stelle nach den kreislaufwirtschafts- und abfallrechtlichen Vorschriften in Betracht kommen[44].

– Sicherungsmaßnahmen:

Eine Altlastensanierung kommt auch durch Maßnahmen in Betracht, die eine Ausbreitung der Schadstoffe langfristig verhindern oder vermindern, ohne die Schadstoffe zu beseitigen, § 2 Abs. 7 Nr. 2 BBodSchG. Der Unterschied zwischen Sicherung und Dekontamination besteht darin, daß bei Sicherung die Schadstoffe im Boden vor Ort verbleiben und durch Einkapselung oder andere Maßnahmen die Ausbreitung im Boden oder der Austrag aus dem Boden im Rahmen des technisch Möglichen verhindert oder vermindert wird[45]. Sie sind je nach Einzelfall Dauer- oder Zwischenlösungen. Soweit Sicherungsmaßnahmen die Schadstoffausbreitung langfristig unterbrechen, technisches Versagen z.B. durch regelmäßige Kontrollen mit hinreichender Sicherheit ausgeschlossen werden kann und der Schutz des Menschen und der Umwelt zuverlässig gewährleistet ist, können sie eine Alternative zu Dekontaminationsmaßnahmen sein[46].

21

– Beseitigungs- und Verminderungsmaßnahmen:

Nach § 2 Abs. 7 Nr. 3 BBodSchG sind auch Maßnahmen zur Beseitigung oder Verminderung schädlicher Veränderungen der physikalischen, chemischen oder biologischen Beschaffenheit des Bodens zur Sanierung zu rechnen. Beseitigungs- und Verminderungsstrategien stehen dabei gleichrangig nebeneinander[47]. Zu den Dekontaminations- und Sicherungsmaßnahmen besteht kein Konkurrenzverhältnis, weil diese im Unterschied zu den hier genannten Maßnahmen nur stoffliche Belastungen erfassen[48]. Was die physikalische Beschaffenheit des Bodens anbelangt, können Beseitigungs- oder Verminderungsmaßnahmen etwa auf die schädliche Veränderung durch eine Bodenverdichtung oder Bodenerosion gerichtet sein. Im Hinblick auf die chemische Bodenbeschaffenheit meint die Vorschrift chemische Veränderungen abseits der Schadstoffe, z.B. insbesondere Versauerung des Bodens (nachteilige

22

---

43 BT-Dr. 13/6701, S. 30.
44 BT-Dr. 13/6701, S. 30.
45 BT-Dr. 13/6701, S. 30.
46 BT-Dr. 13/6701, S. 30 f.
47 *Sanden/Schoeneck*, Bundes-Bodenschutzgesetz, § 2 Rdnr. 106.
48 *Radtke*, in: Holzwarth/Radtke/Hilger/Bachmann, Bundes-Bodenschutzgesetz/Bundes-Bodenschutz- und Altlastenverordnung, § 2 BBodSchG Rdnr. 52.

Veränderungen des natürlichen pH-Wertes)[49]. Soweit schädliche biologische Veränderungen angesprochen sind, kann die Beseitigung oder Verminderung dieses Zustandes z. B. die Wiederherstellung der biologischen Aktivität im Zusammenhang mit der Bodenfruchtbarkeit sein[50].

23 Von den Sanierungsmaßnahmen abzugrenzen sind die sog. *Schutz- und Beschränkungsmaßnahmen* i. S. des § 2 Abs. 8 BBodSchG. Hierunter fallen solche Maßnahmen, die Gefahren, erhebliche Nachteile oder erhebliche Belästigungen für den einzelnen oder die Allgemeinheit verhindern oder vermindern, insbesondere Nutzungsbeschränkungen. Diese Maßnahmen gehören nicht zu den Sanierungsmaßnahmen i. S. des BBodSchG[51]. Sie kommen in Betracht, soweit Sanierungsmaßnahmen technisch nicht möglich und unzumutbar sind[52]. Eine Konkretisierung im Einzelfall hat durch die Anwendung des Verhältnismäßigkeitsgrundsatzes[53] zu erfolgen. Durch diese Maßnahmen werden die Auswirkungen von schädlichen Bodenveränderungen und Altlasten auf Mensch und Umwelt verhindert oder vermindert, ohne daß der Boden oder die Altlast selbst saniert werden[54].

24 Ausgegrenzt werden vom BBodSchG dagegen sog. *Rekultivierungsmaßnahmen*. Einzelne Bundesländer wie etwa Baden-Württemberg, Rheinland-Pfalz, Sachsen und Thüringen haben jeweils Rekultivierungspflichten in ihren bisherigen landesrechtlichen Altlastenregelungen. Dagegen enthält das BBodSchG keine Ermächtigungsgrundlage für behördliche Rekultivierungsmaßnahmen im Sinne einer Wiedereingliederungsverpflichtung der Altlastenflächen in die Landschaft durch die Verantwortlichen[55]. Hintergrund dieser Entscheidung des Gesetzgebers ist die Problematik des verfassungsrechtlichen Rückwirkungsverbotes bei Pflichten zur Altlastenrekultivierung[56].

25 § 3 BBodSchG regelt den Anwendungsbereich des Gesetzes und insbesondere sein Verhältnis zu anderen Gesetzen. Das Gesetz findet auf schädliche Bodenveränderungen und Altlasten Anwendung, soweit nicht etwa Vorschriften des Kreislaufwirtschafts- und Abfallgesetzes, des Bundes-Immissionsschutzgesetzes oder des Bauplanungs- und Bauordnungsrechts Einwirkungen auf den Boden regeln[57]. Sollte eine Bodennutzung oder eine wirtschaftliche

---

49 *Sanden/Schoeneck*, a. a. O., § 2 Rdnr. 108.
50 *Sanden/Schoeneck*, a. a. O., § 2 Rdnr. 109.
51 *Knopp/Albrecht*, Altlastenrecht in der Praxis, Rdnr. 83; BT-Dr. 13/6701, S. 31.
52 Vgl. § 4 Abs. 3 S. 3 BBodSchG.
53 *Knopp/Albrecht*, a. a. O., Rdnr. 83, 159 f. m. w. N.; nach dem aus dem Verfassungsrecht abgeleiteten Verhältnismäßigkeitsgrundsatz (i. w. S.) oder dem Übermaßverbot müssen behördliche Altlastenmaßnahmen stets geeignet, erforderlich und angemessen sein.
54 BT-Dr. 13/6701, S. 31.
55 *Knopp/Albrecht*, Altlastenrecht in der Praxis, Rdnr. 94; eine Rekultivierungspflicht für stillgelegte Deponien besteht für deren Inhaber seit 1. 3. 1999, allerdings nach der Neufassung des § 36 Abs. 2 KrW-/AbfG durch Art. 2 des Gesetzes zum Schutz des Bodens.
56 Vgl. näher *Knopp/Albrecht*, a. a. O., Rdnr. 95 m. Hinw. auf die BVerfG-Rechtspr.
57 Vgl. § 3 Abs. 1 BBodSchG.

Tätigkeit bereits in den in § 3 Abs. 2 BBodSchG genannten Fachgesetzen geregelt sein, tritt das BBodSchG dahinter zurück (Subsidiarität des BBodSchG)[58]. Dieser Nachrang des BBodSchG betrifft vor allem die anlagenbezogenen Vorschriften des Umwelt- und sonstigen Zulassungsrechts[59] sowie des Bauordnungs- und nahezu des gesamten Bauplanungsrechts[60]. Gegenüber dem Wasser- und Naturschutzrecht gilt die Subsidiarität des BBodSchG interessanterweise dagegen nicht. Insbesondere „verbleibt das Grundwasser, also die gesättigte Zone, im Anwendungsbereich des Wasserrechts"[61]. Anordnungen zur Grundwassersanierung können daher also wie bisher auf die einschlägigen Ermächtigungsgrundlagen in den Landeswassergesetzen, z.T. in Verbindung mit der polizeilichen Generalklausel oder dem jeweiligen Landesbodenschutzgesetz, gestützt werden[62].

b) Pflichten und Pflichtige, Maßnahmen zur Durchsetzung

Im *zweiten Teil* werden vor allem die wesentlichen Pflichten und Pflichtigen nach dem BBodSchG und die Durchsetzung dieser Pflichten geregelt, um sowohl Vorsorge als auch Gefahrenabwehr sicherzustellen. 26

Die Regelung in § 4 BBodSchG enthält die zentralen materiellen[63] Pflichten des Gesetzes. Zur Verwirklichung des präventiven Bodenschutzes gehören die in Abs. 1 und Abs. 2 normierten Pflichten[64]: 27

- Die Vermeidungspflicht in Abs. 1 verlangt von ihren Adressaten, „sich so zu verhalten, daß schädliche Bodenveränderungen nicht hervorgerufen werden".
- Die in Abs. 2 verankerte Abwehrpflicht verlangt vom Grundstückseigentümer und Inhaber der tatsächlichen Gewalt über ein Grundstück, Maßnahmen zur Abwehr der von ihrem Grundstück drohenden schädlichen Bodenveränderungen zu ergreifen.

Die an diese Pflichten anknüpfenden Maßnahmen gehören entsprechend ihrer Zielrichtung zur präventiven Gefahrenabwehr[65]. Dagegen betrifft § 4 Abs. 3, 6 BBodSchG die Sanierungsverpflichtung der dort angeführten Verantwortlichen im Falle bereits eingetretener Störungen in Form von schädlichen Bo- 28

---

58 *Vierhaus*, NJW 1998, 1263; krit. *Peine*, NuR 1999, 121 ff., 123 f.
59 Insbes. im KrW-/AbfG, BImSchG, AtG, BBergG, s. *Vierhaus*, a.a.O., 1263.
60 Vgl. hierzu näher z. B. *Brandt/Sanden*, UPR 1999, 367 ff., 369 ff.
61 BT-Dr. 13/6701, S. 28.
62 *Knopp/Albrecht*, Altlastenrecht in der Praxis, Rdnr. 30; s. im einzelnen zur Gewässersanierung *Peine*, UPR 1999, 361 ff., 365 f. m. w. N.
63 *Sanden/Schoeneck*, Bundes-Bodenschutzgesetz, § 4 Rdnr. 1; das heißt, diese Pflichten entstehen bereits unabhängig davon, ob eine behördliche Anordnung ergangen ist oder nicht, wodurch vom Gesetzgeber zugleich die entsprechende Diskussion in der Literatur zum Entstehen von Gefahrenbeseitigungspflichten beendet wurde, s. hierzu auch Oldiges, in: Oldiges (Hrsg.), Das neue Bundes-Bodenschutzgesetz – Fragen und Erwartungen, S. 73 ff., 74.
64 BT-Dr. 13/6701, S. 34.
65 *Knopp/Albrecht*, Altlastenrecht in der Praxis, Rdnr. 96.

denveränderungen oder Altlasten und bezieht sich damit auf die repressive Gefahrenabwehr[66].

29 Vorbeugende Maßnahmen im Rahmen des präventiven Bodenschutzes können sich gemäß § 4 Abs. 1 und Abs. 2 BBodSchG an den Verhaltens- und Zustandsverantwortlichen richten[67]. Repressive Maßnahmen, einschließlich solcher zur Beseitigung von Gewässerverunreinigungen durch schädliche Bodenveränderungen oder Altlasten, können gegenüber den Verantwortlichen nach § 4 Abs. 3 und 6 BBodSchG von der zuständigen Behörde angeordnet werden[68]. Der in diesen Vorschriften auf Vorschlag bzw. Beschluß des Vermittlungsausschusses verankerte „Katalog" der Sanierungsverantwortlichen geht weit über die bisherigen einschlägigen landesrechtlichen Altlastenregelungen hinaus und führt zu einer erheblichen Ausdehnung der Altlasten- und damit Kostenverantwortung bei Sanierungsmaßnahmen seit dem 1. März 1999[69].

30 Ferner finden sich in diesem Gesetzesteil die gesetzlichen Ermächtigungsgrundlagen für die Bundes-Bodenschutz- und Altlastenverordnung[70] sowie für die Vornahme behördlicher Untersuchungsmaßnahmen[71], Sanierungsmaßnahmen und sonstigen Maßnahmen zur Durchsetzung der bodenschutzrechtlichen Pflichten[72].

c) Verfahrensbezogene Vorschriften zum Altlastenmanagement

31 Der ***dritte Teil*** beinhaltet verfahrensbezogene Vorschriften zum Altlastenmanagement („Ergänzende Vorschriften für Altlasten").

32 Hier finden sich u. a. die praxisrelevanten Regelungen zur Sanierungsplanung und zum Sanierungsvertrag[73]. Ferner werden die Informationspflichten gegenüber den von Altlastenmaßnahmen Betroffenen[74] sowie die behördliche Überwachung und Eigenkontrolle bei Altlasten behandelt[75].

d) Landwirtschaftliche Bodennutzung

33 Der ***vierte Teil*** regelt die bei der Landwirtschaft zur Vorsorge von schädlichen Bodenveränderungen zu beachtende gute fachliche Praxis bei der Bodennutzung und regelt ihre Vermittlung durch die landwirtschaftlichen Beratungsstellen der Länder[76].

---

66 *Knopp/Albrecht*, a. a. O., Rdnr. 96; BT-Dr. 13/6701, S. 34.
67 BT-Dr. 13/6701, S. 34; *Peine*, UPR 1999, 363.
68 *Knopp/Albrecht*, Altlastenrecht in der Praxis, Rdnr. 96.
69 S. hierzu unten Kap. IV.
70 S. o. Fn. 3.
71 Vgl. § 9 BBodSchG.
72 Vgl. § 10 BBodSchG.
73 Vgl. §§ 13, 14 BBodSchG.
74 Vgl. § 12 BBodSchG.
75 Vgl. § 15 BBodSchG.
76 Vgl. § 17 BBodSchG.

e) Schlußvorschriften

Der *fünfte Teil* enthält Schlußvorschriften, die u.a. Sachverständige und Untersuchungsstellen behandeln[77] und die Anhörung beteiligter Kreise beim untergesetzlichen Regelwerk vorsehen[78]. Des weiteren sind dort auch Vorschriften zur Datenübermittlung der Länder an den Bund[79], zu landesrechtlichen Regelungen und zum Verwaltungsverfahren[80] sowie zu Kosten[81] und Bußgeldern[82] enthalten. Insbesondere findet sich hier die nicht unproblematische Regelung zum Wertausgleich beim Kosteneinsatz der öffentlichen Hand im Rahmen von Sanierungsmaßnahmen[83].

34

---

77 Vgl. § 18 BBodSchG.
78 Vgl. § 20 BBodSchG.
79 Vgl. § 19 BBodSchG.
80 Vgl. § 21 BBodSchG.
81 Vgl. §§ 24, 25 BBodSchG.
82 Vgl. § 26 BBodSchG.
83 Vgl. § 25 BBodSchG sowie unten Kap. VIII.

III. Zentrale Zielsetzung: Investitionssicherheit durch Rechtssicherheit

35 Altlastenregelungen fanden sich bis zum (vollständigen) Inkrafttreten des BBodSchG mehr oder minder ausführlich in den Landesabfall- und Landesaltlastengesetzen[84]. Soweit im Einzelfall rechtlich erforderlich, wurden ergänzend Regelungen in den Landesbodenschutzgesetzen, wie in Baden-Württemberg[85], Sachsen[86] und Berlin[87] herangezogen, vielfach wurde auch auf das traditionelle Landespolizei- und Ordnungsrecht[88] zurückgegriffen. Mit dem vollständigen Inkrafttreten des BBodSchG am 1. März 1999 sind entgegenstehende landesrechtliche Regelungen, soweit sie denselben Regelungsgegenstand betreffen, aufgrund des Vorrangs des Bundesrechts (Art. 31 GG) unwirksam geworden[89]. Soweit Widersprüche zwischen Bundes- und Landesrecht bestehen, sind die Länder zur Anpassung ihrer Vorschriften verpflichtet[90].

36 Die Gesetzeslandschaft war jedenfalls bis zum 1. März 1999 im Altlastenbereich uneinheitlich und zerklüftet, was sich auch teilweise in sehr unterschiedlicher Rechtsprechung zu der einen oder anderen Altlastenfrage widerspiegelte[91]. Für Altlastenverantwortliche und Investoren konnte es daher durchaus von geradezu schicksalhafter Bedeutung sein, in welchem Bundesland der jeweilige Altlastenfall spielte bzw. wo entsprechende Investitionen getätigt werden sollten. Beim Vollzug der Altlastenregelungen bestand ein „Listenwildwuchs", wonach bei der Bewertung kontaminierter Standorte und den Anforderungen an eine Sanierung bisher auf über 30 „Listen" mit von Bundesland zu Bundesland unterschiedlichen Gefahr- und Risikowerten zurückgegriffen werden mußte, wie z. B. auf die bekannte „Niederländische Liste", die Berliner Liste, die Brandenburger Liste, die hessische und baden-württembergische Liste usw.[92]. Die nunmehr auf dem BBodSchG basierende BBodSchV[93] konkretisiert erstmals bundeseinheitlich die Anforderungen des Gesetzes an die Untersuchung und Bewertung von Flächen mit dem Verdacht einer Bodenkontamination oder Altlast. Sie bestimmt Sicherungs-, Dekontaminations- und Beschränkungsmaßnahmen, enthält nähere Regelungen zur Sanierungsplanung und erläutert die Anforderungen an die Vorsorge gegen künftige Bodenbelastungen[94]. Durch die Vorgabe entsprechender bundeseinheitlicher und rechtsverbindlicher

---

84 S. o. Fn. 11.
85 S. o. Fn. 12.
86 S. o. Fn. 13.
87 S. o. Fn. 14.
88 *Knopp/Albrecht*, Altlastenrecht in der Praxis, Rdnr. 51 f. m. w. N.
89 *Kobes*, NVwZ 1998, 787; *Vierhaus*, NJW 1998, 1269.
90 *Kobes*, a. a. O., 787; zu landesrechtlichen Regelungsmöglichkeiten s. *Peine*, NuR 1999, 126 sowie unten Kap. X.
91 Vgl. hierzu nur im einzelnen *Kügel*, NJW 1996, 2477 ff. und NJW 2000, 107 ff. m. w. N.
92 *Knopp/Albrecht*, Altlastenrecht in der Praxis, Rdnr. 62; *Vierhaus*, NJW 1998, 1264.
93 S. o. Fn. 23.
94 *Knopp/Albrecht*, a. a. O., Rdnr. 62.

Werte in der BBodSchV sowie durch die einheitliche Bestimmung der Sanierungspflichten und Pflichtigen soll nach dem Willen des Gesetzgebers nicht nur zukünftig ein effektives und einheitliches Vorgehen der Behörden beim Vollzug des Bodenschutzrechts gewährleistet werden, sondern insbesondere Rechtssicherheit für Verantwortliche/Betroffene und Investoren und dadurch Investitionssicherheit geschaffen werden mit der weiteren Folge der künftigen Vermeidung von Wettbewerbsverzerrungen[95]. Durch einheitliche Regelungen bei der Abwehr von Bodenbelastungen und Sanierungsmaßnahmen können, die rechtliche Wirksamkeit und effektive Handhabbarkeit dieser Regelungen einmal unterstellt, in der Tat mit Bodenbelastungen und Altlasten verbundene Risiken für Verantwortliche/Betroffene kalkulierbar werden, da z.B. aufgrund verbindlich festgesetzter Bodenwerte gering belastete Grundstücke aus dem Altlastenverdacht entlassen und einer neuen Nutzung zugeführt werden können[96]. Bei stärker belasteten Grundstücken kann der erforderliche Sanierungsumfang besser als bisher abgeschätzt werden. Darüber hinaus führt der Altlastenverdacht für betroffene Flächen zur Blockade der städtebaulichen und wirtschaftlichen Entwicklung. Durch einheitliche Vorgaben und Regelungen können diese Flächen für die wirtschaftliche Entwicklung mobilisiert und die verfügbare Sanierungskompetenz durch ein effizientes Altlastenmanagement in wettbewerbsfähige Arbeitsplätze umgesetzt werden[97].

Die im BBodSchG allgemein vorgesehenen und in der BBodSchV en detail verankerten Prüf- und Maßnahmenwerte determinieren und strukturieren behördliches Handeln insoweit, als sie die Eingriffsermächtigung und die Handlungsstufen für behördliches Tätigwerden bei Bodenbelastungen und Altlasten konkretisieren[98]. Sie stellen damit die Schwelle für behördliches Einschreiten dar. Ihnen kommt deshalb die (mit)entscheidende Aufgabe zu, obige Zielsetzungen real werden zu lassen. Hieran müssen sie sich messen lassen[99]. Das gleiche gilt für den nunmehr bundeseinheitlich geltenden Katalog der Sanierungspflichtigen (§ 4 Abs. 3, 6 BBodSchG). Nur rechtswirksame und in diesem Zusammenhang unter dem Aspekt der Rechtsklarheit bestehende Haftungsvoraussetzungen lassen Betroffene erkennen, ob sie mit einer Sanierungsverpflichtung und damit Kostenverantwortung im Ernstfall rechnen müssen[100].

---

95 Vgl. *Knopp/Albrecht*, BB 1998, 1853 ff., 1858 m. Hinw. auf die BMU-Information zum Bundes-Bodenschutzgesetz vom 6. 2. 1998, S. 7; auch *Holzwarth*, in: Holzwarth/Radtke/Hilger/Bachmann, Bundes-Bodenschutzgesetz/Bundes-Bodenschutz- und Altlastenverordnung, Einführung, Rdnr. 26, 38.
96 *Knopp/Albrecht*, a.a.O., 1853; s. auch *Sanden/Schoeneck*, Bundes-Bodenschutzgesetz, § 8 Rdnr. 13.
97 Zum Bundes-Bodenschutzgesetz als „bundesrechtliche Rahmenbedingungen für städtebaulich erwünschte Revitalisierungen" s. *Kratzenberg*, in: Oldiges, (Hrsg.), Das neue Bundes-Bodenschutzgesetz – Fragen und Erwartungen, S. 49 ff.; s. auch *Holzwarth*, a.a.O., Einführung, Rdnr. 38.
98 *Dombert*, altlasten spektrum, 1998, 86 ff., 87 m.w.N.
99 S. hierzu unten Kap. IX.
100 S. hierzu unten Kap. IV.

IV. Kostenverantwortung der Pflichtigen

1. Vorbemerkung

38 Derjenige, dessen Grundstück oder Betriebsgelände von Schadstoffverunreinigungen in Form von Neu- oder Altlasten betroffen ist, hat häufig mit erheblichen, jedenfalls teilweise nur schwer kalkulierbaren Kosten zur Untersuchung, Sanierung oder Sicherung der Verunreinigungen zu rechnen. Besonders kostenträchtig für Grundstückseigentümer und/oder Betriebsinhaber können solche Maßnahmen im Zusammenhang mit Grundwasserverunreinigungen werden. Sanierungskosten bei Altlasten etwa können sich durchaus auf 100 Mio. DM je Altlast belaufen[101]. Der Gesamtkostenaufwand gerade bei der Altlastensanierung wird für die Bundesrepublik Deutschland insgesamt voraussichtlich 300 Mrd. DM betragen[102], wobei die Kostenabschätzung sich aber auch nach der jeweiligen Wahl des Sanierungsverfahrens richtet[103].

39 Unter besonderer Berücksichtigung dieser Kostenproblematik kann es für einen Betroffenen existenzentscheidend sein, ob er für Maßnahmen bei schädlichen Bodenveränderungen und Altlasten einzustehen hat bzw. haftbar gemacht werden kann. Die Vorschrift des § 4 BBodSchG enthält hier die zentralen materiellen Pflichten des neuen Bodenschutzrechts und bestimmt – abschließend[104] – die (Kosten-)Pflichtigen. Neu im Unterschied zum bisherigen Recht ist, daß die in § 4 Abs. 1–3 aufgeführten Adressaten unabhängig von einer konkreten behördlichen Anordnung von sich aus zur Befolgung der im Gesetzestext formulierten Pflichten verpflichtet sind[105].

40 Während § 4 Abs. 1 eine sich an jeden richtende allgemeine Vermeidungspflicht im Hinblick auf den Bodenschutz statuiert, beinhaltet § 4 Abs. 2 eine Abwehrpflicht für den Grundstückseigentümer und den Inhaber der tatsächli-

---

101 *Becker*, DVBl. 1999, 134 ff., 135.
102 *Becker*, a. a. O., 135; s. auch o. Fn. 17.
103 *Brandt*, in: Oldiges (Hrsg.), Das neue Bundes-Bodenschutzgesetz – Fragen und Erwartungen, S. 93.
104 So *Sanden/Schoeneck*, Bundes-Bodenschutzgesetz, § 4 Rdnr. 30 m. Hinw. auf §§ 11, 21 BBodSchG und BT-Dr. 13/6701, S. 15; *Riedel*, ZIP 1999, 94 ff., 97; ebenso jüngst HessVGH, Urt. vom 9. 9. 1999, 8 UE 656/95, S. 7 der Urteilsgründe (nicht rechtskr.): „Daß der Kreis der Sanierungspflichtigen in § 4 BBodSchG abschließend bestimmt ist, folgt auch aus §§ 11 und 21 BBodSchG, worin bestimmt ist, wie weit die Länder ergänzende Regelungen erlassen können. Hinsichtlich des zweiten Teiles des Gesetzes, der auch § 4 enthält, ist in § 21 Abs. 1 BBodSchG nur der Erlaß ergänzender Verfahrensregelungen vorgesehen. § 11 enthält nur eine Ermächtigung, die Erfassung der Altlasten und altlastenverdächtigen Flächen zu regeln. Die Entstehungsgeschichte des Gesetzes bestätigt, daß die Vorschrift so zu verstehen ist und die Sanierungspflicht umfassend geregelt werden sollte ...“; in diesem Sinne offensichtlich auch *Becker*, Bundes-Bodenschutzgesetz, § 4 Rdnr. 14: „§ 4 Abs. 3 BBodSchG stellt nunmehr die alleinige Grundlage der Sanierungspflicht für schädliche Bodenveränderungen und Altlasten dar ...“; a. A. wohl *Bickel*, Bundes-Bodenschutzgesetz, § 4 Rdnr. 22.
105 Sog. „materielle" Polizeipflichten, s.o. Fn. 63.

chen Gewalt über ein Grundstück[106]. Die in der Praxis bedeutsamste Vorschrift findet sich allerdings in § 4 Abs. 3, wo die Sanierungspflichten und ihre Adressaten bei schädlichen Bodenveränderungen und Altlasten verankert ist[107]. Der nunmehr geltende Gesetzestext beinhaltet eine umfängliche und weitreichende Haftungsverschärfung bei der Sanierungsverantwortung[108]. Darüber hinaus ist § 4 Abs. 3 auch durch § 24 Anknüpfungspunkt für Kostentragungspflichten aufgrund von weiteren Maßnahmen nach dem BBodSchG wie behördlich geforderter Untersuchungsmaßnahmen zur Gefährdungsabschätzung bei schädlichen Bodenveränderungen oder Altlasten sowie Sicherungsmaßnahmen und – speziell bei Altlasten – z.B. Eigenkontrollmaßnahmen und sonstiger Maßnahmen aufgrund ergänzender behördlicher Anordnung[109].

2. Pflichtigen-Katalog des BBodSchG

a) Gefahrenvermeidungspflichten und Pflichtige

Etwas mißverständlich ist § 4 BBodSchG überschrieben mit „Pflichten zur Gefahrenabwehr". So enthält demgegenüber § 4 Abs. 1 zunächst eine an jedermann gerichtete allgemeine Vermeidungspflicht. Danach hat jeder, der auf den Boden einwirkt, sich so zu verhalten, daß schädliche Bodenveränderungen nicht hervorgerufen werden. § 4 Abs. 1 verlangt dabei nicht nur die Vermeidung von Gefahren für den Boden, sondern auch von erheblichen Nachteilen oder erheblichen Belästigungen[110]. Unter Berücksichtigung des Begriffs der „schädlichen Bodenveränderung" können drei Gruppen von Bodenfunktionen kraft Gesetzes (s. § 2 Abs. 2) beeinträchtigt werden: Die natürliche Funktion (insbesondere als Lebensgrundlage und Lebensraum für Mensch, Flora und Fauna), die Funktion als Archiv der Natur- und Kulturgeschichte sowie die Nutzungsfunktion (als Rohstofflagerstätte, Fläche für Siedlung und Erholung, Standort für land- und forstwirtschaftliche Nutzung, Standort für sonstige, wirtschaftliche und öffentliche Nutzung, Verkehr, Ver- und Entsorgung)[111]. Eine „Beeinträchtigung" dieser Bodenfunktionen kann in vielfältiger Weise erfolgen, nämlich durch stoffliche Einträge ebenso wie bei Änderungen der Bodenphysik und der Flächenversiegelung[112].

41

---

106 *Peine*, UPR 1999, 363; ausführl. hierzu s. *Becker*, Bundes-Bodenschutzgesetz, § 4 Rdnr. 1 ff., 8 ff.; *Sanden/Schoeneck*, Bundes-Bodenschutzgesetz, § 4 Rdnr. 7 ff., 11 ff., jew. m. w. N.
107 *Vierhaus*, NJW 1998, 1265; *Knopp/Albrecht*, BB 1998, 1854; dies., Altlastenrecht in der Praxis, Rdnr. 96.
108 Vgl. *Becker*, DVBl. 1999, 135 m. Hinw. auf das Gesetzgebungsverfahren; ebenso *Sanden/Schoeneck*, a. a. O., § 4 Rdnr. 33.
109 Vgl. § 16 BBodSchG; *Becker*, a. a. O., 135.
110 *Hilger*, in: Holzwarth/Radtke/Hilger/Bachmann, Bundes-Bodenschutzgesetz/Bundes-Bodenschutz- und Altlastenverordnung, § 4 BBodSchG Rdnr. 32; *Peine*, UPR 1999, 363.
111 *Peine*, a. a. O., 363.
112 *Radtke*, in: Holzwarth/Radtke/Hilger/Bachmann, Bundes-Bodenschutzgesetz/Bundes-Bodenschutz- und Altlastenverordnung, § 2 BBodSchG Rdnr. 27 f. m. Hinw. auf BR-Dr. 702/96, S. 85.

42 Der personelle Adressatenkreis von § 4 Abs. 1 ist denkbar weit. Gefordert wird ein menschliches Handeln, das sich unmittelbar oder mittelbar auf den Boden richtet[113]. Erforderlich ist lediglich eine „Verursachung"[114] einer schädlichen Bodenveränderung, auf ein Verschulden des Handelnden kommt es nicht an[115].

43 Nach § 4 Abs. 2 BBodSchG sind der Grundstückseigentümer und der Inhaber der tatsächlichen Gewalt über ein Grundstück verpflichtet, Maßnahmen zur Abwehr der von ihrem Grundstück drohenden schädlichen Bodenveränderung zu ergreifen, sog. Zustandsverantwortung. Insoweit wird die Vermeidungspflicht nach Abs. 1 ergänzt und die besondere Verantwortung des Grundstückseigentümers bzw. Nutzungsberechtigten für den Zustand eines Grundstücks konkretisiert[116]. Ein Erbbauberechtigter steht dabei dem Grundstückseigentümer rechtlich nicht gleich. Ersterer kann über § 4 Abs. 2 BBodSchG von der zuständigen Behörde nur in Anspruch genommen werden, wenn er Inhaber der tatsächlichen Gewalt über ein Grundstück ist[117]. Die in § 4 Abs. 2 enthaltene Zustandsverantwortung knüpft an die tatsächliche und rechtliche Sachherrschaft einer Person an, die es ihr ermöglicht, auf eine Sache einzuwirken[118]. Inhaltlich begrenzt ist besagte Abwehrpflicht auf **vom** Grundstück des Zustandsverantwortlichen ausgehenden drohenden schädlichen Bodenveränderungen. Gefahren, die von Nachbargrundstücken ausgehen, etwa durch einen Hangrutsch von einem höher gelegenen Grundstück, werden nicht erfaßt[119]. Die Verpflichtung zur Gefahrenabwehr besteht im übrigen nur nach Maßgabe und unter Beachtung des Verhältnismäßigkeitsgrundsatzes[120].

44 Die von den Adressaten in § 4 Abs. 1 und Abs. 2 schon kraft Gesetzes zu beachtenden Grundpflichten zur Sicherstellung eines präventiven Bodenschutzes[121] können auch durch behördliche Anordnungen nach § 10 BBodSchG durchgesetzt werden. Unmittelbare Rechtsfolgen bei Verstößen gegen beide Pflichten, z.B. in Form von Strafsanktionen oder Ahndung als Ordnungswidrigkeit, bestehen dabei nicht[122]. Die Praxisrelevanz beider Vorschriften dürfte allerdings eher gering sein. So kommt § 4 Abs. 1 nur zur Anwendung, soweit Einwirkungen auf den Boden nicht durch andere Gesetze abschließend ge-

---

113 *Sanden/Schoeneck*, Bundes-Bodenschutzgesetz, § 4 Rdnr. 9; *Becker*, Bundes-Bodenschutzgesetz, § 4 Rdnr. 3.
114 S. hierzu unten 3 a).
115 *Sanden/Schoeneck*, a.a.O., § 4 Rdnr. 9.
116 BT-Dr. 13/6701, S. 34; *Hilger*, in: Holzwarth/Radtke/Hilger/Bachmann, Bundes-Bodenschutzgesetz/Bundes-Bodenschutz- und Altlastenverordnung, § 4 BBodSchG Rdnr. 85.
117 Vgl. nur *Kügel*, NJW 2000, 111 m. Hinw. auf VGH Mannheim, NJW 1998, 624 = NVwZ 1998, 308 L = VBlBW 1997, 463.
118 Vgl. im einzelnen *Becker*, Bundes-Bodenschutzgesetz, § 4 Rdnr. 8.
119 *Hilger*, in: Holzwarth/Radtke/Hilger/Bachmann, Bundes-Bodenschutzgesetz/Bundes-Bodenschutz- und Altlastenverordnung, § 4 BBodSchG Rdnr. 85.
120 *Sanden/Schoeneck*, Bundes-Bodenschutzgesetz, § 4 Rdnr. 13; *Peine*, UPR 1999, 364.
121 *Sanden/Schoeneck*, a.a.O., § 4 Rdnr. 7.
122 *Vierhaus*, NJW 1998, 1264 spricht deshalb von „soft law"; dagegen *Sanden/Schoeneck*, Bundes-Bodenschutzgesetz, § 4 Rdnr. 12.

regelt sind (§ 3 Abs. 1, 2.). Fraglich ist ferner, welcher Wahrscheinlichkeitsgrad des Eintretens einer schädlichen Bodenveränderung als Auslöser behördlichen Handelns erforderlich ist[123]. Das BBodSchG selbst gibt hier keine Handlungsanweisung, weshalb ein Rückgriff auf das allgemeine Polizei- und Ordnungsrecht in Betracht kommt mit der weiteren Folge der Entwicklung von Konkretisierungsmaßstäben anhand des Einzelfalls durch die Rechtsprechung. Es ist hier dementsprechend eher mit „verhaltenem" behördlichem Vorgehen zu rechnen.

b) Sanierungspflicht und Pflichtige

Gegenüber den Pflichten aus § 4 Abs. 1, 2 BBodSchG betrifft die praxisrelevante Sanierungspflicht nach § 4 Abs. 3 BBodSchG die Beseitigung eingetretener Bodenbelastungen und hat damit nachsorgenden bzw. reparierenden Charakter[124]. Die in der Vorschrift aufgeführten Adressaten sind verpflichtet, Boden- und Wasserschäden zu beseitigen[125]. **45**

Eine Bodensanierung hat durch Dekontaminations- und/oder Sicherungsmaßnahmen zu erfolgen[126]. Dekontaminationsmaßnahmen sind dabei solche Maßnahmen, die zur Beseitigung oder Verminderung von Schadstoffen führen[127], Sicherungsmaßnahmen dagegen Maßnahmen, die eine Ausbreitung der Schadstoffe langfristig verhindern oder vermindern, ohne die Schadstoffe zu beseitigen. Soweit dies nicht möglich oder unzumutbar ist, sind sonstige Schutz- und Beschränkungsmaßnahmen durchzuführen[128]. **46**

Dekontaminations- und Sicherungsmaßnahmen stehen bedingt gleichwertig nebeneinander[129]. Regelfall des Gesetzes ist die Dekontamination. Ihr gleichwertig ist eine Sicherungsmaßnahme dann, wenn sie die Ausbreitung der Schadstoffe langfristig verhindert. Insofern kommt es entscheidend auf die dauerhafte Wirksamkeit der Maßnahme an[130]. Ist dies der Fall, besteht eine Auswahl zwischen beiden Maßnahmen nach Maßgabe pflichtgemäßen Ermessens und des Verhältnismäßigkeitsgrundsatzes[131]. **47**

---

123 *Sanden/Schoeneck*, a. a. O., § 4 Rdnr. 10.
124 *Peine*, UPR 1999, 364.
125 Das zu erreichende Ziel entspricht deshalb grundsätzlich dem auch von den Pflichtigen der Absätze 1 und 2 geforderten Zustand bodenschutzrechtlicher Unbedenklichkeit; vgl. *Peine*, UPR 1999, 364; *Sanden/Schoeneck*, Bundes-Bodenschutzgesetz, § 4 Rdnr. 21 sowie o. Rdnr. 49.
126 Vgl. § 4 Abs. 3 S. 2 BBodSchG; s. hierzu auch o. Kap. II 2 a).
127 Vgl. § 2 Abs. 7 Nr. 1 BBodSchG.
128 Vgl. § 4 Abs. 3 S. 3 BBodSchG.
129 *Peine*, UPR 1999, 365; *Hilger*, in: Holzwarth/Radtke/Hilger/Bachmann, Bundes-Bodenschutzgesetz/Bundes-Bodenschutz- und Altlastenverordnung, § 4 BBodSchG Rdnr. 126, 129.
130 *Sanden/Schoeneck*, Bundes-Bodenschutzgesetz, § 4 Rdnr. 24; *Hilger*, a. a. O., § 4 BBodSchG Rdnr. 129.
131 *Sanden/Schoeneck*, a. a. O., § 4 Rdnr. 24; *Hilger*, in: Holzwarth/Radtke/Hilger/Bachmann, Bundes-Bodenschutzgesetz/Bundes-Bodenschutz- und Altlastenverordnung, § 4 BBodSchG Rdnr. 126; auch *Peine*, UPR 1999, 365.

48 Sonstige Schutz- und Beschränkungsmaßnahmen sind nach § 4 Abs. 3 S. 3 gegenüber Dekontaminations- und Sicherungsmaßnamen subsidiär. Sie sind nur geeignete Maßnahmen, soweit es nicht möglich und unzumutbar ist, die Gefahren- oder Störungsquelle selbst zu beseitigen. In diesem Fall dienen Schutzmaßnahmen dazu, den Austrag umweltgefährdender Stoffe aus dem Boden oder einer Altlast zu verhindern oder zu vermindern. Ferner sollen Nutzungsbeschränkungen verhindern, daß Menschen durch die Bodenbelastung gefährdet werden[132].

49 „Unmöglich" sind die Kontaminations- und Sicherungsmaßnahmen i. S. des Gesetzes, wenn sich die jeweilige Maßnahme als praktisch undurchführbar erweist, das heißt der Markt kein technisches Verfahren zur Verfügung stellt, mit dem das Sanierungsziel erreicht werden kann[133]. „Unzumutbar" sind solche Maßnahmen dann, wenn Art und Ausmaß der Belastungen für den Betroffenen zu Kosten führen, die im Einzelfall für den unter Berücksichtigung der Belange der Allgemeinheit und der Umwelt unzumutbar, sprich: unangemessen sind[134]. Die Sanierungspflicht betrifft primär den durch schädliche Einwirkungen beeinträchtigten Boden. Es geht hier um die Beseitigung von Gefahren, ähnlichen Nachteilen und erheblichen Belästigungen durch Schadstoffe. Das Ziel, das der Adressat erreichen muß, entspricht dabei grundsätzlich dem auch von den Pflichtigen nach § 4 Abs. 1, 2 geforderten Zustand bodenschutzrechtlicher Unbedenklichkeit. Bei Altlasten geht es darüber hinaus auch um die Abwehr „sonstiger" mit ihnen verbundenen Gefahren. So ist z. B. bei stillgelegten Industrieanlagen nicht nur der auf dem Anlagengrundstück kontaminierte Boden zu sanieren, sondern es sind auch Gefahren zu beseitigen, die von der stillgelegten Anlage selbst und ihren Nebeneinrichtungen ausgehen, etwa von noch nicht von Betriebsstoffen gereinigten Leitungssystemen[135]. Bei stillgelegten Deponien sind auch Gefahren abzuwenden, die vom abgelagerten Abfall ausgehen, der Boden i. S. von § 2 Abs. 1 ist[136]. Was die „Qualität" der Bodensanierung anbelangt, enthält die Bundes-Bodenschutz- und Altlastenverordnung insbesondere sog. Prüf- und Maßnahmenwerte zur Konkretisierung der Anforderungen an die Abwehr schädlicher Bodenveränderungen sowie an die Sanierung kontaminierten Bodens und von Altlasten[137].

50 § 4 Abs. 3 enthält neben der Verpflichtung der Bodensanierung auch die Pflicht der Gewässersanierung. Im Unterschied zur Bodensanierung enthält das BBodSchG aber keine eigenen Maßstäbe für die Gewässersanierung, son-

---

132 BT-Dr. 13/6701, S. 35.
133 *Sanden/Schoeneck*, Bundes-Bodenschutzgesetz, § 4 Rdnr. 25; *Peine*, UPR 1999, 365.
134 *Sanden/Schoeneck*, a. a. O., § 4 Rdnr. 26; *Peine*, a. a. O., 365.
135 BT-Dr. 13/6701, S. 30.
136 BT-Dr. 13/6701, S. 30; *Hilger*, in: Holzwarth/Radtke/Hilger/Bachmann, Bundes-Bodenschutzgesetz/Bundes-Bodenschutz- und Altlastenverordnung, § 4 BBodSchG Rdnr. 116.
137 S. hierzu unten Kap. IX.

dern verweist hierfür auf das Wasserrecht (§ 4 Abs. 4 S. 3 BBodSchG) und damit auf die dort geltenden „Gewässergütestandards"[138].

Der Adressatenkreis hinsichtlich der Sanierungspflichten ist weit gefaßt und teilweise rechtlich sehr problematisch[139]. Im einzelnen sind zur Sanierung verpflichtet: **51**

- Verursacher einer schädlichen Bodenveränderung oder Altlast sowie dessen Gesamtrechtsnachfolger.
- Grundstückseigentümer und Inhaber der tatsächlichen Gewalt über ein Grundstück.
- Wer aus handelsrechtlichem oder gesellschaftsrechtlichem Rechtsgrund für eine juristische Person einzustehen hat, der ein Grundstück, das mit einer schädlichen Bodenveränderung oder einer Altlast belastet ist, gehört (insbesondere bei der sog. Durchgriffshaftung und der „qualifizierten" Konzernabhängigkeit).
- Derelinquent.
- Früherer Grundstückseigentümer[140].

Zu den traditionellen „Grundpfeilern" der Haftung bei Neu- und Altlasten gehören bekanntlich die sog. Verhaltens- bzw. Verursacherverantwortlichkeit und die Zustandsverantwortlichkeit (Grundstückseigentümer und Inhaber der tatsächlichen Gewalt über ein Grundstück). Nur an diesen öffentlich-rechtlichen Haftungsinstitutionen wollten Bundesregierung und Bundesrat auch im Gesetzgebungsverfahren zum BBodSchG festhalten[141]. Im Vermittlungsausschuß[142] wurde schließlich beschlossen, den Kreis der Verantwortlichen erheblich auszudehnen, nämlich auf den Gesamtrechtsnachfolger des Verursachers, auf denjenigen, der aus handels- oder gesellschaftsrechtlichem Rechtsgrund für den gegenwärtigen Eigentümer und/oder Inhaber der tatsächlichen Gewalt über ein Grundstück einstandspflichtig ist, sowie auf den früheren Eigentümer eines kontaminierten Grundstücks. Damit stehen der zuständigen Behörde, je nach Anzahl der früheren Eigentümer und Gesamtrechtsnachfolger, neben den Verhaltens- und Zustandsverantwortlichen noch weitere Verantwortliche zur Auswahl, die durch die Aufnahme in das ab 1. März 1999 bundesweit geltende BBodSchG zahlreiche Fragen aufwerfen, zu denen das Gesetz wie auch die Gesetzesbegründung aber keine Antworten geben[143]. Damit ist in vielen Fällen der Weg zu den Gerichten bei unklarer bzw. mißverständlicher Gesetzeslage (wieder einmal) vorprogrammiert. **52**

---

138 Vgl. im einzelnen *Peine*, UPR 1999, 365 f. m. w. N.
139 S. hierzu im einzelnen die Ausführungen unter Ziff. 3 sowie auch die ausführl. Darstellung bei *Kahl*, Die Verwaltung 2000, 29 ff. m. w. N.
140 Vgl. § 4 Abs. 6 BBodSchG.
141 *Spieth/Wolfers*, NVwZ 1999, 355 ff., 355 m. Hinw. auf BT-Dr. 13/6701, S. 9 und BT-Dr. 13/7891, S. 10; zur Entstehungsgeschichte der Vorschrift s. *Becker*, Bundes-Bodenschutzgesetz, § 4 Rdnr. 13 m. w. N.
142 BT-Dr. 13/9637.
143 Vgl. auch *Spieth/Wolfers*, NVwZ 1999, 355.

3. Sanierungspflichtige und Altlastenverantwortung

53 Der in § 4 Abs. 3 BBodSchG verankerte Pflichtigen-Katalog knüpft an die Sanierung von schädlichen Bodenveränderungen und Altlasten an. Für einen Betroffenen bedeutet Altlast nach wie vor in erster Linie Kostenlast. Nicht einzusehen aus seiner Sicht ist seine Verantwortung als Grundstückseigentümer, wenn er die Altlast nicht verursacht hat. Diese grundsätzliche Eigentümerverantwortung für die Untersuchung und Sanierung von Altlasten, bekannt aus den Abfall- und Altlastengesetzen der Länder sowie ergänzend aus dem allgemeinen Polizei- und Ordnungsrecht abgeleitet, wurde im BBodSchG nicht nur erheblich verschärft bzw. erweitert, sondern der Gesetzgeber hat trotz langjähriger Diskussion um Haftungsbegrenzungsmechanismen[144] auch davon abgesehen, Grenzen der Inanspruchnahme des Eigentümers in das BBodSchG selbst aufzunehmen und dadurch Rechtssicherheit für betroffene Grundstückseigentümer/Investoren zu schaffen. Dieses Problemfeld wie insbesondere auch die Regelungen zur Gesamtrechtsnachfolge und zur handelsrechtlichen wie gesellschaftsrechtlichen Einstandspflicht sind Gegenstand der nachfolgenden Ausführungen.

a) Verursacherhaftung

54 Der Begriff der „Haftung" könnte den Eindruck erwecken, daß es hier um den zivilen Ausgleich von Schäden geht, wo dieser Begriff auch traditionell angesiedelt ist. In Wirklichkeit handelt es sich bei dem in § 4 Abs. 3 BBodSchG enthaltenen Katalog der Pflichtigen um öffentlich-rechtliche „Verantwortlichkeiten", die kraft Gesetzes maßnahmenbezogen entstehen oder als gesetzliche Anknüpfungspunkte („Adressaten") für behördliche Forderungen nach Durchführung von Maßnahmen – Sanierungsmaßnahmen – ausgestaltet sind. Letztlich handelt es sich aber um öffentlich-rechtliche Verbindlichkeiten, für die die in § 4 Abs. 3 genannten Adressaten bei Vorliegen der übrigen gesetzlichen Voraussetzungen dergestalt einzustehen haben, als sie auf eigene Kosten besagte Maßnahmen durchführen müssen. Um diese Situation immer wieder zu verdeutlichen, wurde vorliegend der Begriff „Haftung" gewählt im Sinne einer Kostenhaftung bei Vornahme der gesetzlichen Maßnahmen im Rahmen der jeweiligen Verantwortlichkeit.

55 Bei der Verursacherhaftung hat der Gesetzgeber davon abgesehen, zu beschreiben, was oder wer Verursacher ist. Der nunmehr bundeseinheitlich verbindliche Begriff[145] beantwortet sich hinsichtlich seines Inhalts demgemäß nach den altbekannten Grundsätzen des allgemeinen Polizei- und Ordnungs-

---

144 Grundlegend hierzu bereits *Papier*, Altlasten und polizeirechtliche Störerhaftung, 1985 (!), insbes. S. 48 ff.; zur aktuellen Entwicklung der Diskussion gerade in der Rechtsprechung – auf deren Darstellung hier verzichtet wird – s. *Kügel*, NJW 2000, 112 f. m. w. N. sowie o. Rdnr. 102 ff.
145 *Sanden/Schoeneck*, Bundes-Bodenschutzgesetz, § 4 Rdnr. 30.

rechts zu seiner Konkretisierung[146]. Bisherige landesrechtliche Modifikationen oder Erweiterungen haben dabei außer Betracht zu bleiben[147]. Danach kommt es zunächst auf ein Verschulden oder eine Verschuldensfähigkeit des Betroffenen nicht an[148]. Juristische Personen und Personenhandelsgesellschaften haben für das Verhalten ihrer verfassungsmäßigen Vertreter einzustehen und sind danach ebenfalls als Verursacher verantwortlich[149]. „Verursachung" ist normativ zu verstehen, das heißt, es ist also eine wertende Zuordnung erforderlich[150]. Nach immer noch h. M. gilt das Prinzip der unmittelbaren Verursachung[151], wonach derjenige als Verursacher einer schädlichen Bodenveränderung oder Altlast anzusehen ist, dessen Verhalten für sich gesehen die polizeiliche Gefahrenschwelle überschreitet und damit grundsätzlich die letzte menschliche Ursache für den Gefahreneintritt darstellt[152]. „Unmittelbarkeit" bedeutet in diesem Zusammenhang ein objektiv enger Wirkungs- und Verantwortungszusammenhang zwischen Verhalten und Gefahr[153]. Erforderlich ist jedenfalls ein – aktives – „Handeln" des Betroffenen, ein bloßes pflichtwidriges Unterlassen, durch das der „mißbilligte" Erfolg (schädliche Bodenveränderung oder Altlast) herbeigeführt wird, begründet die Verursacherverantwortung nur, wenn eine öffentlich-rechtliche Handlungspflicht besteht[154].

Der Verursacher einer schädlichen Bodenveränderung oder Altlast hat grundsätzlich nur für die Beseitigung der durch ihn hierdurch verursachten Gefahr einzustehen. Er ist also nicht verpflichtet, ein Grundstück zu sanieren, auf dem sich noch weitere Gefahrenherde befinden. Allerdings ist er zur Sanierung auch solcher Schäden und damit zu einer Kostenmehrübernahme verpflichtet, die untrennbar mit dem von ihm verursachten Schaden vermischt sind. Er hat hier aber gegebenenfalls einen Kostenausgleichsanspruch nach § 24 Abs. 2 BBodSchG gegenüber den anderen Verursachern[155]. Jedenfalls gehört die Aufnahme des Verursacherbegriffs in den Haftungskatalog des § 4 Abs. 3 BBodSchG aber nicht zu den Problemfeldern dieser Vorschrift. **56**

---

146 *Becker*, DVBl. 1999, 135; *Oerder*, in: Oerder/Numberger/Schönfeld, Bundes-Bodenschutzgesetz, § 4 Rdnr. 12.
147 *Sanden/Schoeneck*, a. a. O., § 4 Rdnr. 30.
148 *Knopp/Albrecht*, Altlastenrecht in der Praxis, Rdnr. 97.
149 OVG Münster, NVwZ-RR 1994, 386 (Juristische Personen), VGH Mannheim, VBlBW 1993, 298 (Personenhandelsgesellschaften).
150 Vgl. im einzelnen *Oldiges*, in: Oldiges (Hrsg.), Das Bundes-Bodenschutzgesetz – Fragen und Erwartungen, S. 77 f.; ausführl. *Becker*, Bundes-Bodenschutzgesetz, § 4 Rdnr. 17.
151 Zur Darstellung des Streitstandes und der Lehren s. statt aller *Hilger*, in: Holzwarth/Radtke/Hilger/Bachmann, Bundes-Bodenschutzgesetz/Bundes-Bodenschutz- und Altlastenverordnung, § 4 BBodSchG Rdnr. 48 ff. m. w. N.
152 *Sanden/Schoeneck*, Bundes-Bodenschutzgesetz, § 4 Rdnr. 31.
153 S. auch *Götz*, Allgemeines Polizei- und Ordnungsrecht, 12. Aufl., 1995, Rdnr. 198.
154 *Knopp/Albrecht*, Altlastenrecht in der Praxis, Rdnr. 97 m. Hinw. auf OVG Münster, NWVBl. 1979, 735; *Bickel*, Bundes-Bodenschutzgesetz, § 4 Rdnr. 12.
155 *Bickel*, a. a. O., § 4 Rdnr. 13.

Betrieblich-rechtliche Fragestellungen

b) Gesamtrechtsnachfolgerhaftung

(aa) Begriff und Tatbestände

57 Nach § 4 Abs. 3 S. 1 ist auch und ausschließlich der Gesamtrechtsnachfolger des Verursachers zu Sanierungsmaßnahmen verpflichtet. Das heißt zugleich, daß diese Haftung die Eigentümerverantwortung und die Verantwortung des Inhabers der tatsächlichen Gewalt über ein Grundstück (sog. Zustandsverantwortung) nicht erfaßt[156].

58 Diese neuartige und erste Haftungserweiterung wurde erst im Vermittlungsausschuß beschlossen[157]. Anknüpfungspunkt dieser öffentlich-rechtlichen Verantwortung ist ein zivilrechtlicher Tatbestand. Gesamtrechtsnachfolger ist diejenige natürliche oder juristische Person, die kraft gesetzlicher Anordnung in die gesamten Rechte oder Pflichten einer anderen Person eintritt[158]. Typische und immer wieder genannte Beispiele sind hier die Erbenstellung (§ 1922 BGB) und die Verschmelzung bei Unternehmen (§ 20 UmwG)[159].

59 Mit dem Erbfall geht grundsätzlich die Erbschaft „als Ganzes" unmittelbar und von selbst auf den Erben kraft Gesetzes über. Dieser wird damit Rechtsnachfolger des Erblassers im Wege der Gesamtnachfolge, also ohne besondere Übertragung der Einzelrechte[160]. Da der Erbe in die Pflichtenstellung des Erblassers – voll umfänglich – einrückt, muß die Pflicht zum Handeln bereits beim Erblasser bestanden haben. Es ist also erforderlich, daß zur Zeit des Erbfalls die Behörde auf Grund eines Kontaminationssachverhalts eine Handlungsverfügung gegen den Erblasser hätte erlassen können. Rechtlich dagegen ohne Bedeutung ist nach der Neuregelung in § 4 Abs. 3 S. 1, ob sie dies auch tatsächlich getan hat[161]. Die bloße Verweisung in § 4 Abs. 3 S. 1 auf das Vorliegen zivilrechtlicher Rechtsnachfolgetatbestände ermöglicht es vorliegend dem Erben auch, sich gegebenenfalls gegenüber der anordnenden Behörde auf die beschränkte Erbenhaftung zu berufen[162].

60 Bei einer Verschmelzung von Unternehmen[163] geht nach Eintragung der Verschmelzung in das Register des Sitzes des übernehmenden Rechtsträgers das gesamte Vermögen einschließlich der Verbindlichkeiten der übertragenden

---

156 *Sanden/Schoeneck,* Bundes-Bodenschutzgesetz, § 4 Rdnr. 34; kritisch hierzu *Oldiges,* in: Oldiges (Hrsg.), Das Bundes-Bodenschutzgesetz – Fragen und Erwartungen, S. 86.
157 *Becker,* DVBl. 1999, 135; ders., Bundes-Bodenschutzgesetz, § 4 Rdnr. 13, 19 (ähnliche Regelungen zu der Haftung des Gesamtrechtsnachfolgers auf den Verursacher kennen bislang z. B. Art. 68a BayWG, § 12 HessAltlastG, § 20 ThürAbfAG).
158 *Sanden/Schoeneck,* a.a.O., § 4 Rdnr. 35; *Spieth/Wolfers,* altlasten spektrum 1998, 75 ff., 76; dies., NVwZ 1999, 349.
159 Vgl. etwa *Knopp/Albrecht,* BB 1998, 1855; *Brandt/Sanden,* Bodenschutz 1999, 136 ff., 139 f.; *Spieth/Wolfers,* altlasten spektrum 1998, 76; zur Gesamtrechtsnachfolgerhaftung bei Altlasten in den neuen Bundesländern s. *Müller/Süß,* altlasten spektrum 1999, 91 ff.
160 *Palandt/Edenhofer,* BGB, § 1922 Rdnr. 6.
161 *Bickel,* Bundes-Bodenschutzgesetz, § 4 Rdnr. 16 m. w. N.
162 Vgl. § 1967 BGB und *Bickel,* a.a.O., § 4 Rdnr. 15.
163 Vgl. § 20 UmwG sowie *Schmidt,* Gesellschaftsrecht, 3. Aufl., 1997, S. 390 ff.

Rechtsträger kraft Gesetzes auf den übernehmenden Rechtsträger über (§ 20 Abs. 1 Nr. 1 UmwG). Die übertragenden Rechtsträger erlöschen, wobei es einer besonderen Löschung nicht bedarf (§ 20 Abs. 1 Nr. 2 UmwG). Zum Zeitpunkt des Vermögensübergangs ist es dabei unerheblich, inwieweit das übergehende Vermögen bekannt und bilanziell erfaßt war[164]. Die Gesamtrechtsnachfolge erfaßt hier auch das im Ausland befindliche Vermögen der übertragenden Rechtsträger[165]. Öffentlich-rechtliche Verpflichtungen wie etwa Sanierungspflichten gehen ebenfalls auf den übernehmenden Rechtsträger über[166].

Kein Gesamtrechtsnachfolger ist demgegenüber derjenige, der durch **Vertrag** gemäß § 419 Abs. 1 BGB (bis 31.12.1998) das Vermögen eines anderen übernommen hat[167], da der andere weiterhin Schuldner der zuvor begründeten Verbindlichkeiten geblieben ist[168]. Die Vermögensübernahme hat die Wirkung eines Schuldbeitritts, der Übernehmer kann seine Haftung auch nicht durch Vereinbarung mit dem Schuldner ausschließen.

61

Auch der Erwerber eines Handelsgeschäfts bei Firmenfortführung ist nicht Gesamtrechtsnachfolger des früheren Inhabers und Veräußerers. Nach der hier maßgeblichen Vorschrift des § 25 Abs. 1 HGB haftet der Erwerber mit seinem gesamten Vermögen den Gläubigern gegenüber als Gesamtschuldner **neben** dem früheren Inhaber[169]. Insoweit liegt keine Gesamtrechtsnachfolge, sondern eine Schuldmitübernahme bzw. ein Schuldbeitritt aus Sicht des Erwerbers vor[170].

62

Mit der Regelung in § 4 Abs. 3 S. 1 BBodSchG zur Haftung des Gesamtrechtsnachfolgers des Verursachers ist vom Gesetzgeber die in Rechtsprechung und Literatur bislang streitige Diskussion[171] um den Zeitpunkt des Eintritts in Sanierungspflichten des Verursachers durch den Gesamtrechtsnach-

63

---

164 *Kallmeyer*, Umwandlungsgesetz, 1997, § 20 Rdnr. 4; *Lutter/Grunewald*, UmwG, 1996, § 20 Rdnr. 10.
165 *Kallmeyer*, a.a.O., § 20 Rdnr. 5 m.w.N.
166 *Kallmeyer*, a.a.O., § 20 Rdnr. 27; *Lutter/Grunewald*, a.a.O., § 20 Rdnr. 7.
167 § 419 BGB ist durch Art. 33 EGInsO vom 5. 10. 1994, BGBl. I, S. 2911, aufgehoben; nach der Übergangsvorschrift des Art. 223 a EGBGB gilt § 419 BGB in der bisherigen Fassung für Vermögensübernahmen, die bis zum Ablauf des 31. 12. 1998 erfolgt sind.
168 Vgl. auch *Spieth/Wolfers*, NVwZ 1999, 359.
169 Der frühere Inhaber haftet allerdings für frühere Geschäftsverbindlichkeiten nur, wenn sie vor Ablauf von fünf Jahren fällig sind, s. § 26 Abs. 1 S. 1 HGB (Begrenzung der Nachhaftung des früheren Inhabers); vgl. hierzu *Baumbach/Hopt*, Handelsgesetzbuch, 29. Aufl., 1995, § 26 Rdnr. 5.
170 *Baumbach/Hopt*, a.a.O., § 25 Rdnr. 10; *Schmidt*, Handelsrecht, 5. Aufl., 1999, S. 249; auch *Bickel*, Bundes-Bodenschutzgesetz, § 4 Rdnr. 19.
171 Vgl. nur *Stadie*, DVBl. 1990, 501 ff.; *Schlabach/Simon*, NVwZ 1992, 143 ff., 144 f.; *Papier*, DVBl. 1996, 127 ff. (speziell zur rückwirkenden Haftung des Gesamtrechtsnachfolgers); *Götz*, Allgemeines- Polizei- und Ordnungsrecht, Rdnr. 247 ff.; *Hilger* in: Holzwarth/Radtke/Hilger/Bachmann, Bundes-Bodenschutzgesetz/Bundes-Bodenschutz- und Altlastenverordnung, § 4 BBodSchG Rdnr. 91; *Sanden/Schoeneck*, Bundes-Bodenschutzgesetz, § 4 Rdnr. 33, jew. mit weit. Lit.- und Rechtspr.-Nachw.

folger jedenfalls dahingehend entschieden, daß der Gesamtrechtsnachfolger unabhängig davon haftet, ob die Sanierungspflicht des Verursachers bereits in einer behördlichen Verfügung konkretisiert wurde oder nicht[172]. Dabei haftet der Gesamtrechtsnachfolger auch nur, soweit sein Rechtsvorgänger als Verursacher verantwortlich war. Begründete das Verhalten nach der Rechtslage der seinerzeitigen Verursachung der Schadstoffverunreinigung keine Gefahr, entstand auch keine Verursacherverantwortung und damit keine Gesamtrechtsnachfolgerhaftung[173]. Auch sofern die Verantwortlichkeit des Verursachers durch Ausschlußtatbestände wie Legalisierung, Verjährung, Verwirkung usw. beschränkt oder ausgeschlossen ist, gilt dies in gleicher Weise auch für den Rechtsnachfolger[174].

64 Von der Gesamtrechtsnachfolge muß die „Nachfolge" durch Rechtsidentität unterschieden werden. Gemeint sind hier etwa Vorgänge im gesellschaftsrechtlichen Umwandlungsrecht, vor allem bei einem Formwechsel (z.B. von der AG zur GmbH)[175].

65 Ebenfalls von der Gesamtrechtsnachfolge zu unterscheiden ist die Einzelrechtsnachfolge (sog. Singularsukzession), die nicht in § 4 Abs. 3 BBodSchG geregelt und auch nicht erfaßt ist[176]. Geht man davon aus, daß die Vorschrift des § 4 Abs. 3 BBodSchG abschließenden Regelungscharakter hat[177], dann bedeutet dies dennoch nicht, daß sich der Verursacher in jedem Fall durch privates Rechtsgeschäft (Kaufvertrag/Übereignung) seiner Verursacherverantwortung entziehen kann. Privatrechtlich vereinbarte Haftungsfreistellungen und Haftungsübernahmen sind zunächst öffentlich-rechtlich unbeachtlich. Die Verursacherverantwortung erlischt nicht durch rechtsgeschäftliche Übereignung eines kontaminierten Grundstücks an einen Dritten[178]. Der Verursacher kann im übrigen auch ggf. als „früherer Eigentümer" unter den Voraussetzungen des § 4 Abs. 6 BBodSchG in Anspruch genommen werden[179].

---

172 *Riedel*, ZIP 1999, 97 weist unter Fn. 25 darauf hin, daß die Klärung der Rechtsfrage, ob eine Gesamtrechtsnachfolge in die abstrakte, das heißt, noch nicht durch eine behördliche Verfügung konkretisierte Verhaltensverantwortlichkeit möglich ist, vor allem der Grund war, weshalb die Länder im Vermittlungsausschuß auf der Regelung der Gesamtrechtsnachfolge in § 4 Abs. 3 BBodSchG bestanden haben. Die Bundesregierung dagegen wollte demgegenüber die Klärung der Gesamtrechtsnachfolge der Rechtsprechung, die noch nicht höchstrichterlich entschieden habe, überlassen.
173 *Riedel*, a.a.O., 97; *Spieth/Wolfers*, NVwZ 1999, 359; *Hilger*, a.a.O., § 4 BBodSchG Rdnr. 90: Die Haftung des Gesamtrechtsnachfolgers ist zur Haftung des Verursachers insoweit „akzessorisch". Alle „Einwendungen", die der Verursacher insoweit vorbringen konnte, stehen ebenfalls dem Rechtsnachfolger zu.
174 *Sanden/Schoeneck*, Bundes-Bodenschutzgesetz, § 4 Rdnr. 36.
175 *Becker*, Bundes-Bodenschutzgesetz, § 4 Rdnr. 20; ders., DVBl. 1999, 136.
176 *Becker*, Bundes-Bodenschutzgesetz, § 4 Rdnr. 20.
177 S. o. Fn. 104.
178 *Becker*, a.a.O., § 4 Rdnr. 20.
179 S. hierzu unten e).

(bb) Sonderfälle der partiellen Gesamtrechtsnachfolge

(1) Spaltungstatbestände bei Unternehmen

Neben der Verschmelzung sind die Spaltungstatbestände des Umwandlungsrechts von praktischer Relevanz bei der Umstrukturierung von Unternehmen[180]. 66

§ 123 UmwG nennt drei Arten der Spaltung[181]: 67

- Aufspaltung (§ 123 Abs. 1). Sie liegt vor, wenn ein Rechtsträger (übertragender Rechtsträger) sein Vermögen durch gleichzeitige Übertragung der Vermögensteile jeweils als Gesamtheit auf andere Rechtsträger überführt und dadurch ohne Liquidation erlischt.
- Abspaltung (§ 123 Abs. 2). Ein Rechtsträger (übertragender Rechtsträger) überführt ein oder mehrere Teile seines Vermögens jeweils als Gesamtheit auf einen oder mehrere Rechtsträger, aus denen dann die Mitglieder des übertragenden Rechtsträgers Mitgliedschaftsrechte erhalten.
- Ausgliederung (§ 123 Abs. 3). Ein Rechtsträger (übertragender Rechtsträger) überführt aus seinem Vermögen einen oder mehrere Teile auf einen oder mehrere andere Rechtsträger und erhält dafür selbst Anteile oder Mitgliedschaftsrechte.

In § 123 wird zusätzlich noch zwischen der Spaltung (Aufspaltung, Abspaltung oder Ausgliederung) „zur Aufnahme" oder „zur Neugründung" unterschieden. Der Unterschied besteht darin, daß der aufnehmende Rechtsträger nicht immer neu entsteht, sondern auch schon vorhanden sein kann. Dementsprechend hat die Spaltung „zur Aufnahme" aus Sicht des übernehmenden Rechtsträgers einen „Teil-Verschmelzungseffekt"[182]. 68

Allen Spaltungsvorgängen zugrunde liegt ein Spaltungs- und Übernahmevertrag zwischen den beteiligten Rechtsträgern (§ 126 UmwG). Nach § 131 Abs. 1 Nr. 1 UmwG führt die Eintragung der Spaltung in den Registern der beteiligten Rechtsträger dazu, daß das betroffene Vermögen des übertragenden Rechtsträgers einschließlich der Verbindlichkeiten entsprechend der im Spaltungs- und Übernahmevertrag vorgesehenen Aufteilung jeweils als Gesamtheit auf die zu übernehmenden Rechtsträger übergeht. Man spricht hier im Unterschied zur Verschmelzung von einer partiellen Gesamtrechtsnachfolge der jeweils aufnehmenden Rechtsträger bzw. von einer Sonderrechtsnachfolge[183]. Eine Gesamtrechtsnachfolge liegt vor, da einzelne Vermögensteile als Ganzes und damit ohne Einzelrechtsübertragung auf den oder die überle- 69

---

180 *Theuer*, DB 1999, 623 ff.; *Becker*, DVBl. 1999, 138 f.; *Spieth/Wolfers*, altlasten spektrum 1998, 76.
181 Vgl. *Schmidt*, Gesellschaftsrecht, S. 400 ff.; *Kallmeyer*, UmwG, § 123 Rdnr. 7 ff.; *Theuer*, a. a. O., 621; *Lutter*, UmwG, § 123 Rdnr. 13 ff.
182 *Schmidt*, a. a. O., S. 401.
183 *Kallmeyer*, a. a. O., § 123 Rdnr. 2; *Lutter/Teichmann*, a. a. O., § 123 Rdnr. 7 ff.

benden Rechtsträger übergehen[184]. Ergibt sich dagegen aus dem Umstrukturierungsbeschluß, daß eine Einzelrechtsnachfolge gewollt ist, handelt es sich nicht um eine Spaltung und das UmwG findet keine Anwendung[185].

(2) Problemstellung

70 Bei der partiellen Gesamtrechtsnachfolge in den o.g. Fällen stellt sich im Hinblick auf § 4 Abs. 3 S. 1 BBodSchG folgende Frage: Wenn der übertragende Rechtsträger im Bereich des ausgegliederten oder abgespalten Unternehmensbereichs eine schädliche Bodenveränderung oder Altlast verursacht hat, ist die insoweit bestehende Verursacherverantwortung durch die Anordnung der partiellen Gesamtrechtsnachfolge auf den neuen Rechtsträger übergegangen oder bei dem übertragenden Rechtsträger verblieben?[186].

71 Das BBodSchG, resp. § 4 Abs. 3 S. 1, sowie die Gesetzesmaterialien bleiben die Antwort hier schuldig. Das Gesetz sieht weder eine positive Regelung noch einen Ausschluß der partiellen Gesamtrechtsnachfolge vor[187]. Im Rahmen einer Unternehmensumstrukturierung kann aber die Beantwortung gerade dieser Frage, nicht zuletzt unter Kostengesichtspunkten, von elementarer Bedeutung sein.

(3) Übertragung der Verursacherhaftung durch Spaltungs- und Übernahmevertrag

72 Erstmalig und grundlegend hat sich *Theuer*[188] mit der hier aufgeworfenen Fragestellung beschäftigt. Er kommt letztlich zu dem Ergebnis, daß bei der Aufspaltung, Abspaltung und Ausgliederung nach UmwG im Rahmen der Spaltungsfreiheit eine gesellschaftsrechtlich gewillkürte Nachfolgeregelung in die im BBodSchG verankerte abstrakte Verhaltensverantwortung möglich ist durch ausdrückliche vertragliche Regelungen über die Zuordnung der Sanierungsverantwortung[189].

73 Im Spaltungs- und Übernahmevertrag kann grundsätzlich bei Übertragung eines Betriebs oder Betriebsteils generalklauselartig festgelegt werden, daß alle wirtschaftlich zu dem Betrieb oder Betriebsteil gehörenden Gegenstände des materiellen und immateriellen Anlagen- und Umlaufvermögens übertragen werden, gleichgültig ob bilanziert oder nicht bilanziert. Damit keine Gegenstände unorganisch zurück bleiben, empfiehlt sich hier, ein umfangreiches

---

184 *Theuer*, DB 1999, 621 m. w. N.; *Lutter/Teichmann*, UmwG, § 131 Rdnr. 1.
185 *Kallmeyer*, UmwG, § 123 Rdnr. 2 m. Hinw. auf LG Hamburg, DB 1997, 516.
186 *Spieth/Wolfers*, altlasten spektrum 1998, 76.
187 *Theuer*, DB 1999, 621; s. aber auch *Becker*, DVBl. 1999, 138, der darauf hinweist, daß der Bundesrat im Rahmen des Gesetzgebungsverfahrens auf die „Abspaltung" und „Ausgliederung" wie folgt Bezug genommen hat: „Unternehmensspaltungen und Unternehmensveräußerungen, in deren Vollzug bei dem ursprünglichen Unternehmen als wesentliche Vermögenswerte nur kontaminierte Flächen verbleiben."
188 DB 1999, 621 ff.
189 *Theuer*, DB 1999, 623 f.

Anlagenverzeichnis beizufügen. Auch die wesentlichen Verträge sowie öffentlich-rechtlichen Rechtspositionen sind in einer Anlage zum Spaltungs- und Übernahmevertrag aufzulisten, um spätere Zweifel zu vermeiden[190]. Bei der Übertragung oder Aufteilung der Gegenstände des Aktiv- und Passivvermögens sind hinsichtlich letzteren Vermögens alle Verbindlichkeiten zu erfassen, die vor dem Wirksamwerden der Spaltung begründet worden sind. Auch ungewisse Verbindlichkeiten sind einzubeziehen, für die nur Rückstellungen gebildet werden (§ 249 Abs. 1 S. 1 HGB). Darüber hinaus gehören zu den Gegenständen des Passivvermögens aber auch beim Abschluß des Spaltungs- und Übernahmevertrages noch unbekannte Verbindlichkeiten, wie etwa bei umweltrechtlichen Altlasten, bei denen bislang keine Ansprüche erhoben sind, also das Schadensereignis noch gar nicht eingetreten ist[191].

74 Bei der abstrakten Verursacherhaftung handelt es sich zunächst um eine materielle öffentlich-rechtliche Pflicht zur Sanierung, die den übertragenden Rechtsträger trifft, soweit er die schädliche Bodenveränderung oder Altlast verursacht hat. Diese öffentlich-rechtliche Pflicht steht einem öffentlich-rechtlichen Haftungsrisiko gleich, das nach den vorgenannten Grundsätzen ähnlich wie eine Verbindlichkeit behandelt und demnach vom übertragenden Rechtsträger definiert und einem bestimmten Rechtsträger vertraglich zugewiesen werden kann[192]. Ist die Haftungssituation bereits bekannt, ist die nach § 4 Abs. 3 S. 1 BBodSchG begründete öffentlich-rechtliche Rechtsposition – die zur Sanierungsverpflichtung – in das Anlagenverzeichnis zum Spaltungs- und Übernahmevertrag aufzunehmen. So kann also z. B. bei Spaltung der X-AG in die X 1-GmbH und X 2-GmbH im Übernahme- und Spaltungsvertrag geregelt werden, daß partieller Gesamtrechtsnachfolger des Verursachers (X-AG) allein die X 1-GmbH sein soll. Das Umwandlungsrecht würde einer solchen Lösung nicht entgegenstehen, insbesondere auch nicht unter Berücksichtigung der Vorschrift von § 132 UmwG.

75 Nach § 132 S. 1 UmwG bleiben „allgemeine Vorschriften", welche die Übertragung eines bestimmten Gegenstands ausschließen oder an bestimmte Voraussetzungen knüpfen oder nach denen die Übertragung eines bestimmten Gegenstands einer staatlichen Genehmigung bedarf, durch die Wirkungen der Eintragung nach § 131 unberührt, was letztlich heißt, daß die Verursacherhaftung nicht vertraglich zugeordnet werden könnte. Durch § 132 UmwG soll verhindert werden, daß durch die Unternehmensspaltung Rechtsvorschriften, die die Übertragung von Gegenständen regeln, ausgehöhlt oder umgangen werden[193].

76 Zu den „Gegenständen" i. S. des § 132 UmwG gehören auch Verbindlichkeiten[194], damit auch öffentlich-rechtliche Verbindlichkeiten wie die Verur-

---

190 *Kallmeyer*, UmwG, § 126 Rdnr. 20; *Lutter/Priester*, UmwG § 126 Rdnr. 38 f.
191 *Kallmeyer*, a. a. O., § 126 Rdnr. 27.
192 *Theuer*, DB 1999, 622.
193 *Theuer*, a. a. O., 622.
194 *Kallmeyer*, UmwG, § 132 Rdnr. 2; *Lutter/Teichmann*, UmwG, § 132 Rdnr. 4 m. w. N.

sacherhaftung. „Allgemeine Vorschriften" in dieser Regelung sind Rechtsnormen *außerhalb* der speziell für Umwandlungen i.S. des Gesetzes geltenden Regelungen[195]. Die in Betracht kommende Vorschrift des § 4 Abs. 3 BBodSchG entfaltet aber keine entsprechende „Sperrwirkung". Zum einen handelt es sich bei § 4 Abs. 3 lediglich um eine Rechtsgrundverweisung[196]. Die Vorschrift verweist auf einen zivilrechtlichen Tatbestand und knüpft hier an eine bestimmte Rechtsfolge an. Der entsprechende zivilrechtliche Tatbestand findet sich bei Spaltungsvorgängen im UmwG. In diesem Zusammenhang knüpft § 4 Abs. 3 BBodSchG auch an einen außerhalb des Bodenschutzrechts stattfindenden Vorgang der Spaltung an und das allgemeine Spaltungsrecht regelt die aufgeworfene Frage gerade nicht. Zugleich ist aus dem Umwandlungsrecht auch nicht ersichtlich, daß eine vertragliche Zuordnung der Verursacherhaftung vom übertragenden Rechtsträger auf einen übernehmenden Rechtsträger verboten wäre. Aus dem BBodSchG selbst ist ebenfalls keine gegenteilige Regelung erkennbar. Der Gesetzgeber hat besagte Problematik offensichtlich auch nicht erkannt, wie im übrigen die Gesetzesmaterialien belegen, in denen die Frage der gesellschaftsrechtlich zulässigen Zuordnung von abstrakt öffentlich-rechtlichen Verbindlichkeiten nicht angesprochen wird.

77 § 4 Abs. 3 BBodSchG könnte es aber zumindest gebieten, daß in Fällen der Aufspaltung (§ 123 Abs. 1 UmwG) eine gesetzliche Übertragung der Verursacherhaftung im Hinblick auf die Sanierung auf *alle* übernehmenden Rechtsträger anzunehmen ist[197]. Im Unterschied zur Abspaltung ist die Aufspaltung bekanntlich dadurch gekennzeichnet, daß der übertragende Rechtsträger **alle** Vermögensteile, in der Summe also sein ganzes Vermögen, auf andere (übernehmende oder neue Rechtsträger) unter Auflösung ohne Abwicklung überträgt[198]. Bei der Abspaltung dagegen werden ein oder mehrere, nicht jedoch alle Vermögensteile übertragen und der übertragende Rechtsträger löst sich auch nicht auf.

78 Durch die Erstreckung der Gesamtrechtsnachfolgerverantwortung speziell auf die Verursacherhaftung sollte nach Auffassung des Gesetzgebers zunächst auch das Verursacherprinzip gestärkt werden[199]. So bereitet die Heranziehung des Verursachers zu kostenpflichtigen Untersuchungs- und Sanierungsmaßnahmen in der Praxis nicht selten Schwierigkeiten, weil das betreffende Unternehmen nicht mehr ermittelbar oder rechtlich existent ist[200]. In diesen Fällen haftet in der Regel der jetzige Grundstückseigentümer bei behördlichen

---

195 *Kallmeyer*, a.a.O., § 132 Rdnr. 1; auch *Lutter/Teichmann*, a.a.O., §132 Rdnr. 3.
196 So zutreff. *Theuer*, DB 1999, 626; auch *Vierhaus*, NJW 1998, 1265 („deklaratorischer Charakter").
197 *Theuer*, DB 1999, 622.
198 *Kallmeyer*, UmwG, § 123 Rdnr. 7; *Lutter/Teichmann*, UmwG, § 123 Rdnr. 13ff.
199 *Sanden/Schoeneck*, Bundes-Bodenschutzgesetz, § 4 Rdnr. 33 m. Hinw. auf BT-Dr. 13/6701, S. 51; auch BT-Dr. 13/8182, S. 3.
200 *Knopp/Albrecht*, Altlastenrecht in der Praxis, Rdnr. 122 m.w.N.

Maßnahmen, was vielfach zurecht als unbillig empfunden wird[201]. Zweck der Gesamtrechtsnachfolgeregelung im BBodSchG ist es daher, zu verhindern, daß durch gewillkürte (im Unternehmensrecht) oder natürliche Umstände (Tod der natürlichen Person) das Vermögen des Verursachers der schädlichen Bodenveränderung oder Altlast nicht mehr zu Sanierungszwecken herangezogen werden kann[202]. Ist der Verursacher nicht mehr existent oder nicht mehr greifbar, soll die Behörde zumindest auf sein verbleibendes Vermögen als Haftungssurrogat zugreifen können[203]. Aber auch in diesem Fall gilt: Die Behörde trägt wie jeder andere Gläubiger auch das Risiko der Verschlechterung oder des Untergangs des hinterlassenen bzw. übertragenen Vermögens. Die öffentliche Gewalt hat jedenfalls keinen Anspruch auf den ungeschmälerten Erhalt der haftenden Vermögensmasse[204]. Danach läßt sich auch nicht begründen, warum die vermögensrechtliche Haftung für eine abstrakte Polizeipflicht sich in allen übernehmenden Rechtsträgern fortsetzen muß[205].

Denkbar ist allerdings, daß in Umgehung des Gesetzeszwecks in § 4 Abs. 3 BBodSchG die gesellschaftsrechtlichen Gestaltungsmöglichkeiten dergestalt mißbraucht werden, daß die partielle Gesamtrechtsnachfolge auf eine im wesentlichen vermögenslose Gesellschaft erfolgt[206]. Unter Berücksichtigung des auch im Umwandlungsrecht geltenden Verbots der rechtsmißbräuchlichen Ausübung der Spaltungsfreiheit wird in diesem Fall von einer Nichtigkeit der vertraglichen Übernahmeregelung auf Grund von Sittenwidrigkeit (§ 138 BGB) auszugehen sein mit der Folge der gesamtschuldnerischen Haftung sämtlicher übernehmender Rechtsträger (§ 133 Abs. 1 S. 1 UmwG) und der damit verbundenen weitergehenden Konsequenz, daß eine Nachhaftungsbegrenzung nach § 133 Abs. 3 UmwG entfällt[207]. Bei Anwendung des obigen gesellschaftsrechtlichen Instruments ist allerdings grundsätzlich Zurückhaltung geboten, da nicht jede Trennung von Aktiva und Passiva zusammengehörender Unternehmensteile bereits rechtsmißbräuchlich ist[208]. Erst eine Gesamtschau der Aufspaltung und der Würdigung der Vermögensverteilung insgesamt läßt letztlich eine Aussage zum Mißbrauch der Spaltungsfreiheit zu[209]. Die Übertragung eines kontaminierten Grundstücks durch die X-AG auf die X-1 GmbH und partielle Gesamtrechtsnachfolge in die Verursacherhaftung auf die X-2 GmbH ist danach für sich allein betrachtet noch keine mißbräuchliche Verhaltensweise.

---

201 *Knopp/Albrecht*, a.a.O., Rdnr. 99 m.w.N.
202 *Theuer*, DB 1999, 622.
203 *Theuer*, a.a.O., 622.
204 *Theuer*, a.a.O., 622.
205 So zutreff. *Theuer*, DB 1999, 622.
206 *Theuer*, a.a.O., 622.
207 *Theuer*, DB 1999, 622; *Lutter/Hommelhoff*, UmwG, § 133 Rdnr. 15.
208 *Theuer*, a.a.O., 623.
209 Zutreff. *Theuer*, DB 1999, 623.

80 Dem Gläubigerschutz bei der Spaltung dient auch die Vorschrift des § 133 Abs. 3 UmwG. Um bei der Vermögensaufteilung die Haftungsmasse zu erhalten, haften die an der Spaltung beteiligten Rechtsträger summenmäßig und inhaltlich unbegrenzt als Gesamtschuldner für die Dauer von fünf Jahren. Die 5-Jahresfrist beginnt mit der Bekanntmachung der Spaltung für den übertragenden Rechtsträger entsprechend §§ 19 Abs. 3, 125 Abs. 4 S. 1 UmwG. Die Haftung ist ausgeschlossen, wenn die Ansprüche nicht vor Ablauf der fünf Jahre fällig geworden und gerichtlich geltend gemacht sind (Abs. 3) oder der Rechtsträger den Anspruch schriftlich anerkannt hat (Abs. 5). Die 5-Jahresfrist wurde vom Gesetzgeber auch als ausreichender Schutz der öffentlichen Gewalt als Gläubiger öffentlich-rechtlicher Verbindlichkeiten angesehen, wie § 133 Abs. 3, Hs. 2 UmwG belegt[210]. Danach hat die zuständige Behörde, da die öffentlich-rechtliche Verursacherhaftung nach § 4 Abs. 3 S. 1 BBodSchG als öffentlich-rechtliche Verbindlichkeit anzusehen ist, innerhalb der fünf Jahre diese Verbindlichkeit in Form des Erlasses eines Verwaltungsaktes gegenüber den mithaftenden Rechtsträgern geltend zu machen.

(4) Fehlende Zuordnung im Spaltungs- und Übernahmevertrag

81 Haben die Parteien des Spaltungs- und Übernahmevertrages keine ausdrückliche Regelung hinsichtlich der Zuordnung der Verursacherhaftung getroffen, stellt sich die Frage, welche Rechtsfolgen das UmwG vorsieht. Es handelt sich letztlich um eine im Spaltungs- und Übernahmevertrag „vergessene" öffentlich-rechtliche Verbindlichkeit[211]. Das UmwG enthält hier keine ausdrückliche Regelung. Grundsätzlich ist deshalb zwischen Aufspaltung, Abspaltung und Ausgliederung zu unterscheiden.

82 Bei der Aufspaltung haften die übernehmenden Rechtsträger gesamtschuldnerisch (§ 133 Abs. 1 S. 1 UmwG), das heißt die öffentlich-rechtliche Verursacherhaftung wird als „vergessene" Verbindlichkeit auf die übernehmenden Rechtsträger übertragen. Die Enthaftung nach § 133 Abs. 3 UmwG entfällt[212]. In diesem Fall wären damit alle übernehmenden Rechtsträger Gesamtrechtsnachfolger i.S. des § 4 Abs. 3 S. 1 BBodSchG.

83 Bei der Abspaltung und Ausgliederung bleiben dagegen die vergessenen Verbindlichkeiten bei dem übertragenden Rechtsträger[213].

84 Um diese Ergebnisse zu vermeiden, ist vorrangig durch Auslegung des Spaltungs- und Übernahmevertrages zu ermitteln, ob dieser zumindest eine konkludente Zuweisung der „vergessenen" Verbindlichkeit enthält[214]. Dies kann anzunehmen sein, wenn diese Verbindlichkeit sich auf einen bestimmten Be-

---
210 S. etwa *Lutter/Hommelhoff*, UmwG, § 133 Rdnr. 54.
211 *Theuer*, a.a.O., 623; s. auch *Lutter/Hommelhoff*, UmwG, § 133 Rdnr. 36; *Kallmeyer*, UmwG, § 131 Rdnr. 17f.
212 *Lutter/Hommelhoff*, a.a.O., § 133 Rdnr. 37; *Kallmeyer*, a.a.O., § 131 Rdnr. 17 m.w.N.
213 *Lutter/Hommelhoff*, UmwG, § 133 Rdnr. 36; *Theuer*, DB 1999, 623 m.w.N.
214 *Lutter/Hommelhoff*, a.a.O., § 133 Rdnr. 37.

trieb oder Teilbetrieb bezieht und dieser einem übernehmenden Rechtsträger zugewiesen ist; in diesem Fall ist besagter Rechtsträger gleichfalls „Hauptschuldner" der „vergessenen" Verbindlichkeit[215]. Dies hilft dann, wenn festgestellt werden kann, in welchem Betrieb oder Betriebsteil die Schadstoffkontamination entstanden ist[216].

85 Führt eine Vertragsauslegung nicht zum Erfolg, verbleibt es bei den oben dargestellten Rechtsfolgen unter Berücksichtigung der Unterscheidung in Aufspaltung, Abspaltung und Ausgliederung. Um hier rechtliche Unsicherheiten und letztlich nicht gewollte Folgen zu vermeiden, sollte also auf jeden Fall ausdrücklich und eindeutig eine Rechtsnachfolgeregelung im Übernahme- und Spaltungsvertrag aufgenommen werden, auch wenn der Verursacher zum Zeitpunkt des Vertragsschlusses noch nicht eindeutig feststeht[217].

(5) Sanierungsverantwortung des gesamtschuldnerisch mithaftenden Rechtsträgers

86 Aus Gründen des Gläubigerschutzes haften – wie oben dargestellt – diejenigen Rechtsträger, denen die Verbindlichkeit durch den Übernahme- und Spaltungsvertrag nicht zugeordnet wurde, für die Dauer von fünf Jahren gesamtschuldnerisch neben dem Hauptschuldner (§ 133 Abs. 1, 3 UmwG). Fraglich ist aber, ob diese Mithafter dadurch auch zu Sanierungsverantwortlichen i.S. des § 4 Abs. 3 S. 1 BBodSchG werden. Die angesprochene Gesetzeskonsequenz im Umwandlungsrecht führt zwar zunächst nicht dazu, daß die mithaftenden Rechtsträger Rechtsnachfolger des Verursachers werden. § 4 Abs. 3 BBodSchG knüpft aber, wie bereits gesagt, lediglich an vorhandene zivilrechtliche Tatbestände an, wozu vorliegend auch die spezifischen Mechanismen des Gläubigerschutzes bei der partiellen Gesamtrechtsnachfolge gehören. Es erscheint daher vertretbar, über den bloßen Wortlaut von § 4 Abs. 3 S. 1 BBodSchG hinaus, eine zeitlich begrenzte Mithaftung der Rechtsträger, denen die Verursacherhaftung nicht zugewiesen worden ist, anzunehmen[218]. Vergleichbar ist dieses Ergebnis mit der beim Erben bestehenden Möglichkeit der Einrede der beschränkten Erbenhaftung. Auch hier sind denkbare Konsequenzen des Zivilrechts bei der Beantwortung der Frage, ob der Erbe letztlich tatsächlich als Sanierungsverantwortlicher von der Behörde in Anspruch genommen werden kann, mit zu berücksichtigen. Bei der Frage der Mithaftung der oben angesprochenen Rechtsträger nach UmwG kann daher nichts anderes gelten, wenn auch insbesondere bei Ausgliederung- und Abspaltungsvorgängen das hier vertretene Ergebnis zu erheblichen wirtschaftlichen Konsequenzen führt, wie das von *Theuer* dargestellte Beispiel belegt[219]:

---

215 *Lutter/Hommelhoff*, a.a.O., § 133 Rdnr. 37.
216 *Theuer*, DB 1999, 623.
217 *Theuer*, a.a.O., 623.
218 *Theuer*, DB 1999, 623.
219 DB 1999, 624.

Betrieblich-rechtliche Fragestellungen

87 Wird etwa nur ein kleiner Betriebsteil ausgegliedert und soll die Sanierungsverantwortung beim übertragenden Betrieb verbleiben, so wäre auch der übernehmende Rechtsträger in analoger Anwendung des § 133 Abs. 1 UmwG für die Dauer von fünf Jahren potentieller Adressat einer Sanierungsverfügung. Zwar hat der übernehmende Rechtsträger den Ausgleichsanspruch nach § 24 Abs. 2 BBodSchG und daneben auch den aus § 426 Abs. 1 BGB, doch trägt der übernehmende Rechtsträger immerhin das Insolvenz- und Prozeßrisiko. Dieses Risiko ist jedoch als Konsequenz der Spaltungsfreiheit hinzunehmen.

88 Jedenfalls trägt die vorliegend vertretene Lösung zu einer rechtssicheren Handhabung des § 4 Abs. 3 BBodSchG im Spaltungsrecht bei. Die Nachhaftungsbegrenzung nach § 133 Abs. 3 UmwG bewirkt gerade bei den in der Praxis häufigeren Ausgliederungsvorgängen, daß nicht durch längeren Zeitablauf die Vorschrift des § 4 Abs. 3 BBodSchG zu einer unübersehbaren Vervielfältigung von Haftungssubjekten führt und bei dem Erwerb von Unternehmen Risiken aus der Gesamtrechtsnachfolge in die Verursacherhaftung nicht aufklärbar und bewertbar sind[220].

(cc) Zeitliche Grenze

89 Bei Anwendung von § 4 Abs. 3 BBodSchG auf den Gesamtrechtsnachfolger stellt sich die grundsätzliche Frage, ob diese Regelung nur für Gesamtrechtsnachfolgetatbestände nach Inkrafttreten des BBodSchG (1. März 1999) gilt oder sie auch Tatbestände der Gesamtrechtsnachfolge erfaßt, die in der Vergangenheit liegen und bei Inkrafttreten des Gesetzes bereits abgeschlossen sind[221]. Insoweit stellt sich das Problem verfassungsrechtlich zulässiger Rückwirkung bei derartigen Regelungen[222]. Vorliegend wird vorab davon ausgegangen, daß eine Gesamtrechtsnachfolge in die sog. abstrakte Polizeipflicht kraft Gefahrenverursachung nicht begründet werden kann[223]. Ähnlich wie bei den Gesamtrechtsnachfolgeregelungen in § 12 Abs. 1 Nrn. 1 und 2 HessAltlastG begründet deshalb § 4 Abs. 3 S. 1 BBodSchG gegenüber dem Rechtsnachfolger des Verursachers eine konstitutiv rückwirkende normative Belastung[224]. Damit handelt es sich auch zugleich um einen Fall sog. echter Rückwirkung, denn der maßgebliche Tatbestand, an den § 4 Abs. 3 BBodSchG anknüpft, ist insoweit nicht der der Verursachung der Gefahrenlage als solcher, sondern der der Rechtsnachfolge (z.B. des Erbfalls oder der Verschmelzung von Rechtsträgern)[225]. Nach tradiertem Polizei- und Ordnungsrecht für die

---

220 *Theuer*, a. a. O., 624.
221 S. z. B. *Spieth/Wolfers*, altlasten spektrum 1998, 76; dies., NVwZ 1999, 358; *Riedel*, ZIP 1999, 97.
222 Wie schon bei § 12 Abs. 1 Rdnr. 1 und 2 HessAltlastG; vgl. hierzu etwa *Papier*, DVBl. 1996, 130 m. w. N.; *Knopp*, DÖV 1990, 683 ff., 687 ff.
223 *Papier*, a. a. O., 129.
224 *Spieth/Wolfers*, altlasten spektrum 1998, 76; a. A. *Sanden/Schoeneck*, Bundes-Bodenschutzgesetz, § 4 Rdnr. 37; differenzierend *Becker*, Bundes-Bodenschutzgesetz, § 4 Rdnr. 22.
225 So zutreff. *Papier*, DVBl. 1996, 131.

Gefahrenverursachung nicht verantwortliche Rechtsnachfolger des Verursachers schädlicher Bodenveränderungen oder Altlasten werden im nachhinein wegen eines in der Vergangenheit liegenden und dort abgeschlossenen Rechtsnachfolgegeschehens mit Sanierungspflichten belastet[226]. Die echte Rückwirkung von Gesetzen ist verfassungsrechtlich grundsätzlich unzulässig. Ausnahmsweise findet dieses Verbot echter Rückwirkung belastender Gesetze dort keine Anwendung, wo sich ein schutzwürdiges Vertrauen des Bürgers auf den Bestand geltenden Rechts nicht bilden konnte. Das Rückwirkungsverbot findet im rechtsstaatlichen Vertrauensschutzprinzip nicht nur seinen Grund, sondern auch seine Grenze[227]. So beinhaltet das Rechtsstaatsprinzip als wesentliches Element die Rechtssicherheit, die für den Bürger in erster Linie Vertrauensschutz bedeutet[228]. Das heißt, der Bürger muß darauf vertrauen können, daß sein dem geltenden Recht entsprechendes Verhalten von der Rechtsordnung mit allen ursprünglich damit verbundenen Rechtsfolgen anerkannt bleibt. Dieses Vertrauen wird verletzt, wenn der Gesetzgeber ein rückwirkendes belastendes Gesetz erläßt[229]. Vom Verbot der (echten) Rückwirkung gibt es auf der Grundlage des zugleich als Grenze wirkenden Vertrauensschutzgedankens wenige Ausnahmen. Hierzu gehören etwa, daß die bisherige Rechtslage unklar und verworren war und der Bürger demgemäß zu dem Zeitpunkt, auf den sich das rückwirkende Recht bezieht, mit einer Neuregelung rechnen mußte. Ferner können zwingende Gründe des Gemeinwohls, die dem der Rechtssicherheit vorgehen, die Rückwirkung erfordern[230].

Die Frage, ab welchem Zeitpunkt der Bürger vorliegend mit einer Neuregelung rechnen mußte, kann so beantwortet werden: Der Vertrauensschutz entfällt jedenfalls ab dem 5. 2. 1998, denn an diesem Tag beschloß der Bundestag die in § 4 Abs. 3 S. 1 BBodSchG vorgesehene Haftung des Gesamtrechtsnachfolgers[231]. Vor diesem Datum liegen die Diskussion über die Gesamtrechtsnachfolge in die abstrakte Polizeipflicht etwa Mitte der 80er Jahre und der Beitritt der neuen Bundesländer im Jahr 1990[232]. Auf jeden Fall werden Gesamtrechtsnachfolgetatbestände unter dem Aspekt des Vertrauensschutzes vor diesen Daten oder Zeiträumen nicht erfaßt[233]. Danach war aber letztlich erst ab ca. 1996 ein solcher Zustand der Rechtsunsicherheit eingetreten, daß von einer klärungsbedürftigen „unklaren und verworrenen Rechtslage", die eine Neuregelung geradezu „provozierte", gesprochen werden konnte. Das Bundesverfassungsgericht selbst hat die Ursache einer „unklaren und verwor-

---

226 *Papier*, a. a. O., 131.
227 *Papier*, a. a. O., 131 m. Hinw. auf BVerfGE 88, 384, 404.
228 *Papier*, DVBl. 1996,129.
229 *Papier*, a. a. O., 129.
230 S. z. B. BVerfGE 30, 367, 387 ff.; 72, 200, 258 ff.; 88, 384, 404.
231 So *Spieth/Wolfers*, NVwZ 1999, 359 m. Hinw. auf BVerfG, NJW 1998, 1547 ff.
232 S. im einzelnen *Papier*, DVBl. 1996, 131 f.; auch *Oldiges*, in: Oldiges (Hrsg.), Das neue Bundes-Bodenschutzgesetz – Fragen und Erwartungen, S. 87.
233 *Spieth/Wolfers*, altlasten spektrum 1998, 76 m. Hinw. auf *Papier* und *Oldiges*, jew. a. a. O.

renen Rechtslage" bislang ersichtlich nur in einer mißverständlich formulierten Norm gesehen[234], weshalb dieser Begriff hinsichtlich vorliegender Problematik in erster Linie rechtsanwenderbezogen zu verstehen ist. Das heißt, nicht der Zeitpunkt der literarischen und rechtswissenschaftlichen Diskussion ist entscheidend, um dem Bürger das Vertrauen in die Beständigkeit geltenden Rechts zu nehmen, sondern das Gesetz und dessen Anwendung durch die Gerichte sind Maßstab für die Orientierung des Bürgers oder dessen Verhalten[235]. Deshalb ist auch auf den Zeitraum abzustellen, in dem die rechtsanwendenden Gerichte ein- und dieselbe Frage so unterschiedlich beantwortet haben, daß der Rechtsanwender schlechterdings nicht sagen kann, was gilt[236]. Bis etwa 1996 liegen in der Rechtsprechung, insbesondere der Oberverwaltungsgerichte, eine Reihe divergierender Entscheidungen zur vorliegenden Frage vor, wenngleich auch wohl die überwiegende Anzahl eine Gesamtrechtsnachfolge in die abstrakte Polizeipflicht bejahte[237]. Für den betroffenen Bürger ist damit über einen längeren Zeitraum eine unklare und häufig auch „länderspezifische" Rechtsanwendung erfolgt, die einer bundeseinheitlichen Klärung bedurfte. Die von Verfassung wegen gebotene eingrenzende Auslegung des Gesamtrechtsnachfolgetatbestands in § 4 Abs. 3 S. 1 BBodSchG führt somit dazu, daß diese Vorschrift auf Gesamtrechtsnachfolgesachverhalte erst ab etwa 1996 anwendbar ist, nicht aber auf zuvor angesiedelte unvollendete entsprechende Tatbestände. Letztlich Klärung wird hier aber nur die höchstrichterliche Rechtsprechung, resp. das BVerfG, bringen. Die vom Gesetzgeber des BBodSchG propagierte Rechtssicherheit für Betroffene ist damit jedenfalls bis dahin insoweit obsolet.

(dd) Haftungsgrenzen

91   Durch die Regelung in § 4 Abs. 3 S. 1 BBodSchG ist eine aus Unternehmenssicht nahezu unkalkulierbare Haftungsdimension geschaffen. Es gilt hier zunächst grundsätzlich die Formel, daß eine polizeirechtliche Verursacherhaftung bei jeder Gesamtrechtsnachfolge immer wieder neu nachfolgt. Dadurch werden der für Unternehmen üblichen juristischen Person und den häufig vor langer Zeit erfolgten gesellschaftsrechtlichen Umwandlungs- und Verschmelzungsprozessen Verantwortlichkeiten für schädliche Bodenveränderungen und Altlasten „aufaddiert" und denjenigen Unternehmen angelastet, bei denen jeweils die rechtliche Hülle theoretisch gelandet ist[238]. Insoweit befinden sich diese Unternehmen in einer „Opferposition", vergleichbar mit der ent-

---

234 *Spieth/Wolfers*, NVwZ 1999, 359 m. Hinw. auf BVerfGE 11, 64, 72 f.; 24, 75, 101; 50, 177, 194.
235 So zutreff. *Spieth/Wolfers*, a. a. O., 359.
236 *Spieth/Wolfers*, NVwZ 1999, 359.
237 Vgl. hierzu die Rechtspr. – Nachw. bei *Kügel*, NJW 2000, 115; auch *Spieth/Wolfers*, a. a. O., 359; *Hilger*, in: Holzwarth/Radtke/Hilger/Bachmann, Bundes-Bodenschutzgesetz/Bundes-Bodenschutz- und Altlastenverordnung, § 4 BBodSchG Rdnr. 91.
238 *Spieth/Wolfers*, altlasten spektrum 1998, 77.

sprechenden Problematik bei der Eigentümer- oder Zustandshaftung[239]. Es sind daher Korrektive erforderlich.

(1) Haftungsbegrenzung auf den Wert des übergegangenen Vermögens

Die gesetzliche Festschreibung der Gesamtrechtsnachfolgeverantwortung 92 bzw. die behördliche Inanspruchnahme des Gesamtrechtsnachfolgers bedarf eines legitimen Zurechnungsgrunds. Ansonsten wäre sie unangemessen und damit unverhältnismäßig[240]. Der Zurechnungsgrund kann beim Gesamtrechtsnachfolger nicht die Verursachung der schädlichen Bodenveränderung oder Altlast sein, denn er hat sie gerade nicht verursacht. Anknüpfungspunkt seiner Haftung ist deshalb ausschließlich das vom Verursacher übernommene Vermögen, das für die Beseitigung der schädlichen Bodenveränderungen und Altlasten haften soll. Das mit der Verursacherhaftung belastete Vermögen bewirkt durch seinen Übergang auf den Gesamtrechtsnachfolger zugleich eine Vermögenskontinuität, die aber auch die Grenze der Haftung beim Gesamtrechtsnachfolger darstellt. Ähnlich wie bei der beschränkten Erbenhaftung ist damit die Gesamtrechtsnachfolgerverantwortung auf den Wert des übergegangenen Vermögens beschränkt, eine weiterreichende Haftung wäre mangels Zurechungsgrund unverhältnismäßig[241]. Das hier dargestellte Haftungskorrektiv bei der Gesamtrechtsnachfolgerverantwortung findet sich im übrigen auch im Vorschlag der Unabhängigen Sachverständigen-Kommission zum UGB[242]. Dort heißt es unter § 348 Abs. 3 UGB-KomE:

„Die Verantwortlichkeit des Gesamtrechtsnachfolgers besteht nicht, wenn die Kosten der Maßnahmen den Wert des im Wege der Rechtsnachfolge übergangenen Vermögens übersteigen."

(2) Sonderproblem: Verlust der Verursacherhaftung bei Spaltungsvorgängen

Geht man davon aus, daß im Rahmen von Spaltungsvorgängen nach UmwG die 93 Verursacherhaftung nur rechtswirksam im Spaltungs- und Übernahmevertrag einem übernehmenden Rechtsträger zugeordnet werden kann[243], bleibt die Frage, ob der übertragende Rechtsträger damit seine Verursacherhaftung verloren hat oder auch noch auf weitere Rechtsträger übertragen kann, die dann gemäß § 4 Abs. 3 S. 1 BBodSchG ebenfalls als Gesamtrechtsnachfolger sanierungsverantwortlich sind. Hierbei geht es in gewisser Weise auch um ein Haftungskorrektiv bei der Gesamtrechtsnachfolgerverantwortung in Form des Problems einer beliebigen Haftungsvervielfältigung bei der Gesamtrechtsnachfolge.

---

239 *Spieth/Wolfers*, a. a. O., 77 sowie unten c) (bb).
240 *Spieth/Wolfers*, NVwZ 1999, 356, 360 m. w. N.
241 *Spieth/Wolfers*, a. a. O., 360 u. a. mit Hinw. auf die entspr. Beschlüsse des 60. Dt. Juristentages zur Einführung eines solche Haftungskorrektivs – Beschl. Nrn. 55, 55 b, NJW 1994, 3075 ff., 3077.
242 BMU (Hrsg.), Umweltgesetzbuch (UGB-KomE), Entwurf der Unabhängigen Sachverständigenkommission zum Umweltgesetzbuch beim BMU, 1998.
243 S. o. (bb) (3).

94 **Beispiel**[244]: Gliedert die X-AG ihr Betriebsteil A, zu dem ein kontaminiertes Grundstück gehört, unter eindeutiger vertraglicher Übertragung der Verursacherhaftung auf die Z-GmbH aus, und wird nachfolgend die X-AG auf die Y-AG verschmolzen, stellt sich die Frage, ob nunmehr die Y-AG ebenfalls als Gesamtrechtsnachfolgerin i. S. des § 4 Abs. 3 S. 1 BBodSchG haftet.

War die Übertragung der Verursacherhaftung durch die X-AG auf die Z-GmbH rechtswirksam, verbleibt bei dieser sog. partiellen Gesamtrechtsnachfolge eine Mithaftung von X, der auch die öffentlich-rechtliche Verursacherhaftung unterfällt[245]. Diese Mithaftung ist eine rechtsfolgefähige Verbindlichkeit, die auch auf die Y-AG übergehen kann, unterstellt, die Verschmelzung ist innerhalb der ersten fünf Jahre nach der Wirksamkeit der Ausgliederung erfolgt[246].

95 Letztlich findet hier auch keine „Enthaftung" der Verursachers statt, er bleibt möglicher Adressat unter dem Gesichtspunkt der Nachhaftung des ehemaligen Grundstückseigentümers nach § 4 Abs. 6 BBodSchG[247]. Dagegen kann er nach Beendigung des Nachhaftungszeitraums nicht mehr unter dem Gesichtspunkt der Verursacherhaftung in Anspruch genommen werden und ist damit von dem „Makel" befreit, Überträger der abstrakten Verhaltensverantwortlichkeit zu sein[248]. Dadurch ist dieser Rechtsträger auch wieder in wirtschaftlichen Umstrukturierungsprozessen aktiv einsetzbar, notwendige unternehmerische Umstrukturierungen werden – unter den Gesichtspunkten der Rechtssicherheit und Rechtsklarheit – nicht unnötig erschwert oder gar verhindert[249].

c) Eigentümer- und Besitzerverantwortung

(aa) Tatbestände

96 Zur Sanierung sind nach § 4 Abs. 3 S. 1 BBodSchG auch der Grundstückseigentümer und der Inhaber der tatsächlichen Gewalt über ein Grundstück verpflichtet. Insoweit enthält das BBodSchG nichts Neues, da vom Gesetzgeber diese Verantwortlichen (Zustandsverantwortlichkeit) lediglich aus dem entsprechenden bisherigen Landesrecht sowie aus dem „klassischen" Polizeirecht in das Bundes-Bodenschutzrecht übernommen wurden[250].

97 Grundstückseigentümer ist danach derjenige, dem das Eigentum an der betroffenen Fläche zusteht, das heißt, der im Grundbuch als Eigentümer auch

---

244 Nach *Theuer*, DB 1999, 624.
245 S. o. (bb) (3).
246 *Theuer*, a. a. O., 624.
247 *Theuer*, DB 1999, 624 sowie unten e).
248 *Theuer*, a. a. O., 624.
249 *Theuer*, DB 1999, 624.
250 *Riedel*, ZIP 1999, 97; *Becker*, DVBl. 1999, 137; s. im einzelnen ausführl. *Sanden/Schoeneck*, Bundes-Bodenschutzgesetz, § 4 Rdnr. 16.

eingetragen ist. Das Gesetz knüpft hier also an den zivilrechtlichen Grundstückseigentumsbegriff an. Ein noch nicht eingetragener Grundstückserwerber entbindet den Veräußerer und bisherigen Grundstückseigentümer deshalb solange nicht von dessen Sanierungsverantwortung, bis der Erwerber selbst als neuer Eigentümer im Grundbuch eingetragen ist[251]. Der bisherige Eigentümer und Grundstücksveräußerer kann im übrigen auch nach Beendigung des zivilrechtlichen Grundstücksübertragungsvorgangs unter den Voraussetzungen des § 4 Abs. 6 BBodSchG (Nachhaftung des früheren Grundstückseigentümers) sanierungsverpflichtet sein[252].

Der Erbbauberechtigte steht dem Grundstückseigentümer nicht gleich, er kann als „Zustandsverantwortlicher" nur in Anspruch genommen werden, wenn er Inhaber der tatsächlichen Gewalt über ein Grundstück ist[253]. **98**

Neben dem Grundstückseigentümer ist auch der Inhaber der tatsächlichen Gewalt über ein Grundstück sanierungsverpflichtet[254]. Gemeint ist hier im Regelfall der zivilrechtliche Besitzer (etwa: Pächter, Mieter). Erforderlich ist aber, daß der Besitzer nach Bodenschutzrecht entgegen einigen Ausnahmen im Zivilrecht (s. nur § 857 BGB) auf das Grundstück auch tatsächlich einwirken kann, also den unmittelbaren Zugriff auf das Grundstück hat[255]. Unerheblich ist dagegen, ob der Inhaber der tatsächlichen Gewalt über das Grundstück zivilrechtlich ein Recht zum Besitz hat oder nicht[256]. **99**

Auf ein Verschulden des Zustandsverantwortlichen kommt es nicht an, ebenso wenig wie auf den Grund der Verursachung der Gefahr aufgrund schädlicher Bodenveränderungen oder Altlasten[257]. Selbst die Verursachung von Gefahren auf einem Grundstück durch Natur- oder Kriegsereignisse schließt die Verantwortung der Eigentümers oder Besitzers eines Grundstücks für die vom Grundstück für die Allgemeinheit oder den einzelnen drohenden Gefahren nicht aus[258]. Die Gefahren müssen allerdings „vom Grundstück" selbst ausgehen. Keine Zustandsverantwortlichkeit besteht, wenn dem Grundstücks- **100**

---

251 *Sanden/Schoeneck*, a. a. O., § 4 Rdnr. 16; auch *Oerder,* in: Oerder/Numberger/Schönfeld, Bundes-Bodenschutzgesetz, § 4 Rdnr. 19.
252 S. hierzu unten e).
253 VGH Mannheim, VBlBW 1997, 463; *Hilger,* in: Holzwarth/Radtke/Hilger/Bachmann, Bundes-Bodenschutzgesetz/Bundes-Bodenschutz- und Altlastenverordnung, § 4 BBodSchG Rdnr. 85; *Kügel,* NJW 2000, 111.
254 Vgl. hierzu *Sanden/Schoeneck,* Bundes-Bodenschutzgesetz, § 4 Rdnr. 17; *Schoeneck* weist hier darauf hin, daß nach landesrechtlichem Gerfahrenabwehrrecht teilweise die Verantwortlichkeit des Eigentümers zu Gunsten des Inhabers der tatsächlichen Gewalt dann ausgeschlossen ist, wenn dieser mit der Sache gegen den Willen des Eigentümers verfährt; s. hierzu auch *Götz,* Allgemeines Polizei- und Ordnungsrecht, Rdnr. 218 m. w. N.
255 *Hilger,* a. a. O., § 4 BBodSchG Rdnr. 85; *Sanden/Schoeneck,* a. a. O., § 4 Rdnr. 19.
256 *Sanden/Schoeneck,* Bundes-Bodenschutzgesetz, § 4 Rdnr. 19.
257 *Knopp/Albrecht,* Altlastenrecht in der Praxis, Rdnr. 99.
258 *Hilger,* in: Holzwarth/Radtke/Hilger/Bachmann, Bundes-Bodenschutzgesetz/Bundes-Bodenschutz- und Altlastenverordnung, § 4 BBodSchG Rdnr. 85; *Knopp/Albrecht,* a. a. O., Rdnr. 99, jew. m. w. N.

eigentümer die Einwirkungsmöglichkeit auf den Gefahrenherd schon aus Rechtsgründen fehlt: Für bloße Grundwasserverunreinigungen besteht keine Zustandsverantwortlichkeit, weil der Zugriff auf das Grundwasser nicht vom Grundeigentum erfaßt ist[259]. Anders ist die Situation bei Grundwasserverunreinigungen durch das über dem Grundwasser liegende Erdreich; hier besteht die Zustandsverantwortlichkeit fort, da die Verunreinigungen „vom Grundstück" ausgehen. Gefahren, die dagegen von Nachbargrundstücken ausgehen, etwa durch einen Hangrutsch von einem höher gelegenen Grundstück, werden nicht erfaßt[260].

101 Auch vom Zustand von Gebäuden oder Anlagen können Gefahren für den Boden ausgehen. Besteht z. B. aufgrund von Korrosionserscheinungen an Anlagenteilen oder Rohrleitungen die Gefahr, daß umweltgefährdende Stoffe in den Boden gelangen, so müssen Grundstückseigentümer und Inhaber der tatsächlichen Gewalt über ein Grundstück geeignete Maßnahmen zur Abwehr der Gefahr ergreifen; ähnliches kann gelten, um in stark erosionsgefährdeten Hanglagen Bodenabtragungen zu verhindern[261].

(bb) Haftungsgrenzen

102 Eine Regelung zur möglichen Haftungsbegrenzung des Zustandsverantwortlichen läßt das BBodSchG vermissen.

103 Im Gesetzesentwurf der Bundesregierung vom 14. 1. 1997[262] war in § 25 Abs. 2 die Befreiung desjenigen Grundstückseigentümers oder Inhabers der tatsächlichen Gewalt über ein Grundstück vorgesehen, der weder Verursacher der schädlichen Bodenveränderung oder Altlast gewesen ist, noch bei der Begründung des Eigentums Kenntnis der schädlichen Bodenveränderung oder Altlast oder den sie begründenden Umständen hatte oder hätte haben können. Im Vermittlungsausschuß wurde diese Regelung auf Betreiben der Länder ersatzlos gestrichen[263]. Die Lösung der Frage der Haftungsbegrenzung bei der Zustandsverantwortung sollte danach weiterhin der Rechtsprechung[264] vorbehalten bleiben.

104 Zu beachten waren in diesem Zusammenhang bislang die beiden Entscheidungen des Bundesverwaltungsgerichts vom 14. 12. 1990[265] und 14. 11. 1996[266]. Nach dieser Rechtsprechung scheiden Überlegungen zur Begrenzung der Zustandsverantwortlichkeit von vornherein aus, wenn der Zustandsverantwortliche bei Begründung des Eigentums oder der Sachherrschaft vom ord-

---

259 *Knopp/Albrecht*, Altlastenrecht in der Praxis, Rdnr. 100 u. a. m. Hinw. auf BVerfGE 58, 300 ff.
260 *Hilger*, a. a. O., § 4 BBodSchG Rdnr. 85.
261 Vgl. etwa BT-Dr. 13/6701, S. 34.
262 BT-Dr. 13/6701, S. 27, 35.
263 Vgl. hierzu *Gerhold*, altlasten spektrum 1998, 107 ff.; *Riedel*, ZIP 1999, 99.
264 Vgl. nur die Darstellung und Nachweise bei *Kügel*, NJW 2000, 112 f.
265 NVwZ 1991, 475 f.
266 NVwZ 1997, 577 f. = UPR 1997, 193 = GewA 1997, 147 = BayVBl. 1997, 412.

nungswidrigen Zustand der Sache wußte oder doch zumindest Tatsachen kannte, die auf das Vorhandensein eines solchen Zustands schließen lassen konnten. Wer – so das Bundesverwaltungsgericht – dieses Risiko eingeht, muß auch die gesetzlichen Folgen der ordnungsrechtlichen Verantwortlichkeit tragen. In dem vom Bundesverwaltungsgericht z. B. mit Beschluß vom 14. 12. 1990 zu entscheidenden Fall ging das Gericht aufgrund der getroffenen Feststellungen davon aus, daß die Klägerin vor dem Erwerb des Grundstücks dessen frühere Nutzung und tatsächlichen Zustand kannte. Dies belege auch eine Vereinbarung im Kaufvertrag, wonach der Verkäufer die Kosten der Beseitigung einer Verunreinigung des Erdreichs durch die im Galvanikbetrieb verwendeten Chemikalien zu tragen habe[267].

105 Zugleich hat diese Rechtsprechung aber auch bestätigt, daß eine „Opfergrenze" für die Zustandsverantwortlichkeit aus verfassungsrechtlichen Gründen bestehen muß. Nach dem VGH München[268] können unter Berufung auf die Sozialbindung des Eigentums dem Eigentümer nicht unbegrenzte Opfer zu Gunsten der Allgemeinheit zugemutet werden. Nach Auffassung der Bundesverwaltungsgerichts[269] soll eine Eingrenzung der Verantwortlichkeit aus verfassungsrechtlichen Gründen in Betracht kommen, wenn eine Heranziehung zur Gefahrenbeseitigung den privatnützigen Verbrauch der Sache ausschalten würde. Wo die „Opfergrenze" beim Eigentümer aber im Einzelfall liegt, blieb dennoch ungeklärt.

106 Das Bundesverfassungsgericht hat diese Frage in seinem Beschluß vom 16. 2. 2000[270] nunmehr grundlegend bei gleichzeitiger Aufhebung u. a. der o. g. Entscheidung des Bundesverwaltungsgerichts vom 14. 12. 1990 geklärt. Gerichte und Verwaltungsbehörden haben danach zunächst bei der Auslegung und Anwendung der Vorschriften über die Zustandsverantwortlichkeit die verfassungsrechtlichen Vorgaben der in Art. 14 Abs. 1 und Abs. 2 GG verankerten Eigentumsgarantie zu beachten. Hier müssen sie der verfassungsrechtlichen Anerkennung des Privateigentums sowie seiner Sozialpflichtigkeit Rechnung tragen und insbesondere aber den Grundsatz der Verhältnismäßigkeit beachten. Nach letzterem – ungeschriebenen – Verfassungsprinzip haben Grundrechtseingriffe stets geeignet, erforderlich und angemessen bzw. zumutbar zu sein. Dies ist auch bei der Belastung eines Grundstückseigentümers mit Kosten einer Sanierungsmaßnahme zu beachten. Eine solche Belastung ist ihm – so das BVerfG – nicht zumutbar, wenn sie im Ergebnis dazu führt, daß er Verluste aus dem Grundstück erleidet und in der Verwendung des Eigentums zu eigenem Nutzen beeinträchtigt wird[271]. Konkrete Grenze der Kostenbelastung ist dabei die Überschreitung des Verkehrswertes des Grundstücks im Verhält-

---

267 BVerwG, NVwZ 1991, 475 f.
268 NVwZ 1986, 945.
269 NVwZ 1991, 475 f.
270 1 BvR 242/1 und 1 BvR 315/99 = BB 2000, 1369 ff. (m. Kommentar von *Knopp*).
271 S. hierzu schon frühzeitig insbes. *Papier*, Altlasten und polizeiliche Störerhaftung, S. 55.

nis gesehen zu dem finanziellen Sanierungsaufwand. Denn wird der Verkehrswert von den Sanierungskosten überschritten, entfällt in der Regel auch das Interesse des Grundstückseigentümers an einem künftigen privatnützigen Gebrauch des Grundstücks. Die Belastung des Zustandsverantwortlichen mit Sanierungskosten bis zur Höhe des Verkehrswertes sieht das Gericht auch in den Fällen als unzumutbar an, in denen das zu sanierende Grundstück den wesentlichen Teil des Vermögens des Pflichtigen bildet und die Grundlage seiner privaten Lebensführung einschließlich seiner Familie darstellt. Eine den Verkehrswert des sanierten Grundstücks übersteigende Kostenbelastung hält das BVerfG aber dort für zumutbar, wo der Eigentümer in „positivem" Wissen von vorhandenen Altlasten das fragliche Grundstück erworben hat oder wenn er seine risikoreiche Nutzung des Grundstücks durch Dritte (z. B. zum Deponiebetrieb) bewußt zuläßt. Demgegenüber führt eine fahrlässige Unkenntnis hinsichtlich der Risikoumstände bei Erwerb eines Grundstücks oder bei der Nutzungsgewährung an Dritte nicht in jedem Fall dazu, den Verkehrswert des Grundstücks als Zumutbarkeitsgrenze abzulehnen. Vielmehr kommt es – so das BVerfG – bei der Beurteilung der Zumutbarkeit auf den Grad der Fahrlässigkeit im Einzelfall an, ferner darauf, ob der Eigentümer z. B. Vorteile aus dem Risiko – etwa durch einen reduzierten Kaufpreis oder einen erhöhten Pachtzins – erzielt hat. Eine Gleichsetzung beider Verhaltensweisen – bewußte Risikoinkaufnahme und fahrlässige Risikounkenntnis – sprechen nach dem BVerfG entgegen der Ansicht des BVerwG nicht dem verfassungsrechtlich geforderten Ausgleich zwischen schutzwürdigen Interessen des Eigentümers und den Belangen des allgemeinen Wohls. Soweit eine Kostenbelastung im Einzelfall über den Verkehrswert hinaus zumutbar ist, kann sie – so das Gericht – nicht auf die gesamte wirtschaftliche Leistungsfähigkeit des Eigentümers bezogen werden, sondern er hat für die Sanierung nur mit dem Vermögen einzustehen, das in einem rechtlichen oder wirtschaftlichen Zusammenhang mit dem sanierungsbedürftigen Grundstück steht, d. h. Vermögen und sanierungsbedürftiges Grundstück müssen eine „funktionale Einheit" darstellen (z. B. sanierungsbedürftiges Grundstück als Bestandteil eines land- oder forstwirtschaftlichen Betriebes).

(cc) Keine Haftungsbegrenzung bei Eigentumsverzicht und sittenwidriger Eigentumsübertragung

(1) Eigentumsverzicht

107 Verzichtet der Zustandsverantwortliche auf sein mit schädlichen Bodenveränderungen oder Altlasten behaftetes Grundeigentum, ist dies im Hinblick auf seine Zustandsverantwortung rechtlich unerheblich. Nach Auffassung des VGH Mannheim[272] ist ein Verzicht eines zu Sanierungsmaßnahmen herangezogenen Zustandsverantwortlichen während der im Wege der Ersatzvornahme durchgeführten Verwaltungsvollstreckung nicht durchgreifend, da der Ver-

---

272 NJW 1997, 3259; s. hierzu *Kügel*, NJW 2000, 113.

zicht nicht bewirken könne, daß die zuvor ergangenen Maßnahmen rückwirkend rechtswidrig werden. Gleiches soll für die danach durchgeführten Maßnahmen gelten, da es auf den Zeitpunkt der letzten Behördenentscheidung ankomme[273].

(2) Sittenwidrige Eigentumsübertragung[274]

Der VGH Mannheim hatte sich in seinen Entscheidungen vom 4. 8. 1995[275] und 20. 1. 1998[276], die beide denselben Sachverhalt betreffen, mit dem Verkauf und der Übereignung eines erheblich schadstoffverunreinigten Geländes von einem Bauträger auf eine weitgehend vermögenslose Kapitalgesellschaft in der Schweiz zu beschäftigen. Der Bauträger, eine Genossenschaft, erwarb im Jahre 1989 das etwa 47.000 qm große Gelände eines 1981 stillgelegten Industriebetriebs, um darauf Wohngebäude zu errichten. Bei Abbruch des restlichen Betriebsgeländes und aufgrund von Erkundungsmaßnahmen des Bauträgers stellten sich umfangreiche Kontaminationen des Altstandorts durch verschiedene Schadstoffe heraus. Nach erfolglosen Verhandlungen zwischen Bauträger, den zuständigen Behörden, der Gemeinde sowie der ehemaligen Betreiberin (Verursacherin) über die Kostentragung einer Sanierung veräußerte und übereignete der Bauträger das Gelände 1991 an eine weitgehend vermögenslose Aktiengesellschaft in der Schweiz, die eigens zum Zweck der Übernahme des Geländes gegründet worden war. Mit sofort vollziehbarer Verfügung vom 28. 7. 1994 zog das zuständige Landratsamt den Bauträger unter Androhung der Ersatzvornahme zu weiteren kostenintensiven Erkundungsmaßnahmen heran. Das gleiche Vorgehen gegen die Verursacherin der Verunreinigungen erwies sich im Verlauf der Zeit als nicht erfolgversprechend oder nicht mehr durchsetzungsfähig. Im vorläufigen Rechtsschutzverfahren hielt der VGH[277] die behördliche Heranziehung des Bauträgers – als „Quasi-Eigentümer" – noch für unzulässig. Der VGH bejahte die rechtliche Zulässigkeit des Verkaufs und der Übereignung des Geländes an die Schweizer AG, obwohl es dem Bauträger primär und ersichtlich darum gegangen sei, sich von der Zustandsverantwortung zu befreien. Ein solcher Verkauf laufe – so der VGH – weder gesetzlichen Ge- oder Verboten zuwider, noch widerspreche er Wertungen, die dem System der polizeilichen Verantwortlichkeit zugrunde liegen.

Demgegenüber verneinte der VGH im Hauptsacheverfahren[278] die Zulässigkeit von Verkauf und Übereignung des Geländes an die Schweizer AG und erklärte damit das Vorgehen der Verwaltungsbehörde für rechtens. Entgegen

108

109

---

273 S. o. Fn. 272.
274 Zu dem „Musterbeispiel" vgl. *Knopp*, DVBl. 1999, 1010 ff.; *Kügel*, a. a. O., 113.
275 NVwZ 1996, 1036 (AZ 10 S 828/95).
276 VBlBW 1998, 312 (AZ 10 S 233/97); ebenso die Vorinstanz VG Freiburg, ZUR 1998, 42; die gegen das VGH-Urteil gerichtete Nichtzulassungsbeschwerde hatte keinen Erfolg, s. BVerwG, Beschluß vom 12. 5. 1998 – AZ 7 B 138/98.
277 NVwZ 1996, 1036.
278 VBlBW 1998, 312.

seiner Argumentation im vorläufigen Rechtsschutzverfahren geht der VGH in seinem Urteil vom 20. 1. 1998 davon aus, daß Kaufvertrag und Auflassung im Verhältnis Bauträger/Schweizer AG sittenwidrig und damit nichtig (§ 138 BGB) seien, da das Rechtsgeschäft nach seinem Gesamtcharakter ausschließlich darauf abgezielt habe, die Kosten der Erkundung und Sanierung des Geländes vom Bauträger auf die öffentliche Hand abzuwälzen, nachdem dem Bauträger auch zwischenzeitlich bekannt geworden sei, daß zum Zeitpunkt des Grundstücksverkaufs die Verursacherin aufgrund gravierender wirtschaftlicher Schwierigkeiten von der Behörde nicht mehr erfolgversprechend in Anspruch genommen werden konnte. Die Sittenwidrigkeit von Verkauf und Übereignung begründet der VGH im wesentlichen mit dem Kostenrisiko der öffentlichen Hand, das darin bestehe, daß[279]

- die Schweizer AG weitgehend vermögenslos sei,
- das unsanierte Grundstück unverwertbar sei,
- das Grundstück mit Grundschulden belastet sei, die gegenüber möglichen Zwangshypotheken der vollstreckenden öffentlichen Hand vorrangig seien.

110 Die Annahme der Sittenwidrigkeit und damit der Nichtigkeit des Rechtsgeschäfts verletze auch nicht die Wertentscheidung des Art. 14 Abs. 1 S. 1 GG, denn die mit der Zustandsverantwortung verbundene Risikoverteilung zwischen Eigentümer und Allgemeinheit knüpfe an die tatsächliche und rechtliche Sachherrschaft des Grundeigentümers und die damit verbundene Nutzungsmöglichkeit oder Nutzungsbefugnis an; nicht erforderlich sei, daß dem Grundstückseigentümer aufgrund der Schadstoffverunreinigungen kein Vorteil und Nutzen aus dem Grundeigentum erwachsen sind, so der VGH.

d) Einstandspflicht aus handelsrechtlichem und gesellschaftsrechtlichem Rechtsgrund

(aa) Tatbestand

111 Eine erhebliche Haftungserweiterung zum bisherigen Recht ist durch die Einfügung von § 4 Abs. 3 S. 4 Hs. 1 BBodSchG erfolgt. Nach dieser Regelung ist auch zur Sanierung verpflichtet, wer aus handels- oder gesellschaftsrechtlichem Rechtsgrund für eine juristische Person einzustehen hat, der ein Grundstück, das mit einer schädlichen Bodenveränderung oder einer Altlast belastet ist, gehört. Diese Vorschrift wird sich in der Praxis besonders auf die Risikosituation in einem Unternehmen auswirken, wobei nach dem Gesetzeswortlaut nur auf die Zustandsverantwortung des Eigentümers ausdrücklich bezug genommen wird („gehört")[280]. Nach der Gesetzesbegründung[281] soll zwar die Zustandsverantwortlichkeit des Eigentümers **oder** des Inhabers der

---

279 AZ 10 S 233/97 (o. Fn. 276), S. 12 ff. der Urteilsgründe.
280 *Knopp/Albrecht*, BB 1998, 1856; *Vierhaus*, NJW 1998, 1265; offensichtlich ebenso z. B. *Kobes*, NVwZ 1998, 790; *Turiaux/Knigge*, BB 1999, 377 ff., 378; *Spieth/Wolfers*, NVwZ 1999, 357; a. A. *Sanden/Schoeneck*, Bundes-Bodenschutzgesetz, § 4 Rdnr. 40.
281 BT-Dr. 13/6701, S. 51; BT-Dr. 13/8182, S. 3.

tatsächlichen Gewalt über ein Grundstück durch die Gesetzesvorschrift ergänzt werden, im Gesetzeswortlaut ist dies allerdings so nicht zum Ausdruck gekommen. Während die tatsächliche Gewalt über ein Grundstück an tatsächliche Zugriffsgegebenheiten anknüpft, kann Eigentum nur unter rechtlichen Gesichtspunkten begründet werden, die es rechtfertigen, daß vom „Gehören" i. S. der Zugehörigkeit einer Sache zu einer Person gesprochen werden kann. Aus Gründen der Rechtssicherheit hätte der Gesetzgeber daher eine andere Formulierung wählen müssen, um auch den Inhaber der tatsächlichen Sachgewalt in die vorliegende handels- und gesellschaftsrechtliche Einstandspflicht mit einzubeziehen.

Nach dem Willen des Gesetzgebers soll durch die Regelung in § 4 Abs. 3 S. 4 Hs. 1 BBodSchG der Gleichlauf zwischen dem zur Gewährleistung des Bodenschutzes zur Verfügung stehenden ordnungsrechtlichen Instrumentarium und den rechtsgeschäftlichen Befugnissen der Sanierungsverantwortlichen sichergestellt werden[282]. Ähnlich wie bei der Gesamtrechtsnachfolgerverantwortung handelt es sich hier lediglich um eine Rechtsgrundverweisung[283], das heißt, es wird ausschließlich an vorgegebene gesellschafts- und handelsrechtliche Tatbestände angeknüpft. Zugleich scheiden aber damit außerhalb des Handels- und Gesellschaftsrechts liegende sonstige zivilrechtliche Einstandspflichten wie z. B. Bürgschaften, Schuldbeitritt oder Garantievertrag (§§ 765, 778, 305 BGB) als Anknüpfungspunkte aus[284].

112

Mit dieser Vorschrift, eingefügt auf Vorschlag des Bundesrats[285], wird für die zuständige Verwaltungsbehörde die Möglichkeit einer Durchgriffshaftung bei öffentlich-rechtlichen Ansprüchen thematisiert, wobei nach dem Willen des Gesetzgebers insbesondere die Mißbrauchsfälle der Unterkapitalisierung oder qualifizierten Konzernabhängigkeit in Betracht kommen[286].

113

(bb) Einstandspflicht aus gesellschaftsrechtlichem Rechtsgrund: Durchgriffshaftung

(1) Begriff und Funktion

Die Begriffe des „Durchgriffs" und der „Durchgriffshaftung" sind im Gesellschaftsrecht – trotz langer Diskussion – inhaltlich unscharf geblieben, was an der Vielfalt der Probleme und Rechtsanwendungssituationen liegt, auf die sie angewendet werden[287]. Jedenfalls ist der Mißbrauch der Haftungsbeschränkung im Gesellschaftsrecht ein Phänomen, dem man nicht tatenlos gegenüber

114

---

282 BT-Dr. 13/6701, S. 51.
283 S. o. Fn. 196.
284 So zutreff. z. B. *Spieth/Wolfers*, altlasten spektrum 1998, 78; zu Unrecht dagegen *Droese*, UPR 1999, 87.
285 BR-Dr. 702/96, S. 10.
286 Vgl. auch BT-Dr. 13/6701, S. 51.
287 Vgl. hierzu nur *Drax*, Durchgriffs- und Konzernhaftung der GmbH-Gesellschafter, 1992, sowie *Schramm*, Konzernverantwortung und Haftungsdurchgriff im qualifizierten faktischen GmbH-Konzern, 1990.

stehen darf und wofür die Durchgriffshaftung im Einzelfall ein Korrektiv darstellen kann. Wer nach Herzenslust Gesellschaften m.b.H gründet, sie im Fall eines Mißerfolgs auf Kosten der Gläubiger liquidiert und dann durch neue, schuldenfreie Gesellschaften ersetzt, muß mit haftungsrechtlichen Konsequenzen rechnen. Auf der anderen Seite muß aus Gründen der Rechtssicherheit vor einer Tendenz zur allgemeinen Billigkeitshaftung gewarnt werden und dabei hilft eine Besinnung auf Einzeltatbestände[288].

115 Die Durchgriffshaftung wird vom Bundessozialgericht plastisch so beschrieben[289]: „In diesen Fällen versagt die Berufung auf das Haftungsprivileg des § 13 Abs. 2 GmbHG; die haftungsausschließende Trennung zwischen Gesellschaft und Gesellschafter ist aufgehoben, die Schuldverpflichtung greift auf den Gesellschafter durch".

116 Haftet dagegen der Gesellschafter bereits aus einem besonderem Rechtsgrund ohnehin (etwa: Schuldbeitritt, Kreditauftrag, Garantievertrag), geht es nicht um ein Durchgriffsproblem[290].

117 Nach der Rechtsprechung des BGH[291] ist das Instrument der Durchgriffshaftung nur in besonderen Fallkonstellationen anwendbar. Primär ist danach an dem streng zu beachtenden Grundsatz der Selbständigkeit der juristischen Person und ihrer Trennung von den Gesellschaftern[292] festzuhalten. Abweichungen hiervon sind nur insoweit ausnahmsweise zulässig, als das Festhalten an besagtem Grundsatz zu Ergebnissen führen würde, die mit Treu und Glauben nicht im Einklang stehen oder wenn dies einen Rechtsmißbrauch bedeuten würde[293].

118 Folgende Fallkonstellationen legen dabei eine Durchgriffshaftung nahe[294]:
- die Sphärenvermischung;
- die Beherrschung der Gesellschaft;
- die Unterkapitalisierung.

119 Vom Gesetzgeber des BBodSchG wird expressis verbis die Unterkapitalisierung als ein besonderer Mißbrauchstatbestand zur Rechtfertigung der Regelung in § 4 Abs. 3 S. 4 Hs. 1 BBodSchG hervorgehoben[295], weshalb mit diesem Tatbestand bei nachfolgender Betrachtung begonnen wird.

---

288 *Schmidt*, Gesellschaftsrecht, S. 242.
289 BSG, ZIP 1984, 1217 ff., 1219; auf diese Entscheidung weisen ausdrücklich auch *Schmidt*, a. a. O., S. 241 und *Knopp/Albrecht*, BB 1998, 1856 hin.
290 *Schmidt*, Gesellschaftsrecht, S. 241.
291 Vgl. im einzelnen hierzu *Drax*, Durchgriffs- und Konzernhaftung der GmbH-Gesellschafter, S. 65 f.
292 Trennungsgrundsatz (s. auch o. Fn. 289), § 13 Abs. 2 GmbHG. Für die Verbindlichkeiten der Gesellschaft haftet den Gläubigern derselben nur das Gesellschaftsvermögen.
293 *Drax*, a. a. O., S. 66; s. auch jüngst BAG, NJW 1999, 2299 f., 2299 m. w. N.
294 *Schmidt*, Gesellschaftsrecht, S. 241; *Baumbach/Hueck*, GmbH-Gesetz, 16. Aufl., 1996, § 13 Rdnr. 15; *Bartl/Fichtelmann* u. a., GmbH-Recht, 4. Aufl., 1998, § 13 Rdnr. 3, jew. m. w. N.
295 S. o. Fn. 286.

(2) Unterkapitalisierung

Ein „Durchgriff" gegen GmbH-Gesellschafter wegen öffentlich-rechtlicher Forderungen ist zunächst ebenfalls grundsätzlich zulässig. So hat das Bundessozialgericht in der bereits oben zitierten Entscheidung[296] einen Haftungsdurchgriff gegen einen GmbH-Gesellschafter wegen eines öffentlich-rechtlichen Zahlungsanspruchs in Höhe von 120.000 DM bejaht, weil die Gesellschaft mit einem Stammkapital von 20.000 DM, auf das zudem nur 5.000 DM eingezahlt worden waren, „erheblich unterkapitalisiert" gewesen sei. Die in § 4 Abs. 3 BBodSchG festgeschriebene Sanierungsverpflichtung ist damit als öffentlich-rechtliche Forderung ohne weiteres einem Haftungsdurchgriff bei GmbH-Gesellschaftern „zugänglich". **120**

Unterkapitalisierung ist – objektiv – ein Tatbestand, der sich auf die Fähigkeit der Gesellschafter zu angemessenem Wirtschaften bezieht[297]. Das heißt, das Eigenkapital steht nicht in angemessenem Verhältnis zu Geschäftsart und -umfang der betreffenden GmbH oder anders ausgedrückt: Eine Gesellschaft ist unterkapitalisiert, wenn das Eigenkapital nicht ausreicht, um den nach Art und Umfang der angestrebten oder tatsächlichen Geschäftstätigkeit unter Berücksichtigung der Finanzierungsmethoden bestehenden, nicht durch Kredite Dritter zu deckenden mittel- oder langfristigen Finanzierungsbedarf zu befriedigen[298]. Danach kann davon ausgegangen werden, daß bei einer GmbH mit lediglich 50.000 DM Stammkapital und einem absehbaren Finanzierungsbedarf von etwa mehreren Mio. DM für eine Altlastensanierung eine Unterkapitalisierung vorliegt[299]. Es handelt sich zugleich um den Fall einer sog. „materiellen" Unterkapitalisierung, die allgemein anzunehmen ist, wenn eine GmbH unzureichend mit Eigen- bzw. mit Stammkapital ausgestattet ist, was sich darin zeigt, daß erforderliches Vermögen und notwendige Finanzierungsmittel tatsächlich fehlen[300]. Von der materiellen ist die „nominelle" Unterkapitalisierung zu unterscheiden. Mit letzterer ist gemeint, daß die Gesellschafter zwar für eine ausreichende Ausstattung der Gesellschaft mit Vermögen sorgen, dies aber nicht mit per se haftendem Eigenkapital, sondern nur mit Ersatzeigenkapital tun, das im Konfliktfall gegen ihren Willen gebunden werden muß[301]. Tendenziell bewirkt die nominelle Unterkapitalisierung deshalb eine Verlängerung des Überlebens der Gesellschaft und zugleich eine zusätzliche Abwälzung des Insolvenzrisikos in der Höhe der abgezogenen Mittel auf die außenstehenden Gläubiger[302]. **121**

---

296 S. o. Fn. 289.
297 *Schmidt*, Gesellschaftsrecht, S. 248.
298 *Schmidt*, a. a. O., S. 248 m. Hinw. auf Ulmer (unter Fn. 75).
299 So z. B. *Vierhaus*, NJW 1998, 1265.
300 *Drax*, Durchgriffs- und Konzernhaftung der GmbH-Gesellschafter, S. 100; *Schmidt*, JZ 1984, 771 ff., 777.
301 *Drax*, a. a. O., S. 100 m. w. N.
302 *Drax*, Durchgriffs- und Konzernhaftung der GmbH-Gesellschafter, S. 100.

122 Eine Durchgriffshaftung kommt nicht nur in Betracht, wenn die Unterkapitalisierung bei Gründung der GmbH besteht (sog. „anfängliche" Unterkapitalisierung), sondern auch, wenn sie erst später im Laufe der Geschäftstätigkeit eintritt (sog. „nachträgliche" Unterkapitalisierung")[303]. Bei einer Gesellschaft, bei der erst nach ihrer Gründung im Laufe der Geschäftstätigkeit kostenintensive Altlastenbeseitigungsmaßnahmen anstehen, kann daher eine Unterkapitalisierung gegeben sein, falls sie nicht durch angemessene Kapitalerhöhung reagiert[304]. Die bloße Unterkapitalisierung allein reicht jedenfalls nicht aus, um eine Durchgriffshaftung tatsächlich anzunehmen, was jüngst auch das Bundesarbeitsgericht in seinem Urteil vom 10. 2. 1999[305] noch einmal betont. Es kommt danach stets auf eine Gesamtschau der Umstände an. So müssen neben eine „Unterkapitalisierung" weitere Umstände treten, die für die Erfüllung des Mißbrauchstatbestandes sprechen[306]. Gegen einen Durchgriff bei bloßer Unterkapitalisierung spricht nach der Rechtsprechung gerade zum einen die Unklarheit des Begriffs und seiner tatsächlichen Voraussetzungen, zum anderen der Umstand, daß der Gesetzgeber davon abgesehen hat, eine Mindestkapitalausstattung der GmbH vorzuschreiben. Auch der Umstand, daß nur ein Teil des Stammkapitals eingezahlt wurde, führt nicht zur Durchgriffshaftung[307]. Es erscheint deshalb zweifelhaft – so das BAG – ob sich überhaupt ein objektiver Maßstab finden läßt, an dem eine Unterkapitalisierung der Gesellschaft zweifelsfrei gemessen werden kann. Ein Haftungsdurchgriff nach dieser Rechtsprechung wäre – wenn überhaupt – nur dann gerechtfertigt, wenn der Gesellschafter die Unterkapitalisierung erkennen kann. Dabei können laut Bundesarbeitsgericht aber nicht allzu hohe Anforderungen gestellt werden. Denn nicht jeder Gesellschafter einer GmbH verfügt über vertiefte betriebswirtschaftliche Kenntnisse, um vorab das erforderliche Stammkapital bestimmen zu können (etwa bei der „anfänglichen" Unterkapitalisierung)[308].

123 Unter diesen Prämissen wird auch der verschärften Haftung i.S. des § 4 Abs. 3 S. 4 Hs. 1 BBodSchG die „Spitze" genommen. Hinzu kommt, daß die zuständigen Verwaltungsbehörden wegen wohl fehlenden fachlichem „know-how" erhebliche Probleme mit der Umsetzung dieser Vorschrift in der Praxis haben dürften.

124 Soweit die Rechtsprechung bei der Beurteilung einer Unterkapitalisierung neben der gesellschaftsrechtlichen Komponente auf die Haftung der Gesellschafter nach § 826 BGB ausweicht, wird auf das Vorliegen subjektiver Vorausset-

---

303 *Drax*, a.a.O., S. 101; auch *Knopp/Albrecht*, BB 1998, 1856 m. Hinw. auf BSG, NJW 1984, 2119.
304 *Knopp/Albrecht*, a.a.O., 1856; *Vierhaus*, NJW 1998, 1265.
305 NJW 1999, 2299.
306 BAG, NJW 1999, 2299 f.
307 BAG, a.a.O., 2299.
308 BAG, NJW 1999, 2300.

zungen abgestellt[309]. Nach § 826 BGB ist derjenige, der in einer gegen die guten Sitten verstoßenden Weise einem anderen Schaden zufügt, zum Ersatz des daraus entstehenden Schadens verpflichtet. Das BAG verweist hierbei auf die Rechtsprechung des BGH[310], der einen solchen Ersatzanspruch insbesondere in den Fällen angenommen hat, in denen die Gesellschafter einer GmbH die Gesellschaft so ausgestaltet hatten, daß Nachteile aus der Geschäftstätigkeit notwendigerweise die Gläubiger der Gesellschaft treffen mußten. Für die Annahme eines Schädigungsvorsatzes genügt es, wenn sich nach den äußeren Umständen die Möglichkeit einer Schädigung der Gläubiger geradezu aufdrängen mußte[311]. Eine Haftung der Gesellschafter „im Durchgriff" ist hier etwa denkbar, wenn ihnen das Vorhandensein einer kostenintensiv zu sanierenden Altlast bei Gründung der GmbH entweder positiv bekannt war oder sich ihnen zumindest aufdrängen mußte[312]. Um dieses Risiko durch den Nachweis der Gutgläubigkeit der Gesellschafter zu vermeiden, wäre z.B. eine (belegbare) Auskunft beim Altlastenkataster einzuholen oder ein Informationsantrag nach dem Umweltinformationsgesetz (UIG) zu stellen, welche ergeben, daß gerade kein Altlastenverdacht vorgelegen hat[313]. Diese Auskünfte können allerdings auch zur Bösgläubigkeit der Gesellschafter führen, wenn über einen Altlastenverdacht Auskunft erteilt wird und die Gesellschafter dies negieren[314].

(3) Sphärenvermischung

Die für die Haftungsprivilegierung nach § 13 Abs. 2 GmbHG vorausgesetzte Trennung von Gesellschaft und Gesellschaftern greift grundsätzlich nur dann, wenn auch eine durchsichtige und kontrollierbare Abgrenzung zwischen dem Gesellschaftsvermögen und dem Privatvermögen der Gesellschafter gegeben ist[315]. Werden demgegenüber bestimmte Gegenstände oder auch ganze Vermögensmassen nicht deutlich genug dem einen oder anderen Vermögen zugeordnet, spricht man von einer sog. gegenständlichen Sphärenvermischung (Vermögensvermischung)[316]. In diesen Fällen ist ein Durchgriff auf den Gesellschafter, der die Vermischung veranlaßt oder hiervon Kenntnis hat, möglich; diesen träfe dann auch die Sanierungsverantwortung nach § 4 Abs. 3 S. 4 BBodSchG[317]. Erforderlich ist hierbei aber, daß der- oder diejenigen Ge-

---

309 *Knopp/Albrecht*, BB 1998, 1857; § 826 BGB wird *neben* einer Durchgriffshaftung geprüft; vgl. hierzu *Schmidt*, Gesellschaftsrecht, S. 250 m. Rechtspr.-Nachw.; auch BAG, a.a.O., 2300.
310 NJW 1979, 2104; NJW-RR 1988, 1181; NJW-RR 1992, 1061 = WM 1992, 735, 736.
311 BGH, NJW 1979, 2104; folgend BAG, NJW 1999, 2300.
312 *Knopp/Albrecht*, BB 1998, 1857.
313 *Knopp/Albrecht*, a.a.O., 1857; *Vierhaus*, NJW 1998, 1266.
314 S. o. Fn. 313.
315 *Schmitz-Rode/Bank*, DB 1999, 418.
316 BGHZ 95, 330, 333 = DB 1985, 2341 = BB 1985, 2065 = NJW 1986, 188 ff., 192; *Schmidt*, Gesellschaftsrecht, S. 244; auch *Drax*, Durchgriffs- und Konzernhaftung der GmbH-Gesellschafter, S. 54.
317 *Spieth/Wolfers*, NVwZ 1999, 358.

sellschafter, welche die Vermögensvermischung im oben beschriebenen Sinne zugelassen bzw. veranlaßt haben, innerhalb der Gesellschaft – etwa als Mehrheitsgesellschafter – eine beherrschende Stellung einnehmen und sie auch an der fraglichen Handlung entscheidend beteiligt waren[318]. Nach dem insoweit richtungsweisenden und bekannten „Autokran"-Urteil des BGH[319] werden in diesem Zusammenhang bei der Sphärenvermischung auch zugleich die Grenzen der Durchgriffshaftung aufgezeigt. Nur wenn die Vermögensabgrenzung zwischen Gesellschafts- und Privatvermögen durch eine undurchsichtige Buchführung oder auf andere Weise „allgemein" verschleiert und die Kapitalisierung damit unkontrollierbar wird, bejaht der BGH eine solche Haftung[320]. Da diese Voraussetzungen im konkreten „Autokran"-Fall nicht erfüllt bzw. bewiesen werden konnten, hat der BGH eine Durchgriffshaftung aus dem Gesichtspunkt der Sphärenvermischung abgelehnt[321].

126 Neben der gegenständlichen Sphärenvermischung oder Vermögensvermischung kann auch die *haftungsbegründende* Sphärenvermischung – durch nicht offenkundige Trennung der Rechtsschutzsubjekte – eine Durchgriffshaftung auslösen[322]. Nach Ansicht des BGH[323] besteht ein Haftungsdurchgriff deshalb, weil die betreffende Gesellschaft in einer das Offenkundigkeitsprinzip des Firmen- und Vertretungsrechts verletzenden Art und Weise am Geschäftsverkehr teilnimmt. Eine Berufung der Gesellschaft auf die unzureichende Differenzierungsmöglichkeit der Haftungsobjekte ist dann unzulässig[324]. Haben die Vertretungsorgane der Gesellschaft zudem schuldhaft gehandelt, greifen in diesen Fällen allerdings und regelmäßig die bürgerlich-rechtlichen Anspruchsgrundlagen aus § 826 BGB, c.i.c. oder aus der Inanspruchnahme von Vertrauen ein, die dem Haftungsdurchgriff aufgrund einer Sphärenvermischung vorgehen[325].

(4) Beherrschungsverhältnisse – „qualifizierte" Konzernverantwortung

127 Bei den „Durchgriffs"-Haftungstatbeständen spielt in der Praxis die Haftung im qualifiziert faktischen Konzern[326] wohl die größte Rolle, wobei sie in ihren einzelnen Tatbestandsmerkmalen und Rechtsfolgen umstritten ist[327]. Die

---

318 *Schmitz-Rode/Bank*, DB 1999, 418 f.
319 S. o. Fn. 316.
320 Vgl. hierzu *Schmidt*, Gesellschaftsrecht, S. 243.
321 BGH, NJW 1986, 189.
322 *Schmitz-Rode/Bank*, DB 1999, 419; *Schmidt*, a. a. O., S. 244 m. w. N.
323 *Schmitz-Rode/Bank*, a. a. O., 419 m. Hinw. auf BGH, DB 1990, 978 = WM 1990, 600, 602; auch BGH, DB 1986, 638.
324 S. o. Fn. 323.
325 S. o. Fn. 323.
326 Zu diesem Begriff s. z. B. *Schramm*, Konzernverantwortung und Haftungsdurchgriff im qualifizierten faktischen GmbH-Konzern, S. 38, 60 m. w. N.; jüngst auch BAG, NJW 1999, 2612 ff. zur Durchgriffshaftung im GmbH & Co. KG-Konzern.
327 Vgl. etwa *Turiaux/Knigge*, BB 1999, 380, die darauf hinweisen, daß speziell das GmbH-Konzernrecht gesetzlich nicht geregelt ist. Die Haftung im qualifizierten faktischen GmbH-Kon-

„qualifizierte Konzernabhängigkeit" ist die vom Bundesrat im übrigen ebenfalls expressis verbis aufgeführte Fallkonstellation im Hinblick auf die Begründung von § 4 Abs. 3 S. 4 BBodSchG[328].

Der Haftungsdurchgriff beim qualifiziert faktischen Konzern als Rechtsinstitut zum Gläubigerschutz hat als rechtsdogmatischen Ansatz eine analoge Anwendung der aktienrechtlichen Regelungen über die Ausgleichs- und Verlustübernahmepflichten nach §§ 302 ff. AktG, wenn zwischen zwei oder mehreren Gesellschaften Beherrschungs- und Gewinnabführungsverträge bestehen[329]. Grund der hier normierten Haftung ist die gesetzliche Fiktion, daß die Konzernabhängigkeit für das Entstehen der Verluste in dem abhängigen Unternehmen ursächlich ist. Die Fiktion beruht auf der Erwägung, daß aufgrund der sehr engen Verflechtung zwischen dem herrschenden und dem beherrschten Unternehmen und der damit entstehenden unübersichtlichen Verhältnisse schädigende Eingriffe des herrschenden Unternehmens sich nicht mehr isolieren lassen, so daß die gesellschaftsrechtlichen oder bürgerlich-rechtlichen Haftungsnormen (z.B. das Kapitalerhaltungsrecht oder Schadenersatzansprüche aus Treuepflichten oder deliktischem Handeln) als Schutzinstrumente nicht ausreichen[330]. Oder nach der bereits oben schon zitierten „Autokran"-Entscheidung des BGH[331] etwas anders ausgedrückt: Rechtsgrund für die Entwicklung der Haftung im qualifiziert faktischen GmbH-Konzern ist das Vorliegen einer speziellen Gefährdungslage, die dann gegeben ist, wenn einer der Gesellschafter der abhängigen GmbH noch anderweitige Unternehmensinteressen verfolgt und innerhalb der abhängigen Gesellschaft die Einwirkungsmöglichkeiten besitzt, um deren Geschäftstätigkeit an seinen anderen unternehmerischen Interessen auszurichten. Diese Gefährdungslage kann, vergleichbar der Situation beim aktienrechtlichen Vertragskonzern, zu einer schwierigen Beeinträchtigung der abhängigen Gesellschaft führen[332]. Eine Zäsur in der Rechtsprechung zur Durchgriffshaftung beim qualifiziert faktischen Konzern nach dem „Autokran"-Urteil stellt das sog. „TBB"-Urteil des

128

---

zern wurde vom BGH im Wege richterlicher Rechtsfortbildung entwickelt. Sie beruht auf einer analogen Anwendung der §§ 302, 303 AktG, also der Vorschriften über den aktienrechtlichen Vertragskonzern.
328 BT-Dr. 13/6701, S. 52: „... das gleiche gilt für die Fälle einer qualifizierten Konzernabhängigkeit der Gesellschaft, der die kontaminierten Grundstücke gehören. Der objektive Mißbrauch der beherrschenden Gesellschafterstellung ohne Rücksichtnahme auf die Belange der abhängigen Gesellschaft begründet das Vorliegen eines qualifizierten Konzerns (vgl. zuletzt grundlegend BGH, ZIP 1993, 589). Das herrschende Unternehmen ist dann zum Ausgleich der Verluste der abhängigen Gesellschaft verpflichtet. Unter den vorgesehenen Voraussetzungen besteht eine Sanierungspflicht des herrschenden Unternehmens. Somit wird eine Harmonisierung der gesellschaftsrechtlichen und der ordnungsrechtlichen Rechtsfolgen des Vorliegens eines qualifizierten Konzerns erreicht."
329 *Schmitz-Rode/Bank* 1999, 419; s. auch o. Fn. 327.
330 BGH, DB 1993, 825 = NJW 1993, 1202.
331 BGHZ 95, 330 = NJW 1986, 188.
332 *Turiaux/Knigge*, BB 1999, 380 m. Hinw. auf BGH („Autokran", s.o. Fn. 316).

BGH[333] dar, an dem sich die nachfolgende höchstrichterliche Rechtsprechung orientiert und wo es im Hinblick auf die Voraussetzungen der Haftung im qualifiziert faktischen Konzern zu der erforderlichen Konzernleitungsmacht heißt: „Der eine GmbH beherrschende Unternehmensgesellschafter haftet entsprechend den §§ 302, 303 AktG, wenn er die Konzernleitungsmacht in einer Weise ausübt, die keine angemessene Rücksicht auf die eigenen Belange der abhängigen Gesellschaft nimmt, ohne daß sich der ihr insgesamt zugefügte Nachteil durch Einzelausgleichsmaßnahmen kompensieren ließe ...". Nach dieser Rechtsprechung lassen sich jedenfalls folgende Tatbestandsvoraussetzungen für die Haftung benennen:

- Leitung einer GmbH durch ein beherrschendes Unternehmen[334].
- Zufügung eines Nachteils durch das beherrschende Unternehmen unter Verletzung des Gebots der Rücksichtnahme auf die Interessen der abhängigen Gesellschaft[335].
- Fehlende Kompensationsmöglichkeit der GmbH für die eingetretenen Verluste[336].

129 Im Hinblick auf die vorliegende Problematik kommt folgender Sachverhalt in Betracht: Die juristische Person, die als Eigentümerin des mit schädlichen Bodenveränderungen oder mit Altlasten behafteten Grundstücks Zustandsverantwortliche ist, ist zugleich Teil eines Konzerns[337]. Beim *vertikalen* Konzern entstehen nunmehr gesellschaftsrechtliche Einstandspflichten des herrschenden Konzernteils für den beherrschten Konzernteil, wenn eine „qualifizierte Abhängigkeit" vorliegt[338]. Hierzu gehören nicht nur rechtliche Machtmittel, um dies zu erreichen, sondern auch rein tatsächliche Möglichkeiten, dem beherrschten Teil den Willen des herrschenden aufzuzwingen; personelle Abhängigkeiten oder Mehrheitsstimmregeln reichen aus[339]. Anders als in den Fällen der Unterkapitalisierung handelt es sich hier um keine Durchgriffsproblematik, sondern das abhängige Unternehmen und seine Gläubiger sind dadurch geschützt, daß das herrschende Unternehmen – im Innenverhältnis – Verluste des abhängigen Unternehmens auszugleichen hat[340].

130 Eine Durchgriffshaftung i.S. der Haftung des herrschenden Unternehmens nach außen gegenüber den Gesellschaftsgläubigern kommt nur in Betracht,

---

333 BB 1993, 1103 = NJW 1993, 1200 ff.
334 Vgl. hierzu im einzelnen *Schmitz-Rode/Bank*, DB 1999, 419 m. w. N.
335 Vgl. hierzu *Schmitz-Rode/Bank*, a. a. O., 420 m. w. N.; auch *Turiaux/Knigge*, DB 1999, 381 m. w. N.
336 Vgl. hierzu *Schmitz-Rode/Bank*, DB 1999, 420 m. w. N.
337 *Becker*, DVBl. 1999, 139; *Turiaux/Knigge*, a. a. O., 380; zur Legaldefinition des Konzernbegriffs in § 18 Abs. 1 S. 1 AktG: „Sind ein herrschendes und ein oder mehrere abhängige Unternehmen unter der einheitlichen Leitung des herrschenden Unternehmens zusammengefaßt, so bilden sie einen Konzern".
338 *Becker*, a. a. O., 139 m. w. N.
339 *Becker*, DVBl. 1999, 139.
340 *Schmidt*, Gesellschaftsrecht, S. 247; *Spieth/Wolfers*, NVwZ 1999, 358.

wenn das abhängige Unternehmen zahlungsunfähig wird und das Konkursverfahren mangels Masse nicht eröffnet werden kann[341]. In diesen Fällen masseloser Insolvenz besteht dann auch die Sanierungsverantwortung des herrschenden Unternehmens nach § 4 Abs. 3 S. 4 BBodSchG. Insoweit liegt eine gesellschaftsrechtliche Eingriffspflicht und damit das Bedürfnis für einen ordnungsrechtlichen Durchgriff vor[342]. Denn solange das herrschenden Unternehmen die Verluste intern ausgleicht, wird die abhängige Gesellschaft auch imstande sein, die Sanierungskosten zu tragen[343].

Was die gesellschaftsrechtlichen Einstandspflichten im **horizontalen** Konzern (Gleichordnungskonzern)[344] anbelangt, ist ein Haftungsdurchgriff auf das „Schwester-Unternehmen", das jetzt Zustandsverantwortliche ist, nur möglich, wenn z.B. die eine Schwester das Vermögen der anderen mindert (analog der Durchgriffshaftung) oder wenn die Finanzschwäche auf Fehler der anderen Schwester zurückgeht (konzernspezifische Haftung)[345]. 131

(cc) Einstandspflicht aus handelsrechtlichem Rechtsgrund

Hier kommen im wesentlichen als Haftungsgrund eines anderen für den Zustandsverantwortlichen nur die Regeln der §§ 25 bis 28 HGB in Betracht[346]. 132

Bei diesen Vorschriften handelt es sich zunächst um keine Rechtsnachfolgetatbestände[347]. Der in der Praxis bedeutsame § 25 HGB betrifft die Haftung des Erwerbers bei Firmenfortführung[348]. Nach § 25 Abs. 1 S. 1 HGB muß ein – erworbenes – „Handelsgeschäft" vorliegen, gemeint ist ein vollkaufmännisches Handelsgeschäft[349]. Das Unternehmen muß unter Lebenden „erworben" worden sein, das heißt die Unternehmensträgerschaft hat gewechselt, wobei dieser Wechsel nicht unbedingt auf Kauf beruhen muß[350]. Es reicht auch für den Haftungsgrund nach § 25 HGB aus, wenn Teile eines Unternehmens, insbesondere eine im Verkehr selbständige Zweigniederlassung, übertragen werden[351]. Der Erwerber haftet dann für die „im Betriebe des Geschäfts begründeten Verbindlichkeiten des früheren Inhabers". Das heißt, es muß sich um Verbindlichkeiten handeln, die in dem erworbenen Unternehmen oder 133

---

341 *Spieth/Wolfers*, a.a.O., 358 m. Hinw. auf die BGH-Rechtspr., insbes. die „TBB"-Entscheidung (s.o. Fn. 333).
342 *Spieth/Wolfers*, NVwZ 1999, 358; *Turiaux/Knigge*, BB 1999, 382.
343 *Spieth/Wolfers*, a.a.O., 358.
344 Vgl. im einzelnen hierzu *Schmidt*, Gesellschaftsrecht, S. 505 ff., 1252 ff.
345 *Becker*, DVBl. 1999, 140.
346 *Hilger*, in: Holzwarth/Radtke/Hilger/Bachmann, Bundes-Bodenschutzgesetz/Bundes-Bodenschutz- und Altlastenverordnung, § 4 BBodSchG Rdnr. 110; *Becker*, a.a.O., 140.
347 *Becker*, DVBl. 1999, 140.
348 § 26 HGB betrifft in diesem Zusammenhang die zeitlich begrenzte Nachhaftung des früheren Inhabers, § 27 HGB die Haftung des Erben bei Geschäftsfortführung, § 28 HGB die Haftung beim „Eintritt in das Geschäft eines Einzelkaufmanns".
349 *Schmidt*, Handelsrecht, 1999, S. 239; *Baumbach/Hopt*, HGB, § 25 Rdnr. 2.
350 *Schmidt*, a.a.O., S. 240.
351 *Baumbach/Hopt*, HGB, § 25 Rdnr. 3; *Schmidt*, Handelsrecht, S. 247.

Unternehmensteil bereits begründet worden sind[352], fällig müssen sie nicht gewesen sein (§ 26 Abs. 2 HGB). An diese „Verbindlichkeiten" knüpft nach § 4 Abs. 3 BBodSchG die Einstandspflicht „aus handelsrechtlichem Rechtsgrund" an. Geht man bei der öffentlich-rechtlichen Sanierungspflicht von einer öffentlich-rechtlichen Verbindlichkeit aus[353], haftet der Erwerber i.S. des § 25 Abs. 1 HGB für die Sanierung der schädlichen Bodenveränderung oder Altlast. Unproblematisch ist jedenfalls seine Haftung nach besagter Vorschrift, wenn die Sanierungspflicht nach § 4 Abs. 3 BBodSchG bereits vor Übergang des Unternehmens oder des Unternehmensteils durch Verwaltungsakt konkretisiert war[354]. Die Haftung des Altunternehmers wird durch § 25 HGB nicht beseitigt, er haftet also neben dem neuen Unternehmensträger weiter[355]. Die Haftungsverbindlichkeit des Altunternehmers endet nach § 26 HGB allerdings mit dem Ablauf von fünf Jahren. Unabhängig von dieser Frist kann ein Altunternehmer, der in seinem Unternehmen oder Unternehmensteil, das auf den Erwerber übertragen wird, eine schädliche Bodenveränderung oder Altlast verursacht hat, im Unterschied zum Spaltungsrecht[356] weiterhin von der Behörde als Verursacher in Anspruch genommen werden. Die in § 4 Abs. 3 S. 4 BBodSchG festgeschriebene Haftung aus handels- und gesellschaftsrechtlichem Rechtsgrund knüpft nämlich ausschließlich an die Zustandsverantwortung in Form der Eigentümerverantwortung, nicht aber auch an die Verursacherhaftung bzw. -verantwortung an.

134 Zwischen Altunternehmer und Unternehmenserwerber kann schließlich ein Haftungsausschluß vereinbart werden mit der Bedeutung einer Erfüllungsübernahme (§§ 329, 415 Abs. 3 BGB)[357]. Nach § 25 Abs. 2 HGB kann eine solche Abrede sogar Außenwirkung – vor allem gegenüber den Gläubigern – haben, wenn sie in das Handelsregister eingetragen und bekannt gemacht oder von dem Erwerber oder dem Veräußerer dem Dritten mitgeteilt ist. Diese Außenwirkung muß dabei aber auch gewollt sein[358]. In einem solchen Fall haftet der Altunternehmer, der eine schädliche Bodenveränderung oder Altlast auf dem übertragenen Unternehmensgrundstück verursacht hat, auch nicht mehr gegenüber der Behörde unter dem Gesichtspunkt der Verursacherhaftung nach § 4 Abs. 3 S. 1 BBodSchG, da die Behörde obige Abrede hinsichtlich des Ausschlusses der Weiterhaftung für die vor Übergang begründeten Verbindlichkeiten in einem Unternehmen ebenfalls als Gläubigerin der öffentlich-rechtlichen Verbindlichkeit „Sanierungsverpflichtung" gegen sich gelten lassen muß. In diesem Fall ist ohne Bedeutung, daß die Haftung des Erwerbers aus dem Rechtsgrund des § 25 Abs. 1 HGB lediglich an die Zu-

---

352 *Schmidt*, a.a.O., S. 247; *Becker*, DVBl. 1999, 140.
353 S. o. (bb) (3).
354 *Becker*, a.a.O., 140.
355 Fall der „Schuldmitübernahme", s. *Schmidt*, Handelsrecht, S. 250.
356 S. o. (bb).
357 Vgl. §§ 329, 415 Abs. 3 BGB; *Schmidt*, a.a.O., S. 253.
358 *Schmidt*, Handelsrecht, S. 253.

standsverantwortung anknüpft, da – ähnlich wie bei den zivil- und umwandlungsrechtlichen Gesamtrechtsfolgetatbeständen – der Tatbestand des § 25 HGB in seiner Gesamtheit gesehen werden muß. Dazu gehört auch die Möglichkeit, die Haftung des Altunternehmers mit Wirkung für Dritte durch Vertrag ausschließen zu können. Dem kann nicht entgegengehalten werden, daß der Altunternehmer sich dadurch möglicherweise leicht aus der Verursacherhaftung stehlen könnte. Insoweit wird im Einzelfall stets zu überprüfen sein, ob bei einer Gesamtschau der Umstände die Abrede der Haftungsbefreiung des Altunternehmers nicht rechtsmißbräuchlich und daher sittenwidrig, letztlich also nichtig ist[359]. Soweit der Altunternehmer Eigentümer des übertragenen und schadstoffverunreinigten Unternehmensgrundstücks war, haftet er im übrigen grundsätzlich unter den Voraussetzungen des § 4 Abs. 6 BBodSchG[360].

(dd) Zeitliche Grenze und Haftungsbeendigung

Die Vorschrift des § 4 Abs. 3 S. 4 BBodSchG wirkt schon nach ihrem Wortlaut nicht zurück, es werden lediglich Fälle erfaßt, in denen eine handels- oder gesellschaftsrechtliche Einstandpflicht beim oder nach dem Inkrafttreten der Vorschrift besteht oder entsteht[361]. 135

Die Haftung nach dieser Regelung endet, sobald das im Eigentum der zustandsverantwortlichen Gesellschaft stehende belastende Grundstück auf einen Dritten rechtswirksam übertragen wird[362]. Nicht verantwortlich sind daher diejenigen, die in der Vergangenheit aus handels- oder gesellschaftsrechtlichem Rechtsgrund für eine juristische Person einstehen mußten, der das Grundstück einmal gehörte[363]. 136

e) Nachhaftung des früheren Eigentümers

(aa) Tatbestand

Zu den wohl problematischsten Regelungen des „Pflichtigen"-Katalogs gehört § 4 Abs. 6 BBodSchG, wo die Haftung des früheren Eigentümers, der nach Eintragung eines neuen Eigentümers im Grundbuch keinen aktuellen bezug zu seinem übertragenen Grundstück mehr hat, angeordnet ist[364]. Die Vorschrift, die dem Vorbild von § 12 HessAltlastG folgt[365], wurde in Erweite- 137

---

359 S. auch o. c) (cc) (2).
360 Zur hier verankerten Nachhaftung des früheren *Eigen*tümers s. ausführl. unten e)
361 *Hilger*, in: Holzwarth/Radtke/Hilger/Bachmann, Bundes-Bodenschutzgesetz/Bundes-Bodenschutz- und Altlastenverordnung, § 4 BBodSchG Rdnr. 97.
362 *Schmitz-Rode/Bank*, DB 1999, 417; *Spieth/Wolfers*, altlasten spektrum 1998, 78.
363 *Spieth/Wolfers*, a. a. O., 78.
364 Vgl. hierzu etwa *Gerhold*, altlasten spektrum 1998, 110; *Spieth/Wolfers*, altlasten spektrum 1998, 79 f.; dies., NVwZ 1999, 356 f.; *Vierhaus*, NJW 1998, 1266; *Kobes*, NVwZ 1998, 790; *Riedel*, ZIP 1999, 98; *Knopp/Albrecht*, BB 1998, 1855 f.; *Becker*, Bundes-Bodenschutzgesetz, § 4 Rdnr. 63; *Knopp*, DVBl. 1999, 1011 ff.; jüngst *Müggenborg*, NVwZ 2000, 50 ff.
365 *Knopp*, ZUR 1999, 213; *Vierhaus*, NJW 1998, 1266.

rung eines Vorschlages des Bundesrates auf Vorschlag des Vermittlungsausschusses ins BBodSchG aufgenommen[366]. Nach der die Zustandsverantwortung des Eigentümers über den Verlust seines Eigentums hinaus perpetuierenden Regelung[367] ist der frühere Eigentümer eines Grundstücks zur Sanierung (auch noch) verpflichtet, wenn er sein Eigentum nach dem 1. März 1999 (also nach dem Zeitpunkt des Inkrafttretens des BBodSchG) übertragen hat und die schädliche Bodenveränderung oder Altlast hierbei kannte oder kennen mußte. Ausgenommen ist von dieser Nachhaftung derjenige, der beim Erwerb des Grundstücks darauf vertraut hat, daß schädliche Bodenveränderungen oder Altlasten nicht vorhanden sind, und sein Vertrauen unter Berücksichtigung der Umstände des Einzelfalles schutzwürdig ist (§ 4 Abs. 6 S. 2 BBodSchG).

138 Zu den Voraussetzungen im einzelnen[368]:

- Die Eigentumsübertragung muß nach dem 1. März 1999 stattgefunden haben. Das heißt, es muß eine wirksame Übereignung des Grundeigentums durch Auflassung und Eintragung im Grundbuch stattgefunden haben, wobei jedenfalls die Eintragung des Neu-Eigentümers im Grundbuch nach dem 1. März 1999 erfolgt sein muß. Vertretbar erscheint unter Berücksichtigung des Gesetzeswortlauts („übertragen") aber gerade auch, daß auch die Auflassungserklärung zeitgleich nach dem 1. März 1999 liegen muß[369].
- Kenntnis von den Verunreinigungen.
Soweit vorliegende Regelung darauf abstellt, daß der frühere Grundstückseigentümer die schädliche Bodenveränderung oder Altlast „kannte", ist hier eine „positive Kenntnis" gemeint[370], das heißt der Alteigentümer hat um die Verunreinigung „gewußt" bzw. sie war ihm „bewußt". Zumindest ist nach dem Gesetzeswortlaut eine „fahrlässige Unkenntnis" des Alteigentümers hinsichtlich schädlicher Bodenveränderungen oder Altlasten erforderlich, die er sich zurechnen lassen muß. Eine solche Unkenntnis wird danach jedenfalls anzunehmen sein, wenn es sich bei dem zu veräußernden Grundstück um eine (altlast-) verdächtige Fläche i.S. des § 2 Abs. 4, 6 BBodSchG handelt[371] oder sonstige Anhaltspunkte bei sorgfältiger Recherche ergeben hätten, daß das Grundstück mit Schadstoffen kontaminiert ist[372]. Insoweit besteht bereits auch zivilrechtlich eine Aufklä-

---

366 Vgl. auch BT-Dr. 13/6701, S. 51 und *Müggenborg*, NVwZ 2000, 50.
367 *Riedel*, ZIP 1999, 98.
368 Vgl. hierzu auch *Knopp*, ZUR 1999, 213; ders., DVBl. 1999, 1010.
369 So etwa *Knopp*, ZUR 1999, 213; *Vierhaus*, NJW 1998, 1266; a. A. z. B. *Sanden/Schoeneck*, Bundes-Bodenschutzgesetz, § 4 Rdnr. 47; *Müggenborg*, NVwZ 2000, 50.
370 *Sanden/Schoeneck*, a.a.O., § 4 Rdnr. 48; *Knopp/Albrecht*, BB 1998, 1855.
371 *Vierhaus*, NJW 1998, 1266; *Knopp*, DVBl. 1999, 1012.
372 Vgl. hierzu z.B. *Knopp*, NJW 1992, 2657 ff., 2660; *Michel*, Grundstückserwerb und Altlasten, 1990, S. 24.

rungspflicht des Veräußerers und ein hiermit korrespondierender Informations- bzw. Aufklärungsanspruch des Erwerbers[373].

- Schutzwürdiges Vertrauen in die bodenschutzrechtliche Unbedenklichkeit des Erwerbs.

Die Regelung in § 4 Abs. 6 S. 2 BBodSchG enthält eine „Haftungsverschonung" bei schutzwürdigem Vertrauen in die Schadstofffreiheit des erworbenen Grundstücks[374]. Privilegiert kann nach Sinn und Zweck der Vorschrift hier zunächst nur der Alteigentümer („frühere" Eigentümer) sein[375]. Es kommt also auf die Gutgläubigkeit des Alt- oder Grundstücksvoreigentümers zum Zeitpunkt seines Eigentumserwerbs an[376]. Schutzwürdig ist sein Vertrauen hinsichtlich der Kontaminationsfreiheit seines Grundstücks vor allem dann, wenn er etwa auf behördliche Entscheidungen hinweisen kann, bei der die Frage einer Verunreinigung des Grundstücks Prüfungsgegenstand war oder hätte sein müssen. Dies kann der Fall sein, wenn ihm z. B. eine Baugenehmigung oder eine Anlagengenehmigung nach Bundes-Immissionsschutzgesetz erteilt worden oder das Gebiet als Wohngebiet ausgewiesen worden ist[377]. Dagegen ist das Vertrauen des Alteigentümers nicht schutzwürdig, wenn er trotz hinreichender Anhaltspunkte etwa „blind" auf Zusicherungen des damaligen Veräußerers vertraut und das kontaminierte Grundstück erworben hat. Allgemein gültige Maßstäbe gibt es in diesem Zusammenhang bislang nicht, sondern es kommt – wie so oft – auf den Einzelfall an. Zu berücksichtigen ist sicherlich hierbei aber die Rechtsprechung des Bundesverwaltungsgerichts, die sich mit Fragen der Haftungsbegrenzung beim Zustandsverantwortlichen beschäftigt. Insoweit wird, um Wiederholungen zu vermeiden, auf die Ausführungen oben unter c) zur Zustandsverantwortlichkeit, resp. der Eigentümerhaftung, verwiesen. Erfährt der Alteigentümer erst **nach** dem Erwerbszeitpunkt von einer Schadstoffbelastung seines Grundstücks, schadet dies nicht, er ist von einer Inanspruchnahme als „früherer" Eigentümer i. S. des BBodSchG geschützt[378].

noch
138

---

373 *Knopp,* DVBl. 1999, 1012; *Vierhaus,* NJW 1998, 1266 m. Rechtspr.-Nachw.; insoweit grundlegend schon BGH, NJW 1983, 2493, 2494; nach BGH, NJW 1999, 3777 ff. = UPR 2000, 66 f. dürfen allerdings die Anforderungen an die Aufklärungspflicht des Verkäufers nicht „überspannt" werden: So ist das Liegenschaftsamt einer kommunalen Selbstverwaltungskörperschaft als Verkäufer eines Grundstücks selbst auf die gezielte Frage nach Altlasten ohne dahingehende Anhaltspunkte nicht verpflichtet, sämtliche die Nachbargrundstücke betreffenden Akten auf – bis zu dreißig Jahre zurückliegende – Hinweise auf eine mögliche Kontamination des Vertragsobjekts durchzusehen.
374 Nach *Müggenborg,* NVwZ 2000, 50 gilt als „Erwerb" des Alt-Eigentümers nicht nur der rechtsgeschäftliche Erwerb, sondern auch der Erwerb in der Zwangsversteigerung und die Zuteilung in der Flurbereinigung, nicht dagegen die vermögensrechtliche Restitution in den neuen Bundesländern.
375 *Knopp,* DVBl. 1999, 1012; *Sanden/Schoeneck,* Bundes-Bodenschutzgesetz, § 4 Rdnr. 47.
376 *Müggenborg,* NVwZ 2000, 50; auch *Turiaux/Knigge,* BB 1999, 383.
377 *Müggenborg,* a. a. O., 50 m. w. N.
378 *Müggenborg,* NVwZ 2000, 50.

139 Soweit § 4 Abs. 6 S. 2 BBodSchG auf das schutzwürdige Vertrauen des Alteigentümers beim „Erwerb" abstellt, ergibt der Sinnzusammenhang im Hinblick auf die Einbeziehung der Regelung des § 4 Abs. 6 S. 1 BBodSchG, daß zunächst der rechtsgeschäftliche Erwerb durch Übertragung des Grundstücks vom Voreigentümer auf den jetzigen Eigentümer gemeint ist. Daneben ist es aber kraft Gesetzes nicht ausgeschlossen, auch den „Erwerb" eines Grundstücks in der Zwangsversteigerung oder die Zuteilung in der Flurbereinigung unter besagte „Haftungsausschlußklausel" zu fassen[379].

140 Wer die tatbestandlichen Voraussetzungen des § 4 Abs. 6 S. 1 BodSchG erfüllt und sich nicht auf die Haftungsbefreiung in S. 2 der Regelung berufen kann, den trifft grundsätzlich die „Ewigkeitshaftung" in besagter Vorschrift, auch wenn das kontaminierte Grundstück wieder weiter veräußert wird. Bei mehrmaliger Grundstücksübertragung entsteht eine sog. Haftungskette ehemaliger Eigentümer, die jeder für sich bei Vorliegen der gesetzlichen Voraussetzungen im einzelnen auf die gesamten Sanierungskosten haften und es seitens der Verwaltungsbehörde auch ermessensfehlerhaft wäre, nur etwa einen Alteigentümer aus der Kette herauszugreifen und die anderen zu verschonen[380]. Dem Problem der denkbaren Haftungskette kann auch durch den Versuch, den Gesetzeswortlaut einengend zu interpretieren, nicht begegnet werden[381].

141 Die Aufrechterhaltung der Eigentümerverantwortung nach Grundstücksübertragung wird für den Grundstücksverkehr, insbesondere mit gewerblich bzw. industriell genutzten Grundstücken, eine erhebliche Belastung darstellen[382]. Ein mit der „fortdauernden Eigentümerhaftung" behafteter Grundstücksveräußerer – der nicht Verursacher der Verunreinigungen ist – steht einerseits vor dem Problem der jederzeit möglichen behördlichen Inanspruchnahme zur Sanierung, andererseits muß er den Käufer des Grundstücks entsprechend aufklären und gegebenenfalls das Grundstück weit unter Wert veräußern. Da eine öffentlich-rechtliche Vereinbarung mit der Behörde im Hinblick auf einen Verzicht der Inanspruchnahme des Alteigentümers als eher praxisfremd zu bewerten ist und deshalb kaum in Betracht kommt[383], bleibt einem Alteigentümer und Veräußerer nur die Möglichkeit, zu versuchen, durch eine weitgehende Freistellungsregelung im Innenverhältnis zum Käufer und Neueigen-

---

379 S. o. Fn. 374.
380 *Müggenborg*, a. a. O., 51.
381 So etwa *Droese,* UPR 1999, 91, die eine „Haftungskette" schon deshalb für nicht möglich hält, weil das BBodSchG lediglich von „dem" früheren Eigentümer spreche, bei dem die gesetzlichen Voraussetzungen zutreffen und damit nicht „irgendeinen" früheren Eigentümer, sondern nur den „letzten" früheren Eigentümer meine; dagegen kann es nach *Becker,* Bundes-Bodenschutzgesetz, § 4 Rdnr. 74 immer einen „früheren" Eigentümer und damit auch eine „Haftungskette" geben, innerhalb derer nach § 4 Abs. 6 S. 1 immer derjenige „frühere" Eigentümer ist, auf den besagte gesetzliche Voraussetzungen zutreffen.
382 So zutreff. z. B. *Spieth/Wolfers,* NVwZ 1999, 357; auch *Riedel,* ZIP 1999, 98; a. A. *Jorczyk/Duesmann,* altlasten spektrum 1999, 71 ff., 75.
383 Vgl. auch *Spieth/Wolfers,* a. a. O., 357; *Müggenborg,* NVwZ 2000, 51.

tümer die Kostenlast einer drohenden behördlichen Inanspruchnahme auf letzteren abzuwälzen bzw. zu übertragen[384]. Diese schuldrechtlichen Freistellungsverpflichtungen müssen dann gegebenenfalls durch Grundpfandrechte oder andere Sicherheiten, z. B. eine Bürgschaft, abzusichern sein, was im Falle des Eintretens der Insolvenz beim Käufer aber wenig nützt. Insoweit trägt ein Alteigentümer und Veräußerer aufgrund des Fortbestandes der Zustandsverantwortung über seinen Eigentumsverlust hinaus zumindest faktisch das Insolvenzrisiko der Käufers[385].

(bb) Verletzung von Verfassungsrecht?

Nach der Stellungnahme des Bundesrates zum Gesetzesentwurf der Bundesregierung vom 14. 1. 1997 sollte die Haftungsregelung zu Lasten des früheren Grundstückseigentümers es ermöglichen, Spekulations- und Umgehungsgeschäften sowie den sog. Dereliktionsfällen zu begegnen[386]. Insoweit findet sich in besagtem Entwurf aber auch noch ein Kostenkorrektiv zugunsten des Grundstückseigentümers, als seine Haftung im Ergebnis auf den Wert des Grundstücks beschränkt sein sollte[387]. Im Vermittlungsausschuß wurde diese Regelung auf Betreiben der Ländermehrheit gestrichen und hat nunmehr in der vorgestellten „unbegrenzten" Fassung Gesetzeskraft erlangt[388]. Damit bleibt es hier der Rechtsprechung, resp. dem Bundesverfassungsgericht, überlassen, Haftungsgrenzen von Verfassungs wegen zu ziehen bzw. vor allem die Regelung einer grundlegenden Verfassungsprüfung zu unterziehen[389].

142

Die vom Gesetzgeber eingangs angesprochene Begründung für die vorliegende Haftungserweiterung des früheren Eigentümers überzeugt zunächst nicht. Nach der Eigentumsübertragung vom Alteigentümer auf einen neuen Eigentümer wird in jedem Fall letzterer Zustandsverantwortlicher und kann damit sanierungsverpflichtet werden. Um Mißbrauchsfällen bei Grundstücksübertragungen zu begegnen, z. B. in Form der „Flucht aus der Zustandsverantwortung" durch Übertragung eines verunreinigten Grundstücks vom Alteigentümer und Veräußerer auf einen vermögenslosen Dritten als Erwerber[390], kann auf die Wertungen in §§ 138, 134 BGB zurückgegriffen werden[391]. Was die vom Bundesrat zur Begründung der Haftungserweiterung des früheren Grundstückseigentümers angeführten Dereliktionfälle anbelangt, überzeugt dies ebenfalls nicht, da die Frage der Dereliktion (Eigentumsaufgabe) bereits

143

---

384 *Gerhold*, altlasten spektrum 1998, 80; *Steffen/Popp*, ZNotP 1999, 303 ff., 312; *Meißner*, ZfIR 1999, 407 ff., 407; a. A. *Jorczyk/Duesmann*, altlasten spektrum 1999, 75.
385 *Gerhold*, a. a. O., 80; *Müggenborg*, NVwZ 2000, 51.
386 BT-Dr. 13/6701, S. 51.
387 BT-Dr. 13/6701, S. 46 (zu der ursprünglichen Regelung in § 25 Abs. 2).
388 *Riedel*, ZIP 1999, 99.
389 *Riedel*, a. a. O., 99.
390 S. o. c) (cc) (2); zur Frage der „Flucht" aus der Zustandsverantwortung ins Gesellschaftsrecht (Altlastengrundstück als Sacheinlage) s. *Dombert*, NZG 1998, 413 ff. m. w. N.
391 *Knopp*, DVBl. 1999, 1013.

ausdrücklich in § 4 Abs. 3 S. 4 2. Fall BBodSchG geregelt wird. Danach haftet auch derjenige weiter, der sein Eigentum an einem Grundstück aufgibt, wodurch seit 1. März 1999 kraft Gesetzes bundeseinheitlich vermieden wird, daß sich ein Zustandsverantwortlicher durch bloße Eigentumsaufgabe zu Lasten Dritter oder der Allgemeinheit seiner Haftung entziehen kann[392].

144 Es stellt sich nunmehr mangels Notwendigkeit einer solchen Regelung die Frage, ob diese Haftungserweiterung, die im Unterschied zum bisherigen Ordnungsrecht durchaus als erheblich anzusehen ist, auch mit den Wertungen in Art. 14 GG (Eigentumsgarantie) übereinstimmt[393].

145 Um vorab noch einmal die rechtliche Ausgangslage zu verdeutlichen: Unter den Voraussetzungen des § 4 Abs. 6 BBodSchG kann ein früherer Grundstückseigentümer, für den keine Nutzungsmöglichkeit an dem veräußerten und übereigneten Grundstück mehr besteht, ohne zeitliche Schranken von der zuständigen Behörde im Rahmen ihres Auswahlermessens zu Sanierungsmaßnahmen herangezogen werden.

146 Beim Grundstückseigentümer, der die Verunreinigungen seines Grundstücks nicht verursacht hat, sind haftungsrelevante Vorschriften über die Zustandsverantwortung Ausdruck der dem Sacheigentum nach Art. 14 Abs. 2 GG immanenten Sozialbindung[394]. Anders ausgedrückt: „Eigentum verpflichtet" oder wer die Vorteile des Grundstücks nutzen darf, muß auch für seine Lasten einstehen bzw. muß dafür Sorge tragen, daß von dem Grundstück keine Gefahren für die Allgemeinheit ausgehen[395]. Die in Art. 14 Abs. 2 GG enthaltene Sozialbindung des Eigentums ist nicht nur die regierende Zielorientierung für den Inhalt und Schranken des Eigentums bestimmenden Gesetzgeber, sondern vermittelt zugleich auch eine Grenze des Eigentums[396]. Ein Gesetzgeber, der Inhalt und Schranken des Eigentums so fixiert, die jede privatnützige Verwendung bestimmten Eigentums ausschließt, also nur noch ein gemeinstaats- oder fremdnütziger Gebrauch des Eigentums in Betracht kommt, mißachtet jene verbindliche Regelungsdirektive des Art. 14 Abs. 2 (S. 2) GG[397].

147 Die mit der Zustandsverantwortlichkeit verbundene Risikoverteilung zwischen Eigentum und Allgemeinheit knüpft an die tatsächliche und rechtliche Sachherrschaft des Grundstückseigentümers und an die damit verbundenen

---

392 S. unten f).
393 *Spieth/Wolfers*, altlasten spektrum 1998, 79f.; dies., NVwZ 1999, 356f. (nunmehr auf Art. 2 Abs. 1 GG bezogen); krit. hierzu zu Recht *Müggenborg*, NVwZ 2000, 51: Der Prüfungsmaßstab Art. 14 GG ist vorliegend der speziellere im Unterschied zu Art. 2 Abs. 1 GG; zu den anstehenden Verfassungsfragen s. auch eingehend *Kahl*, Die Verwaltung 2000, 56 ff. m. w. N.
394 Grundlegend schon *Papier*, Altlasten und polizeirechtliche Störerhaftung, S. 50; auch *Knopp*, DVBl. 1999, 1012; *Knopp/Albrecht*, Altlastenrecht in der Praxis, Rdnr. 104.
395 *Müggenborg*, NVwZ 2000, 51.
396 Vgl. nur *Papier*, a. a. O., S. 50 f.
397 *Papier*, Altlasten und polizeirechtliche Störerhaftung, insbes. S. 50 ff.

Nutzungsmöglichkeit oder -befugnis an[398]. Das heißt zugleich aber auch, daß die Privatnützigkeit des Eigentums zu wahren ist und die Zustandsverantwortlichkeit entfällt, wenn der Grundstückseigentümer mit Kosten belastet wird, die den privatnützigen Gebrauch der Sache ausschalten würden[399]. Bei der Übertragung des Eigentums an Dritte entfällt die Nutzungsmöglichkeit oder Nutzungsbefugnis des Veräußerers bzw. ehemaligen Eigentümers. Damit fehlt es an dem entscheidenden Anknüpfungspunkt dafür, den ehemaligen Grundstückseigentümer als Ordnungspflichtigen zu Sanierungsmaßnahmen heranzuziehen. Die Gegenansicht[400] hält die Regelung des § 4 Abs. 6 BBodSchG für verfassungsrechtlich unbedenklich, weil die Vorschrift bereits eine bestehende Zustandsverantwortlichkeit voraussetze und diese nur zeitlich verlängere. Tangiert werde lediglich die Erwartung eines existierenden Zustandsverantwortlichen, zukünftig bei einem Verlust des Eigentums auch die Zustandsverantwortlichkeit wieder zu verlieren. Damit regele der Gesetzgeber aber lediglich für die Zukunft den Inhalt des Eigentums neu. Bei inhaltlichen Eigentumsregelungen muß die Belastung des Eigentümers aber stets in einem angemessenen Verhältnis zu den mit der Regelung verfolgten Interessen stehen. Die Belange der Allgemeinheit und die Individualinteressen müssen in ein ausgewogenes Verhältnis gebracht werden, wobei die grundgesetzliche Anerkennung des Privateigentums als auch des Sozialgebots des Art. 14 Abs. 2 GG zu beachten sind[401]. Bei der Neuordnung eines Rechtsgebiets, wie hier beim Bodenschutzrecht, kommt dem Gesetzgeber allerdings ein besonders weiter Spielraum zu. Er kann Rechtspositionen verkürzen oder umformen „wenn Gründe des Gemeinwohls vorliegen, die den Vorrang vor dem berechtigten ... Vertrauen auf den Fortbestand eines wohl erworbenen Rechts verdienen"[402]. Gleichwohl müssen vorliegend dabei Nutzungsmöglichkeit oder -befugnis des Zustandsverantwortlichen grundsätzlich gewahrt bleiben. Insoweit kann der Gesetzgeber auch nur in dem von Art. 14 GG vorgegebenen Rahmen Neuregelungen im oben beschriebenen Sinne schaffen.

148 Danach begegnet die Vorschrift des § 4 Abs. 6 BBodSchG erheblichen verfassungsrechtlichen Bedenken. Dennoch wird sie in der Verwaltungspraxis zur Anwendung kommen, bis in einem entsprechenden Gerichtsverfahren ein Vorlagebeschluß an das Bundesverfassungsgericht erfolgt, auf dessen Prüfstand die Vorschrift dann bestehen muß.

---

398 S. hierzu auch die Beschlüsse des BVerwG v. 14. 12. 1990 (o. Fn. 265) und v. 14. 11. 1996 (o. Fn. 266), vor allem aber BVerfG, Beschluß v. 16. 2. 2000, o. Rdnr. 106 (zugleich Aufhebung des Beschlusses des BVerwG v. 14. 12. 1990).
399 *Gerhold*, altlasten spektrum 1998, 110 m. Hinw. auf BVerwG, NVwZ 1991, 475 f. sowie *Papier*, in: Maunz/Dürig, GG, Art. 14 Rdnr. 512; zur aktuellen Rechtspr. des BVerfG s. o. Rdnr. 106.
400 S. z. B. *Sanden/Schoeneck*, Bundes-Bodenschutzgesetz, § 4 Rdnr. 47.
401 BVerfGE 52, 1, 29; 70, 191, 200; 71, 230, 246 sowie o. Rdnr. 106.
402 BVerfGE 58, 300, 351; s. auch BVerfGE 36, 281, 293; 56, 186, 198 ff.

149 Eine ausdrückliche Haftungsbegrenzung hat der Gesetzgeber im Hinblick auf die Haftungserweiterung des früheren Grundstückseigentümers nicht vorgesehen. So fehlt eine ausdrückliche Bestimmung zu einer möglichen Heranziehungsverjährung[403], eine analoge Anwendung zivilrechtlicher Vorschriften verbietet sich im öffentlichen Recht. Auch die Instrumente des Verzichts oder der Verwirkung sind unter dem Gesichtspunkt der Rechtssicherheit nicht geeignet, die Anwendbarkeit der Regelung in § 4 Abs. 6 BBodSchG grundsätzlich, insbesondere aber bundeseinheitlich, zeitlich zu begrenzen. Es kommt dabei (zu sehr) auf den Einzelfall an und auf die jeweils sich hierzu entwickelnde unterschiedliche Rechtsprechung[404].

f) Derelinquentenhaftung

150 Die Neuregelung in § 4 Abs. 3 S. 4 2. Fall BBodSchG hat die bisherige Rechtslage dahingehend bundeseinheitlich geklärt, als derjenige Eigentümer, der sein Eigentum am Grundstück aufgibt (§ 959 BGB), Sanierungsverantwortlicher bleibt. Insoweit erfolgte eine Klärung der Rechtssituation in den Bundesländern, die eine derartige Regelung im Unterschied zu den meisten Bundesländern noch nicht hatten[405]. Die Nachhaftung des Derelinquenten im Bundes-Bodenschutzgesetz ist auf die Zustandsverantwortlichkeit des Eigentümers beschränkt. Nach dem eindeutigen Wortlaut der Regelung wird die Aufgabe der tatsächlichen Gewalt über ein Grundstück nicht erfaßt[406]. Die Dereliktion wird im Sinne des § 928 BGB wirksam, wenn der Eigentümer den Verzicht auf das Eigentum gegenüber dem Grundbuch erklärt und der Verzicht in das Grundbuch eingetragen wird[407].

151 Damit wird künftig verhindert, daß sich der Eigentümer eines Grundstücks mit Bodenverunreinigungen einfach zu Lasten der Allgemeinheit durch Aufgabe seines Eigentums entledigt.

---

403 *Gerhold*, altlasten spektrum 1998, 110; ausführl. *Ossenbühl*, NVwZ 1995, 547 ff., 548 f. m. Hinw. auf VG Köln, NVwZ 1994, 927.
404 Zur Problematik der zeitlichen Grenze für die behördliche Heranziehung eines Verantwortlichen s. z. B. *Knopp/Albrecht*, Altlastenrecht in der Praxis, Rdnr. 139 ff. m. w. N.; zum „Verzicht" s. – bejahend – *Ossenbühl*, NVwZ 1995, 547 entgegen der h. M. in der Lit. und unter Verweisung auf OVG Münster, a. a. O. 1984, 279, 280; zur „Verwirkung" vgl. *Kloepfer*, Umweltrecht, 1998, § 12 Rdnr. 73; *Papier*, Altlasten und polizeirechtliche Störerhaftung, S. 45; *Brandt*, Altlastenrecht, S. 144; a. A. *Ossenbühl* (bejahend), NVwZ 1995, 530; vgl. im übrigen aus der Rechtspr. etwa OVG Münster, a. a. O., und VG Köln, NVwZ 1994, 927.
405 *Knopp*, ZUR 1999, 214; *Sanden/Schoeneck*, Bundes-Bodenschutzgesetz, § 4 Rdnr. 44; *Oldiges* in: Oldiges (Hrsg.), Das neue Bundes-Bodenschutzgesetz – Fragen und Erwartungen, S. 82; ausführl. *Jorczyk/Duesmann*, altlasten spektrum 1999, 71 ff.
406 *Sanden/Schoeneck*, a. a. O., § 4 Rdnr. 45.
407 *Sanden/Schoeneck*, Bundes-Bodenschutzgesetz, § 4 Rdnr. 45.

V. Kostenausgleich und Kostentragung

1. Mehrere Verantwortliche

152 Kommen mehrere Pflichtige für eine Gefahrenabwehr im Zusammenhang mit schädlichen Bodenveränderungen oder Altlasten in Betracht, stellt sich für die anordnende Behörde die Frage der kostenpflichtigen Inanspruchnahme eines oder mehrerer Verantwortlicher als Ermessensfrage[408].

153 Nach dem Willen des Gesetzgebers bestimmt die in § 4 Abs. 3 BBodSchG festgelegte Reihenfolge der zur Sanierung Verantwortlichen im Regelfall auch die Rangfolge der Sanierungsverpflichtung[409]. Hierbei handelt es sich aber um keine verbindliche Rechtsregel. Kann eine schnelle und effektive Beseitigung der eingetretenen Störung nur durch den Zustandsverantwortlichen – Grundstückseigentümer oder Inhaber der tatsächlichen Gewalt über ein Grundstück[410] – erreicht werden, kann die zuständige Behörde ihn zur Sanierung heranziehen[411]. Es verbleibt demnach bei den bisherigen Auswahlgrundsätzen, wie sie sich in der Rechtsprechung[412] und Literatur[413] herausgebildet haben. Die behördliche Ermessensausübung[414] hat im Hinblick auf die Auswahl der Pflichtigen grundsätzlich von dem Gebot einer effektiven, schnellen und optimalen Gefahrenbeseitigung auszugehen. Allgemeine Auswahlgrundsätze stellen bloße Ermessensrichtlinien dar, von denen im Einzelfall in sachlich rechtfertigender Weise jederzeit abgewichen werden kann, gegebenenfalls auch muß. Als Ermessensgrundsätze kommen im einzelnen in Betracht:

- Zur Sanierung schädlicher Bodenveränderungen oder Altlasten können von der zuständigen Behörde ohne Rücksicht auf Verschulden mehrere, alle, auch als Gesamtschuldner[415] oder nur ein Verantwortlicher herangezogen werden. Die Auswahlentscheidung unter mehreren Verursachern, die nacheinander unabhängig voneinander eine Grundwasserverunreinigung als Betreiber einer chemischen Reinigung verursacht haben, setzt dabei nach der überwiegenden Rechtsprechung[416] nicht den Nachweis voraus, in welchem Umfang jeder zu der Verunreinigung beigetragen, und daß der in Anspruch Genommene hierzu den größten Verursachungsbeitrag geleistet hat. Unter dem Gesichtspunkt der Verhältnismäßigkeit soll es lediglich

---

408 Vgl. hierzu ausführl. *Giesberts,* Die gerechte Lastenverteilung unter mehreren Störern, 1990; *Knopp/Albrecht,* Altlastenrechtrecht in der Praxis, Rdnr. 120.
409 BT-Dr. 13/6701, S. 35.
410 Zur Zustandsverantwortung s.o. unter c).
411 BT-Dr. 13/6701, S. 35.
412 S. nur die Darstellung bei *Kügel,* NJW 2000, 111 m. Rechtspr.-Nachw.
413 *Knopp/Albrecht,* Altlastenrecht in der Praxis, Rdnr. 120 ff. m. w. N.
414 Vgl. § 40 VwVfG.
415 VG Karlsruhe, VBlBW 1985, 155; VGH Mannheim, VBlBW 1991, 30; VGH Mannheim, Urt. v. 8. 2. 1993 – 8 S 515/92; VGH Mannheim, Urt. v. 19. 10. 1993 – 10 S 2045/91.
416 Vgl. z. B. VGH München, NVwZ-RR 1997, 617, 618; VGH Mannheim, NVwZ-RR 1994, 565 ff.; VG Darmstadt, NVwZ-RR 1994, 497 ff.; a. A. OVG Hamburg, BB 1990, 662.

noch
153

geboten sein, daß der in Anspruch Genommene einen wesentlichen, erheblichen Verursachungsbeitrag zu der Verunreinigung geleistet hat. Nur so kann, so etwa der VGH München[417], dem Prinzip der effektiven Gefahrenabwehr Rechnung getragen werden und eine sachlich nicht gerechtfertigte Vorrangverantwortung des Zustandsverantwortlichen vor dem Verhaltensverantwortlichen vermieden werden.

- Nach dem VGH Mannheim[418] kann es geboten sein, nur einen Verursacher heranzuziehen, auch wenn dessen Handlungsbeitrag sich im Verhältnis zu der Verursachung der Altlast durch einen anderen Pflichtigen nicht genau rekonstruieren läßt. Wenn der Anteil an der Verursachung auch für sich betrachtet ein Einschreiten der Behörde unter dem Gesichtspunkt der Verhältnismäßigkeit rechtfertigen würde, kann ein Anlagenbetreiber herangezogen werden, obgleich ein anderer vorher oder nachher ebenso zu Kontaminationen beigetragen hat. Der VGH Mannheim[419] erachtet es in diesem Zusammenhang auch für zulässig, bei der Ermessensentscheidung den Gesichtspunkt der gerechten Lastenverteilung zu berücksichtigen, also danach zu fragen, welche Kosten für die Erkundung und Sanierung der Altlasten entstehen und ob diese nicht auf mehrere Pflichtige verteilt werden können. Zivilrechtliche Ansprüche der Verantwortlichen untereinander habe dabei die Behörde aber laut VGH wegen des Grundsatzes der effektiven Gefahrenabwehr nicht zu berücksichtigen. Ferner ist nach dieser Rechtsprechung[420] nicht zu beanstanden, strukturpolitische Belange, wie die Sicherung und Schaffung von Arbeitsplätzen als dem Gemeinwohl dienende Belange in den Abwägungsprozeß mit einzubeziehen.

- Der Verursacher oder Verhaltenspflichtige sollte, wenn möglich, vor dem Zustandspflichtigen in Anspruch genommen werden („Daumen"-, nicht „Rechtsregel")[421]. Unter dem Gesichtspunkt einer schnellen und effektiven Gefahrenabwehr ist allerdings die Inanspruchnahme des Zustandsverantwortlichen dann rechtens, wenn der Verhaltensverantwortliche nicht greifbar oder eine wirksame Gefahrenbeseitigung durch ihn aus rechtlichen, faktischen oder wirtschaftlichen Gründen nicht gewährleistet ist (z.B. insolventer Verhaltensverantwortlicher)[422].

---

417 NVwZ-RR 1997, 618 m. Hinw. auf VGH Mannheim, NVwZ-RR 1994, 565.
418 NVwZ-RR 1997, 267 = VBlBW 1996, 351.
419 A.a. O.
420 A.a. O.
421 VGH Mannheim, NVwZ 1990, 179 f.; NVwZ 1990, 781, 783; NVwZ-RR 1991, 27 f.; OVG Koblenz, BauR 1990, 345 f.; zur Auswahl unter mehreren Zustandsverantwortlichen s. OVG Lüneburg, NVwZ 1990, 1001; zur Beseitigung grundwassergefährdender Abfälle durch den Vermieter, wenn der Mieter wassergefährdende Chemikalien in die gemieteten Räume verbracht hat, vgl. BVerwG, Urt. v. 18. 10. 1991 – 7 C 2.91; s. auch *Knorr*, VBlBW, 1996, 447 ff., 450; vgl. aber auch *Kothe*, UPR 1999, 96 ff., 97.
422 S. hierzu VGH Kassel, UPR 1986, 437, 439 m. w. N.; ferner OVG Münster, NVwZ 1997, 804 ff. (zur ordnungsrechtlichen Inanspruchnahme des *Eigen*tümers von Wohngebäuden auf einer stillgelegten Abfalldeponie, von der Ausgasungen ausgehen); s. auch *Kügel*, NJW 2000, 112; *Kothe*, a. a. O., 97 m. w. N.

- Nach VGH Kassel[423] ist auch ein „abgestufter" behördlicher Zugriff ermessensfehlerfrei, bei dem der Verursacher zunächst bis zur Grenze seiner Leistungsfähigkeit und danach der Zustandsverantwortliche in Anspruch genommen wird.
- Unter Berücksichtigung des neuen Bodenschutzrechts kann nach VGH Mannheim[423a] die Behörde von der Inanspruchnahme des Gesamtrechtsnachfolgers des (wahrscheinlichen) Verursachers an Stelle des Zustandsverantwortlichen mit der Begründung absehen, die Möglichkeit einer Gesamtrechtsnachfolge in abstrakte Polizeipflichten sei umstritten, weshalb im Fall der Inanspruchnahme des Gesamtrechtsnachfolgers eine langwierige prozessuale Auseinandersetzung mit ungewissem Ausgang zu befürchten sei.
- Weitere Auswahlkriterien für die verfügende Behörde bei der Ermessensausübung sind unter anderem die persönliche und sachliche Nähe des Verantwortlichen, aber auch seine wirtschaftliche Leistungsfähigkeit zur effektiven Gefahrenabwehr[424]. Gerade letzteres Kriterium wird von den Verwaltungsbehörden im Rahmen ihrer Ermessensausübung aber häufig nicht in entsprechende Überlegungen mit eingestellt, sondern vielfach wird die wirtschaftliche Leistungsfähigkeit eines ins Auge gefaßten Verantwortlichen einfach unterstellt, was rechtsfehlerhaft ist. Ein behördlicher Heranziehungsbescheid, der auf einer solchen Unterstellung basiert, ist nach der Rechtsprechung des VGH Mannheim[425] rechtswidrig und dementsprechend aufzuheben.

154 Zusammenfassend bleibt festzuhalten, daß die Behörde letztlich selbst entscheidet, wessen Inanspruchnahme tatsächlich zweckmäßig ist. Entscheidend ist, welchen Weg der Gefahrenabwehr sie für den wirkungsvollsten hält[426].

155 Die im Einzelfall durchaus komplizierte Frage der Auswahl unter mehreren Pflichtigen wird im Hinblick auf die Kostenverantwortung bzw. Lastenverteilung nur scheinbar durch die Kostenausgleichsregelung bei mehreren Pflichtigen in § 24 Abs. 2 BBodSchG „entschärft"[427].

2. Kostenausgleichsanspruch

156 An die Sanierungsverpflichtung in § 4 Abs. 3, 6 BBodSchG knüpft die umstrittene, aber praktisch bedeutende Regelung in § 24 Abs. 2 BBodSchG an, die seit dem 1. März 1999 gilt. Nach dieser Vorschrift, gestaltet nach dem Vorbild im

---

423 NVwZ-RR 1998, 747
423a VGH Mannheim, NuR 2000, 333 ff.
424 *Knopp/Albrecht*, Altlastenrecht in der Praxis, Rdnr. 123; auch *Kothe*, UPR 1999, 97 m. w. N.
425 NVwZ 1990, 179 f.
426 *Götz*, Allgemeines Polizei- und Ordnungsrecht, Rdnr. 255; auch *Knopp/Albrecht*, a. a. O., Rdnr. 124.
427 S. hierzu unter 2.

hessischen Altlastenrecht[428], wird erstmals bundesweit rechtsverbindlich und entgegen bisheriger Rechtsprechung[429] ein Ausgleichsanspruch mehrerer Verpflichteter untereinander festgeschrieben. Soweit zwischen mehreren potentiellen Sanierungsverantwortlichen i. S. des § 4 BBodSchG nichts anderes vertraglich vereinbart ist[430], steht ihnen dieser Anspruch kraft Gesetzes, das heißt unabhängig von ihrer behördlichen Heranziehung untereinander zu[431].

a) Mehrere Verpflichtete

157 Der Gesetzgeber setzt zunächst nicht die tatsächliche gesamtschuldnerische Inanspruchnahme mehrerer Sanierungspflichtigen nach § 4 BBodSchG durch die Verwaltungsbehörde voraus, sondern geht von einer abstrakten gesamtschuldnerischen Haftung als solcher aus[432]. Nach dem Willen des Gesetzgebers soll bei mehreren Verpflichteten der Grundstückseigentümer durch die Regelung des § 24 Abs. 2 BBodSchG dahingehend privilegiert sein, daß der Grundstückseigentümer den Verursacher der schädlichen Bodenveränderung oder Altlast auf Kostenersatz in Anspruch nehmen kann, aber nicht umgekehrt[433]. Dagegen kann der Verursacher aber einen Ausgleichsanspruch gegen einen Mitverursacher von Bodenverunreinigungen haben[434].

b) Anspruchsumfang

158 Nach § 24 Abs. 2 S. 2 BBodSchG hängt – mangels anders lautender Vereinbarung – die Verpflichtung zum Ausgleich sowie der Umfang des zu leistenden Ausgleichs davon ab, inwieweit die Umweltgefahr oder der Schaden vorwiegend von dem einen oder anderen Teil verursacht worden ist. § 24 Abs. 3 S. 2 Hs. 2 BBodSchG verweist dabei auf die entsprechende Anwendung der Regelung in § 426 Abs. 1 S. 2 BGB[435]. In der Praxis wird der jeweilige anteilige Verursachungsbeitrag häufig nur schwer exakt zu ermitteln sein, insbesondere, wenn verschiedene Verursacher innerhalb unterschiedlicher Zeiträume die gleichen Schadstoffe in den Boden eingebracht oder einzelne Verursa-

---

428 Vgl. § 12 Abs. 2 S. 4 HessAltlastG; vgl. hierzu *Bickel*, Bundes-Bodenschutzgesetz, § 24 Rdnr. 6.
429 Vgl. etwa BGH, NJW 1981, 2457; NJW 1987, 187; NJW 1990, 2058; OLG Düsseldorf, NVwZ 1989, 993, 997; s. ferner *Pützenbacher*, NJW 1999, 1137 ff., 1139 m. w. N. unter Fn. 40.
430 S. den Vorbehalt in § 24 Abs. 2 S. 1 BBodSchG.
431 *Knopp*, ZUR 1999, 214; *Knopp/Teifel*, ZAP F. 19, 461 ff., 462; *Pützenbacher*, a. a. O., 1139; demgegenüber wohl *Knoche*, NVwZ 1999, 1198 ff. zu dem Ergebnis, daß § 24 Abs. 2 BBodSchG auf jeden Fall die behördliche Verpflichtung zumindest des potentiellen Verantwortlichen i S. des § 4 BBodSchG voraussetzt; zu den Fragestellungen im Zusammenhang mit den Ausgleichsansprüchen nach BBodSchG s. im übrigen ausführl. *Wagner*, BB 2000, 417 ff., 421 f. (zur vorlieg. Problematik).
432 S. o. Fn. 431.
433 BT-Dr- 13/6701, S. 46; s. auch *Vierhaus*, NJW 1998, 1267; *Knopp/Albrecht*, BB 1998, 1857.
434 *Pützenbacher*, NJW 1999, 1140.
435 „Kann von einem Gesamtschuldner der auf ihn entfallende Beitrag nicht erlangt werden, so ist der Ausfall von den übrigen zur Ausgleichung verpflichteten Schuldnern zu tragen".

cher mit unterschiedlichen Substanzen umgegangen sind, die zu den Bodenverunreinigungen geführt haben[436].

c) Verjährung

Nach § 24 Abs. 2 S. 3 BBodSchG verjährt der Ausgleichsanspruch entsprechend § 852 BGB in drei Jahren, wobei die Verjährungsfrist im Falle der behördlichen Ausführung mit Beitreiben der Sanierungskosten und ansonsten nach Sanierungsbeendigung mit der Kenntnis von der Person des Ersatzpflichtigen beginnt (§ 24 Abs. 2 S. 4 BBodSchG). Der Anspruch verjährt in jedem Fall 30 Jahre nach Sanierungsende (§ 24 Abs. 2 S. 5 BBodSchG).   159

d) Zeitlicher Geltungsbereich

Der Ausgleichsanspruch entsteht grundsätzlich erst für Sanierungen, die zeitlich nach dem vollständigen Inkrafttreten des BBodSchG, also nach dem 1. März 1999, ausgeführt werden[437]. Damit scheiden sämtliche Sanierungen aus, die vor diesem Zeitpunkt beendet wurden. Problematisch ist, ob der Ausgleichsanspruch aber für solche Sanierungen gilt, die vor dem 1. März 1999 begonnen und nach diesem Datum abgeschlossen worden sind bzw. noch abgeschlossen werden[438]. Das BBodSchG enthält zunächst keine Übergangsregelung für Sanierungen. Nicht zuletzt unter besonderer Berücksichtigung des verfassungsrechtlichen Rückwirkungsverbots wird eine Anwendung der Regelung des § 24 Abs. 2 BBodSchG auf Sanierungen, die vor dem 1. März 1999 begonnen haben und erst danach abgeschlossen werden, nicht in Betracht kommen können[439]. Zudem wäre zu befürchten, daß viele Sanierungen, die im Grunde bereits 1998 hätten abgeschlossen werden können, über den 1. März 1999 hinaus erstreckt worden sind, damit der Sanierer in den Genuß von Ausgleichsansprüchen kommt. Dies würde eine große Anzahl von Rechtsstreitigkeiten nach sich ziehen, die die Überprüfung der Erforderlichkeit weiterer Sanierungsmaßnahmen zum Inhalt haben[440].   160

e) Zuständigkeit der Zivilgerichte

Für die Geltendmachung des Ausgleichsanspruchs steht dem Anspruchsinhaber der Rechtsweg vor den ordentlichen Gerichten offen (§ 24 Abs. 2 S. 6 BBodSchG). Komplexe öffentlich-rechtliche Fragestellungen sind damit den Zivilgerichten zugewiesen, was nicht unproblematisch erscheint[441]. Andererseits ist ein solcher Regelungsmechanismus bereits aus dem Wasserhaushalts-   161

---

436 Zutreff. *Pützenbacher* a. a. O., 1140; zur Beweislast vgl. etwa *Kothe*, UPR 1999, 98 f.
437 *Vierhaus*, NJW 1998, 1267; *Knopp/Albrecht*, Altlastenrecht in der Praxis, Rdnr. 128.
438 Bejahend *Pützenbacher* NJW 1999, 1140; ablehn. *Vierhaus*, NJW 1998, 1267; auch *Knopp/Albrecht*, a. a. O., Rdnr. 128; *Knopp/Teifel*, ZAP F. 19, 463.
439 A. A. *Pützenbacher*, a. a. O., 1140; zur Rechtslage bei den „Altfällen" vor Inkrafttreten des § 24 Abs. 2 BBodSchG s. *Harms*, NJW 1999, 3668 ff. m. w. N.
440 Dies sieht im übrigen auch *Pützenbacher*, NJW 1999, 1140.
441 So z. B. *Vierhaus*, NJW 1998, 1267; auch *Knopp/Albrecht*, BB 1998, 1857.

gesetz bekannt. Die im öffentlichen Wasserrecht verankerte Vorschrift des § 22 WHG[442] sieht für die Geltendmachung des gesamtschuldnerischen Innenausgleichs ebenfalls den Zivilrechtsweg vor.

162 Derjenige, der sich eines Ausgleichsanspruchs nach § 24 Abs. 2 BBodSchG berühmt, hat im Zivilprozeß nach allgemeinen Darlegungs- und Beweislastgrundsätzen zunächst grundsätzlich die anteilige Verursachung von Bodenverunreinigungen durch den Beklagten darzulegen und zu beweisen. Hier könnte aus Gründen der Beweiserleichterung an die Anwendung des Anscheinsbeweises oder gar an eine Beweislastumkehr zu Lasten des Beklagten zu denken sein, was letztlich die künftige Rechtsprechung zu entscheiden haben wird[443].

f) Anderweitige Vereinbarungen

163 Der Ausgleichsanspruch nach § 24 Abs. 2 S. 1 BBodSchG besteht nur „soweit nichts anderes vereinbart wird". Das heißt, der Ausschluß des Anspruchs ist vertraglich zulässig[444]. Damit kommt sog. **Altlastenklauseln** in Grundstückskaufverträgen[445] eine gesteigerte Bedeutung zu, da die bislang üblichen Regelungen angesichts des neuen BBodSchG um weitere Formulierungen ergänzt werden müssen. Hat jedenfalls der Anspruchsgläubiger eines Ausgleichsanspruchs im Rahmen eines Kaufvertrages einen Gewährleistungsausschluß vereinbart, so muß er diese vertragliche Abrede auch hinsichtlich des Ausgleichsanspruchs gegen sich gelten lassen[446]. Dennoch ist ein klarstellender Hinweis in entsprechenden vertraglichen Vereinbarungen empfehlenswert[447].

3. Gefahrerforschungsmaßnahmen

a) Begriff und Problematik

164 Liegt der Verdacht nahe, daß von einem Grundstück Gefahren für die Umwelt aufgrund von Schadstoffverunreinigungen ausgehen, kann die zuständige Verwaltungsbehörde grundsätzlich Untersuchungsmaßnahmen wie Probebohrungen, Einholung von Sachverständigengutachten etc. vornehmen, um festzustellen, ob und in welchem Ausmaß tatsächliche Umstände vorliegen, welche die Annahme einer hinreichenden Wahrscheinlichkeit eines Schadenseintritts begründen[448].

---

442 S. insbes. § 22 Abs. 2 WHG (Gefährdungshaftungstatbestand mit der Verpflichtung zum Schadenersatz).
443 *Pützenbacher*, NJW 1999, 1140 f.; s. auch *Kothe*, UPR 1999, 98 f.
444 *Vierhaus*, NJW 1998, 1267; *Kobes*, NVwZ 1998, 796; *Knopp/Teifel*, ZAP F.19, 436 f.
445 Vgl. statt aller ausführl. und praxisnah bereits *Michel*, Grundstückserwerb und Altlasten, 1990; ferner *Knoche*, NJW 1995, 1986 ff.; *Wächter*, NJW 1997, 2073 ff.; auch *Knopp/Albrecht*, Altlastenrecht in der Praxis, Rdnr. 248 ff., jew. m. w. N.
446 *Pützenbacher*, NJW 1999, 1141 m. Hinw. auf BT-Dr. 13/6701, S. 46.
447 *Vierhaus*, NJW 1998, 1267.
448 *Knopp/Albrecht*, a. a. O. Rdnr. 67.

Behördliche Untersuchungsmaßnahmen kommen ferner in Betracht, wenn die 165
Existenz einer objektiven Gefahrenlage oder gar einer Störung zwar feststeht,
eine weitere Sachverhaltsaufklärung aber deswegen nötig ist, weil die Behörde
bislang noch keine Gewißheit darüber hat, ob und mit welchen Mitteln und vor
allem von wem die gegebene Gefahrenlage beseitigt werden kann. Man spricht
bei diesen Maßnahmen von „Gefahrerforschungseingriffen"[449].

Der von behördlichen Untersuchungsmaßnahmen betroffene Grundstückseigentümer ist zu deren Duldung verpflichtet. Diese Duldungspflicht wird der in Art. 14 Abs. 2 S. 2 GG verankerten Sozialbindung des Eigentums entnommen, wonach der Gebrauch des Eigentums zugleich dem Wohl der Allgemeinheit dienen soll[450]. 166

Problematisch war bislang insbesondere, wer die Kosten für die Durchführung von Untersuchungsmaßnahmen bzw. Gefahrerforschungseingriffen zu tragen hat[451]. Im bisherigen Abfall- und Altlastenrecht der Länder wurde diese Frage teilweise mit speziellen Kostentragungsregelungen beantwortet[452]. Wo solche Regelungen fehlten, wurde deshalb regelmäßig auf die Grundsätze des allgemeinen Polizei- und Ordnungsrechts zurückgegriffen[453]. 167

Nach einem überwiegenden Teil der Rechtsprechung[454] hat die zuständige Behörde ein dahingehendes Wahlrecht, ob sie die im konkreten Fall zum Einsatz gelangten Maßnahmen noch allein der bloßen Gefahrerforschung oder auch schon bereits der Gefahrenabwehr zuordnen will. Das hat dazu geführt, daß behördliche Untersuchungsanordnungen regelmäßig in die Kategorie der „Gefahrenabwehrmaßnahmen" (Sanierung) eingestellt werden, um von Behördenseite die Kosten der geforderten Maßnahmen von vornherein auf den Adressaten der entsprechenden behördlichen Anordnungen abwälzen zu können. Maßgeblich ist hier eine ex-ante Perspektive der Behörde[455]. 168

Nach der Rechtsprechung etwa des VGH Mannheim[456] soll es ferner legitim sein, behördlicherseits denjenigen kostenpflichtig zu Untersuchungsmaßnahmen bei einem Gefahrenverdacht heranzuziehen, der zumindest den „Gefahrenanschein" gesetzt hat, auch wenn sich später herausstellt, daß ihm die Gefahr nicht zugerechnet werden kann. Dies bedeutet, daß es für die Verursacherverantwortung darauf ankommen soll, ob der eingriffslegitimierende 169

---

449 *Kloepfer*, Umweltrecht, § 12 Rdnr. 82; *Knopp*, BB 1988, 923 ff.; *Weiß*, NVwZ 1997, 737 ff., jew. m. w. N.
450 Dies ist inzwischen allgemein anerkannt, vgl. *Knopp/Albrecht*, Altlastenrecht in der Praxis, Rdnr. 69 m. w. N.
451 *Kobes*, NVwZ 1998, 792; *Kügel*, NJW 2000, 110.
452 S. z. B. § 9 HessAltlastG, § 20 Abs. 1 S. 3 ThAbfAG.
453 *Knopp/Albrecht*, Altlastenrecht in der Praxis, Rdnr. 72 m. w. N.
454 S. hierzu grundlegend VGH München, BayVBl. 1986, 590 ff., 592; auch *Kügel*, NJW 2000, 110 m. Hinw. auf OVG Münster, DVBl. 1996, 1444 und OVG Münster, NVwZ-RR 1998, 102 = NWVBl. 1998, 64.
455 *Kügel*, NJW 1996, 2479 m. w. N.; *Knopp/Albrecht*, a.a. O, Rdnr. 73.
456 DVBl. 1990, 1047 f. = NVwZ-RR 1991, 24; auch VGH Mannheim, NVwZ 1991, 493.

Betrieblich-rechtliche Fragestellungen

Gefahrenanschein durch das Verhalten des fraglichen Adressaten verursacht worden ist. Für die Zustandsverantwortlichkeit (Grundstückseigentümer, Besitzer) ist maßgeblich, ob der Gefahrenanschein von dem Zustand der Sache ausgeht, die im Eigentum oder in der tatsächlichen Gewalt des fraglichen Adressaten steht. Der zu Unrecht in Anspruch genommene Anscheinsstörer hat gegenüber der Verwaltungsbehörde einen Folgenbeseitigungsanspruch, wozu auch die Erstattung von Gutachterkosten gehört[457]. Steht dagegen nach Vornahme der Untersuchungsmaßnahmen fest, daß der Adressat der behördlichen Anordnungen tatsächlich als Verursacher der Verunreinigungen anzusehen ist, können ihm jedenfalls – im nachhinein – die Kosten der Untersuchungsmaßnahmen auferlegt werden[458].

170 Wasserrechtliche Gefahrerforschungsmaßnahmen können auch nach Inkrafttreten des BBodSchG z. B. in Hessen[459], Rheinland-Pfalz[460] und Schleswig-Holstein[461] auf die jeweiligen spezialgesetzlichen Vorschriften des Landeswasserrechts[462] gestützt werden, wobei eine Kostenerstattung für solche Maßnahmen selbst dann möglich ist, wenn für den konkret untersuchten Bereich keine Gefahrensituation festgestellt werden kann[463].

b) Regelungen im BBodSchG

(aa) Amtsermittlung

171 § 9 Abs. 1 BBodSchG legt nunmehr fest, unter welchen Voraussetzungen die zuständigen Behörden Ermittlungen von Amts wegen durchzuführen haben[464]. Liegen danach der zuständigen Behörde Anhaltspunkte dafür vor, daß eine schädliche Bodenveränderung oder Altlast vorliegt, so „soll" sie zur Ermittlung des Sachverhalts „die geeigneten Maßnahmen" ergreifen. D. h. in der Regel hat die zuständige Behörde also bei Vorliegen entsprechender Anhaltspunkte[465] die erforderlichen Maßnahmen zu ergreifen, nur in atypischen Fällen darf sie hiervon abweichen[466].

172 In § 9 Abs. 1 S. 2 und S. 3 BBodSchG werden diese Ermittlungsmaßnahmen konkretisiert. Werden die in der BBodSchV festgelegten Prüfwerte überschritten, hat die Behörde Feststellungen hinsichtlich des Vorliegens bzw.

---

457 VGH Mannheim, NVwZ-RR 1996, 645.
458 Und zwar über Landespolizeirecht, s. z. B. § 8 Abs. 2 PolG Ba-Wü und VGH Mannheim, NVwZ 1990, 784.
459 S. VGH Kassel, NVwZ 1993, 1009.
460 S. OVG Koblenz, NVwZ-RR 1996, 320.
461 S. OVG Schleswig, NVwZ-RR 1995, 567.
462 Vgl. näher *Kügel*, NJW 1996, 2480 m. w. N.
463 OVG Koblenz, NVwZ-RR 1996, 320.
464 Diese Vorschrift ist lex specialis gegenüber § 24 VwVfG – Amtsermittlungsgrundsatz –.
465 Solche können sich insbes. aus der früheren Nutzung des Grundstückes ergeben, s. hierzu im einzelnen *Hilger*, in: Holzwarth/Radtke/Hilger/Bachmann, Bundes-Bodenschutzgesetz/Bundes-Bodenschutz- und Altlastenverordnung, § 9 BBodSchG Rdnr. 3
466 *Hilger*, a. a. O., § 9 BBodSchG Rdnr. 4

Nichtvorliegens einer schädlichen Bodenveränderung oder Altlast zu treffen, wobei im Rahmen der Untersuchung insbesondere Art und Konzentration der Schadstoffe, die Möglichkeit ihrer Ausbreitung in die Umwelt und ihrer Aufnahme durch Menschen, Tiere und Pflanzen sowie die Nutzung des Grundstücks nach § 4 Abs. 4 BBodSchG zu berücksichtigen sind. Über das Ergebnis der Untersuchungen und der Bewertung sind der Grundstückseigentümer und der Inhaber der tatsächliche Gewalt schriftlich zu unterrichten, wenn sie dies beantragt haben[467].

(bb) Gefahrerforschungseingriffe bzw. Untersuchungsanordnungen

173 § 9 Abs. 2 S. 1 BBodSchG regelt dagegen die oft strittige Frage, unter welchen Voraussetzungen die zuständige Behörde gegenüber dem Verantwortlichen kostenpflichtig sog. Gefahrerforschungseingriffe anordnen darf[468]. Danach muß für Untersuchungsanordnungen aufgrund konkreter Anhaltspunkte der hinreichende Verdacht einer schädlichen Bodenveränderung oder Altlast bestehen. Das heißt – analog zum Gefahrenbegriff[469] – je größer und folgenschwerer der möglicherweise eingetretene Schaden ist, um so geringere Anforderungen sind an die Wahrscheinlichkeit einer bestehenden Gefahr zu stellen[470]. Dabei ist nicht erforderlich, daß die Behörde selbst Bohrungen nieder bringt und Bodenproben durchführt. Sind etwa aus alten Fässern im nennenswerten Umfang umweltgefährdende Stoffe ausgelaufen und versickert, so liegt ein hinreichender Verdacht vor[471]. Der im Gesetz verwendete Begriff „Untersuchungen zur Gefährdungsabschätzung" nach § 9 Abs. 2 S. 1 BBodSchG bezieht sich dabei sowohl auf Untersuchungen zur Frage, ob überhaupt schädliche Bodenveränderungen oder Altlasten vorliegen, als auch auf Untersuchungen zum Umfang möglicher Sanierungs- oder Sicherungsmaßnahmen[472]. Es steht im pflichtgemäßen Ermessen der Behörde, ob sie Untersuchungen anordnet. Das gleiche gilt von dem auf § 9 Abs. 2 S. 2 BBodSchG gestützten Verlangen, die angeordneten Untersuchungen durch Sachverständige oder Untersuchungsstellen nach § 18 BBodSchG durchführen zu lassen[473]. Nach § 9 Abs. 2 S. 3 BBodSchG können die Länder Einzelheiten der Untersuchungspflicht regeln sowie weitere Mitwirkungs- und Duldungspflichten der nach § 12 BBodSchG Betroffenen begründen.

---

467 Vgl. § 9 Abs. 1 S. 4 BBodSchG.
468 Entsprechend § 5 HessAltlastG und der Rechtspr. des VGH Mannheim, DVBl. 1990, 1047, s. BT-Dr. 13/6701, S. 24.
469 Von einer „Gefahr" im Rechtssinne spricht man, wenn die hinreichende Wahrscheinlichkeit besteht, daß in absehbarer Zeit ein Schaden für die öffentliche Sicherheit oder Ordnung – bei schädlichen Bodenveränderungen oder Altlasten für die Umwelt – eintritt; vgl. *Knopp/ Albrecht*, Altlastenrecht in der Praxis, Rdnr. 52 m. w. N.
470 BT-Dr. 13/6701, S. 40.
471 BT-Dr. 13/6701, S. 40.
472 *Kobes*, NVwZ 1998, 792.
473 *Kobes*, a. a. O., 792.

Betrieblich-rechtliche Fragestellungen

174 Fraglich ist, ob auch auf der Grundlage von § 9 Abs. 1 S. 2 BBodSchG Untersuchungsanordnungen zulässig sind[474]. Hierfür könnte der Wortlaut „die notwendigen Maßnahmen" in besagter Regelung sprechen. Dagegen verweist § 24 Abs. 1 BBodSchG als Kostenregelung ausdrücklich nur auf § 9 Abs. 2 BBodSchG, nicht aber auf § 9 Abs. 1 S. 2 BBodSchG. Denkbar wäre es, obigen Wortlaut mit dem nahezu gleichlautenden Wortlaut der Eingriffsnorm/Anordnungsbefugnis in § 10 Abs. 1 zu vergleichen, und daraus abzuleiten, daß § 9 Abs. 1 S. 1 die Behörde ebenfalls zu kostenpflichtigen Untersuchungsanordnungen berechtigt[475]. Diese Auffassung ist aber letztlich abzulehnen, da die Regelung in § 9 klar in „Gefährdungsabschätzung" und „Untersuchungsanordnung" differenziert. Ausschließlich § 9 Abs. 2 BBodSchG bezieht sich auf die „Untersuchungsanordnung" und verweist expressis verbis auch auf die in § 4 Abs. 3, 6 BBodSchG genannten Verantwortlichen, während nach § 9 Abs. 1 S. 4 BBodSchG lediglich der Grundstückseigentümer und auch der Inhaber der tatsächlichen Gewalt, soweit bekannt, von der Behörde über die getroffenen – behördlichen (!) – Feststellungen und Ergebnisse zu informieren sind. Bestätigt sich nach Durchführung der behördlicherseits angeordneten Untersuchungsmaßnahmen aufgrund § 9 Abs. 2 BBodSchG der Verdacht einer schädlichen Bodenveränderung oder Altlast nicht, sind den zur Untersuchung Herangezogenen die Kosten zu erstatten, wenn sie die den Verdacht begründenden Umstände nicht zu vertreten haben[476].

4. Sanierungsmaßnahmen

175 Behördlich angeordnete Sanierungsmaßnahmen auf der Grundlage von § 10 Abs. 1 BBodSchG sind dagegen stets vom Verantwortlichen i. S. des § 4 Abs. 3, 6 BBodSchG kostenpflichtig durchzuführen[477]. Nach § 10 Abs. 1 S. 1 BBodSchG hat die Behörde dabei ein Entschließungsermessen hinsichtlich der Frage, ob eingeschritten werden soll, und ein Auswahlermessen hinsichtlich der zum Bodenschutz und zur Altlastensanierung durchzuführenden Maßnahmen sowie der hierzu in Anspruch zu nehmenden Personen[478]. Sanierungsmaßnahmen haben dabei stets geeignet, erforderlich und auch angemessen zu sein[479].

---

474 Vgl. hierzu *Kobes*, NVwZ 1998, 792.
475 So *Kobes*, a. a. O., 792; vgl. hierzu auch *Sanden/Schoeneck*, Bundes-Bodenschutzgesetz, § 9 Rdnr. 11, die eindeutig davon ausgehen, daß die Vorschrift die Behörde zwar zum Tätigwerden verpflichtet, aber selbst keine Ermächtigungsgrundlage für Maßnahmen enthält, die mit Eingriffen in die Rechte der Betroffenen verbunden sind.
476 Vgl. § 24 Abs. 1 S. 2 BBodSchG; den verantwortlichen Personenkreis trifft hier eine Obliegenheit zur Aufklärung über die Verhältnisse des Grundstücks. Danach hat ein Verantwortlicher Kenntnisse zu vertreten, die eine Gefahrerforschung entbehrlich gemacht hätten; zu vertreten hat er ferner bereits das fahrlässige Hervorrufen von Verdachtsumständen – beides führt letztlich zur Kostentragung; s. *Sanden/Schoeneck*, Bundes-Bodenschutzgesetz, § 4 Rdnr. 20.
477 Auf der Grundlage von § 10 i. V. m. § 24 Abs. 1 BBodSchG.
478 *Hilger*, in: Holzwarth/Radtke/Hilger/Bachmann, Bundes-Bodenschutzgesetz/Bundes-Bodenschutz- und Altlastenverordnung, § 10 BBodSchG Rdnr. 5.
479 *Hilger*, a. a. O., § 10 BBodSchG Rdnr. 14 ff. m. w. N.; im Hinblick auf die Angemessenheit bzw. Zumutbarkeit s. jüngst insbes. BVerfG (c. Rdnr. 106).

5. Sicherheitsleistung

Nach § 10 Abs. 1 S. 2 BBodSchG kann die Behörde für den Fall, daß zur Erfüllung der Verpflichtung aus § 4 Abs. 3 und Abs. 6 BBodSchG Sicherungsmaßnahmen angeordnet werden, von dem Sanierungspflichtigen eine Sicherheitsleistung verlangen. Diese Regelung ist als Ergebnis des Vermittlungsverfahrens in das BBodSchG aufgenommen worden[480]. Sie gilt nach dem eindeutigen Gesetzeswortlaut auch nur für „Sicherungsmaßnahmen"[481], wobei in der Praxis im Einzelfall häufig die Abgrenzung zu anderen Maßnahmen schwierig sein dürfte. Sicherungsmaßnahmen nach § 2 Abs. 7 Nr. 2 BBodSchG sind Maßnahmen, die eine „Ausbreitung der Schadstoffe langfristig verhindern oder vermindern, ohne die Schadstoffe zu beseitigen". Hintergrund der gesetzlichen Regelung ist, daß bei Vornahme von Sicherungsmaßnahmen dennoch Schadstoffe im Boden verbleiben und sich dadurch Risiken unterschiedlicher Art ergeben können[482]. Über die in die entsprechende Ermessensentscheidung der Behörde einzustellenden Gesichtspunkte, insbesondere bei der Bemessung der Höhe einer gegebenenfalls zu stellenden Sicherheit, in der Regel durch Leistung eines bestimmten Geldbetrages, aber auch durch eine Bankbürgschaft[483], herrscht erhebliche Unsicherheit. Das Gesetz selbst schweigt zur Höhe der zu leistenden Sicherheit. Eine Reihe von Sicherungsmaßnahmen (z. B. Spundwand) sind aber auf „endlose Dauer" angelegt. Auch wenn bekannt ist, daß derartige Sicherungen durch Zeitablauf Wirkungsverluste erleiden können, ist es unter dem Gesichtspunkt der Verhältnismäßigkeit nicht zu rechtfertigen, bereits bei Umsetzung der Sicherungsmaßnahmen Sicherheiten für deren gegebenenfalls vollständige Erneuerung zu verlangen[484]. Es müssen in jedem Fall zeitliche Grenzen gezogen werden, die für die Bemessung der Sicherheit zu berücksichtigen sind. Kann aus wirtschaftlichen Gründen von dem Pflichtigen die Sicherheit nicht oder nicht in der von der Behörde geforderten Höhe beigebracht werden, darf dies nicht dazu führen, daß an Stelle sinnvoller und bezahlbarer Sicherungsmaßnahmen die gegebenenfalls nicht mehr zu leistende Dekontamination des Grundstücks gefordert wird[485]. Die Bemessung der Sicherheit im konkreten Fall hat sich daher nicht nur an der Höhe der für die Aufrechterhaltung der Sicherungs- und Überwachungsmaßnahmen zu erwartenden Kosten[486], sondern unter Beachtung des Verhältnismäßigkeitsgrundsatzes insbesondere auch an der Leistungsfähigkeit des Pflichtigen zu orientieren[487].

176

---

480 BT-Dr. 13/9637, S. 4.
481 Vgl. aber auch *Sanden/Schoeneck*, Bundes-Bodenschutzgesetz, § 10 Rdnr. 22.
482 Vgl. *Becker*, Bundes-Bodenschutzgesetz, § 19 Rdnr. 14.
483 *Sanden/Schoeneck*, a. a. O., § 10 Rdnr. 23.
484 *Gerhold*, altlasten spektrum 1999, 265 ff., 268.
485 *Gerhold*, a. a. O., 268.
486 So *Sanden/Schoeneck*, Bundes-Bodenschutzgesetz, § 10 Rdnr. 24.
487 *Gerhold*, altlasten spektrum 1999, 268.

VI. Vertragliche Absicherungsstrategien[488]

1. Interessenlagen

177 Wie oben unter Kap. IV. dargestellt, bringt das BBodSchG aufgrund der erheblichen Erweiterung des Kreises der Sanierungsverantwortlichen für Eigentümer, Besitzer, Erwerber und Veräußerer schadstoffbelasteter Grundstücke sowie für Gesellschafter von juristischen Personen, denen Grundstücke mit schädlichen Bodenveränderungen oder Altlasten gehören, eine Reihe von Neuerungen und damit verbundener erheblicher Haftungsrisiken mit sich. Hieraus ergeben sich nicht nur Konsequenzen hinsichtlich des Umgangs mit den zuständigen Umweltbehörden, sondern gerade auch für künftige Vertragsgestaltungen bei Grundstücksgeschäften[489]. Seit 1. März 1999 gilt deshalb um so mehr „Augen auf beim Grundstückskauf"[490]. Es geht dabei insbesondere um die Ausgestaltung sog. „Altlastenklauseln", die seit vielen Jahren bereits wichtige Bestandteile von Grundstückskaufverträgen darstellen und deren übliche Regelungen – angepaßt an die neue Rechtslage – um weitere Formulierungen ergänzt werden müssen[491].

178 Aufgrund der öffentlich-rechtlichen Haftungssituation[492] wird es künftig im besonderen Interesse des Veräußerers und ehemaligen Grundstückseigentümers liegen, sich gegenüber dem Käufer und (Neu-) Eigentümer des veräußerten Grundstücks vertraglich dahingehend abzusichern, daß im Falle behördlicher Inanspruchnahme der Käufer den Verkäufer von allen Aufwendungen im Zusammenhang mit behördlichen Untersuchungs- und Sanierungsanforderungen hinsichtlich schädlicher Bodenveränderungen und/oder Altlasten freistellt und insoweit auch ein Ausgleichsanspruch nach § 24 Abs. 2 BBodSchG ausgeschlossen wird[493]. Umgekehrt wird auch der Käufer ein Kostenfreistellungsinteresse gegenüber dem Verkäufer im Zusammenhang mit seiner potentiellen Sanierungsverantwortlichkeit bei behördlichen Sanierungsmaßnahmen haben, das es vertraglich abzusichern gilt[494]. Eine ähnliche Situation kann sich auch im Verhältnis Grundstückseigentümer/Mieter oder Pächter ergeben[495]. Klarzustellen ist an dieser Stelle aber auch, daß entsprechende vertragliche Regelungen sich stets auf das schuldrechtliche Vertragsverhältnis der Parteien beziehen und öffentlich-rechtliche Ansprüche der Um-

---

488 Vgl. hierzu auch *Knopp*, NJW 1992, 2657 ff. sowie o. Fn. 445.
489 Vgl. insbes. die Beiträge von *Sorge*, MittBayNot 1999, 232 ff.; *Steffen/Popp*, ZNotP 1999, 303 ff.; dies., INF 1999, 528 ff.; *Meißner*, ZfIR 1999, 407 ff.
490 *Knoche*, NJW 1995, 1985.
491 *Pützenbacher*, NJW 1999, 1141.
492 S. o. Kap. IV.
493 Vgl. z. B. *Steffen/Popp*, ZNotP 1999, 312.
494 *Meißner*, ZfIR 1999, 407.
495 *Meißner*, a. a. O., 412.

weltbehörden nicht unmittelbar außer Kraft setzen können[496]. Es geht daher ausschließlich um den Versuch von potentiellen öffentlich-rechtlichen Pflichtigen nach BBodSchG, sich im jeweiligen zivilrechtlichen Innenverhältnis vertraglich „abzusichern" durch Verlagerung wirtschaftlicher Risiken aufgrund denkbarer öffentlich-rechtlicher Inanspruchnahme[497].

2. Rechtliche Ausgangssituation

Sanierungsbedürftige Altlasten auf einem Grundstück, die dem Käufer beim Kauf nicht bekannt sind, stellen einen „Sachmangel" oder „Fehler" i. S. des § 459 Abs. 1 BGB dar und lösen die Rechtsfolgen des §§ 462 f. aus[498]. Die praktischen Auswirkungen dieser Rechtsfolgen – Wandelung[499], Minderung[500] – reduzieren sich aber angesichts der kurzen Verjährungsfrist des § 477 Abs. 1 S. 1 BGB (ein Jahr ab Grundstücksübergabe) sowie des üblichen Gewährleistungsausschlusses[501] auf die Frage, ob der Verkäufer den Grundstücksmangel „Altlast" arglistig verschwiegen hat[502]. Nur in einem solchen Fall unterfallen die Sachmängelgewährleistungsrechte des Käufers einer 30-jährigen Verjährungsfrist nach § 195 BGB, ein eventuell vereinbarter Gewährleistungsausschluß wäre nichtig, der Käufer könnte zudem Schadenersatz wegen Nichterfüllung vom Verkäufer verlangen (§ 463 BGB)[503]. Auch der bloße „Altlastenverdacht" begründet für sich betrachtet schon unmittelbar die Fehlerhaftigkeit eines verkauften Grundstücks[504]. Hier gilt es insbesondere zu prüfen, welche Anstrengungen zur Ausräumung eines Altlastenverdachts dem Käufer zumutbar sind, das heißt, welche finanziellen Anstrengungen er letztlich unternehmen muß, um einen solchen Verdacht auszuräumen oder zu bestätigen[505].

179

Bei der Vermietung eines Grundstücks ist vom „Fehler" einer Mietsache i. S. des § 537 Abs. 1 S. 1 BGB auszugehen, wenn eine für den Mieter nachteilige Abweichung des tatsächlichen Zustandes der Mietsache vom vertraglich geschuldeten Zustand vorliegt, wofür der Vermieter dann ohne Rücksicht auf eigenes Verschulden einzustehen hat[506]. Voraussetzung für Ansprüche des Mie-

180

---

496 Zutreff. *Meißner*, ZfIR 1999, 411.
497 *Knopp*, NJW 1992, 2660 f.
498 Hierüber herrscht offensichtlich Klarheit, s. *Wächter*, NJW 1997, 2074; *Sorge*, MittBayNot 1999, 238; *Knopp/Albrecht*, Altlastenrecht in der Praxis, Rdnr. 239 ff.
499 Rückgängigmachung des Kaufvertrages.
500 Angemessene Herabsetzung des Kaufpreises.
501 S. unten 3. b).
502 So schon *Knoche*, NJW 1995, 1989; auch *Sorge*, MittBayNot. 1999, 236.
503 *Knoche*, a. a. O., 1986, der darauf hinweist, daß lt. BGH, NJW 1995, 1549 nur solche Schäden ersatzfähig sind, die im unmittelbaren ursächlichen Zusammenhang mit einer verschwiegenen Altlast stehen. Darüber hinausgehende, dem Käufer möglicherweise sogar bekannte Bodenverunreinigungen lösen in diesem Zusammenhang keine Schadenersatzpflicht aus.
504 *Knoche*, NJW 1995, 1987 f. m. w. N.; auch *Schlemminger*, BB 1991, 1433 ff., 1434.
505 *Knoche*, a. a. O., 1988 m. Hinw. auf BGHZ 52, 51 = NJW 1969, 1171; BGH, NJW 1972, 1462.
506 *Knoche*, NJW 1997, 2080 ff., 2083.

ters wegen Fehlerhaftigkeit einer vermieteten Sache ist nach § 537 Abs. 1 S. 1 und S. 2 BGB sodann, daß die Sache schon bei Überlassung an den Mieter mit dem Fehler behaftet sein muß, ferner die Aufhebung oder nicht unerhebliche Minderung der Gebrauchstauglichkeit der Mietsache durch den Fehler[507]. Hinsichtlich eines vermieteten Altlastengrundstücks sind erhebliche Fehler vor allem zu bejahen, wenn die Verunreinigungen zu Gesundheitsschäden oder Geruchsbelästigungen führen[508]. Ein „Fehler" der Mietsache im beschriebenen Sinne liegt auch vor, wenn in bezug auf ein vermietetes Altlastengrundstück behördliche Sanierungsverfügungen ergehen und die Sanierungsmaßnahmen die Gebrauchstauglichkeit des Grundstücks nicht unerheblich beeiträchtigen[509]. Dies muß gleichermaßen auch für den Fall gelten, wenn Wohnungen auf einem kontaminierten Grundstück vermietet sind und der Boden des Grundstücks in Folge einer behördlichen Verfügung saniert werden muß[510]. Rechtsfolgen der Fehlerhaftigkeit der Mietsache infolge einer schädlichen Bodenveränderung oder Altlast sind die Befreiung des Mieters von der Entrichtung des Mietzinses (bei Gebrauchsuntauglichkeit) bzw. Minderung des Mietzinses (bei herabgesetzter Gebrauchstauglichkeit)[511], Schadenersatz[512], Aufwendungsersatz[513] sowie Kündigung des Mietverhältnisses[514].

3. Vertragliche Regelungen

a) Vereinbarte Begriffe

181 Bevor das System der Sach- und Mietmängelgewährleistung überhaupt greifen kann, stellt sich in der Praxis häufig die Frage, was die Parteien im konkreten Fall unter „Altlasten" oder „Altlastenverdacht" überhaupt verstanden wissen wollten[515]. Wird zum Beispiel bei Verwendung des Begriffs „Altlast" der öffentlich-rechtliche Altlastenbegriff zugrunde gelegt oder verstehen die Parteien darunter weitergehende Verunreinigungen des Grundstücks? Es sind jedenfalls klare vertraglich vereinbarte Definitionen erforderlich, um späteren Auslegungsproblemen im Streitfall vorzubeugen und um die gewünschten Rechtsfolgen eintreten zu lassen[516].

---

507 *Knoche*, a. a. O., 2083.
508 Vgl. z. B. *Leinemann*, NVwZ 1992, 146 ff., 147; bereits auch BGH, NJW 1972, 944.
509 *Knoche*, NJW 1997, 2083 m. w. N.
510 *Knoche*, a. a. O., 2083.
511 Vgl. § 537 Abs. 1 S. 1 BGB.
512 Vgl. § 538 Abs. 1 BGB; erfaßt werden Mangel- und Mangelfolgeschäden; speziell zu Altlasten s. *Leinemann*, NVwZ 1992, 147.
513 Vgl. § 538 Abs. 2 BGB.
514 Vgl. insbes. §§ 544, 565, 584 BGB; s. näher *Knoche*, NJW 1997, 2084 m. w. N.
515 Vgl. z. B. *Wächter*, NJW 1997, 2075 ff.; *Sorge*, MittBayNot 1999, 238; *Steffen/Popp*, ZNotP 1999, 305; dies., INF 1999, 529.
516 S. o. Fn. 515.

Bei den nachfolgenden Ausführungen wird der Einfachheit und Klarheit halber davon ausgegangen, daß die Parteien eines Kauf- oder Mietvertrags die Begriffe der „schädlichen Bodenveränderung" bzw. der „Altlast" i. S. des BBodSchG[517] vertraglich vereinbart wissen wollen, wobei bei Zugrundelegung des Altlastenbegriffs nach dem BBodSchG zu beachten ist, daß auch Gebäudekontaminationen mit erfaßt werden, unabhängig davon, ob das darunterliegende Erdreich mit Schadstoffen verunreinigt ist oder nicht[518]. Soweit die Parteien bei vertraglichen Vereinbarungen den Begriff des „Altlastenverdachts" i. S. des § 2 Abs. 6 BBodSchG zugrunde legen, werden hiermit Altablagerungen und Altstandorte bezeichnet, bei denen der Verdacht schädlicher Bodenveränderungen oder sonstiger Gefahren für den Einzelnen oder die Allgemeinheit bestehen. 182

Zur Konkretisierung dieser Definition im Grundstückskaufvertrag sind die Vorgaben im BBodSchG zu den sog. Prüf- und Maßnahmenwerten heranzuziehen, die zwischenzeitlich in der BBodSchV eine mehr oder minder geglückte Umsetzung erfahren haben[519]. Prüfwerte, auf die es vorliegend ankommt, sind Werte, bei deren Überschreiten unter Berücksichtigung der Bodennutzung eine einzelfallbezogene Prüfung durchzuführen und festzustellen ist, ob eine schädliche Bodenveränderung oder Altlast vorliegt[520]. Ist der Prüfwert erreicht, hat die Behörde durch Untersuchungsmaßnahmen bzw. Gefahrerforschungseingriffe[521] festzustellen, ob tatsächlich eine sanierungsbedürftige schädliche Bodenveränderung oder Altlast vorliegt[522]. Das Nichterreichen der Prüfwerte im Einzelfall bedeutet, daß der potentielle Investor nicht damit rechnen muß, von der Behörde künftig zu Sanierungsmaßnahmen herangezogen zu werden. Insoweit liegt auch kein Altlastenverdacht vor[523]. Erst bei Erreichen der Prüfwerte kann von einem Altlastenverdacht gesprochen werden, da jetzt eine Einzelfallprüfung durch die Behörde in Betracht kommt. Diese Prüfung kann aber durchaus dazu führen, daß trotz Überschreitung der Prüfwerte aufgrund der konkreten Gegebenheiten (etwa: Bodenart, Grundstücksnutzung, Schadstoffmobilität) ein Altlastenverdacht letztlich zu verneinen ist[524]. 183

Im Rahmen einer vertraglichen Vereinbarung bieten sich nach neuem Bodenschutzrecht folgende Formulierungsvarianten an: 184

---

517 S. o. Kap. II 2. a).
518 *Steffen/Popp*, ZNotP 1999, 304 m. w. N.
519 S. hierzu unten Kap. IX.
520 Vgl. § 8 Abs. 1 S. 2 Nr. 1 BBodSchG sowie ausführl. unten Kap. IX 3.
521 S. o. Kap. V 3.
522 *Sanden/Schoeneck*, Bundes-Bodenschutzgesetz, § 8 Rdnr. 11; *Knopp/Albrecht*, BB 1998, 1858.
523 *Sanden/Schoeneck*, a. a. O., § 8 Rdnr. 13; *Knopp/Albrecht*, a. a. O., 1858; *Steffen/Popp*, ZNotP 1999, 306.
524 S. o. Fn. 523.

- „Verkäufer und Käufer gehen davon aus, daß ein Altlastenverdacht bei dem Vertragsgrundstück dann gegeben ist, wenn festgestellt wird, daß durch Schadstoffkontaminationen die in der BBodSchV nach § 8 Abs. 1 S. 2 Nr. 1 BBodSchG festgelegten Prüfwerte überschritten sind"[525].

oder

- „Verkäufer und Käufer gehen davon aus, daß ein Altlastenverdacht bei dem Vertragsgrundstück dann gegeben ist, wenn festgestellt wird, daß durch Schadstoffkontaminationen die in der BBodSchV nach § 8 Abs. 1 S. 2 Nr. 1 BBodSchG festgelegten Prüfwerte überschritten sind und auch die nachfolgende behördliche Einzelfallprüfung diesen Verdacht bestätigt"[526].

b) Praktische Vertragsgestaltung

185 Unter Berücksichtigung der Verantwortlichkeiten in § 4 Abs. 3, 6 BBodSchG und der oben angesprochenen Interessenlagen von ehemaligem Grundstückseigentümer und Verkäufer sowie (neuem) Grundstückseigentümer und Erwerber, aber auch im Verhältnis Eigentümer und Vermieter, zu Inhaber der tatsächlichen Gewalt über ein Grundstück und Mieter oder Pächter kommen folgende – im Einzelfall zu modifizierende – Regelungsvorschläge in Betracht[527]:

(1) Aus Sicht des Verkäufers/ehemaligen Grundstückseigentümers

(Schadstoffkontaminationen sind nicht bekannt):

186 „Gewährleistung wegen schädlicher Bodenveränderungen/Altlasten

§ 1

Der Verkäufer übernimmt keine Haftung für schädliche Bodenveränderungen i. S. des § 2 Abs. 3 BBodSchG und/oder Altlasten i. S. des § 2 Abs. 5 BBodSchG auf dem Vertragsgrundstück. Der Verkäufer versichert, daß ihm derartige Mängel auch nicht bekannt sind.

§ 2

Eventuelle Ansprüche des Verkäufers wegen schädlicher Bodenveränderungen und/oder Altlasten auf dem Vertragsgrundstück gegen Dritte tritt der Verkäufer

---

525 Bei dieser für den Verkäufer nachteiligen Regelung wird der Begriff des „Altlastenverdachts" bereits auf das „formale" Überschreiten der Prüfwerte fixiert, die nachfolgende Einzelfallprüfung bleibt außer Betracht.

526 Für den Verkäufer günstige Regelung, da erst die behördliche Einzelfallprüfung letztlich darüber entscheidet, ob u. a. die Rechtsfolgen der §§ 462, 463 BGB (bei Vorliegen der sonstigen gesetzlichen Voraussetzungen) ausgelöst werden.

527 Vgl. im einzelnen insbes. *Meißner,* ZfIR 1999, 411 f.; *Steffen/Popp,* ZNotP 1999, 311 f.; *Sorge,* MittBayNot 1999, 233 ff.; *Pützenbacher,* NJW 1999, 1141; grundlegend bereits *Michel,* Grundstückserwerb und Altlasten, insbes. S. 48 ff.

ohne Übernahme einer Gewähr für deren Bestand und Durchsetzbarkeit an den Käufer ab, der diese Abtretung annimmt.

§ 3

Der Käufer stellt den Verkäufer von allen Aufwendungen/Kosten frei, sollte letzterer zu Untersuchungs-, Sanierungs- oder sonstigen Maßnahmen i. S. des BBodSchG hinsichtlich schädlicher Bodenveränderungen und/oder Altlasten auf dem Vertragsgrundstück herangezogen werden. Ein Ausgleichsanspruch des Käufers nach § 24 Abs. 2 S. 1 BBodSchG wird ausgeschlossen."

Solche oder ähnliche Regelungen werden in der Praxis in der Regel nur in Betracht kommen, wenn der potentielle Käufer eines Grundstücks ein starkes wirtschaftliches Interesse an seiner Nutzung hat und er deshalb das Grundstück unbedingt erwerben will, insbesondere wenn auch bekannt ist, daß das Grundstück vor Veräußerung, gegebenenfalls auch in einem länger zurückliegenden Zeitraum, gewerblich genutzt worden ist. **187**

(2) Aus Sicht des Käufers/(neuen) Grundstückseigentümers (Schadstoffkontaminationen sind nicht bekannt):
„Gewährleistung wegen schädlicher Bodenveränderungen/Altlasten **188**

§ 1

Der Verkäufer haftet für schädliche Bodenveränderungen i. S. des § 2 Abs. 3 BBodSchG und/oder Altlasten i. S. des § 2 Abs. 5 BBodSchG auf dem Vertragsgrundstück. Der Verkäufer sichert insbesondere zu, daß das Vertragsgrundstück nicht in einem Altlastenkataster eingetragen und nicht Gegenstand behördlicher Anordnungen oder eines Sanierungsplanes nach BBodSchG ist.

§ 2

Für den Fall, daß der Boden des Vertragsgrundstückes zum Zeitpunkt des Vertragsabschlusses und/oder des Besitzübergangs schädliche Bodenveränderungen und/oder Altlasten i. S. des BBodSchG beinhaltet, hat der Käufer ein unbeschränktes Recht, von diesem Vertrag zurückzutreten[528].

§ 3

Der Verkäufer stellt den Käufer von sämtlichen Aufwendungen/Kosten frei, sollte letzterer zu Untersuchungs-, Sanierungs- oder sonstigen Maßnahmen i. S. des BBodSchG hinsichtlich schädlicher Bodenveränderungen und/oder Altlasten auf dem Vertragsgrundstück herangezogen werden. Ein Ausgleichsanspruch des Verkäufers nach § 24 Abs. 2 S. 1 BBodSchG besteht nicht.

---

528 Deklaratorische Dokumentation des Wandelungsrechts aus § 462 BGB.

§ 4

Die Verjährungsfrist des § 477 Abs. 1 S. BGB wird auf x- Jahre verlängert.

Oder:

Die Verjährungsfrist beginnt erst zu laufen, wenn der Käufer wegen schädlicher Bodenveränderungen und/oder Altlasten i. S. des BBodSchG auf dem Vertragsgrundstück zum ersten Mal durch Behörden oder Dritte in Anspruch genommen wird".

(3) Aus Sicht des Verkäufers/ehemaligen Grundstückseigentümers

(Schadstoffkontaminationen sind bekannt)[529]:

189 „Gewährleistung wegen schädlicher Bodenveränderungen/Altlasten

§ 1

Der Verkäufer haftet weder für Mängel des Grundstücks noch für eine bestimmte Größe, Güte oder Beschaffenheit des Grundstücks. Das Grundstück wird in dem Zustand gekauft, in welchem es sich derzeit befindet.

§ 2

Dem Käufer ist bekannt, daß auf dem Grundstück aufgrund von schädlichen Bodenveränderungen i. S. des § 2 Abs. 3 BBodSchG und/oder Altlasten i. S. des § 2 Abs. 5 BBodSchG Sanierungsmaßnahmen durchgeführt worden sind bzw. noch durchgeführt werden. Der zugrunde liegende behördliche Bescheid ist dem Käufer bekannt und ist diesem Vertrag als Anlage ... beigefügt. Über den Sachverhalt im Zusammenhang mit den festgestellten schädlichen Bodenveränderungen und/oder Altlasten ist der Käufer vom Verkäufer umfänglich informiert worden. Insbesondere liegen dem Käufer auch sämtliche bisherigen Sachverständigengutachten (vom ... etc.) vor.

§ 3

Der Käufer verpflichtet sich, in Kenntnis des Kontaminationssachverhalts und unabhängig davon, ob sich die Einschätzungen der schädlichen Bodenveränderungen und/oder Altlasten sowie des erforderlichen Sanierungsaufwands zukünftig ändern werden oder nicht, den Verkäufer von jeglichen Aufwendungen/Kosten im Zusammenhang mit einer öffentlich-rechtlichen oder privatrechtlichen Inanspruchnahme freizustellen. Im Falle der Inanspruchnahme des Käufers stehen diesem keine Regreßansprüche gegen den Verkäufer zu.

§ 4

Die Parteien schließen Ausgleichsansprüche nach § 24 Abs. 2 BBodSchG aus."

---

529 S. hierzu etwa *Pützenbacher*, NJW 1999, 1141.

Auch hier gilt wie bei dem obigen Vorschlag einer Regelung aus Sicht des Veräußerers bzw. ehemaligen Grundstückseigentümers im Hinblick auf nicht bekannte Schadstoffkontaminationen, daß der Käufer ein großes wirtschaftliches Interesse an dem Erwerb eines solchen mit schädlichen Bodenveränderungen und/oder Altlasten behafteten Grundstücks haben muß. Das Risiko, das der Käufer übernimmt, wird durch eine entsprechende Anpassung des Kaufpreises reduziert[530].

(4) Aus Sicht des Vermieters/Grundstückseigentümers[531]:

„Gewährleistung wegen schädlicher Bodenveränderungen/Altlasten **190**

§ 1

Der Vermieter schließt seine Haftung für schädliche Bodenveränderungen i. S. des § 2 Abs. 3 BBodSchG und/oder Altlasten i. S. des § 2 Abs. 5 BBodSchG auf dem Vertragsgrundstück aus.

§ 2

Eventuelle Ansprüche des Vermieters wegen schädlicher Bodenveränderungen und/oder Altlasten auf dem Vertragsgrundstück gegen Dritte tritt der Vermieter ohne Übernahme einer Gewähr für deren Bestand und Durchsetzbarkeit an den Mieter ab, der diese Abtretung hiermit annimmt.

§ 3

Der Mieter stellt den Vermieter von allen Aufwendungen/Kosten frei, sollte letzterer zu Untersuchungs-, Sanierungs- oder sonstigen Maßnahmen i. S. des BBodSchG hinsichtlich schädlicher Bodenveränderungen und/oder Altlasten auf dem Vertragsgrundstück herangezogen werden. Ein Ausgleichsanspruch des Mieters nach § 24 Abs. 2 S. 1 BBodSchG wird ausgeschlossen."

(5) Aus Sicht des Mieters/Inhabers der tatsächlichen Gewalt über das Grundstück[532]:

„Gewährleistung wegen schädlicher Bodenveränderungen/Altlasten **191**

§ 1

Der Vermieter haftet für schädliche Bodenveränderungen i. S. des § 2 Abs. 3 BBodSchG und/oder Altlasten i. S. des § 2 Abs. 5 BBodSchG auf dem Vertragsgrundstück. Der Vermieter sichert insbesondere zu, daß das Vertragsgrundstück nicht in einem Altlastenkataster eingetragen und nicht Gegenstand behördlicher Anordnungen oder eines Sanierungsplans nach BBodSchG ist.

---

530 *Pützenbacher*, a. a. O., 1141.
531 S. hierzu *Meißner*, ZfIR 1999, 412.
532 *Meißner*, a. a. O., 412.

§ 2

Sollten sich schädliche Bodenveränderungen und/oder Altlasten auf dem Vertragsgrundstück befinden, die den Vertragszweck beeinträchtigen, so hat diese der Vermieter auf seine Kosten zu beseitigen, soweit nicht festgestellt wird, daß sie vom Mieter verursacht worden sind.

§ 3

Der Vermieter stellt den Mieter von sämtlichen Aufwendungen/Kosten frei, sollte letzterer zu Untersuchungs-, Sanierungs- oder sonstigen Maßnahmen i. S. des BBodSchG hinsichtlich schädlicher Bodenveränderungen und/oder Altlasten auf dem Vertragsgrundstück herangezogen werden. Ein Ausgleichsanspruch des Vermieters nach § 24 Abs. 2 S. 1 BBodSchG besteht nicht."

c) Wertausgleichspflicht[533]

192 Nach § 25 BBodSchG hat ein Grundstückseigentümer eine Wertsteigerung seines Grundstücks durch eine erfolgte Sanierung insoweit auszugleichen, als die Sanierung mit öffentlichen Mitteln finanziert wurde[534]. Ferner wird in § 25 Abs. 1 S. 1 BBodSchG vorausgesetzt, daß durch den Mitteleinsatz der öffentlichen Hand der Verkehrswert des Grundstücks nicht nur unwesentlich erhöht worden ist, wobei sich die Wertermittlung selbst nach § 25 Abs. 2 BBodSchG richtet[535]. § 25 Abs. 6 BBodSchG bestimmt, daß der Ausgleichsbetrag als öffentliche Last auf dem Grundstück ruht. Sie wird als solche ohne Eintragung in das Grundbuch wirksam und hat im Falle der Zwangsvollstreckung in das Grundstück das Vorrecht des dritten Ranges nach § 10 Abs. 1 Nr. 3 ZVG[536]. Die am 1. März 1999 in Kraft getretene Verordnung des Bundesjustizministeriums über die Eintragung des Bodenschutzlastvermerks[537] beruht auf § 25 Abs. 6 S. 2 BBodSchG. Auf Ersuchen der Sanierungsbehörde wird in Abt. II des Grundbuchs ein Bodenschutzlastvermerk eingetragen[538].

193 Für den Käufer, aber auch dessen Finanzierungsgläubiger, hat die Existenz einer nicht erkannten Wertausgleichspflicht schon deshalb gravierende Konsequenzen, weil der Verkehrswert des sanierten Grundstücks leicht abgeschöpft werden kann[539]. Der potentielle Käufer eines Grundstücks sollte dementsprechend genau prüfen oder sich vom Verkäufer vertraglich zusichern

---

533 S. hierzu unten Kap. VIII.
534 *Knopp/Albrecht*, altlasten spektrum 1999, 204 ff.; dies., BB 1998, 1857.
535 I. V. m. den Maßstäben in den §§ 192 bis 199 BauGB, der Wertermittlungs-VO und den Wertermittlungs-Richtlinien
536 *Sanden/Schoeneck*, Bundes-Bodenschutzgesetz, § 25 Rdnr. 23; *Hilger*, in: Holzwarth/Radtke/Hilger/Bachmann, Bundes-Bodenschutzgesetz/Bundes-Bodenschutz- und Altlastenverordnung, § 25 BBodSchG Rdnr. 14; auch *von Wilmowsky*, JZ 1997, 817 ff., 820.
537 V. 18. 3. 1999, BGBl. I, S. 497.
538 *Sorge*, MittBayNot. 1999, 237.
539 *Sorge*, a. a. O., 237.

lassen, ob und inwieweit Kosten für Sanierungsmaßnahmen durch die öffentliche Hand bereits beglichen sind[540].

d) Belehrungspflichten des Notars[541]

Im Rahmen des notariell zu beurkundenden Kaufvertrages hat der Notar, soweit ihm von den Vertragsparteien ein Kontaminationssachverhalt zur Kenntnis gebracht wird, gezielt nach der gewünschten Gewährleistungsregelung zu fragen bzw. eine solche ausführlich zu erörtern und entsprechend über die rechtliche Tragweite, nicht über die wirtschaftliche, derselben zu belehren[542]. Ein Belehrungsvermerk kann z. B. – je nach Anpassung im Einzelfall – wie folgt gefaßt werden[543]: **194**

„Der Notar hat die Beteiligten auf die Bestimmungen des Bundes-Bodenschutzgesetzes hingewiesen und insbesondere darüber belehrt, **195**

- daß der Verursacher, der Gesamtrechtsnachfolger des Verursachers, der Eigentümer, der Inhaber der tatsächlichen Gewalt, aber auch der frühere Inhaber eines Grundstücks unabhängig von den Vereinbarungen dieses Vertrages u. a. zur Erforschung und Sanierung von schädlichen Bodenveränderungen und Altlasten einschließlich betroffener Gewässer herangezogen werden können und daß diese Haftung der Höhe nach grundsätzlich nicht begrenzt ist,
- daß der Eigentümer zum Wertausgleich verpflichtet sein kann, wenn öffentliche Mittel zur Sanierung eingesetzt werden[544],
- daß das Gesetz einen Innenausgleich unter den bodenschutzrechtlich Verantwortlichen vorsieht, der vertraglich abgeändert werden kann[545],
- daß im Einzelfall die Sanierung zwischen den Vertragsteilen und der Behörde in einem Sanierungsvertrag[546] geregelt werden kann und
- daß die Ermittlung des Sanierungsbedarfs und -umfangs mittels vorheriger Untersuchung der Bodenverhältnisse durch einen Sachverständigen dringend zu empfehlen ist.

---

540 *Meißner*, ZfIR 1999, 410.
541 Vgl. *Sorge*, MittBayNot. 1999, 240.
542 *Sorge*, a. a. O. 240.
543 Nach *Sorge*, MittBayNot. 1999, 240.
544 Fall des § 25 BBodSchG, s. auführl. unten Kap. VIII.
545 Fall des § 24 Abs. 2 BBodSchG, s. o. Kap. V 2.
546 Fall des § 13 Abs. 4 BBodSchG, s. unten Kap. VII 3.

VII. „Altlastenmanagement"

1. Sanierungsuntersuchungen und Sanierungsplanung

196 Führen behördliche Gefahrerforschungsmaßnahmen[547] im Rahmen der Gefährdungsabschätzung nach Überschreiten der Prüfwerte[548] zu der Feststellung, daß tatsächlich eine Altlast i.S. des § 2 Abs. 5 BBodSchG vorliegt, „soll" die Behörde unter den Voraussetzungen des § 13 Abs. 1 BBodSchG von den nach § 4 Abs. 3, 5 und 6 BBodSchG Verpflichteten[549] die Vornahme von Sanierungsuntersuchungen sowie die Erstellung und Vorlage eines Sanierungsplans verlangen. Die Vorschrift enthält wesentliche behördliche Befugnisse bei besonders komplexen Altlastensanierungen im Zusammenhang mit einem hohem Gefährdungspotential[550]. Sanierungsuntersuchungen und Sanierungsplan bilden die Grundlage für die Entscheidung darüber, welche Maßnahmen in welchem Umfang zur Sanierung der Altlasten erforderlich sind, wobei hier Gegenstand auch Machbarkeitsstudien sein können[551].

197 Im Unterschied zur Regelung des § 9 BBodSchG, wo es im pflichtgemäßen Ermessen der Behörde steht, Feststellungen darüber zu treffen, ob überhaupt eine schädliche Bodenveränderung oder Altlast vorliegt und welche Gefahren von ihr ausgehen[552], ist das Ermessen im Rahmen behördlichen Vorgehens nach § 13 Abs. 1 BBodSchG eingeschränkt. Soweit dort von „soll ... verlangen" gesprochen wird, heißt dies, daß die Behörde bei Vorliegen einer Altlast oder eines entsprechenden Planungsbedürfnisses, weil die Altlast eine bestimmte Qualität aufweist[553], Sanierungsuntersuchungen und die Vorlage eines Sanierungsplanes in der Regel verlangen *muß*, davon nur absehen kann, wenn diese aufgrund der besonderen Verhältnisse des Einzelfalls – atypischer Fall – ausnahmsweise nicht erforderlich sind[554]. Die Anforderungen an die Sanierungsuntersuchungen und den Sanierungsplan sind im einzelnen in der Bundes-Bodenschutz- und Altlastenverordnung geregelt[555]. Bei den Sanierungsuntersuchungen geht es im Unterschied zu den vorhergegangenen Untersuchungen nicht mehr um das „Ob", sondern nur noch um das „Wie" der Sanierung, das heißt, ihr Ziel ist es, festzustellen, mit welchen Maßnahmen

---

547 S. o. Kap. V 3.
548 S. unten Kap. IX.
549 S. o. Kap. IV.
550 Vgl. *Erbguth/Stollmann*, NuR 1999, 133 m. Hinw. auf die „Basis"-Regelung in § 13 Abs. 1 S. 4 HessAltlastG unter Fn. 76; s. auch *Kobes*, NVwZ 1998, 793; *Kothe*, UPR 1999, 99; *Vierhaus*, NJW 1998, 1268; *Dombert*, in: Landmann/Rohmer, Umweltrecht, Bd. III (Stand: 3/ 1999), Ziff. 9.1 BBodSchG, § 13 Rdnr. 8.
551 *Kobes*, NVwZ 1998, 793 m. Hinw. auf BT-Dr. 13/6701, S. 41.
552 S. o. V 3. b).
553 *Sanden/Schoeneck*, Bundes-Bodenschutzgesetz, § 13 Rdnr. 8; *Sahm*, UPR 1999, 374ff., 375.
554 *Kobes*, NVwZ 1998, 793; *Dombert* in: Landmann/Rohmer, Bd. III, Ziff. 9.1 BBodSchG, § 13 Rdnr. 5; *Kothe* UPR 1999, 99.
555 Vgl. § 6, Anhang 3 BBodSchV.

die Sanierung durchgeführt werden kann[556]. Die Sanierungsuntersuchung ist ein wichtiges Element zwischen abschließender Gefahrenbeurteilung und eigentlicher Sanierungsdurchführung. Es sollen aus der Vielzahl der Sanierungsverfahren im Einzelfall technisch mögliche, geeignete, angemessene und im übrigen rechtlich zulässige Maßnahmen und Kombinationen ausgewählt werden[557]. Als Verfahrensschritte im Rahmen einer Sanierungsuntersuchung kommen insbesondere in Betracht[558]:

- Darstellung der Standortverhältnisse.
- Festlegung und Begründung von Sanierungszielen.
- Durchführung einer Variantenprüfung und ggf. Machbarkeitsstudie, das heißt, Festlegung von Sanierungszonen, Auswahl grundsätzlich geeigneter Sanierungstechniken und -verfahren, Durchführung von Vorversuchen zur Prüfung der Eignung, Entwicklung von Sanierungsszenarien, Abschätzung des Kostenrahmens und zeitlichen Ablaufs, Sanierungsvorschlag[559].

Nach Durchführung der Sanierungsuntersuchungen haben die zur Sanierung Verpflichteten auf behördliche Anordnung einen Sanierungsplan vorzulegen. Dieser enthält[560] vor allem eine Zusammenfassung der Gefährdungsabschätzung und der Untersuchungen sowie Angaben über die bisherige und künftige Nutzung der zu sanierenden Grundstücke. Weiterhin stellt er das Sanierungsziel und die hierzu erforderlichen Dekontaminations-, Sicherungs-, Beschränkungs- und Eigenkontrollmaßnahmen sowie die zeitliche Durchführung dieser Maßnahmen dar. Die zuständige Behörde kann dabei verlangen, daß der Sanierungsplan von einem Sachverständigen nach § 18 BBodSchG erstellt wird[561]. Erscheint trotz des hohen Gefährdungspotentials einer Altlast aufgrund besonderer Umstände ein Sanierungsplan aus Sicht der Behörde nicht erforderlich, kann auch ohne Sanierungsplan eine Sanierungsanordnung gegenüber dem Sanierungsverpflichteten ergehen[562]. Die Kosten für die Durchführung von Sanierungsuntersuchungen und der Erstellung sowie Vorlage eines Sanierungsplanes hat im übrigen stets der Sanierungsverpflichtete zu tragen[563].

198

Umfassende Sanierungsplanungen haben sich inzwischen vor allem bei Großprojekten mit erheblichen ökonomischen Auswirkungen bewährt, wie sie z.B. vom Bund und der Bundesanstalt für vereinigungsbedingte Sonderaufgaben in enger Zusammenarbeit mit den neuen Bundesländern im Bereich der

199

---
556 Vgl. § 6 Abs. 1 BBodSchV u. *Sahm,* UPR 1999, 375.
557 *Knopp/Albrecht*, Altlastenrecht in der Praxis, Rdnr. 84.
558 Vgl. im einzelnen Anhang 3 BBodSchV; zur Untersuchung, Bewertung und Sanierung von Altlasten nach dem BBodSchG s. jüngst ausführl. auch *Kobes*, NVwZ 2000, 261 ff. m. w. N.
559 *Knopp/Albrecht*, a. a. O., Rdnr. 84.
560 Vgl. § 13 Abs. 1 Satz 1 Nrn. 1–3 BBodSchG.
561 Vgl. § 13 Abs. 2 BBodSchG.
562 Vgl. § 10 Abs. 1 i. V. m. § 16 Abs. 2 BBodSchG; BT-Dr. 13/6701, S. 41; auch *Diehr*, UPR 1998, 128 ff., 131.
563 Vgl. § 24 Abs. 1 BBodSchG.

ehemaligen Unternehmen der Chemieindustrie, der Stahl- und Hüttenwerke sowie im Braunkohletagebau der ehemaligen DDR durchgeführt werden[564]. Von besonderer Bedeutung ist, daß die Behörde den Sanierungsplan auch unter Abänderungen oder mit Nebenbestimmungen für verbindlich erklären kann[565]. Bei der Verbindlicherklärung handelt es sich um einen Verwaltungsakt mit der Möglichkeit, belastende Nebenbestimmungen in Form von Auflagen auch isoliert anzufechten[566]. Ein für verbindlich erklärter Sanierungsplan konzentriert nach § 13 Abs. 6 S. 2 BBodSchG andere behördliche Entscheidungen, die zur Durchführung der Sanierung erforderlich sind mit Ausnahme von Zulassungsentscheidungen für UVP-pflichtige Vorhaben. Erfaßt werden von dieser Konzentrationswirkung[567] etwa eine immissionsschutzrechtliche Genehmigung für eine Bodenbehandlungsanlage, eine abfallrechtliche Genehmigung oder eine wasserrechtliche Erlaubnis oder Bewilligung, wenn die Sanierung mit der Benutzung eines Gewässers verbunden ist[568]. Ob diese Konzentrationswirkung tatsächlich der Beschleunigung von Sanierungsverfahren dient, wie der Gesetzgeber meint[569], wird sich, da nur solche Behördenentscheidungen umfaßt sind, die im Einvernehmen mit der jeweils zuständigen Fachbehörde erlassen werden, in der Praxis erst zeigen müssen[570]. Problematisch ist es auch, daß der Gesetzgeber die Verbindlicherklärung des Sanierungsplans in das freie Ermessen der Verwaltungsbehörde gestellt hat („kann"). Gerade bei komplexen Sanierungssituationen, die einen Planungs- und Abwägungsbedarf in bezug auf unterschiedliche Rechtsgüter auslösen, erscheint es geboten, eine abschließende Entscheidung – nicht zuletzt auch im Interesse des Sanierungspflichtigen – mit Konzentrationswirkung zu versehen. So läßt sich verhindern, daß nachfolgende Entscheidungen einzelner Behörden das Planungsgefüge unter Umständen stören[571].

200 Nach § 13 Abs. 3 BBodSchG hat derjenige, der den Sanierungsplan vorzulegen hat, die nach § 12 BBodSchG Betroffenen, das sind die Eigentümer der betroffenen Grundstücke, die sonstigen Betroffenen und Nutzungsberechtigten und die betroffene Nachbarschaft, frühzeitig, in geeigneter Weise und unaufgefordert über die geplanten Maßnahmen zu informieren[572].

---

564 *Kobes*, NVwZ 1998, 793 m. w. N.; auch *Vierhaus*, NJW 1998, 1268 m. Hinw. auf „Bitterfeld-Wolfen".
565 Vgl. § 13 Abs. 6 BBodSchG.
566 *Vierhaus*, NJW 1998, 1268.
567 Vgl. hierzu *Kothe*, UPR 1999, 99; *Erbguth/Stollmann*, NuR 1999, 134; *Kobes*, NVwZ 1998, 793; *Vierhaus*, NJW 1998, 1268; es handelt sich hier um eine Verfahrenskonzentration, d.h. die Konzentrationswirkung ist lediglich formell und nicht materiell, s. nur *Dombert*, in: Landmann/Rohmer, Bd. III, Ziff. 9.1 BBodSchG, § 13 Rdnr. 30; auch *Sahm,* UPR 1999, 377.
568 BT-Dr. 13/6701, S. 42; *Diehr,* UPR 1998, 131.
569 BT-Dr. 13/6701, S. 42.
570 *Vierhaus*, NJW 1998, 1268.
571 So zutreff. etwa *Kothe*, UPR 1999, 99.
572 § 12 S. 2 und S. 3 BBodSchG gelten entsprechend; zur Information der Betroffenen s. auch unten Kap. VII 4.

2. „Behördlicher" Sanierungsplan

Für den Fall, daß der Sanierungsplan nach § 13 BBodSchG von den Verantwortlichen nicht oder nicht rechtzeitig oder auch fachlich unzureichend erstellt wird, ein Sanierungsverpflichteter nicht oder nicht rechtzeitig herangezogen werden kann oder aufgrund der flächenhaften Ausdehnung der Altlast ein koordiniertes Vorgehen mehrerer Verpflichteter notwendig ist[573], kann die Behörde gemäß § 14 BBodSchG den Plan selbst erstellen oder durch Sachverständige nach § 18 BBodSchG erstellen lassen. Die Kosten hierfür hat derjenige zu tragen, der von der Behörde zu Maßnahmen herangezogen wurde oder derjenige, von dem die Erstellung eines Sanierungsplans hätte verlangt werden können[574]. Es handelt sich hier um eine Art behördliche Ersatzvornahme der Sanierungsplanung[575]. 201

§ 14 S. 2 BBodSchG verpflichtet die zuständige Behörde wie die nach § 13 BBodSchG zur Sanierung Verpflichteten zur Information der Betroffenen. Die in § 13 Abs. 6 S. 2 BBodSchG vorgesehene Konzentrationswirkung gilt entsprechend. Auch ist der Abschluß eines nachfolgenden Sanierungsvertrags möglich[576]. 202

3. Sanierungsvertrag

Nach § 13 Abs. 4 BBodSchG ist es möglich, mit dem Sanierungsplan den Entwurf eines Sanierungsvertrags vorzulegen. Der Sanierungsvertrag hat die Ausführung des Sanierungsplans zum Inhalt[577]. Er kann auch die Einbeziehung Dritter, – etwa Nachbarn oder Grundstückseigentümer – vorsehen. Der Sanierungsvertrag wird zwischen der Behörde und den nach § 4 Abs. 3, 6 BBodSchG Verpflichteten geschlossen. Da sich die Sanierungspflichten im einzelnen aus dem Vertrag ergeben, werden daneben behördliche Sanierungsanordungen entbehrlich bzw. sind nicht mehr möglich. 203

Ob man die gesetzliche Grundlage zum Abschluß eines Sanierungsvertrags in § 13 BBodSchG lediglich als „Merkposten und Hinweis für den Gesetzesanwender" mit gleichzeitiger „Anstoßfunktion" oder sogar als „erhebliche gesetzliche" oder „rechtliche Aufwertung vertraglicher Lösungen" sieht[578], ist letztlich gleichgültig. Hier wird vom Gesetzgeber nunmehr expressis verbis ein Instrument, das auf dem Kooperationsprinzip basiert, im Bodenschutzrecht verankert, das bei Altlastensanierungen schon lange bekannt ist, sich in 204

---

573 „Koordinationsplan", s. *Vierhaus*, NJW 1998, 1268; *Diehr*, UPR 1998, 131; auch *Kothe*, UPR 1999, 100.
574 Vgl. § 24 Abs. 1 S. 2, 3 BBodSchG.
575 *Erbguth/Stollmann*, NUR 1999, 133.
576 S. hierzu unten 3.
577 *Sahm*, UPR 1999, 375; *Knopp/Albrecht*, Altlastenrecht in der Praxis, Rdnr. 91.
578 S. einerseits *Sanden/Schoeneck*, Bundes-Bodenschutzgesetz, § 13 Rdnr. 15; auch *Dombert*, in: Landmann/Rohmer, Bd. III, Ziff. 9.1. BBodSchG, § 13 Rdnr. 34 und andererseits *Vierhaus*, NJW 1998, 1268; *Knopp/Albrecht*, a. a. O., Rdnr. 91.

der Praxis bewährt hat, aber von dem auch in der Praxis in der Vergangenheit viel zu wenig Gebrauch gemacht wurde[579]. So wollen bislang Verwaltungsbehörden in vielen Fällen den Gesetzesvollzug bei Altlastensanierungen lieber per Verwaltungsakt „geregelt" wissen, nicht zuletzt aus nicht unbedingt immer nachvollziehbaren Gründen der Eigenabsicherung, die eine „gute" Sanierungsvereinbarung im übrigen ebenfalls gewährleistet. Jedenfalls erlauben Sanierungsverträge ein größeres Maß an Flexibilität und führen in der Regel schneller zu dem gewünschten Ziel, weil durch den herbeigeführten Konsens Widerstände gegen den Inhalt der Sanierungsmaßnahmen bereits im Vorfeld ausgeräumt werden können. Andererseits muß der Sanierungsverpflichtete nicht mit häufig aufeinanderfolgenden behördlichen Einzelanordnungen rechnen. Das Sanierungsrisiko kann überschaubar und kalkulierbar gestaltet werden. Für den Pflichtigen wird in diesem Zusammenhang die Möglichkeit eröffnet, die Ausführung der Sanierung entsprechend seiner individuellen Leistungsfähigkeit zu konzipieren. Allerdings wird die Behörde bei den Vertragsverhandlungen sicherzustellen haben, daß die Anforderungen des § 4 Abs. 3 BBodSchG erfüllt werden[580]. Für einen Investor bedeutet die Sanierungsvereinbarung Investitionssicherheit, da die Bindungswirkung solcher Verträge für ihn bedeutet, daß ihm ein nicht zu unterschätzender Schutz gegen behördliche Nachforderungen zugute kommt[581]. Ferner kann das Instrument „Sanierungsvertrag" im Falle des sogenannten Flächenrecycling beschleunigte Wirkung entfalten, etwa dergestalt, daß der Vertrag bei der hier häufig anstehenden Anzahl von Verfahrens- und Genehmigungsabläufen all die Behörden mit einbezieht, die hinsichtlich des Altlastengrundstücks rechtlich Bedeutung und Mitsprache besitzen[582]. Sanierungsverträge bieten dementsprechend bei klarer und präziser Gestaltung sowohl für die zuständige Behörde als auch für den Sanierungspflichtigen erhebliche Vorteile[583].

205 Bei dem Sanierungsvertrag handelt es sich um einen öffentlich-rechtlichen Vertrag, sei es als Vergleichs- oder als Austauschvertrag oder als „Mischung" von beiden[584]. Wichtig ist, daß unter Berücksichtigung der rechtlichen Rahmenbedingungen möglichst vollständige und unmißverständliche, aber auch flexible Regelungen zwischen den Parteien des Sanierungsvertrags getroffen werden, worauf oben schon hingewiesen wurde. Dadurch kann bei auftretenden Problemen während der Sanierung Streit über die Auslegung der einen oder anderen Vertragsklausel vermieden werden, der schlimmstenfalls zu ei-

---

579 *Knopp/Albrecht*, Altlastenrecht in der Praxis, Rdnr. 91; auch *Kobes*, NVwZ 1998, 794.
580 BT-Dr. 13/6701, S. 42.
581 *Dombert*, in: Landmann/Rohmer, Bd III, Ziff. 9. 1. BBodSchG, § 13 Rdnr. 36.
582 Vgl. näher *Dombert*, altlasten spektrum 1999, 272 ff., 274; ders., in: Landmann/Rohmer, Bd III, Ziff. 9. 1. BBodSchG, § 13 Rdnr. 38: „... per Vertrag ein Bündelungswirkung vermittelndes Planungsinstrument zu schaffen".
583 *Kobes*, NVwZ 1998, 794; *Sahm* UPR 1999, 376; *Knopp/Albrecht*, Altlastenrecht in der Praxis, Rdnr. 92; *Dombert*, in: Landmann/Rohmer, Bd III, Ziff. 9. 1. BBodSchG, § 13 Rdnr. 37.
584 Vgl. §§ 54 ff. VwVfG sowie zu den einzelnen hier in Betracht kommenden Vertragstypen, auf die nicht näher eingegangen werden soll, *Sahm*, UPR 1999, 376 ff. m. w. N.

nem Sanierungsstillstand führt. *Den* Sanierungsvertrag gibt es dabei nicht, worauf *Dombert*[585] zutreffend hinweist. Jeder Sanierungssachverhalt ist anders gelagert, so daß die vertraglichen Regelungen stets dem Einzelfall Rechnung tragen müssen[586]. Allenfalls folgende „Eckpunkte", die individualvertraglicher Ausfüllung bedürfen, sind zu beachten[587]:

- Eröffnung der Vertrags durch eine **Präambel**, in der der gemeinsame Erkenntnisstand der Parteien (z.B. Eigentumsverhältnisse, Grundstückshistorie und bisherige Untersuchungen, verwendete Gutachten, Beschreibung von Art und Umfang der Altlast) dargestellt wird.
- Regelung der Sanierungsverpflichtung im einzelnen (Festlegung des Sanierungspflichtigen, des Sanierungsziels und des -umfangs, Einbeziehung des Sanierungsplans und ggf. dessen Verbindlicherklärung, Regelung der Kostentragung).
- Zeitplan der Sanierung (Beginn und Abschluß, Verletzung des Zeitplans, „gestaffelte" Sanierung).
- Freistellung des Sanierungspflichtigen nach durchgeführter Sanierung (z.B. Verpflichtung der Behörde, nach Abschluß der Sanierung keine weiteren Forderungen an den Grundstückseigentümer als Sanierungspflichtigen mehr zu stellen, was rechtlich zulässig ist[588]; Vereinbarung einer Vertragsanpassungsklausel[589] bei geänderten Verhältnissen während der Sanierung, in diesem Zusammenhang auch Vereinbarung eines möglichen Kündigungsrechts).
- Definition des Abschlusses der Sanierung (Festlegung des Sanierungsziels, ggf. Anzeige und Abnahme des Abschlusses der Sanierung).
- Bestellung von Gutachtern bzw. Sachverständigen[590] (hier kann in der Praxis häufig der Gutachter oder Sachverständige, der bereits die Voruntersuchungen vorgenommen hat, im – weiteren – Einvernehmen mit der Behörde zu bestellen sein; der Sanierungsverpflichtete besitzt selten selbst das notwendige technische „know-how", um die Sanierung durchzuführen).
- Unterwerfung unter die sofortige Vollstreckbarkeit[591] (mittels der Unterwerfungserklärung können die für beide Vertragsteile begründeten Pflichten unmittelbar aus dem Vertrag selbst durchgesetzt werden, ansonsten müßten nicht erfüllte Verpflichtungen auf dem Wege der gerichtlichen Leistungsklage durchgesetzt werden)[592].

---

585 In: *Landmann/Rohmer,* Bd III, Ziff. 9. 1. BBodSchG, § 13 Rdnr. 39.
586 So auch *Sahm*, UPR 1999, 378.
587 S. im einzelnen *Sahm*, a.a.O., 378 f.
588 *Dombert*, in: Landmann/Rohmer, Bd III, Ziff. 9. 1. BBodSchG, § 13 Rdnr. 43 m.w.N.
589 § 60 VwVfG, s. hierzu näher auch *Dombert*, a.a.O., § 13 Rdnr. 36.
590 Vgl. hierzu auch § 18 BBodSchG.
591 Vgl. §§ 61, 54 S. 2 VwVfG.
592 *Dombert*, in: Landmann/Rohmer, Bd III, Ziff. 9. 1. BBodSchG, § 13 Rdnr. 44.

- Regelung der Bestellung von Sicherheiten (im Falle der Besorgnis, daß der Sanierungspflichtige in finanzielle Schwierigkeiten gerät und die Sanierung dadurch gefährdet wird; Verpflichtung des Sanierungspflichtigen aber nur zur angemessenen Bestellung von Sicherheiten, § 56 Abs. 1 S. 2 VwVfG, das heißt, Beachtung des Verhältnismäßigkeitsgrundsatzes[593]).
- Ausgleich mehrerer Verpflichteter (bei mehreren Vertragsparteien unter Berücksichtigung der Regelung in § 24 Abs. 2 BBodSchG)[594].
- Salvatorische Klausel (Ungültigkeit einzelner Regelungen soll übrige Regelungen im Vertrag nicht berühren; Festlegung, wie gemäß dem mutmaßlichen Parteiwillen hierbei zu verfahren ist).

206 Soweit Dritte in den Sanierungsvertrag mit einbezogen werden, also z. B. weitere Pflichtige, Nachbarn der sanierungsbedürftigen Grundstücke oder auch Kommunen, ist das Zustimmungserfordernis des § 58 Abs. 1 VwVfG zu beachten. Das heißt, ein Sanierungsvertrag, der in die Rechte Dritter eingreift, wird erst wirksam, wenn der Dritte schriftlich zustimmt. So können im Sanierungsvertrag etwa Betretungsrechte und Duldungspflichten im Verhältnis zu den Eigentümern von Grundstücken geregelt werden, die für die Sanierung in Anspruch genommen werden müssen[595]. Was die denkbare Einbeziehung der Kommune als Dritte in einem Sanierungsvertrag anbelangt, ist § 58 Abs. 2 VwVfG zu beachten. Nach dieser Vorschrift wird ein Vertrag, der anstelle des Erlasses eines Verwaltungsakts geschlossen wird, erst dann wirksam, wenn die Behörde, die bei Erlaß des Verwaltungsakts hätte mitwirken müssen, entsprechend mitwirkt. Verpflichtet sich daher die Behörde innerhalb des Sanierungsvertrags z. B. zur Erteilung einer Baugenehmigung, so wird der Vertrag erst wirksam, wenn die Gemeinde ihr nach § 36 BauGB notwendiges Einvernehmen erteilt hat[596].

4. Erfassung, Information der Betroffenen[597]

207 Die Länder sind auch nach neuem Bodenschutzrecht weiter für Regelungen der Erfassung der Altlasten und altlastverdächtigen Flächen zuständig („Öffnungsklausel")[598].

208 Vor Untersuchung und Sanierung von Altlasten haben die zur Sanierung nach § 4 BBodSchG Verpflichteten die Eigentümer der betroffenen Grundstücke, sonstige betroffene Nutzungsberechtigte und die betroffene Nachbarschaft von der bevorstehenden Durchführung der geplanten Maßnahmen zu infor-

---

593 *Müllmann*, NVwZ 1994, 876 ff., 878.
594 S. hierzu o. Kap. V 2.
595 *Sanden/Schoeneck*, Bundes-Bodenschutzgesetz, § 13 Rdnr. 17.
596 *Sahm* UPR 1999, 378 m. w. N.
597 I. S. des § 12 BBodSchG.
598 Vgl. § 11 BBodSchG; s. hierzu ausführl. die Kommentierung bei *Sanden/Schoeneck*, Bundes-Bodenschutzgesetz, u. a. mit einem Überblick über die insoweit bereits bestehenden landesrechtlichen Regelungen.

mieren[599]. „Betroffen" i. S. des BBodSchG ist dabei jeder, der durch die durchzuführenden Maßnahmen oder den Zustand des Grundstücks nach Abschluß der Maßnahmen in seinen Schutzgütern berührt sein kann[600]. Dies ist immer dann der Fall, wenn rechtlich geschützte Interessen dergestalt berührt sein können, daß sich die Maßnahmen entweder unmittelbar auf die Parzelle beziehen oder aber tatsächliche oder rechtliche Auswirkungen auf diese haben können, jedenfalls ist derjenige betroffen, dessen Grundstück bei den anstehenden Maßnahmen in Anspruch genommen wird[601]. Die „Betroffenheit" im beschriebenen Sinne ist allerdings nur dann relevant bzw. die Informationspflicht der Sanierungsverpflichteten besteht nur insoweit, als der Betroffene in seinem Recht nicht nur unerheblich oder geringfügig beeinträchtigt ist, was sich unter Berücksichtigung der konkreten Verhältnisse vor Ort einschließlich der Nutzungkategorie der Flächen festlegen läßt[602]. Die zur Beurteilung der Maßnahmen wesentlichen vorhandenen Unterlagen sind zur Einsichtnahme zur Verfügung zu stellen[603]. Sofern Unterlagen Geschäfts- oder Betriebsgeheimnisse enthalten, muß ihr Inhalt, soweit es ohne Preisgabe der Geheimnisse geschehen kann, so ausführlich dargestellt sein, daß es den Betroffenen möglich ist, die Auswirkungen der Maßnahmen auf ihre Belange zu beurteilen[604]. Der sich aus § 12 BBodSchG ergebende Informationsanspruch und der Anspruch auf Informationen über die Umwelt nach § 4 UIG stehen dabei nebeneinander[605].

noch
208

---

599 Vgl. § 12 S. 1 BBodSchG.
600 BT-Dr. 13/6701, S. 41.
601 *Sanden/Schoeneck*, Bundes-Bodenschutzgesetz, § 12 Rdnr. 5; auch *Radtke*, in: Holzwarth/ Radtke/Hilger/Bachmann, Bundes-Bodenschutzgesetz/Bundes-Bodenschutz- und Altlastenverordnung, § 12 BBodSchG Rdnr. 2 m. Hinw. auf BR-Dr. 702/96, S. 127 f.
602 *Sanden/Schoeneck*, a. a. O., § 12 Rdnr. 7 m. Hinw. auf BVerwGE 81, 128, 138.
603 Vgl. § 12 S. 2 BBodSchG.
604 Vgl. § 12 S. 3 BBodSchG.
605 S. näher *Sanden/Schoeneck*, Bundes-Bodenschutzgesetz, § 12 Rdnr. 22.

VIII. Wertausgleichsregelung nach § 25 BBodSchG: Chancen für Kommunen – Risiken für die Kreditsicherung

von Eike Albrecht

209 Der Beitrag befaßt sich mit den Voraussetzungen und Auswirkungen der neuen Wertausgleichsregelung im Bundes-Bodenschutzgesetz. Insbesondere soll untersucht werden, welche Chancen, aber auch welche praktischen und rechtlichen Probleme sich durch diese Vorschrift zur Sicherung von Ansprüchen der öffentlichen Hand in bezug auf die Sanierung von schädlichen Bodenveränderungen oder Altlasten ergeben. Darüber hinaus sollen die Risiken der Wertausgleichsregelung für die Kreditsicherung und die Auswirkungen dieser Vorschrift bei einer Insolvenz des Sanierungspflichtigen dargestellt werden.

1. Einführung

210 Mit Inkrafttreten des neuen BBodSchG am 1. März 1999 wurde, wenn man einmal von der ähnlichen Regelung des § 154 BauGB absieht, bundesrechtlich zum ersten Mal eine Wertausgleichsvorschrift eingeführt. Sie bestimmt, daß beim Vorliegen bestimmter Voraussetzungen ein Wertausgleichsanspruch zugunsten der öffentlichen Hand entsteht. Sie birgt Chancen und Risiken. Zum einen könnte sie der Lösung von Problemen auf kommunaler Ebene im Bereich von schädlichen Bodenveränderungen oder Altlasten einen neuen Schub geben. Auf der anderen Seite könnte die rechtliche Ausgestaltung des Wertausgleichs als öffentliche Last (§ 25 Abs. 6 S.1 BBodSchG) gravierende Auswirkungen auf die Kreditsicherung durch Grundstücke haben.

211 Der praktische Anwendungsbereich des § 25 BBodSchG ist begrenzt; die Vorschrift findet überhaupt nur dann Anwendung, wenn die Finanzierung der Sanierungs- oder Sicherungsmaßnahmen durch die öffentliche Hand selbst erfolgt ist. Regelmäßig wird die Behörde aber auf einen Verantwortlichen für die Beseitigung der schädlichen Bodenveränderungen oder Altlasten zurückgreifen können, da sie sowohl den Verursacher oder „Handlungsstörer"[606], als auch den Zustandsverantwortlichen oder „Zustandsstörer"[607] sowie darüber hinaus noch die weiteren in § 4 BBodSchG genannten Verantwortlichen in Anspruch nehmen kann[608], die die Kosten der Sanierung gemäß § 24 Abs. 1 BBodSchG zu tragen haben[609].

---

606 Zum Begriff vgl. *Götz*, Allgemeines Polizei- und Ordnungsrecht, Rdnr. 210ff. m. w. N.
607 Z. B. Grundstückseigentümer, aber auch Mieter oder Pächter, vgl. *Knopp/Albrecht*, Altlastenrecht in der Praxis, Rdnr. 99ff.
608 Vgl. zum Ganzen oben unter Kap. IV.
609 *Hilger*, in: Holzwarth/Radtke/Hilger/Bachmann, Bundes-Bodenschutzgesetz/Bundes-Bodenschutz- und Altlastenverordnung, § 24 BBodSchG Rdnr. 2.

Fälle der Sanierung durch die öffentliche Hand werden demgegenüber regelmäßig sein: **212**

- Beseitigung von Bodenkontaminationen, die von der öffentlichen Hand selbst verursacht worden sind;
- Sanierung aufgrund eigener Zustandshaftung, z.B. als Eigentümerin eines kontaminierten Grundstücks;
- Nichtgreifbarkeit eines Verursachers und Zahlungsunfähigkeit des Grundstückseigentümers oder unklare Rechtslage in bezug auf die Grundstückseigentümerstellung, z.B. nach Erbfall oder Anfechtung der Grundstücksübertragung;
- Abwehr akuter Gefahren für die Allgemeinheit durch schnelle Sicherungs- oder Sanierungsmaßnahmen (z.B. bei Trinkwassergefährdung) durch Ersatzvornahme oder unmittelbare Ausführung;
- zinsgünstige Darlehen oder Zuschüsse für Sanierungen aufgrund von Förderprogrammen.

Obwohl in verschiedenen Landesgesetzen vergleichbare, in ihren jeweiligen Ausgestaltungen allerdings recht unterschiedliche Wertausgleichsvorschriften seit einiger Zeit bestanden[610], war die Vorschrift des § 25 BBodSchG im ursprünglichen Regierungsentwurf nicht vorgesehen. Eine Länderinitiative zur Aufnahme einer solchen Regelung[611] wurde noch mit der Erwägung abgelehnt, mit einer solchen Regelung würde der nicht sanierungspflichtige Eigentümer über ein anderes Etikett zur Kostentragung verpflichtet[612]. Die Länder setzten sich dann aber im Vermittlungsverfahren mit ihren Vorstellungen durch die Aufnahme der jetzt bestehenden Regelung im BBodSchG durch[613]. **213**

2. Inhalt der Regelung

a) Voraussetzungen

Ein Wertausgleichsanspruch nach § 25 BBodSchG entsteht unter folgenden Voraussetzungen: **214**

(aa) Einsatz öffentlicher Mittel

Nach § 25 Abs. 1 S. 1 BBodSchG entsteht ein Wertausgleichsanspruch, wenn öffentliche Mittel für eine Sanierung eingesetzt worden sind. Dies ist dann der Fall, wenn eine Behörde die Sanierungsmaßnahme selbst durchführt oder **215**

---

610 Z.B. § 35 BbgAbfG, § 13 Abs. 4 BremAGAbfG, § 16 HessAltlastG, § 38 NiedersAbfG, § 33 Abs. 2 LAbfG NW, § 32 LAbfWAG Rh.–Pf. und § 22 ThAbfAG, vgl. zum Ganzen auch *Kretz*, in: Franzius/Wolf/Brandt (Hrsg.), Handbuch der Altlastensanierung (Losebl.), Ziff. 10163.
611 BT-Dr. 13/6701, S. 59 f., Nr. 60.
612 BT-Dr. 13/6701, S. 67.
613 BT-Dr. 13/9637, S. 5 der Anlage.

Betrieblich-rechtliche Fragestellungen

diese für den Sanierungsverpflichteten im Wege der Ersatzvornahme durchführen läßt[614].

216 Ein Einsatz **öffentlicher Mittel** liegt insbesondere dann vor, wenn Länder und Kommunen als Verwaltungsträger eine Sanierung finanzieren[615]. Öffentliche Mittel werden aber auch eingesetzt, wenn Sanierungen durch öffentlich-rechtlich organisierte Anstalten oder Körperschaften[616] durchgeführt werden. Sanierungsmaßnahmen, die über einen privatrechtlich organisierten Träger finanziert werden, lösen ebenfalls einen Wertausgleichsanspruch nach § 25 BBodSchG aus, wenn die bereitgestellten Gelder öffentliche Mittel sind[617].

217 Schwieriger sind hingegen die Fälle zu beurteilen, in denen eine vollständige Finanzierung durch die öffentliche Hand nicht erfolgt ist. Da das Problem bei schädlichen Bodenveränderungen und Altlasten regelmäßig ein Finanzierungsproblem ist[618], wird in zunehmendem Maße versucht, hier kreative Lösungen unter Einschluß privatrechtlicher Möglichkeiten zu finden[619]. So werden beispielsweise in Bayern Sanierungen u.a. durch eine privatrechtliche GmbH, die GAB[620], durchgeführt. Diese Gesellschaft gehört jeweils zur Hälfte dem Freistaat Bayern und einem Verein, dessen Mitglieder bayerische Industrieunternehmen sind[621]. Die bei diesen Sanierungen eingesetzten Gelder sind der Herkunft nach nur in Höhe der staatlichen Gelder, im Falle der GAB also nur zu 50%, öffentliche Mittel. Nach dem Wortlaut des § 25 BBodSchG kann ein Wertausgleichsanspruch dann auch nur in Höhe der Hälfte der eingesetzten Mittel entstehen. Dieses Ergebnis erscheint unbefriedigend. Hätten die Unternehmen ihre Vereinsbeiträge zweckgebunden einer zu 100% landeseigenen Sanierungs-GmbH zur Verfügung gestellt, wären die eingesetzten Gelder ohne weiteres in voller Höhe öffentliche Mittel. Dies hätte zur Folge, daß der Wertausgleichsanspruch auch in voller Höhe entstehen würde.

218 Der Gesetzgeber hätte diese Schwierigkeiten vermeiden können, wäre er dem von der Unabhängigen Sachverständigenkommission zum Umweltgesetzbuch aufgezeigten Weg gefolgt. Der Entwurf zum Umweltgesetzbuch (UGB-KomE)[622] sieht vor, daß generell ein Wertausgleichsanspruch zugunsten des-

---

614 *Hilger*, in: Holzwarth/Radtke/Hilger/Bachmann, Bundes-Bodenschutzgesetz und Bundes-Bodenschutz- und Altlastenverordnung, § 25 BBodSchG Rdnr. 2.
615 *Sanden/Schoeneck*, Bundes-Bodenschutzgesetz, § 25 BBodSchG Rdnr. 5.
616 Z.B. durch den Abfallentsorgungs- und Altlastensanierungsverband in Nordrhein-Westfalen (AAV), vgl. dazu *Brandt*, Altlastenrecht, S. 230 ff.
617 *Bickel*, Bundes-Bodenschutzgesetz, § 25 Rdnr. 4; *Sanden/Schoeneck*, Bundes-Bodenschutzgesetz, § 25 Rdnr. 5.
618 *Knopp/Albrecht*, Altlastenrecht in der Praxis, Rdnr. 15 ff.
619 Zu privatwirtschaftlichen Lösungen: *Nietfeld*, in: Franzius/Bachmann (Hrsg.), Sanierung kontaminierter Standorte und Bodenschutz 1996, 1996, S. 159.
620 Gesellschaft zur Altlastensanierung in Bayern mbH.
621 Gemeinschaftseinrichtung zur Altlastensanierung in Bayern e.V.; Mitglieder sind bekannte bayerische Unternehmen wie MAN, Audi, BMW oder Siemens, aber auch kleinere Betriebe.
622 *Bundesministerium für Umwelt, Naturschutz und Reaktorsicherheit* (Hrsg.), Umweltgesetzbuch (UGB-KomE), s. o. Fn. 242 und unten Kap. XIII.

jenigen entsteht, der eine Sanierung finanziert. Gemäß § 353 Abs. 1 UGB-KomE ist der Eigentümer eines Grundstücks verpflichtet, an denjenigen einen Ausgleichsbetrag zu zahlen, der die Kosten der Maßnahme getragen hat, dies unabhängig davon, ob die eingesetzten Gelder öffentliche Mittel oder privatrechtlicher Herkunft waren[623].

Das Gesetz selbst trifft keine Unterscheidung zwischen einer Sanierung, die von der öffentlichen Hand für einen anderen Pflichtigen durchgeführt wird und einer Sanierung, zu der der öffentliche Kostenträger selbst verpflichtet wäre. Denkbare Fallgruppen können hier sein: Fälle, in denen die öffentliche Hand als Verursacher für schädliche Bodenveränderungen oder Altlasten in Betracht kommt, z.B. durch militärische Nutzung oder durch staatseigene Betriebe. Im Grundsatz besteht für alle Grundstücke, die sich zu irgend einem Zeitpunkt nach dem 1. März 1999 im Eigentum der öffentlichen Hand befunden haben, eine Zustandshaftung der öffentlichen Hand für diese Grundstücke nach § 4 Abs. 6 S.1 BBodSchG[624]. Im Gegensatz zu einem gutgläubigen Privaten steht der öffentlichen Hand im Regelfall noch nicht einmal der Vertrauensschutzgrundsatz des § 4 Abs. 6 S. 2 BBodSchG[625] zur Seite, da die staatlichen Behörden den ersten Zugang zu Erkenntnissen bezüglich etwaig bestehender Bodenkontaminationen haben. 219

Die bei diesen Fallgruppen bestehende Problematik soll anhand eines Beispiels verdeutlicht werden: 220

Die kreisfreie Stadt X betreibt auf einem gepachteten Grundstück eine städtische Mülldeponie. Im Laufe des Betriebes kommt es zu großflächigen Bodenverunreinigungen, die schließlich eine Sanierung des Grundstücks erforderlich machen. Neben der als Verursacherin verantwortlichen Stadt, kommt eine Haftung des Grundstückseigentümers über § 4 Abs. 3 BBodSchG in Betracht. Eine Heranziehung des Grundstückseigentümers zur Sanierung durch eine entsprechende Verfügung der Stadt wäre bei dieser Fallgestaltung jedoch regelmäßig ermessensfehlerhaft[626]. Daher wird die Stadt die Sanierung aus ei- 221

---

623 UGB-KomE, Begründung, S. 1055, wo es heißt: Ansprüche der öffentlichen Hand sind nicht ausgeschlossen, woraus sich im Umkehrschluß ergibt, daß insbesondere private Sanierer einen Wertausgleichsanspruch erlangen sollen. Ökonomisch kann es für eine Bank durchaus sinnvoll sein, eine Sanierung (vor-)zufinanzieren, da sich ein saniertes Grundstück naturgemäß besser als ein mit nicht kalkulierbaren Risiken belastetes verwerten läßt, s. auch *AAV,* Jahresbericht 1997, 1998, S. 8.
624 Vgl. o. unter Kap. IV 3. e).
625 Vgl. o. unter Kap. IV 3. e).
626 Primär ist der Handlungsstörer vor dem Zustandsstörer heranzuziehen, wenn eine effektive Gefahrenabwehr durch diesen möglich ist, vgl. hierzu *Becker,* Bundes-Bodenschutzgesetz, § 4 Rdnr. 35; differenzierend *Fouquet,* Die Sanierungsverantwortlichkeit nach dem Bundes-Bodenschutzgesetz, 2000, S. 99 f., jew. m. w. N. Wegen der Möglichkeit, hoheitliche Zwangsmittel einzusetzen, ist die Stadt hier zu einer effektiven Gefahrenabwehr sicherlich gut in der Lage, zumal sie im gebildeten Fall als Pächter über das Grundstück ohne weiteres zugangsberechtigt ist.

Betrieblich-rechtliche Fragestellungen

genen Haushaltsmitteln finanzieren mit der Folge, daß ein Wertausgleichsanspruch nach § 25 BBodSchG zu Lasten des Eigentümers ausgelöst wird.

222 Ob hier von einer Festsetzung wegen (in diesem Fall wohl anzunehmender) unbilliger Härten gemäß § 25 Abs. 5 S. 1 BBodSchG abgesehen werden kann, ändert an der Entstehung des Wertausgleichsanspruchs als solchem mit allen vollstreckungsrechtlichen und wirtschaftlichen Folgen nichts[627].

223 Ein weiteres Problem in bezug auf den Einsatz öffentlicher Mittel stellt die finanzielle Förderung der Sanierung von schädlichen Bodenveränderungen oder Altlasten durch zinsgünstige Darlehen und Zuschüsse unmittelbar oder mittelbar durch Banken dar, die sich im Besitz der öffentlichen Hand befinden. So stellt die Kreditanstalt für Wiederaufbau im Rahmen ihres Umweltprogramms Investitionskredite für Umweltschutzmaßnahmen zur Verfügung, die von Freiberuflern und Unternehmen in Anspruch genommen werden können. Zu den geförderten Umweltschutzmaßnahmen zählen unter anderem auch Maßnahmen zur Beseitigung von bestehenden Boden- und Gewässerverunreinigungen sowie Maßnahmen zum Boden- und Grundwasserschutz, also typische Fälle der Sanierung von Boden- und Grundwasserkontaminationen.

224 Ziel und Gegenstand dieses Programms ist es, Umweltschutzmaßnahmen zu einem besonders günstigen und über die Kreditlaufzeit festen Zinssatz zu finanzieren. Hierdurch wird für den Antragsberechtigten[628] Kalkulationssicherheit geschaffen und im Interesse der Allgemeinheit eine Umweltmaßnahme auf den Weg gebracht.

225 Für die Beurteilung der Frage, ob in diesen Fällen ein Wertausgleich zu Gunsten der finanzierenden öffentlich-rechtlichen Körperschaft entsteht, ist zunächst zu klären, ob eine Bank, wie z.B. die Kreditanstalt für Wiederaufbau öffentliche Mittel zur Verfügung stellt. Dies wird davon abhängen, wie die Beteiligungsverhältnisse der Bank aussehen[629]. Jedenfalls ist kein Grund ersichtlich, eine mehrheitlich im Besitz der öffentlichen Hand stehende – und regelmäßig auch Aufgaben der sie tragenden öffentlich-rechtlichen Körperschaften übernehmenden – Bank anders zu beurteilen als die oben angesprochene Sanierungs-GmbH[630].

---

627 S. hierzu näher unter Ziff. 4.
628 Antragsberechtigt im einzelnen sind: Unternehmen der gewerblichen Wirtschaft, Freiberufler, Nachfolgegesellschaften der Treuhandanstalt sowie bestimmte Betreibermodelle der Entsorgungswirtschaft und Unternehmen, an denen die öffentliche Hand, die Kirchen oder karitative Organisationen beteiligt sind.
629 Im Falle der Kreditanstalt für Wiederaufbau sieht das Beteiligungsverhältnis wie folgt aus: Bundesrepublik Deutschland: 80%; Bundesländer: 20%; vgl. *KfW*, Geschäftsbericht 1999, S. 6; der Geschäftsbericht kann bei der KfW, Palmengartenstr. 5–9, 60325 Frankfurt a.M. bezogen werden. Die Besitzverhältnisse der (bundeseigenen) Deutschen Ausgleichsbank, die ebenfalls Förderprogramme zur Altlastensanierung aufgelegt hat, stellen sich wie folgt dar: Bundesrepublik Deutschland: 40,6%; Bund (ERP-Sondervermögen): 53,3% und Bund (Sondervermögen Ausgleichsfonds): 6,1%; vgl. *Commerzbank (Hrsg.)*, Wer gehört zu wem, 20. Aufl., 2000, S. 212.
630 Wie z.B. die GAB, vgl. o. Ziff. 2. a) (aa).

Wertausgleichsregelung nach § 25 BBodSchG

Bezüglich der denkbaren Fälle – Auszahlung von Zuschüssen für eine Sanierung und der Gewährung von zinsgünstigen Darlehen – wird jedoch unterschieden werden müssen: 226

Die Auszahlung direkter Zuschüsse von landeseigenen Banken für Sanierungen löst einen Wertausgleich grundsätzlich aus, da die Qualifizierung solcher Gelder als öffentliche Mittel unproblematisch ist. 227

Etwas anderes gilt, wenn sich der Staat für die Übermittlung von Fördergeldern zur Durchführung von Sanierungen an Dritte der Bank lediglich als Geldmittler bedient. Dann entsteht kein Wertausgleichsanspruch der „durchleitenden" Bank, da nicht diese, sondern die entsprechende öffentlich-rechtliche Körperschaft die Mittel für die Sanierung aufgebracht hat. 228

Schwieriger zu beurteilen ist hingegen der Fall der Gewährung zinsgünstiger Kredite durch eine staatliche Bank. Diese gewährt Zinsvergünstigungen regelmäßig im Rahmen ihrer eigenen Tätigkeit und zu Lasten des eigenen Gewinns. Die Mittel für die Zinsvergünstigung werden von der jeweiligen staatlichen Bank direkt am Kapitalmarkt aufgenommen und keiner Körperschaft in Rechnung gestellt. Sie stellen deshalb keine „durchlaufenden" Gelder, wie die gerade beschriebenen Fördergelder dar. 229

Für die Beurteilung der Frage, ob „Zinsvergünstigungen" öffentliche Mittel im Sinne des § 25 BBodSchG sein können, muß daher zunächst getrennt werden zwischen den Fällen, in denen der Sanierungswillige in direkter Vertragsbeziehung zu der staatlichen Bank steht, und den Fällen, in denen eine Geschäftsbank zwischengeschaltet wird. 230

Im letzten Fall besteht eine Vertragsbeziehung zum einen zwischen der staatlichen Bank und der Geschäftsbank. Diese nimmt das zinsvergünstigte Darlehen auf und gibt diese Vergünstigung im Rahmen einer weiteren vertraglichen Beziehung an den Sanierungswilligen weiter. Die in diesem Fall fließenden öffentlichen Mittel werden daher nicht für die Sanierung aufgewendet, sondern als („Quasi"-) Darlehen den Geschäftsbanken zur Verfügung gestellt. 231

Dies hat zur Folge, daß entsprechende Zinsvergünstigungen keinen Wertausgleichsanspruch auslösen und deshalb auch die der Geschäftsbank eingeräumten Sicherheiten in Form von Grundschulden nicht vereiteln[631]. 232

---

631 Damit soll die Hausbank zu einer eingehenden Prüfung der wirtschaftlichen Verhältnisse angehalten werden. Als Ausnahme hiervon besteht für Kreditnehmer aus den neuen Bundesländern und aus Ost-Berlin bei einer Kredithöchstgrenze von 2 Mio. Euro die Möglichkeit, das Ausfallrisiko zwischen der Kreditanstalt für Wiederaufbau und der jeweiligen Hausbank gegen einen Zinsaufschlag von 0,75% hälftig zu teilen. Für kleine Unternehmen (Beschäftigtenzahl bis 100 Mitarbeiter), bei denen der Kreditbetrag 1 Mio. Euro nicht überschreitet, kann im Rahmen der EU-Maßnahme „Wachstum und Umwelt" ebenfalls eine anteilige Haftungsfreistellung erfolgen, die aber im Gegensatz zum erstgenannten Programm keine Erhöhung der Darlehenszinsen nach sich zieht, aber auf eine Kreditlaufzeit von fünf Jahren begrenzt ist. Anträge hierfür sind über die Hausbank an die Deutsche Ausgleichsbank, 53170 Bonn, oder an die Kreditanstalt für Wiederaufbau (KfW), Palmengartenstraße 5–9, 60325 Frankfurt a. M., zu stellen.

Betrieblich-rechtliche Fragestellungen

233 Im Fall, daß der Darlehensvertrag mit Zinsvergünstigung direkt zwischen der staatlichen Bank und dem Sanierungswilligen geschlossen wird, sind die Zinsvergünstigungen öffentliche Mittel, da sie direkte staatliche Mittel sind. Weil diese ohne weitere Zwischenschritte und zweckgerichtet für die Sanierung verwendet werden, steht der Einordnung dieser Mittel als öffentliche Gelder nichts entgegen.

234 Weiter ist zu untersuchen, ob ein zinsgünstiger Kredit ein **Einsatz** von öffentlichen Geldern ist. Da im eigentlichen Sinne keine Mittel eingesetzt werden, sondern von vornherein auf einen sonst üblicherweise erhobenen Zinsanteil verzichtet wird, könnte dies zweifelhaft sein. Insoweit liegt ein „Einsatz" im Wortsinne nicht vor.

235 Eine Unterscheidung in Beträge, die als solche für eine Sanierung eingesetzt werden, und Beträge, die als Zinsvergünstigung gewährt werden, wird den tatsächlichen Gegebenheiten jedoch nicht gerecht. Für einen Sanierungswilligen, der die Unterstützung der öffentlichen Hand in Anspruch nehmen möchte, ist es gleichgültig, ob er von der öffentlichen Hand einen festen Betrag als Zuschuß und ein normal verzinstes Darlehen oder ein zinsvergünstigtes Darlehen ohne einen Zuschuß erhält. Der staatlicherseits eingesetzte Geldbetrag kann in beiden Fällen gleich hoch sein.

236 Beim Vorliegen der genannten Voraussetzungen entsteht damit ein Wertausgleichsanspruch zugunsten des öffentlichen Kostenträgers. Dies sind in concreto die die Bank besitzenden öffentlich-rechtlichen Körperschaften.

237 Problematisch in diesem Zusammenhang stellt sich auch die vielfach geübte Praxis der einzelnen Bundesländer dar. Immer dann, wenn finanzschwache Kommunen für die Sanierung eigener Grundstücke Landesmittel erhalten, entsteht zu Gunsten des unterstützenden Landes ein Wertausgleichsanspruch. Daß damit der Zweck dieser Modelle, Sanierungen durch Zuschüsse zu ermöglichen, erschwert wird, ist offensichtlich bei der Formulierung der Vorschrift nicht bedacht worden.

(1) Bundesmittel und Bundesprojekte

238 Anspruchsinhaber des Wertausgleichs werden im Regelfall die Bundesländer und Kommunen sein, selten hingegen der Bund. Eine Finanzierung der Sanierung von schädlichen Bodenveränderungen oder Altlasten durch den Bund ist in den folgenden Fällen aber denkbar:

(1.1) Freistellung nach dem URG/Verwaltungsabkommen

239 Im Falle der Bereitstellung von finanziellen Mitteln nach dem Bund-Länder-Abkommen zur Altlastenfinanzierung[632] vom 1. 12. 1992[633] entfällt ein etwaiger Wertausgleich wegen der ausschließlichen Anwendbarkeit des o.g. Ab-

---

[632] Ausführlich hierzu *Eisenbarth*, in: Franzius/Bachmann (Hrsg.), Sanierung kontaminierter Standorte und Bodenschutz 1996, 1996, S. 310 ff.

kommens auf Fälle der Freistellung nach Art. 1 § 4 Abs. 3 Umweltrahmengesetz (URG)[634], der sog. Altlastenfreistellungsklausel. In diesen Fällen schließt § 25 Abs. 1 S. 3 BBodSchG einen Wertausgleich aus.

(1.2) Technologieförderung

Im Rahmen der Technologieförderung stellt der Bund über das Bundesforschungsministerium in nicht unerheblichem Umfang Gelder für die Erforschung und Entwicklung neuer Technologien zur Erfassung, Untersuchung, Bewertung, Sicherung und Sanierung von Bodenkontaminationen zur Verfügung[635]. Dies betrifft insbesondere Forschungsprojekte, die über das Umweltbundesamt (UBA) in Berlin vergeben werden. 240

Durch solche Mittel geförderte Sanierungen lösen nach der Vorschrift des § 25 BBodSchG einen Wertausgleichsanspruch zugunsten des Bundes aus. 241

(1.3) Städtebauförderung

Bundesmittel, die im Rahmen der Städtebauförderung (§§ 136 ff. BauGB)[636] oder im Rahmen der Förderung von städtebaulichen Entwicklungsmaßnahmen zur Sanierung von Innenstädten (§§ 165 ff. BauGB)[637] zur Verfügung gestellt werden[638], führen wegen § 25 Abs. 1 S. 4 BBodSchG nicht zu einem Wertausgleichsanspruch[639]. 242

(1.4) Förderung der Infrastruktur und Strukturhilfemittel

Infrastrukturmaßnahmen des Bundes, etwa der Bau von Fernstraßen und Schienenwegen oder die Erschließung von Industriegelände, können ebenfalls zum Mitteleinsatz des Bundes für die Sanierung von Altlasten führen, wenn im Zusammenhang mit einer solchen Baumaßnahme vorhandene Bodenverunreinigungen beseitigt oder gesichert werden. Dies wird im Falle des Baus von Fernstraßen seltener, im Falle des Baus von Schienenwegen im Hinblick auf Bahnaltlasten hingegen häufiger der Fall sein. Die praktische Relevanz der Wertausgleichsregelung wird im Fernstraßenbau wegen der im Normalfall 243

---

633 Verwaltungsabkommen über die Regelung der Finanzierung der ökologischen Altlasten vom 1. 12. 1992 (BAnz. 1993, S. 2842), geändert durch Verwaltungsabkommen vom 10. 1. 1995 (BAnz. S. 7905); vgl. auch bezügl. Braunkohlesanierungen das Ergänzende Verwaltungsabkommen über die Regelung der Finanzierung der ökologischen Altlasten in der Fassung vom 10. 1. 1995 über die Finanzierung der Braunkohlesanierung in den Jahren 1998–2002 (VA Braunkohlesanierung) vom 18. 7. 1997.
634 GBl. (DDR) I, S. 649, zuletzt geändert durch Art. 12 des Gesetzes vom 22. 3. 1991 (BGBl. I, S. 766).
635 Vgl. *Brandt*, Altlastenrecht, S. 223.
636 Vgl. hierzu *Krautzberger*, in: Battis/Krautzberger/Löhr, BauGB, 7. Aufl., 1999, Vorb. §§ 136–164, Rdnr. 12 f. und die Kommentierung zu §§ 164a und 164b.
637 Vgl. hierzu *Krautzberger*, a. a. O., Vorb. §§ 136–164, Rdnr. 12 f.
638 Zur Städtebauförderung und Altlasten umfassend *Brandt*, Altlastenrecht, S. 223 ff. m. w. N.
639 Vgl. hierzu unten Ziff. 3. b) (bb).

Betrieblich-rechtliche Fragestellungen

bestehenden Eigentümerstellung der öffentlichen Hand bei den zu überbauenden Straßengrundstücken gering bleiben. Noch ist auch die Bedeutung dieser Vorschrift hinsichtlich einer Sanierung von Bodenverunreinigungen im Zusammenhang mit dem Neu- oder Ausbau von Schienenwegen nicht groß, da die privatisierte Bundesbahn noch zu 100% dem Staat gehört[640], Wertausgleichsansprüche also keine – faktischen – Auswirkungen haben[641]. Wenn die Deutsche Bahn AG aber wie geplant 2003/2004/2005 an die Börse geht[642], wirken sich die das Grundstücksvermögen belastenden Wertausgleichsansprüche negativ auf den Unternehmenswert und damit auf den Aktienkurs aus.

244 Des weiteren können Bundesmittel im Rahmen von Infrastrukturinvestitionen oder über Strukturhilfemittel für Sanierungen von Bodenverunreinigungen ausgegeben werden. Denkbar ist dies über Maßnahmen nach dem GRW[643] oder des IFG[644]. Auch in diesen Fällen könnte ein (anteiliger) Wertausgleichsanspruch in Höhe des Finanzierungsanteils zugunsten des Bundes entstehen.

245 Weitere Fälle, in denen zugunsten des Bundes ein Wertausgleich nach BBodSchG entstehen kann, können über die oben geschilderten Fälle hinaus grundsätzlich jede vom Bund ergriffene oder in Auftrag gegebene Maßnahme sein, die die Sanierung von Bodenkontaminationen beinhaltet. Dies können alle Fälle der Bundesverwaltung und der Bundesauftragsverwaltung sein, bezüglich derer die Finanzierung in Art. 104a GG geregelt ist[645], sowie die Fälle der Durchführung von Gemeinschaftsaufgaben nach Art. 91af. GG mit der dort geregelten Finanzierungsaufteilung[646]. Als Beispiel hierfür sei der vom Bund (mit-) finanzierte Hochschulbau angeführt. Kommt es in diesem Rahmen zur Sanierung von Bodenkontaminationen, entsteht zugunsten des Bundes in Höhe des Finanzierungsanteils von 50% ein Wertausgleichsanspruch.

---

640 Vgl. *Commerzbank (Hrsg.)*, Wer gehört zu wem, S. 212.
641 Ob auch von der Bahn selbst finanzierte Maßnahmen einen Wertausgleichsanspruch auslösen, ist zweifelhaft. Hier eingesetzte Mittel sind wohl nicht als „öffentliche Mittel" im Sinne des BBodSchG zu qualifizieren, da das Vermögen durch die Privatisierung der „Allgemeinheit" entzogen worden ist und die Sanierungen keine originären Staatsaufgaben der Bahn sind. Der Fall liegt somit anders als die Fälle, in denen die öffentliche Hand zum Zwecke der Sanierung Gesellschaften in privatrechtlicher Rechtsform gründet. Zudem betrifft diese Konstellation nur die Sanierung von Grundstücken, die nicht der Bahn selbst gehören; ein Wertausgleich entsteht nur insoweit, als der Eigentümer die Kosten nicht getragen hat, § 25 Abs. 1 S. 1 BBodSchG.
642 Vgl. Die Welt v. 14. 10. 1999 und v. 7. 2. 2000, sowie Der Spiegel v. 27. 3. 2000, S. 22 ff.
643 Gesetz über die Gemeinschaftsaufgabe „Verbesserung der regionalen Wirtschaftsstruktur (GRW)" v. 6. 10. 1969, BGBl. I, S. 1861; vgl. hierzu *Brandt*, Altlastenrecht, S. 227.
644 Investitionsförderungsgesetz Aufbau Ost v. 23. 6. 1993, BGBl. I, S. 982. Über dieses Gesetz, das das Strukturhilfegesetz abgelöst hat, werden in den neuen Ländern und Berlin jährlich 6,6 Mrd. DM für Infrastrukturmaßnahmen zur Verfügung gestellt, aus denen auch Umweltschutzmaßnahmen finanziert werden.
645 Vgl. im einzelnen hierzu *Siekmann*, in: Sachs, GG, 2. Aufl., 1999, Art. 104a Rdnr. 1 ff., 21 f.
646 Vgl. hierzu *Krüger*, in: Sachs, GG, Art. 91a Rdnr. 9.

(1.5) Sanierung militärischer Altlasten

Durch die weite Definition des § 2 Abs. 5 Nr. 2 BBodSchG fallen auch aufgegebene Produktionsstätten der Rüstungsindustrie sowie militärische Liegenschaften unter den Altlastenbegriff, sofern durch diese schädliche Bodenveränderungen oder sonstige Gefahren für den Einzelnen oder die Allgemeinheit hervorgerufen werden[647]. Davon ausgenommen ist die Kampfmittelbeseitigung gemäß § 3 Abs. 2 S. 2 BBodSchG[648]. — **246**

Das bedeutet, daß die Behandlung von militärischen Altlasten sich grundsätzlich nach den Regelungen des BBodSchG richtet. Eine Sanierungsverantwortlichkeit des Bundes ergibt sich insbesondere für die Sanierung militärischer Liegenschaften, die im Eigentum des Bundes stehen. Weiterhin ist der Bund als Rechtsnachfolger des Deutschen Reiches für die von den (öffentlich-rechtlich organisierten) Munitionsanstalten (sog. MUNAS) und von den Betreibergesellschaften für Kampfstoffabriken (Montan, heute IVG-AG) verursachten Bodenkontaminationen verantwortlich[649]. — **247**

Von den Besatzungsstreitkräften verursachte Altlasten sind nach deren Abzug ebenfalls vom Bund zu sanieren[650]. — **248**

Verantwortlich ist der Bund als Verursacher darüber hinaus für Altlasten, die von der Bundeswehr verursacht worden sind, sowie für die von der NVA verursachten Altlasten[651]. Bodenschutz und Altlastbearbeitung für bundeswehreigene Liegenschaften werden aus dem Verteidigungshaushalt finanziert[652]. Ferner sind durch das Verteidigungsministerium Sanierungskosten für Bodenverunreinigungen, die durch militärische Aktivitäten, also z.B. im Rahmen eines Manövers, verursacht werden, zu übernehmen[653]. — **249**

In diesen Fallgestaltungen kann daher ein Wertausgleichsanspruch zu Gunsten des Bundes entstehen. — **250**

In der Praxis führt die Durchführung der Sanierung von militärisch verursachten Bodenkontaminationen jedoch zu erheblichen Schwierigkeiten, weil die Länder grundsätzlich nicht berechtigt sind, den Bund zur Sanierung kontaminierter militärischer Liegenschaften zu verpflichten[654]. — **251**

---

647 *Becker*, Bundes-Bodenschutzgesetz, § 4 Rdnr. 40; *Sanden/Schoeneck*, Bundes-Bodenschutzgesetz, § 2 Rdnr. 81.
648 BT-Dr. 13/6701, S. 33; vgl. aber § 23 BBodSchG, der Ausnahmeregelungen aus Gründen der Landesverteidigung zuläßt.
649 *Brandt*, Altlastenrecht, S. 204 f.
650 *Brandt*, a.a.O., S. 213.
651 Die Bundeswehr in der Nachfolge der NVA, vgl. *Brandt*, a.a.O., S. 208.
652 Antwort des Verteidigungsministeriums auf eine Anfrage; vgl. auch *Brandt*, Altlastenrecht, S. 209.
653 *Brandt*, a.a.O., S. 203.
654 *Knopp/Albrecht*, Altlastenrecht in der Praxis, Rdnr. 366.

Betrieblich-rechtliche Fragestellungen

(1.6) Zinsvergünstigungen durch bundeseigene Banken zur Sanierung von Bodenkontaminationen

252 Die Gewährung zinsgünstiger Darlehen für Zwecke der Sanierung von schädlichen Bodenveränderungen oder Altlasten durch staatliche Banken führt nicht zu einem Wertausgleichsanspruch[655]. Direkte Zuschüsse für die Sanierung von Bodenkontaminationen sind aus verfassungsrechtlichen Gründen ohnehin nicht möglich, da dies gegen die im Grundgesetz geregelte Kompetenzverteilung verstoßen würde[656].

(2) Landesmittel und Ländermodelle

253 Die Länder sind nach der Kompetenzverteilung des Art. 30, 83 GG unter anderem zuständig für die Verwaltung[657]. Hierzu gehört auch die Abwehr von Gefahren für die öffentliche Sicherheit und Ordnung[658], wie sie sich durch schädliche Bodenveränderungen oder Altlasten ergeben können[659]. Aus der Verwaltungskompetenz ergibt sich gemäß der Regelung des Art. 104a GG die Finanzierungsverpflichtung[660]. Daher müssen die Kosten für Fälle, in denen kein Verantwortlicher zur Sanierung eines verunreinigten Grundstücks herangezogen werden kann, von den Ländern grundsätzlich selbst getragen werden. Darunter fällt auch die Verpflichtung zur Sanierung herrenloser Grundstücke, für die gemäß Art. 104a GG ebenfalls die Bundesländer zuständig sind[661]. Nachfolgend sollen die Konzeptionen der Länder zur Organisation der Sanierungsfinanzierung dargestellt werden. Soweit diesbezüglich öffentliche Mittel für die Sanierung von schädlichen Bodenveränderungen und Altlasten bereitgestellt werden, entsteht bei Vorliegen der weiteren Voraussetzungen ein Wertausgleichsanspruch zugunsten des jeweiligen Landes.

(2.1) Baden-Württemberg

254 In Baden-Württemberg werden die „normalen Polizeikosten", also die Kosten, die für die Abwehr einer Gefahr für die öffentliche Sicherheit und Ordnung entstehen, den Landkreisen durch das Land gemäß § 52 Abs. 2 S. 2 LKrO BW[662] erstattet, soweit die Landkreise nicht anderweitig Ersatz für diese Kosten, z.B. durch Inanspruchnahme eines Verantwortlichen, erlangen können.

---

655 Vgl. unter Kap. VIII 2. a) (aa).
656 *Maunz*, in: Maunz/Dürig, GG, Art. 104a Rdnr. 12.
657 *Jarass/Pieroth*, GG, 5. Aufl., 2000, Art. 30 Rdnr. 3.
658 *Erbguth*, in: Sachs, GG, Art. 30 Rdnr. 10.
659 *Pietras/Zimmermann*, altlasten spektrum 1999, 355 ff., 357; vgl. hierzu auch *Brandt*, Altlastenrecht, S. 128 f.
660 Vgl. hierzu *Siekmann*, in: Sachs, GG, Art. 104a, Rdnr. 1.
661 *DIHT*, Altlastensanierung und ihre Finanzierung in den Bundesländern, 1991, S. 1.
662 Landkreisordnung Baden-Württemberg in der Neubekanntmachung v. 19. 6. 1987, GBl., S. 289, i. d. F. v. 8. 11. 1999 ‚GBl., S. 435.

Stadtkreise werden hier über den pauschalen Finanzausgleich gemäß § 11   255
FAG BW[663] finanziell unterstützt.

In den Fällen, in denen eine Kommune zur Sanierung einer Altlast verpflichtet   256
ist (z.B. als Eigentümerin eines kontaminierten Grundstücks), besteht die
Möglichkeit, aus dem sog. kommunalen Altlastenfonds Finanzierungsunterstützung zu beantragen. Dieser Fonds wird zu 25% durch das Land und zu 75%
aus dem kommunalen Investitionsfonds (kommunaler Finanzausgleich) finanziert. Der Fonds verfügt jährlich über 70 Mio. DM[664]. Daneben können noch
über 50 Mio. DM Verpflichtungsermächtigungen eingegangen werden[665].

Über diesen Altlastenfonds werden Altlastenerkundungen zu 100% gefördert,   257
Sanierungsmaßnahmen regelmäßig zu 50%, in Härtefällen aber auch bis zu
90% unterstützt.

Der Antrag ist in vierfacher Ausfertigung beim jeweiligen Stadt- bzw. Land-   258
kreis einzureichen[666]. Über diesen Antrag entscheidet ein beim Umwelt- und
Verkehrsministerium eingerichteter Verteilungsausschuß[667].

Der früher beschrittene Weg, über die Erhebung einer Sonderabfallabgabe Sa-   259
nierungen zu finanzieren, für die der Pflichtige nicht oder nicht vollständig
herangezogen werden konnte, mußte nach der Entscheidung des BVerfG[668]
zur Zulässigkeit von Sonderabfallabgaben aufgegeben werden.

Für die Unterstützung von Härtefällen im Bereich der privaten Altlastensanie-   260
rung stehen für dieses Jahr 1,7 Mio. DM und für das nächste 1,3 Mio. DM
zur Verfügung.

(2.2) Bayern

Im Freistaat Bayern besteht seit 1989 die Gesellschaft zur Altlastensanierung   261
in Bayern (GAB), deren Gesellschafter zu gleichen Teilen der Freistaat
Bayern und die bayerische Wirtschaft in Gestalt eines Vereins zur Altlastensanierung sind[669]. Mitglieder dieses Vereins sind alle namhaften bayerischen
Unternehmen[670], aber auch viele kleinere Betriebe[671]. Der finanzielle Beitrag

---

663 Finanzausgleichsgesetz Baden-Württemberg in der Fassung v. 1. 1. 2000, GBl. S. 14.
664 Doppelhaushalt des Landes Baden-Württemberg für 1998/1999, Staatshaushaltsgesetz 1998/
    99 – StHG 1998/99 v. 11. 2. 1998, GBl., S. 57, i. d. F. v. 10. 5. 1999, GBl., S. 174.
665 Doppelhaushalt des Landes Baden-Württemberg für 1998/1999 (vgl. Fn. 664).
666 Punkt 7. 2. 2 der Richtlinien des Umweltministeriums über die Zuwendung für die Förderung
    von Maßnahmen zur Erhebung altlastverdächtiger Flächen und zur Behandlung kommunaler
    altlastverdächtiger Flächen und Altlasten v. 20. 11. 1994, GABl. v. 19. 7. 1995, S. 340.
667 Punkt 4 der Grundsätze des Umweltministeriums über die Finanzierung der Behandlung kommunaler Altlasten v. 20. 11. 1994, GABl. v. 19. 7. 1995, S. 340.
668 BVerfG, Urt. vom 7. 5. 1998 – 2 BvR 1083/92.
669 Vgl. oben Ziff. 2. a) (aa).
670 Vgl. oben Ziff. 2. a) (aa).
671 Der Bayerische Handwerkstag sagte im Rahmen des Umweltpaktes Bayern zu, nachhaltig auf
    Kammern, Verbände und Betriebe einzuwirken, Vereinsmitglied zu werden, vgl. *Keune*, Der
    Umweltbeauftragte, 1999 (7), 8, 11.

der Vereinsmitglieder orientiert sich am jeweiligen Abfallaufkommen. Bis 1998 betrugen die von beiden Gesellschaftern zur Hälfte aufgebrachten Mittel der GAB 6 Mio. DM pro Jahr. Zwar verpflichteten sich der Freistaat und die Industrie im sog. Umweltpakt, für den Zeitraum von 1998 bis 2008 die eingebrachten Mittel auf das Doppelte zu erhöhen[672], wegen Problemen hinsichtlich der Finanzierung auf Seiten der Wirtschaft bleibt es jedoch bis auf Weiteres bei der bisherigen Mittelausstattung.

262 Die GAB saniert industrielle/gewerbliche Altlasten, bei denen kein Verantwortlicher für die Sanierung verpflichtet werden kann. Die GAB ist dann Träger der Altlastensanierung.

263 Weitere Landesmittel werden Landkreisen und kreisfreien Städten aus dem kommunalen Finanzausgleich (Art. 7 Abs. 4 FAG) zur Verfügung gestellt, sofern die Kosten für die Ermittlung von Altlasten im Rahmen der Amtsermittlung oder für Ersatzvornahmen in diesem Bereich und für die Sanierung von Altlasten von der GAB nicht übernommen werden und den Betrag von 4 DM/ je Einwohner pro Jahr übersteigen.

264 Mittelständische Unternehmen, die für eine Altlastensanierung keine ausreichenden Finanzmittel haben, können aus einem im Zuge der „Offensive Zukunft Bayern Teil II" gebildeten Altlastensanierungsfonds mit bis zu 200.000 DM je Antragsteller unterstützt werden. Aus diesem mit 100 Mio. DM bestückten Fonds werden die Zinserträge zur Zinsverbilligung bei Darlehen im Zusammenhang mit Altlastensanierungen zur Verfügung gestellt. Die auf diese Weise verfügbaren Gelder betragen zur Zeit jährlich etwa 7 Mio. DM.

(2.3) Berlin

265 Berlin ist als Stadtstaat gemäß der verfassungsrechtlichen Kompetenz- und Finanzierungsverteilung in Art 104 a GG für die Beseitigung polizeirechtswidriger Zustände verantwortlich. Das bedeutet auch, daß in den Fällen, in denen kein Verantwortlicher für die Beseitigung von schädlichen Bodenveränderungen und Altlasten, die eine Gefahr für die öffentliche Sicherheit und Ordnung darstellen, herangezogen werden kann, die Finanzierung durch die Stadt Berlin erfolgt. Grundstücke im Ostteil der Stadt unterfallen ferner dem Geltungsbereich der Freistellungsregelung nach dem URG. Ein besonderes Förderprogramm für die Sanierung von kontaminierten Grundstücken existiert darüber hinaus aber nicht.

(2.4) Brandenburg

266 In Brandenburg werden öffentliche Maßnahmen der Altlastensanierung ab der Sanierungsuntersuchung gemäß der Richtlinie über die Gewährung von Finanzhilfen des Ministeriums für Umwelt, Naturschutz und Raumordnung zur Förderung von öffentlichen Maßnahmen der Abfallwirtschaft, der Altla-

---

672 *Keune*, a.a.O., 11.

stensanierung und des Bodenschutzes[673] unterstützt. Die Förderung ist nicht auf Personen des öffentlichen Rechts beschränkt.

(2.5) Bremen

Maßnahmen der Kommunalbehörden im Rahmen der Ersatzvornahme werden durch das Land Bremen getragen. 267

Daneben sind im Investitionssonderprogramm (ISP) des Landes Bremen zur Stärkung der heimischen Wirtschaft aus dem Gesamtvolumen von 4,8 Mrd. DM für den Zeitraum von 1994 bis 2004 rund 200 Mio. DM für die Sanierung von Altlasten vorgesehen. Gefördert werden im Grundsatz Maßnahmen zur Wiedernutzung von Industrie- und Gewerbebrachen oder die Erschließung neuer Gewerbeflächen. Im Ausnahmefall können über diese Mittel aber auch Maßnahmen finanziert werden, die der Verbesserung des Wohnumfeldes dienen oder die aus ordnungsrechtlicher Sicht wegen einer Gefahr für die öffentliche Sicherheit und Ordnung zwingend erforderlich sind. 268

Das Altlastenbudget des Investitionssonderprogramms wird durch den Senator für Bau und Umwelt verwaltet. Aus diesem Budget können bei privaten Vorhaben Zuschüsse zum Ausgleich von Fehlbeträgen im Rahmen einer Wirtschaftlichkeitsanalyse gewährt werden. Bei Vorhaben der öffentlichen Hand kommt aber auch eine Vollfinanzierung der Altlastensanierung in Betracht. 269

(2.6) Hamburg

In Hamburg selbst gibt es kein gesondertes Programm zur Finanzierung der Altlastensanierung. Im Finanzplan des Landes Hamburg für die Jahre 1996 bis 2000, Stand 31. 12. 1995, sind für Untersuchungsmaßnahmen jährlich ca. 10 Mio. DM eingestellt. Für Sanierungen sind dort Mittel zwischen 42,8 Mio. DM für 1997 und 55,9 Mio. DM für 1999 eingeplant[674]. Tatsächlich sind im Haushalt der Umweltbehörde nur ca. 40 Mio. DM pro Jahr für Amtsermittlungsmaßnahmen, für Ersatzvornahmen in diesem Bereich sowie für Sanierungsmaßnahmen auf Grundstücken, die im Eigentum der öffentlichen Hand stehen, vorgesehen. 270

Allein die Sicherungsmaßnahmen, u.a. für die Deponie Georgswerder, werden auf 4,5 Mio. DM pro Jahr geschätzt[675]. 271

---

673 Amtsbl. Brandenbg. 1998, S. 484
674 Bürgerschaft der Freien und Hansestadt Hamburg, Dr. 15/5644 v. 11. 6. 1996, S. 6.
675 Bürgerschaft der Freien und Hansestadt Hamburg, Dr. 16/1155 v. 29./30. 6. 1998, S. 6; die Sicherungskosten betragen laut *Kilger* (Umweltbehörde Hamburg) mittlerweile ca. 217 Mio. DM, vgl. *von der Lippe,* altlasten spektrum 2000, 72.

Betrieblich-rechtliche Fragestellungen

(2.7) Hessen

272 In Hessen stehen für die Sanierung kommunaler Altlasten gemäß der Altlastenfinanzierungsrichtlinie (AFR)[676] Fördermittel zur Verfügung. Maßnahmen zur Sanierung ehemaliger kommunaler Deponien werden über Mittel aus einer jährlichen Altlastenfinanzierungsumlage der entsorgungspflichtigen Gebietskörperschaften sowie einem zweckgebundenen Anteil aus dem kommunalen Finanzausgleich gefördert. Aus letzterem werden auch Sanierungen von ehemaligen kommunalen Gaswerkstandorten unterstützt. Für eine orientierende Untersuchung von altlastverdächtigen Flächen steht ein Festbetrag von DM 30.000 für die Erkundung der Gefährdungsabschätzung und Bewertung des weiteren Untersuchungs-, Sicherungs- oder Sanierungserfordernisses zur Verfügung. Der Fördersatz für Maßnahmen zur Sanierung kommunaler Altlasten beträgt in der Regel 70–90% der zuschußfähigen Kosten. Der Rest ist von der sanierungspflichtigen Gemeinde, dem sanierungspflichtigen Kreis oder einem Zusammenschluß solcher zu tragen.

273 Zur Förderung der Sanierung gewerblicher Altlasten ist ein Fonds geplant, an dem sich auch die Wirtschaft beteiligen soll. Hierzu existiert jedoch derzeit nur ein Entwurf. Die hierfür früher verwendeten Mittel aus der Sonderabfallabgabe stehen wegen der hierzu ergangenen Entscheidung des BVerfG nicht mehr zur Verfügung[677].

274 Derzeit werden für die Finanzierung der Sanierung von gewerblichen Altlasten Mittel aus der Grundwasserabgabe verwendet.

275 Träger der Altlastensanierung in Hessen für den gewerblichen Bereich ist die Hessische Industriemüllgesellschaft-Altlastensanierungsgesellschaft (HIM ASG).

(2.8) Mecklenburg-Vorpommern

276 Nach der Altlastenfinanzierungsrichtlinie des Landes Mecklenburg-Vorpommern (AlaFR)[678] können sanierungspflichtige Kommunen oder kommunaldominierte Gesellschaften für die Erhebung und Behandlung kommunaler Altlastverdachtsflächen Fördermittel in Höhe von regelmäßig 50% erhalten. Bei Ersterkundungen können bis zu 80% des Finanzbedarfs übernommen werden, im Rahmen eines Sonderprogramms in Verbindung mit einer Beschäftigungsförderung können bis zu 90% der Kosten übernommen werden.

---

676 Richtlinie für die Förderung von Untersuchungen und Sanierungen kommunaler Altablagerungen und Altstandorte v. 20. 12. 1989, Hess. StAnz. 4/1990, S. 133 i.d.F. d. Änd. v. 1. 8. 1994, Hess. StAnz. 42/1994, S. 2970.
677 BVerfG, Urt. vom 7. 5. 1998 – 2 BvR 1083/92.
678 Richtlinie für die Förderung von Untersuchungen und Sanierungen kommunaler Altablagerungen und Altstandorte (Altlasten-Finanzierungsrichtlinie – AlaFR), AmtsBl. M-V 1993, S. 1520.

(2.9) Niedersachsen

In Niedersachsen existiert derzeit kein Programm zur Finanzierung von Altlasten. Gemäß § 11 NBodSchG[679] trägt das Land die Kosten der Sanierung, soweit die untere Abfallbehörde keinen Kostenersatz von einem Verantwortlichen erlangen kann und auch keinen anderweitigen Ersatz erhält.

277

(2.10) Nordrhein-Westfalen

Der in Nordrhein-Westfalen verfolgte Weg, über ein Lizenzmodell die Sanierung von Altlasten zu finanzieren, wurde vom BVerfG nach einer Vorlage des OVG Münster als verfassungswidrig eingestuft[680]. Das Lizenzmodell verpflichtete die Abfallentsorger, eine Lizenz für die Behandlung und Lagerung von Abfällen zu erwerben. Aus diesen dem Altlastensanierungsverband (AAV) zufließenden Mitteln sollten Ermittlungen, Sanierungsuntersuchungen, die Sanierungsplanung und die Sanierung für den verantwortlichen kommunalen Maßnahmenträger finanziert werden. Das BVerfG sieht in der Regelung des nordrhein-westfälischen Abfallrechts ein weiteres sachbezogenes Zulassungskriterium für die Behandlung und Lagerung von Abfällen zu den bundesrechtlich im KrW-/AbfG geregelten Voraussetzungen. Von der Kompetenz, Zulassungskriterien für die Behandlung und Lagerung von Abfällen festzulegen, hat der Bund jedoch umfassend im Rahmen der konkurrierenden Gesetzgebung gem. Art. 74 Abs. 1, Nr. 24 GG Gebrauch gemacht, weshalb die entgegengesetzte nordrhein-westfälische Regelung daher verfassungswidrig ist.

278

Im übrigen besteht seit 1985 ein Landesförderprogramm, aus dem jährlich zwischen 30 und 45 Mio. DM (für 2000: 32 Mio. DM) für Maßnahmen der Kommunen oder von kommunal dominierten juristischen Personen des Privatrechts, sei es über eine kommunale Mehrheitsbeteiligung oder als Eigenbetrieb, zur Verfügung gestellt werden.

279

(2.11) Rheinland-Pfalz

In Rheinland-Pfalz ist seit dem 1. April 1998 ein auf zehn Jahre angelegtes Kooperationsmodell zwischen dem Land und der heimischen Wirtschaft vereinbart. Hierfür sollen pro Jahr 3,5 Mio. DM zu gleichen Teilen vom Land und von der Wirtschaft aufgebracht werden. Der Anteil des Landes für dieses Modell in Höhe von 1,75 Mio. DM wurde bereitgestellt, nicht hingegen der Anteil der rheinland-pfälzischen Wirtschaft. Deswegen ist derzeit nicht klar, ob das nach zähem Ringen erreichte Kooperationsmodell überhaupt Wirkung erzielen kann.

280

---

679 Gesetz zur Einführung des Niedersächsischen Bodenschutzgesetzes und zur Änderung des Niedersächsischen Abfallgesetzes (NBodSchG) v. 19. 2. 1999, GVBl. I, S. 206.
680 BVerfG, Beschl. v. 29. 3. 2000, AZ: 2 BvL 3/96, UPR 2000, 304 ff. auf Vorlage des OVG Münster, Beschl. v. 23. 1. 1996, ZUR 1996, 208 ff. mit Anm. *Schoeneck*; s. auch BGBl. I, S. 1000.

Betrieblich-rechtliche Fragestellungen

281 Nach dem Konzept diese Modells sind Kreise und kreisfreie Städte sowie Zusammenschlüsse und Gebietskörperschaften Begünstigte dieses Modells. Finanziert wird die Sanierung von Altlasten, sofern dies aus Umweltgründen geboten und der Zuwendungsempfänger zur Sanierung verpflichtet ist.

(2.12) Saarland

282 Im Saarland existiert derzeit kein gesondertes Programm zur Finanzierung von Altlastensanierungen. Erfassung, Untersuchung und Überwachung sind Aufgabe der zuständigen Behörde. Sanierungen, bei denen kein Verantwortlicher verpflichtet werden konnte, wurden bisher aus Landes- und Kommunalmitteln finanziert.

(2.13) Sachsen

283 Gemäß einer eigenen landesrechtlichen Freistellungsregelung in § 10 VI SächsEGAB[681] können in Sachsen auch in Fällen, die nicht von der o.g. Freistellungsregelung des URG erfaßt werden, die betroffenen Grundstückseigentümer von der Sanierungspflicht bei Aufbringung eines Eigenanteils von im Regelfall 10% von der Sanierungsverpflichtung befreit werden. Die Kontrolle der Altlastenbehandlung und die Finanzierung werden über einen mit den Regierungspräsidien verbundenen Projektcontroller wahrgenommen.

284 Neben dieser in den Bundesländern einmaligen zusätzlichen Freistellungsregelung existiert in Sachsen eine einschlägige Förderrichtlinie[682], nach der 25 Mio. DM pro Jahr vorrangig für die Sanierung von Altlasten, die im Besitz der öffentlichen Hand sind, ausgegeben werden können. Daneben können auch kleinere bis mittlere Unternehmen der gewerblichen Wirtschaft sowie nicht nach dem URG freigestellte Eigentümer von Altlast(verdachts)flächen begünstigt werden. Voraussetzung ist auch hier eine angemessene Eigenbeteiligung des Zuwendungsempfängers.

285 Nach der sächsischen Regelung freigestellte Grundstückseigentümer sind jedoch im Falle einer Sanierung durch die öffentliche Hand nach der Vorschrift des § 25 BBodSchG wertausgleichspflichtig, da die Ausnahme der Freistellung nach dem URG hier nicht greift. Da der zuständigen Behörde auch kein Spielraum verbleibt, ob sie einen Wertausgleich festsetzt oder nicht, entsteht die problematische Situation, daß der Grundstückseigentümer erst von der Sanierungsverpflichtung freigestellt und dann unter anderem Etikett doch wieder zur Kostentragung verpflichtet wird.

---

681 Erstes Gesetz zur Abfallwirtschaft und zum Bodenschutz im Freistaat Sachsen (SächsEGAB) v. 12. 8. 1991, GVBl., S. 306, §§ 7 ff.; auch *Fouquet*, Die Sanierungsverantwortlichkeit nach dem Bundes-Bodenschutzgesetz, S. 111 f.
682 Richtlinie des Sächsischen Staatsministeriums für Umwelt und Landesentwicklung für die Förderung von Maßnahmen der Altlastenbehandlung im Freistaat Sachsen v. 13. 8. 1997, Sächs. AmtsBl. v. 11. 9. 1997, S. 980.

Dieser Effekt wird nur in den (wohl selten auftretenden) Fällen vermieden, 286
wenn die Behörde auf einen weiteren Pflichtigen zugreifen kann. Dann würde
ein Wertausgleichsanspruch mangels öffentlicher Mittel auch nicht entstehen.
Rechtlich zweifelhaft ist aber, ob die Behörde in einem solchen Fall eine Freistellung erteilen darf, da sie damit ihre Auswahlmöglichkeit hinsichtlich eines
Verantwortlichen zu Lasten des Dritten einschränkt.

Diese Problemstellung in bezug auf die sächsische Freistellungsregelung 287
wird dann über die Regelung des § 25 Abs. 5 S. 1 BBodSchG zu lösen sein,
da eine Freistellung regelmäßig zur Sicherung und Förderung von – arbeitsplatzerhaltenden oder -schaffenden – Investitionen erfolgen wird und somit
im öffentlichen Interesse liegt[683].

(2.14) Sachsen-Anhalt

In Sachsen-Anhalt werden gemäß der Richtlinie über die Gewährung von Zu- 288
wendungen zur Förderung von Maßnahmen zur Abfallwirtschaft, Altlastensanierung und zum Bodenschutz[684] die Erkundung und die Sanierung von Altablagerungen und von Altstandorten gefördert. Zuwendungsempfänger können neben Kommunen auch juristische und natürliche Personen des Privatrechts sein, die mit bis zu 85% bei Altlastensanierungen gefördert werden können[685].

Seit dem 1. Januar 2000 befaßt sich die Landesanstalt für Altlastenfreistel- 289
lung mit der Durchführung von Maßnahmen der Altlastensanierung und -finanzierung.

(2.15) Schleswig-Holstein

Nachdem auch in Schleswig-Holstein die Finanzierung von Altlastensanie- 290
rungen über eine Landes-Abfallabgabe wegen Verfassungswidrigkeit[686] nicht
mehr möglich ist, werden die hier benötigten Mitteln derzeit aus dem normalen Haushalt aufgebracht.

Zuwendungsempfänger sind gemäß der Altlastenförderungsrichtlinien[687] Ge- 291
meinden, Kreise, kreisfreie Städte, Ämter und amtsfreie Gemeinden sowie
Zweckverbände. Im Wege der Projektförderung können bis zu einer Höhe
von 40% Zuschüsse gewährt werden. Derzeit sollen die Förderrichtlinien aber
überarbeitet werden.

---

683 VGH Mannheim, NVwZ-RR 1997, 270.
684 V. 12. 9. 1995, MinBl. Sachs.-Anh. 1995, S. 2118 i. d. F. v. 29. 4. 1996, MinBl. Sachs.-Anh.
  1996, S. 1368.
685 Vgl. zu einem Abgabenkonzept auch *Bizer/Ewringmann*, Abgaben für den Bodenschutz in
  Sachsen-Anhalt, 1998.
686 BVerfG, Urt. v. 7. 5. 1998 – 2 BvR 2624/94.
687 Vorläufige Richtlinien für die Gewährung von Zuwendungen für die Sanierung von Altlasten
  (Altlastenförderungsrichtlinien) v. 15. 4. 1992, AmtsBl. Schl.-H. 1992, S. 301.

292 Ferner eröffnet das novellierte LAbfWG[688] bei der Gebührenbemessung die Möglichkeit, Nachsorgekosten für stillgelegte Deponien, die Teil der öffentlich-rechtlichen Entsorgungseinrichtungen sind, einzustellen. Damit wird eine Finanzierungsmöglichkeit für Maßnahmen im Bereich der Altablagerungen geschaffen. Als vorerst befristete Maßnahme für die Jahre 1999–2001 werden Zuschüsse für die Wiedernutzbarmachung von belasteten Gewerbeflächen im Rahmen des Landesprogramms „Arbeit, Bildung, Innovation" gewährt.

293 Darüber hinaus können für den gesamten Bereich der Altlastensanierung zinsgünstige Kredite aus dem Kommunalen Investitionsfonds in Anspruch genommen werden.

(2.16) Thüringen

294 Durch einen Anfang 1999 zwischen der Bundesanstalt für vereinigungsbedingte Sonderaufgaben (BvS) und dem Freistaat Thüringen abgeschlossenen Generalvertrag über die abschließende Finanzierung der ökologischen Altlasten ist die Zuständigkeit für die weitere Umsetzung der Maßnahmen einschließlich der Verwendung der Mittel in die Verantwortlichkeit des Freistaats übergegangen[689]. Die BvS zahlt abschließend einen Pauschalbetrag in ein vom übrigen Haushalt unabhängiges Sondervermögen ein, aus dem Altlastensanierungen finanziert werden. Vorteil dieser Vorgehensweise ist für das Land, daß die Maßnahmen unter struktur- und regionalpolitischen Aspekten gesteuert werden können. Auch ist zu erwarten, daß sich durch die Bündelung der Zuständigkeiten beim Land eine Verfahrensbeschleunigung bei Sanierungen ergeben wird. Für den Bund bedeutet die Abgabe der Finanzierungsverwaltung an das Land eine Verwaltungsvereinfachung.

295 Die Übertragung der Aufgaben der BvS auf den Freistaat Thüringen stellt darüber hinaus einen weiteren Schritt zur verfassungsrechtlichen Normalität dar, nach der die Länder für umweltpolitische und umweltrechtliche Zielsetzungen zuständig sind[690].

296 Altlastensanierungen außerhalb der Freistellungen nach dem URG können durch die Inanspruchnahme von Fördermitteln bezuschußt werden.

297 Im Rahmen des Förderprogramms Altlasten, das ausschließlich aus dem Landeshaushalt finanziert wird, können Maßnahmen der Untersuchung, Sanierung und Überwachung von Altlasten gefördert werden. Die Förderung erfolgt über eine Anteilsfinanzierung, nach der kommunale Zuwendungsempfänger bis zu 80%, sonstige Zuwendungsempfänger[691] bis zu 60% der förderfähigen Ausgaben ersetzt bekommen können.

---

688 V. 27. 10. 1998, i. d. F. v. 28. 1. 1999, GVBl., S. 27.
689 Vgl. hierzu *Pietras/Zimmermann,* altlasten spektrum 1999, 358.
690 *Pietras/Zimmermann,* a. a. O. 1999, 360.
691 Dies können sein: Natürliche Personen, sonstige juristische Personen des öffentlichen Rechts (mit Ausnahme des Bundes) sowie juristische Personen des privaten Rechts, ausgenommen noch nicht privatisierte Treuhandunternehmen, Richtlinie des Thüringer Ministeriums für

(3) Kommunale Maßnahmen

Betroffen von schädlichen Bodenveränderungen und Altlasten sind in besonderer Weise die Kommunen. Jedes kontaminierte Grundstück ist gemarkungsmäßig einer Gemeinde zuzurechnen und kann deshalb grundsätzlich kommunalplanerische Entscheidungen beeinflussen, besonders wenn sie sich in innenstadtnaher Lage befinden. Ferner sind Kommunen nicht selten als Eigentümer von verunreinigten Grundstücken betroffen. 298

(3.1) Einführung

Häufig finden sich insbesondere in den Großstädten und Ballungsräumen in zentraler Lage großflächige industrielle Brachflächen oder nicht mehr genutzte militärische Liegenschaften[692]. Dazu kommen nicht mehr benötigte Betriebsflächen der Deutschen Bahn AG von ca. 20.000 ha, die durch die zunehmende Auslagerung von Bahnbetriebsstätten oder Güterbahnhöfen in die durch Fernstraßen besser erschlossenen Randbereiche frei werden[693]. 299

Diese Grundstücke sind vielfach städtebauliche Filetstücke, häufig in oder am Rande des Zentrums gelegen, aber nicht selten wegen der früheren Nutzung Altlasten oder Altlastverdachtsflächen. Sie sind in aller Regel verkehrsmäßig sehr gut erschlossen. Neben bereits bestehenden Straßenverbindungen finden sich häufig Gleisanschlüsse für den Güterverkehr, die in Metropolen, aber auch von S-Bahn, Straßenbahnen oder U-Bahnen genutzt werden könnten. Weiterhin existieren wegen einer früheren oder noch bestehenden industriellen oder militärischen Nutzung im Normalfall Wasser- und Abwasseranschlüsse sowie Strom- und Telefonleitungen. Diese Infrastruktureinrichtungen müssen zwar oftmals saniert, selten aber völlig neu verlegt werden, wie dies bei der Neuerschließung von bisher nicht genutzten Freiflächen notwendig wäre. 300

Die Wiedernutzung dieser wertvollen Flächen stellt sich deshalb für die betroffenen Kommunen aus Gründen der Wirtschaftsförderung, aus stadtplanerischen Gründen und aus Umweltgesichtspunkten als wünschenswert dar. Eine weitere Rolle können (kommunal-)politische Erwägungen spielen. 301

• Wirtschaftsförderung

Zentral gelegene Flächen eignen sich in besonderem Maße für die Ansiedlung von Dienstleistungsunternehmen, da die Erreichbarkeit für Kunden und 302

Landwirtschaft, Naturschutz und Umwelt für die Förderung von Maßnahmen zur Altlastenbehandlung im Freistaat Thüringen – Förderrichtlinie „Altlasten" –, veröffentlicht im Thür. StAnz. Nr. 22/1997, S. 1175.
692 Nach der Erhebung von *Rüpke/Burmeier/Doetsch,* altlasten spektrum 2000, 11 ff., sind dies ca. 19.000 ha Gewerbebrachen in den alten Ländern, knapp 39.000 ha gewerbliche Immobilien der Treuhand-Liegenschaftsgesellschaft, 50.000 ha städtebaulich relevante Konversionsflächen sowie 20.000 ha Bahnbrachen.
693 *Rüpke/Burmeier/Doetsch,* a. a. O., 12.

Betrieblich-rechtliche Fragestellungen

Mitarbeiter ein wichtiges Standortkriterium ist. Dieses wird durch die regelmäßig vorhandene Infrastruktur, insbesondere durch die Möglichkeit der Nutzung des öffentlichen Personennah- oder Fernverkehrs, erfüllt.

303 Ehemalige Industrie- und Bahnbrachen sind begehrte Flächen für Industrieansiedlungen, verfügen sie neben der üblichen Infrastruktur doch meist über einen Gleisanschluß. Damit können die für die kommunalen Finanzen wichtigen Zahler von Gewerbesteuern in der Gemeinde gehalten werden. Insbesondere in Metropolen ist durch die Schaffung von Arbeitsplätzen als weiterer Effekt die Entlastung der Sozialkassen denkbar, da zusätzliche Arbeitsplätze im Zentrum auch positive Auswirkungen auf den lokalen Arbeitsmarkt haben können.

• Stadtplanerische Gesichtspunkte

304 Anstatt Groß- und Verbrauchermärkte oder Vergnügungszentren auf der „grünen Wiese" zu bauen, können Innenstädte durch deren Ansiedlung auf zentralen Flächen attraktiver gemacht werden. Auf diese Weise besteht die Chance, einer Verödung der Innenstädte mit allen negativen Folgen entgegen zu wirken. Außerdem wird die Kaufkraft in der Stadt bzw. im Stadtzentrum gehalten und wandert nicht in das Umland ab. Das Bemühen vieler Städte, ihre Zentren durch Verkehrsberuhigungen und die Ausweisung von großflächigen Fußgängerzonen zu beleben, wird letztlich erfolglos bleiben, wenn es nicht gelingt, attraktive Dienstleistungsunternehmen in den Innenstädten zu halten.

305 Ein weiterer wichtiger stadtplanerischer Gesichtspunkt ist, den Trend zur Abwanderung der Einwohner aus den Zentren in die Randbereiche oder in die Umlandgemeinden zu stoppen. Letzteres trifft vor allem die Großstädte, die mit jedem Einwohner, den sie an eine Umlandgemeinde abgeben, den Kommunalanteil an Einkommen- und Umsatzsteuer, sowie die Beteiligung am Gemeinschaftssteueranteil der Länder verlieren[694].

306 Durch den Umbau des vorhandenen Gebäudebestands ehemaliger Kasernen lassen sich mit relativ geringem Aufwand innenstadtnahe und preisgünstige Wohnbezirke schaffen.

307 Hingegen ist die Bebauung von großflächig industriell verunreinigten Altlastflächen mit Wohngebäuden problematisch. Wegen der höheren Anforderungen an die Bodenreinheit im Bereich von Wohnungen muß eine Balance zwischen noch finanzierbarer Sanierung und dem Bedürfnis der Wohnbevölkerung nach gesunden Lebensverhältnissen gefunden werden. Diese Abwägung wird jedoch häufig nicht gelingen, da die nachvollziehbaren Sorgen der potentiellen Bewohner die Vermarktung solcher Grundstücke schwierig macht.

---

694 Vgl. im einzelnen *Siekmann*, in: Sachs, GG, Art. 106 Rdnr. 28 f., 36 f. u. 39.

● Umweltgesichtspunkte

308 Die Wiedernutzung schon erschlossener Flächen stellt einen wichtigen Beitrag zur Senkung des Landschaftsverbrauchs und der Verhinderung von Bodenversiegelungen dar. Vor die Alternative gestellt, wertvolle Grünflächen für die Ansiedlung von Betrieben zu opfern oder die Abwanderung hinzunehmen, entscheiden sich viele Gemeinden gegen den Schutz der Umwelt. Besteht die Möglichkeit, Brachflächen zu nutzen, können hier „zwei Fliegen mit einer Klappe" geschlagen werden: Die Ansiedlung bzw. das Halten von Betrieben in der Kommune sowie der Verzicht von Neubauten „auf der grünen Wiese".

309 Soll eine Altlast oder altlastverdächtige Fläche im Zuge der kommunalen Bauleitplanung durch einen Bebauungsplan erstmals überplant oder durch eine Bebauungsplanänderung neu beplant werden, spielt im Rahmen der baurechtlichen Abwägung das Gebot des schonenden Umgangs mit Grund und Boden (§ 1a Abs. 1 BauGB) eine Rolle.

310 Zwar läßt sich aus dieser Vorschrift kein Versiegelungsverbot oder Entsiegelungsgebot herleiten. Dieser Regelung läßt sich aber ein planerischer Vorrang dahingehend entnehmen, zuerst Brach- und erst dann Neuflächen als Gewerbegebiete auszuweisen[695]. Schon aus diesem Grund ist eine Wiedernutzung von industriellen Brachflächen anzustreben.

311 Ein weiterer wichtiger Gesichtspunkt ist, daß es auf mittelfristige Sicht auch für das Land bzw. für die Kommune wirtschaftlich sinnvoll sein kann, die Sanierung von Bodenkontaminationen durchzuführen; eine Altlast muß von den zuständigen Behörden in jedem Fall überwacht werden. In vielen Fällen muß zu einem späteren Zeitpunkt eine Sanierung durchgeführt werden. Wenn daher bei einem Projekt noch weitere positive Effekte zu erwarten sind, kann sich ein offensives Herangehen an das Altlastenproblem auch finanziell lohnen.

● Kommunalpolitische Gesichtspunkte

312 Die Sanierung von schädlichen Bodenveränderungen und Altlasten im Zuge von stadtplanerisch bedeutsamen Großprojekten bietet gerade wegen ihrer Zukunftsbezogenheit, kombiniert mit Umweltschutzmaßnahmen, politische Chancen. Solche Projekte sind im Vergleich zu anderen Großprojekten wegen ihrer Synergieeffekte in der politischen Diskussion regelmäßig gut zu vermitteln.

313 Auf der anderen Seite wirkt sich jahrelanges Verschleppen von Projekten wegen Streitigkeiten über die Finanzierung oder den Umfang von Sanierungen häufig negativ auf das Ansehen der beteiligten kommunalpolitischen Kreise aus.

---

695 *Brandt/Sanden,* UPR 1999, 367, 368.

(3.2) Verfahren bei Altlasten

314 Die zum Bereich „Altlastenmanagement" existierende Literatur[696] beschränkt sich wegen der Vielgestaltigkeit der denkbaren Fälle auf die Darstellung von recht allgemein gehaltenen Handlungsstrategien.

315 Die Altlastenbearbeitung erfolgt nach BBodSchG und BBodSchV stufenweise mit dazwischengeschalteten Bewertungen. In bis zu fünf Bewertungsschritten werden definierte Beweisniveaus angestrebt, um für jede Verdachtsfläche die folgenden Möglichkeiten eines Handlungsbedarfs zu ermitteln[697]:

- Historische Erkundung;
- Orientierende Untersuchung;
- Detailuntersuchung.

316 Aus deren Ergebnissen resultieren dann

- Sanierungsuntersuchung und
- Aufstellung des Sanierungsplans.

(3.3) Finanzierungsmodelle und Projektmanagement

317 Neben einem organisierten Verfahrensablauf[698] stellt die Sicherstellung der Sanierungsfinanzierung das zweite Standbein eines erfolgreichen Altlastenmanagements dar. Insbesondere in den Fällen, in denen ein finanziell leistungsfähiger Pflichtiger nicht greifbar ist, ist die Kreativität vor allem der Kommunen gefragt. Einige Beispiele aus der Praxis sollen dies verdeutlichen.

- **Hannover**

318 In der Stadt Hannover werden aus dem Abfallgebührenaufkommen zweckgebunden für die Sanierung von Altablagerungen Gelder bereitgestellt[699]. Für dieses Programm wurden die Abfallgebühren um bis zu 10% erhöht. Dieses Finanzierungskonzept wurde jüngst um weitere fünf Jahre mit einem Etat von ca. 7 Mio. DM verlängert.

319 Allgemeine Sanierungen, insbesondere von Altstandorten, bei denen kein Zusammenhang mit ehemaligen auf Altablagerungen gelegenen Deponien besteht, werden aus dem Verwaltungshaushalt der Stadt finanziert, sofern kein anderer Verpflichteter zu finden ist.

---

696 S. z.B. *Leitzke/Ulrici*, Altlastenmanagement, 1999; *Hachmann/Ulrici*, in: Hermanns/Walcha (Hrsg.) Ökologische Altlasten in der kommunalen Praxis, S. 143 ff.; *Ulrici/Hachmann*, in: Franzius/Wolf/Brandt, Handbuch der Altlastensanierung, Ziff. 12643.
697 Vgl. ausführl. Kap. IX 5.
698 Weitere Beispiele bei *Leitzke/Ulrici*, a.a.O., S. 57 und *Brüggemann/Dannemann/Dombert/ Ferber/Fischer/Henrici/Lietmann/Schulz-Bödeker/Simsch*, altlasten spektrum 2000, 23 ff.
699 Der Städtetag 1997, 353 f.

- Frankfurt a. M.

Die Stadt Frankfurt stellt jedes Jahr einen bestimmten Betrag für die Sanierung von Altlasten in den städtischen Haushalt ein. Für das Jahr 2000 beträgt dieser Posten ca. DM 300.000. 320

Daneben wird aus dem Aufkommen der Abfallgebühren die Sanierung von Deponien bestritten. 321

- Kiel

In der Stadt Kiel selbst existiert kein gesonderter Altlastensanierungstopf. Allenfalls in Ausnahmefällen wird einem sanierungspflichtigen Privaten, der die Kosten nicht aufbringen kann, finanzielle Unterstützung aus dem städtischen Haushalt gewährt. 322

- Stuttgart

Da der größte Verhinderungsgrund von Investitionen auf ehemaligen altlastverdächtigen Industriebrachen Planungsunsicherheiten beim Investor sind, wurde in der Stadt Stuttgart folgendes Vorgehen eingeführt[700]: Auf Grundlage der Planungsabsichten des Investors wird eine regelmäßig aus dem kommunalen Altlastenfonds finanzierte Altlastenerkundung[701] vorgenommen. Diese besteht aus einer umfassenden historischen Erkundung und endet in einer überschlägigen Sanierungsvorplanung einer naheliegenden Nutzungsvariante mit Kostenabschätzung[702]. Der Zeitbedarf hierfür liegt zwischen drei und sechs Monaten, die Kosten liegen bei ca. 40.000 DM pro Hektar. Als Ergebnis liegen dann ein Maßnahmenplan und eine Kostenabschätzung vor, durch die im Falle des Vorhandenseins von Altlasten aufgezeigt werden, ob eine Sanierung möglich ist, ohne geplante Baumaßnahmen zu behindern oder zu gefährden[703]. Damit ist beim Investor eine weitest mögliche Planungssicherheit erreicht. 323

Aus diesem Konzept heraus werden dann insbesondere bei Großprojekten zunehmend projektbezogene Einzelfalllösungen gesucht und durch sehr unterschiedliche Maßnahmen die Nutzung von Industriebrachen mit gleichzeitiger Altlastensanierung gefördert. Als Beispiel aus der Praxis wird die Sanierung des Geländes der ehemaligen Zuckerfabrik in Stuttgart genannt, das vollständig aus Gründen der Wirtschaftsförderung durch die öffentliche Hand saniert wurde und danach für Neuansiedlungen zur Verfügung stand[704], oder der Neu- 324

---

700 S. hierzu im einzelnen *Armbruster*, in: Landeshauptstadt Stuttgart (Hrsg.), Kommunales Altlastenmanagement Baden-Württemberg, 1996, S. 18 f.
701 *Landeshauptstadt Stuttgart (Hrsg.)*, Umweltschutz in Stuttgart 1988–1998, 1998, S. 64.
702 S. im einzelnen o. Ziff. 2. a) (aa), (3.2).
703 *Armbruster*, in: Landeshauptstadt Stuttgart (Hrsg.), Kommunales Altlastenmanagement Baden-Württemberg, S. 19.
704 *Hammel*, in: Landeshauptstadt Stuttgart (Hrsg.), Kommunales Altlastenmanagement Baden-Württemberg, S. 56.

bau einer Motorenfabrik der Daimler Benz AG[705] auf einem ehemaligen Bahn-Ausbesserungswerk[706].

- Kehl

325 In der Stadt Kehl wurden durch das Freiwerden der durch die französischen Streitkräfte genutzten Bertin-Kaserne großflächige innenstadtnahe Flächen frei. Hier sollte dann ein ursprünglich auf der grünen Wiese geplantes Fachmarktzentrum angesiedelt werden. Trotz der Erkenntnis, daß auf dem Gelände zwölf Altlastverdachtsflächen vorhanden waren, gelang es durch die Zusammenarbeit der Stadt mit Behörden, Investoren und Baufirmen, das Gelände zügigst für eine Wiedernutzung bereit zu machen, so daß innerhalb der sehr kurzen Zeit von dreieinhalb Jahren das geplante Fachmarktzentrum eröffnen konnte[707]. Ermöglicht wurde dies aber nur durch eine Einbindung des Bundes als Grundstückseigentümer, der auf einen Großteil seiner geplanten Erlöse verzichten mußte, und durch kalkulierte Risikoübernahmen der Stadt Kehl als Bauherrin[708].

- München

326 1991 entwickelte die Stadt München ein Altlastenerkundungsprogramm zur Ermittlung von schädlichen Bodenveränderungen und Altlasten auf eigenen Flächen. Hierfür steht dem Referat für Gesundheit und Umwelt ein eigener Haushaltsetat zur Verfügung, aus dem von 1992 bis 1999 ca. 5,3 Mio. DM in die Altlastenerkundung eingegangen sind.

327 Sanierungsmaßnahmen auf stadteigenen Flächen werden von den jeweiligen für die konkrete Fläche zuständigen Nutzreferaten durchgeführt[709], fachlich begleitet und koordiniert vom Referat für Gesundheit und Umwelt. Beim Verkauf eines städtischen Grundstücks wird eine Altlastenrecherche durchgeführt und im Falle eines Altlastenverdachts werden auch Bodenuntersuchungen durchgeführt. Beim Erwerb von altlastverdächtigen Flächen wird vom Grundstücksverkäufer regelmäßig ein Bodengutachten verlangt. Die Gutachten bzw. Untersuchungsergebnisse gehen dann zusammen mit Regelungen zu etwaigen Finanzierungs- und Sanierungsmaßnahmen in den Vertrag mit ein.

328 Seit April 1996 führt die Stadt München mit finanzieller Förderung der Europäischen Union im Rahmen des Projektes „LIFE – ein Finanzierungsinstru-

---

705 Jetzt: Daimler Chrysler AG.
706 S. zu diesem Projekt ausführl. *Brüggemann/Dannemann/Dombert/Ferber/Fischer/Henrici/ Lietmann/Schulz-Bödeker/Simsch,* altlasten spektrum 2000, 28 ff. sowie *Winter/Morisak,* in: Landeshauptstadt Stuttgart (Hrsg.), Kommunales Altlastenmanagement Baden-Württemberg, S. 86 ff.
707 *Armbruster,* in: Landeshauptstadt Stuttgart (Hrsg.), Kommunales Altlastenmanagement Baden-Württemberg, S. 18.
708 *Armbruster,* a. a. O., S. 18.
709 Z. B. würde die Sanierung eines Schulgeländes vom Schulreferat, die Sanierung eines als Verkehrsfläche genutzten Grundstücks vom Verkehrsreferat durchgeführt werden.

ment für die Umwelt der Europäischen Gemeinschaften" ein europäisches Pilotprojekt zur Grundwasserüberwachung durch, das vor allem die Grundwasserqualität im Stadtgebiet München kontinuierlich überwachen soll.

(3.4) Problembereiche und Chancen

Wegen der kritischen Situation der öffentlichen Haushalte müssen für die Finanzierung von Altlastensanierungen neue Wege gefunden werden. Hier bietet es sich insbesondere bei Altlastengrundstücken in städtischer Lage an, privates Kapital durch die Auflage eines Grundstücksfondsmodells oder eines Ausschreibungsmodells einzubeziehen[710]. 329

Beim Grundstücksfondsmodell entwickelt der Investor zusammen mit der Kommune ein Nutzungs- und Sanierungskonzept. Nach Durchführung der Sanierung werden die sanierten Flächen vermarktet. Vorteile eines solchen Modells sind, daß den Kommunen zum einen Entscheidungsspielräume hinsichtlich der künftigen Nutzung erhalten bleiben, zum anderen, daß bestimmte kommunalunterstützende Fördergelder einbezogen werden können, die einem privaten Investor verschlossen blieben. Insbesondere kleineren Gemeinden werden schwierige Planungs- und Projektierungsprobleme abgenommen, die sie bei der Durchführung von Sanierungsprojekten in Eigenregie möglicherweise nicht bewältigen könnten. 330

Nachteilig ist, daß Sanierungsmaßnahmen erst einmal vorfinanziert werden müssen, da Erlöse durch den Verkauf der Grundstücke erst später wieder hereinkommen[711]. 331

Beim Ausschreibungsmodell werden Altlastenflächen an durch Ausschreibung ermittelte private Investoren verkauft. Mit dem Kauf der Grundstücke verpflichtet sich der Käufer, das Altlastengrundstück zu sanieren und das vorgesehene Nutzungskonzept einzuhalten. Vorteil bei diesem Modell ist eine Entlastung der Kommunen und die große Beweglichkeit hinsichtlich der Reaktion auf unerwartete Veränderungen im Laufe der Sanierung, z.B. im Hinblick auf das Nutzungskonzept. 332

Die Kommune muß jedoch genaue Kenntnis über den Zustand des Grundstücks haben. Fraglich erscheint außerdem, ob sich überhaupt genügend Investoren für ein solches Modell finden; zudem besteht immer das Risiko, daß ein Investor nur an den Filetstücken interessiert ist[712]. 333

Weitere Ansätze für Kommunen, mit denen diese die Sanierung von kontaminierten Flächen fördern können, könnte die Anerkennung der Wiedernutzbarmachung von Brachflächen als Ausgleichsmaßnahme nach § 8 Abs. 2 334

---

710 *Knopp/Albrecht*, Altlastenrecht in der Praxis, Rdnr. 155 ff. m. w. N.
711 S. zum Ganzen *Brandt*, in: Oldiges (Hrsg.) Das neue Bundes-Bodenschutzgesetz – Fragen und Erwartungen, S. 101 f.
712 S. ausführl. *Brandt*, a. a. O., S. 102.

Betrieblich-rechtliche Fragestellungen

BNatSchG für Eingriffe in Natur und Landschaft sein[713]. Das Entsiegelungsgebot des § 179 Abs. 1 S. 2 BauGB wird hingegen die Sanierung von Bodenkontaminationen kaum wirksam fördern, da dieses nur eine Verpflichtung des Grundstückseigentümers zur Duldung von Entsiegelungsmaßnahmen statuiert[714]. Im Gegensatz hierzu stellt § 5 BBodSchG eine Möglichkeit dar, den Grundstückseigentümer aktiv zur Entsiegelung zu verpflichten, wodurch die Bereitschaft, eine Grundstückssanierung durchzuführen, gesteigert werden könnte. § 5 BBodSchG gilt jedoch nur für nicht-bauliche Anlagen und wird deshalb in der Praxis kaum eine Rolle spielen, da die denkbaren Fälle von Versiegelungen typischerweise solche durch bauliche Anlagen sind[715].

335 Auch der bundeseinheitlich eingeführte Wertausgleichsanspruch zur Sicherung von Ansprüchen der öffentlichen Hand nach § 25 BBodSchG eröffnet neue Chancen und Perspektiven in der Diskussion um die Altlastenproblematik, insbesondere dann, wenn die öffentliche Hand bereit und in der Lage ist, Sanierungen „vorzufinanzieren".

336 Während vor der Einführung des Wertausgleichs die Kosten einer Sanierung durch die öffentliche Hand nur von einem oder mehreren Sanierungspflichtigen eingefordert werden konnten, haftet nunmehr über die Entstehung einer öffentlichen Last das Grundstück selbst für die Forderung. Auf die Bedeutung dieser Regelung für Inhaber von Grundpfandrechten an dem betreffenden Grundstück soll später eingegangen werden[716].

337 Die Haftung des Grundstücks für eine mit öffentlichen Mitteln (vor-)finanzierte Sanierung könnte insbesondere für folgende Fälle eine positive Wirkung haben:

• Fälle einer verschleppten Sanierung

338 Ein wichtiger Anwendungsfall, in dem die Wertausgleichsregelung ihre Wirkung zeigen kann, sind die in der Praxis häufig zu beobachtenden verschleppten Verfahren. Dies sind zum einen die Fälle, in denen der von der Behörde herangezogene Sanierungspflichtige sich gegen die Sanierungsverfügung mit allen Mitteln im Verwaltungs- und Gerichtsverfahren wehrt, zum anderen Fälle, in denen wegen des komplizierten Sachverhalts sich die Behörden schon überhaupt nicht zum Erlaß einer Sanierungsanordnung durchringen können. Beides kann zu erheblichen Zeitgewinnen beim Sanierungspflichtigen führen, die zu einer Beeinträchtigung der Umwelt, aber auch zur Behinderung stadtplanerischer Vorhaben führen können.

339 Eine Eigendurchführung von Sanierungsmaßnahmen wurde von den zuständigen Behörde häufig so weit als möglich vermieden, da unter Umständen

---
713 *Rüpke/Burmeier/Doetsch,* altlasten spektrum 2000, 13; zum Ganzen vgl. *Gassner,* BNatSchG, 1996, § 8 Rdnr. 29 m. w. N.
714 *Krautzberger,* in: Battis/Krautzberger/Löhr, BauGB, § 179 Rdnr. 9.
715 Vgl. *Becker,* Bundes-Bodenschutzgesetz, § 5 Rdnr. 3.
716 S. unten Ziff. 3.

erst nach jahrelangen Rechtsstreitigkeiten feststand, wer die Sanierung zu finanzieren hatte.

Mit der Wertausgleichsregelung kann die Behörde nun auch nach Anordnung des Sofortvollzuges bei „hängenden" Verfahren erst einmal im Wege der Ersatzvornahme oder durch unmittelbare Ausführung die Sanierung vornehmen und dann ihre durch den Wertausgleich abgesicherten Aufwendungen über die Vollstreckung in das Grundstück realisieren. Ein Ausgleich zwischen den verschiedenen Sanierungspflichtigen wird dann gegebenenfalls vorrangig über § 24 Abs. 2 BBodSchG oder über Ansprüche aus Mietrecht und aus unerlaubter Handlung gemäß §§ 823 ff. BGB herbeigeführt. 340

- **Unsicherheit über die finanzielle Leistungsfähigkeit des Pflichtigen**

Auch Fälle, in denen sanierungspflichtige Wirtschaftsunternehmen betroffen sind, die sich in finanziell angespannter Lage befinden, können durch die Wertausgleichsregelung beschleunigt werden. Gerade in Fällen von kapitalintensiven Altlastensanierungen tun sich Behörden häufig schwer, eine entsprechende Sanierungsanordnung zu erlassen, um nicht ein ohnehin angeschlagenes Unternehmen in die Insolvenz zu treiben. Kriterien, wie der Verlust von Arbeitsplätzen, von in der Zukunft eventuell wieder eingehenden Gewerbesteuern, oder die Gefahr des vollständigen Ausfalls des Sanierungspflichtigen durch Insolvenz, müssen in die Behördenentscheidung eingehen. 341

Durch die Wertausgleichsregelung kann die öffentliche Hand die Sanierung vorfinanzieren, da sie das Bonitätsrisiko des Sanierungspflichtigen wegen der „Haftung" des sanierten Grundstücks zumindest bis in Höhe des Grundstückswertes nicht tragen muß. 342

Auch lassen die Regelungen über den Wertausgleich der Behörde einen – mit vier Jahren allerdings zeitlich etwas knapp bemessenen – Spielraum für die Realisierung der Sanierungskosten. Etwaige kurz- oder mittelfristige wirtschaftliche Schwierigkeiten des sanierungsverpflichteten Unternehmens lassen sich auf diese Weise berücksichtigen. Gegebenenfalls kann eine Festsetzung des Wertausgleichs auch im öffentlichen Interesse der Arbeitsplatzsicherung gemäß § 25 Abs. 5 S.1 BBodSchG unterbleiben. 343

- **Möglichkeit der mittelbaren Überwälzung von Sanierungskosten auf Private**

In diesem Zusammenhang soll noch einmal kurz auf das oben dargestellte Beispiel hingewiesen werden[717]. Nach dem Gesetzeswortlaut führt die Sanierung von durch die öffentliche Hand selbst verursachten Bodenkontaminationen automatisch zu einem Wertausgleichsanspruch zugunsten derselben[718]. 344

Bei Vorliegen unbilliger Härten kann gemäß § 25 Abs. 5 S. 1 BBodSchG von der Festsetzung des Wertausgleichs abgesehen werden. Eine unbillige Härte 345

---

717 S. o. unter Ziff. 2. a) (aa).
718 A. A. wohl *Sanden/Schoeneck*, Bundes-Bodenschutzgesetz, § 25 Rdnr. 20.

ist im o.g. Beispiel wohl anzunehmen. Problematisch kann diese Beurteilung aber in weniger eindeutigen Fällen werden.

346 Wendet sich der Betroffene gegen die Festsetzung des Wertausgleichs, z.B. weil er ihn für unbillig hält, richtet sich der Rechtsbehelf nur gegen die Festsetzung. Der Wertausgleich, der von Gesetzes wegen entsteht, lastet unabhängig von der Festsetzung auf dem Grundstück. Das bedeutet, daß die öffentliche Last für die Dauer eines Gerichtsverfahrens anderen dinglichen Sicherungsrechten im Range vorgeht.

347 Dem Zustandsverantwortlichen ist auch nur in den Fällen durch zivilrechtliche Ausgleichsansprüche gegen den (öffentlichen) Verursacher geholfen, in denen eine Identität der öffentlich-rechtlichen Körperschaft hinsichtlich Verursachung und Finanzierung besteht. In diesem Fall kann die Einrede der Verjährung aus den relativ schnell verjährenden Ansprüchen aus Mietrecht (sechs Monate, vgl. § 558 Abs. 1 BGB) bzw. aus unerlaubter Handlung (§ 852 Abs. 1 BGB) oder aus Kostenausgleich (§ 24 Abs. 2 BBodSchG; jeweils drei Jahre) dem Grundstückseigentümer gegenüber nicht entgegengehalten werden. Anders liegt der Fall, wenn eine andere Körperschaft als diejenige, die die Bodenkontaminationen verursacht hat, die Sanierung durchführt. Dann ist der Grundstückseigentümer der polizeirechtlichen Ewigkeitshaftung ausgesetzt. Wird er nach der Verjährung seiner zivilrechtlichen Ansprüche zur Sanierung herangezogen, muß er die Kosten alleine tragen.

348 Hauptproblem in all diesen Fällen bleibt die Notwendigkeit der Vorfinanzierung durch die öffentliche Hand. Dies ist bei dem gegenwärtigen Zustand der öffentlichen Kassen ein gravierendes Problem. Durch den Wertausgleich stehen hier jedoch realistische Sicherheiten zu Buche, die eine Sanierung durch die öffentliche Hand auch durch Aufnahme von Krediten finanzpolitisch vertretbar erscheinen läßt.

(4) Europäische Maßnahmen

349 Auf europäischer Ebene gewinnt das Thema Bodenschutz erst langsam an Bedeutung[719]. In diesem Bereich existieren einige Förderprogramme, die für die Sanierung von Bodenkontaminationen eingesetzt werden können. Neben den schon seit einiger Zeit laufenden Programmen, wie beispielsweise LIFE, EFRE und KONVER[720], wurden auf EU-Ebene jüngst zwei weitere Programme auf den Weg gebracht, mit denen Bodensanierungen unterstützt werden. Als Nachfolgeprojekt zu dem im Oktober 1998 ausgelaufenen Vorhaben CARACAS[721] wird derzeit das Projekt CLARINET[722] durchgeführt, das bis 2001

---

719 *Bückmann/Dreißigacker/Eleveld/Gerner/Lee/Mackensen/Maier,* Bodenschutz in der Europäischen Union, 1994, S. 13 f. m. w. N.
720 Vgl. *Brandt,* in: Oldiges (Hrsg.), Das neue Bundes-Bodenschutzgesetz – Fragen und Antworten, S. 95.
721 Concerted Action on Risk Assessment for Contaminated Sites.
722 Concerted Action on Contaminated land Rehabilitation Network for Environmental Technologies.

läuft. Daneben werden Sanierungen noch über das durch die europäische Industrie koordinierte Programm NICOLE[723] gefördert.

Da die europäischen Förderprogramme zu Bodensanierungen, wie andere EU-Umweltprogramme auch, regelmäßig über nationalstaatliche Stellen, wie z.B. über die Kreditanstalt für Wiederaufbau oder die deutsche Ausgleichsbank abgewickelt werden, die selbst wiederum weitere Kreditinstitute zwischenschalten, liegt ein europäischer öffentlicher Mitteleinsatz nach den oben aufgestellten Grundsätzen[724] nicht vor. **350**

(bb) Keine oder keine vollständige Kostentragung durch den Grundstückseigentümer

Ein Wertausgleichsanspruch der öffentlichen Hand entsteht, wenn der Grundstückseigentümer die Sanierung nicht oder nicht vollständig finanziert hat, unabhängig davon, ob dieser zur Sanierung verpflichtet war oder nicht. Das bedeutet, daß auch die Finanzierung einer Sanierung des hierzu nicht verpflichteten Grundstückseigentümers den Ausgleichsanspruch der öffentlichen Hand in der entsprechenden Höhe vermeidet oder schmälert[725]. **351**

Was das Verhältnis von § 25 BBodSchG zu entsprechenden Regelungen in Altlasten- oder Bodenschutzgesetzen der Länder betrifft, ergibt sich Folgendes: Letztere sind gemäß Art. 31 GG neben § 25 BBodSchG nicht mehr anwendbar, da nunmehr durch Bundesgesetz in verfassungsmäßig zulässiger Weise der Bereich der Kostentragung für Altlasten- und Bodensanierungen geregelt worden ist[726]. Nicht im Gesetz geregelt ist weiterhin, inwieweit weitere Kostenregelungen der Länder[727] neben § 25 BBodSchG noch anwendbar sind. Da der Eigentümer eines Grundstücks im Hinblick auf die seine Rechtsposition verbessernden Ausnahmen des § 25 Abs. 3 S. 2 BBodSchG (Erlöschen des Ausgleichsbetrags nach vier Jahren), des § 25 Abs. 4 BBodSchG (Abzug von Aufwendungen oder des Kaufpreises bei berechtigtem Vertrauen) und des § 25 Abs. 5 BBodSchG (Absehen einer Festsetzung wegen öffentlichen Interesses oder Unbilligkeit) im Vergleich zu den Kostentragungsregeln der Länder besser gestellt wird, ist § 25 BBodSchG lex specialis gegenüber den allgemeinen Kostentragungsregelungen der Länder und geht diesen vor[728]. **352**

---

723 Network for industrially Contaminated Land in Europe.
724 S. o. unter Ziff.2. a) (aa).
725 Anders noch der Vorschlag des Bundesrates, nach dem nur der sanierungspflichtige Grundstückseigentümer einen Wertausgleichsanspruch zugunsten der öffentlichen Hand durch eigene Zahlung vermindern oder vermeiden konnte; vgl. BT-Dr. 13/6701, S. 59 „zu tragen hat"; s. hierzu auch *Hilger*, in: Holzwarth/Radtke/Hilger/Bachmann, Bundes-Bodenschutzgesetz/Bundes-Bodenschutz- und Altlastenverordnung, § 25 BBodSchG Rdnr. 5.
726 Vgl. *Knopp/Albrecht*, BB 1998, 1854 f. m. w. N.
727 Solche finden sich meist in den Verwaltungsvollstreckungsgesetzen der Länder.
728 *Hilger*, in: Holzwarth/Radtke/Hilger/Bachmann, Bundes-Bodenschutzgesetz/Bundes-Bodenschutz- und Altlastenverordnung, § 25 BBodSchG Rdnr. 6.

Betrieblich-rechtliche Fragestellungen

(cc) Wesentliche Erhöhung des Grundstückswerts durch die Sanierung

353 Weitere Voraussetzung ist, daß sich der Grundstückswert[729] durch die Sanierung nicht nur unwesentlich erhöht (§ 25 Abs. 1 S. 1 BBodSchG). Denkbar wäre, daß eine Festsetzung des Wertausgleichs dann unterbleiben soll, wenn die Kosten dieses Verfahrens den Wertausgleich aufzehren[730]. Mag diese Ansicht auch das Argument der Praktikabilität für sich haben, so steht sie doch im Widerspruch zur Gesetzesformulierung. Die Vorschrift des § 25 Abs. 2 BBodSchG stellt bei der Berechnung der Höhe des Wertausgleichs auf einen Vergleich des Wertes, den das Grundstück ohne eine Sanierung gehabt hätte, mit dem Grundstückswert nach erfolgter Sanierung ab[731]. Eine unwesentliche Werterhöhung kann demnach auch nur eine sein, die – relativ gesehen – zu einem nur geringen Wertanstieg führt[732]. Dies kann bei großen und teuren Grundstücken in absoluten Zahlen durchaus ein Betrag sein, der ein Vielfaches der Kosten für das Festsetzungsverfahren ausmacht.

354 Für diese Auslegung spricht auch, daß ansonsten der Eigentümer eines großen Grundstücks im Vergleich zu einem Eigentümer von vielen kleinen Grundstücken benachteiligt würde, wenn bei letzterem dann unter Umständen je Grundstück nur eine in absoluten Zahlen geringe Wertsteigerung vorliegen würde.

b) Kein Wertausgleichsanspruch

355 In bestimmten gesetzlich festgeschriebenen Fällen entsteht trotz Vorliegens der oben beschriebenen Voraussetzung kein Wertausgleichsanspruch zugunsten der die Sanierung finanzierenden öffentlichen Hand.

(aa) Freistellung nach Umweltrahmengesetz

356 In den Fällen, in denen eine Freistellung nach dem URG über die Freistellungsklausel des Art. 1 § 4 Abs. 3 S.1 URG erfolgt ist, entsteht ebenfalls kein Wertausgleichsanspruch nach § 25 BBodSchG. Die Gesetzesformulierung legt nahe, daß eine Wertausgleichspflicht nur entfällt, wenn bereits ein Freistellungsbescheid erlassen wurde. Die Betroffenen fielen bei dieser Auslegung aber der Langsamkeit der Behörden zum Opfer und würden zudem in

---

729 Wie der Begriff „Grundstück" (i. S. des BBodSchG) zu verstehen ist, ist unklar. Insbesondere die Vorschrift des § 25 Abs. 2, 6 BBodSchG spricht aber für den zivil- und grundbuchrechtlichen Grundstücksbegriff, so auch *Bickel*, Bundes-Bodenschutzgesetz, § 2 Rdnr. 22; a. A. *Sanden/Schoeneck*, Bundes-Bodenschutzgesetz, § 2 Rdnr. 63.

730 *Sanden/Schoeneck*, a.a.O., § 25, Rdnr. 7.

731 *Sanden/Schoeneck*, a.a.O., § 25, Rdnr. 14; a. A. *Bickel*, Bundes-Bodenschutzgesetz, § 25, Rdnr. 6, der für die Bestimmung des Anfangswertes den Grundstückswert vor der Sanierung heranzieht; dies führt aber dazu, daß nicht nur die Sanierungsmaßnahmen den Grundstückswert erhöhen, sondern auch allgemeine Grundstückswertsteigerungen in den Wertausgleich einfließen, die mit der Sanierungstätigkeit der öffentlichen Hand nichts zu tun haben.

732 *Hilger*, in: Holzwarth/Radtke/Hilger/Bachmann, Bundes-Bodenschutzgesetz/Bundes-Bodenschutz- und Altlastenverordnung, § 25 BBodSchG Rdnr. 4.

ihrem Vertrauen auf die Übernahme von Sanierungskosten durch die öffentliche Hand enttäuscht[733]. Daher fallen auch Sachverhalte, in denen noch nicht abschließend über die Freistellung entschieden ist, unter die Privilegierung des § 25 Abs. 1 S. 3 BBodSchG[734].

In jedem Fall ist die Regelung des § 25 BBodSchG dann anwendbar, wenn der Freistellungsbescheid wirksam von der Behörde gemäß §§ 48, 49 VwVfG zurückgenommen oder widerrufen wurde[735]. 357

Keine Freistellung im Sinne des § 25 BBodSchG ist die Freistellung nach sächsischem Landesrecht[736]. 358

(bb) Maßnahme im förmlich festgelegten Sanierungs- oder Entwicklungsgebiet gemäß §§ 136 ff. bzw. 165 ff. BauGB

Weitere Voraussetzung für das Entstehen eines Ausgleichsanspruchs nach § 25 BBodSchG ist, daß die Sanierungsmaßnahme weder innerhalb eines Sanierungsgebiets gemäß §§ 136 ff. BauGB, noch im Rahmen einer städtebaulichen Entwicklungsmaßnahme gemäß §§ 165 ff. BauGB durchgeführt wurde (§ 25 Abs. 1 S. 4 BBodSchG). Grund hierfür ist, daß sich im Rahmen umfassender städtebaulicher Sanierungsmaßnahmen der Anteil einer aufgrund des BBodSchG durchgeführten Bodensanierung kaum quantifizieren läßt[737]. § 25 BBodSchG wird daher von der Regelung des § 154 BauGB verdrängt, deren praktischer Unterschied zur bodenschutzrechtlichen Regelung vor allem darin besteht, daß der Ausgleichsbetrag gemäß § 154 Abs. 4 S. 3 BauGB nicht als öffentliche Last auf dem Grundstück ruht[738]. 359

c) Rechtsfolge

Rechtsfolge der Sanierung durch die öffentliche Hand ist, daß ein öffentlicher Ausgleichsanpruch zugunsten des öffentlichen Kostenträgers entsteht, aus dessen Haushalt die Mittel für die Sanierung bereitgestellt wurden[739]. 360

d) Höhe des Wertausgleichs

(aa) Wertzuwachsberechnung

Grundsätzlich bemißt sich die Höhe des Wertausgleichsanspruchs gemäß § 25 Abs. 1 S. 1 BBodSchG nach der maßnahmenbedingten Wertsteigerung des Grundstücks. Diese wird gemäß des in § 25 Abs. 2 BBodSchG beschriebenen Verfahrens, einem Vergleich zwischen dem (hypothetischen) Wert des Grundstücks, den es ohne Sanierung zum Zeitpunkt des Abschlusses der Sa- 361

---

733 *Sanden/Schoeneck*, a.a.O., § 25 Rdnr. 10.
734 *Riedel*, ZIP 1999, 100 m.w.N.
735 *Sanden/Schoeneck*, a.a.O., § 25 Rdnr. 10.
736 Vgl. hierzu o. unter Ziff. 2. a) (aa) (2.13).
737 *Sanden/Schoeneck*, Bundes-Bodenschutzgesetz § 25 Rdnr. 12.
738 Vgl. *Knopp/Albrecht*, BB 1998, 1857.
739 *Bickel*, Bundes-Bodenschutzgesetz, § 25 Rdnr. 4.

nierung gehabt hätte (Anfangswert), und dem Wert des Grundstücks nach Abschluß der Sanierung (Endwert), ermittelt[740]. Warum hier nicht von vornherein auf die WertermittlungsVO[741] verwiesen wurde, die für die Wertberechnung im Rahmen von baurechtlichen Sanierungen herangezogen wird, ist unklar. Die Interessenlage ist bei einer bodenschutzrechtlichen Sanierung keine andere als bei städtebaulichen Sanierungsmaßnahmen. In beiden Fällen geht es um die Abschöpfung von Wertzuwächsen durch Maßnahmen der öffentlichen Hand, die gemeinhin als „ungerechtfertigte Bereicherung" des Eigentümers empfunden werden[742].

(bb) Begrenzung

362 Begrenzt wird die Abschöpfung des sanierungsbedingten Wertzuwachses nach oben gemäß § 25 Abs. 1 S. 2 BBodSchG zum einen durch die Höhe der von der öffentlichen Hand eingesetzten Mittel. Der Staat soll sich seinerseits durch Sanierungen nicht bereichern[743].

363 Abzuziehen vom Wertausgleichsbetrag sind nach § 25 Abs. 4 S. 1, 1. Alt. BBodSchG auf der anderen Seite die Beiträge, die der Eigentümer selbst zur Sicherung oder Sanierung des Grundstücks geleistet hat. Fraglich in diesem Zusammenhang ist, ob zugunsten des Eigentümers neben den Kosten für Sicherungs- und Sanierungsmaßnahmen auch Kosten sog. Erkundungsmaßnahmen vom Wertausgleich abzuziehen sind. Dies könnte man wegen § 25 Abs. 2 BBodSchG verneinen, der ausdrücklich von Erkundungs- und Sanierungsmaßnahmen, nicht aber von Sicherungs- und Sanierungsmaßnahmen spricht, mit der Folge, daß Kosten von Erkundungsmaßnahmen dann ausgeschlossen wären. Dem Zweck der Vorschrift entspricht diese Auslegung aber nicht, denn hier soll aus Billigkeitsgründen[744] das sich für den Eigentümer verwirklichende Altlastenrisiko erfaßt werden[745].

364 Weiterhin wird durch die Regelung in § 25 Abs. 4 S. 1, 2. Alt. BBodSchG auch der Betrag auf den Wertausgleich angerechnet, den der Eigentümer im berechtigten Vertrauen darauf gezahlt hat, daß eine Altlast nicht vorhanden ist. Wann nun nicht nur ein einfaches, sondern ein qualifiziertes „berechtigtes" Vertrauen vorliegen soll, ist dann nach Maßgabe des Einzelfalls zu ent-

---

740 *Sanden/Schoeneck*, Bundes-Bodenschutzgesetz, § 25 Rdnr. 14.
741 Verordnung über Grundsätze für die Ermittlung der Verkehrswerte von Grundstücken (Wertermittlungsverordnung) v. 6. 12. 1988, BGBl. I, S. 2209.
742 *Sanden/Schoeneck*, a. a. O., § 25 Rdnr. 1 mit Verweisung auf *Enders*, DVBl. 1993, 82 ff., 90, *Lehmann*, Thüringer Abfallwirtschafts- und Altlastengesetz, 1991, § 22 Rdnr. 1; *Kothe*, Altlastenrecht in den neuen Bundesländern, 1996, S. 126 m. w. N.
743 Vgl. auch *Sanden/Schoeneck*, Bundes-Bodenschutzgesetz, § 25 Rdnr. 15.
744 Die Aufwendungen des Eigentümers haben an sich keinen Bezug zur Wertsteigerung des Grundstücks, die eben durch den Einsatz öffentlicher Mittel eingetreten sein müßte, vgl. *Hilger*, in: Holzwarth/Radtke/Hilger/Bachmann, Bundes-Bodenschutzgesetz/Bundes-Bodenschutz- und Altlastenverordnung, § 25 BBodSchG Rdnr. 11.
745 *Sanden/Schoeneck*, a. a. O., § 25 Rdnr. 16.

scheiden. Auch hierbei handelt es sich um eine Billigkeitsregelung zugunsten des Eigentümers, in dessen Person sich unverschuldet und unvermutet das Altlastenrisiko verwirklicht. Wegen der Formulierung „berechtigtes Vertrauen" wird man jedoch strenge Maßstäbe anlegen müssen. Der Eigentümer wird schon die Beachtung von grundlegenden Absicherungsstrategien[746] nachweisen müssen, so daß bei einer Eintragung des Grundstücks in ein Altlastenkataster oder beim Vorliegen äußerer Umstände, die eine Verunreinigung des Bodens vermuten lassen, eine Anrechnung des Kaufpreises auf den Wertausgleich zugunsten des Eigentümers kaum in Betracht kommt.

(cc) Berücksichtigung von Ersatzleistungen Dritter

Nach § 25 Abs. 4 S. 2 BBodSchG muß die Behörde etwaige Ersatzansprüche des Eigentümers gegenüber Dritten bei der Berechnung des Wertausgleichs zu Lasten des Grundstückseigentümers berücksichtigen. Zu denken ist hierbei vor allem an zivilrechtliche Ersatzansprüche des Käufers gegen den Verkäufer aus Sachmängelhaftung wegen des Vorhandenseins von Altlasten[747] oder an Ansprüche des Eigentümers auf Schadenersatz gegen einen Verursacher aus § 823 BGB[748]. Ob der Grundstückseigentümer seine zivilrechtlichen Ersatzansprüche tatsächlich realisiert, ist für die Berücksichtigung grundsätzlich ohne Belang. Da die Vorschrift des § 25 Abs. 4 BBodSchG eine weitere auf Billigkeitserwägungen beruhende Einschränkung der Kostenlast bei nach wie vor bestehender Möglichkeit einer vollen polizeirechtlichen Haftung darstellt, ist es dem Eigentümer auch zuzumuten, seine zivilrechtlichen Ansprüche zu verfolgen. Die Gefahr, daß der Gläubiger nicht zahlungsfähig ist, wird vom Eigentümer daher auch selbst zu tragen sein. Aus der Formulierung des § 25 Abs. 4 S. 2 BBodSchG „ist ... zu berücksichtigen" läßt sich gerade nicht schließen, daß im Rahmen der Entscheidung über den Wertausgleich auch die Durchsetzbarkeit von Ersatzansprüchen zu berücksichtigen ist[749]. Eher noch ließe sich aus der Formulierung „kann der Eigentümer von Dritten Ersatz erlangen" schließen, daß es auf die tatsächliche Realisierbarkeit ankommen soll[750]. Zwar erscheint es zweifelhaft, die schon recht eigentümerfreundliche Regelung dahingehend auszuweiten, daß auch das Risiko der Durchsetzbarkeit von zivilrechtlichen Ersatzansprüchen zu berücksichtigen sei, angesichts des Bemühens des Gesetzgebers zu größtmöglicher Einzelfallgerechtigkeit in der Wertausgleichsregelung ist diese Interpretation aber naheliegend.

365

---

746 Vgl. zum Ganzen o. unter Kap. VI.
747 Vgl. hierzu *Knopp/Albrecht*, Altlastenrecht in der Praxis, Rdnr. 240; ein Fehler der Kaufsache liegt dann vor, wenn das Grundstück infolge der Bodenverunreinigung nicht oder nur beschränkt zum vertraglichen Gebrauch genutzt werden kann.
748 Vgl. hierzu *Knopp/Albrecht*, a. a. O., Rdnr. 224 ff.
749 So aber *Sanden/Schoeneck*, Bundes-Bodenschutzgesetz, § 25 Rdnr. 19.
750 *Bickel*, Bundes-Bodenschutzgesetz, § 25 Rdnr. 9.

e) Ausnahmen

(aa) Absehen einer Festsetzung wegen öffentlichen Interesses

366 Von einer Festsetzung des Ausgleichsanspruchs soll gemäß § 25 Abs. 5 S. 1 BBodSchG abgesehen werden, wenn dies im öffentlichen Interesse erforderlich ist[751].

367 Wann ein solcher Sachverhalt vorliegen könnte, ist unklar. In der Literatur wird hierzu regelmäßig die Fallkonstellation angeführt, in der ein sozialhilfeberechtigter Eigentümer in seinem eigenen Haus lebt. Hier soll der Vorschrift des § 88 Abs. 2 Nr. 7 Bundessozialhilfegesetz (BSHG) zu entnehmen sein, daß ein selbst bewohntes Hausgrundstück dem Eigentümer zu belassen sei[752]. Dem widerspricht die Festsetzung eines Ausgleichsbetrags, der bei Zahlungsunfähigkeit des Eigentümers nur durch die Zwangsvollstreckung in sein Grundstück realisiert werden kann. Dies hätte zur Folge, daß dieser Eigentümer sein Eigentum am selbst bewohnten Haus doch verliert. Abgesehen von dieser kaum alltäglichen Fallkonstellation wird weitaus häufiger von einer Festsetzung aus Gründen des öffentlichen Interesses abzusehen sein, wenn die Kosten des Festsetzungsverfahrens den Wertausgleich aufzehren[753].

368 Inwieweit mit Inkrafttreten der neuen Insolvenzordnung (InsO)[754], mit der der Gesetzgeber die Möglichkeit der Unternehmenssanierung anstelle der Liquidierung fördert[755], nun auch ein Verzicht auf eine Ausgleichsbetragsfestsetzung zur Rettung von Arbeitsplätzen möglich ist, wird sich noch erweisen. Daß die Schaffung und der Erhalt von Arbeitsplätzen auch im öffentlichen Interesse liegt, ist unbestritten[756]. Allerdings könnte eine Anerkennung dieser öffentlichen Interessen im Rahmen des bodenschutzrechtlichen Festsetzungsverfahren dazu führen, daß die öffentliche Hand dringende Sanierungen von Grundstücken angeschlagener Unternehmen nun überhaupt nicht mehr in Angriff nimmt, weil sie damit rechnen muß, im Falle der Eigendurchführung der Sanierung den Wertausgleichsanspruch nicht realisieren zu können. Damit können Fälle eintreten, in denen ökologische Gesichtspunkte zugunsten ökonomischer zurückgedrängt werden.

---

751 Regelmäßig wird hier von einer Ermessensreduzierung auf Null auszugehen sein, so daß eine Festsetzung zu unterbleiben hat, wenn dies das öffentliche Interesse erfordert.
752 *Sanden/Schoeneck*, Bundes-Bodenschutzgesetz, § 25 Rdnr. 20; *Bickel*, Hessisches Altlastengesetz, 2. Aufl., 1996, § 16 Rdnr. 6.
753 Vgl. die Begründung des Ausschusses für Umwelt, Naturschutz und Reaktorsicherheit zur Empfehlung der Einberufung des Vermittlungsausschusses, BT-Dr. 13/8182, S. 10.
754 Insolvenzordnung (InsO) v. 5. 10. 1994, BGBl. I, S. 2866.
755 Vgl. nur § 1 InsO, „Das Insolvenzverfahren dient dazu, die Gläubiger eines Schuldners gemeinschaftlich zu befriedigen, indem [...] in einem Insolvenzplan eine [...] Regelung insbesondere zum Erhalt des Unternehmens getroffen wird."
756 BVerfGE 93, 165, 175.

(bb) Absehen einer Festsetzung wegen unbilliger Härten

Mit dieser Regelung lassen sich die Fälle lösen, in denen eine Heranziehung zur Sanierung die „Opfergrenze des Eigentümers" überschreiten würde. Auch die verfassungsrechtlich festgelegte Sozialbindung des Eigentums in Art. 14 Abs. 2 GG läßt eine unbeschränkte Auferlegung von Sanierungsmaßnahmen und der daraus folgenden Kostenübernahme nicht zu[757]. Wo die Opfergrenze des Eigentümers aber im Einzelfall liegt, war lange Zeit nach wie vor ungeklärt[758]. Der o.g. Beispielsfall[759] läßt sich über § 25 Abs. 5 S. 1 BBodSchG jedenfalls zu einem rechtlich tragbaren Ergebnis führen. Daher finden Extremfälle[760], die bislang wegen fehlender gesetzlicher Regelungen über die Wertungen des Art. 14 Abs. 1 GG entschieden wurden, nun einen Lösungsansatz in § 25 Abs. 5 S. 1 BBodSchG[761].

369

Fälle, in denen die öffentliche Hand selbstverursachte Verunreinigungen auf einem im Eigentum eines Dritten stehenden Grundstücks saniert[762], können ebenfalls über diese Billigkeitsregelung angemessen gelöst werden.

370

f) Festsetzungsverfahren

Gemäß § 25 Abs. 3 BBodSchG wird nach Abschluß der Sicherung oder Sanierung der Ausgleichsbetrag von der zuständigen Behörde festgesetzt. Die Festsetzung erfolgt durch Verwaltungsakt[763]. Mit Bekanntgabe des Festsetzungsbescheids entsteht die Zahlungspflicht des Eigentümers. Kommt der Eigentümer dieser Verpflichtung nicht nach, kann der Betrag über die Regelungen des Verwaltungsvollstreckungsrechts beigetrieben werden[764]. Die Pflicht zur Zahlung des Wertausgleichs erlischt gemäß § 25 Abs. 3 S. 2 BBodSchG, wenn der Ausgleichsbetrag nicht innerhalb von vier Jahren nach Abschluß der Sicherungs- oder Sanierungsmaßnahmen festgesetzt wurde. Damit kommt dem Zeitpunkt des Abschlusses der Maßnahmen wegen der Bestimmung des „Verjährungsbeginns" entscheidende Bedeutung zu. Nach dem Gesetzeswortlaut ist hier nur auf das Ende der Sicherungs- oder Sanierungsmaßnahmen abzustellen. Sind diese abgeschlossen, beginnt die Festsetzungsfrist zu laufen. Etwaige Kontroll- oder Überwachungsmaßnahmen[765] sind nicht geeignet, den Fristbeginn hinauszuschieben.

371

---

757 BVerfGE, 58, 137, 148; BVerwG, NVwZ 1991, 475 f.; BayVGH, NVwZ 1986, 945; vgl. auch jüngst BayVGH, NVwZ-RR 1999, 101.
758 *Götz*, Allgemeines Polizei- und Ordnungsrecht, Rdnr. 222 f. m.w.N.; s. hierzu aber jüngst BVerfG (o. Rdnr. 106).
759 S. o. unter Kap. VIII 2. a) (aa).
760 Als Beispiel wird hier der von *Oerder*, NVwZ 1992, 1031, 1037 geschilderte Fall genannt, in dem Sanierungskosten in Höhe von ca. 20 Mio. DM prognostiziert wurden bei einem Wert des Grundstücks von 600.000–800.000 DM.
761 Vgl. zur Problematik *Enders*, DVBl. 1993, 90.
762 Vgl. o. unter Kap. VIII 2. (aa).
763 *Bickel*, Bundes-Bodenschutzgesetz, § 25 Rdnr. 3.
764 *Sanden/Schoeneck*, Bundes-Bodenschutzgesetz, § 25 Rdnr. 22.
765 *Bickel*, Bundes-Bodenschutzgesetz, § 25 Rdnr. 7.

3. Der Wertausgleichsanspruch als öffentliche Last

a) Vorbemerkung

372 Zur Sicherung des Ausgleichsanspruchs der öffentlichen Hand hat der Gesetzgeber eine zusätzliche Haftung des sanierten Grundstücks durch die Ausgestaltung des Wertausgleichsanspruchs als öffentliche Last in § 25 Abs. 6 BBodSchG eingefügt.

373 Eine Sanierung von Grundstücken durch die öffentliche Hand wird vor allem in folgenden Konstellationen vorkommen[766]: Führt ein Grundstückseigentümer, der als Zustandsverantwortlicher behördlich zur Sanierung verpflichtet wurde, diese wegen finanzieller Schwierigkeiten nicht durch, kann die Behörde die Sanierung im Wege der Ersatzvornahme selbst vornehmen[767]. Die Kosten hierfür können als Kosten der Ersatzvornahme festgesetzt und beigetrieben werden, u.a. auch im Wege der Zwangsversteigerung des Grundstücks. Allerdings sind solche Forderungen, wenn sie nicht als öffentliche Last ausgestaltet sind, gemäß § 10 Abs. 1 Nr. 5 Zwangsversteigerungsgesetz (ZVG)[768] Ansprüche der Rangklasse 5 (sog. Ansprüche des die Zwangsversteigerung betreibenden Gläubigers). Nach der Systematik des ZVG, das für die Verwertung von Grundstücken eine Rangfolge der aus dem Versteigerungserlös zu befriedigenden Forderungen festlegt, gehen diese Ansprüche insbesondere den durch Hypothek oder Grundschuld dinglich gesicherten Ansprüchen nach.

374 Steckt ein Grundstückseigentümer in Liquiditätsschwierigkeiten und kann deshalb die Sanierungskosten nicht bezahlen, so wird es zunehmend wahrscheinlich, daß das Grundstück als Sicherheit für andere Forderungen dient. Ohne eine Sicherung von öffentlichen Ansprüchen aus der Sanierung durch die Ausgestaltung als öffentliche Last würde eine Vollstreckung in das Grundstück mit großer Wahrscheinlichkeit nicht zu einer Befriedigung der öffentlichen Ansprüche führen, da die vorrangigen dinglichen Sicherheiten den Versteigerungserlös regelmäßig aufzehren. Dies erscheint insofern nicht gerecht, als die Sanierung eines Altlastengrundstücks den Wert und damit die Sicherheit stark erhöht. Beispielhaft sei der von *Bickel*[769] genannte Fall angeführt, bei dem die Sanierung eines Grundstücks eines anschließend in Konkurs gefallenen Eigentümers einen zweistelligen Millionenbetrag kostete. Die durch Hypotheken gesicherten Banken wollten aber auf ihre Sicherheiten

---

766 Vgl. auch o. unter Ziff. 1.
767 Zur Ersatzvornahme vgl. im einzelnen *Götz*, Allgemeines Polizei- und Ordnungsrecht, Rdnr. 392 ff.
768 Zwangsversteigerungsgesetz v. 24. 3. 1897, RGBl., S. 97, i. d. F. der Bekanntmachung v. 20. 5. 1898, RGBl., S. 713; das ZVG ist über § 869 ZPO Bestandteil der Zivilprozeßordnung, die Vorschriften des ZVG sind also so zu behandeln, als würden sie an Stelle des § 869 ZPO stehen; vgl. *Stöber*, in: Zöller, ZPO, 21. Aufl., 1999, § 869 Rdnr. 1.
769 *Bickel*, Hessisches Abfallwirtschafts- und Altlastengesetz – HAbfAG –, 4. Aufl., 1993, § 25 Rdnr. 2.

nicht verzichten, weil sie sich erhofften, das nach der Sanierung wieder wertvolle Grundstück zur Begleichung ihrer dinglich gesicherten Forderungen verwerten zu können, während die sanierende öffentliche Hand aufgrund ihres niedrigeren Ranges (bestenfalls Rangklasse 5) leer ausgegangen wäre.

b) Rechtliche Ausgestaltung zur Sicherung von Ansprüchen der öffentlichen Hand

Dieses Problem hätte der Gesetzgeber auf verschiedene Weise lösen können.

Die Festlegung des Gesetzgebers, die Ausgleichsforderung des § 25 BBodSchG als „öffentliche Last" auszugestalten, bewirkt, daß diese Ansprüche der Rangklasse 3 den in diesen Fällen häufig vorzufindenden Ansprüchen der Rangklasse 4 aus dinglichen Sicherheiten (vor allem Hypotheken und Grundschulden zur Sicherung von Darlehensansprüchen) vorgehen. 375

Eine weitere Möglichkeit wäre gewesen, die Ausgleichsansprüche der öffentlichen Hand als BGB-Grundpfandrecht mit Rangvortritt auszugestalten. Dieser Weg zur Sicherung von Ansprüchen wegen der Sanierung von Altlasten wurde beispielsweise, wenn auch mit gewissen systembedingten Unterschieden, in den USA gewählt[770]. Solche „Superpfandrechte" gibt es aber auch im deutschen Recht – etwa im Bereich des Transportrechts[771] –, aber auch im Abgabenrecht[772] oder zugunsten des Lieferanten von Düngemitteln und Saatgut[773]. 376

c) Öffentliche Last zugunsten privater Sanierer

Die Vorschrift des § 25 Abs. 1 S. 1 BBodSchG spricht vom Einsatz öffentlicher Mittel, deren Absicherung gemäß § 25 Abs. 6 S. 1 BBodSchG durch eine öffentliche Last bewirkt wird. Öffentliche Mittel können auch durch privatrechtliche Organisationen, wie z.B. durch eine vollständig in öffentlicher Hand befindliche Sanierungs-GmbH, eingesetzt werden[774]. Fraglich ist aber, ob der dann entstehende Wertausgleichsanspruch auch als öffentliche Last abgesichert werden kann. 377

---

770 Vgl. *v. Wilmowsky*, JZ 1997, 822; *Ochsenfeld*, Direkthaftung von Konzernobergesellschaften in den USA, 1998, S. 166 f.
771 Z.B. §§ 443 Abs. 1, 726a Abs. 1 S. 1, 752a Abs. 1 S. 1, 762 Abs. 2 HGB; vgl. hierzu auch *v. Wilmowsky*, a.a.O., 820.
772 Sog. Sachhaftung, § 76 Abs. 1 AO; vgl. *Halaczinsky*, in: Koch/Scholz, AO, 5. Aufl., 1996, Rdnr. 2 f.
773 §§ 1 Abs. 1, 2 Abs. 4 des Gesetzes zur Sicherung der Düngemittel- und Saatgutversorgung v. 19. 1. 1949 Gesetzblatt der Verwaltung des Vereinigten Wirtschaftsgebiets 1949, S. 8, verlängert durch das Gesetz zur Verlängerung des Gesetzes zur Sicherung der Düngemittel- und Saatgutversorgung v. 30. 7. 1951, BGBl. I, S. 476; in der Literatur wird dieser Anspruch gelegentlich als Anspruch der Rangklasse 3/4 bezeichnet, vgl. *Wolff/Hennings*, Zwangsversteigerungs- und Zwangsverwaltungsrecht, 3. Aufl., 1990, Rdnr. 64; *Zeller/Stöber*, ZVG, 16. Aufl., 1999, § 10 Rdnr. 7.
774 Vgl. oben Ziff. 2. a) (aa).

378 Dies könnte unter mehreren Gesichtspunkten zweifelhaft sein. Zum einen ist zu fragen, ob eine öffentliche Last überhaupt zugunsten von Privatrechtssubjekten entstehen kann. Grundsätzlich ist dies möglich, wie das Beispiel der öffentlichen Baulasten zeigt. Durch diese wird regelmäßig ein Privater begünstigt, z. B. in Form eines Zuwegerechts. Die Baulast wird aber gegenüber der Baubehörde erklärt[775].

379 Anders könnte sich die Sachlage im Hinblick auf die Absicherung von Geldforderungen darstellen. Öffentliche Lasten zugunsten Privater existieren beispielsweise zugunsten von Beliehenen[776]. Dies lässt sich mit dem Argument, der Beliehene handele als Behörde[777], noch rechtfertigen. Ob darüber hinaus auch Geldforderungen von privatrechtlich organisierten Versorgungsunternehmen zulässigerweise als öffentliche Last gesichert werden können[778], ist jedoch umstritten[779]. Dagegen spricht, daß in diesen Fällen keine öffentliche Abgabe vorliegt[780], die durch eine öffentliche Last abgesichert werden kann, sondern vielmehr ein privatrechtliches Entgelt geschuldet wird[781]. Außerdem ist zu bedenken, daß der Staat in diesem Fall einseitig Hoheitsrechte in Anspruch nimmt, die nur ihm offen stehen. Deshalb spricht viel für das Argument, daß der Staat, wenn er zur Erfüllung seiner Aufgaben die Vorteile zivilrechtlicher Rechtsformen in Anspruch nimmt, auch die Nachteile, die sich daraus ergeben, in Kauf nehmen muß[782].

380 Nach diesen Grundsätzen ist durchaus zweifelhaft, ob ein Ausgleichsanspruch aus der Sanierung eines Altlastengrundstücks durch eine Sanierungs-GmbH auch durch eine öffentliche Last gesichert werden kann.

---

775 Vgl. nur *Hennings,* Eintragungen in Abteilung II des Grundbuchs, 12. Aufl., 1996, S. 108 ff. mit umfangreichen Gesetzesnachweisen; zur Beheizung des Nachbargrundstücks als Baulast, OVG Berlin, MDR 1994, 481.
776 Vgl. z. B. § 25 Abs. 4 Schornsteinfegergesetz (SchfG) v. 15. 9. 1969, BGBl. I, S. 1634, zuletzt geändert am 20. 7. 1994, BGBl. I, S. 1624.
777 *Maurer,* Allgemeines Verwaltungsrecht, 12. Aufl., 1999, S. 593; *Wolff/Bachoff/Stober,* Verwaltungsrecht II, 5. Aufl., 1987, § 104, Rdnr. 8, 10.
778 Ansprüche der Hamburger Wasserversorgungs GmbH ruhen gemäß § 3 AGZVG als öffentliche Last auf dem Grundstück des Schuldners.
779 Vgl. *Hagemann,* in: Steiner, Zwangsversteigerung und Zwangsverwaltung, Band 1, 9. Aufl., 1984, § 10 Rdnr. 68; *Stöber,* Handbuch der Rechtspraxis, Band 2: Zwangsvollstreckung in das unbewegliche Vermögen, 6. Aufl., 1992, Rdnr. 74a.
780 Umfassend zum Begriff der Abgabe s. *Maak,* Verkehrslenkende Abgabenmodelle, 1998, S. 21 ff.
781 *Stöber,* a. a. O., Rdnr. 74 a; die Möglichkeit, überhaupt privatrechtliche Entgelte für ein hoheitlich ausgestaltetes Benutzungsverhältnis zu erheben, ist jüngst vom OVG Magdeburg abgelehnt worden, LKV 1999, 150 f., hiergegen *Hüting/Koch,* LKV 1999, 132 ff.
782 *Loeser/Buchholz,* System des Verwaltungsrechts, Band 1, 1994, § 9 Rdnr. 27.

d) Änderung der Grundbuchverfügung durch die VO über die Eintragung des Bodenschutzlastvermerks

Durch die VO über die Eintragung des Bodenschutzlastvermerks[783] ist nunmehr die Grundbuchverfügung geändert[784] und die bisher schon übliche Praxis der Eintragung von öffentlichen Lasten in das Grundbuch gesetzlich geregelt worden. Allerdings ist zu beachten, daß die Entstehung einer öffentlichen Last nicht von deren Eintragung im Grundbuch abhängt. Das Grundbuch garantiert also auch nicht, daß bei fehlender Eintragung der öffentlichen Last eine solche nicht auf dem Grundstück liegt. Durch die Neuregelung der grundsätzlichen Eintragung von öffentlichen Lasten ins Grundbuch lassen sich die Belastungen des Grundstücks aber leichter erkennen. 381

§ 25 Abs. 6 S. 2 BBodSchG enthält eine Ermächtigung für das Bundesministerium der Justiz (BMJ), mit Zustimmung des Bundesrates eine Rechtsverordnung zu erlassen, in der die Art und Weise eines Hinweises auf den Wertausgleichsanspruch im Grundbuch geregelt ist. 382

Diese inzwischen in Kraft getretene Verordnung über die Eintragung des Bodenschutzlastvermerks[785] ergänzt die Grundbuchverfügung (GBV)[786] um den Abschnitt XIV mit den neuen §§ 93a und 93b. Der bisherige Abschnitt XIV wird zum Abschnitt XV. 383

§ 93a GBV regelt allgemein die Eintragung öffentlicher Lasten. Danach werden eintragefähige öffentliche Lasten nach Maßgabe des § 10 GBV in der zweiten Abteilung[787] eingetragen. Diese bereits geübte Praxis erhält nun mit § 93a GBV eine gesetzliche Stütze[788]. 384

Der Bodenschutzlastvermerk ist gemäß der Vorschrift des § 93b GBV mit folgendem Wortlaut einzutragen: 385

"Bodenschutzlast. Auf dem Grundstück ruht ein Ausgleichsbetrag nach § 25 Bundes-Bodenschutzgesetz als öffentliche Last." 386

Der Verordnungsentwurf des BMJ vom 23. 12. 1998[789] sah noch vor, die Bodenschutzlast nach Erlaß des Festsetzungsbescheides um den DM/Euro-Betrag zu ergänzen. Dieser Hinweis im Grundbuch auf die Betragshöhe wurde aufgrund des Widerstands Bayerns gestrichen. Begründet wurde dies damit, daß sich der noch offene Ausgleichsbetrag – wegen der Möglichkeit von Teil- 387

---

783 V. 18. 3. 1999, BGBl. I, S. 497.
784 Art. 1 (Änderung der GBV) der VO über die Eintragung des Bodenschutzlastvermerks.
785 BGBl. I, S. 497.
786 GBV i. d. F. der Bekanntmachung v. 24. 1. 1995, BGBl. I, S. 114, zuletzt geändert durch Art. 2 der VO v. 10. 2. 1999, BGBl. I, S. 147.
787 Zu den Eintragungen in Abteilung II des Grundbuches vgl. im einzelnen *Hennings*, Eintragung in Abteilung II des Grundbuches.
788 Zur Begründung vgl. BR-Dr. 1016/98, S. 5; unzutreffend daher *Meißner*, ZfIR 1999, 410; zu den hier möglicherweise entstehenden Problemen vgl. auch *Sorge*, MittBayNot 1999, 237 f.
789 BR-Dr. 1016/98.

zahlungen – ohnehin nicht zuverlässig aus dem Grundbuch ergäbe[790]. In diesem Punkt unterscheidet sich die Bodenschutzlast aber nicht von Hypotheken, bei denen die Höhe derselben eine wichtige Information über die Belastung des Grundstücks darstellt.

388 Ebenfalls gestrichen wurde der Verweis auf § 154 Abs. 1 S.1 2. Hs. BauGB für die Haftung von Miteigentümern sowie von Teil- und Wohnungseigentümern; hier bestanden Bedenken, ob sich diese Regelung noch innerhalb der Verordnungsermächtigung in § 25 Abs. 6 S. 2 BBodSchG bewegt[791].

e) Praktische Umsetzung im Verwaltungsverfahren

389 Zunächst könnte sich das gesetzlich nicht geklärte Verhältnis zwischen den Kostenersatzregelungen der Länder und dem BBodSchG als Problem herausstellen, wenn die nach alter Rechtslage verfahrende Behörde die Kosten von Sanierungen, die im Wege der Ersatzvornahme oder der unmittelbaren Ausführung einer Maßnahme erst einmal über die öffentliche Hand finanziert wurden, über die Kostenersatzregelungen der Länder beitreiben möchte. Dann kann es in längeren Verwaltungsverfahren ohne weiteres vorkommen, daß der Ausgleichsbetrag nicht innerhalb von vier Jahren nach Abschluß der Sanierung festgesetzt wird, mit der Folge, daß die Verpflichtung zur Zahlung des Wertausgleichs erlischt.

390 Mit der Eintragung der Bodenschutzlast in das Grundbuch ist die anspruchsinnehabende Körperschaft im Falle eines Zwangsversteigerungsverfahrens Beteiligte gemäß § 9 Nr. 1 ZVG[792]. Eine Anmeldung der öffentlichen Last muß in diesem Falle nicht erfolgen. Nur wenn eine Eintragung der Bodenschutzlast ins Grundbuch unterblieben ist, muß die anspruchsinnehabende Körperschaft den Wertausgleichsanspruch wie bisher anmelden[793].

f) Erlöschen der öffentlichen Last nach vier Jahren

391 Die Sicherung des Wertausgleichsanspruchs durch die öffentliche Last hat den weiteren Nachteil, daß eine solche vier Jahre nach Festsetzung erlischt.

---

790 BR-Dr. 1016/98 (Beschluß), S. 2.
791 Vgl. BR-Dr. 1016/98 (Beschluß), S. 2.
792 Vgl. *Zeller/Stöber*, ZVG, § 9 Nr. 3.22 bzw. 3.11 und 3.31. Danach ist eine im Grenzregelungs- bzw. Umlegungsverfahren (§§ 81 Abs. 2, 64 Abs. 1, 3, 6 BauGB) in bezug auf Geldleistungen berechtigte Gemeinde Beteiligte i. S. des § 9 Nr. 1 ZVG, wenn diese Geldleistungen als öffentliche Last eingetragen sind. Gleiches muß auch für die gleichgelagerten Wertausgleichsansprüche nach BBodSchG gelten, vgl. auch die Kommentierung zu § 10 Nr. 6. 3.
793 Die Anmeldung ist weder an eine Form noch an eine Frist gebunden. Sie muß aber beim Amtsgericht, in dessen Bezirk das Grundstück liegt (§ 1 Abs. 1 ZVG) erfolgen und muß Rechtsgrund, Geldbetrag und Rang erkennen lassen. Im Falle der Anmeldung nach Beginn des Verfahrens muß die anmeldende Körperschaft das bisherige Verfahren und damit unter Umständen eingetretene Nachteile gegen sich geltend lassen (§§ 37 Nr. 4 und 5, 45, 66 Abs. 2, 110, 114 ZVG), vgl. zum Ganzen *Böttcher*, ZVG, 2. Aufl., 1996, § 9 Rdnr. 16 ff.

Die Forderung der öffentlichen Hand rutscht dann in die Rangklasse 7 ab[794]. Diese Regelung setzt die Behörde unter einen gewissen Zeitdruck, der beispielsweise in Widerspruch zu den Regelungen der neuen Insolvenzordnung stehen könnte, nach der Unternehmen primär saniert und nur sekundär liquidiert werden sollen. Die Fälle, in denen die öffentliche Hand eine Sanierung anstelle eines sanierungspflichtigen Unternehmens durchführt, werden hauptsächlich solche sein, in denen eine Sanierung wegen fehlender Eigenmittel unterbleibt. Eine Zwangsversteigerung des Betriebsgrundstücks im kurzen Zeitraum von vier Jahren nach der Festsetzung des Ausgleichsbetrags kann das finanzielle Ende für das Unternehmen bedeuten.

4. BBodSchG und Kreditsicherung

Die Einordnung eines Grundstücks als Altlast oder als altlastverdächtiges Grundstück tangiert nicht nur den betroffenen Eigentümer, sondern hat darüber hinaus gravierende Auswirkungen auf die Sicherung von Krediten durch Pfandrechte an Grundstücken. 392

a) Entwertung von Sicherungsrechten durch Altlasten

Ein Kreditgeber ist zur Gewährung eines Kredits[795] meist nur dann bereit, wenn er vom Schuldner Sicherheiten für den Fall erhält, daß dieser seinen Verpflichtungen nicht nachkommen kann[796]. Im Wirtschaftsleben sind zwei Arten von Kreditsicherheiten bekannt. Zum einen sind dies die Personalsicherheiten, wie z. B. die Bürgschaft (§ 765 BGB)[797], der Schuldbeitritt (§ 305 BGB)[798] und der Garantievertrag (§ 305 BGB)[799]. Diese gewähren dem Kreditgeber einen schuldrechtlichen Anspruch gegen einen Dritten. Zum anderen sind dies die sog. Realsicherheiten, die dem Kreditgeber ein Recht an einer Sache oder einem Recht geben, welches es ihm ermöglicht, den Vermögensgegenstand zu verwerten und sich aus dem Erlös zu befriedigen. Die wichtigsten Realsicherheiten sind der Eigentumsvorbehalt (§§ 929, 158 I BGB)[800], die Sicherungsübereignung (§§ 929, 930 BGB)[801] und -abtretung (§ 398 BGB)[802] sowie 393

---

794 *Bickel*, Bundes-Bodenschutzgesetz, § 25 Rdnr. 12.
795 Zu den in der Praxis relevanten Kreditformen vgl. *Baur/Stürner*, Sachenrecht, 17. Aufl., 1999, § 36 Rdnr. 13 ff.
796 Die Kreditsicherung kann daher als Sekundärgeschäft bezeichnet werden, das im Vergleich zum Primärgeschäft, der Kreditgewährung, im Hintergrund steht. Erst wenn der Kreditnehmer das Primärgeschäft nicht vertragsgemäß erfüllt, wird der Kreditgeber auf die Kreditsicherheit zurückgreifen.
797 S. hierzu *Vollkommer*, in: Jauernig, BGB, 9. Aufl., 1999, vor § 765 Rdnr. 1 ff. m. w. N.
798 Im Gesetz nicht ausdrücklich geregelt, vgl. *Stürner*, in: Jauernig, BGB, vor §§ 414, 415 Rdnr. 2.
799 Im Gesetz nicht ausdrücklich geregelt, vgl. *Stürner*, a. a. O., vor §§ 414, 415 Rdnr. 7.
800 Vgl. hierzu *Jauernig* in: Jauernig, BGB, § 929 Rdnr. 25 ff.
801 S. hierzu *Jauernig*, a. a. O., § 930 Rdnr. 19 ff.
802 S. hierzu *Stürner*, in: Jauernig, BGB, § 398 Rdnr. 14 ff.

Pfandrechte an Waren (§§ 1204 BGB)[803] an Grundstücken, wie Hypothek (§ 1113 BGB)[804], Grundschuld (§ 1191 BGB)[805] und Rentenschuld (§ 1199 BGB)[806], und an Forderungen (§§ 1273 ff. i. V. m. § 1204 ff. BGB)[807]. Primär wird der Kreditgeber die günstigere Rechtsposition von Realsicherheiten anstreben.

394 Aufgrund ihrer privilegierten sachenrechtlichen Vorrangstellung besitzen die Grundpfandrechte eine dominante Stellung bei den Kreditsicherheiten. Insbesondere Darlehensverträge zur Finanzierung von Grundstückskäufen, aber auch andere größere Geldforderungen, werden in der Praxis häufig durch Grundpfandrechte gesichert[808].

---

803 *Jauernig*, a. a. O., vor § 1204 Rdnr. 1 ff. und § 1204 Rdnr. 1.

804 Die Hypothek ist die dingliche, d. h. die absolute und gegenüber jedermann wirkende Herrschaftsmacht gewährende Belastung eines Grundstücks (vgl. zum dinglichen Recht *Baur/Stürner*, Sachenrecht, § 2 Rdnr. 2 m. w. N.). Die Hypothek wirkt in der Weise, daß zugunsten des Berechtigten eine bestimmte Geldsumme wegen einer ihm zustehenden Forderung aus dem Grundstück zu zahlen ist. Neben dem Grundstück haften gem. §§ 1120 ff. BGB auch grundstücksbezogene Bestandteile, Früchte, Zubehör sowie Miet-, Pacht- und Versicherungsforderungen des Eigentümers, vgl. hierzu *Baur/Stürner*, Sachenrecht, § 39 Rdnr. 24 ff.; Eine Hypothek entsteht durch Einigung zwischen dem Grundstückseigentümer und dem Erwerber der Hypothek, z. B. dem Darlehensgeber, sowie der Eintragung der Hypothek im Grundbuch (§§ 873, 1115 BGB) und mit Existenz der zu sichernden Forderung. Zusätzlich ist je nach Art der Hypothek noch die Erteilung des Hypothekenbriefs durch das Grundbuchamt und dessen Übergabe an den Erwerber der Hypothek (sog. Briefhypothek gem. §§ 1116 f. BGB) oder die Einigung über den Ausschluß einer Brieferteilung und die Eintragung dieses Ausschlusses im Grundbuch (sog. Buchhypothek § 1116 Abs. 2 BGB) erforderlich, vgl. hierzu *Jauernig*, in: Jauernig, BGB, vor § 1113 Rdnr. 5 ff.
Die Hypothek ist als streng akzessorisches Grundpfandrecht stets vom Bestand der zu sichernden Forderung abhängig (§ 1153 BGB). Erlischt diese, besteht auch die Hypothek nicht weiter, vgl. *Baur/Stürner*, a. a. O., § 36 Rdnr. 74 f.

805 Nach § 1191 BGB ist die Grundschuld eine Grundstücksbelastung in der Weise, daß an den Berechtigten eine bestimmte Geldsumme aus dem Grundstück zu zahlen ist. Im Gegensatz zur Hypothek ist die Grundschuld in ihrem Bestand unabhängig von einer zu sichernden Forderung. Aus diesem Grund ist die Grundschuld das in der Praxis am häufigsten vorkommende Grundpfandrecht, wird aber regelmäßig mittels eines schuldrechtlichen Sicherungsvertrags mit der zu sichernden Forderung verbunden. Damit soll gewährleistet werden, daß der Gläubiger nur entsprechend des Sicherungsvertrags von der Grundschuld Gebrauch macht, vgl. zum Ganzen *Eickmann*, in: Westermann, Sachenrecht, 7. Aufl., 1998, § 114, II; *Wolf*, Sachenrecht, 15. Aufl., 1999, Rdnr. 686 f.

806 Die Rentenschuld ist eine Unterart der Grundschuld. Sie wird in der Weise bestellt, daß zu regelmäßig wiederkehrenden Terminen eine bestimmte Geldsumme aus dem Grundstück zu zahlen ist. Ihre praktische Bedeutung ist gering und wird durch die Tilgungshypothek sowie durch die Reallast verdrängt, vgl. *Baur/Stürner*, a. a. O., § 47 Rdnr. 4 ff.

807 Vgl. hierzu *Jauernig*, in: Jauernig, BGB, vor § 1204 Rdnr. 1 ff. und § 1273 Rdnr. 1 ff.

808 1998 waren in Deutschland Grundpfandrechte in Höhe von ca. 1.654 Mrd. DM eingetragen, vgl. Statistisches Bundesamt (Hrsg.), Statistisches Jahrbuch 1999 für die Bundesrepublik Deutschland, 1999, S. 338.

Wertausgleichsregelung nach § 25 BBodSchG

Weitere Gründe für die Sicherung durch Grundpfandrechte sind die relative **395**
Wertbeständigkeit[809] sowie die durch das Grundbuch gesicherte Publizität
über die rechtliche Situation des Grundstücks[810]. Dazu kommt, daß sich der
Sicherungsnehmer im Regelfall relativ leicht einen Eindruck über die Sicherungsqualität des Grundstücks machen kann, zumal grundstücksbezogene
Versicherungsforderungen wie z.B. aus der Gebäudebrand- oder Wasserschadensversicherung in die Haftung einbezogen sind (§§ 1127–1130 BGB)[811].

Diese Vorteile können jedoch beim Vorliegen von Bodenverunreinigungen **396**
auf dem betroffenen Sicherungsgrundstück verloren gehen. Der Vorzug der
(relativen) Wertbeständigkeit verschwindet, sobald auch nur ein Altlastverdacht auf dem Grundstück lastet. Durch die öffentlich-rechtlichen Haftungsregeln hinsichtlich der Sanierung von schädlichen Bodenveränderungen oder
Altlasten entsteht für den Eigentümer ein immenses Haftungsrisiko, das auch
grundsätzlich nicht auf den Wert des Grundstücks begrenzt ist. Der Vorzug
der Publizität des Grundbuchs verkehrt sich in einem solchen Fall auch
schnell in sein Gegenteil, weil hierdurch die zuständige Behörde ohne größeren Ermittlungsaufwand auf einen grundsätzlich Pflichtigen zugreifen kann.
Alleine schon deswegen wird bei unsicherer Situation in bezug auf das Vorhandensein von möglicherweise extrem kostenträchtigen schädlichen Bodenveränderungen oder Altlasten kaum jemand ein solches Grundstück kaufen.
Wenn überhaupt, dann sind solche Grundstücke nur bei genauer Erkundung
der Altlastensituation und mit erheblichen Abschlägen verwertbar[812].

Im Zusammenhang mit der Wertausgleichsregelung im neuen BBodSchG **397**
spielen von den genannten Sicherheiten nur die Grundpfandrechte Hypothek
sowie Grund- und Rentenschuld eine Rolle[813].

---

809 Grundstücke unterliegen zwar ebenfalls Wertschwankungen, die durch die allgemeine wirtschaftliche Lage sowie durch Angebot und Nachfrage bestimmt werden. Diese Schwankungen halten sich aber meist in gewissen Grenzen. Da Grundpfandrechte regelmäßig den Wert eines Grundstücks nicht voll ausschöpfen, bleiben Forderungen auch bei einem Sinken der Grundstückspreise gesichert, vgl. *Baur/Stürner*, Sachenrecht, § 36 Rdnr. 8 f.
810 Das Grundbuch gibt Auskunft über die Eigentumsverhältnisse und seit kurzem auch über etwaige auf dem Grundstück liegende öffentliche Lasten (s.o. unter Ziff. 3. d). Selbst wenn das Grundbuch einmal unrichtig sein sollte, was in der Praxis höchst selten vorkommt, wird der Gläubiger in seinem Glauben auf die Richtigkeit des Grundbuches geschützt (§§ 892 f. BGB), vgl. *Baur/Stürner*, a.a.O., § 36 Rdnr. 10; *Haegele/Schöner/Stöber*, Grundbuchrecht, 11. Aufl., 1997, Rdnr. 349 ff. m.w.N.
811 *Baur/Stürner*, a.a.O., § 36 Rdnr. 10.
812 Vgl. hierzu auch *Lemser/Tillmann*, Wirtschaftlichkeit von Bodensanierungen, 1997, S. 41 ff.
813 Unter Grundpfandrechte werden die im BGB geregelten Rechtsinstitute der Hypothek (§ 1113 BGB), der Grundschuld (§ 1191 BGB) und der Rentenschuld (§ 1199 BGB) verstanden. Sie sind dingliche Verwertungsrechte an einem Grundstück und mithaftenden Gegenständen, wie z.B. Zubehör. Der Forderungsgläubiger darf gem. § 1147 BGB im Verwertungsfall die Zwangsvollstreckung in das belastete Grundstück durch Zwangsversteigerung oder Zwangsverwaltung betreiben: s. hierzu *Müller*, Sachenrecht, 3. Aufl., 1993, Rdnr. 1503 m.w.N.

b) Auswirkungen des BBodSchG auf die Kreditsicherung

398 Die Ausgestaltung des Wertausgleichsanspruchs als öffentliche Last könnte sich in verschiedener Hinsicht als problematisch erweisen[814].

399 Zu Schwierigkeiten praktischer Art dürfte insbesondere führen, daß Grundstücke, die durch die öffentliche Hand saniert worden sind, wegen der Belastung mit der öffentlichen Last dem Kapitalmarkt als Sicherheit weitgehend verloren gehen. Daran wird auch die Begrenzung auf die Höhe der Wertsteigerung nichts ändern, da in den Fällen, in denen die Verunreinigung des sichernden Grundstücks entweder nicht bekannt oder noch nicht eingetreten war, die Entwertung durch Verunreinigungen zum Zeitpunkt der Bestellung von dinglichen Sicherheiten zwangsläufig nicht berücksichtigt worden ist.

400 Diese Problematik hat schon bei der Ausgestaltung der baurechtlichen Regelungen zu den städtebaulichen Sanierungen gemäß §§ 136 ff. BauGB eine wichtige Rolle gespielt. Dort hat sich der Gesetzgeber bewußt aus den o.g. Gründen gegen die Sicherung durch eine öffentliche Last entschieden und in der Vorschrift des § 154 Abs. 4 S. 4 BauGB ausdrücklich festgestellt, daß der Ausgleichsbetrag nicht als öffentliche Last auf dem Grundstück liegt[815].

c) Strategien und Vorsorgemaßnahmen bei der Kreditvergabe

401 Wegen des Vorrangs des Wertausgleichsanspruches im Zwangsvollstreckungsverfahren vor den rangniedrigeren Grundpfandrechten[816] werden Kreditgeber verstärkt darauf achten, daß der Kreditnehmer im Rahmen seines Geschäftsbetriebs keine Bodenverunreinigungen verursacht oder zumindest entsprechende Gefahren ausreichend versichert[817].

402 Ist der Sanierungsfall aber erst einmal eingetreten, kann es insbesondere für den grundpfandrechtlich gesicherten Kreditgeber Sinn machen, das sanierungspflichtigen Unternehmen bei der Aufbringung der Sanierungskosten finanziell zu unterstützen, sei es durch Neukredite, durch Stundung oder einen begrenzten Schuldenerlaß. Im Vergleich zur durch den Wertausgleich abgesicherten Behörde hat das sanierungspflichtige Unternehmen ein vitales Interesse daran, die Sanierungskosten durch die Auswahl entsprechender Sanierungsverfahren gering zu halten. Der Kreditgeber profitiert in diesem Fall unmittelbar durch den sanierungsbedingten Wertzuwachs seiner Sicherheit und mittelbar durch das Nichtbestehen einer den meisten anderen Ansprüchen vorgehenden öffentlichen Last.

403 Ferner werden geschäftliche Engagements zur Nutzung von Altlastenflächen von den Banken und Sparkassen in der Zukunft noch kritischer bewertet wer-

---

814 S. hierzu auch *Albrecht/Teifel,* Rpfleger 1999, 366 ff.
815 Vgl. hierzu *Löhr,* in: Battis/Krautzberger/Löhr, BauGB, § 154 Rdnr. 22.
816 S. hierzu unten Ziff. 4. d) (aa).
817 Grundstücksbezogene Versicherungen fallen unter die grundpfandrechtliche Sicherung, vgl. § 1127 Abs. 1 BGB; s. hierzu *Schwab/Prütting,* Sachenrecht, 28. Aufl., 1999, Rdnr. 661.

den, da mögliche durch die öffentliche Hand finanzierte Sanierungen die dinglichen Kreditsicherheiten entwerten.

d) Verwertung

Die Verwertung der Grundpfandrechte richtet sich nach dem ZVG[818] und erfolgt gemäß § 866 Abs. 1 ZPO durch Zwangsversteigerung, durch Zwangsverwaltung oder durch die Eintragung einer Zwangshypothek. Letztere spielt jedoch für den Kreditgeber nur dann eine Rolle, wenn für seine Forderung noch keine Grundschuld bestellt worden ist[819]. Nach Eintragung der Sicherungshypothek steht der Gläubiger dem Inhaber einer (Verkehrs-)Hypothek gleich[820]. **404**

Im Falle der zwangsweisen Befriedigung des Gläubigers aus dem Grundstück benötigt der Gläubiger einen Vollstreckungstitel, da er sich nur im Wege der Zwangsvollstreckung aus dem Grundstück befriedigen kann (§ 1147 BGB)[821]. Als Titel kommen alle in § 704 Abs. 1 ZPO genannten Urteile und die in § 794 ZPO genannten Titel in Betracht. Da der Gläubiger im Falle eines notleidenden Kredits regelmäßig wegen der besseren Rangstelle aus der Hypothek (und nicht aus der Forderung) vollstrecken möchte, benötigt er einen sog. dinglichen Titel[822]. **405**

Das Zwangsvollstreckungsverfahren in das Grundstück leitet der Vollstreckungsgläubiger beim zuständigen Vollstreckungsgericht[823] mit Antrag und unter Vorlage der entsprechenden Urkunden, insbesondere des Titels, ein[824]. Das Verfahren beginnt durch Anordnungsbeschluß des Vollstreckungsgerichts und **406**

---

818 Vgl. *Rosenberg/Gaul/Schilken,* Zwangsvollstreckungsrecht, 11. Aufl., 1997, § 61 II.
819 Die Sicherungshypothek steht, abgesehen von einigen Einschränkungen, der Verkehrshypothek gleich. Sie ist nicht auf die Fälle der Zwangseintragung nach §§ 868 ff. ZPO beschränkt, sondern kann auch rechtsgeschäftlich bestellt werden. Sie schützt wegen der strengen Abhängigkeit der Hypothek von einer Forderung (§ 1184 Abs. 1 BGB) den Grundstückseigentümer gegen den gutgläubigen Erwerb bei Forderungsmängeln (z. B. bei Einreden gegen die Forderung oder bei Nichtbestehen derselben). Die Sicherungshypothek ist wegen des Ausschlusses von §§ 1138 i. V. m. 891 BGB aber nur bedingt verkehrsfähig, da bei Übertragung der Hypothek auch die gesicherte Forderung abgetreten werden muß, weswegen sie im Geschäftsverkehr selten rechtsgeschäftlich vereinbart wird; vgl. zum Ganzen *Palandt/Bassenge,* BGB, § 1184 Rdnr. 2 ff.; *Baur/Stürner,* Sachenrecht, § 42 Rdnr. 1 ff.
820 Der Rang bestimmt sich nach dem Prioritätsprinzip, d.h. der Sicherungshypothekengläubiger verdrängt keine rangprivilegierten Gläubiger.
821 *Baur/Stürner,* a. a. O., § 40 Rdnr. 24.
822 Der Grundstückseigentümer ist nicht zur Leistung verpflichtet, sondern nur dazu, die Zwangsvollstreckung in sein Grundstück zu dulden. Der Vollstreckungstitel lautet dann auch auf „Duldung der Zwangsvollstreckung wegen der in der Hypothek genannten Geldsumme aus dem Grundstück", vgl. hierzu *Baur/Stürner,* a. a. O., § 40 Rdnr. 27 f.
823 Vollstreckungsgericht ist nach § 1 ZVG regelmäßig das Amtsgericht, in dessen Bezirk das Grundstück liegt, vgl. *Zeller/Stöber,* ZVG, § 1 Rdnr. 3 (auch zu den Ausnahmen).
824 Vgl. hierzu *Zeller/Stöber,* a. a. O., § 16 Rdnr. 4.

endet mit der Aufhebung des Verfahrens durch Vollstreckungsversteigerung (§§ 28 ff. ZVG) oder Zwangsverwaltung (§§ 146 i. V. m. 28 f. ZVG)[825].

(aa) Stellung des Grundpfandrechtinhabers im Verwertungsverfahren

407 Die Stellung des Inhabers eines Grundpfandrechts richtet sich nach folgenden Grundsätzen: Nach § 10 ZVG sind die Beteiligten in acht Rangklassen eingeteilt, die einander jeweils vorgehen[826]. Innerhalb einer Rangklasse richtet sich beim Bestehen mehrerer Grundpfandrechte an dem selben Grundstück die Reihenfolge der Befriedigung gemäß § 11 Abs. 1 ZVG nach dem Prioritätsprinzip des § 879 Abs. 1 BGB. Regelmäßig werden Bankkredite aber nur gegen eine erstrangige Grundschuldbestellung gewährt werden[827].

408 Betreibt ein nachrangiger Hypotheken- oder Grundschuldgläubiger oder ein nicht durch Grundpfandrechte gesicherter Gläubiger der Rangklassen 5-8 die Zwangsvollstreckung, sind die ranghöheren Grundpfandrechte durch die Aufnahme in das sog. geringste Gebot des § 44 ZVG geschützt[828].

409 Der Inhaber eines erstrangigen Grundpfandrechts besitzt daher im Zwangsversteigerungsverfahren eine gute Position, da er vor allen nachrangigen Grundpfandgläubigern und erst recht vor allen Gläubigern der nachfolgenden Rangklassen aus dem Grundstück befriedigt wird. Alleine Ansprüche der Rangklassen 1–3, geregelt im einzelnen in § 10 Abs. 1 ZVG, gehen dem so gesicherten Kreditgeber vor. Den vorgehenden Ansprüchen ist gemein, daß diese entweder Ausnahmefälle darstellen[829] oder/und wegen ihrer regelmäßig geringen Höhe[830] einen Ausfall des Grundpfandrechts in der Zwangsvollstreckung bisher nicht befürchten ließen. Allenfalls die öffentlichen Lasten der Rangklasse 3, insbesondere Erschließungskosten und Grundsteuern, führten zu einer – zeitlich begrenzten[831] – betragsmäßig relevanten Belastung des Grundstücks. Durch die bei Altlastensanierungen anfallenden hohen Kosten wird eine entsprechend hohe Belastung von Grundstücken mit öffentlichen Lasten zum realistischen Szenario.

---

825 Zu den Einzelheiten und Besonderheiten vgl. *Zeller/Stöber*, ZVG, Einl. Rdnr. 20.
826 S. hierzu die Kommentierung bei *Zeller/Stöber*, a. a. O., § 10 m.w. Einzelheiten.
827 Bezogen auf Sparkassen vgl. *Schaarschmidt,* Die Sparkassenkredite, 8. Aufl., 1991, S. 997.
828 *Rosenberg/Gaul/Schilken,* Zwangsvollstreckungsrecht, § 64 I; zu Einzelheiten zum geringsten Gebot vgl. die Kommentierung zu § 44 bei *Zeller/Stöber*, ZVG, § 44 Rdnr. 1 ff.
829 So die keineswegs alltäglichen Litlohnansprüche der Rangklasse 2, die nur in Bayern noch für eine Übergangszeit fortbestehenden Ansprüche für vor dem 13. 8. 1980 entstandenen sog. Kuxe (Wertpapiere über den Anteil an einer bergrechtlichen Gewerkschaft) oder die als Rangklasse 3-4 bezeichneten Pfandrechte an Früchten; vgl. im einzelnen *Zeller/Stöber*, a. a. O., § 10 Rdnr. 4 f., 7.
830 Im einzelnen handelt es sich hierbei um die Verfahrenskosten, sog. Rangklasse „0"; vgl. *Zeller/Stöber*, ZVG, § 10 Rdnr. 1.7, Aufwendungen des die Zwangsvollstreckung betreibenden Gläubigers, Ersatz der Feststellungskosten im Insolvenzverfahren; s. hierzu *Zeller/Stöber*, a. a. O., § 10 Rdnr. 2 f.
831 Gem. § 10 Abs. 1 Nr. 3 ZVG fallen nur öffentliche Lasten wegen der aus den letzten vier Jahren rückständigen Beträge unter die privilegierten Ansprüche der Rangklasse 3.

(bb) Lösungsmöglichkeiten und Handlungsstrategien

(1) Passive Beteiligung am Sanierungsverfahren

Bei der Gewährung von Krediten für kritische industrielle Nutzungen müssen die Risiken einer Kontamination des Betriebsgrundstückes wegen der möglichen Folgen einer Sanierung durch die öffentliche Hand berücksichtigt werden. Daher ist es empfehlenswert, sich mit den Produktionsmethoden und anderen Gefahren für das Betriebsgrundstück vertraut zu machen. Der Kreditgeber muß wegen der Ausgestaltung des § 25 Abs. 6 BBodSchG zunehmend berücksichtigen, wie ein Betrieb im Hinblick auf Bodenbeeinträchtigungen geführt wird. Der Kreditgeber hat durch seine relativ starke Position im Verhältnis zum Kreditnehmer aber auch Möglichkeiten, dieses Risiko zu minimieren. So kann er auf die Durchführung von Risikominimierungsmaßnahmen drängen, indem er beispielsweise den Abschluß einer Bodenkasko-Versicherung[832] verlangt. Weitere denkbare Maßnahmen zur Risikominimierung sind die Verpflichtung des Kreditnehmers zur Implementierung eines Umweltmanagementsystems im Betrieb oder die Durchführung eines Umwelt-Audits. Hierdurch kann sichergestellt werden, daß Umweltrechtsvorschriften eingehalten werden. 410

Die Gewährung von Krediten für Vorhaben auf kontaminierten Grundstücken sollte gleichermaßen nur nach Berücksichtigung des Ausfallrisikos von Sicherheiten durch Sanierungsfinanzierungen erfolgen. So ist für den Kreditgeber zu überlegen, ob nicht eine Umschichtung, weg von Grundsicherheiten, hin zu sonstigen Sicherungsmitteln, oder eine vorsichtigere Beleihung des Grundstücks durch eine niedrigere Beleihungsgrenze ratsam wäre. 411

(2) Aktive Beteiligung am Sanierungsverfahren

Für den Fall, daß eine Grundstückssanierung durch die öffentliche Hand mit der Folge des Entstehens eines Wertausgleichs bevor steht, könnte sich die aktive Beteiligung an der Sanierung als empfehlenswerte Handlungsoption darstellen. So könnte es für den Kreditgeber vorteilhaft sein, einen finanziell angeschlagenen und sanierungsverpflichteten Schuldner im Hinblick auf die Sanierung zu unterstützen, wenn auf diese Weise eine Beteiligung der öffentlichen Hand an der Sanierung verhindert werden kann. Diese Fälle bedürfen in jedem Fall einer genauen Abwägung und Berechnung, die Möglichkeit der aktiven Beteiligung des Kreditgebers an der Sanierung sollte im Sinne eines aktiven Risk Managements jedoch nicht von vornherein ausgeschlossen werden. 412

Für gewisse Fallgestaltungen könnte sich für den Kreditgeber ein Antrag auf Zwangsverwaltung anbieten. Mit Anordnung der Zwangsverwaltung durch das Vollstreckungsgericht[833] wird gemäß § 150 Abs. 1 ZVG ein Zwangsver- 413

---

832 S. hierzu o. unter Kap. XI.
833 S. hierzu Fn. 793.

walter bestellt[834]. Ob dieser den Betrieb für Rechnung der Zwangsverwaltungsmasse fortführen kann, ist umstritten[835]. In Ausnahmefällen[836] kann dies aber in Betracht kommen und bietet sich insbesondere an, wenn für den Betrieb eine positive wirtschaftliche Prognose besteht.

414 Wegen der Vorschrift des § 10 Abs. 1 Nr. 1 ZVG könnte es für den die Zwangsverwaltung betreibenden Kreditgeber sogar Sinn machen, das Grundstück selbst zu sanieren, da die Ausgaben zur Erhaltung oder nötigen Verbesserung des Grundstücks vorrangig zu befriedigen sind[837]. Der Vorrang dieser Ansprüche resultiert aus dem Gedanken, daß Ausgaben, die eine Erhaltung oder eine Verbesserung des Sicherungsgrundstücks bewirken, nicht gemacht werden, wenn sie nicht vorrangig befriedigt werden. Regelfall hierfür sind Reparaturaufwendungen von Mietwohnungen, um weiterhin eine Miete erzielen zu können. Aber auch die Sanierung des Grundstücks stellt eine notwendige Verbesserung im Sinne dieser Vorschrift dar.

(3) Weitere Handlungsmöglichkeiten

415 Für den Fall, daß die öffentliche Hand eine Sanierung durchgeführt hat, könnten sich die relativ kurzen Vierjahresfristen im Festsetzungs- und im Zwangsvollstreckungsverfahren positiv für grundschuldgesicherte Kreditgeber herausstellen.

416 Zum einen muß die Behörde den Wertausgleich innerhalb von vier Jahren nach Beendigung der Sanierung festsetzen[838]. Gelingt es der Behörde, den Wertausgleich innerhalb dieses Zeitraums festzusetzen, genießt dieser nur die nächsten vier Jahre die privilegierte Rangklasse 3. Aus diesem Grund kann es für den Grundschuldgläubiger vorteilhaft sein, eine Festsetzung des Wertausgleichs oder die Zwangsvollstreckung durch die Behörde innerhalb der Vierjahresfrist zu verhindern, z.B. durch Verhandlungen mit der Behörde, aber auch durch die Unterstützung des Grundstückseigentümers in der legitimen Wahrnehmung seiner verfassungsmäßigen Rechte auf gerichtliche Überprüfung von Behördenhandlungen.

5. Ausblick

417 Die Vorschrift des § 25 BBodSchG ist wenig gelungen. Die jetzt schon in der Literatur zu beobachtende Uneinigkeit bezüglich der Auslegung und des An-

---

834 Unter staatlicher Aufsicht stehende Institute sowie Hypothekenbanken können als Beteiligte der Zwangsvollstreckung gem. § 150a Abs. 1 ZVG eigene Mitarbeiter als Zwangsverwalter vorschlagen.
835 Umstr.; vgl. *Jauernig*, Zwangsvollstreckungs- und Insolvenzrecht, 21. Aufl., 1999, S. 119; *Brox/Walker*, Zwangsvollstreckungsrecht, 6. Aufl., 1999, Rdnr. 1014; *Rosenberg/Gaul/Schilken*, Zwangsvollstreckungsrecht, § 68 III, S. 954 jew. m. w. N.
836 Vgl. *Eickmann*, Zwangsversteigerungs- und Zwangsvollstreckungsrecht, S. 394.
837 S. hierzu im einzelnen *Eickmann*, a. a. O., S. 396.
838 Zum Zeitpunkt der Beendigung der Sanierung vgl. o. Ziff. 2. f).

wendungsbereichs der Vorschrift ist ein Indiz für erhebliche redaktionelle Mängel. Die Hoffnung des Gesetzgebers, durch eine bundeseinheitliche Regelung des Bodenschutzrechts ein Mehr an Rechtssicherheit zu erreichen, wird durch den auf der einen Seite zum Teil festgestellten unklaren Wortlaut und auf der anderen Seite durch das Bemühen, größtmögliche Einzelfallgerechtigkeit zu erreichen, hier in Frage gestellt. Viele Fragen im Gesetzesvollzug werden erst nach einer Klärung durch die Gerichte zu beantworten sein. Zu Schwierigkeiten werden u. a. die Unklarheiten hinsichtlich des Begriffs „öffentliche Mittel" führen. Nach bisherigem Verständnis bezüglich der Natur von „öffentlichen Mitteln" führt die Verwendung dieses Begriffs im Zusammenspiel mit der Ausgestaltung als öffentliche Last in § 25 BBodSchG zu teilweise erstaunlichen und in vielen Fällen vom Gesetzgeber nicht gewollten Ergebnissen. Hier bleibt im Grunde nur die Nachbesserung des Gesetzes, da eine Korrektur durch die Gerichte angesichts des klaren Wortlauts nicht erwartet werden kann[839].

Als umwelt- und wirtschaftspolitisch kontraproduktiv sowie als rechtlich zweifelhaft stellt sich die Absicherung des Wertausgleichsanspruchs als öffentliche Last dar. Hier bietet sich die Ausgestaltung als „Superpfandrecht" an, da dieses zum einen auch zugunsten von privaten Sanierern entstehen kann und zum anderen der Behörde ein größerer zeitlicher Spielraum bei der Realisierung des Wertausgleichs verbleibt. **418**

Ungeachtet der angesprochenen Schwierigkeiten kann die Einführung der neuen Wertausgleichsregelung auch positive Impulse in Form einer verstärkten Sanierungstätigkeit durch die öffentliche Hand ergeben. Das sanierte Grundstück eines zahlungsunfähigen Eigentümers steht als Sicherheit für die Sanierungskosten zur Verfügung, was die Sanierungsbereitschaft der öffentlichen Hand in vielen Fällen erhöhen könnte. Gleichwohl darf nicht übersehen werden, daß in Zeiten knapper Kassen eine Sanierung mit Vorleistung der öffentlichen Hand mit einer möglicherweise erst Jahre später erfolgenden Befriedigung aus dem Grundstück nicht der Regelfall sein wird. **419**

---

839 Was wegen des Gewaltenteilungsgrundsatzes auch nur bedingt wünschenswert ist.

IX. Investitionssicherheit durch die neue Bundes-Bodenschutz- und Altlastenverordnung?

von Rebecca Ebermann-Finken

1. Aufbau und Inhalt

Die BBodSchV ist in acht Teile gegliedert und hat vier technische Anhänge.

420 Der erste Teil enthält Allgemeine Vorschriften, das heißt Anwendungsbereich und Begriffsbestimmungen der Verordnung. Im zweiten Teil werden die Anforderungen an die Untersuchungen von Verdachtsflächen und altlastverdächtigen Flächen und deren Bewertung geregelt. Der dritte Teil enthält Anforderungen an die Sanierung von schädlichen Bodenveränderungen und Altlasten. Der vierte Teil bestimmt ergänzende Vorschriften für die Altlasten-Sanierungsuntersuchung und Sanierungsplanung. Der fünfte Teil regelt Ausnahmen, der sechste Teil beinhaltet ergänzende Vorschriften für die Gefahrenabwehr von schädlichen Bodenveränderungen aufgrund von Bodenerosion durch Wasser. Der siebte Teil beinhaltet Vorschriften der Versorge gegen das Entstehen schädlicher Bodenveränderungen. Der achte Teil enthält die Schlußbestimmungen, das heißt Zugänglichkeit von technischen Regelungen und Normblättern sowie das Inkrafttreten.

2. Verordnungsermächtigungen im BBodSchG

421 Zur Durchführung des BBodSchG sind in den §§ 5, 6, 8 Abs. 1 und Abs. 2 sowie § 13 Abs. 1 S. 2 BBodSchG Ermächtigungsgrundlagen zum Erlaß von Rechtsverordnungen durch die Bundesregierung nach Anhörung der beteiligten Kreise und mit Zustimmung des Bundesrates vorgesehen. Mit der Bundes-Bodenschutz- und Altlastenverordnung (BBodSchV) vom 12. 7. 1999, am 17. 7. 1999 als untergesetzliches Regelwerk des BBodSchG in Kraft getreten[840], hat der Gesetzgeber von den Verordnungsermächtigungen des § 6 (Auf- und Einbringen von Materialien auf oder in den Boden), des § 8 (Werte und Anforderungen) und des § 13 Abs. 1 S. 3 BBodSchG (Sanierungsuntersuchungen und Sanierungspläne) im BBodSchG Gebrauch gemacht. Einen Sonderfall bildet die Verordnungsermächtigung in § 5 BBodSchG (Entsiegelung), von der der Gesetzgeber bislang keinen Gebrauch gemacht hat.

a) § 6 BBodSchG – Auf- und Einbringen von Materialien auf oder in den Boden

422 Nach § 6 BBodSchG wird die Bundesregierung ermächtigt, Anforderungen an das Auf- und Einbringen von Materialien auf oder in den Boden durch Rechtsverordnung festzulegen. Dabei geht es vorwiegend um die Festlegung

---

840 S. o. Fn. 23.

von Verboten und Beschränkungen hinsichtlich der Schadstoffgehalte, der Aufbringungszeiten und Aufbringungsorte sowie um Maßnahmen zur Behandlung der Materialien vor Ein- oder Aufbringung.

Der Gesetzgeber verwendet in § 6 BBodSchG den Begriff „Materialien", der weit auslegbar und daher interpretationsbedürftig ist. Zu den Materialien zählen nicht nur natürliche Bodenmaterialien, welche z.B. im Bergbau als Abraum anfallen, sondern auch Abfallstoffe, wie Papierpulpe oder Klärschlämme, die zur Verwertung in oder auf den Boden gebracht werden. Durch § 3 BBodSchG wird der Geltungsbereich von § 6 BBodSchG allerdings erheblich eingeschränkt. So findet letztere Vorschrift keine Anwendung, wenn nach § 3 Abs. 1 Nr. 1, 2, 4 und 5 BBodSchG andere Rechtsvorschriften wie das Kreislaufwirtschafts- und Abfallgesetz[841], das Gentechnikgesetz, die Vorschriften des Düngemittel- und Pflanzenschutzrechts oder der Klärschlammverordnung die Einwirkungen auf den Boden regeln und damit Vorrang vor dem BBodSchG haben[842]. 423

Die Bundesregierung hat von der Verordnungsermächtigung des § 6 BBodSchG Gebrauch gemacht und konkretisiert die Anforderungen an das Aufbringen und Einbringen von Materialien[843] auf oder in den Boden unter § 12 Abs. 1–12 BBodSchV (Vorsorge gegen das Entstehen schädlicher Bodenveränderungen). 424

b) § 8 BBodSchG – Werte und Anforderungen

Nach § 8 Abs. 1 BBodSchG wird die Bundesregierung mit der Zustimmung der Bundesrates und nach Anhörung der beteiligten Kreise ermächtigt, Rechtsverordnungen zur Untersuchung und Bewertung von Verdachtsflächen, schädlichen Bodenveränderungen, altlastverdächtigen Flächen und Altlasten sowie Rechtsverordnungen über Anforderungen an die Abwehr schädlicher Bodenveränderungen und über Anforderungen an die Sanierung des Bodens und der Altlasten zu erlassen. 425

Hierbei können nach § 8 Abs. 1 S. 2 Nrn.1 und 2 BBodSchG insbesondere Prüf- und Maßnahmenwerte festgelegt werden: 426

• Prüfwerte (i.S. des § 8 Abs. 1 S. 2 Nr. 1 BBodSchG) sind Werte, bei deren Überschreiten unter Berücksichtigung der Bodennutzung eine einzelfallbezogene Prüfung durchzuführen und festzustellen ist, ob eine schädliche Bodenveränderung oder Altlast vorliegt. 427

---

841 Zu den Einschränkungen des Geltungsbereichs des § 6 BBodSchG durch das Abfallrecht s. ausführl. *Sanden/Schoeneck*, Bundes-Bodenschutzgesetz, § 6 Rdnr. 12 ff.
842 *Hilger*, in: Holzwarth/Radtke/Hilger/Bachmann, Bundes-Bodenschutzgesetz/Bundes-Bodenschutz- und Altlastenverordnung, § 6 BBodSchG Rdnr. 1.
843 In der Verordnung ist die Definition „Materialien" auf ausgehobene oder abgeschobene Bodenmaterialien begrenzt.

428 • **Maßnahmenwerte** (i. S. des § 8 Abs. 1 S. 2 Nr. 2 BBodSchG) sind Werte für die Einwirkungen oder Belastungen, bei deren Überschreiten unter Berücksichtigung der jeweiligen Bodennutzung in der Regel von einer schädlichen Bodenveränderung oder Altlast auszugehen ist und Maßnahmen erforderlich sind.

429 Prüf- und Maßnahmenwerte unterscheiden sich also dadurch, daß es bei dem „Prüfwert" auf den Ausschluß des Vorliegens einer schädlichen Bodenveränderung oder Altlast ankommt und bei dem „Maßnahmenwert" das Vorliegen einer schädlichen Bodenveränderung oder Altlast regelmäßig bis zur Gegenbeweisführung anzunehmen ist.

430 Damit stellen Prüfwerte ein Mittel zur Gefahrenverdachtsbeurteilung dar und sind der Risikovorsorge zuzuordnen[844], während Maßnahmenwerte grundsätzlich die Gefahrenschwelle[845] definieren und damit ein Mittel der Gefahrenbeurteilung sind[846]. Prüfwerte sind nicht gefahrenverknüpft und ein Überschreiten kennzeichnet auch keine Gefahrenlage[847]. Rechtsfolgen werden bei beiden Werten erst bei Überschreiten ausgelöst. Ein Erreichen der Werte löst allein noch keine Rechtsfolgen aus[848].

431 Werden die im Anhang 2 der BBodSchV festgelegten Prüf- und Maßnahmenwerte überschritten, so muß eine Einzelfallprüfung durch die Behörde durchgeführt werden. Diese Einzelfallprüfung wird schon bei der Definition der Prüfwerte nach § 8 Abs. 1 S. 2 Nr. 1 BBodSchG vom Gesetzgeber im Gesetzestext indiziert. Bei der Definition der Maßnahmenwerte nach § 8 Abs. 1 S. 2 Nr. 2 BBodSchG ergibt sich diese Einzelfallprüfung aus den Worten „in der Regel". Hiermit will der Gesetzgeber deutlich machen, daß im Einzelfall auch eine andere Beurteilung möglich ist.

432 Obwohl also im Einzelfall z. B. Prüfwerte erheblich überschritten sind, kann eine Einzelfallprüfung dazu führen, daß eine Gefährdung von Schutzgütern ausgeschlossen wird. Dieser Ausschluß kann viele Gründe haben, etwa daß die untersuchte Bodenart auf Grund von regionalen, geogenen Gegebenheiten bereits erhöhte Hintergrundwerte des untersuchten Schadstoffs aufweist oder daß der Boden so beschaffen ist, daß er eine natürliche oder künstliche Schadstoffbarriere bildet, die eine Mobilität des Schadstoffs verhindert. Ausschlußkriterien, die Berücksichtigung bei der Einzelfallprüfung finden, können auch eine geringe Bioverfügbarkeit und/oder eine geringe Löslichkeit des Schadstoffs in Wasser sein.

---

844 *Rehbinder*, altlasten spektrum 1997, 263 ff., 265 f.; *Zeddel/Huhn*, altlasten spektrum 1998, 196 ff., 197.
845 *Rehbinder*, altlasten spektrum 1997, 265; *Vierhaus*, NJW 1998, 1264; s. auch BT-Dr. 13/6701, S. 38.
846 *Zeddel/Huhn,* altlasten spektrum 1998, 197.
847 *Gerhold/Simon*, altlasten spektrum 1998, 265.
848 *Sanden/Schoeneck*, Bundes-Bodenschutzgesetz, § 8 Rdnr. 10.

Die BBodSchV differenziert entsprechend den Vorgaben des BBodSchG 433
nach den exponierten Schutzgütern, den Wirkungspfaden und Bodennutzungen[849]. Die Anforderungen an die Probenahme, an die Analytik der Schadstoffe bei der Erfassung der Prüf- und Maßnahmenwerte und an die Qualitätssicherung bei der Untersuchung sind im Anhang 1 der BBodSchV festgeschrieben.

Eine Konkretisierung der Anforderungen an die Untersuchung und Bewertung 434
von schädlichen Bodenveränderungen, altlastverdächtigen Flächen und Altlasten findet sich in §§ 3, 4 BBodSchV. Im Anhang 4 BBodSchV werden zudem die Anforderungen an die Untersuchung und Bewertung von Flächen, bei denen der Verdacht einer schädlichen Bodenveränderung auf Grund von Bodenerosion durch Wasser vorliegt, konkretisiert.

Während es bei der Festlegung von Prüf- und Maßnahmenwerten nach § 8 435
Abs. 1 S. 1 und 2 BBodSchG um die Frage geht, ob von einer Bodenkontamination eine Gefahr ausgeht, versucht § 8 Abs. 1 S. 3 BBodSchG die Anforderungen an Sanierungsmaßnahmen und Nutzungsbeschränkungen zu normieren, die bei Vorliegen einer schädlichen Bodenveränderung oder einer Altlast zu beachten sind. § 8 Abs. 1 S. 3a BBodSchG ist die Ermächtigungsgrundlage zum Erlaß von Anforderungen an den Umgang mit kontaminiertem Bodenmaterial, nachdem es ausgehoben, abgeschoben oder behandelt worden ist und dann anderen Orts wieder abgelagert werden soll, während § 8 Abs. 1 S. 3b BBodSchG die Ermächtigungsgrundlage zum Erlaß von Anforderungen an die Sanierung des Bodens und von Altlasten darstellt. Zu den Anforderungen gehören insbesondere die Bestimmung des zu erreichenden Sanierungsziels, der Umfang von Sicherungs- und Dekontaminierungsmaßnahmen, die dazu dienen, langfristig eine Ausbreitung der Schadstoffe zu verhindern, sowie die Bestimmung von Schutz- und Beschränkungsmaßnahmen bei Bodensanierungen.

Eine Konkretisierung der gesetzlichen Vorgaben in § 8 Abs. 1 S. 3a, b 436
BBodSchG erfolgt in § 12 bzw. § 5 BBodSchV.

Obwohl es in 8 Abs. 1 S. 3b BBodSchG um die Bestimmung des zu er- 437
reichenden Sanierungsziels geht, fehlen bislang *Sanierungsleit- und/oder Sanierungszielwerte*, die der dekontaminierte Boden nach der Sanierung zu erfüllen hat. Sie sind weder im BBodSchG noch in der BBodSchV enthalten. Prüf- und Maßnahmenwerte stellen dagegen *keine* Sanierungszielwerte dar und dürfen auch als solche nicht angewendet werden[850]. Der Verordnungsgeber hat nach dem Willen des Gesetzgebers des BBodSchG nur die Anforderungen an die Sanierungszielwerte, nicht aber die Werte selbst festzulegen[851].

---

849 *Rehbinder*, altlasten spektrum 1997, 265.
850 *Vierhaus*, NJW 1998, 1265; s. auch *Sanden/Schoeneck*, Bundes-Bodenschutzgesetz, § 8 Rdnr. 9; zu einem Beispiel für eine falsche Anwendung der Prüfwerte als Sanierungszielwerte s. *Müller*, EP 1999, 42 ff., 45.
851 BT-Dr. 13/6701, S. 39.

Dieses Verfahren wurde gewählt, um die Flexibilität des Sanierungsplans nach § 13 Abs. 1 BBodSchG zu gewährleisten[852]. Eine Festlegung der Sanierungszielwerte ist also nur nach Einzelfallbetrachtung möglich[853]. Dadurch verbleibt den zuständigen Verwaltungsbehörden ein Handlungsspielraum bei der Berücksichtigung regionaler und einzelfallbezogener Besonderheiten. Prüf- bzw. Maßnahmenwerte bieten lediglich eine Orientierungshilfe bei der Festlegung von Sanierungsleitwerten in der Einzelfallprüfung[854].

438 Nach § 8 Abs. 2 BBodSchG wird die Bundesregierung mit der Zustimmung der Bundesrates und nach Anhörung der beteiligten Kreise ermächtigt, eine Rechtsverordnung zur Erfüllung der Vorsorgepflicht nach § 7 BBodSchG (Anforderungen an die Untersuchung und Bewertung von Flächen, bei denen die Besorgnis einer schädlichen Bodenveränderung besteht), zu erlassen.

439 Dazu gehören nach § 8 Abs. 2 Nr. 1 und 2 BBodSchG die Festlegung von Vorsorgewerten und zulässigen Zusatzbelastungen sowie Anforderungen zur Vermeidung oder Verminderung von Stoffeinträgen.

440 • Vorsorgewerte (i.S. des § 8 Abs. 2 Nr. 1 BBodSchG) sind Werte, bei deren Überschreiten unter Berücksichtigung von geogenen und großflächig siedlungsbedingten Schadstoffgehalten in der Regel davon auszugehen ist, daß eine Besorgnis einer schädlichen Bodenveränderung besteht.

441 Damit sind Vorsorgewerte keine Werte zur Gefahrenabwehr[855], sondern sie geben die Belastungsschwelle an, ab der grundsätzlich das Entstehen schädlicher Bodenveränderungen zu besorgen ist. Bei Überschreiten der Vorsorgewerte haben die Verpflichteten nach § 7 BBodSchG Vorkehrungen zu treffen, um weitere Schadstoffeinträge auf oder in den Boden des Grundstücks und dessen Einwirkungsbereich zu vermeiden oder zu vermindern. Diese Vorkehrungen zielen darauf ab, alle in § 2 Abs. 2 BBodSchG genannten Bodenfunktionen in Abhängigkeit von den jeweiligen Standortbedingungen langfristig zu sichern. Daher erfolgt die Ableitung der Vorsorgewerte für anorganische Schadstoffe nach Bodenart und für organische Schadstoffe nach Humusgehalt des Bodens.

442 Nach dem Willen des Gesetzgebers ist das Überschreiten der Vorsorgewerte noch nicht ausreichend für das Entstehen einer Besorgnis einer schädlichen Bodenveränderung. Vielmehr muß dann im Einzelfall geprüft werden, ob erhöhte Hintergrundwerte auf Grund von natürlichen, geogenen Gegebenheiten oder auf Grund von großflächigen, siedlungsbedingten Gegebenheiten vorliegen. Diese müssen dann entsprechend berücksichtigt werden, da in diesen

---

852 *Dombert*, altlasten spektrum 1998, 87.
853 Ableitungskriterien von Sanierungszielwerten unter Berücksichtigung der Prüf- und Maßnahmenwerte der BBodSchV anhand von Anwendungsbeispielen durch das ECORISK-Verfahren beschreiben *Mathews/Fischer/Exner/Eikmann*, Umweltmed Forsch Praxis 1999, 289 ff., 290 ff., 294 ff.
854 Vgl. hierzu *Birkmann*, Die Sanierung von Altlasten, 1996, S. 45.
855 *Sanden/Schoeneck*, Bundes-Bodenschutzgesetz, § 8 Rdnr. 17 m.w.N.

Fällen eine Anordnung von Nutzungsanpassungen nach § 7 BBodSchG für den Pflichtigen unverhältnismäßig wäre.

Um einen weiteren Anstieg der Bodenbelastung zu verhindern, hat der Gesetzgeber die sog. „zulässigen Zusatzbelastungen" in § 8 Abs. 2 Nr. 2 aufgeführt. Es handelt sich hierbei um jährliche Eintragsfrachten, die unter dem Vorsorgeaspekt noch vom Gesetzgeber toleriert werden. Die Werte wurden rechnerisch abgeleitet. Eine Orientierung erfolgte dabei an den „unbeachtlichen Zusatzbelastungen" der UVP-VwV[856]. 443

Eine Konkretisierung der Vorsorgewerte ist in den §§ 9, 10 BBodSchV, der zulässigen zusätzlichen Frachten in § 11 BBodSchV erfolgt. Im Anhang 2 BBodSchV werden einzelne Vorsorgewerte sowie zulässige zusätzliche Frachten aufgeführt und im Anhang 1 BBodSchV werden die Anforderungen an die Analytik bestimmt. 444

c) § 13 Abs. 1 BBodSchG – Sanierungsuntersuchungen und Sanierungsplan

In § 13 Abs. 1 S. 2 BBodSchG wird die Bundesregierung mit der Zustimmung der Bundesrates und unter Zustimmung der beteiligten Kreise ermächtigt, durch Rechtsverordnung die Anforderungen an Sanierungsuntersuchungen sowie den Inhalt von Sanierungsplänen zu bestimmen. 445

Die Durchführung von Sanierungsuntersuchungen sowie die Aufstellung eines Sanierungsplans nach § 13 Abs. 1 BBodSchG kann von der zuständigen Behörde nur dann von dem Sanierungspflichtigen nach § 4 Abs. 3, 5 oder 6 verlangt werden, wenn von Altlasten auf Grund von Art, Ausbreitung oder Menge der Schadstoffe in besonderem Maße schädliche Bodenveränderungen oder sonstige Gefahren für die Allgemeinheit oder den einzelnen ausgehen. Das gleiche gilt, wenn bei einer vorliegenden Altlast absehbar ist, daß zu deren Sicherung oder Dekontaminierung wegen der komplexen Schadstoffzusammensetzung verschiedene Maßnahmen nach § 4 BBodSchG zur Sanierung eingesetzt werden müssen und daher ein systematisches Handlungskonzept notwendig ist[857]. 446

Im Regelfall hat der Sanierungspflichtige den Sanierungsplan aufzustellen oder aufstellen zu lassen[858], es sei denn, daß die Voraussetzungen des § 14 BBodSchG zur behördlichen Sanierungsplanung vorliegen. Dies ist z. B. dann der Fall, wenn der Sanierungsverpflichtete nicht oder nicht rechtzeitig herangezogen werden kann oder wenn auf Grund von großflächigen Ausdehnungen der Altlast, die häufig auch mit weiträumigen Verunreinigungen von Gewässern verbunden sind, ein koordiniertes Vorgehen erforderlich wird. Ein solches koordiniertes Vorgehen durch die Behörden wird auch dann notwendig sein, wenn die schädliche Bodenveränderung sich über mehrere Grundstücke 447

---

856 *Von Borries,* in: SMU 2/97, S. V/1.
857 Vgl. hierzu BT-Dr. 13/6701, S. 42.
858 Vgl auch *Frenz/Kummermehr,* Müll und Abfall 2000, 33 ff., 35.

erstreckt und mehrere der in § 4 BBodSchG aufgeführten Sanierungsverpflichtete auf Grund von Grundstücksverkäufen oder Grundstücksteilungen zur Sanierung herangezogen werden können[859].

448 Nach § 13 Abs. 1 S. 1 BBodSchG soll der Sanierungsplan die Ergebnisse der vorbereitend durchgeführten Sanierungsuntersuchungen, das bisherige und künftige Nutzungskonzept sowie das Sanierungsziel, einschließlich der dafür erforderlichen Sanierungsmaßnahmen, im Zeit- und Kosten-Kontext enthalten. Er bildet die Grundlage für die behördliche Sanierungsanordnung bzw. für den öffentlich-rechtlichen Sanierungsvertrag[860].

449 Konkretisiert werden die Anforderungen an die Sanierungsuntersuchungen und den Sanierungsplan im Anhang 3 BBodSchV. Unter Anhang 3 Nr. 1 BBodSchV werden detailliert die Anforderungen an die Sanierungsuntersuchungen und unter Anhang 3 Nr. 2 die Anforderungen an den Sanierungsplan beschrieben. Dieser sehr umfangreiche Anforderungskatalog muß von dem Sanierungspflichtigen nicht Punkt für Punkt bei der Aufstellung eines Sanierungsplans abgearbeitet werden, sondern er stellt mehr ein Angebot dar, aus dem der Sanierungspflichtige nach Erforderlichkeit und Abschätzung fachlicher Kriterien einen sinnvollen, dem Einzelfall angemessenen Sanierungsplan zusammenstellen kann. Da der Sanierungsplan der zuständigen Behörde vorgelegt werden muß, wird es in der Praxis noch erhebliche Auseinandersetzungen zwischen dem/den Sanierungspflichtigen und den zuständigen Behörden über den angemessenen Zuschnitt des Sanierungsplans aus dem umfangreichen Anforderungskatalog des Anhangs 3 BBodSchV geben.

d) Sonderfall: § 5 BBodSchG – Entsiegelung

450 Nach § 5 S. 1 BBodSchG soll der Grundstückseigentümer bei dauerhaft nicht mehr genutzten Flächen, bei denen die Versiegelung im Widerspruch zu planungsrechtlichen Festsetzungen steht, von der Behörde verpflichtet werden, den Boden – soweit zumutbar und möglich – in seiner Leistungsfähigkeit nach § 1 BBodSchG wiederherzustellen. Die Entsiegelungsregelung im BBodSchG ist allerdings im Verhältnis zu der Vorschrift in § 179 Abs. 1 S. 2 BauGB subsidiär. Nach Anhörung des Vermittlungsausschusses von Bundestag und Bundesrat wurde nachträglich § 5 S. 2 BBodSchG eingefügt. Danach können bis zum Inkrafttreten einer Rechtsverordnung die nach Landesrecht zuständigen Behörden im Einzelfall Entsiegelungsanordnungen im Einklang mit § 5 S. 1 BBodSchG treffen[861].

---

859 *Radtke,* in: Holzwarth/Radtke/Hilger/Bachmann, Bundes-Bodenschutzgesetz/Bundes-Bodenschutz- und Altlastenverordnung, § 13 BBodSchG Rdnr. 1, 4; *Sanden/Schoeneck,* Bundes-Bodenschutzgesetz, § 13 Rdnr. 5; s. auch *Sahm,* UPR 1999, 375.
860 *Sanden/Schoeneck,* a. a. O., § 13 Rdnr. 6.
861 *Sanden/Schoeneck,* Bundes-Bodenschutzgesetz, § 5 BBodSchG Rdnr. 3; *Hilger,* in: Holzwarth/Radtke/Hilger/Bachmann, a. a. O. § 5 Rdnr. 1 f.; BT-Dr. 13/6701, S. 36.

Die Bundesregierung hat bisher keinen Gebrauch von der Verordnungser- 451
mächtigung in § 5 BBodSchG gemacht, da sie davon ausgeht, daß vor Erlaß
einer bundesrechtlichen Regelung die Ergebnisse weiterer Untersuchungen
abgewartet werden müssen. Da die Bundesregierung plant, diese Verordnungsermächtigung nach § 5 BBodSchG zu einem späteren Zeitpunkt in die
bereits bestehende BBodSchV zu integrieren, stellt diese Vorschrift einen
Sonderfall dar.

3. Wertesystem der BBodSchV

Anhang 2 BBodSchV konkretisiert das Wertesystem des BBodSchG aus 452
Prüf-, Maßnahmen- und Vorsorgewerten.

a) Prüfwerte

In der Ableitung der im Anhang 2 BBodSchV enthaltenen Prüfwerte, bei 453
deren Überschreiten unter Berücksichtigung der Bodennutzung eine einzelfallbezogene Prüfung durchzuführen und festzustellen ist, ob eine schädliche
Bodenveränderung oder Altlast vorliegt und ob von dieser schädlichen Bodenveränderung eine Gefährdung von Schutzgütern ausgeht, werden die Nutzung des Bodens und die durch sie bedingten mehr oder minder sensiblen
Wirkungspfade für Schadstoffe berücksichtigt[862]:

- Boden-Mensch (direkter Übergang)
- Boden-Nutzpflanze und
- Boden-Grundwasser.

Der Wirkungspfad beschreibt den Weg eines Schadstoffes von der Schadstoff- 454
quelle im Boden bis zu dem Ort seiner möglichen Beeinträchtigung eines
Schutzguts. Der Wirkungspfad wird danach bestimmt, an welchem Endpunkt
des Pfades die Schadwirkung des Schadstoffes ausgelöst wird. Dabei ist es
nicht von Bedeutung, daß es auf dem Transfer des Schadstoffes vom Boden
zum Schutzgut zu weiteren Schadwirkungen gekommen ist. Damit geben
Wirkungspfade die Exposition der Schutzgüter im Hinblick auf die stoffliche
Belastung des Bodens an[863].

Zu den Schutzgütern, die von Schadstoffen beeinträchtigt werden, gehören 455
die menschliche Gesundheit, die Qualität von Nahrungspflanzen und Futtermitteln und das Bodensickerwasser auf dem Weg zum Grundwasser[864]. Das

---

862 Zur Ableitung der Prüfwerte s. etwa *Bachmann/Bertges/König*, altlasten spektrum 1997, 75 ff.; zu den Prüfwerten im einzelnen s. z. B. auch *Knopp/Ebermann-Finken*, BB 1999, 2469 ff., 2470 f.

863 Vgl. hierzu *Bachmann*, in: Holzwarth/Radtke/Hilger/Bachmann, Bundes-Bodenschutzgesetz/ Bundes-Bodenschutz- und Altlastenverordnung, § 2 BBodSchV Rdnr. 15.

864 Dagegen *Bachmann*, a.a.O., § 4 BBodSchV Rdnr. 8; nach *Bachmann* ist die Auflistung der Schutzgüter in der BBodSchV nicht abschließend. Im Einzelfall sollen weitere Schutzgüter wie etwa die Lebensraumfunktion von Böden betrachtet werden. Methoden und Maßstäbe zur einschlägigen Bewertung seien aber noch in der Entwicklung.

Schutzgut menschliche Gesundheit wird dabei noch weiter differenziert hinsichtlich der Dauer und Anzahl von Expositionen von Kindern oder Erwachsenen, hinsichtlich der Eigenschaften der Schadstoffe, die die Ausbreitung und Verfügbarkeit bei der ingestiven, dermalen und inhalativen Aufnahme beeinflussen können, und hinsichtlich der Bodeneigenschaften, die das Verhalten des Schadstoffs in der Umwelt beeinflussen. Hierbei wird die Exposition so beurteilt, daß „im ungünstigen Fall" eine Gefahr für das Schutzgut vorliegt.

456 Für jeden Prüfwert nach Anhang 2 Nr. 1.2 ist im Anhang 1 BBodSchV die Vorgehensweise zur Probenahme, Analytik und Qualitätssicherung festgelegt. Soweit möglich, werden die DIN-Normen als technische Regelwerke zugrunde gelegt. Entsprechende Normungsarbeiten für die Bodenbeschaffenheit z. B. müssen noch weiterentwickelt und konkretisiert werden. Die vom Verordnungsgeber gewollte Harmonisierung in der Untersuchung und Bewertung von schädlichen Bodenveränderungen durch Festlegung von Normen ist ein wichtiger Beitrag zur bundesweiten Vereinheitlichung und zur Rechtssicherheit.

(aa) Prüfwerte Wirkungspfad Boden-Mensch

457 Unter Anhang 2 Ziff. 1.4 BBodSchV werden die Prüfwerte für die direkte ingestive, dermale und inhalative Aufnahme von Schadstoffen durch Menschen bestimmten Nutzungen zugeordnet:

458 Kinderspielflächen sind Aufenthaltsbereiche für Kinder, die ortsüblich zum Spielen genutzt werden, ohne den Spielsand von Sandkästen. Es handelt sich hierbei um die tatsächlich für das Spielen genutzten Flächen, nicht nur um amtlich ausgewiesene Kinderspielplätze. Amtlich ausgewiesene Kinderspielplätze sind ggf. nach Maßstäben des öffentlichen Gesundheitswesens zu bewerten. Dies liegt daran, daß der öffentlichen Hand im Rahmen der Daseinsvorsorge eine besondere Sorgfaltspflicht obliegt. Der Spielsand auf amtlich ausgewiesenen Kinderspielplätzen muß nach umwelthygienischen Gesichtspunkten vom Gesundheitsamt überwacht werden.

459 Wohngebiete sind dem Wohnen dienende Gebiete, einschließlich Hausgärten oder sonstige Gärten, auch soweit sie nicht im Sinne der Baunutzungsverordnung planungsrechtlich dargestellt oder festgesetzt sind, ausgenommen Park- und Freizeitanlagen, Kinderspielflächen sowie befestigte Verkehrsflächen. Nach der Baunutzungsverordnung werden Wohngebiete differenziert nach Kleinsiedlungsgebieten, reinen und allgemeinen Wohngebieten sowie nach Dorfgebieten. Werden in Wohngebieten unbefestigte Flächen als Kinderspielflächen genutzt, so sind sie in die Nutzungskategorie „Kinderspielflächen" einzuordnen. Werden Hausgärten zum Anbau von Gemüse zum Eigenverzehr genutzt, ist im Einzelfall zu prüfen, ob auch die Prüfwerte für den Wirkungspfad Boden-Nutzpflanze berücksichtigt werden müssen.

Park- und Freizeitanlagen sind Anlagen für soziale, gesundheitliche und **460** sportliche Zwecke, insbesondere sind es öffentliche und private Grünanlagen sowie unbefestigte Flächen, die regelmäßig zugänglich sind und vergleichbar genutzt werden. Ein unabdingbares Kriterium für diese Nutzungsart ist die regelmäßige Zugänglichkeit. Sie ist eine Bedingung, die bei der Ableitung der Werte einen Aufenthalt von Kindern unterstellt.

Industrie- und Gewerbegrundstücke sind unbefestigte Flächen von Arbeits- **461** und Produktionsstätten, die nur während der Arbeitszeit genutzt werden. Auf diesen unbefestigten Flächen darf aber nicht gearbeitet werden. Grundsätzlich können militärische Flächen dieser Kategorie zugeordnet werden, es sei denn, daß besondere Umstände des Einzelfalls auf eine intensivere Exposition Boden-Mensch schließen lassen.

Die Prüfwerte für die direkte Aufnahme von Schadstoffen sind in Abhängig- **462** keit von der Nutzung festgelegt und stoffspezifisch von Fachkreisen überprüft worden, wobei humantoxikologische Bewertungsmaßstäbe und Annahmen über die Exposition von Menschen gegenüber Schadstoffen im Boden herangezogen wurden. Diese Prüfwerte geben den derzeitigen wissenschaftlichen Kenntnisstand wieder und müssen bei Vorliegen neuer Erkenntnisse fortgeschrieben werden.

Für den Wirkungspfad Boden-Mensch sind im Anhang 2 Ziff. 1.4 BBodSchV **463** für jede Nutzung Prüfwerte für anorganische und organische Schadstoffe/ Schadstoffgruppen[865] im Boden enthalten, wobei die Konzentrationen für die sensiblere Nutzungsart Kinderspielfläche um den Faktor 2–10 niedriger liegen als für die anderen Nutzungsarten.

Die Liste dieser Prüfwerte für den Wirkungspfad Boden-Mensch weist jedoch **464** erhebliche Lücken auf. So sind relevante Bodenschadstoffe, die bereits in vielen länderrechtlichen Regelungen enthalten waren, wie BTEX-Aromate (Einzelstoffe), LHKW (Einzelstoffe), PAK, Kobalt und Chrom (VI) überhaupt nicht aufgeführt.

Das alleinige Aufführen von Benzo(a)pyren als Vertreter der polycyclischen **465** aromatischen Kohlenwasserstoffe (PAK) wird der toxikologischen Bedeutung der übrigen PAK bei der Beurteilung von schädlichen Bodenveränderungen oder Altlasten nicht gerecht. So sind etwa andere altlastspezifische PAK genauso toxisch, auf Grund ihrer niederkernigen Struktur noch besser resorbierbar und damit auf allen Wirkungspfaden mobiler. Hinzu kommt, daß der Anteil von Benzo(a)pyren am toxischen Gesamtpotential einer PAK-Mischung zwischen 2–80% stark schwanken kann und diese Schwankungen in die Beurteilung einer schädlichen Bodenveränderung oder Altlast miteinbe-

---

[865] Arsen, Blei, Cadmium, Cyanide, Chrom, Nickel, Quecksilber, Aldrin, Benzo(a)pyren, DDT, Hexachlorbenzol, Hexachlorcyclohexan (HCH-Gemisch), Pentachlorphenol und Polychlorierte Biphenyle (PCB_6).

zogen werden müssen. Eine zusätzliche Aufnahme von Prüfwerten für weitere typische PAK-Einzelsubstanzen[866] wäre angebracht gewesen[867].

466 Zweifel bestehen auch an der Festsetzung der Höhe der Prüfwerte. Untersuchungen zur Ableitungsmethodik toxikologischer Grunddaten zur Ermittlung der Prüfwerte für den Wirkungspfad Boden-Mensch haben gezeigt, daß die im Anhang 2 BBodSchV festgelegten Prüfwerte um den Faktor 2 bis 5 zu hoch angesetzt sind[868].

467 Bei Sanierungen in der Vergangenheit wurden von den meisten Bundesländern die technischen Regeln der Länderarbeitsgemeinschaft Abfall (LAGA)[869] angewendet. Danach dürfen Böden nach der Reinigung nur mit zusätzlichen Sicherungsmaßnahmen (LAGA Z1.2) eingebaut werden, wenn ihr Quecksilbergehalt 5 mg/kg übersteigt. Der Quecksilber-Prüfwert der BBodSchV für die sensibelste Nutzungsart Kinderspielplatz beträgt 10 mg/kg, ist also doppelt so hoch wie der LAGA-Wert für die Wiederverwendung von Böden nach der Sanierung[870].

468 Böden mit einem Quecksilbergehalt von 20 mg/kg werden nach der BestbüAbfV[871] als besonders überwachungsbedürftiger Abfall eingestuft. Nach der BBodSchV werden diese Böden zur Nutzung in Wohngebieten aber noch toleriert[872]. Hier muß eine Angleichung der BBodSchV an das geltende Abfallrecht erfolgen.

(bb) Prüfwerte Wirkungspfad Boden-Nutzpflanze

469 Beim Wirkungspfad Boden-Nutzpflanze werden schädliche Wirkungen von Bodenkontaminationen auf Nahrungs- und Futtermittelpflanzen betrachtet. Bei der Untersuchung dieses Wirkungspfads sind folgende Nutzungen zu unterscheiden:

470 Ackerbau: Flächen zum Anbau wechselnder Ackerkulturen, einschließlich Gemüse und Feldfutter. Hierzu zählen auch erwerbsgärtnerisch genutzte Flächen.

471 Nutzgarten: Hausgarten-, Kleingarten- und sonstige Gartenflächen, die zum Anbau von Nahrungspflanzen genutzt werden.

---

866 Naphtalin, Acenaphthylen, Acenaphthen, Fluoren, Phenanthren, Anthracen, Fluoranthen, Pyren, Benz(a)anthracen, Chrysen, Benzo(b)fluoranthen, Benzo(k)fluoranthen, Benzo(e)pyren, Indeno(123-cd)pyren, Dibenz(ah)anthracen, Benzo(ghi)perylen.
867 Vgl. hierzu BR-Dr. 244/99 (Empfehlungen zu BR-Dr. 780/98 v. 19. 4. 1999), S. 91 f.; auch *Kalberlah*, altlasten spektrum 1995, 231 ff.
868 Vgl. hierzu *Zeddel/Huhn*, altlasten spektrum 1998, 198.
869 Länderarbeitsgemeinschaft Abfall (LAGA), Anforderungen an die stoffliche Verwertung von mineralischen Reststoffen/Abfällen v. 5. 9. 1995.
870 Vgl. etwa *Haekel*, altlasten spektrum 1998, 113 ff., 114.
871 Verordnung zur Bestimmung von besonders überwachungsbedürftigen Abfällen (Bestimmungsverordnung besonders überwachungsbedürftiger Abfälle – BestbüAbfV) v. 10. 9. 1996, BGBl. I, S. 446.
872 Vgl. *Haeckel*, altlasten spektrum 1998, 114.

Investitionssicherheit durch die neue Bundes-Bodenschutzverordnung?

Grünland: Flächen unter Dauergrünland **472**

Als Schutzgüter kommen für diesen Bereich in Betracht: **473**

Ausschluß von humantoxischen Wirkungen beim Verzehr von pflanzlichen Lebensmitteln, insbesondere von Weizen, Kartoffeln, Gemüse und Obst,

Vermarktbarkeit von Nahrungspflanzen aus Ackerbau und Erwerbsgartenbau als Lebensmittel,

Verwertbarkeit von Ackerfutter und Grünlandaufwuchs als Futtermittel.

Soweit Grenzwerte für Schadstoffe in lebensmittel- oder futtermittelrechtlichen Richtlinien vorgegeben sind, werden diese als Höchstwerte für die in der Pflanze vorkommenden Schadstoffgehalte bei der Ableitung der Prüfwerte ebenso berücksichtigt wie die stoffspezifischen Gehalte von Schadstoffen im Boden. Sie werden von den Nutzpflanzen systemisch oder mit an Futtermitteln anhaftenden Bodenresten direkt von Tieren aufgenommen. Auch bei dem Verzehr von Obst und Gemüse aus dem eigenen Garten werden zur Ableitung der Prüfwerte hinsichtlich Schwermetallbelastungen zwei Einwirkpfade berücksichtigt. Zum einen können im Bodensickerwasser gelöste Schwermetalle durch die Pflanzenwurzel aufgenommen werden, wodurch es zu einer Anreicherung im Pflanzenkörper kommt. Zum anderen kann kontaminierter Boden an der Pflanze anhaften und oft nicht durch Waschen oder küchentechnische Aufbereitung vollständig entfernt werden[873]. **474**

Unter Anhang 2 Ziff. 2.2 BBodSchV sind die Prüfwerte für den Schadstoffübergang Boden-Nutzpflanze auf Ackerbauflächen und in Nutzgärten im Hinblick auf die Beeinträchtigung der Pflanzenqualität durch die anorganischen Schadstoffe Arsen, Blei, Quecksilber und Thallium und durch Benzo(a)pyren als einzigem organischen Schadstoff festgelegt. Weitere Prüfwerte für diesen Wirkungspfad enthält Anhang 2 Ziff. 2.4 BBodSchV im Hinblick auf die Wachstumsbeeinträchtigungen bei Kulturpflanzen durch die anorganischen Schadstoffe Arsen, Kupfer, Nickel und Zink. **475**

Mit der Beschränkung auf einen einzigen organischen Bodenschadstoff für diesen Wirkungspfad fällt die BBodSchV weit hinter die rechtlichen Regelungen zur Klärschlamm- und Bioabfallverwertung zurück. Neben Grenzwerten für anorganische Schadstoffe enthält die Klärschlammverordnung[874] und die Bioabfallverordnung[875] auch Grenzwerte für organische Schadstoffe. Eine Angleichung der BBodSchV an diese bestehenden Regelungen erscheint auch hier dringend geboten[876]. **476**

---

873 Vgl. hierzu *Barkowski/Günther/Machtolf,* altlasten spektrum 1998, 331 ff., 335; auch *Delschen,* altlasten spektrum 1998, 339 ff.
874 AbfKlärV v. 15. 4. 1992, BGBl. I, S. 912, geänd. durch VO v. 6. 3. 1997, BGBl. I, S. 446.
875 BioAbfV v. 21. 9. 1998, BGBl. I, S. 2955.
876 Vgl. hierzu *Kloke/Eikmann,* in: Rosenkranz/Einsele/Harreß, Bodenschutz, Nr. 9305.

Betrieblich-rechtliche Fragestellungen

(cc) Prüfwerte Wirkungspfad Boden-Grundwasser

477 Der Wirkungspfad Boden-Sickerwasser-Grundwasser wird durch die Konzentrationen von Schadstoffen im Sickerwasser hinsichtlich der Gefahrenbeurteilung für das Grundwasser als Ressource für Trinkwasser bewertet. Die Prüfwerte für diesen Wirkungspfad werden aus dem Wasserrecht abgeleitet, wobei davon ausgegangen wird, daß die Beurteilungsmaßstäbe für Schadstoffeinträge ins Grundwasser aus dem Wasserrecht auch für das Bodenschutzrecht gelten. Ein Schaden für das Grundwasser liegt nach § 1a Abs. 2 und § 34 Abs. 2 WHG dann vor, wenn die Konzentrationen der Schadstoffe über der Geringfügigkeitsschwelle liegen. Umgekehrt ist das Grundwasser unbelastet oder nur geringfügig belastet, wenn die Stoffkonzentrationen nicht über den geogenen und ubiquitären Hintergrundwerten des Grundwassers liegen und wenn die Anforderungen der Trinkwasserverordnung eingehalten werden. Die Prüfwerte für den Wirkungspfad Boden-Grundwasser stellen diese Geringfügigkeitsschwelle dar. Sie repräsentieren jedoch nicht die im Grundwasser nachgewiesenen Schadstoffgehalte, sondern beziehen sich vielmehr auf den Schadstoffeintrag aus belasteten Böden in das Sickerwasser. Hierbei ist eine differenzierte Mobilitätsbetrachtung der Schadstoffe vom Boden über die gesättigte in die ungesättigte Bodenzone notwendig, wobei Schadstoffeigenschaften wie Wasserlöslichkeit und Sorptionsvermögen sowie hydrologische und hydrogeologische Bodeneigenschaften wie Wasserdurchlässigkeit, gleichermaßen für die Bodenpassage berücksichtigt werden müssen. Zur Bestimmung der Schadstoffkonzentrationen im Sickerwasser läßt die BBodSchV folgende Methoden zu:

478 In-situ-Gewinnung von Sickerwasser und deren Analyse auf Schadstoffe,

Analyse von Laborsickerwasser auf anorganische Schadstoffe, das aus Bodenproben durch Elution und Bodensättigungsextrakt gewonnen wird,

Säulen- und Lysimeterversuche für organische Schadstoffe, Grundwasserentnahme und Analyse und Rückrechnung.

Anhang 2 Ziff. 3.1 BBodSchV enthält für den Wirkungspfad Boden-Grundwasser Prüfwerte für anorganische und organische Schadstoffe[877] zur Beurteilung von Sickerwässern.

479 Probleme liegen beim Wirkungspfad Boden-Grundwasser im Bereich der chemischen Analytik und der Sickerwasserprognose. Im Anhang 1 BBodSchV werden zur Ermittlung organischer Schadstoffe im Sickerwasser Säulenversuche[878] vorgeschrieben. Da die Durchführung und der Versuchsaufbau aber nicht konkretisiert werden, ist eine Reproduzierbarkeit und Ver-

---

877 Antimon, Arsen, Blei, Cadmium, Chrom (gesamt), Chromat, Kobalt, Kupfer, Molybdän, Nickel, Quecksilber, Selen, Zink, Zinn, Cyanid(gesamt), Cyanid(leicht freisetzbar), Fluorid, Mineralölkohlenwasserstoffe, BTEX, Benzol, LHKW, Aldrin, DDT, Phenole, PCB (gesamt), PAK (gesamt) u. Naphtalin.

878 Vgl. hierzu ausführl. *Pfeifer/Odensaß/Schroers,* altlasten spektrum 1999, 144 ff.

gleichbarkeit der Analysenergebnisse nicht gegeben[879]. Abhilfe könnte geschaffen werden durch die Aufnahme der DIN Vornorm 19736 in die BBodSchV bzw. durch eine entsprechende Verweisung in der BBodSchV auf diese Norm[880].

Weiterhin ist die wissenschaftliche Methodik für eine zuverlässige Sickerwasserprognose noch nicht ausgereift. Hierdurch entsteht eine erhebliche Unschärfe bei den Prüf- und Maßnahmenwerten, wobei das an sich objektive Wertesystem der Verordnung durch das subjektive Urteilsvermögen von Sachverständigen ersetzt wird[881]. **480**

b) Maßnahmenwerte

Die im Anhang 2 BBodSchV enthaltenen Maßnahmenwerte stellen eine Gefahrenschwelle dar, bei deren Überschreitung unter Berücksichtigung der jeweiligen Bodennutzung in der Regel von einer schädlichen Bodenveränderung oder Altlast auszugehen ist und Maßnahmen erforderlich sind. Maßnahmenwerte stellen jedoch keine „Grenzwerte" im Rechtssinne dar, da im Einzelfall unter Berücksichtigung der Bodenbeschaffenheit sowie geogener und ubiquitärer Hintergrundwerte noch zu prüfen ist, ob eine konkrete Gefahr von der kontaminierten Fläche ausgeht. **481**

Die Maßnahmenwerte werden über das Bodenschutzrecht hinaus Bedeutung erlangen bei der Formulierung von Anforderungen nach dem Bauplanungsrecht. Die Vorschriften des BBodSchG können bei der Überplanung von schädlichen Bodenveränderungen und Altlasten wegen des beschränkten Anwendungsbereiches nach § 3 Abs. 1 Nr. 9 BBodSchG keine direkte Anwendung finden. Sie werden jedoch Auswirkungen haben bei der Festlegung der allgemeinen „Anforderungen an gesunde Wohn- und Arbeitsverhältnisse" nach § 1 Abs. 5 Nr. 1 BauGB oder auch nach § 9 Abs. 5 Nr. 3 BauGB bei der Kennzeichnung von Flächen, deren Böden erheblich mit umweltgefährdenden Stoffen belastet sind[882]. **482**

Die Maßnahmenwerte werden wie die Prüfwerte nach folgenden mehr oder weniger sensiblen Wirkungspfaden für Schadstoffe und den zugehörigen Schutzgütern untergliedert: **483**

- Boden-Mensch
- Boden-Nutzpflanze und
- Boden-Grundwasser.

---

879 Vgl. hierzu *Görtz*, altlasten spektrum 1998, 103 ff., 106.
880 Vgl. hierzu *Pfeifer/Odensaß/Schroers*, altlasten spektrum 1999, 148.
881 Vgl. hierzu *Witt*, Wasser & Boden 1999, 7 ff., 8.
882 Vgl. hierzu *Sanden/Schoeneck*, Bundes-Bodenschutzgesetz, § 8 Rdnr. 15.

Betrieblich-rechtliche Fragestellungen

(aa) Maßnahmenwerte Wirkungspfad Boden-Mensch

484 Anhang 2 Ziff. 1.2 BBodSchV bestimmt Maßnahmenwerte für die direkte Aufnahme der Bodenschadstoffe Dioxine/Furane (PCDD/F)[883]. Sie werden differenziert nach Art der Bodennutzung als Kinderspielflächen (100 ng/kg[884]), als Wohngebiete (1.000 ng/kg), als Park- und Freizeitanlagen (1.000 ng/kg) sowie als Industrie- und Gewerbegrundstücke (10.000 ng/kg). Die Maßnahmenwerte sind für die sensibelste Nutzung als Kinderspielfläche am niedrigsten und sind für Industrieflächen um den Faktor 100 höher.

485 Bei Vorliegen dioxinhaltiger Laugenrückstände aus Kupferschiefer („Kieselrot") erfolgt nach Anhang 2 Ziff. 1.3 eine Anwendung der Maßnahmenwerte aufgrund der geringen Resorption im menschlichen Organismus nicht unmittelbar zum Schutz der menschlichen Gesundheit, sondern vielmehr zum Zweck der nachhaltigen Gefahrenabwehr.

486 Maßnahmenwerte für weitere Bodenschadstoffe enthält die BBodSchV nicht. Sie werden im Einzelfall nach § 4 Abs. 5 BBodSchV analog zum Bundesanzeiger 161a abgeleitet.

(bb) Maßnahmenwerte Wirkungspfad Boden-Nutzpflanze

487 Anhang 2 Ziff. 2.2 BBodSchV bestimmt derzeit Maßnahmenwerte für den Wirkungspfad Boden-Nutzpflanze auf Ackerbau- und Nutzgartenflächen nur für den Schadstoff Cadmium. Auf Flächen mit Brotweizenanbau oder mit Anbau stark Cadmium-anreichernder Gemüsearten wie Spinat, Grünkohl und Petersilie, gilt als Maßnahmenwert 0,04 mg/kg. Ansonsten gilt als Maßnahmenwert 0,1 mg/kg.

488 Weitere Maßnahmenwerte finden sich unter Anhang 2 Ziff. 2.3 BBodSchV für den Wirkungspfad Boden-Nutzpflanze bei Grünlandnutzung im Hinblick auf die Pflanzenqualität für 7 anorganische Schadstoffe und 1 organischen Schadstoff[885]. Der Wert für Cadmium ist um den Faktor 20 höher als für die Ackerbaunutzung und beträgt hier 20 mg/kg.

(cc) Maßnahmenwerte Wirkungspfad Boden-Grundwasser

489 Hier hat der Gesetzgeber auf die Festlegung von Werten in der BBodSchV verzichtet. Dies ist auch nicht verwunderlich, da für diesen Wirkungspfad das Wasserrecht Vorrang hat.

---

[883] Zur Kritik hieran s. bereits *Vierhaus*, NJW 1998, 1265; auch *Knopp/Albrecht*, Altlastenrecht in der Praxis, Rdnr. 64.
[884] Die Einheit ng/kg bedeutet: 10^{-9}g Schadstoff pro kg Boden als Trockenmasse.
[885] Arsen, Blei, Cadmium, Kupfer, Nickel, Quecksilber, Thallium und Polychlorierte Biphenyle (PCB$_6$).

c) Vorsorgewerte

490 Die Vorsorgeanforderungen sind in §§ 9, 12 BBodSchV geregelt. Im Anhang 2 Ziff. 4 BBodSchV werden die Vorsorgewerte, bei deren Überschreiten unter Berücksichtigung von geogenen und großflächig siedlungsbedingten Schadstoffgehalten in der Regel davon auszugehen ist, daß eine Besorgnis einer schädlichen Bodenveränderung besteht, spezifiziert. Sie werden nach den Hauptbodenarten Ton, Lehm/Schluff, Sand und Boden mit naturbedingt und großflächig siedlungsbedingt erhöhten Hintergrundgehalten unterteilt. Unter Ziff. 4.1 finden sich Vorsorgewerte für anorganische Schadstoffe[886] und unter Ziff. 4.2 sind Vorsorgewerte für organische Schadstoffe[887] aufgeführt. Die Höhe der Vorsorgewerte für organische Schadstoffe werden nicht nach den Hauptbodenarten, sondern nach dem Humusgehalt der Böden differenziert. Dies ist deshalb sinnvoll, weil sich die organischen Schadstoffe vorwiegend an Huminstoffen im Humus anlagern.

491 Ziel der Vorsorgewerte ist es, eine langfristige Nutzbarkeit der Böden zu gewährleisten[888]. Die gute fachliche Praxis nach § 17 Abs. 1 und 2 BBodSchG erfüllt bei der landwirtschaftlichen Bodennutzung die Vorsorgepflicht. Die Vorsorgepflicht gilt ausschließlich für zukünftige Einträge durch den nach § 7 S. 1 BBodSchG Verpflichteten. Sie hat keine Wirkung in die Vergangenheit.

492 Bei Überschreiten der Vorsorgewerte bei einem Schadstoff nach Anhang 2 Ziff. 4 BBodSchV sind grundsätzlich weitere Einträge in der Zukunft bis zur Höhe von bestimmten jährlichen Schadstofffrachten zulässig. Diese sind für eine Reihe von Schadstoffen[889] im Anhang 2 Ziff. 5 BBodSchV als „Zulässige zusätzliche jährliche Frachten an Schadstoffen über alle Wirkungspfade" aufgelistet. Bemessen werden diese Frachten nach den mittleren Einträgen eines Schadstoffs durch Depositionen aus der Luft und durch landwirtschaftliche Betriebsmittel und unbeachtliche Frachtraten bei dem Betrieb von Anlagen. Werden also die Vorsorgewerte, summiert mit den zulässigen zusätzlichen jährlichen Frachtraten an Schadstoffen, überschritten, so wird im Einzelfall geprüft, welche Minderungsmaßnahmen verhältnismäßig sind.

493 Ist für einen Schadstoff kein Vorsorgewert in der BBodSchV festgeschrieben, so sind weitere Einträge dieses Schadstoffes nach § 10 Abs. 2 BBodSchV, soweit technisch möglich und wirtschaftlich vertretbar, zu begrenzen. Dies gilt insbesondere für Schadstoffe nach § 4a Abs. 1 Gefahrstoffverordnung[890].

---

886 Cadmium, Blei, Chrom, Kupfer, Quecksilber, Nickel und Zink.
887 Polychlorierte Biphenyle (PCB$_6$), Benzo(a)pyren und polycyclische aromatische Kohlenwasserstoffe (PAK$_{16}$).
888 BR-Dr. 780/98, S. 5.
889 Blei, Cadmium, Chrom, Kupfer, Nickel, Quecksilber und Zink.
890 Es handelt sich hierbei um Schadstoffe, die als krebserregend, erbgutverändernd oder fortpflanzungsgefährdend eingestuft sind.

4. Verweisungsproblematik

494 Der Gesetzgeber hat auf die Festlegung von Prüf- und Maßnahmenwerten für eine Reihe von für schädliche Bodenveränderungen oder Altlasten spezifische Schadstoffe in der BBodSchV verzichtet. Soweit im Einzelfall Schadstoffe bzw. Schadstoffkonzentrationen festgestellt werden, die nicht in der BBodSchV enthalten sind, stellt sich nun die Frage, wie z.B. Behördenvertreter oder Sachverständige für Altlasten zu verfahren haben.

a) Verweisung auf Bundesanzeiger 161 a

495 § 4 Abs. 5 BBodSchV bestimmt, daß für die Bewertung die zur Ableitung der entsprechenden Werte in Anhang 2 herangezogenen Methoden und Maßstäbe zu beachten sind. Verwiesen wird hierbei auf die Veröffentlichung im Bundesanzeiger Nr. 161 a vom 28. 8. 1999[891]. In der Bekanntmachung im Bundesanzeiger sind die Methoden und Maßstäbe für die Prüf- und Maßnahmenwerte enthalten, die im Anhang 2 Nr. 1 und 2 BBodSchV aufgeführt sind. Die in der BBodSchV enthaltenen Prüfwerte für den Wirkungspfad Boden-Grundwasser sind von der Länderarbeitsgemeinschaft Wasser (LAWA) ausgearbeitet worden. Im Bundesanzeiger wird ausdrücklich darauf hingewiesen, daß eine Abweichung von den in der Bekanntmachung festgelegten Maßstäben und Methoden grundsätzlich nicht zulässig ist, es sei denn, neuere gesicherte wissenschaftliche Erkenntnisse liegen vor. Daher soll zur gegebenen Zeit eine Anpassung der Ableitungsmaßstäbe an diese neuen wissenschaftlichen Erkenntnisse erfolgen. Dennoch sind die in der Bekanntmachung des Bundesanzeigers 161a aufgeführten Methoden und Maßstäbe so formuliert, daß Abweichungen für einen Stoff bei Vorliegen eines speziellen Sachverhalts berücksichtigt werden können.

496 Einleitend wird im Bundesanzeiger 161a betont, daß es Ziel der Bekanntmachung ist, gleichwertige Einzelfallentscheidungen bei Stoffen, für die die BBodSchV keine Prüf- oder Maßnahmenwerte angibt, sicherzustellen. Damit soll offensichtlich verhindert werden, daß die Länder eigene Ableitungsmethoden insbesondere bei den Prüf- und Maßnahmenwerten entwickeln und auf diese Weise quasi durch die Hintertür wieder die alten „Listen" angewendet werden. Aber selbst bei Einhaltung der Ableitungsmethoden ist nicht gewährleistet, daß jede Verwaltung zu den gleichen Prüf- und Maßnahmenwerten für in der BBodSchV nicht enthaltene Bodenschadstoffe kommt. Warum dies so ist, wird im folgenden Prüfwert-Berechnungsbeispiel anhand des Bundesanzeigers 161a deutlich.

---

[891] Bekanntmachung über Methoden und Maßstäbe für die Ableitung der Prüf- und Maßnahmenwerte nach der Bundes-Bodenschutz- und Altlastenverordnung (BBodSchV) vom 18. 6. 1999.

(aa) Berechnungsbeispiel bei einem in der BBodSchV fehlenden Prüfwert nach Bundesanzeiger 161a

Wie wird ein Behördenvertreter in Zukunft z.B. im Falle eines fehlenden Prüfwerts für den Wirkungspfad Boden-Mensch (direkter Kontakt) nach § 4 Abs. 5 BBodSchV i.V. mit dem Bundesanzeiger 161a verfahren? Unter Ziff. 2.4.1.1.3. Bundesanzeiger 161a ist die Formel 1 aufgelistet, nach der ein Prüfwert für die orale Bodenaufnahme im Szenario „Kinderspielflächen" berechnet werden kann. Danach ist der Prüfwert gleich dem Quotient aus der gefahrenbezogenen Körperdosis und der Bodenaufnahmerate[892].

Die gefahrenbezogene Körperdosis ist ihrerseits gleich der zugeführten Schadstoffdosis multipliziert mit der Differenz aus dem Gefahrenfaktor und dem Standardwert des Hintergrundes. So werden aus den vormals 2 nun 4 unbekannte Parameter, die in der o.g. Formel 1 nach Ziff. 2.4.1.1.3. des Bundesanzeigers eingesetzt werden müssen. Zur Lösung gibt der Bundesanzeiger folgende Einsetzungshilfen:

Gefahrenbezogene Körperdosis	Berechnung nach Nummer 2.3.2
Bodenaufnahmerate	Berechnung nach Nummer 2.4.1.1
Zugeführte Dosis (auf Zufuhr mg errechnete tolerierbare resorbierte Dosis)	Berechnung nach Nummer 2.3.1
Gefahrenfaktor	Berechnung nach Nummer 2.3.2
Standardwert Hintergrund	Berechnung nach Nummer 2.3.3

Die Berechnung der oralen Bodenaufnahmerate nach Nummer 2.4.1.1. Bundesanzeiger 161a für die orale Bodenaufnahmerate für das Szenario „Kinderspielflächen" setzt sich aus den Expositionsfaktoren „Körpergewicht", „tägliche orale Bodenaufnahme" und „Aufenthaltszeit" zusammen und ist gleich dem Quotienten aus der täglichen oralen Bodenaufnahme und dem Körpergewicht, multipliziert mit der Aufenthaltszeit.

In den USA[893] und den Niederlanden wurden Messungen und Beobachtungen durchgeführt, um herauszufinden, wieviel Boden Kinder beim Spielen jeden Tag im Durchschnitt essen. Die Werte schwanken zwischen ca. 100 und 900 mg/Tag. Aus diesen Untersuchungen ist im Hinblick auf die Ableitung eines Prüfwertes eine **tägliche orale Bodenaufnahme von 500 mg/Tag** für Kinder in Deutschland angenommen worden.

Vorliegend wird davon ausgegangen, daß ein Kind in Deutschland wegen der mitteleuropäischen Witterungsbedingungen nicht jeden Tag draußen spielt. Obwohl entsprechende Untersuchungen des Freizeitverhaltens in Deutschland nicht vorliegen, nimmt der Bundesanzeiger 161a bezug auf eine amerikani-

---

892 Aus Vereinfachungsgründen wird nur die Berechnungsformel 1 für nichtkanzerogene Wirkung verwendet. Die Formel 2 für kanzerogene Wirkung ist erheblich komplizierter.
893 EPA, 1997 und *Walker/Griffin,* Environmental Health Perspectives, Vol. 106, 1998, 133 ff. (zit. nach BAnz. 161a, S. 20f.).

Betrieblich-rechtliche Fragestellungen

sche Studie und legt die Nutzungsfrequenz auf 240 Tage/Jahr fest[894], wobei er die unterschiedlichen klimatischen Bedingungen zwischen Nordamerika und Europa völlig außer Acht läßt.

502 Nach Bundesanzeiger 161a ist das Szenario „Kinderspielflächen" für Kinder im Alter zwischen 1 bis 8 Jahren relevant. Auf der Grundlage einer Zusammenstellung der Behörde für Arbeit, Gesundheit und Soziales in Hamburg[895] wird für die Ableitung von Prüfwerten von einem mittleren Körpergewicht von 10 kg für Kinder zwischen 1 bis 8 Jahren ausgegangen[896].

503 Ein Kind im Alter zwischen 1–8 Jahren wiegt im ungünstigsten Fall 10 kg, ißt 500 mg kontaminierten Boden pro Tag und hält sich wegen des guten Wetters in Mitteleuropa 240 Tage auf Kinderspielflächen auf. Nach Einsetzen dieser Expositionsfaktoren in die Formel berechnet man einen Wert für die Bodenaufnahmerate von 32,87 mg/kg und Tag.

504 Die Berechnung des Gefahrenfaktors erfolgt nach Nummer 2.3.2 des Bundesanzeigers 161a.

505 Der Anwender sieht sich hier unvermittelt GD- und TRG-Dosen, $NOAEL_e$-, $NOAEL_E$-; $NOAEL_{TV}$-, $LOAEL_e$- und $LOAEL_E$-Werten gegenüber, die irgendetwas mit SF_b- SF_c- und/oder SF_d-Faktoren zu tun haben sollen[897]. Nach weiterem Blättern im Bundesanzeiger entpuppt sich die GD-Dosis als gefahrenbezogene Dosis, die TRD-Dosis als tolerierbare resorbierte Dosis[898], die SF-Werte als Sicherheitsfaktoren[899] zugeordnet den TRD. Der LOAEL-Wert ist der „lowest observed adverse effect level = die niedrigste Gefahrstoffdosis bzw. -konzentration, bei der noch adverse Effekte zu beobachten sind", und der NOAEL-Wert ist der „no observed adverse effect level = die höchste Gefahrstoffdosis bzw. -konzentration, bei der keine adversen Effekte beobachtet werden". Zwar läßt der Bundesanzeiger nicht offen, wie nun mit den zuvor genannten Werten und Dosen unter Berücksichtigung der jeweils stoffspezifisch zugrunde liegenden Datenbasis vorzugehen ist, aber spätestens hier ist eine Ausbildung als Humantoxikologe hilfreich, wenn nicht notwendig.

(bb) Beurteilung der Anwendbarkeit des Bundesanzeigers 161a

506 Der Behördenvertreter oder auch Sachverständige kann die Bodenaufnahmerate von Kindern, die auf Spielplätzen spielen, also ohne Probleme berechnen. Für die 3 anderen Unbekannten in der Formel, die zugeführte Dosis, den Gefahrenfaktor und den Standardwert „Hintergrund" fehlen ihm jedoch die Formeln und stoffspezifischen Daten bzw. die Fachkenntnis, sich diese hu-

---

894 Vgl. hierzu BAnz. 161 a, S. 21.
895 Vgl. hierzu BAGS 1995.
896 Vgl. hierzu BAnz. 161 a, S. 20.
897 Vgl. hierzu BAnz. 161 a, S. 16 f.
898 Unter Ziff. 2. 3. 1. 2 BAnz. 161 a wird eine ausführliche Datenbasis angegeben.
899 Eine Übersicht zu den für TRD-Werte relevanten Sicherheitsfaktoren gibt Tabelle 1 im BAnz. 161 a, S. 11.

mantoxikologischen Informationen aus der Literatur bzw. aus Datenbanken zu beschaffen. Ein weiteres Problem besteht darin, daß die Literatur keine exakten Werte, sondern meist nur Wertebereiche angibt. Bei der Berechnung der Bodenaufnahmerate wird diese Tatsache evident: Das Körpergewicht von Kindern zwischen 1–8 Jahren, die Aufenthaltszeit auf Kinderspielplätzen zwischen 0–365 Tagen/Jahr, die orale Bodenaufnahme zwischen 100 und 900 mg/Tag. Da in die Formel nur definierte Zahlenwerte eingesetzt werden können, liegt es im Ermessen des Experten, aus dem Wertebereich den richtigen humantoxikologisch relevanten Wert zu nehmen. Hierzu ist jeder Nicht-Fachmann überfordert. Die Annahmen, daß ein Kind 10 kg wiegt, 240 Tage im Jahr auf einem Kinderspielplatz spielt und dabei durchschnittlich 500 mg Boden pro kg Körpergewicht ißt, erscheint willkürlich, wenn auch plausibel.

b) Weitere Verweise

Auch der Bundesanzeiger 161a verweist wiederum weiter auf stoffspezifische Angaben, die in einer Dokumentation des Umweltbundesamtes (UBA) aus dem Jahr 1999 enthalten sein sollen[900]. Dieser Verweis findet sich auch an anderen Stellen des Bundesanzeigers wieder[901]. Bei dieser Dokumentation ist die Anwendung der Methoden und Maßstäbe zur Berechnung der Prüfwerte im einzelnen für jeden Stoff des Anhangs 2 BBodSchV dargestellt. Ebenfalls enthält die Dokumentation weitere Ableitungsmaßstäbe, die z.B. für andere Stoffe und Stoffeigenschaften, wie insbesondere flüchtige Stoffe und Nitroaromaten, heranzuziehen sind[902].

5. Anwendung des BBodSchG und der BBodSchV in der Praxis der Altlastenuntersuchung

Die Altlastenuntersuchungen nach dem BBodSchG und der BBodSchV im Rahmen der Altlastenbearbeitung berücksichtigen folgendes Instrumentarium:

- Historische Erkundung
- Orientierende Untersuchung
- Detailuntersuchung.

Aus den Ergebnissen folgen dann ggf.

- Sanierungsuntersuchungen und
- Aufstellung des Sanierungsplans.

---

900 Vgl. hierzu BAnz. 161 a, S. 17.
901 S. auch BAnz. 161a, S. 7f., 11, 31.
902 UBA (Hrsg.), Berechnung der Prüf- und Maßnahmenwerte der Bodenschutz- und Altlastenverordnung aufgrund der Ableitungsmaßstäbe für Prüf- und Maßnahmenwerte gem. der Bekanntmachung des BMU im Bundesanzeiger, 1999.

Betrieblich-rechtliche Fragestellungen

509 Dieses gestufte Verfahren hat sich in der Praxis bewährt. Dadurch soll sichergestellt werden, daß die Untersuchungsmaßnahmen im angemessenen Umfang zum ermittelten oder erwarteten Gefährdungsumfang stehen.

a) Historische Erkundung

510 Im Untersuchungs- oder Bewertungsverfahren nach dem BBodSchG bzw. der BBodSchV steht am Anfang die historische Erkundung des altlastverdächtigen Standortes. Nach § 3 Abs. 1 und 2 BBodSchV liegen Anhaltspunkte insbesondere dann vor, wenn auf Grundstücken über einen längeren Zeitraum oder in erheblicher Menge mit Schadstoffen umgegangen wurde und darüber hinaus die tatsächliche Betriebs-, Bewirtschaftungs- oder Verfahrensweise oder Störungen des bestimmungsgemäßen Betriebs den Eintrag solcher Stoffe in den Boden vermuten lassen oder bei Altablagerungen, wenn die Art des Betriebes oder der Zeitpunkt der Stillegung den Verdacht nahelegen, daß Abfälle nicht sachgerecht behandelt, gelagert oder abgelagert wurden[903]. Der Verdacht einer nicht sachgerechten Ablagerung liegt für Altablagerungen in der Regel dann vor, wenn diese vor Inkrafttreten des Abfallbeseitigungsgesetzes am 11. 6. 1972 erfolgte[904].

511 Im Zuge der historischen Erkundung werden allgemeine Daten zum Standort, Daten zur Standortumgebung und zur historischen Standortnutzung erhoben oder – wenn vorhanden – gesammelt. Aus der Art und Branchenzugehörigkeit der Betriebe, aus der Nutzungsgeschichte und aus den eingesetzten Arbeits- und Herstellungsverfahren kann darauf geschlossen werden, ob und ggf. mit welchen umweltgefährdenden Stoffen umgegangen worden ist. Ein weiterer Teil der historischen Erkundung befaßt sich mit dem Überblick über die geographischen, geologischen und hydrogeologischen Gegebenheiten des Standortes. Falls bereits zu einem früheren Zeitpunkt Untersuchungen zur Klärung eines Altlastenverdachtes durchgeführt wurden, so werden diese in die historische Erkundung miteinbezogen. Die Datenerhebung für die historische Untersuchung wird in der Regel durch Archivrecherchen, Luftbildauswertungen, Zeitzeugenbefragungen und durch Ortsbegehung durchgeführt.

512 Ziel der historischen Untersuchung ist eine Gesamteinschätzung des Altlastenverdachts sowie die Aufstellung eines Untersuchungskonzepts für die orientierende Untersuchung.

b) Orientierende Untersuchung

513 Im Untersuchungs- bzw. Bewertungsverfahren nach dem BBodSchG bzw. der BBodSchV erfolgt nach der historischen Erkundung die **orientierende Unter-**

---

903 Vgl. hierzu *Queitsch,* Bundes-Bodenschutzgesetz, 2. Aufl.,1999, Rdnr. 80; auch *Sahm*, UPR 1999, 374.
904 Vgl. hierzu *Bachmann,* in: Holzwarth/Radtke/Hilger/Bachmann, Bundes-Bodenschutzgesetz/ Bundes-Bodenschutz- und Altlastenverordnung, § 3 BBodSchV Rdnr. 7.

suchung nach § 3 Abs. 3 BBodSchV, die in § 2 Abs. 3 BBodSchV näher definiert wird. Sie wird dann in Gang gesetzt, wenn konkrete Anhaltspunkte für das Vorliegen einer schädlichen Bodenveränderung oder Altlast vorliegen. Anhaltspunkte ergeben sich häufig aus historischen Betrachtungen der früheren Grundstücksnutzung, also die orientierende Untersuchung knüpft an die Erkenntnisse der historischen Erkundung an.

Diese orientierende Untersuchung kann auch zur Gefährdungsabschätzung nach § 9 Abs. 2 S.1 BBodSchG bei hinreichendem Verdacht und konkreten Anhaltspunkten einer schädlichen Bodenveränderung von der zuständigen Behörde gegenüber den Sanierungspflichtigen nach § 4 Abs. 3 und 6 BBodSchG angeordnet werden. 514

Zu den Instrumenten der orientierenden Untersuchung gehören u.a. Grundwasserstandsmessungen, Entnahme von Grundwasserproben, Pumpversuche, Bodenluftuntersuchungen, geologische Aufnahme von Bohrungen, geomagnetische und seismographische Untersuchungen des Bodens. Inhalte der orientierenden Untersuchung sind die Erkennung und Charakterisierung der Kontaminationen, die Erfassung der relevanten Ausbreitungspfade von Schadstoffen, die Einschätzung der Gefährdung von Schutzgütern, die Schaffung der Datengrundlage für die Detailuntersuchung und die Erarbeitung von Empfehlungen für die weitere Vorgehensweise. 515

Die Ergebnisse der orientierenden Untersuchung sind zunächst nach § 4 Abs. 1 BBodSchV anhand der Prüfwerte des Anhangs 2 BBodSchV zu bewerten[905]. Die Bewertung kann zu zwei Ergebnissen führen: (aa) Die Prüfwerte sind unterschritten und (bb) die Prüfwerte sind überschritten. 516

(aa) Unterschreiten der Prüfwerte

Wird durch die orientierenden Untersuchungen festgestellt, daß für die untersuchten Schadstoffe die Prüfwerte des Anhangs 2 BBodSchV unterschritten werden, so werden keine Rechtsfolgen nach dem BBodSchG ausgelöst, da der Verdacht einer schädlichen Bodenveränderung oder Altlast damit ausgeräumt ist. 517

Diese Aussage ist für den Personenkreis des § 4 BBodSchG von erheblicher Bedeutung, da nun davon ausgegangen werden kann, daß die dort aufgeführten Pflichtigen künftig nicht zu einer Sanierung des Bodens des Grundstücks herangezogen werden[906]. Hier hat der Gesetzgeber Rechtssicherheit geschaffen. 518

Für Eigentümer von Altlastverdachtsflächen ist eine Unterschreitung der verbindlichen Prüfwerte im Anhang 2 der BBodSchV ebenfalls von erheblicher Bedeutung. So werden gering belastete Flächen und Grundstücke, die viel- 519

---

905 Vgl. hierzu auch *Schäfer*, altlasten spektrum 1999, 201 f., 202.
906 Vgl. hierzu *Knopp/Albrecht*, BB 1998, 1858.

leicht zu Unrecht als Altlastverdachtsfläche von den Behörden eingestuft wurden[907], bei Unterschreiten der Prüfwerte aus dem Altlastenverdacht entlassen und können durch die Befreiung von Restriktionen des Altlastenrechts wieder einer wirtschaftlichen Nutzung zugeführt werden. Damit können in wirtschaftlichen Schwerpunktregionen erhebliche Flächenreserven mobilisiert werden mit der Folge, daß der Siedlungsdruck auf den Außenbereich vermindert werden kann[908]. Nach der Entlassung aus dem Altlastenverdacht stehen die Grundstücke auch wieder für Grundpfandrechte zur Verfügung[909].

(bb) Überschreiten der Prüfwerte

520 Bei Überschreitung der Prüfwerte hat sich der Verdacht der schädlichen Bodenveränderung bestätigt. Nun haben die Sanierungspflichtigen mit einer Einzelfallprüfung durch die zuständige Verwaltungsbehörde zu rechnen. Diese Einzelfallprüfung kann aber auch zu dem Ergebnis kommen, daß, obwohl Prüfwerte überschritten werden, eine Gefährdung von Schutzgütern ausgeschlossen werden kann. Wird der hinreichende Verdacht der schädlichen Bodenveränderung dagegen nicht durch die Einzelfallprüfung ausgeräumt, so muß als nächste Stufe die Detailuntersuchung durchgeführt werden.

c) Detailuntersuchung

521 Die Detailuntersuchung nach § 3 Abs. 4 und 5 BBodSchV ist eine weitere vertiefte Untersuchung zur abschließenden Gefährdungsabschätzung mit dem Zweck, die Ermittlung des Ausmaßes und der räumlichen Verteilung von Schadstoffen, deren Ausbreitung im Boden, in Oberflächengewässern, im Grundwasser und in der Luft und die Möglichkeit der Aufnahme von Schadstoffen durch Menschen, Tiere und Pflanzen zu ermitteln[910]. Die Detailuntersuchung knüpft an die Ergebnisse der orientierenden Untersuchung an. Die Methoden, deren man sich bei der Detailuntersuchung als Instrumente bedient, sind die gleichen wie bei der orientierenden Untersuchung. Allerdings erfolgt die Probennahme gezielter und in einem engeren Raster.

522 Die Aufgaben der Detailuntersuchung sind die Überprüfung der Gefährdungsabschätzung der orientierenden Untersuchung, die Charakterisierung der Kontaminationen, die Erfassung der relevanten Ausbreitungspfade, die Schaffung einer Datengrundlage für das Sanierungskonzept und die abschließende Bewertung der Gefährdung bei der bestehenden Nutzung bzw. bei Nutzungsänderungen.

523 Der Untersuchungsumfang der Detailuntersuchung richtet sich nach Anhang 1 Nr. 1.2 BBodSchV. Es kann nach § 3 Abs. 5 S. 2 BBodSchV auf eine Detail-

---

907 Vgl. BT-Dr. 13/6701, S. 15.
908 *Sanden/Schoeneck*, Bundes-Bodenschutzgesetz, § 8 Rdnr. 13; *Rüpke/Burmeier/Doetsch*, altlasten spektrum 2000, 11 ff.; *Freier/Grimski/Reppe*, altlasten spektrum 2000, 5 ff., 7 f.
909 Vgl. hierzu BT-Dr. 13/6701, S. 22.
910 Vgl. BT-Dr. 780/98, S. 78; auch *Schmidt-Räntsch/Sanden*, NuR 1999, 555 ff., 555.

untersuchung nur dann verzichtet werden, wenn die Gefahren, die von der schädlichen Bodenveränderung oder Altlast ausgehen, nach Feststellung der Behörde mit einfachen Mitteln abzuwehren sind oder sie sich anderweitig beseitigen lassen.

Aus dem hinreichenden Verdacht der schädlichen Bodenveränderung oder Altlast ergibt sich eine Anordnungsbefugnis der zuständigen Behörde gegenüber den nach § 4 BBodSchG Sanierungspflichtigen zur weiteren Gefährdungsabschätzung. In der Literatur wird sogar im Einzelfall von einer Staffelung des Umfangs der Detailuntersuchung gesprochen[911]. Danach kann z.B. die Behörde im ersten Schritt Untersuchungen zur Schadstoffausbreitung im Boden, im Aufwuchs und Gewässer fordern und im zweiten Schritt Untersuchungen über die mögliche Aufnahme der Schadstoffe durch den Menschen bis hin zu epidemiologischen Untersuchungen der Menge und Wirkung der bereits von Menschen aus den Böden der Fläche aufgenommenen Schadstoffe. Hier stellt sich die Frage, wer dieses teure Humanbiomonitoring bezahlen soll, und ob hier Ziel und Kosten und Zumutbarkeit noch verhältnismäßig sind.

524

Nach § 3 Abs. 5 S. 2 i.V. mit § 7 BBodSchV kann auf eine Detailuntersuchung verzichtet werden, wenn die von den schädlichen Bodenveränderungen oder Altlasten ausgehenden Gefahren, erhebliche Nachteile oder erhebliche Belästigungen mit einfachen Mitteln beseitigt oder abgewehrt werden können. Hier wäre z.B. bei einer einfachen Fallgestaltung folgendes Szenario möglich: Die schädliche Bodenveränderung liegt auf einem eng begrenzten Raum als sog. Hot-Spot vor. Im Zuge einer ohnehin geplanten Baumaßnahme wird mit der Aushebung der Baugrube u.a. auch das kontaminierte Erdreich des Hot-Spots ausgekoffert und einer entsprechenden Entsorgung zugeführt. Die Gefahrenabwehr war also mit einfachen Mitteln möglich. Die Anordnung einer Detailuntersuchung durch die Behörde wäre in dieser Fallgestaltung unverhältnismäßig, da die Kosten zur Durchführung der Detailuntersuchung und der daraus folgenden Maßnahmen sicherlich die Kosten des Auskofferns und der anschließenden Entsorgung bei weitem überstiegen hätten[912].

525

Vorgesehen war im Regierungsentwurf zur BBodSchV noch, das „Ausharren und Abwarten" als einfacheres Mittel der Gefahrenabwehr bei schädlichen Bodenveränderungen i.S. des § 7 BBodSchV als Ausnahmeregelung zuzulassen[913]. Man wollte damit auf die Selbstreinigungskräfte der Natur vertrauen. Natürliche Abbauprozesse, bei denen Stoffe chemisch oder biologisch umgewandelt werden, sind in der Regel sehr langsame Vorgänge, die auf einige wenige organische Schadstoffe beschränkt sind. Anorganische Schadstoffe, wie Schwermetalle, lassen sich nicht chemisch oder biologisch abbauen. Die

526

---

911 S. etwa *Bachmann,* in: Holzwarth/Radtke/Hilger/Bachmann, Bundes-Bodenschutzgesetz/ Bundes-Bodenschutzgesetz- und Altlastenverordnung, § 3 BBodSchV Rdnr. 26.
912 Vgl. auch *Bachmann,* a.a.O., § 7 BBodSchV, Rdnr. 2 f.
913 BR-Dr. 244/99, S. 26.

Natur denkt eher in geologischen Zeiträumen. Daher ist das „Nichtstun" als einfaches Mittel der Gefahrenabwehr vom Bundesrat gestrichen worden mit der Begründung, es handle sich um eine Öffnungsklausel für eine Untätigkeitsregelung.

527 Die Bewertung der Detailuntersuchung nach § 4 Abs. 4 BBodSchV findet anhand der Maßnahmenwerte im Anhang 2 BBodSchV statt. Die Ergebnisse werden daraufhin bewertet, inwieweit Maßnahmen nach § 2 Abs. 7 oder 8 BBodSchG erforderlich sind. Wie bei der Bewertung der Prüfwerte werden auch hier beim Unterschreiten der Maßnahmenwerte keine Rechtsfolgen ausgelöst.

528 Sind dagegen Maßnahmenwerte überschritten, ist in der Regel von einer schädlichen Bodenveränderung oder Altlast auszugehen. Dies bedeutet für den Sanierungspflichtigen, daß er grundsätzlich mit einer Sanierung rechnen muß. Jedoch reicht die Tatsache, daß ein Maßnahmenwert überschritten ist nicht aus, um eine Sanierung zu verfügen. Vielmehr ist im Einzelfall zu prüfen, ob eine konkrete Gefahr von der kontaminierten Fläche ausgeht, wobei geogene und ubiquitäre Hintergrundwerte zu berücksichtigen sind.

529 Hat die Einzelfallprüfung ergeben, daß eine Gefahr von der kontaminierten Fläche ausgeht, so müssen die Sanierungspflichtigen davon ausgehen, daß eine Sanierung der schädlichen Bodenveränderung und Altlast nach § 8 Abs. 1 sowie §§ 5–7 BBodSchV entweder mittels Sanierungsanordnung oder Sanierungsvertrag erforderlich wird. Hierbei sind Besonderheiten bei der Altlastensanierung nach § 13 BBodSchG und § 6 BBodSchV zu berücksichtigen. Die Anforderungen an die anschließenden Sanierungsuntersuchungen und an den Sanierungsplan ergeben sich aus Anhang 3 BBodSchV.

530 Den Maßnahmenwerten der BBodSchV kommt eine besondere Bedeutung bei der Schließung von Lücken im Bauplanungsrecht, speziell bei der Bauleitplanung der Kommunen, zu. Nach § 9 Abs. 5 Nr. 3 BauGB sind in einem Bebauungsplan „Flächen, deren Böden erheblich mit umweltgefährdenden Stoffen belastet sind," zu kennzeichnen. Im Bauplanungsrecht gibt es bisher jedoch keinen Maßstab für die Frage, wann Flächen „erheblich" belastet sind. Die gefahrenverknüpften Maßnahmenwerte des BBodSchG bzw. der BBodSchV könnten faktisch zur Klärung dieser Prüfpflichten beitragen und damit Klarheit über die Risikoverteilung zwischen Kommune und Investor schaffen[914].

d) Sanierungsuntersuchungen

531 Sanierungsuntersuchungen nach § 6 Abs. 1 BBodSchV knüpfen an die Ergebnisse der Detailuntersuchung an. Nach § 13 Abs. 1 BBodSchG kann die zuständige Behörde von dem Sanierungspflichtigen verlangen, die notwendigen

---

914 Vgl. hierzu *Sanden/Schoeneck*, Bundes-Bodenschutzgesetz, § 9 Rdnr. 15; auch *Brandt/Sanden*, UPR 1999, 370.

Sanierungsuntersuchungen durchzuführen, um eine Entscheidung über Art und Umfang der erforderlichen Sanierungsmaßnahmen herbeizuführen.

Die Anforderungen an die Sanierungsuntersuchung im einzelnen ergeben sich aus Anhang 3 BBodSchV. Die Prüfung muß insbesondere die schadstoff-, boden-, material- und standortspezifische Eignung der Verfahren, deren technische Durchführbarkeit und Wirksamkeit im Hinblick auf das Sanierungsziel umfassen. Abgeschätzt werden müssen auch der erforderliche Zeitaufwand, die Kosten sowie das Verhältnis von Kosten und Wirksamkeit der geplanten Sanierungsmaßnahmen. Weitere Anforderungen sind die Darstellung der Auswirkungen auf die Betroffenen nach § 12 S. 1 BBodSchG und auf die Umwelt, die Darlegung von erforderlichen Zulassungen im Zuge der Sanierungsmaßnahmen, Daten über das Entstehen, die Verwertung und die Beseitigung von Abfällen während der Sanierungsmaßnahme, die Darstellung von erforderlichen Arbeitsschutzmaßnahmen während der Sanierung, eine zeitliche Übersicht über die Wirkungsdauer der Maßnahmen und deren Überwachungsmaßnahmen sowie die Darstellung der Erfordernisse der Nachsorge und der eventuellen Nachbesserungsmöglichkeiten bei Nichtgreifen der angedachten Sanierungsmaßnahmen im Notfall. Die Anforderungen an die Sanierungsuntersuchung nach Anhang 3 BBodSchV sind nicht abschließend, d.h. im Einzelfall können sie in Abhängigkeit von der jeweiligen besonderen Fallgestaltung im Rahmen des Verwaltungsvollzugs angepaßt oder ergänzt werden[915]. **532**

e) Sanierungsplan

Der Sanierungsplan nach § 6 Abs. 2 BBodSchV beruht auf den Ergebnissen der vorangegangenen Untersuchungen. Die zuständige Behörde kann den Sanierungsplan nach §§ 13 und 14 BBodSchG von dem Sanierungspflichtigen erstellen lassen, selbst erstellen, oder einen Sachverständigen nach § 18 BBodSchG mit der Erstellung beauftragen oder von dem Sanierungspflichtigen die Erstellung eines Sanierungsplans verlangen. Ein Sanierungsplan wird insbesondere dann von der Behörde verlangt, wenn von Altlasten auf Grund von Art, Ausbreitung oder Menge der Schadstoffe in besonderem Maße schädliche Bodenveränderungen oder sonstige Gefahren für die Allgemeinheit oder den einzelnen ausgehen. Das gleiche gilt, wenn bei einer vorliegenden Altlast absehbar ist, daß zu deren Sicherung oder Dekontaminierung wegen der komplexen Schadstoffzusammensetzung verschiedene Maßnahmen nach § 4 BBodSchG zur Sanierung eingesetzt werden müssen und daher ein systematisches Handlungskonzept notwendig ist[916]. **533**

---

915 Vgl. hierzu auch *Bunk/Nowak/Wahl,* Wasser und Abfall 1999, 36 ff., 39.
916 Vgl. hierzu BT-Dr. 13/6701, S. 42; auch *Bachmann,* in: Holzwarth/Radtke/Hilger/Bachmann, Bundes-Bodenschutzgesetz/Bundes-Bodenschutz- und Altlastenverordnung, § 6 BBodSchV Rdnr. 4.

534 Die Anforderungen an den Sanierungsplan ergeben sich aus Anhang 3 BBodSchV. Danach soll der Sanierungsplan Angaben und Unterlagen zur Darstellung der Ausgangslage, eine textliche und zeichnerische Darstellung der durchzuführenden Maßnahmen und den Nachweis ihrer Eignung, eine Darstellung der Eigenkontrollmaßnahmen zur Überprüfung der sachgerechten Ausführung der vorgesehenen Maßnahmen und ihrer Wirksamkeit, eine Darstellung der Eigenkontrollmaßnahmen im Rahmen der Nachsorge einschließlich der Überwachung sowie eine Darstellung des Zeitplans und der zu erwartenden Kosten beinhalten. All diese genannten Anforderungen an den Sanierungsplan werden im Anhang 3 BBodSchV noch weiter differenziert. Die Anforderungen sind jedoch nicht abschließend, d. h. im Einzelfall können sie in Abhängigkeit von der jeweiligen besonderen Fallgestaltung im Rahmen des Verwaltungsvollzugs angepaßt oder ergänzt werden[917].

6. Gesetzgeberische Zielsetzung „Investitions- und Rechtssicherheit"

535 Das Hauptanliegen des Gesetzgebers für die Verabschiedung des BBodSchG war die Schaffung von bundeseinheitlichen Regelungen, um den föderalistischen „Flickenteppich" der Bodenschutz- und Altlastenregelungen in den einzelnen Bundesländern abzulösen und dem „Listenwirrwarr" von ca. 40 unterschiedlichen Listen ein Ende zu setzen[918]. Durch die Festsetzung bundeseinheitlicher Standards zur Festlegung des Wertesystems für erlaubte Bodenbelastungen sollen die mit schädlichen Bodenveränderungen oder Altlasten verbundenen Risiken kalkulierbarer und damit Rechts- und Investitionssicherheit gerade bei altlastverdächtigen Grundstücken geschaffen werden[919]. Verhindert werden sollte durch die Einführung von verbindlichen, bundeseinheitlichen Werten auch, daß mit arbeitsmarktpolitischen Argumenten der Schaffung oder Abschaffung von Arbeitsplätzen die Anwendung von „großzügigeren" Listenwerten durch die Behörden erreicht werden sollte. Dies wurde gerade in den neuen Bundesländern von einzelnen Investoren in Anspruch genommen[920].

536 Ziel der BBodSchV ist es, durch die Schaffung von bundeseinheitlichen Werten insbesondere auch Wettbewerbsverzerrungen zwischen den Bundesländern zu vermeiden[921].

537 Positiv zu bemerken ist, daß für jeden Prüf- und Maßnahmenwert, der in der BBodSchV enthalten ist, im Anhang 1 BBodSchV die Verfahren zur Probennahme, Analytik und Qualitätssicherung meist in Form von DIN-Normen festgelegt sind. Es ist zu erwarten, daß dadurch der ewigwährende Streit über die Vergleichbarkeit und Reproduzierbarkeit der analytischen Ergebnisse im

---

917 Vgl. auch *Bunk/Nowak/Wahl,* Wasser und Abfall 1999, 39.
918 S. bereits o. Kap. III.
919 Vgl. *Knopp/Albrecht,* BB 1998, 1853 ff.
920 Vgl. *Knopp/Albrecht,* a. a. O., 1858.
921 Vgl. hierzu auch näher BMU-Information zum Bundes-Bodenschutzgesetz v. 6. 2. 1998.

Falle eines Rechtsstreits vermindert werden kann. Hier hat der Verordnungsgeber insoweit Rechtssicherheit geschaffen.

Rechtssicherheit und damit Investitionssicherheit entstehen vorliegend aber insgesamt durch die Festlegung möglichst umfassender bundeseinheitlicher Werte und klare Vorgaben für ihre Handhabung in der Praxis. Von diesen Zielen sind BBodSchG und BBodSchV aber weit entfernt. Die in der Verordnung enthaltenen Listen für Prüf- und Maßnahmenwerte sind lückenhaft. Viele altlastenspezifische Schadstoffe sind nicht enthalten. Der Gesetzgeber hat die Anforderungen an die Methodik festgelegt, wie im Falle eines fehlenden Prüf- oder Maßnahmenwertes von der zuständigen Behörde vorzugehen ist, aber diese Ableitungsmaßstäbe des Bundesanzeigers 161a sind in der Praxis des Verwaltungsvollzugs nicht anwendbar. Hierzu sind Sachverständige mit der Qualifikation eines Humantoxikologen oder eines Epidemiologen notwendig. 538

Die Verweisungsmechanismen in der BBodSchV auf den Bundesanzeiger 161a und von dort zu einer Dokumentation des Umweltbundesamtes begründet zugleich auch eine Rechtsunsicherheit. Hierzu tragen zudem viele im Gesetz und in der Verordnung enthaltenen unbestimmten Rechtsbegriffe bei. 539

Hinzu kommt, daß der Gesetzgeber auf die Festsetzung von Sanierungszielwerten in der BBodSchV verzichtet hat. Ob und wie sich dies auf die Vereinheitlichung der Praxis im Bodenschutz- und Altlastenrecht länderübergreifend auswirken wird, kann für die Zukunft nicht vorhergesagt werden. Der Vollzugsbehörde verbleibt ein großer „Beurteilungs- und Ermessensspielraum" bei der Festsetzung der Sanierungszielwerte, die irgendwo zwischen Prüf- und Maßnahmenwerten liegen und sich damit letzten Endes auch erheblich auf die Höhe der Sanierungskosten auswirken können[922]. 540

Die Ergebnisse der orientierenden Untersuchung und der Detailuntersuchung werden nach den Prüf- und Maßnahmenwerten bewertet. Daraus folgen ggf. Sanierungsuntersuchungen und die Aufstellung eines Sanierungsplans, dessen erfolgreiche Durchführung durch die Festlegung von Sanierungszielwerten kontrolliert werden kann. 541

Ein weiteres Anliegen des BBodSchG und der BBodSchV ist der vorsorgende Bodenschutz. Beim Überschreiten der in der Verordnung festgelegten Vorsorgewerte, zu denen noch die zulässigen zusätzlichen jährlichen Frachten addiert werden können, kann die Verwaltungsbehörde verhältnismäßige Vermeidungs- und Minderungsmaßnahmen für weitere Schadstoffeinträge verlangen. Die Mehraufwendungen für Vorsorgemaßnahmen sind berechenbarer und werden als wesentlich geringer eingeschätzt als die Kosten für Sanierungsmaßnahmen einer schädlichen Bodenveränderung in der Zukunft[923]. 542

---
922 Vgl. hierzu *Numberger*, in: Oerder/Numberger/Schönfeld, Bundes-Bodenschutzgesetz, § 8 Rdnr. 16.
923 BR-Dr. 780/98, S. 6.

X. Exkurs: Landesrechtliche Regelungen und Zuständigkeiten

von Rebecca Ebermann-Finken

1. BBodSchG und landesrechtliche Regelungsspielräume

543 Mit dem vollständigen Inkrafttreten des BBodSchG am 1. März 1999 wurden entgegenstehende landesrechtliche Regelungen, soweit sie denselben Regelungsgegenstand betrafen, aufgrund des Vorrangs des Bundesrechts (Art. 31 GG) unwirksam[924].

544 So hatten z.B. die Bundesländer Baden-Württemberg, Sachsen und Berlin bereits Anfang der 90er Jahre eigene Landesbodenschutzgesetze erlassen[925]. In anderen Bundesländern wurden landesrechtliche Vorschriften zum Bodenschutz oder zur Altlastenbehandlung mehr oder minder ausführlich in Landesabfallgesetzen[926], in Altlastengesetzen[927] oder in einem Mix aus Landesabfall- und Altlastengesetzen[928] geregelt.

545 Im Zuge der konkurrierenden Gesetzgebungskompetenz des Bundes sind die Gestaltungsspielräume der Länder im Bereich des Bodenschutz- und Altlastenrechts stark eingeschränkt[929]. Behandelt ein nach der konkurrierenden Gesetzgebung erlassenes Bundesgesetz, wie das BBodSchG, eine bestimmte Materie erschöpfend, so ergibt sich aus Art. 72 Abs. 1 GG eine Sperrwirkung für den Landesgesetzgeber[930]. Relativ weitgehend ist der Umfang dieser Sperrwirkung nach herrschender Meinung. Danach wird nicht nur widersprechendes, sondern auch inhaltsgleiches[931] Landesrecht ge-

---

924 S. o. Fn. 89.
925 S. o. Fn. 85, 86, 87.
926 S. o. Fn. 84.
927 S. o. Fn. 84.
928 Gesetz zur Vermeidung, Verwertung und sonstigen Entsorgung von Abfällen und zur Erfassung und Überwachung von Altlasten in Bayern (BayAbfAlG) v. 27. 2. 1991, GVBl., S. 64, Art. 26ff.; Abfallwirtschafts- und Altlastengesetz für Mecklenburg-Vorpommern (MVAbfAlG) v. 4. 8. 1992, GVBl., S. 450, §§ 22ff.; Landesabfallwirtschafts- und Altlastengesetz Rheinland-Pfalz (RhPfAbfWAG) v. 30. 4. 1991, GVBl., S. 251, §§ 24ff.; Gesetz zur Vermeidung, Verminderung, Verwertung und Beseitigung von Abfällen und die Sanierung von Altlasten (Thüringer Abfallwirtschafts- und Altlastengesetz – ThürAbfAG) v. 31. 3. 1991, GVBl., S. 273, §§ 16ff.
929 Der Gesetzgeber gründet seine Gesetzgebungskompetenz auf verschiedenen Normen des Grundgesetzes. So beruhen z.B. zur Sanierung von Gewässerverunreinigungen vorgesehene Regelungen auf Art. 75 Abs. 1 Nr. 4, Abs. 2 GG; vgl. hierzu auch die Begründung im Gesetzentwurf der Bundesregierung v. 14. 1. 1997, BT-Dr. 13/6701, S. 16ff.
930 Vgl. hierzu BVerfGE 7, 342, 347.
931 S. z.B. Gesetz über die Vermeidung und Entsorgung von Abfällen und die Behandlung von Altlasten in Baden-Württemberg v. 15. 10. 1996 i.d.F. v. 16. 7. 1998, GBl., S. 422; Hessisches Gesetz über die Erkundung, Sicherung und Sanierung von Altlasten (HessAltlG) v. 20. 12. 1994 i.d.F. v. 15. 7. 1997, GVBl. I, S. 232; vgl. auch *Freisburger*, UPR 1999, 381 ff., 381.

sperrt[932]. Dadurch sind die Länder zur Anpassung ihrer Vorschriften an das Bundesrecht verpflichtet. Gleichwohl verbleiben den Ländern – wenn auch eng begrenzte – Regelungsspielräume nach dem BBodSchG. Zusätzlich zu den landesrechtlichen Regelungen nach § 21 BBodSchG, auf die später noch eingehend eingegangen wird, können die Länder nachfolgende Bereiche eigenständig regeln:

- Anordnungen zur Entsiegelung nach § 5 BBodSchG (zeitlich befristet bis zum Inkrafttreten einer entsprechenden Bundesverordnung),
- Festlegung sonstiger Pflichten zur Mitwirkung der in § 4 Abs. 3 und 6 genannten Personen bei der Gefährdungsabschätzung und bei Bodenuntersuchungen nach § 9 Abs. 2 S. 3 BBodSchG,
- Festlegung von Duldungspflichten der nach § 12 Betroffenen gemäß § 9 Abs. 2 S. 3 BBodSchG,
- Erfassung der Altlasten und altlastverdächtigen Flächen nach § 11 BBodSchG,
- Festlegung der Anforderungen an Sachverständige und Untersuchungsstellen nach § 18 BBodSchG.

Eingangspforte für die Ausführungs- und Ergänzungsregelungen der Länder ist jedenfalls § 21 BBodSchG [933]. **546**

a) Ergänzende Verfahrensregelungen

§ 21 Abs. 1 BBodSchG stellt klar, daß im BBodSchG die Einrichtung der Behörden und des Verwaltungsverfahrens i. S. des Art. 84 Abs. 1 GG nicht abschließend geregelt ist. Die Länder werden dadurch in die Lage versetzt, einen effektiven Vollzug des Bundesgesetzes zu gewährleisten und ein ergänzendes Instrumentarium im Verfahrensbereich unter Berücksichtigung landesspezifischer Besonderheiten zu schaffen. Zum Vollzug des Zweiten und Dritten Teils des BBodSchG verbleibt damit den Ländern rechtliche Gestaltungsfreiheit hinsichtlich der Festlegung der Zuständigkeiten der Behörden, der Zusammenarbeit der Behörden oder der Beteiligung der Öffentlichkeit[934]. Darunter fallen z. B. länderrechtliche Regelungen zur Einschaltung von Betroffenen, zu einer Bewertungskommission bzw. eines Projektbeirats nach § 11 Abs. 4 bis 6 HessAltlastG[935] oder auch eines Sanierungsbeirats nach § 37 NdsAbfG[936]. Solche länderrechtlichen Regelungen werden vom **547**

---
932 Vgl. hierzu BVerfG, NJW 1974, 1181; NJW 1974, 1812; *Jarass*, NVwZ 1996, 1041 ff.; *Sanden/Schoeneck*, Bundes-Bodenschutzgesetz, § 21 Rdnr. 2.
933 BT-Dr. 13/6701, S. 45.
934 *Hilger*, in: Holzwarth/Radtke/Hilger/Bachmann, Bundes-Bodenschutzgesetz/Bundes-Bodenschutz- und Altlastenverordnung, § 21 BBodSchG Rdnr. 3.
935 S. o. Fn. 931.
936 Niedersächsisches Abfallgesetz (NdsAbfG) vom 14. 10. 1994, GVBl., S. 468.

BBodSchG nicht verdrängt. Unbenommen verbleibt den Ländern auch das Recht weitere Regelungen, etwa des Konfliktmanagements, vorzusehen[937].

(aa) Behördenzuständigkeiten

548 Eine Reihe von Bundesländern haben auf der Grundlage des § 21 Abs. 1 BBodSchG auf die neue Gesetzeslage des Bundes reagiert, indem sie von den Ermächtigungen des BBodSchG Gebrauch gemacht und Verordnungen zu bodenschutzrechtlichen Zuständigkeiten erlassen haben. Aufgrund der Bedeutung in der Praxis – welche Behörde ist in welchem Bundesland für die Ausführung des Bodenschutzrechts zuständig – werden nachfolgend die neuen Ausführungsgesetze, Änderungsgesetze und/oder Verordnungen der Bundesländer dargestellt.

(1) Baden-Württemberg

549 Baden-Württemberg hat bislang nur eine Zuständigkeitsverordnung erlassen, die *Verordnung des Ministeriums für Umwelt und Verkehr über bodenschutzrechtliche Zuständigkeiten (BBodSchGZuVO)* vom 12. 4. 1999[938]. Das bisherige Bodenschutzgesetz[939] wird z. Zt. novelliert. Der Novellierungsentwurf befindet sich in der Ressortabstimmung der Landesregierung und wird voraussichtlich im nächsten Jahr dem Landtag zugeleitet[940].

550 Untere Bodenschutzbehörden sind nach der BBodSchGZuVO, die auf Grund von § 5 Abs. 3 des Landesverwaltungsgesetzes (LVG)[941] verordnet wurde, die unteren Verwaltungsbehörden:

- In den Landkreisen die Landratsämter (§ 13 Abs. 1 Nr. 1 LVG);
- die großen Kreisstädte (§ 16 LVG);
- die Verwaltungsgemeinschaften (§ 14 LVG);
- in den Stadtkreisen die Gemeinden (§ 13 Abs. 1 Nr. 2 LVG).

551 Die untere Bodenschutzbehörde ist gemäß § 20 Abs. 1–3 BadWürtt.BodSchG i. V. mit § 1 Abs. 1 BBodSchGZuVO zuständig für den Vollzug des BBodSchG und dessen Verordnungen hinsichtlich schädlicher Bodenveränderungen nach § 2 Abs. 3 BBodSchG und Verdachtsflächen nach § 2 Abs. 4 BBodSchG, soweit es sich nicht um Altlasten oder altlastverdächtige Flächen handelt und keine anderweitige Regelung getroffen ist.

552 Höhere Bodenschutzbehörde in Baden-Württemberg sind die Regierungspräsidien. Die höhere Bodenschutzbehörde ist gemäß § 20 Abs. 3 BadWürtt.-BodSchG i. V. mit § 1 Abs. 1 BBodSchGZuVO zuständig für den Vollzug des

---

937 Vgl. hierzu *Birkmann,* Die Sanierung von Altlasten, S. 232 ff.; auch *Leitzke/Ulrici,* Altlastenmangement, S. 108 ff.
938 GBl., S. 158.
939 S. o. Fn. 12.
940 Vgl. hierzu *Freisburger,* UPR 1999, 382.
941 Vom 2. 1. 1984, GBl., S. 101.

BBodSchG und dessen Verordnungen hinsichtlich schädlicher Bodenveränderungen nach § 2 Abs. 3 BBodSchG und Verdachtsflächen nach § 2 Abs. 4 BBodSchG, soweit es sich nicht um Altlasten oder altlastverdächtige Flächen handelt, wenn die Gebietskörperschaft, für deren Bezirk die untere Bodenschutzbehörde zuständig ist, selbst beteiligt ist.

Die untere Wasserbehörde ist gemäß § 1 Abs. 2 BBodSchGZuVO i.V.m. §§ 95 Abs. 1–3 und 96 Abs. 1 WG für den Vollzug des BBodSchG und deren Verordnungen für Altlasten gemäß § 2 Abs. 5 BBodSchG und altlastverdächtige Flächen nach § 2 Abs. 6 BBodSchG zuständig. 553

Höhere Wasserbehörde sind die Regierungspräsidien. Die höhere Wasserbehörde ist nach § 1 Abs. 2 BBodSchGZuVO i.V.m. §§ 95 Abs. 1–3 und 96 Abs. 1 WG für den Vollzug des BBodSchG und deren Verordnungen für Altlasten nach § 2 Abs. 5 BBodSchG und altlastverdächtige Flächen nach § 2 Abs. 6 BBodSchG zuständig, wenn die Gebietskörperschaft, für deren Bezirk die untere Wasserbehörde zuständig ist, selbst beteiligt ist. 554

(2) Bayern

Bayern hat ein Bodenschutzgesetz erlassen, das *Gesetz zur Umsetzung des Gesetzes zum Schutz des Bodens in Bayern* vom 23. 2. 1999 *(BayBodSchG)*[942]. 555

Zuständige Behörde i.S. des BBodSchG und dessen Rechtsverordnungen ist die Kreisverwaltungsbehörde gemäß Art. 10 Abs. 1 und 2 BayBodSchG. Diese ist den Landratsämtern zugeordnet. Die Kreisverwaltungsbehörde hat darüber zu wachen, daß die Bestimmungen und Verpflichtungen des Gesetzes zur Umsetzung des Gesetzes zum Schutz des Bodens in Bayern und der aufgrund dieses Gesetzes erlassenen Rechtsverordnungen eingehalten werden. Hierbei wird sie von den dem Staatsministerium für Landesentwicklung und Umweltfragen nachgeordneten Fachbehörden unterstützt. 556

Nach Art. 10 Abs. 2 S. 2 BayBodSchG werden die wasserwirtschaftlichen Fachbehörden bei Fragen fachlicher Art beteiligt. Die wasserwirtschaftlichen Fachbehörden haben kein Anordnungsrecht. Erforderliche Anordnungen nach BBodSchG i.V. mit Art. 11 BayBodSchG obliegen ausschließlich der Kreisverwaltungbehörde. Näheres über das Zusammenwirken der unterschiedlichen Behörden soll eine Verwaltungsvorschrift erläutern, die von dem Staatsministerium für Landesentwicklung und Umweltfragen erlassen wird. Diese Verwaltungsvorschrift liegt noch nicht vor. 557

(3) Berlin

Bisher liegt noch keine Zuständigkeitsverordnung zur Umsetzung des BBodSchG vor. In Vorbereitung befindet sich eine Novelle des *Berliner Ge-* 558

---
942 GVBl., S. 36.

Betrieblich-rechtliche Fragestellungen

setzes zur Vermeidung und Sanierung von Bodenverunreinigungen (BerlBodSchG) vom 10. 10. 1995[943]. Ein entsprechender Referentenentwurf liegt bereits zur hausinternen Abstimmung in der Senatsverwaltung vor. Er soll voraussichtlich Mitte des Jahres dem Abgeordnetenhaus zur Entscheidung vorgelegt werden.

559 Zuständig für den Vollzug des BBodSchG und dessen Verordnungen ist der Umweltsenat gemäß § 11 Abs. 1e OrdZG[944]. Gemeinschaftsrechtliche Vorschriften zum Bodenschutz gehören gemäß § 2 Abs. 1 S. 1c OrdZG zu den Aufgaben der für das Gesundheitswesen zuständigen Senatsverwaltung. Die Zuständigkeit für Bodenuntersuchungen einschließlich einer ersten Bewertung liegt nach § 19 Nr. 5 OrdZG bei den Bezirksämtern. Ergänzend gelten das *2. Gesetz zur Reform der Berliner Verwaltung*[945] sowie das *Gesetz über die Zuständigkeiten in der allgemeinen Berliner Verwaltung (AZG)*[946].

(4) Brandenburg

560 Brandenburg hat eine Zuständigkeitsverordnung erlassen, die *Erste Verordnung zur Änderung der Abfallzuständigkeitsverordnung* vom 21. 7. 1999[947]. Für ein Ausführungsgesetz nach dem BBodSchG liegt bisher nur ein Entwurf des Ministeriums für Umwelt, Naturschutz und Raumordnung vor, der noch nicht verabschiedet wurde[948].

561 Nach Art. 2 der o. g. Verordnung wird die Bezeichnung der Abfallzuständigkeitsverordnung vom 25. 11. 1997[949] wie folgt verändert und lautet nunmehr: *Verordnung zur Regelung der Zuständigkeiten auf dem Gebiet des Abfall- und Bodenschutzrechts (Abfall- und Bodenschutz-Zuständigkeitsverordnung-AbfBodZV)*.

562 Die unteren Bodenschutzbehörden sind den Landkreisen bzw. kreisfreien Städten nach Art. 1 Änderungsverordnung zugeordnet. Sie sind zuständig für:

- Anordnungen zur Entsiegelung gemäß § 5 S. 2 BBodSchG i. V. mit Anlage I der AfBodZG Lfd. Nr. 20. 1.
- Ermittlungen des Sachverhalts bei Anhaltspunkten für eine schädliche Bodenveränderung oder Altlast gemäß § 9 BBodSchG i. V. mit Anlage I der AfBodZG Lfd. Nr. 20. 2.
- Anordnungen von Untersuchungen zur Gefährdungsabschätzung sowie für die Überwachung von eingesetzten Sachverständigen und Untersuchungs-

---

943 *Freisburger*, UPR 1999, 382.
944 Gesetz über die Zuständigkeiten der Ordnungsbehörden (OrdZG) vom 23. 11. 1992, GVBl., S. 350.
945 V. 25. 6. 1995, GVBl., S. 177.
946 V. 22. 7. 1996, GVBl., S. 302, insbesondere Anlage 1 Nr. 11.
947 GVBl., S. 438.
948 Vgl. hierzu auch *Freisburger*, UPR 1999, 382.
949 GVBl. II, S. 887.

stellen gemäß § 9 BBodSchG i. V. mit Anlage I der AbfBodZG Lfd. Nr. 20.2.
- Maßnahmen zur Erfüllung der sonstigen Anordnungen nach § 10 BBodSchG Anlage I der AbfBodZG Lfd. Nr. 20.3.
- Anordnung von Sanierungsuntersuchungen und der Vorlage eines Sanierungsplanes sowie dessen Verbindlicherklärung gemäß § 13 Abs. 6 BBodSchG i. V. mit Anlage I der AbfBodZG Lfd. Nr. 20.4.
- Erstellung oder Ergänzung des Sanierungsplanes gemäß § 14 BBodSchG i. V. mit Anlage I der AbfBodZG Lfd. Nr. 20.5
- Überwachung von Altlasten und altlastverdächtigen Flächen sowie Anordnung von Eigenkontrollmaßnahmen gemäß § 15 BBodSchG i. V. mit Anlage I der AbfBodZG Lfd. Nr. 20.6.
- Anordnung zur Erfüllung der Pflichten aus dem dritten Teil des BBodSchG – Ergänzende Vorschriften – gemäß § 16 BBodSchG i. V. mit Anlage I der AbfBodZG Lfd. Nr. 20.7.

Wenn die Gebietskörperschaft, für deren Bezirk die untere Bodenschutzbehörde zuständig ist, selbst beteiligt oder verpflichtet ist, gilt die Zuständigkeit des Landesumweltamtes (LUA).

Bei genehmigungsbedürftigen Anlagen besteht grundsätzlich die Zuständigkeit für den Vollzug des BBodSchG und deren Rechtsverordnungen für das Amt für Immissionsschutz (AfI). Alle Anordnungen bezüglich des BBodSchG werden vom AfI getroffen, wenn genehmigungsbedürftige Anlagen betroffen sind. Dies gilt auch noch für die Zeit nach deren Stillegung.

Bei Betrieben, die der Bergaufsicht unterstehen, liegt grundsätzlich die Zuständigkeit für den Vollzug des BBodSchG und deren Rechtsverordnung beim Bergamt. Alle Anordnungen bezüglich des BBodSchG werden vom Bergamt getroffen.

(5) Bremen

Bremen hat bisher weder ein Landesbodenschutzgesetz noch eine Zuständigkeitsverordnung zur Umsetzung des BBodSchG verabschiedet. Ein Referentenentwurf für ein *Landesbodenschutzgesetz* ist in Bearbeitung und befindet sich z.Zt. in der hausinternen Diskussion in der Senatsverwaltung. Eine Verabschiedung in der Bremer Bürgerschaft wird noch für dieses Jahr erwartet[950]. Damit verbleibt es zunächst bei der allgemeinen Zuständigkeitsregelung.

Zuständig für den Vollzug des BBodSchG und dessen Rechtsverordnungen ist als oberste Landesbehörde in Bremen die Senatsverwaltung für Bau- und Umweltrecht und in Bremerhaven der Magistrat.

---

950 *Freisburger*, a. a. O., 382.

(6) Hamburg

568 Hamburg hat bisher nur eine Zuständigkeitsverordnung erlassen, die *Anordnung zur Durchführung des Bundes-Bodenschutzgesetzes* vom 23. 6. 1999[951]. Ein entsprechendes Ausführungsgesetz zum BBodSchG ist bei der Umweltbehörde in Bearbeitung[952].

569 Untere Bodenschutzbehörden sind in Hamburg nach II Abs. 1 der Anordnung zur Durchführung des BBodSchG, soweit nichts anderes bestimmt ist, die Bezirksämter. Sie sind zuständig für den Erlaß von

- Entsiegelungsanordnungen nach § 5 S. 2 BBodSchG gemäß II Abs. 1 S. 1 und 2 der Anordnung zur Durchführung des BBodSchG.
- Sonstigen Anordnungen nach § 10 BBodSchG gemäß II Abs. 1 S. 2 und 3 der Anordnung zur Durchführung des BBodSchG.
- Vorsorgeanordnungen nach § 8 Abs. 2 BBodSchG gemäß II Abs. 1 S. 4 der Anordnung zur Durchführung des BBodSchG.
- Anordnungen zur Gefährdungsabschätzung und Untersuchungsanordnungen nach § 9 BBodSchG, Anordnungen zum dritten Teil des BBodSchG – Ergänzende Vorschriften für Altlasten – gemäß II Abs. 1 S. 5 und II Abs. 2 der Anordnung zur Durchführung des BBodSchG, sofern die Ausnahmeregelungen in II Abs. 1 S. 5.1 bis 5.5 nicht zutreffen.

570 Nach II Abs. 1 der Anordnung ist die Umweltbehörde zuständig für die Durchführung des BBodSchG und der darauf gestützten Rechtsverordnungen. Ihr werden auch die Aufgaben i. S. des § 20 S. 1 BBodSchG als oberste Landesbehörde nach II Abs. 2 der Anordnung zur Durchführung des BBodSchG übertragen.

Nach III Abs. 2 der Anordnung zur Durchführung des BBodSchG i. V. mit § 5 Abs. 2 und 3 sowie § 6 Abs. 4 und 6 des Bezirkverwaltungsgesetzes vom 11. 6. 1997[953] ist die Umweltbehörde auch zuständige Fachbehörde für bodenschutzrechtliche Fragestellungen.

571 Zuständige Behörde für den Erlaß von Anordnungen im Hafengebiet ist die Wirtschaftsbehörde.

(7) Hessen

572 In Hessen liegen z. Zt. mehrere interne Entwürfe zu einem Ausführungsgesetz zum BBodSchG vor[954]. Verabschiedet wurde bisher nur eine Zuständigkeitsverordnung, die *Verordnung über die Bestimmung der zuständigen Behörden nach dem Bundes-Bodenschutzgesetz* vom 9. 3. 1999[955].

---

951 Anordnung zur Durchführung des Bundes-Bodenschutzgesetzes v. 23. 6. 1999, GVBl. II, S. 1745.
952 Der noch nicht ressortabgestimmte Gesetzentwurf ist abgedruckt in TerraTech 1998, 40 ff.
953 GVBl. II, S. 205, 206 u. 489.
954 Vgl. hierzu *Freisburger*, UPR 1999, 382.
955 GVBl. I, S. 188.

573 Untere Bodenschutzbehörden sind die Landratsämter in den Landkreisen. Nach § 1 Abs. 2 der Zuständigkeitsverordnung ist in den Landkreisen der Landrat als Behörde der Landesverwaltung für Belange des Bodenschutzes zuständig, wenn Grundstücke mit Anlagen oder sonstige Grundstücke betroffen sind, auf denen mit wassergefährdenden Stoffen umgegangen wird oder sich Unfälle mit wassergefährdenden Stoffen ereignet haben. Davon ausgenommen sind altlastverdächtige Flächen und Altlasten.

574 Zuständig für die Wahrnehmung der Aufgaben und Befugnisse nach dem BBodSchG und den aufgrund dieses Gesetzes erlassenen Rechtsverordnungen sind nach § 1 Abs. 1 der Zuständigkeitsverordnung die Regierungspräsidien als obere Bodenschutzbehörden, soweit nichts anderes verordnet ist.

575 Nach § 1 Abs. 2 der Zuständigkeitsverordnung sind die Regierungspräsidien auch zuständig, wenn Grundstücke mit Anlagen oder sonstige Grundstücke betroffen sind, auf denen mit wassergefährdenden Stoffen umgegangen wird oder sich Unfälle mit wassergefährdenden Stoffen ereignet haben und die Angelegenheit von besonderer Bedeutung oder erheblich schwierig ist. Zuständig bleibt das Regierungspräsidium auch dann, wenn nach § 1 Abs. 3 der Verordnung über die Zuständigkeit der Wasserbehörden vom 21. 8. 1997[956] eine Zuständigkeit der oberen Wasserbehörde begründet ist.

576 Nach § 2 der Zuständigkeitsverordnung nach dem BBodSchG nehmen die Hessische Landesanstalt für Umwelt, das Hessische Landesamt für Bodenforschung, die Hessische Landwirtschaftliche Versuchsanstalt und die Hessische Landesanstalt für Forsteinrichtung, Waldforschung und Waldökologie übergeordnete wissenschaftlich-fachliche Aufgaben für den Bereich des BBodSchG wahr.

577 Für die Anerkennung der Sachverständigen und Untersuchungsstellen nach § 18 BBodSchG ist die zuständige Behörde gemäß § 1 Abs. 4 der Zuständigkeitsverordnung auf dem Gebiet der Landwirtschaft einschließlich des Garten- und Weinbaus das Hessische Landesamt für Regionalentwicklung und Landwirtschaft. Für den Bereich der Forstwirtschaft liegt die Zuständigkeit bei dem Regierungspräsidium Gießen.

(8) Mecklenburg-Vorpommern

578 Mecklenburg-Vorpommern hat die Behördenzuständigkeit nach BBodSchG dadurch festgeschrieben, daß die bereits bestehende Abfall-Zuständigkeitsverordnung geändert wurde. Es handelt sich hier um die *Zweite Verordnung zur Änderung der Abfall-Zuständigkeitsverordnung* vom 24. 2. 1999[957]. Es wird in Mecklenburg-Vorpommern beabsichtigt, noch in der laufenden Legislaturperiode ein entsprechendes Landes-Bodenschutzgesetz zu erlassen.

---

956 GVBl. I, S. 296.
957 GVBl., S. 206.

Betrieblich-rechtliche Fragestellungen

579 Nach § 2 der Zweiten Verordnung zur Änderung der Abfall-Zuständigkeitsverordnung sind für die Durchführung des BBodSchG und dessen Verordnungen sowie des Abfallrechts des Landes, des Bundes und der Europäischen Gemeinschaften die Staatlichen Ämter für Umwelt und Natur zuständig, soweit nicht in Rechtsverordnungen etwas anderes bestimmt wird.

(9) Niedersachsen

580 Niedersachsen hat mit einem Ausführungsgesetz zum BBodSchG auf die neue Rechtslage reagiert. Es handelt sich um das *Gesetz zur Einführung des Niedersächsischen Bodenschutzgesetzes und zur Änderung des Niedersächsischen Abfallgesetzes (NBodSchG)* vom 19. 2. 1999[958].

581 Nach § 9 Abs. 3 NBodSchG sind die Landkreise und die kreisfreien Städte sowie die Städte Celle, Cuxhaven, Göttingen, Hildesheim, Lüneburg untere Bodenschutzbehörde. Die unteren Bodenschutzbehörden sind nach § 10 NBodSchG zuständige Behörde i. S. des BBodSchG und der aufgrund dieses Gesetzes erlassenen Rechtsverordnungen. Sie sind zuständig für den Vollzug des BBodSchG und des NBodSchG.

582 Nach § 9 Abs. 2 NBodSchG sind die Bezirksregierungen obere Bodenschutzbehörden. Nach § 9 Abs. 1 NBodSchG ist das zuständige Fachministerium oberste Bodenschutzbehörde. Die oberste Bodenschutzbehörde ist nach § 3 NBodSchG ermächtigt, durch Verordnung die Voraussetzungen zur Anerkennung von Sachverständigen und Untersuchungsstellen nach dem BBodSchG zu erlassen. Hiervon hat das entsprechende Fachministerium bisher keinen Gebrauch gemacht.

583 Die staatlichen Gewerbeaufsichtsämter sind gemäß § 10 Abs. 1 S. 3 und 4 NBodSchG zuständig für Maßnahmen nach dem BBodSchG, die auf Betriebsgrundstücken zur Abwehr, Verminderung oder Beseitigung schädlicher Bodenveränderungen bei immissionsschutzrechtlich genehmigungsbedürftigen Anlagen ergriffen werden, soweit die Gewerbeaufsichtsämter die nach dem BImSchG zuständigen Überwachungsbehörden sind. Dies gilt auch für einen Zeitraum von 10 Jahren nach Betriebsstillegung.

(10) Nordrhein-Westfalen

584 Bisher liegen weder ein Landesbodenschutzgesetz noch eine Zuständigkeitsverordnung zur Umsetzung des BBodSchG vor. Es gibt zwar eine ältere Zuständigkeitsverordnung für das „Allgemeine Umweltrecht", doch sind hierin keine Regelungen in bezug auf das BBodSchG getroffen worden. Nordrhein-Westfalen plant ein *Gesetz zur Ausführung und Ergänzung des Bundes-Bodenschutzgesetzes in Nordrhein-Westfalen (Landes-Bodenschutzgesetz – LBodSchG)*. Der Gesetzesentwurf der Landesregierung wurde dem Landtag zugeleitet und wurde im Februar d.J. in Erster Anhörung und Erster Ausspra-

---

958 GVBl., S. 46.

che bereits behandelt[959]. Eine Verabschiedung wird noch vor der Sommerpause des Landtags erwartet.

Bis dahin sind zuständig für den Vollzug des BBodSchG die unteren Abfallwirtschaftsbehörden der Kreise und der kreisfreien Städte. Dies gilt nur, soweit es sich um Maßnahmen handelt, die bereits im Landesabfallgesetz (LAbfG) geregelt waren, z.B. die Untersuchungspflicht hinsichtlich Altlasten nach § 31 Abs. 2 LAbfG. 585

Nach § 8 Abs. 2 Landesorganisationsgesetz (LOG) ist die Bezirksregierung zuständig für alle Maßnahmen, die durch das BBodSchG neu eingeführt wurden. 586

(11) Rheinland Pfalz

Rheinland Pfalz hat bisher nur eine Zuständigkeitsverordnung erlassen, die *Landesverordnung über Zuständigkeiten auf dem Gebiet des Bodenschutzes* vom 11. 2. 1999[960]. 587

Für betriebliche Grundstücke, die der Bergaufsicht unterliegen, ist die zuständige Behörde nach § 1 Abs. 1 S. 1 der Landesverordnung das Bergamt. Das Bergamt ist nach § 3 dieser Landesverordnung für diese Grundstücke auch zuständige Behörde zur Verfolgung und Ahndung von Ordnungswidrigkeiten nach § 26 Abs. 1 BBodSchG. 588

Für Grundstücke, die für den Straßenbau beansprucht werden, ist die zuständige Behörde nach § 1 Abs. 1 S. 2 der Landesverordnung das Landesamt für Straßen- und Verkehrswesen. Das Landesamt für Straßen- und Verkehrswesen ist nach § 3 der Landesverordnung für diese Grundstücke auch zuständige Behörde zur Verfolgung und Ahndung von Ordnungswidrigkeiten nach § 26 Abs. 1 BBodSchG. 589

Für alle übrigen Grundstücke ist die zuständige Behörde nach § 1 Abs. 1 S. 3 der Landesverordnung die Bezirksregierung. Die Bezirksregierung ist nach § 3 dieser Landesverordnung für diese Grundstücke auch zuständige Behörde zur Verfolgung und Ahndung von Ordnungswidrigkeiten nach § 26 Abs. 1 BBodSchG. 590

Bei Fragen fachlicher Art beteiligt die zuständige Behörde nach § 1 Abs. 2 der Landesverordnung das Landesamt für Umweltschutz und Gewerbeaufsicht, das Landesamt für Wasserwirtschaft, das Geologische Landesamt, die Landesanstalt für Pflanzenbau und Pflanzenschutz, die Forstliche Versuchsanstalt, die Staatlichen Gewerbeaufsichtsämter sowie die Staatlichen Ämter für Wasser- und Abfallwirtschaft. 591

---

959 LT-Dr. 12/4475.
960 GVBl., S. 31.

Betrieblich-rechtliche Fragestellungen

(12) Saarland

592 Auch im Saarland ist bislang nur eine Zuständigkeitsverordnung erlassen worden, die *Verordnung über Zuständigkeiten nach dem Bundes-Bodenschutzgesetz* vom 5. 7. 1999[961]. Hier will man zunächst die Umsetzung der neuen Rechtslage im Vollzug abwarten und erst dann ein landesspezifisches Bodenschutzgesetz erlassen.

593 Das Landesamt für Umweltschutz ist nach § 2 Abs. 1 der Verordnung über Zuständigkeiten nach dem BBodSchG zuständige Behörde für die Überwachung und die Einhaltung von Anforderungen, die nach dem BBodSchG oder dessen Rechtsverordnungen gestellt werden.

594 Das Landesamt für Umweltschutz ist technische Fachbehörde nach § 2 Abs. 2 der Zuständigkeitsverordnung.

595 Das Ministerium für Umwelt, Energie und Verkehr ist gemäß § 1 Abs. 1 der Zuständigkeitsverordnung zuständige Behörde für alle Anordnungen, die im BBodSchG und in den auf dieses Gesetz gestützten Rechtsverordnungen genannt sind. Es ist nach § 1 Abs. 2 der Verordnung zuständige Behörde zur Verfolgung und Ahndung von Ordnungswidrigkeiten nach § 26 Abs. 1 BBodSchG und nach den Bußgeldvorschriften der aufgrund dieses Gesetzes erlassenen Rechtsverordnungen.

(13) Sachsen

596 Nach § 13 Abs. 3 und 4 i. V. mit § 13 a S. 3, 5, 6 und 7 SächsEGAB[962] ist das Staatsministerium für Umwelt und Landwirtschaft als oberste Bodenschutzbehörde berechtigt, durch Rechtsverordnung die Aufgabenverteilung der Bodenschutzbehörden untereinander festzulegen, was bisher noch nicht geschehen ist.

597 Nach § 13 Abs. 1 S. 3 SächsEGAB sind in den Landkreisen und kreisfreien Städte die unteren Abfallbehörden gleichzeitig auch untere Bodenschutzbehörden. Nach § 13 Abs. 1 S. 2 SächsEGAB sind die Regierungspräsidien höhere Abfall- und gleichzeitig auch höhere Bodenschutzbehörden.

598 Oberste Bodenschutzbehörde nach § 13 Abs. 1 S. 3 SächsEGAB ist das Staatsministerium für Umwelt und Landwirtschaft.

(14) Sachsen-Anhalt

599 Bisher liegen weder ein Landesbodenschutzgesetz noch eine Zuständigkeitsverordnung zur Ausführung des BBodSchG vor. Ein Referentenentwurf zu einem Landesbodenschutzgesetz befindet sich zur Zeit in Vorbereitung. Eine Verabschiedung wird in dieser Legislaturperiode erwartet.

---

961 GVBl., S. 960.
962 Erstes Gesetz zur Abfallwirtschaft und zum Bundesschutz im Freistaat Sachsen (SächsEGAB) i. d. F. v. 31. 5. 1999, GVBl., S. 1319.

Zuständig für den Vollzug des BBodSchG sowie der dazu bisher ergangenen 600
Rechtsverordnung (BBodSchV) sind z. Zt. die unteren Abfallbehörden der
Landkreise und kreisfreien Städte, soweit es um Maßnahmen geht, die bereits
im Abfallgesetz des Landes Sachsen-Anhalt geregelt sind.

(15) Schleswig-Holstein

Schleswig Holstein hat bisher nur eine Zuständigkeitsverordnung erlassen, 601
die *Landesverordnung über die zuständigen Behörden nach dem Bundes-
Bodenschutzgesetz* vom 7. 2. 1999[963]. Ein Entwurf für ein Landesgesetz ist
vom Ministerium für Umwelt, Natur und Forsten in Bearbeitung.

Zuständige Behörde für den Vollzug des BBodSchG sind nach § 1 der Lan- 602
desverordnung die Landrätinnen und Landräte der Kreise und die Bürgermei-
sterinnen und Bürgermeister der kreisfreien Städte. Fachbehörde ist das Ministerium für Umwelt, Natur und Forsten.

(16) Thüringen

In Thüringen wurde das Abfallwirtschafts- und Altlastengesetz entsprechend 603
der neuen Gesetzeslage wie folgt geändert: *Neubekanntmachung des Thüringer Abfallwirtschafts- und Altlastengesetzes (ThAbfAG)* vom 15. 6.
1999[964].

Nach § 23 Abs. 3 ThAbfAG ist untere Bodenschutzbehörde das Staatliche 604
Umweltamt sowie in besonderen Fällen der Landkreis und die kreisfreien
Städte im übertragenen Wirkungskreis sowie das Landwirtschaftsamt und das
Bergamt.

Die Staatlichen Umweltämter sind als untere Bodenschutzbehörden nach § 24 605
Abs. 3 ThAbfAG zuständig für

- Anordnungen zur Entsiegelung von Flächen nach § 5 BBodSchG.
- Maßnahmen nach § 9 Abs. 1 BBodSchG.
- Anordnungen von Maßnahmen zur Gefährdungsabschätzung und Untersuchung nach § 9 Abs. 2 BBodSchG.
- Anordnungen von Maßnahmen nach § 10 Abs. 1 BBodSchG mit Ausnahme von Anordnungen von Maßnahmen zur Sanierung von Gewässern,
  die durch schädliche Bodenveränderungen oder eine Altlast verunreinigt
  wurden.
- Die Festsetzung eines Ausgleichsanspruchs nach § 10 Abs. 2 BBodSchG
  im Einvernehmen mit den jeweils örtlich zuständigen Landwirtschaftsäm-
  tern oder Staatlichen Forstämtern.
- Anordnungen von Maßnahmen für die Sanierungsuntersuchung und Sanierungsplanung und die Verbindlicherklärung des Sanierungsplanes nach
  § 13 BBodSchG.

---

963 GVBl., S. 58.
964 GVBl., S. 385.

Betrieblich-rechtliche Fragestellungen

- Die behördliche Sanierungsplanung nach § 14 BBodSchG.
- Die Überwachung von Altlasten und altlastverdächtigen Flächen nach § 15 Abs. 1 BBodSchG.
- Die Anordnung von Eigenkontrollmaßnahmen nach § 15 Abs. 2 BBodSchG.
- Ergänzende Anordnungen zur Altlastensanierung nach § 16 Abs. 1 BBodSchG.
- Die Festsetzung eines Wertausgleichs nach § 25 Abs. 1 BBodSchG.
- Den Vollzug der Rechtsverordnungen nach dem BBodSchG.

606 Die Landkreise und kreisfreien Städte sind als untere Bodenschutzbehörden nach § 24 Abs. 4 ThAbfAG zuständig für die Anordnung von Maßnahmen nach § 10 Abs. 1 BBodSchG zur Sanierung von Gewässern, die durch schädliche Bodenveränderungen oder eine Altlast verunreinigt wurden.

607 Das Landwirtschaftsamt ist gemäß § 24 Abs. 11 ThAbfAG zuständig für die landwirtschaftliche Beratung nach § 17 Abs. 1 S. 2 BBodSchG.

608 Das Bergamt ist als untere Bodenschutzbehörde gemäß § 24 Abs. 5 ThAbfAG zuständig bei untertägigen Maßnahmen nach den Vorschriften des BBodSchG. Es entscheidet im Einvernehmen mit dem Landesverwaltungsamt bzw. dem Staatlichen Umweltamt.

609 In einem der Bergaufsicht unterliegenden laufenden Betrieb über Tage entscheidet die zuständige Abfallbehörde im Einvernehmen mit dem Bergamt.

610 Nach § 23 Abs. 2 ThAbfAG ist die obere Bodenschutzbehörde das Landesverwaltungsamt. Das Landesverwaltungsamt ist als obere Bodenschutzbehörde nach § 24 Abs. 2 ThAbfAG zuständig für die Wahrnehmung der Aufgaben nach

- den unmittelbar geltenden Rechtsvorschriften der Europäischen Gemeinschaften im Bereich des Bodenschutzes;
- dem BBodSchG und den aufgrund des BBodSchG erlassenen Rechtsverordnungen;
- dem ThAbfAG und den aufgrund dieses Landesgesetzes erlassenen Rechtsverordnungen.

611 Nach § 23 Abs. 1 ThAbfAG ist die oberste Bodenschutzbehörde das für den Bodenschutz zuständige Ministerium.

(bb) Ausweisung von Bodenbelastungsgebieten

612 Nach § 21 Abs. 3 BBodSchG ist es den Ländern erlaubt, Bodenschutzpläne aufzustellen, um flächendeckend auftretenden schädlichen Bodenveränderungen mit einem gebietsbezogenen Handlungskonzept zu begegnen[965]. Dies ist auch unbedingt sinnvoll, da es hierbei auf landesspezifische Besonderheiten ankommt und eine enge Verzahnung mit der kommunalen Landschaftspla-

---
965 Vgl. BT-Dr. 13/6701, S. 45.

nung sichergestellt werden muß[966]. Diese Bodenbelastungsgebiete sind im Hinblick auf Zielrichtung und Schutzintensität nicht mit Wasserschutzgebieten vergleichbar. Entsprechende landesrechtliche Vorschriften, die bereits vor Inkrafttreten des BBodSchG die Festsetzung von Bodenbelastungsgebieten vorsahen, werden durch das BBodSchG nicht verdrängt. In Baden-Württemberg findet sich in § 13 BadWürtt.BodSchG eine Klausel zu Bodenbelastungsgebieten[967]. Dort können u.a. Bodensanierungen und Nutzungsbeschränkungen angeordnet werden. Ähnliche Regelungen sehen auch § 9 Abs. 2 SächsEGAB in Sachsen und § 22 BerlBodSchG in Berlin vor.

Durch § 21 Abs. 3 werden die Länder auch in die Lage versetzt, weitere Regelungen über gebietsbezogene Maßnahmen des Bodenschutzes, insbesondere über Dauerbeobachtungsflächen, zu treffen. Bereits 1985 begann Bayern mit der Einrichtung von Boden-Dauerbeobachtungsflächen[968]. Aus den dokumentierten Erfahrungen in Bayern ist 1990 von der Bund-Länder-Sonderarbeitsgruppe „Informationsgrundlagen Bodenschutz" eine Konzeption für die Errichtung von Boden-Dauerbeobachtungsflächen erstellt worden[969]. In Art. 8 des bayerischen Gesetzes zur Umsetzung des Gesetzes zum Schutz des Bodens in Bayern (BayBodSchG)[970] wird diesem Anliegen des BBodSchG Rechnung getragen. **613**

(cc) Bodeninformationssysteme

§ 21 Abs. 4 BBodSchG berechtigt die Länder, Bodeninformationssysteme einzuführen, oder, wenn bereits eines vorhanden ist, dieses weiterzuführen. Hierbei handelt es sich um eine „Kann"-Vorschrift. Den Anstoß zur Einführung und zum Aufbau von Boden-Informationssystemen gab die Umweltministerkonferenz 1985[971]. Heute ist der Stand in den einzelnen Bundesländern sehr unterschiedlich. Zum Beispiel werden in Baden-Württemberg auf Grundlage der §§ 8, 15 und 18 des BadWürtt.BodSchG altlastbezogene Daten in einer Bodendatenbank bei der Landesanstalt für Umweltschutz gespeichert[972]. Das Berliner Bodenschutzgesetz enthält nicht nur ein Bodenbelastungskataster, sondern auch eine Bodenschadstoffdatenbank und eine Bodenzustandsdatenbank. Sachsen sieht in § 14 SächsEGAB ein Altlastenkataster vor[973]. Als weitere Bei- **614**

---

966 Vgl. hierzu *Kauch,* DVBl. 1993, 1033 ff., 1035.
967 Zu der Ausweisung von Bodenbelastungsgebieten in Baden-Württemberg s. *Schlabach,* VBlBW 1996, 408 ff.
968 Vgl. hierzu Bayerisches Staatsministerium für Landesentwicklung und Umweltfragen und für Ernährung, Landwirtschaft und Forsten, Boden-Dauerbeobachtungsflächen in Bayern, in: Rosenkranz/Bachmann/Einsele/Harreß, Bodenschutz, 10/1991, KZ 9400.
969 Vgl. hierzu *Oerder,* in: Oerder/Numberger/Schönfeld, Bundes-Bodenschutzgesetz, § 21 Rdnr. 6.
970 Vom 23. 2. 1999, GVBl., S. 36.
971 Vgl. *v. Borries,* ZAU 1992, 25 ff., 27.
972 Vgl. *Peters,* Umweltverwaltungsrecht, 1996, Kapitel VI Rdnr. 18.
973 Vgl. *Wagner,* in: Jessberger (Hrsg.), Umweltinformatik im Altlastenbereich, 1996, S. 121 ff. 121.

Betrieblich-rechtliche Fragestellungen

spiele für Bodeninformationssysteme können die Datenbanken IGS und ISAL des Landes Nordrhein-Westfalen genannt werden. IGS ist das „Informationssystem für gefährliche und umweltrelevante Stoffe". In dieser Datenbank werden die bodenbezogenen Stoffeigenschaften von mehr als 170 Einzelstoffen sowie die Summenparameter aus 13 Stoffgruppen gesammelt[974]. ISAL ist das „Informations-System Altlasten" des Landes Nordrhein-Westfalen[975].

615 Art. 7 und 8 BayBodSchG sehen ein Bodeninformationssystem nach BBodSchG vor. Es wird beim Geologischen Landesamt geführt und umfaßt Daten aus Untersuchungen über physikalische, chemische und biologische Beschaffenheiten von Böden. Es wird ergänzt durch Daten der landesweit eingeführten Bodendauerbeobachtungsflächen und der Bodenprobenbank des Geologischen Landesamtes.

616 Ähnliche Regelungen sind auch im Gesetz zur Einführung des Niedersächsischen Bodenschutzgesetzes (NBodSchG), dem Sächsischen Abfallwirtschafts- und Bodenschutzgesetz (SächsABG) sowie dem Thüringer Abfallwirtschafts- und Altlastengesetz (ThAbfAG) enthalten.

b) Weitere länderrechtliche Regelungsmöglichkeiten nach BBodSchG

617 Nach § 21 Abs. 2 BBodSchG können die Länder darüber hinaus bei bestimmten Flächen, bei denen der Verdacht der schädlichen Bodenveränderung besteht, sowie bei schädlichen Bodenveränderungen, die ein besonderes Gefährdungspotential aufweisen, die Durchführung weiterer Maßnahmen vorschreiben. Ob und inwieweit bei diesen Flächen kraft Landesrechts zusätzliche Anforderungen begründet werden sollen, entscheiden die Länder nach ihrer speziellen Betroffenheit[976]. Diese Sonderregelung für komplexe schädliche Bodenveränderungen ist besonders deswegen notwendig, weil sonst das im dritten Teil des BBodSchG vorgesehene Instrumentarium bei diesen Flächen, die keine Altlasten und keine Altlastverdachtsflächen sind, nicht anwendbar wäre. Die Konzentrationswirkung bei den ergänzenden Anordnungen zur Altlastensanierung greift nicht bei „schweren schädlichen Bodenveränderungen, von denen ein besonderes Gefährdungspotential ausgeht", da auf § 16 BBodSchG nicht verwiesen wird. Dies verdeutlicht die unterschiedliche Behandlung von Altlasten und komplexen schädlichen Bodenveränderungen[977].

2. Würdigung

618 Die Länder dürfen zwar Ausführungen zum zweiten und dritten Teil des BBodSchG erlassen, aber es handelt sich lediglich um ergänzende Verfahrensregelungen, nicht um materielle Regelungen. Damit läßt sich zusammenfas-

---

974 Vgl. *Viereck-Götte/Thiele/Mathieu*, a. a. O., S. 111, 113 ff.
975 Vgl. *Ohlhof*, in: Jessberger, Umweltinformatik im Altlastenbereich, S. 101 ff., 101.
976 Vgl. BT-Dr. 13/6701, S. 45.
977 Vgl. *Sanden/Schoeneck*, Bundes-Bodenschutzgesetz, § 21 Rdnr. 10.

send sagen, daß die landesrechtlichen Gestaltungsfreiheiten bei Bodenschutz- und Altlastenregelungen eng begrenzt sind, oder – um es etwas pointierter zu formulieren – den Ländern kommt die Rolle des Lückenfüllers zu[978].

619 Nach § 3 BBodSchG findet das BBodSchG nur Anwendung, soweit keine der aufgeführten Rechtsvorschriften, wie z.B. die Vorschriften des Bauplanungs- und Bauordnungsrechts, Einwirkungen auf den Boden regeln. Deshalb ist es wichtig, daß die Länder im Zuge ihrer Landesgesetzgebung die Bodenschutz- behörden nicht allein auf ihre Aufgaben als Vollzugsbehörde des BBodSchG reduzieren, sondern – vorausgesetzt den Ländern ist es ernst mit dem Boden- schutz – die Bodenschutzbehörden mit umfassender Kompetenz ausstatten und ihnen die Zuständigkeit für alle Belange des Bodenschutzes, also auch für den Bodenschutz z.B. nach dem Bauplanungs- und Bauordnungsrecht übertragen. Genau dieses Versäumnis ist aber in den beiden ersten Landesaus- führungsgesetzen zum BBodSchG in Bayern und Niedersachsen zu bekla- gen[979].

---

978 Vgl. *Peine*, NuR 1999, 126.
979 Vgl. hierzu *Notter*, NuR 1999, 541 ff., 543.

Betrieblich-rechtliche Fragestellungen

XI. BBodSchG und Versicherungsrecht

620 Die Versicherungswirtschaft hat im Hinblick auf eine Deckung der im BBodSchG beschriebenen Haftungsrisiken und Sicherheitsleistungen[980] inzwischen reagiert. Unter dem Stichwort „Bodenkaskoversicherung" werden verschiedene Versicherungskonzepte angeboten[981].

621 Bei der „Bodenkaskoversicherung" handelt es sich zunächst weder um eine typische Haftpflichtversicherungsart noch um eine typische Sachversicherungsart, sondern um eine „Kostenversicherung sui generis"[982]. Bei den bisherigen konventionellen Umwelthaftpflichtversicherungen werden Altlastenschäden grundsätzlich nicht abgedeckt[983]. Während die Umwelthaftpflichtversicherung gerade bei Ansprüchen Dritter eintritt, decken demgegenüber Bodenkaskoversicherungen nur Eigenschäden ab, die durch unfallartige Ereignisse nach Abschluß der Police entstehen[984]. Da es sich bei der Bodenkaskoversicherung um einen Versicherungsschutz für Grundstückskontaminationen handelt, ist insbesondere auch der Schaden am Boden selbst, also der Umweltprimärschaden, versichert[985]. Daneben wird auch insbesondere das Kostenrisiko der Altlastensanierung sowie deren Finanzierung abgedeckt. Die im Hinblick auf die durch das BBodSchG geschaffenen Haftungsrisiken vorliegenden Versicherungskonzepte beziehen sich in diesem Zusammenhang auf konkretes Gelände und hier – als Sachversicherung – auf konkrete Sachen wie Boden und Gewässer einschließlich Grundwasser innerhalb eines benannten Geländes[986]. Versicherungspolicen, die derzeit im Hinblick auf die Kosten aus möglichen und vorzunehmenden Bodendekontaminationsmaßnahmen ausgerichtet sind, können wie folgt untergliedert werden[987]:

- Deckung der vollen Kosten künftiger Dekontaminationsmaßnahmen, unabhängig davon, ob die Bodenverunreinigung aus früheren Aktivitäten stammt oder sich erst aus aktuellen oder zukünftigen Aktivitäten auf dem versicherten Areal ergibt;

---

980 Vgl. nur §§ 4, 10 Abs. 1 S. 2 BBodSchG.
981 Vgl. z. B. *Spühler*, SVZ 66 (1998), 259 ff., 264; *Schimikowski*, VersR 1998, 1452 ff., 1458 f., jew. m. w. N.; *Mehrhoff/Röhrig*, FlächenRecycling GeoProfi 1999, 12 ff.; *Eigen*, TerraTech 1999, 23 f.; Hess, VW 1997, 1700 ff.
982 *Spühler*, a. a. O., 265.
983 *Knopp/Albrecht*, Altlastenrecht in der Praxis, Rdnr. 322 ff. m. w. N.
984 *Eigen*, TerraTech 1999, 23; s. auch *Döring*, Haftung und Haftpflichtversicherung als Instrumente einer präventiven Umweltpolitik, 1999, S. 217 f.; zum Eigenschadenausschluß im Umwelthaftpflichtmodell s. *Schimikowski*, Umwelthaftungsrecht und Umwelthaftpflichtversicherung, 5. Aufl., 1998, Rdnr. 390 ff.; ders., VersR 1998, 1457 f.
985 *Döring*, a. a. O., 218 m. w. N.
986 *Eigen*, TerraTech 1999, 23.
987 *Spühler*, SVZ 66 (1998), 265; zu einzelnen Versicherungskonzepten vgl. auch *Eigen*, a. a. O., 23 f.; *Mehrhoff/Röhrig*, FlächenRecycling GeoProfi 1999, 12 ff. sowie o. Fn. 981

- Deckung der zusätzlichen, in einem Sanierungsbudget nicht veranschlagten Aufwendungen aus tatsächlich kraft Gesetzesvorschriften und Behördenanordnungen vorgenommenen Dekontaminationsarbeiten auf dem versicherten Areal;
- Deckung der Kosten aus künftig allenfalls vorzunehmenden Dekontaminationsarbeiten, soweit sich die Kosten aus zu Beginn des Versicherungsschutzes nicht festgestellter (mangels wissenschaftlicher Erkenntnis) oder noch nicht vorhandener (mangels entsprechender Aktivitäten) Kontamination auf dem versicherten Areal ergeben.

622 Damit wird allerdings die Ausgestaltung des zu gewährenden Versicherungsschutzes noch nicht im einzelnen definiert, sondern lediglich im Umfang festgelegt[988]. Das gewünschte Maß an Deckung im Einzelfall bleibt dementsprechend der Individualvereinbarung vorbehalten. Zielgruppen der neuen Versicherungskonzepte sind im Hinblick auf das BBodSchG das produzierende Unternehmen, ferner alle Personen und Gesellschaften, die sich mit Grundstücksveräußerungen, aber auch der Grundstückswerterhaltung beschäftigen[989].

---

988 *Spühler*, a. a. O., 265.
989 *Eigen*, TerraTech 1999, 23.

Betrieblich-rechtliche Fragestellungen

XII. BBodSchG und Straf- und Ordnungswidrigkeitenrecht

1. Straftatbestände

623 Schädliche Bodenveränderungen und/oder Altlasten i. S. des BBodSchG und die damit verbundenen Handlungen, Duldungen und Unterlassungen betreffen häufig zugleich Straftatbestände des Strafgesetzbuchs, dort mit „Straftaten gegen die Umwelt" (§§ 324 ff. StGB) überschrieben[990].

624 Der strafrechtliche Boden- und Gewässerschutz wird im wesentlichen durch die Straftatbestände der Gewässerverunreinigung (§ 324 StGB), der Bodenverunreinigung (§ 324a StGB) sowie dem unerlaubten Umgang mit gefährlichen Abfällen (§ 326 StGB) erfaßt[991]:

a) Unerlaubter Umgang mit gefährlichen Abfällen (§ 326 StGB)

625 Als zentraler Straftatbestand aus dem Abfallstrafrecht des StGB bei illegalen Ablagerungen und Schadstoffverunreinigungen des Bodens kommt § 326 StGB, hier insbesondere § 326 Abs. 1 Nr. 4 StGB in Betracht[992].

„Wer unbefugt Abfälle, die

...

4. nach Art, Beschaffenheit oder Menge geeignet sind,

a) nachhaltig ein Gewässer, die Luft oder den Boden zu verunreinigen oder sonst nachteilig zu verändern oder

b) einen Bestand von Tieren und Pflanzen zu gefährden,

außerhalb einer dafür zugelassenen Anlage oder unter wesentlicher Abweichung von einem vorgeschriebenen oder zugelassenen Verfahren behandelt, lagert, ablagert, abläßt oder sonst beseitigt, wird mit Freiheitsstrafe bis zu fünf Jahren oder mit Geldstrafe bestraft."

626 Der Begriff des Abfalls orientierte sich während der Geltungsdauer des Abfallgesetzes grundsätzlich an § 1 Abs. 1 AbfG[993], da das Abfallstrafrecht keinen eigenen Abfallbegriff kennt. Nach dem seit 7. 10. 1996 geltenden Abfall-

---

990 Mit dem 18. StRÄndG zum Strafgesetzbuch (StGB) vom 28. 3. 1980, am 1. 7. 1980 in Kraft getreten, wurden erstmals Umweltstraftatbestände in einem 28. Abschnitt (§§ 324–330d) – überschrieben mit „Straftaten gegen die Umwelt" – ins StGB eingeführt. Seit dem 1. 11. 1994 gilt ein erweitertes und deutlich verschärftes Umweltstrafrecht des StGB. Durch das 6. Strafrechtsreformgesetz (StRG) vom 26. 1. 1998, BGBl. I, S. 164, finden sich die Umweltstraftaten nunmehr in dem 29. Abschnitt des StGB.
991 *Knopp/Albrecht*, Altlastenrecht in der Praxis, Rdnr. 286 ff. m. w. N.
992 Vgl. z. B. schon *Knopp*, ZAP F. 21, 1 ff., 2 ff. m. w. N.
993 Aufgrund der im Umweltstrafrecht allgemein geltenden Verwaltungsrechtsakzessorietät („Abhängigkeit des Umweltstrafrechts vom Umweltverwaltungsrecht"); vgl. näher *Kloepfer*, Umweltrecht, § 7 Rdnr. 10 ff. m. w. N.; *Kloepfer/Vierhaus*, Umweltstrafrecht, 1995, S. 23 ff. m. w. N.; s. auch BGH, MDR 1990, 737.

begriff des Kreislaufwirtschafts- und Abfallgesetzes[994] in § 3 wird in „Abfälle zu Verwertung" und „Abfälle zur Beseitigung" unterschieden. Bei Abfällen der in § 326 StGB genannten Art handelt es sich jedenfalls um Abfälle, die wegen ihrer besonderen Gefährlichkeit beseitigt werden müssen, also um *„Abfälle zur Beseitigung"*[995]; *„Abfälle zur Verwertung"* nach neuem Abfallrecht unterfallen dagegen nicht besagter Strafvorschrift[996]. Was speziell die wassergefährdenden Abfälle anbelangt, findet sich eine nähere Definition in § 19g Abs. 5 WHG.

Bei der Vorschrift des § 326 StGB handelt es sich um ein abstraktes Gefährdungsdelikt, das heißt tatbestandsmäßiges Handeln liegt nicht erst vor, wenn die Abfallbeseitigung (konkrete) Schädigungen hervorruft, sondern bereits dann, wenn sie die generelle Eignung hierzu besitzt[997]. 627

Bei schädlichen Bodenveränderungen und/oder Altlasten ist die Verwirklichung dieses Straftatbestandes in der Regel in Form des Unterlassens (rechtzeitiger) Sicherung oder Sanierung des schadstoffverunreinigten Grundstücks durch den Eigentümer denkbar[998]. Ihn kann insoweit eine sog. Garantenstellung treffen[999]. Die Sanierungsverpflichtung des Grundstückseigentümers ergibt sich aus § 4 Abs. 3, 6 BBodSchG. 628

b) Gewässerverunreinigung (§ 324 StGB)

Bei gleichzeitigen Gewässerverunreinigungen durch Schadstoffeintragungen über den Boden kann zugleich auch der Straftatbestand der Verunreinigung eines Gewässers erfüllt sein (§ 324 Abs. 1 StGB). 629

„Wer unbefugt ein Gewässer verunreinigt oder dessen Eigenschaft nachteilig verändert, wird mit Freiheitsstrafe bis zu fünf Jahren oder mit Geldstrafe bestraft ...".

Mit „unbefugt" ist „ohne verwaltungsbehördliche Gestattung" gemeint[1000]. 630

Bei Schadstoffverunreinigungen im Boden, von denen aus auch das Grundwasser verunreinigt wurde, kommt insoweit tateinheitliches Handeln bei gleichzeitiger Verwirklichung der Tatbestände des § 326 Abs. 1 Nr. 4 StGB und § 324 StGB in Betracht[1001]. 631

---

994 Vgl. hierzu nur *Kunig,* in: Kunig/Paetow/Versteyl, Kreislaufwirtschafts- und Abfallgesetz, 1998, Kommentierung zu § 3 KrW-/AbfG, insbes. Rdnr. 10 ff. m. w. N.
995 *LK-Steindorf,* Umwelt-Strafrecht, 2. Aufl., 1997, § 326 Rdnr. 15.
996 *LK-Steindorf,* a. a. O., § 326 Rdnr. 16.
997 BayObLG, MDR 1989, 565 (h. M.); *Kloepfer/Vierhaus,* Umweltstrafrecht, S. 107 m. w. N.
998 Vgl. hierzu ausführl. *Vogelsang-Rempe,* Umweltstrafrechtliche Relevanz der Altlasten, 1992, S. 112 ff.
999 *Vogelsang-Rempe,* a. a. O., S. 112 ff.
1000 Vgl. nur *Tröndle/Fischer,* StGB, 49. Aufl., 1999, § 324 Rdnr. 7 m. w. N.
1001 *Tröndle/Fischer,* a. a. O., § 326 Rdnr. 18

c) Bodenverunreinigung (§ 324a StGB)

632 Die Vorschrift des § 324a StGB wurde durch das 31. StrÄndG – 2. UKG – vom 27. 6. 1994 neu ins StGB aufgenommen. Sie ist seit dem 1. 11. 1994 in Kraft. Diese Regelung ergänzt nicht nur bodenschutzrechtliche Vorschriften, sondern hebt die besondere Bedeutung des bislang weitgehend nur mittelbar geschützten Mediums Boden hervor[1002].

633 § 324a Abs. 1 StGB lautet:

„Wer unter Verletzung verwaltungsrechtlicher Pflichten Stoffe in den Boden einbringt, eindringen läßt oder freisetzt und diesen dadurch

1. in einer Weise, die geeignet ist, die Gesundheit eines anderen, Tiere, Pflanzen oder andere Sachen von bedeutendem Wert oder ein Gewässer zu schädigen, oder

2. in bedeutendem Umfang

verunreinigt oder sonst nachteilig verändert, wird mit Freiheitsstrafe bis zu fünf Jahren oder mit Geldstrafe bestraft …"

634 Soweit das Gesetz im Zusammenhang mit Bodenverunreinigungen und nachteiligen Bodenveränderungen von „bedeutendem" Umfang spricht, ist damit nicht nur eine quantitative, sondern gerade auch eine qualitativ bedeutsame Verschmutzung gemeint[1003]. Im übrigen kommt es für die Bestimmung der Strafbarkeit im Einzelfall auf die jeweilige verwaltungsrechtliche Pflichtenstellung an („Verwaltungsakzessorietät"). Bisherige Regelungslücken im Verwaltungsrecht[1004] sind hier nunmehr durch das BBodSchG weitgehend geschlossen worden, weshalb § 324a StGB seine volle Effektivität erreichen könnte[1005]. Dies setzt aber voraus, daß die entsprechenden Regelungen im BBodSchG, insbesondere was „Pflichtige" und die Bewertung/Ableitung von Prüf- und Maßnahmenwerte nach der BBodSchV anbelangt, als „rechtssicher", vor allem auch als verfassungsgemäß einzustufen sind. Hieran bestehen aber, wie die Darstellung der öffentlich-rechtlichen Fragestellungen bei den „Pflichtigen" und der BBodSchV zeigt, teilweise erhebliche Zweifel. Bei schädlichen Bodenveränderungen und/oder Altlasten kann diese Strafvorschrift als Unterlassungsdelikt wegen nicht (rechtzeitiger) Bodensanierung in Betracht kommen. Sanierungspflichten ergeben sich insbesondere aus § 4 Abs. 3, 6 BBodSchG und begründen eine Garantenstellung des Verantwortlichen, in der Regel des Grundstückseigentümers als Zustandverantwortlicher[1006]. Es gilt hier damit im wesentlichen das gleiche wie bei § 326 StGB.

1002 S. ausführl. zur Regelung des § 324a StGB *Hofmann*, Bodenschutz durch Strafrecht?, 1996.
1003 BT-Dr. 12/7300, S. 30.
1004 Vgl. z. B. *Kloepfer/Vierhaus*, Umweltstrafrecht, S. 84 m. w. N.
1005 Vgl. näher LK-Steindorf, Umwelt-Strafrecht, § 324a Rdnr. 58 f.
1006 Vgl. auch LK-Steindorf, a. a. O., § 324a Rdnr. 35.

§ 324a StGB kann ebenfalls tateinheitlich mit §§ 324, 326 StGB verwirklicht werden[1007]. **635**

2. Strafbarkeit betrieblicher Verantwortlicher

Im deutschen Strafrecht gilt bekanntlich der Grundsatz: Juristische Personen und Personenvereinigungen können sich nicht strafbar machen. Strafen sind stets an der individuellen Schuld auszurichten und Straftatbestände können deshalb auch nur von natürlichen Personen verwirklicht werden. Hieran ändert auch die in § 14 StGB geregelte Organ- und Vertreterverantwortlichkeit nichts[1008]. Nach dieser für das gesamte Strafrecht geltenden Regelung können bei betrieblich verursachten und strafrechtlich relevanten Umweltschäden, hier: Boden- und Grundwasserverunreinigungen, auf verschiedenen Verantwortungsebenen verantwortlich sein[1009]: **636**

- Mitglieder der Geschäftsleitung („first mangement"), z.B. Vorstandsmitglieder, Geschäftsführer wegen Auswahl- oder Überwachungsverschuldens bei strafbaren Handlungen und Unterlassungen, welche unmittelbar anderen Mitarbeitern zuzurechnen sind.
- Mitglieder der Ebene unter der Geschäftsleitung mit operativen Funktionen („middle management"), z.B. Betriebs- oder Werksleiter wegen Auswahl- oder Überwachungsverschuldens bei strafbaren Handlungen und Unterlassungen, welche unmittelbar anderen Mitarbeitern aus dem Weisungsbereich des Betriebs- oder Werksleiters zuzurechnen sind.
- Alle sonstigen Arbeitnehmer eines Unternehmens/Betriebes kommen im Falle strafbarer Handlungen oder Unterlassungen, unabhängig von der Regelung in § 14 StGB, als „Täter" oder „Teilnehmer" einer Umweltstraftat i.S. des Strafgesetzbuchs in Betracht. Dies gilt auch für den jeweiligen Betriebsbeauftragten, wobei er in der Regel lediglich „Teilnehmer" einer Umweltstraftat sein kann, da ihm keine eigenen Entscheidungs- und Anordnungsbefugnisse zustehen, soweit er „Nur-Betriebsbeauftrager" ist[1010].

3. Bußgeldtatbestände

§ 26 BBodSchG regelt die in Fachgesetzen übliche „Bußgeldbewehrung" bestimmter Rechtsvorschriften; dies dient der Prävention und Repression[1011]. **637**

1007 *LK-Steindorf*, a.a.O., § 324a Rdnr. 72.
1008 *Kloepfer/Vierhaus*, Umweltstrafrecht, Rdnr. 64.
1009 *Kloepfer/Vierhaus*, a.a.O., Rdnr. 64ff. u.a.m. Hinw. auf das „Lederspray"-Urteil des BGH = BGHSt 37, 106 = NJW 1990, 2560; zum „Tätertypus" der Tatverantwortlichen aus Unternehmen und Betrieben s. *Busch*, Unternehmen und Umweltstrafrecht, 1997, S. 112ff. m.w.N.
1010 *Kloepfer/Vierhaus*, Umweltstrafrecht, Rdnr. 60 m.w.N.
1011 *Becker*, Bundes-Bodenschutzgesetz, § 26 Rdnr. 1 u.a.m. Hinw. auf § 62 BImSchG, § 61 KrW-/AbfG und § 41 WHG.

638 § 26 BBodSchG regelt Tatbestände, die eine Ordnungswidrigkeit bis zu 20.000 DM (Fälle des § 26 Abs. 1 Nrn. 1, 3, 4) bzw. bis zu 100.000 DM (Fall des § 26 Abs. Nr. 2 BBodSchG) auslösen können. Den einfach anmutenden Tatbeständen liegen teilweise komplizierte Voraussetzungen zugrunde[1012].

639 Nach § 26 Abs. 1 handelt ordnungswidrig, wer vorsätzlich oder fahrlässig einer Rechtsverordnung nach §§ 5 S. 1, 6, 8, 22 BBodSchG oder einer „vollziehbaren Anordnung" aufgrund einer solchen Rechtsverordnung zuwider handelt, soweit die Rechtsverordnung für einen bestimmten Tatbestand auf diese Bußgeldvorschrift verweist. § 5 S. 1 BBodSchG betrifft die Rechtsverordnung zur Entsiegelung, die bislang noch nicht erlassen wurde. Ebenfalls noch nicht erlassen wurden die nach § 22 Abs. 1 zur Erfüllung gemeinschaftsrechtlicher Rechtsvorschriften notwendigen Rechtsverordnungen. Deshalb kann gegenwärtig für diesen Bußgeldtatbestand nur die auf §§ 6, 8 und 13 BBodSchG gestützte BBodSchV, die auch die Anforderungen an das Auf- und Einbringen von Materialien nach § 6 BBodSchG regelt, von Bedeutung sein. Da diese Verordnung entsprechend der Verweisungstechnik in § 26 Abs. 1 Nr. 1 BBodSchG aber nicht für einen bestimmten Tatbestand auf diese Bußgeldvorschrift „rückverweist", ist besagter Bußgeldtatbestand für die betriebliche Praxis daher insoweit unbeachtlich[1013].

640 Nach § 26 Abs. 1 Nr. 2 BBodSchG handelt ordnungswidrig, „wer einer vollziehbaren Anordnung nach § 10 Abs. 1 S. 1 BBodSchG zuwiderhandelt, soweit sie sich auf eine Pflicht nach § 4 Abs. 3, 5 und 6 BBodSchG bezieht".

641 Angesprochen sind hier zunächst die „notwendigen Maßnahmen" nach § 10 Abs. 1 S. 1 BBodSchG, wozu insbesondere auch die Sanierungsmaßnahmen gehören, die von der Behörde zur Konkretisierung und Erfüllung der sich aus den nach § 4 Abs. 3, 5 und 6 BBodSchG ergebenden Pflichten angeordnet werden. Auch § 26 Abs. 1 Nr. 2 spricht ebenso wie § 26 Abs. 1 Nr. 1 von einer bußgeldbewehrten „vollziehbaren Anordnung". Damit ist gemeint, daß die Behörde verwaltungsrechtlich einen Verwaltungsakt mit „sofortiger Vollziehung" (z.B. Sanierungsanordnung) gegenüber den Pflichtigen nach § 4 Abs. 3, 5 und 6 BBodSchG erläßt mit der Folge, daß ein hiergegen eingelegter Widerspruch oder eine hiergegen gerichtete Klage keinen Suspensiveffekt bzw. keine aufschiebende Wirkung entfalten können und der Pflichtige diesen Verwaltungsakt ignoriert.

642 Nach § 26 Abs. 1 Nr. 3 BBodSchG handelt ordnungswidrig, „wer einer vollziehbaren Anordnung nach § 13 Abs. 1 BBodSchG oder § 15 Abs. 2 S. 1, 3 oder 4 BBodSchG" zuwiderhandelt.

643 Was die Verweisung auf § 13 Abs. 1 anbelangt, geht es um vollziehbare behördliche Anordnungen zur Durchführung von Sanierungsuntersuchungen und zur Vorlage eines Sanierungsplanes, gegen die ein Pflichtiger verstößt.

1012 Vgl. im einzelnen *Becker*, a.a.O., § 26 Rdnr. 26.
1013 *Sanden/Schoeneck*, Bundes-Bodenschutzgesetz, § 26 Rdnr. 25.

Gleichfalls sind entsprechende Regelungen der Rechtsverordnungen nach § 13 Abs. 1 S. 2 BBodSchG durch die weite Verweisung mit umfaßt[1014].

644 Anordnungen nach § 15 Abs. 2 BBodSchG, gegen die ein Pflichtiger zuwiderhandeln kann, betreffen die Durchführung von Eigenkontrollen in bezug auf Altlasten durch die Pflichtigen nach § 4 Abs. 3, 5 und 6 BBodSchG sowie die längerfristige Aufbewahrung der Ergebnisse der Eigenkontrollen oder Eigenkontrollen auch nach der Durchführung von Dekontaminations-, Sicherungs- oder Beschränkungsmaßnahmen.

645 Nach § 26 Abs. 1 Nr. 4 BBodSchG handelt ordnungswidrig, wer „entgegen § 15 Abs. 3 S. 1 eine Mitteilung nicht richtig, nicht vollständig oder nicht rechtzeitig macht".

646 Die genannten Mitteilungen beziehen sich auf die Ergebnisse der Eigenkontrollen und müssen auf Verlangen der zuständigen Behörde ihr mitgeteilt werden; dieses Verlangen kann auch durch behördliche Anordnungen konkretisiert werden[1015].

647 Verstöße gegen Verpflichtungen aus öffentlich-rechtlichen Verträgen (Sanierungsverträge)[1016] begründen nach dem Wortlaut des § 26 BBodSchG keine Ordnungswidrigkeit, es sei denn, in diesen sind wiederum Rechtsgrundlagen zu behördlichen Anordnungen vereinbart, gegen welche verstoßen wird[1017].

1014 *Sanden/Schoeneck*, a.a.O., § 26 Rdnr. 28.
1015 *Becker*, Bundes-Bodenschutzgesetz, § 26 Rdnr. 3.
1016 S. hierzu oben Kap. VII 3.
1017 *Becker*, a.a.O., § 26 Rdnr. 5.

XIII. Bodenschutzregelungen im UGBE (Unabhängige Sachverständigenkommission)[1018]

1. Vorbemerkung

648 Im Zuge der Kodifikationsbemühungen um ein vereinheitlichtes Umweltrecht in einem Umweltgesetzbuch ähnlich dem Bürgerlichen Gesetzbuch (BGB) erarbeitete eine Unabhängige Sachverständigenkommission beim BMU vom Herbst 1992 bis zum Sommer 1997 einen Entwurf zu einem Umweltgesetzbuch. Dieser Entwurf folgte den zuvor veröffentlichten Entwürfen eines Umweltgesetzbuchs der sog. Professoren-Kommissionen; vorgelegt worden waren hier ein Allgemeiner Teil (1990) und eine Besonderer Teil (1994)[1019]. Die Gründe für die Schaffung eines solchen Umweltgesetzbuchs liegen in der Harmonisierung eine verwirrenden Geflechts von Umweltgesetzen, der Vereinfachung des Umweltrechts und dem Ziel, es dadurch auch auf eine dauerhafte Grundlage zu stellen und dabei zugleich Impulse für eine Verbesserung des Umweltschutzes zu geben[1020]. Im Entwurf der Unabhängigen Sachverständigen-Kommission zu einem Umweltgesetzbuch beschäftigen sich die §§ 326 bis 354 mit der Vereinheitlichung eines Bodenschutzrechts.

649 Einige Vorschriften-Entwürfe, die zugleich die oben unter Kap. IV, V und VIII dargestellten Regelungskomplexe beim BBodSchG betreffen, werden nachfolgend vorgestellt.

2. Regelungen zu Verantwortlichen und deren Pflichten

a) Sanierungs- und Rekultivierungspflicht

650 Im Unterschied zum BBodSchG sind nach § 347 Abs. 1 UGBE bei Bodenbelastungen und dadurch verursachten Gewässerverunreinigungen neben Sanierungs- auch Rekultivierungsmaßnahmen durchzuführen, soweit dies möglich und der Aufwand nicht außer Verhältnis zum angestrebten Erfolg steht. Nach § 347 Abs. 2 UGBE haben Maßnahmen der Dekontamination Vorrang, Sicherungsmaßnahmen kommen insbesondere nur in Betracht, soweit eine Dekontamination nicht möglich ist oder der Aufwand außer Verhältnis zu dem angestrebten Erfolg steht, also unverhältnismäßig ist. Die Anforderungen an Inhalt und Umfang der Sanierungs- und Rekultivierungspflicht, insbesondere an Maßnahmen der Dekontamination und der Sicherung regelt eine zu erlassene Rechtsverordnung, § 347 Abs. 4 Nr. 1 UGBE.

1018 Umweltgesetzbuch (UGB-KomE), Entwurf der Unabhängigen Sachverständigenkommission zum Umweltgesetzbuch beim BMU (s. auch o. Fn. 242), Zehntes Kapitel: Bodenschutz, §§ 326–354.
1019 UGB-KomE, Begründ., S. 72 m. w. N. unter Fn. 2
1020 Vgl. im einzelnen UGB-KomE, Begründ., S. 73 ff.

b) Verantwortliche bzw. Pflichtige

Analog zum Katalog des § 4 BBodSchG enthält § 348 UGBE die zur Erfüllung der Pflichten und zur Kostentragung für Maßnahmen nach § 347 UGBE Verantwortlichen, allerdings mit teilweise entscheidenden Modifikationen und Unterschieden. **651**

Nach § 348 Abs. 1 Nr. 1 UGBE ist Verantwortlicher der Verursacher und sein Gesamtrechtsnachfolger. Während § 348 Abs. 1 S. 2 UGBE den Kreis der als Verursacher nach S. 1 Nr. 1 in Betracht kommenden Personen erweitert, erfolgt hinsichtlich der Gesamtrechtsnachfolgerverantwortung im Gegensatz zu § 4 Abs. 3 BBodSchG eine Haftungsbeschränkung in § 348 Abs. 3 UGBE, wonach der Gesamtrechtsnachfolger grundsätzlich nur in Höhe des Wertes der im Wege der Rechtsnachfolge übergegangenen Vermögenswerte haftet. Vergleichbar ist diese Regelung mit der im Zivilrecht bestehenden Beschränkung der Erbenhaftung (§§ 1975 ff. BGB). **652**

Über § 348 Abs. 1 Nr. 2 UGBE haftet der Behörde auch derjenige, der aufgrund gesetzlicher Vorschriften für das Verhalten des Verursachers der Bodenbelastung einzustehen hat, und sein Gesamtrechtsnachfolger. Insbesondere ist damit z.B. der Geschäftsherr für den Verrichtungsgehilfen verantwortlich[1021]. **653**

Nach § 348 Abs. 1 Nr. 3 und 4 UGBE sind für Sanierungs- und Rekultivierungsmaßnahmen auch der ehemalige Inhaber der tatsächlichen Gewalt über ein Grundstück und ehemalige Grundstückseigentümer verantwortlich, bezogen jeweils auf den Zeitraum des Entstehens der Bodenbelastung. Diese Verantwortlichkeit ist aber ausgeschlossen, wenn vom ehemaligen Inhaber der tatsächlichen Gewalt über das Grundstück oder dem ehemaligen Grundstückseigentümer der Nachweis erbracht wird, daß ihrerseits keine Mitverursachung der Bodenbelastung durch ein Tun, Dulden oder pflichtwidriges Unterlassen vorliegt. Im übrigen endet die Haftung in jedem Fall 30 Jahre nach Aufgabe der tatsächlichen Gewalt oder des Eigentums, s. § 348 Abs. 4 UGBE. **654**

Nach § 348 Abs. 1 Nr. 5 und 6 UGBE sind der gegenwärtige Eigentümer des Grundstücks und der gegenwärtige Inhaber der tatsächlichen Gewalt über das Grundstück sanierungs- und rekultivierungsverpflichtet. Entgegen der Haftungsregelung in § 4 Abs. 3 BBodSchG wird diese Zustandsverantwortlichkeit im UGBE nach § 348 Abs. 5 dann auf den Wert, den das Grundstück hat oder auf das dem Besitzer zustehende Nutzungsrecht begrenzt, wenn der Eigentümer oder Besitzer „gutgläubig" (in bezug auf die Bodenbelastung) das Grundeigentum erworben oder den Besitz des belasteten Grundstücks übernommen hat. Dieser Vorschlag knüpft an die in Art. 14 Abs. 1 GG garantierte Privatnützigkeit des Eigentums an[1022]. Das heißt, wenn und soweit der privat- **655**

1021 UGB-KomE, Begründ., S. 1034.
1022 S. auch o. Kap. IV 3. e) (bb).

nützige Gebrauch des Grundstücks durch die Maßnahmen der Sanierung und Rekultivierung ausgeschlossen ist, endet die Zustandsverantwortlichkeit des Eigentümers oder des Besitzers. Das ist insbesondere bei Kosten der Fall, die den Substanzwert des Grundstücks aufzehren.

656 § 348 Abs. 1 Nr. 6 S. 1 UGBE bestimmt zum einen, daß sich ein Grundstückseigentümer nicht mittels Dereliktion aus der Sanierungsverantwortung entziehen kann[1023]; zum anderen erlischt die Eigentümerverantwortung 30 Jahre nach Aufgabe des Eigentums. § 348 Abs. 1 Nr. 6 S. 2 und 3 enthalten „Vereitelungs-" Regelungen zu einer denkbaren „Flucht aus der Zustandsverantwortung"[1024]: Danach endet die Verpflichtung des Grundstückseigentümers zur Kostentragung nicht durch die Veräußerung des Grundstücks, wenn der Bescheid über die Heranziehung dem Eigentümer vor Eintragung des Eigentumswechsels im Grundbuch bekannt gegeben worden ist. Ferner endet die Grundstückseigentümerverantwortung nicht bei Veräußerung des Grundstücks an einen „Strohmann". In einem solchen Fall sind nicht nur Bodenbelastungen dem Eigentümer/Veräußerer vor der Grundstücksübertragung bekannt oder für ihn erkennbar, sondern auch, daß der Erwerber nicht in der Lage sein wird, die erforderliche Sanierung oder Rekultivierung auf eigene Kosten durchzuführen. Um verfassungsrechtliche Bedenken hinsichtlich einer unzulässigen „echten" Rückwirkung gerade auch im Hinblick auf die Rekultivierungsverpflichtung vorzubeugen, wird in § 348 Abs. 9 UGBE eine Übergangsregelung vorgeschlagen und zwar Bodenbelastungen betreffend, die bei Inkrafttreten der hier vorgeschlagenen Neuregelung bereits bestehen. Für diese soll dann das „alte" Recht gelten.

c) Mitteilungs- und Mitwirkungspflichten

657 Nach § 340 Abs. 1 UGBE sind der Verursacher, sein Gesamtrechtsnachfolger sowie der Grundstückseigentümer und Grundstücksbesitzer verpflichtet, Bodenbeeinträchtigungen, Bodenbelastungen oder entsprechende Umstände, die zu Bodenbeeinträchtigungen und Bodenbelastungen zu führen drohen oder geführt haben, unverzüglich nach Kenntniserlangung der zuständigen Behörde mitzuteilen.

658 § 340 Abs. 3 UGBE verpflichtet die in Abs. 1 genannten Personen, bei der behördlichen Erfassung, Untersuchung und Bewertung von Bodenbeeinträchtigungen, Bodenbelastungen etc. mitzuwirken durch sachdienliche Auskunftserteilung und Vorlegung entsprechender Unterlagen.

d) Mehrere Verantwortliche

659 § 344 Abs. 1 S. 1 UGBE enthält die Regelung, daß bei mehreren Pflichtigen die Behörde jeden Verantwortlichen für Sanierungs- und Rekultivierungs-

---

[1023] S. auch § 4 Abs. 3 S. 4 BBodSchG.
[1024] S. hierzu o. Fn. 274.

maßnahmen oder für die entstandenen Kosten als Gesamtschuldner in Anspruch nehmen kann[1025]. Erforderlich ist dabei, daß für eine Bodenbeeinträchtigung oder Bodenbelastung insgesamt mehrere Personen verantwortlich sind. Nach § 344 Abs. 1 S. 2 UGBE handelt es sich um eine behördliche Ermessensentscheidung, wobei für die behördliche Auswahlentscheidung insbesondere das Maß der Verursacherverantwortung, aber auch die Wirksamkeit des mit der Maßnahme zu erreichenden Ziels ausschlaggebend sind. Mit letzterem Auswahlmaßstab werden gerade auch Gesichtspunkte der Effektivität zugelassen. So muß die Behörde den Verursacher, auch wenn dieser greifbar ist, nicht zwingend heranziehen, wenn die Heranziehung z. B. des Grundstückeigentümers zu einer wirksamen Durchführung der Maßnahmen besser geeignet ist. Des weiteren regelt § 344 Abs. 1 S. 3 UGBE, inwieweit sich der Gesamtrechtsnachfolger den Verursachungsanteil seines Rechtsvorgängers zurechnen lassen muß.

In § 344 Abs. 2 UGBE wird der Fall geregelt, daß bei Bodenbeeinträchtigungen oder Bodenbelastungen aus unterschiedlichen Verursachungsvorgängen die jeweils Verantwortlichen für ihren Teil in Anspruch genommen werden können. Ist eine Aufteilung in bestimmte Maßnahmen oder Kosten dagegen nicht möglich, kommt nach der Grundregel des § 344 Abs. 1 S. 1 UGBE wieder die gesamtschuldnerische Haftung des/der Verantwortlichen zum Zuge. § 344 Abs. 3 UGBE verweist auf die §§ 421 S. 2 bis 425 BGB, das heißt regelt die schuldrechtliche Wirkung einer „Leistung" (Maßnahmen sowie Kosten) durch einen von mehreren Schuldnern oder Pflichtigen gegenüber dem Gläubiger bzw. der Behörde. **660**

e) Ausgleichsanspruch

Ähnlich der Vorschrift in § 24 Abs. 2 BBodSchG[1026] regelt § 345 UGBE den – internen – Ausgleich zwischen mehreren Verantwortlichen. Danach hängt der Umfang der Haftung der Verantwortlichen untereinander davon ab, in welchem Maße sie die Bodenbeeinträchtigung oder Bodenbelastung verursacht haben. Ist eine Abgrenzung der Verursacheranteile nicht möglich, kommt eine Haftung nach gleichen Teilen nicht in Betracht[1027]. § 345 Abs. 2 UGBE betrifft die Frage der Verjährung sowie des Verjährungsbeginns. Hier besteht im wesentlichen Übereinstimmung mit der Regelung in § 24 Abs. 2 BBodSchG. Wie in § 24 Abs. 2 BBodSchG wird schließlich auch in § 345 Abs. 3 UGBE im Falle von Streitigkeiten der Weg zu den Zivilgerichten eröffnet. **661**

1025 S. auch o. Kap. V 1.
1026 S. hierzu o. Kap. V 2.
1027 § 345 Abs. 1 S. 2 UGBE verweist – wie § 24 Abs. 2 S. 2 BBodSchG – lediglich auf § 426 Abs. 1 S. 2 u. Abs. 2 BGB und schließt damit die Regelung in § 426 Abs. 1 S. 1 BGB aus.

3. Wertzuwachsausgleich

662 § 353 UGBE entspricht sachlich der Regelung in § 25 BBodSchG[1028]. Ein wesentlicher Unterschied zu § 25 BBodSchG besteht aber darin, daß der in § 353 UGBE angesprochene Ausgleichsbetrag in Geld an denjenigen zu zahlen ist, der die Sanierungskosten getragen hat; damit ist nicht mehr nur die öffentliche Hand hinsichtlich des Ausgleichsbetrages „privilegiert", sondern jeder, der auf seine Kosten Sanierungs- und Rekultivierungsmaßnahmen durchgeführt hat, die zu einer wesentlichen Erhöhung des Verkehrswerts des Grundstücks i. S. des § 194 BauGB geführt haben.

663 Die Höhe des Ausgleichsbetrages wird nach § 353 Abs. 1 S. 2 UGBE zugleich begrenzt durch die Höhe der aufgewendeten Kosten für die Sanierung und Rekultivierung.

664 Im Unterschied zu § 25 Abs. 6 BBodSchG ruht der Ausgleichsbetrag nicht als öffentliche Last auf dem Grundstück[1029]. Begründet wird dies von der Unabhängigen Sachverständigen-Kommission des UGBE damit[1030], daß der Berechtigte sich an den Anspruchsverpflichteten persönlich soll halten können. Würde dagegen der Ausgleichsbetrag als öffentliche Last auf dem Grundstück ruhen, könnte der Anspruchsberechtigte gegen einen neuen Grundstückseigentümer, der bereits einen erhöhten Kaufpreis gezahlt hat, vorgehen und gegebenenfalls die Zwangsvollstreckung in das Grundstück des neuen Eigentümers betreiben.

665 Nach § 353 Abs. 2 UGBE sind die Länder zum Erlaß näherer Bestimmungen zur Ermittlung der Höhe des Ausgleichsbetrages sowie zur Festsetzung des Ausgleichsbetrages unter Berücksichtigung der berechtigten Nutzungsinteressen zuständig.

1028 S. hierzu o. Kap. VIII.
1029 Dies entspricht auch der Regelung in § 154 Abs. 4 S. 3 BauGB.
1030 UGB-KomE, Begründ., S. 1055.

C. Handelsrechtliche, steuerrechtliche und betriebswirtschaftliche Fragestellungen

von Dirk Löhr

I. Handels- und Steuerbilanz

1. Kreis der bilanzierenden Unternehmen

Die Frage nach der Art der Aktivierung oder Passivierung von Aufwendungen für Altlasten kann für jeden relevant werden, der zur Erstellung von Handels- und Steuerbilanzen verpflichtet ist (§§ 238 ff. HGB, §§ 140, 141 AO, §§ 4 Abs. 1, 5 Abs. 1 EStG, § 8 KStG). **666**

Im Mittelpunkt der nachfolgenden Ausführungen stehen Kaufleute i. S. des HGB. Die Kaufmannseigenschaft bestimmt sich nach §§ 1 ff. HGB. Handelsrechtlich ist jeder Kaufmann nach § 238 HGB zur Buchführung verpflichtet. Gemäß § 242 HGB hat der Kaufmann zu Beginn eines jeden Geschäftsjahres eine Bilanz sowie eine Gewinn- und Verlustrechnung aufzustellen. Bilanz, Gewinn- und Verlustrechnung und bei Kapitalgesellschaften zusätzlich noch der Anhang bilden den Jahresabschluß (§ 242 Abs. 1 HGB). **667**

Besonders hinzuweisen ist auf Handelsgesellschaften und Formkaufleute (§ 6 HGB). So sind auch Kapitalgesellschaften kraft ihrer Rechtsform Kaufleute. Wenn Kapitalgesellschaften bestimmte Größenschwellen überschreiten (§ 267 HGB), haben sie nach § 264 Abs. 1 i. V. mit § 289 HGB zusätzlich für jedes Jahr noch einen Lagebericht aufzustellen. Dieser ist Ergänzung, nicht aber Bestandteil des Jahresabschlusses. **668**

Einzelkaufleute und Personenhandelsgesellschaften haben nach § 25 Abs. 3 EStG nach Ablauf des Kalenderjahres eine Einkommensteuererklärung, Kapitalgesellschaften die Körperschaftsteuererklärung abzugeben. Der Steuererklärung liegt die sog. „Steuerbilanz" zugrunde (§ 60 Abs. 2 EStDV), die eine aus der Handelsbilanz abgeleitete (Maßgeblichkeit der Handels- für die Steuerbilanz, § 5 Abs. 1 EStG) und um steuerliche Spezialvorschriften modifizierte (§ 5 Abs. 6 EStG) Bilanz darstellt. Die Überleitung der Handels- in die Steuerbilanz kann in Gestalt eines eigenständigen Rechenwerks oder über eine „Überleitungsrechnung" geschehen. **669**

Von der hier zu behandelnden Thematik können auch kommunale Wirtschaftsunternehmen betroffen sein. Zu denken ist z. B. an Abfall- und Abfallentsorgungsbetriebe. So sind Eigenbetriebe und Zweckverbände aufgrund der einschlägigen Landesgesetze zur Aufstellung von Jahresabschlüssen verpflichtet; über §§ 140, 141 AO haben sie diese Rechnungslegungspflichten auch für die Besteuerung zu erfüllen, soweit sie als gewerbliche Unternehmen vom KStG erfaßt sind. Die steuerliche Gewinnermittlung erfolgt somit nach §§ 4 Abs. 1, 5 Abs. 1 EStG durch Betriebsvermögensvergleich. Entsprechen- **670** des gilt für die wirtschaftlich tätigen Regiebetriebe, wenn sie die in § 141 AO genannten Buchführungsgrenzen überschreiten oder freiwillig Bücher führen. Nach § 1 Abs. 1 KStG sind juristische Personen des öffentlichen Rechts, zu denen die Kommunen zählen, jedoch nur mit ihren Betrieben gewerblicher Art steuerpflichtig. Nur Betriebe gewerblicher Art sind somit zur Erstellung einer Steuerbilanz verpflichtet. Hierzu gehören nach § 4 Abs. 5 KStG nicht die sog. Hoheitsbetriebe. Unter Hoheitsbetrieben versteht man solche Betriebe, die überwiegend der Ausübung öffentlicher Gewalt dienen. Hierzu zählen u. a. Abfall- und Wasserentsorgungsbetriebe, für die somit die vorliegenden Ausführungen nicht gelten. Umweltschutzaktivitäten spielen generell in den wirtschaftlichen Betrieben der Kommunen oft eine erhebliche Rolle[1].

671 Für diejenigen Steuerpflichtigen, die nur nach § 4 Abs. 1 EStG bilanzieren, ergeben sich bei der vorliegenden Materie kaum Besonderheiten. Hierbei geht es um diejenigen Steuerpflichtigen (Stpfl.), die lediglich eine Steuerbilanz aufstellen, ohne an die Maßgeblichkeit der Handels- für die Steuerbilanz gebunden zu sein. Vor dem StEntlG 1999/2000/2002 waren hier nach einer nicht unbestrittenen Auffassung Abweichungen zu denjenigen Stpfl., die an den Maßgeblichkeitsgrundsatz gebunden sind (§ 5 Abs. 1 EStG), im Bereich der Vornahme von Teilwertabschreibungen denkbar. Freiwillig nach § 4 Abs. 1 EStG Bilanzierende konnten die in § 6 Abs. 1 Nr. 1 und 2 EStG normierten Wahlrechte ohne handelsrechtliche Begrenzungen ausüben[2]. Die Neuregelung des § 6 Abs. 1 Nr. 1 und 2 EStG durch das StEntlG 1999/2000/ 2002 derogiert bei nach § 5 Abs. 1 EStG Bilanzierenden über § 5 Abs. 6 EStG den Maßgeblichkeitsgrundsatz im Hinblick auf wesentliche altlastenrelevante Bilanzierungsaspekte, so daß dieser Unterschied mit dem StEntlG 1999/2000/2002 hinfällig geworden ist.

672 In den folgenden Kapiteln geht es nicht um die steuerliche Abzugsfähigkeit von Sanktionen wie Geldbußen und Geldstrafen. Geldbußen sind ohnehin nach § 4 Abs. 5 Nr. 8 EStG nicht abzugsfähige Betriebsausgaben, Geldstrafen stellen nicht abziehbare Kosten der Lebensführung dar (§ 12 Nr. 4 EStG).

673 Im Mittelpunkt steht vielmehr die handels- und steuerbilanzielle Behandlung der Aufwendungen, die aus der in §§ 4 und 7 BBodSchG statuierten Sanierungs- und Vorsorgeverpflichtung erwachsen.

2. Inventur der Risiken

674 Das bilanzierende Unternehmen muß sich zu jedem Bilanzstichtag durch eine „Inventur der Risiken"[3] ein möglichst vollständiges Bild auch der kontamina-

---

[1] *Böttner*, Zulässigkeit von Rückstellungen für Umweltschutzmaßnahmen in der Ertragsteuerbilanz unter besonderer Berücksichtigung von Maßnahmen zur Altlastensanierung, 1997, S. 7.
[2] *Weber-Grellet*, Bilanzsteuerrecht, 1998, S. 7. – Zur Problematik vgl. auch *Glanegger*, in: Schmidt, EStG-Kommentar 1999, § 6 EStG, Rdnr. 217.
[3] *Adler/Düring/Schmaltz*, Rechnungslegung und Prüfung der Unternehmen, 1998, § 249 HGB, Rdnr. 40. – *Philipps*, Kontaminierte Grundstücke im Jahresabschluß, 1995, S. 3.

tionsbedingten potentiellen und akuten Verpflichtungen und Wertminderungen bei Grundstücken verschaffen.

Handelsrechtlich kann nur auf dieser Grundlage der Jahresabschluß seiner Rechenschafts- und Kapitalerhaltungsfunktion gerecht werden. Die Inventur der Risiken dient hinsichtlich der Steuerbilanz dazu, den einschlägigen Konkretisierungserfordernissen und Nachweispflichten zu entsprechen. **675**

Die Notwendigkeit einer derartigen Inventur der Risiken ergibt sich aus § 246 Abs. 1 HGB (Vollständigkeitsgrundsatz) und § 252 Abs. 1 HGB (Vorsichtsprinzip) und schließlich auch aus § 240 HGB selbst (Inventar). Die Inventur der Risiken sollte sich insoweit an die „Grundsätze ordnungsmäßiger Inventur" anlehnen[4], als dies im Hinblick auf ihren Zweck notwendig ist. Insbesondere haben die Grundsätze der Vollständigkeit, Richtigkeit, Nachprüfbarkeit und der Grundsatz der Einzelerfassung und Einzelbewertung auch für die Risikoinventur Bedeutung. Im Einzelfall kann es allerdings zu Abweichungen kommen: Um z. B. dem Vollständigkeitsgrundsatz gerecht zu werden, müssen grundsätzlich alle vorhandenen und ehemaligen Grundstücke auf mögliche Kontaminationen überprüft werden, da sich auch aus längst veräußerten Grundstücken gem. dem Pflichtigenkatalog des § 4 Abs. 3, 6 BBodSchG Haftungsrisiken ergeben können. Derartige, sich weder im wirtschaftlichen noch im zivilrechtlichen Eigentum befindliche Grundstücke sind im Rahmen der „normalen" Inventur hingegen bedeutungslos. **676**

Speziell für mittlere und große Kapitalgesellschaften fordert § 289 Abs. 1 HGB, daß diese im Lagebericht auf die Risiken der zukünftigen Entwicklung einzugehen haben. Diese Risikoberichterstattung setzt eine entsprechende Risikoinventur und ein Risikofrühwarnsystem voraus, das in Kap. C.IV. 2. eingehender behandelt wird[5]. **677**

Aus etwaigen schadstoffbedingten Beeinträchtigungen ehemaliger oder aktuell bilanzierter Grundstücke können das Unternehmen zugleich finanzielle Verpflichtungen (Passiva) und Wertminderungen des Vermögens (Aktiva) treffen. Im Anschluß an diese Feststellungen, die tatsächlicher und rechtlicher Art sind, müssen die Bilanzierungsentscheidungen getroffen werden. **678**

Bei der „Inventur der Risiken" geht es nicht nur um eine jahresabschlußbezogene, sondern um eine periodenumfassende Aufgabe. Lediglich die Bewertung der Gefahr hat für Zwecke des Jahresabschlusses stichtagsbezogen stattzufinden. **679**

---

4 *Budde*/Kunz, in: Beck'scher Bilanzkommentar, 1995, § 240 HGB, Rdnr. 18.
5 *Bitz*, Risikomanagement nach KonTraG, 2000, S. 6 ff.

a) Erfassung der Risiken

680 Für die Inventur der Risiken sind die für jede Inventur geltenden Ordnungsmäßigkeitsanforderungen zu stellen. Alle Risiken sind demnach einzeln und richtig, d.h. willkürfrei und sachlich zutreffend zu erfassen.

681 Dabei ist unter „Risiko" zunächst das Bestehen einer Verpflichtung oder einer Nutzungseinschränkung (bzw. einer Wertminderung) eines Aktivums zu verstehen. Je nachdem, ob ein im Aktivvermögen befindliches Grundstück berührt ist oder eine (öffentlich-rechtliche) Verpflichtung entsteht, kann der Begriff des „Risikos" mit materiell unterschiedlichen Inhalten belegt werden.

682 In einem ersten Schritt steht die *Erfassung* des Risikos im Vordergrund. Die Bewertung des Risikos kann je nachdem, ob sie zu handels- oder steuerrechtlichen Zwecken (oder gar für eine Investitionsrechnung oder Unternehmensbewertung) erfolgt, in einem zweiten Schritt mit zweckbezogen unterschiedlichen Verfahren vorzunehmen sein.

(aa) Grundsätze der Risiko-Inventur

683 Nach den für Inventuren geltenden Ordnungsmäßigkeitsanforderungen sind die Feststellungen nachprüfbar und klar in einem „Inventar der Risiken" festzuhalten. Ein wichtiger Bestandteil eines solchen Inventars ist eine aussagekräftige Dokumentation, aus der sich die Sachverhalte, Schätzungen und Überlegungen, die zum ausgewiesenen Ergebnis geführt haben, einem sachverständigen Dritten in angemessener Zeit nachvollziehbar und plausibel sind (Grundsatz der Nachprüfbarkeit). Dabei kann sich das bilanzierende Unternehmen grundsätzlich der Mittel bedienen, die es für eine willkürfreie Dokumentation für erforderlich hält. Dies folgt u.a. aus § 26 Abs. 1 VwVfG und § 92 AO, wonach die Wahl der Beweismittel grundsätzlich frei ist[6]. Allerdings reichen bloße Vermutungen über Kontaminationen bzw. schädliche Bodenveränderungen oder Altlasten aufgrund der betrieblichen Tätigkeit oder auch aufgrund der bisherigen Erfahrungen des bilanzierenden Unternehmens für eine willkürfreie Dokumentation der Sanierungsverpflichtung nicht aus. Eine Orientierung an den Maßnahmen- oder Prüfwerten (§ 8 BBodSchG, § 4 BBodSchV) ist bezüglich einer etwaigen öffentlich-rechtlichen Verpflichtung hingegen – soweit sachverständig durchgeführt – als valide zu betrachten. In vielen Fällen werden die Anforderungen an die Dokumentation nur durch ein Sachverständigengutachten zu erfüllen sein.

684 Entsprechend dem Grundsatz der Klarheit sind die Eintragungen im Risiko-Inventar übersichtlich und verständlich vorzunehmen. Zu beachten ist auch der Grundsatz der Wirtschaftlichkeit und Wesentlichkeit, wonach die Grundsätze der Vollständigkeit, Richtigkeit, Einzelerfassung, Nachprüfbarkeit und Klarheit relativiert werden, wenn die betreffenden Grundsätze nur mit unverhältnismäßig hohem Aufwand eingehalten werden können bzw. der Nutzen

---

6 *Helsper*, in: Koch/Scholtz, AO-Kommentar, 1996, § 92 AO.

der Aufwendungen im Verhältnis zu den hiermit verbundenen Aufwendungen gering ist[7]. Die Identifikation des Risikos und seine Bewertung hat im Rahmen der Inventur der Risiken willkürfrei zu erfolgen. Stellt sich jedoch nach Abschluß der Untersuchungen und nach Aufstellung der Bilanz heraus, daß der prognostizierte Zustand nicht mit dem tatsächlichen übereinstimmt, so ist dies unschädlich. Unsicherheiten hinsichtlich der Aussage über die Wahrscheinlichkeit des Schadenseintritts sind nämlich für die Inventur der hier infragestehenden Risiken charakteristisch[8].

(bb) Grobinventur

685 Der im Rahmen der Grobinventur einzuleitende Ermittlungsprozeß sollte als abteilungsübergreifende Aufgabe organisiert werden: Betroffen sind Ingenieurabteilungen, werkstechnische Abteilungen, Umweltschutzabteilung, juristische Abteilung, Steuerabteilung, Controlling und externes Rechnungswesen.

686 Ziel der Grobinventur sollte die Ermittlung und Erfassung von Verdachtsflächen sowie eine orientierende Untersuchung sein, die einen etwaigen Verdacht einer Kontamination ausräumt oder bestätigt.

687 Um Verdachtsflächen zu ermitteln, ist zunächst eine von Fachleuten durchgeführte Ortsbesichtigung zum Zwecke der Identifikation gegenwärtiger und vergangener Quellen schädlicher Bodenveränderungen zweckmäßig. Häufig können die einzelnen Analyseschritte erst nach der Betriebsbegehung und der Beurteilung der Produktionsverfahren konzipiert werden. So werden hierbei untersucht:

- Unterirdische Tanks oder Leitungen ohne ausreichende Lecksuchausrüstung oder regelmäßige Prüfungen
- Unzulässige/unsachgemäße Lagerung von Gefahrstoffen und Abfällen
- Klär- und Sickergruben, alte Sickerschächte, in die Stoffe, die zu schädlichen Bodenveränderungen führen, gelangt sein könnten
- vegetationskundliche Aufnahmen zur Lokalisierung von Bodenverunreinigungen
- ungewöhnliche Geländemorphologie als Hinweis auf künstliche Auffüllungen
- ungewöhnliche Gerüche
- etc.

688 Weitere Hinweise auf schädliche Bodenveränderungen lassen sich zudem u. a. aus Protokollen von Behörden, Unbedenklichkeitsbescheinigungen, Veröffentlichungen in Verbandsmitteilungen, aus alten betriebsinternen Akten, aus Anfragen bei Behörden, durch die Auswertung von Presseberichten und auf-

---

7 *Philipps*, a. a. O., S. 15 f.
8 *Philipps*, a. a. O., S. 110

grund von unternehmensinternen und -externen Befragungen (z. B. der Mitarbeiter und der Anwohner) etc. gewinnen[9].

689 Bei der Suche darf sich das bilanzierende Unternehmen nicht allein auf gegenwärtig genutzte Flächen beschränken. Gerade ehemalige, inzwischen verlassene oder sogar mittlerweile veräußerte Produktionsgrundstücke können haftungsrelevante schädliche Bodenveränderungen oder Altlasten beinhalten.

690 In einem zweiten Schritt werden sodann konkrete Untersuchungen an kritischen Stellen durchgeführt, um den genauen Umfang erforderlicher Maßnahmen zu erfassen und auch kostenmäßig zu kalkulieren. Sinnvoll ist es hierbei, im Hinblick auf das BBodSchG eine Orientierung an den Prüfwerten vorzunehmen. Sind diese überschritten, sind schon in dieser Phase punktuell weitergehende Untersuchungen vorzunehmen, um festzustellen, ob möglicherweise Handlungsbedarf vom betreffenden Grundstück ausgeht und eine Gefahr besteht. Die Ergebnisse dieser Phase erlauben zumeist schon eine überschlägige Kalkulation der voraussichtlich entstehenden Kosten. Die planmäßige und systematische Suche und Identifikation der Risiken sollte zu einer Sammlung der Informationen in einem betrieblichen „Kontaminationskataster" führen.

(cc) Feininventur

691 Die im Kontaminationskataster gesammelten Ergebnisse der Grobinventur stellen die Grundlage für eine weitergehende Ermittlung der wirtschaftlichen Konsequenzen für das Unternehmen in Gestalt einer eingehenden Untersuchung dar (Feininventur der Risiken). Dabei geht es um Feststellungen, die z. T. korrespondierend zu den behördlichen Gefahrerforschungseingriffen ablaufen, aber auch darüber hinausgehen. Um eine doppelte Kostenbelastung durch Inventur und spätere behördliche Anordnung bei akuten Verdachtsflächen zu vermeiden, mag es sich daher im Einzelfall anbieten, die betreffenden Maßnahmen im Einvernehmen mit der zuständigen Behörde vorzunehmen. Hiermit geht jedoch möglicherweise auch die behördliche Kenntnisnahme von schädlichen Bodenveränderungen oder Altlasten einher.

692 Betriebsintern sollte auf der Grundlage der Ergebnisse der Grobinventur ein erfahrener Fachmann in der Lage sein, anhand des Produktionsverfahrens und der dazu erforderlichen Stoffe relativ schnell die Analyseschwerpunkte eingrenzen, in denen intensive Erhebungen erforderlich sind. Im Zuge einer Detailuntersuchung ist das Ausmaß und die räumliche Verteilung der Schadstoffkonzentrationen zu ermitteln, denn die Frage, ob der Schadenseintritt hinreichend wahrscheinlich ist, erfordert eine Prognose über die Wirkung der Kontamination auf das Schutzgut. Werden die Maßnahmenwerte überschritten, ist regelmäßig davon auszugehen, daß der Bilanzierende zur Sanierung herangezogen wird. Somit bietet sich auch für die betriebsinterne Untersu-

---

9 *Koch/Wegmann*, Praktiker-Handbuch Due Diligence, 1998, S. 70.

chung die Anlehnung an die durch das BBodSchG und § 2 BBodSchV vorgegebenen Schritte der Detailuntersuchung, der Ermittlung des Ausmaßes und der räumlichen Verteilung sowie im Anschluß daran die Bewertung der Gefahr an[10]. Eine Orientierung an den Vorgaben des BBodSchG und seines untergesetzlichen Regelwerkes könnte es erlauben, das Haftungsrisiko zutreffender zu ermitteln und die notwendige Konkretisierung für die eventuelle Vornahme einer außerplanmäßigen Abschreibung bzw. Teilwertabschreibung oder die Bildung einer Rückstellung zu erleichtern. Eine Orientierung an den Vorgaben des BBodSchG setzt allerdings voraus, daß die BBodSchV durch Aufnahme weiterer Prüf- und vor allem Maßnahmenwerte ergänzt wird[11].

b) Untersuchung der Verpflichtungslage

Bei der Untersuchung der Verpflichtungslage geht es um die Frage, ob Rückstellungen für eine öffentlich-rechtliche, privatrechtliche oder faktische Verpflichtung oder eine Aufwandsrückstellung zu bilden sind. Grundsätzlich ist die Überprüfung der Verpflichtungslage in folgender Reihenfolge vorzunehmen: **693**

- Zunächst ist zu prüfen, ob eine ungewisse Verbindlichkeit auf Grundlage öffentlich-rechtlicher oder zivilrechtlicher Verpflichtungen besteht, die auch im BBodSchG ihre rechtliche Grundlage haben können.
- Kann dies ausgeschlossen werden, ist das Vorhandensein einer faktischen Verpflichtung zu überprüfen.
- Kann diese verneint werden, ist die Notwendigkeit einer Aufwandsrückstellung auf Grundlage einer Innenverpflichtung zu prüfen; diese kann im vorliegenden Kontext allerdings nur handelsrechtlich gebildet werden.

Bei der Bewertung der Rückstellung ist zu prüfen, ob etwaige Gegenansprüche wertmindernd berücksichtigt werden. **694**

Hinsichtlich der ergänzenden Angaben **695**

- ist schließlich zu überlegen, inwieweit eine sonstige finanzielle Verpflichtung vorhanden sein könnte, die im Anhang zur Handelsbilanz von den hierzu verpflichteten Unternehmen angegeben werden müßte (§ 285 Nr. 3 HGB). Auch hierbei können die Bestimmungen des BBodSchG eine Rolle spielen. Steuerbilanziell ist eine entsprechende Angabe allerdings nicht erforderlich.
- sind auch mögliche Eventualverpflichtungen im Auge zu behalten (§ 251 HGB).

Speziell hinsichtlich der aus dem BBodSchG erwachsenden Verpflichtungen sind unmittelbar nur öffentlich-rechtliche Verpflichtungen oder zivilrechtliche Ausgleichsverpflichtungen relevant, die potentiell sowohl zu einer Rück- **696**

---

10 *Philipps*, a. a. O., S. 25.
11 Vgl. die Ausführungen in Kap. B.IX. 5. zu diesem Thema.

stellungsbildung als auch zu einer sonstigen finanziellen Verpflichtung führen können. Risiken im Zusammenhang mit sich aus dem BBodSchG ergebenden öffentlich-rechtlichen Verpflichtungen können dabei aus Alt- und Neulasten erwachsen.

697 Bei der Inventur der Risiken muß das bilanzierende Unternehmen die verdächtigen Flächen vor dem Hintergrund des Tatbestandsmerkmals „Gefahr" untersuchen und beurteilen[12]. Das BBodSchG folgt, indem es auf den Gefahrenbegriff abstellt, einem ordnungsrechtlichen Ansatz. Eine Gefahr im polizei- und ordnungsrechtlichen Sinne liegt vor, wenn der Schaden mit hinreichender Wahrscheinlichkeit eintreten wird, sofern keine Maßnahmen ergriffen werden, um den betreffenden Zustand zu ändern. Im juristischen Schrifttum wie in der Rechtsprechung besteht Einigkeit darüber, daß die hinreichende Wahrscheinlichkeit des Schadenseintritts einerseits nicht erst dann gegeben ist, wenn der Schadenseintritt sicher ist[13]. Andererseits reicht die bloße Möglichkeit des Schadenseintritts nicht aus, um eine Gefahr i. S. des Polizei- und Ordnungsrechts anzunehmen. Es ist zu beachten, daß die an den Schadenseintritt zu stellenden Anforderungen um so geringer sein können, je hochwertiger das Schutzgut und je größer der Umfang des potentiellen Schadens ist. Für die Beurteilung der Gefahr hinsichtlich des Schutzgutes Grund und Boden kommt es auf eine ex-ante-Betrachtung und die genaue Betrachtung der Umstände des Einzelfalls, vor allem des Gefährdungspfades an[14]. Es ist hinreichend, wenn er für einen Sachkundigen vorhersehbar ist. Allerdings geht es nicht um eine bloß theoretische Möglichkeit oder rein hypothetische Überlegungen. Eine Anscheinsgefahr ist gegeben, wenn eine Sachlage aus der Sicht des sachkundigen Beurteilers als Gefahrentatbestand erscheint, selbst wenn es später nicht zu einem Schadenseintritt kommen sollte. Eine solche Anscheinsgefahr reicht aus. Gleiches gilt für einen Gefahrenverdacht, wobei sich bei beiden Gefahrentypen die rechtlichen Probleme eher auf der Maßnahmenseite ergeben. Zu denken ist hierbei z. B. an Gefahrerforschungsmaßnahmen gemäß § 9 BBodSchG.

698 Insbesondere im Hinblick auf die Abgrenzung von öffentlich-rechtlichen Verpflichtungen zu faktischen Verpflichtungen ist bedeutsam, daß nicht jede Kontamination eine Gefahr erzeugt. Für die Beurteilung, ob eine Gefahr vorliegt, können grundsätzlich die bereits erwähnten Maßnahmenwerte herangezogen werden[15]. Auf diese Weise erhält das bilanzierende Unternehmen frü-

---

12 Der Gefahrenbegriff ist vom Begriff der reinen Besorgnis einer schädlichen Bodenveränderung abzugrenzen. Die Anforderungen an die Wahrscheinlichkeit des Schadenseintritts werden hier in Richtung auf die reine Möglichkeit abgeschwächt; zudem spielt die Objektivierbarkeit nicht die hervorgehobene Rolle wie bei der Gefahr. Der Begriff der Besorgnis wird in § 7 S. 2 BBodSchG mit dem der Vorsorge verknüpft, erfordert somit eine vorausschauende Beurteilung.
13 *Götz*, Allgemeines Polizei- und Ordnungsrecht, 12. Aufl., 1995, Rdnr. 142.
14 *Knopp/Albrecht*, Altlastenrecht in der Praxis, Rdnr. 73.
15 Vgl. die Ausführungen in Kap. B.IX. 3.

zeitig Informationen über mögliche und evtl. bilanzierungsrelevante öffentlich-rechtliche Sanierungspflichten, die für die sachgerechte Abbildung der Verpflichtungslage bei kontaminierten Grundstücken im Jahresabschluß notwendig sind[16]. Beim Überschreiten der Maßnahmenwerte kann unter Berücksichtigung der jeweiligen Bodennutzung von einer schädlichen Bodenveränderung oder einer Altlast ausgegangen werden. Bei Überschreiten der Prüfwerte kann diese ebenfalls nicht ausgeschlossen werden; unter Berücksichtigung der jeweiligen Bodennutzung ist dann eine einzelfallbezogene Prüfung über das Vorliegen einer schädlichen Bodenveränderung bzw. Altlast vorzunehmen. Geht man davon aus, daß die öffentlich-rechtlichen Eingriffsbefugnisse nicht verjähren („Ewigkeitshaftung"[17]), so muß das bilanzierende Unternehmen alle gesetzlich begründeten öffentlich-rechtlichen Sanierungsverpflichtungen im Jahresabschluß berücksichtigen[18].

699 Werden die einschlägigen Prüf- und Maßnahmenwerte hingegen unterschritten, ist davon auszugehen, daß aus öffentlich-rechtlicher Sicht kein Handlungsbedarf besteht[19]. Eine öffentlich-rechtliche Verpflichtung kann damit ausgeschlossen werden, nicht aber eine faktische Verpflichtung[20]. Eine faktische Verpflichtung kann darin bestehen, daß ein Unternehmen aus wirtschaftlichen, sittlichen oder sozialen Gründen zur Sanierung gezwungen ist. Die faktische Verpflichtung kann möglicherweise weiter reichen als eine öffentlich-rechtliche Sanierungsverpflichtung; sie kann neben die rechtliche Verpflichtung treten und einen „zweiten Vorfall" begründen[21].

700 Eine faktische Verpflichtung kann sich zudem mittelbar zu einer öffentlich-rechtlichen Verpflichtung entwickeln. Hat die Öffentlichkeit nämlich Kenntnis vom Umweltschaden, so kann der öffentliche Meinungsdruck das Entscheidungsermessen der Behörde auf politischer Ebene einengen – und zwar bis auf Null[22].

701 Die Beurteilung der Wahrscheinlichkeit der Inanspruchnahme – einem für die Rückstellungsbildung entscheidenden Kriterium – ist separat in einem weiteren Schritt zu prüfen.

c) Untersuchung auf Wertminderungen am Vermögen

702 Neben der Überprüfung einer möglichen Verpflichtung (als Passivum) ist ebenfalls zu untersuchen, ob die Kontamination eine Wertminderung am Vermögen (also von Aktiva) bedingt, der mit einer außerplanmäßigen Abschrei-

---

16 *Philipps*, a.a.O., S. 107.
17 Vgl. Kap. B.IV. 3.
18 *Philipps*, a.a.O., S. 165.
19 Vgl. Anhang 2 der BBodSchV
20 Vgl. die Ausführungen in Kap. C.I. 5.
21 *Philipps*, a.a.O., S. 184.
22 *Bippus*, BB 1993, 410.

bung (handelsrechtlich) oder einer Teilwertabschreibung (steuerrechtlich) Rechnung zu tragen sein könnte.

703 Der Verkehrswert (Zeitwert) eines kontaminierten Grundstücks wird häufig niedriger sein als der Zeitwert eines vergleichbaren nicht kontaminierten Grundstücks. Dasselbe gilt auch für den bilanzsteuerrechtlich relevanten Teilwert (§ 10 BewG).

704 Ein Grundstück wird durch die schädliche Bodenveränderung nämlich

- ggfs. Nutzungseinschränkungen erfahren
- es wird möglicherweise nur eingeschränkt vermietbar oder verpachtbar sein; eine Veräußerung ist allenfalls nur noch mit einem Abschlag möglich
- es ist u. U. nur eingeschränkt beleihungsfähig
- es muß u. U. anders in die Bauleitplanung der Gemeinde einbezogen werden
- es zieht schließlich möglicherweise Haftungsrisiken nach dem BBodSchG nicht nur für den Verursacher, sondern auch für den Zustandsverantwortlichen nach sich.

705 Unter Zugrundelegung der Ergebnisse der Feininventur können möglicherweise Auswirkungen auf den beizulegenden Wert oder Teilwert der sich im Aktivvermögen befindlichen Grundstücke abgeleitet werden, wie in Kap. C.I. 8. c) darzustellen sein wird.

706 Zu prüfen ist schließlich, ob vor allem durch Sanierungsmaßnahmen die Aktivierung (nachträglicher) Anschaffungs- oder Herstellungskosten erforderlich und ob die Aktivierung von Ausgleichsansprüchen vorzunehmen ist.

d) Bilanzierungsentscheidung/Bilanzierungskonkurrenzen

707 Die konkrete Bilanzierungsentscheidung wird nach den Ergebnissen der naturwissenschaftlich-technischen und juristischen Ermittlungen von den Verantwortlichen für externes Rechnungswesen und Steuern getroffen.

708 Im Sinne einer umfassenden Überprüfung muß das Unternehmen dabei sämtliche Bilanzierungsmöglichkeiten für einen „Vorfall" im Zusammenhang mit einem kontaminierten Grundstück untersuchen[23].

(aa) Denkbare Konkurrenzen

709 Dabei ist zunächst festzustellen, ob überhaupt ein aktivierbares oder passivierbares Wirtschaftsgut bzw. Vermögensgegenstand/Schuld vorliegt und wenn ja, wieviele Wirtschaftsgüter. Liegen Wirtschaftsgüter/Vermögensgegenstände vor, ist sodann zunächst zu prüfen, wem diese zuzurechnen sind und sodann, ob die Kontamination auf der Aktiv- oder der Passivseite der Bilanz erfaßt werden soll.

---

23 *Philipps*, a. a. O., S. 13 ff.

Die verschiedenen in Frage kommenden Bilanzierungsmöglichkeiten sind nach h.M. nicht frei von Konkurrenzen. Derartige Konkurrenzbeziehungen werden vor allem zwischen der Bildung von Rückstellungen, Teilwertabschreibungen bzw. Abschreibungen auf den niedrigeren beizulegenden Wert sowie (nachträglichen) Anschaffungs- und Herstellungskosten diskutiert. Rechtsprechung und Literatur haben sich dabei stark auf das angebliche Konkurrenzverhältnis zwischen der Bildung von Verbindlichkeitsrückstellungen und der Vornahme von außerplanmäßigen Abschreibungen bzw. Teilwertabschreibungen konzentriert.

710

Dementsprechend sind vier Arten der Berücksichtigung von Aufwendungen – ausgehend von ihrer Wirtschaftsguteigenschaft – auf Konkurrenzen hin im Blick zu behalten:

711

- Aufwendungen für öffentlich-rechtliche Verpflichtungen und die diesbezügliche Rückstellungsbildung (Verbindlichkeitsrückstellung)
- Aufwendungen für betriebswirtschaftlich induzierte Instandhaltungsmaßnahmen und die diesbezügliche Rückstellungsbildung (Aufwandsrückstellung)
- (Nachträgliche) Anschaffungs- oder Herstellungskosten
- Berücksichtigung der Nutzungseinschränkung durch eine Abschreibung auf den niedrigeren beizulegenden Wert bzw. eine Teilwertabschreibung

Die Konkurrenzbeziehung zwischen *nachträglichen Anschaffungs- und Herstellungskosten* und *Rückstellungen* gilt mittlerweile als aufgeklärt. Sind Umweltschutzaufwendungen zu aktivieren, so schließt dies nach h.M. die Bildung einer Aufwands- oder Verbindlichkeitsrückstellung aus[24]. Bilanzsteuerrechtlich wurde ein etwaiges Konkurrenzverhältnis zwischen (nachträglichen) Anschaffungs- oder Herstellungskosten und Rückstellungen vom Gesetzgeber durch den im Zuge des StEntlG 1999/2000/2002 neu eingefügten § 5 Abs. 4b EStG eindeutig aufgelöst. Nach dieser Vorschrift dürfen Rückstellungen, die Aufwendungen für (nachträgliche) Anschaffungs- oder Herstellungskosten für ein Wirtschaftsgut sind, nicht gebildet werden. Hiermit wurde steuerbilanziell ein schon bislang geltender Grundsatz ordnungsmäßiger Buchführung (GoB) kodifiziert; *Bartels* drückte dies für abnutzbare Wirtschaftsgüter des Anlagevermögens plastisch folgendermaßen aus: *„Rückstellungen für künftige Abschreibungen sind undenkbar."*[25] Handelsrechtlich gilt grundsätzlich nichts anderes als für die Steuerbilanz. Auch für Grund und Boden können Herstellungskosten anfallen[26]. Sind Aufwendungen nach den Kriterien für nachträgliche Anschaffungs- oder Herstellungskosten aktivierbar, kommt es folglich nicht darauf an, ob die betreffenden Aufwendungen durch eine öffentlich-rechtliche Verpflichtung oder durch Instandhaltungsnotwen-

712

---

24 BFH v. 1.4.1981, BStBl. 1981 II, 660, 662. – *Groh*, BB 1988, 27. – *Nieland*, BB 1994, 249.
25 *Bartels*, BB 1992, 1099.
26 *Böttner*, a.a.O., S. 92.

digkeiten[27] ausgelöst wurden. Eine Aufwandsantizipation durch Rückstellungen ist in diesen Fällen auch nicht insoweit möglich, als ein zukünftiger Aufwand für die Anschaffung oder Herstellung eines Wirtschaftsgutes Ausfluß einer gesetzlichen Verpflichtung ist. (Nachträgliche) Anschaffungs- oder Herstellungskosten liegen dann vor, wenn durch die geleisteten Aufwendungen – wirtschaftlich betrachtet – ein neues Wirtschaftsgut entsteht oder ein bestehendes Wirtschaftsgut wesentlich verbessert, erweitert oder in seiner Substanz vermehrt wird.

713 Umstritten ist allerdings nach wie vor insbesondere die Beziehung zwischen Rückstellungen und Abschreibungen auf den niedrigeren beizulegenden Wert/Teilwert. Um die Bilanzierungskonkurrenzen beurteilen zu können, sind die jeweiligen Bilanzierungsmöglichkeiten näher zu betrachten:

- *Rückstellungen:* Bei der Rückstellungsbildung werden künftige Ausgaben als Aufwand des abgelaufenen Geschäftsjahres verrechnet[28]. Dabei wird die Verursachung nach dem Realisationsprinzip beurteilt[29]; als Entstehungstatbestand kann an die wirtschaftliche Verursachung angeknüpft werden[30]. Eine Verpflichtung im handelsbilanzrechtlichen Sinn entsteht also, wenn künftige Ausgaben in der Vergangenheit wirtschaftlich verursacht sind, d.h. nach dem Realisationsprinzip bereits realisierten Umsätzen wertmindernd zugerechnet werden müssen[31]. Für eine Rückstellung in Frage kommen daher grundsätzlich Maßnahmen der repressiven Gefahrenabwehr (Schadensbeseitigung und -begrenzung, § 4 Abs. 3 BBodSchG), nicht aber der präventiven Gefahrenabwehr (Schadensvorsorge, § 4 Abs. 1, 2 BBodSchG)[32]. Anpassungs- oder Vermeidungspflichten, wie sie aus § 7 BBodSchG abzuleiten sind, führen hingegen gemäß dem Realisationsprinzip nicht zu rückstellungsfähigem Aufwand. Die betreffenden Aufwendungen alimentieren nämlich wirtschaftlich zukünftige Umsätze[33] bzw. gelten nichts Vergangenes ab. Rückstellungen können nur dann vorgenommen werden, wenn für das Unternehmen eine wirtschaftliche Last besteht; führen die Ausgaben hingegen zur Entstehung eines Wirtschaftsgutes, liegt eine bloße Vermögensumschichtung vor.

---

27 *Adler/Düring/Schmaltz*, a.a.O., § 249 HGB, Rdnr. 175.
28 *Adler/Düring/Schmaltz*, a.a.O., § 249 HGB, Rdnr. 33.
29 *Clemm/Nonnenmacher*, in: Beck'scher Bilanzkommentar, § 249, Rdnr. 100.
30 *Adler/Düring/Schmaltz*, a.a.O., § 249 HGB, Rdnr. 63.
31 *Förschle/Scheffels*, DB 1993, 1198. – Vgl. auch *Adler/Düring/Schmaltz*, a.a.O., § 249 HGB, Rdnr. 67.
32 *Adler/Düring/Schmaltz*, a.a.O., § 249 HGB, Rdnr. 118. – Für die Abgrenzung ist der Begriff der „schädlichen Bodenveränderung" von zentraler Bedeutung. – Vgl. *Knopp/Albrecht*, Altlastenrecht in Praxis, Rdnr. 57 und 96.
33 *Adler/Düring/Schmaltz*, a.a.O., § 249 HGB, Rdnr. 120–124. – *Clemm/Nonnenmacher*, in: Beck'scher Bilanzkommentar, § 249 HGB, Rdnr. 100, Stichwort „Anpassungsverpflichtungen". – *Weber-Grellet*, in: Schmidt, EStG-Kommentar 1999, § 5 EStG, Rdnr. 550, Stichwort „Umweltschutz und -schäden".

- *Außerplanmäßige Abschreibung/Teilwertabschreibung:* Regelmäßig geht mit der Aktivierung eines Vermögensgegenstands/Wirtschaftsguts eine Ausgabe einher. Dies ist allerdings nicht notwendigerweise der Fall, so z. B. nicht bei unentgeltlichem Erwerb, Einlage oder bei Herstellung im eigenen Unternehmen[34]. Die aktivierten Wirtschaftsgüter alimentieren Erträge späterer Perioden[35]. Dies gilt auch für Grundstücke. Außerplanmäßige Abschreibungen i. S. des § 253 Abs. 2 S. 3 HGB bzw. § 279 Abs. 1 HGB (Kapitalgesellschaften) dienen der Berücksichtigung von Wertverlusten beim abnutzbaren und nicht abnutzbaren Anlagevermögen, die ihren Grund in einer eingeschränkten künftigen Nutzbarkeit haben[36]. Die Wertminderungen können bei abnutzbaren Vermögensgegenständen durch außerplanmäßige Abschreibungen jedoch nur soweit berücksichtigt werden, wie diese nicht bereits durch planmäßige Abschreibungen erfaßt wurden[37].

Bilanzsteuerrechtlich darf eine Abschreibung auf den niedrigeren Teilwert vorgenommen werden (Wahlrecht), wenn der Teilwert auf Grund einer voraussichtlich nunmehr[38] dauerhaften Wertminderung niedriger als der fortgeführte Buchwert ist (§ 6 Abs. 1 Nr. 1 S. 2 EStG für abnutzbare Wirtschaftsgüter, § 6 Abs. 1 Nr. 2 S. 2 EStG für nicht abnutzbare Wirtschaftsgüter). In Fällen nur vorübergehender Wertminderung ergibt sich ein Abwertungsverbot. Aus dem Teilwertbegriff (§ 10 BewG, § 6 Abs. 1 Nr. 1 S. 3 EStG) läßt sich ableiten, daß es dabei grundsätzlich um das betriebsindividuelle Nutzenpotential geht[39]; ansonsten wäre nicht der Begriff des Teilwertes, sondern derjenige des „gemeinen Wertes" nach § 9 Abs. 2 BewG Zielgröße der Abschreibung[40]. Ein Erwerber des ganzen Unternehmens würde nämlich bei Unternehmensfortführung im Rahmen des Gesamtkaufpreises den zukünftigen Nutzen- bzw. Erfolgsbeitrag des betreffenden Wirtschaftsgutes antizipieren, und zwar sowohl positive wie auch negative Erfolgsbeiträge. Dabei ist der Blick zukunftsgerichtet, d. h. die in die Bewertung eingehenden Erfolgsbeiträge müssen nicht unbedingt einen sachlichen oder zeitlichen Zusammenhang mit Umsätzen aufweisen, die bis zum Bilanzstichtag angefallen sind.

Grundlage für die handels- und steuerrechtliche Antizipation der Nutzungseinschränkung ist das Imparitätsprinzip, das als Konkretisierung des

---

34 Ausnahme: § 5 Abs. 2 EStG bzw. § 248 Abs. 2 HGB.
35 Zum Begriff des Wirtschaftsgutes vgl. *Weber-Grellet*, Bilanzsteuerrecht, a. a. O., S. 59 ff.
36 *Clemm/Nonnenmacher*, in: Beck'scher Bilanzkommentar, § 249, Rdnr. 100.
37 *Schnicke/Schramm/Bail*, in: Beck'scher Bilanzkommentar, § 253, Rdnr. 203.
38 § 6 Abs. 1 Nr. 1 und Nr. 2 EStG i. d. F. des StEntlG 1999/2000/2002 fordert nunmehr als Voraussetzung für die Teilwertabschreibung eine voraussichtlich dauerhafte Wertminderung.
39 *Förschle/Scheffels*, DB 1993, 1197.
40 Der Teilwert kann durchaus vom gemeinen Wert abweichen. Dies ist z. B. dann der Fall, wenn aufgrund der Lage des Grundstücks (evtl. Nachbargrundstück) dieses für das Unternehmen einen hohen Nutzen verkörpert und das Unternehmen daher einen höheren Preis als den Marktpreis zu zahlen bereit ist.

Vorsichtsprinzips die Periodisierung (Realisationsprinzip) durchbricht (§ 252 Abs. 1 Nr. 4 HGB i. V. mit § 5 Abs. 1 EStG)[41].

(bb) Die „isolierte Betrachtungsweise"

714 Grob vereinfacht können die verschiedenen abzubildenden Situationen folgendermaßen dargestellt werden:

	Ausgaben	Zeitbezug von Nutzen/Lasten bzw. wirtschaftliche Verursachung
Rückstellungen	in der Zukunft	Künftige Last, verursacht in der Vergangenheit (Realisationsprinzip)
außerplanm. Abschreibungen/Teilwertabschr.	in der Vergangenheit (bis Bilanzstichtag)	Nutzeneinbuße in der Zukunft (Imparitätsprinzip)
nachträgliche Anschaffungs-/Herstellungskosten	in der Vergangenheit (bis Bilanzstichtag)	Zukünftiger zusätzlicher Nutzen

715 Diese reduzierende Abbildung illustriert, daß Rückstellungen und außerplanmäßige Abschreibungen oder Teilwertabschreibungen sowie (nachträgliche) Anschaffungs- oder Herstellungskosten grundsätzlich nicht dieselben wirtschaftlichen Sachverhalte erfassen können[42]. Neben der in der obigen Abbildung bezeichneten unterschiedlichen sachlichen Anknüpfung sowie des unterschiedlichen Zeitpunktes der wirtschaftlichen Verursachung können insbesondere Rückstellungen und außerplanmäßige Abschreibungen bzw. Teilwertabschreibungen auch vollkommen unterschiedliche persönliche Anknüpfungspunkte besitzen. So kann

- gegebenenfalls nach § 4 Abs. 3 BBodSchG auch der bloße Verursacher, dem das kontaminierte Wirtschaftsgut also gar nicht zuzurechnen ist, eine Rückstellung zu bilden haben,

und

- über privatrechtliche Vereinbarungen das Sanierungsrisiko auf einen Dritten, insbesondere den Veräußerer des Grundstücks, der weder Zustandsverantwortlicher ist noch Verursacher sein muß, verlagert werden. § 24 Abs. 2 BBodSchG läßt dies als eine dispositive Rechtsvorschrift zu.

716 Die Tatsache, daß die Rückstellung ein selbständiges negatives Wirtschaftsgut darstellt, wurde wohl als einer der ersten von *Rautenberg* erkannt[43]. Bött-

---

41 *Herzig*, WPg 1991, 618.
42 Vgl. ähnlich auch *Böttner*, a. a. O., S. 98–99. – *Herzig*, WPg 1991, 618 f. – Das Ergebnis von *Herzig* ist angesichts seiner Analyse nicht nachvollziehbar. Der Kritik von *Bartels* muß hier in diesem Punkt gefolgt werden. – *Bartels*, Bilanzielle Berücksichtigung von Altlastenfällen – Anmerkungen zu dem Beitrag von *Herzig*, WPg 1992, 81.
43 *Rautenberg*, WPg 1993, 269 f.

ner ist der Auffassung, daß die Verpflichtung zur Bildung einer Rückstellung sowie zur außerplanmäßigen Abschreibung bzw. Teilwertabschreibung nebeneinander bestehen können[44]. Ebenso wird im Beck'schen Bilanzkommentar die Auffassung vertreten, daß die Beurteilung von außerplanmäßigen Abschreibungen bzw. Teilwertabschreibungen einerseits und Rückstellungen andererseits unabhängig von einander zu erfolgen hat[45].

Aufgrund der unterschiedlichen persönlichen und sachlichen Anknüpfung sowie des unterschiedlichen Zeitpunktes der wirtschaftlichen Verursachung hängen Rückstellungen und außerplanmäßige Abschreibungen oder Teilwertabschreibungen von unterschiedlichen Voraussetzungen ab und sind grundsätzlich getrennt zu prüfen. Sie schließen sich grundsätzlich gegenseitig nicht aus[46]. Es handelt sich um jeweils selbständig zurechen- und zuordenbare sowie selbständig bewertbare Wirtschaftsgüter.

717

(cc) Die Konkurrenzthese

Die wohl herrschende Meinung bejaht indessen die Konkurrenzthese, wonach der kontaminationsbedingte Aufwand nicht doppelt berücksichtigt werden dürfe. Diese Meinung ist jedoch nur insoweit dominierend, als daß weitgehend die Konkurrenzthese (zumeist ohne nähere Prüfung) hingenommen und diese zum Ausgangspunkt der weiteren Überlegungen gemacht wird. Indessen besteht Uneinigkeit darüber, ob die aktivische oder passivische Berücksichtigung der kontaminationsbedingten Wertminderung Vorrang hat. Das Gesetz zeigt – wenn man die Konkurrenzthese im Grundsatz akzeptiert – für diese Problematik keine Lösung auf. Nicht möglich ist der Verweis auf etwaige GoB, da diese angesichts des offenkundigen Dissens der Sachverständigen über diese Frage gerade nicht existieren[47].

718

(1) Vorrang der außerplanmäßigen Abschreibung/Teilwertabschreibung

Die eine These geht vom Vorrang der Teilwertabschreibung aus[48]. Das Argument, ein Unterlassen der Teilwertabschreibung führe zu einer unzulässigen Überbewertung des Wirtschaftsguts, ist jedoch – zumindest für Wirtschaftsgüter des Anlagevermögens – sowohl handels- wie auch steuerrechtlich[49] nur dann zutreffend, wenn es sich um eine dauerhafte Wertminderung handelt.

719

---

44 *Böttner*, a.a.O., S. 102.
45 *Clemm/Nonnenmacher*, in: Beck'scher Bilanzkommentar, § 249 HGB, Rdnr. 100, Stichwort „Altlastensanierung".
46 A. A. *Adler/Düring/Schmaltz*, a.a.O., § 249 HGB, Rdnr. 132.
47 *Möller*, Das kontaminierte Betriebsgrundstück, 1997, S. 191.
48 *Böttner*, a.a.O., S. 101.
49 Steuerrechtlich ist insoweit die Differenzierung zwischen Anlage- und Umlaufvermögen unerheblich. – Allerdings kann der Begriff der „Dauerhaftigkeit" im Anlage- oder Umlaufvermögen unterschiedlich auszulegen sein. – o.V., DStR 11/2000, 470 ff.

720 Die Auffassung, eine Teilwertabschreibung komme dann in Betracht, wenn die Altlast oder der Altlastenverdacht nachträglich bekannt geworden sind oder wenn sich das Ausmaß des Schadens als größer erweist als angenommen[50], ist in dieser pauschalen Form ebenfalls nicht haltbar, wenn hierdurch ein Vorrang der Teilwertabschreibung begründet werden soll. Gleiches gilt für die Meinung, Teilwertabschreibung und Rückstellungsbildung seien nur insoweit kumulativ möglich, als die Sanierungskosten die Teilwertabschreibung übersteigen[51].

721 Ein Vorrang der Teilwertabschreibung wird z.T. auch auf das Saldierungsverbot des § 246 Abs. 2 HGB (bei Vorliegen einer öffentlich-rechtlichen Verbindlichkeit) gestützt[52]: Allerdings ergibt sich aus dem unterschiedlichen Zeitbezug von Abschreibungen und Rückstellungen, daß das Argument, es handele sich bei der Rückstellung um eine (verbotene) passivische Wertberichtigung, nicht greift[53]. Die Sanierungsverpflichtung beeinflußt insofern nicht den betriebsindividuellen Wert des Grundstücks, sondern stellt eine selbständig bewertbare Last für das Unternehmen dar[54]. Bei einer Verbindlichkeitsrückstellung handelt es sich somit handelsrechtlich um eine (ungewisse) Verbindlichkeit und bilanzsteuerlich um ein negatives Wirtschaftsgut.

722 Ein allgemeiner Grundsatz, daß die Rückstellungsbildung subsidiär vorzunehmen ist, läßt sich aus dem Gesetz nicht ersehen.

(2) Vorrang der Rückstellungsbildung

723 Der Vorrang der Rückstellung vor der Teilwertabschreibung wird z.T. (zu) formal aus einer Dominanz des Realisationsprinzips, als dessen Ausfluß die Rückstellungspflicht anzusehen sei, gegenüber dem Imparitätsprinzip, aus dem die aktivische Wertminderung folge, abgeleitet[55]. Weitere Begründungen liegen in der Vereinfachung oder wiederum im Verrechnungsverbot des § 246 Abs. 2 HGB[56]. Weiter wird der Versuch unternommen, einen bilanzsystematischen Vorrang eines Rückstellungs*rechts* gegenüber einem Abschreibungs*wahlrechts* oder einen Vorrang eines *Ansatz*gebots für Rückstellungen gegenüber einer *Bewertungs*vorschrift für das aktivische Wirtschaftsgut Grund und Boden zu statuieren[57].

724 *Adler/Düring/Schmaltz* befürworten folgende Behandlung: Soweit eine Wertminderung „durch die beabsichtigte Erfüllung der Sanierungsverpflichtung

---

50 *Böttner*, a.a.O., S. 100.
51 *Böttner*, a.a.O., S. 101–103.
52 *Sarrazin*, WPg 1993, 5 – Kritisch: *Bartels*, WPg 1992, 83.
53 *Siegel*, BB 1993, 329.
54 *Förschle/Scheffels*, DB 1993, 1200. – Diese Last erfüllt auch ansonsten alle Merkmale eines negativen Wirtschaftsgutes.
55 *Herzig*, WPg 1991, 618 f. – *Kupsch*, BB 1992, 2326. – *Schmidt*, BB 1992, 675.
56 *Bartels*, WPg 1992, 82. – *Böttner*, a.a.O., S. 101. – *Sarrazin*, WPg 1993, 7.
57 Vgl. *Möller*, a.a.O., S. 195 ff. mit ausführlichen Literaturhinweisen.

beseitigt wird und deshalb nur vorübergehenden Charakter hat", ist die Rückstellungsbildung nach der obligatorischen Vorschrift des § 249 Abs. 1 HGB vorrangig. Soweit „die Wertminderung dagegen dauerhaft ist, weil die Erfüllung der Verpflichtungen nicht zu einer Wertsteigerung der belasteten Vermögensgegenstände führen wird", sei neben der Bildung einer Rückstellung gegebenenfalls eine außerplanmäßige Abschreibung auf den niedrigeren beizulegenden Wert vorzunehmen[58]. Auch diese Auffassung, die an das Kriterium der Dauerhaftigkeit der Wertminderung anknüpft, ist schon deswegen nicht haltbar, weil sie ebenfalls mißachtet, daß es sich grundsätzlich bei dem kontaminierten Grundstück und der Sanierungsverpflichtung um zwei selbständige, verschiedenartige Wirtschaftsgüter handelt, und dabei insbesondere den unterschiedlichen zeitlichen bzw. wirtschaftlichen Bezugspunkt von Abschreibungen und Rückstellungen verkennt.

(dd) Kritik der Konkurrenzthese

Die Verfechter der Konkurrenzthese[59] vergessen den ersten bilanziellen Prüfungsschritt, der allen weiteren Schritten vorausgehen muß: Ob und wieviele Wirtschaftsgüter überhaupt vorliegen. Zudem existiert kein allgemeiner Bilanzierungsgrundsatz derart, daß Geschäftsvorfälle, die sich zugleich auf positive und negative Wirtschaftsgüter auswirken, nur einmalig zu erfassen sind.

725

Die verschiedenen Möglichkeiten der bilanziellen Behandlung müssen daher grundsätzlich getrennt voneinander vor dem Hintergrund des jeweiligen Einzelfalls geprüft werden[60]. In Kap. C.I. 8. c) wird dargelegt werden, daß die sog. „Konkurrenzthese" für das vorliegende Thema durch die Neuregelungen des StEntlG 1999/2000/2002 zumindest steuerbilanziell keine größere Relevanz mehr besitzt.

726

Unbestritten dürfte sein, daß die Problematik der Konkurrenz zwischen Rückstellungsbildung und aktivischer Abwertung sich nur bei Vorliegen einer (ungewissen) öffentlich-rechtlichen Verbindlichkeit, nicht aber bei einer zivilrechtlichen Verpflichtung stellt[61]. Der Grund liegt darin, daß es bei zivilrechtlicher Haftung im Zusammenhang mit einem kontaminierten Betriebsgrundstück um den möglichen Ersatz von Schäden privater Dritter geht, deren Rechtssphäre beeinträchtigt ist, während es bei der öffentlich-rechtlichen Sanierungsverpflichtung zugleich um die bilanzielle Berücksichtigung von Eigenschäden am Betriebsgrundstück geht.

727

---

58 *Adler/Düring/Schmaltz*, a. a. O., § 253 HGB, Rdnr. 479. – Zum angeblichen Verbot der Doppelberücksichtigung vgl. auch *Herzig*, WPg 1991, 615. – *Bartels*, WPg 1992, 74.
59 *Möller*, a. a. O., S. 195 ff.
60 So auch *Clemm/Nonnenmacher*, in: Beck'scher Bilanzkommentar, § 249 HGB, Rdnr. 100, Stichwort „Altlastensanierung".
61 *Möller*, a. a. O., S. 85.

3. Qualifikation als Wirtschaftsgut bzw. als Vermögensgegenstand

728 Handelsrechtlich sind Vermögensgegenstände (§§ 246 Abs. 1, 252, 253, 266, 240, 241 HGB) und Schulden, bilanzsteuerrechtlich positive und negative Wirtschaftsgüter in der Bilanz anzusetzen.

729 Es handelt sich bei Wirtschaftsgütern um Sachen, Rechte oder tatsächliche Zustände, konkrete Möglichkeiten oder Vorteile für den Betrieb, deren Erlangung sich der Kaufmann etwas kosten läßt, die einer besonderen Bewertung zugänglich sind, in der Regel eine Nutzung für mehrere Wirtschaftsjahre erbringen und zumindest mit dem Betrieb übertragen werden können[62]. Bei Vermögensgegenständen (Handelsbilanz) wird gefordert, daß sie bilanziell greifbar sind, so daß sie beim Verkauf des gesamten Unternehmens als Einzelheit ins Gewicht fallen und nicht im Goodwill aufgehen sowie zusätzlich durch Einzelveräußerung oder durch Nutzungsüberlassung selbständig verwertbar sind[63].

730 Der Begriff des Wirtschaftsguts sowie des Vermögensgegenstands oder der Schuld kann im vorliegenden Kontext grundsätzlich synonym verwendet werden. Aus Vereinfachungsgründen wird fortan grundsätzlich der Begriff des Wirtschaftsguts benutzt. Von Vermögensgegenständen wird nur dort gesprochen, wo begriffliche Unterschiede inhaltliche Relevanz entfalten können.

731 Im Hinblick auf den Begriff des Wirtschaftsguts ist die Frage zu stellen, ob sich die im BBodSchG statuierten Verpflichtungen auf das Wirtschaftsgut Grund und Boden im bilanzsteuerlichen Sinn beziehen oder aber darüber hinausgehen.

732 Der zivilrechtliche Grundstücksbegriff ist für das BBodSchG insoweit relevant, als wesentliche Grundstücksbestandteile einbezogen werden können. Damit sind wegen der festen Verbindung mit dem Boden Gebäudekontaminationen vom Anlagen- und Grundstücksbegriff mit umfaßt (§ 2 Abs. 5 BBodSchG). Dies gilt sogar dann, wenn nicht gleichzeitig das sie tragende Erdreich kontaminiert ist[64]. Bilanzrechtlich können zudem Betriebsvorrichtungen, Mietereinbauten, sonstige selbständige Gebäudeteile und Abbaurechte (also immaterielle Wirtschaftsgüter – „Rohstofflagerfunktion" des Bodens[65]) vom BBodSchG betroffen sein[66]. Ortsveränderliche technische Einrichtungen und Fahrzeuge, die bewegliche Wirtschaftsgüter darstellen, fallen jedoch nicht unter den Grundstücksbegriff des BBodSchG. Das BBodSchG differenziert nicht zwischen überbauten und nicht überbauten Flächen. Ob dementsprechend eine Außenanlage (etwa ein geteerter Weg als bilanzsteuer-

---

62 H 13 Abs. 1/Wirtschaftsgut EStH 1999. – BFH v. 19. 6. 1997, BStBl. 1997 II, 808.
63 *Philipps*, a. a. O., S. 212.
64 *Sanden/Schoeneck*, a. a. O., § 2 Rdnr. 73.
65 *Sanden/Schoeneck*, a. a. O., § 2 Rdnr. 18.
66 R 13 Abs. 3 EStR 1999.

lich selbständiges Wirtschaftsgut) unter die Bodendefinition fällt, ist im Einzelfall zu entscheiden.

Obige Interpretation wird durch die Definition des Begriffs der Altlasten in § 2 Abs. 5 BBodSchG gestützt. Hiernach versteht man unter Altlasten im Sinne des BBodSchG Altablagerungen und Altstandorte. Altablagerungen sind stillgelegte Abfallbeseitigungsanlagen sowie sonstige Grundstücke, auf denen Abfälle behandelt, gelagert oder abgelagert worden sind. Altstandorte sind Grundstücke stillgelegter Anlagen und sonstige Grundstücke, auf denen mit umweltgefährdenden Stoffen umgegangen worden ist. Ausgenommen sind Anlagen, deren Stillegung einer Genehmigung durch das Atomgesetz bedarf. Bei Altstandorten ist also explizit die Rede von „Anlagen"; diese können Nebeneinrichtungen und Leitungssysteme einschließen, von denen Gefahren ausgehen können[67]; in vielen Fällen wird es sich hierbei um bilanzsteuerliche Betriebsvorrichtungen handeln. Auch der Begriff „sonstige Gefahren" ist hervorzuheben. Hierbei stellt der Gesetzgeber offensichtlich darauf ab, daß bei einer Altlast möglicherweise überhaupt kein Boden vorhanden ist, der schädlich verändert werden könnte (z. B. bei einer Deponie)[68]. **733**

Somit können bodenschutzrechtliche Maßnahmen vor allem das Wirtschaftsgut Grund und Boden (als unbewegliches, nicht abnutzbares Wirtschaftsgut), unbewegliche abnutzbare Wirtschaftsgüter (vor allem Gebäude) sowie bewegliche Wirtschaftsgüter vor allem des Anlagevermögens (Betriebsvorrichtungen) betreffen. **734**

Eine andere Meinung lautet, daß aufgrund der funktional orientierten Bodendefinition andere wesentliche Grundstücksbestandteile wie Gebäude oder Betriebsvorrichtungen nicht unter die Regelungen des BBodSchG fallen. Dieser engen Auslegung ist mit Blick auf den Gesetzeszweck nicht zu folgen. **735**

Eine bodenschutzbezogene Maßnahme kann, sofern sie nicht zu Betriebsausgaben führt, entweder als nachträgliche Anschaffungs- oder Herstellungskosten an einem schon bestehenden oder aber als neues Wirtschaftsgut zu aktivieren sein. Entscheidend für die Frage, ob eine bodenschutzbezogene Maßnahme oder Anlage als selbständiges Wirtschaftsgut zu sehen ist, ist vor allem der konkrete Nutzungs- und Funktionszusammenhang. Unterscheidet sich dieser vom Wirtschaftsgut Grund und Boden (bzw. Gebäude), ist die betreffende Maßnahme oder Anlage bei Vorliegen der übrigen Kriterien möglicherweise als selbständiges Wirtschaftsgut zu qualifizieren. Daher können sanierungsbezogene Aufwendungen selbst dann als (nachträgliche) Anschaffungs- oder Herstellungskosten zu beurteilen sein, wenn die Anlage zivilrechtlich gesehen ein wesentlicher Grundstücksbestandteil ist[69]. Im Zusam- **736**

---

67 *Knopp/Albrecht*, Altlastenrecht in der Praxis, Rdnr. 59.
68 *Knopp/Albrecht*, Altlastenrecht in der Praxis, Rdnr. 12–13, 55. – *Sanden/Schoeneck*, a. a. O., § 2, Rdnr. 85.
69 *Böttner*, a. a. O., S. 15.

menhang mit der Sanierung kontaminierter Grundstücke wird die Aktivierbarkeit als Wirtschaftsgut aber häufig deswegen ausgeschlossen sein, weil die betreffenden Gegenstände in einem einheitlichen Nutzungs- und Funktionszusammenhang mit dem Grundstück stehen und obendrein oftmals nicht selbständig bewertbar sind. Die handelsbilanzielle Aktivierbarkeit als Vermögensgegenstand dürfte in vielen Fällen (z. B. bei Spundwänden, Oberflächen- oder Deponiebasisabdichtungen) an der selbständigen Verwertbarkeit scheitern[70].

737 Zudem ist zu prüfen, ob die betreffenden Gegenstände zukünftigen Nutzen erbringen oder lediglich dazu dienen, eine in der Vergangenheit verursachte Verpflichtung zu erfüllen. Erbringt ein Gegenstand keinen Nutzen, so kann er nicht aktiviert werden.

738 Aufwendungen, welche den Bilanzierenden/Stpfl. wirtschaftlich belasten und die Kriterien für das Vorliegen eines Vermögensgegenstands oder eines Wirtschaftsguts nicht erfüllen, werden somit in der Gewinn- und Verlustrechnung unmittelbar als Aufwand bzw. als Betriebsausgabe (§ 4 Abs. 4 EStG) erfaßt.

4. Betriebliche Vermögenszugehörigkeit

739 Handelsrechtlich darf und muß der Kaufmann nur „seine" Vermögensgegenstände und Schulden bilanzieren (§§ 240, 242 Abs. 1 HGB, vgl. auch § 344 HGB). Bilanzsteuerrechtlich statuiert § 39 AO eine eigenständige Zurechnungsnorm. Hiernach hat derjenige ein Wirtschaftsgut zu bilanzieren, der rechtlicher (§ 39 Abs. 1 AO) oder wirtschaftlicher (§ 39 Abs. 2 Nr. 1 AO) Eigentümer des Wirtschaftsguts ist. Wirtschaftliches Eigentum liegt vor, wenn ein anderer als der zivilrechtliche Eigentümer die tatsächliche Herrschaft in der Weise ausübt, daß er den Eigentümer im Regelfall dauerhaft von der Einwirkung auf das Wirtschaftsgut ausschließen kann. Inwieweit die handels- und steuerrechtliche Zurechnung übereinstimmt, soll hier nicht entschieden werden. Statt dessen wird aus Vereinfachungsgründen von einer grundsätzlichen Übereinstimmung der handels- und steuerrechtlichen Zurechnung ausgegangen[71] und auch nicht die Zuordnung zum notwendigen oder gewillkürten Betriebsvermögen bzw. zum Privatvermögen thematisiert[72]. Die vorliegenden Ausführungen beziehen sich somit nur auf im Betriebsvermögen befindliche Wirtschaftsgüter.

740 Bodenschutzrechtliche Pflichtenstellung und (steuer-)bilanzielle Zurechenbarkeit verlaufen nicht deckungsgleich. Bei der Sanierungsverpflichtung und dem kontaminierten Grundstück handelt es sich um zwei verschiedene Wirtschaftsgüter[73].

---

70 *Philipps*, a. a. O., S. 212.
71 Vgl. hierzu *Budde/Karig*, in: Beck'scher Bilanzkommentar, § 246 HGB, Rdnr. 2 ff.
72 R 13 Abs. 1 ff. EStR 1999.
73 Vgl. Kap. C.I. 2. d).

- Nachträgliche Anschaffungs- oder Herstellungskosten, außerplanmäßige Abschreibungen bzw. Teilwertabschreibungen und Wertaufholungen sowie grundstücksbezogene (Erhaltungs-)Aufwendungen kommen nur für denjenigen in Betracht, dem das kontaminierte Grundstück bilanziell zuzurechnen ist (der es also aktiviert hat).
- Die Bildung einer Verbindlichkeitsrückstellung ist hingegen – unabhängig davon, ob er das Grundstück aktiviert hat – grundsätzlich nur demjenigen möglich, der nach geltendem Polizei- und Ordnungsrecht als Handlungsstörer, Verursacher, Zustandsstörer bzw. Zustandsverantwortlicher oder als Ausgleichsverpflichteter in Anspruch genommen werden kann.

741 Die Zurechnung von Anschaffungs- oder Herstellungskosten, Teilwertabschreibungen bzw. außerplanmäßigen Abschreibungen und Wertaufholungen einerseits und die von Verbindlichkeitsrückstellungen andererseits ist somit grundsätzlich jeweils gesondert zu prüfen (§ 39 AO). Dabei ist zunächst auf § 24 BBodSchG zurückzugreifen, der regelt, wer die Kosten der Maßnahmen auf Grund des BBodSchG zu tragen hat[74]. Dabei geht es in § 24 Abs. 1 BBodSchG darum, in welchem Umfang Kosten von Seiten der Behörden den zu Maßnahmen herangezogenen Verantwortlichen angelastet werden dürfen. Abs. 2 behandelt das Problem, in welchem Umfang entstandene Kosten im internen Verhältnis zwischen mehreren Beteiligten zu verteilen sind.

742 § 24 Abs. 1 S. 1 BBodSchG besagt, daß grundsätzlich der Adressat einer Pflicht auch die Maßnahmen zur Pflichterfüllung zu tragen hat. § 24 Abs. 1 S. 3 BBodSchG regelt, daß in Fällen behördlicher Ersatzvornahme, unmittelbarer Ausführung oder des Sofortvollzugs die an sich für die Erstellung des Sanierungsplans Verantwortlichen die Kosten zu tragen haben[75]. Adressat einer Sanierungspflicht kann somit entweder der Handlungs- oder der Zustandspflichtige sein.

- *Handlungverantwortlich* ist derjenige, durch dessen Tun oder Unterlassen eine Gefahr unmittelbar verursacht wird. Die Eigenschaft des Verursachers ist diesem unabhängig davon zuzuerkennen, ob dieser zivilrechtlicher (§ 39 Abs. 1 AO) oder wirtschaftlicher Eigentümer (§ 39 Abs. 2 Nr. 1 AO) des kontaminierten Vermögensgegenstands oder Wirtschaftsguts ist. Die Eigenschaft des Handlungsstörers kann die Zurechnung einer ungewissen zivilrechtlichen oder öffentlich-rechtlichen Verbindlichkeit begründen.
- *Zustandspflichtiger* ist der Grundstückseigentümer sowie der Inhaber der tatsächlichen Gewalt. Der Zustandsverantwortliche muß jedoch keineswegs in jedem Fall das Grundstück bilanziert haben (wenngleich dies meistens der Fall sein wird): So kann die Überlassung des Grundstücks auf einem Nutzungsüberlassungsverhältnis beruhen, kraft dessen der Inhaber der tatsächlichen Gewalt weder wirtschaftlicher noch zivilrechtlicher

---

74 Vgl. Kap. B.V. 2.
75 *Sanden/Schoeneck*, a. a. O., § 24, Rdnr. 8 ff.

Eigentümer wird (z. B. Miete, Pacht)[76]. Andererseits kann wirtschaftliches und zivilrechtliches Eigentum auseinanderfallen, wenn der Inhaber der tatsächlichen Gewalt in der Lage ist, den Grundstückseigentümer dauerhaft von der Nutzung des Grundstücks auszuschließen (§ 39 Abs. 2 Nr. 1 AO), was allerdings bei Grundstücken nur ausnahmsweise vorstellbar ist. Die Folge wäre dann die Bilanzierung des Wirtschaftsguts beim Zustandspflichtigen. Die Eigenschaft als Zustandsverantwortlicher kann jedoch auch für die Zurechnung einer öffentlich-rechtlichen Verbindlichkeit begründend wirken, da auch dieser als Pflichtiger gem. § 4 Abs. 3 BBodSchG von der Behörde in Anspruch genommen werden kann.

743 Wenn Handlungs- und Zustandsverantwortlicher in einer Person zusammenfallen, ist (steuer-)bilanziell gesehen diese zweifache Störereigenschaft genauso zu beurteilen wie die mögliche Haftung entweder nur als Handlungs- oder nur als Zustandsstörer.

744 *§ 24 Abs. 2 BBodSchG* regelt die zivilrechtliche Ausgleichsverpflichtung zwischen mehreren Verursachern. Ein Regreß gegenüber dem Verursacher dürfte vor allem der vorrangig herangezogene Zustandsverantwortliche geltend machen[77]. Auch in diesem Fall kann der Regreß also eine Person treffen, die weder wirtschaftlicher noch zivilrechtlicher Eigentümer des Grundstücks ist.

745 Der Ausgleichsanspruch besteht jedoch nur, soweit vertraglich nicht anderes vereinbart wird. Hat z. B. der Anspruchsgläubiger mit dem Anspruchsschuldner im Rahmen eines Kaufvertrages einen Gewährleistungsausschluß vereinbart, so muß er diese vertragliche Abrede auch hinsichtlich des Ausgleichsanspruchs gegen sich gelten lassen[78].

5. Bilanzierung von Rückstellungen in der Handels- und Steuerbilanz – Ungewißheit dem Grunde nach

746 Aufgrund der hohen Kosten von Sanierungsmaßnahmen besteht ein großes Interesse der betroffenen Unternehmen an der rechtzeitigen Bildung von Rückstellungen, um hierdurch eine gewisse firmeninterne finanzielle Vorsorge zu treffen[79]. Dies ist zunächst ein außersteuerliches Anliegen. Da die Bildung von Rückstellungen die zeitliche Vorverlagerung von Aufwand und damit eine Schmälerung des Gewinnes der Periode des wirtschaftlichen Entstehens bewirkt, kann sie zudem unmittelbar steuerliche Auswirkungen haben, sofern die Rückstellungsbildung steuerlich anerkannt wird.

747 Handelsrechtlich unterscheidet man zwischen

- Rückstellungen für ungewisse Verbindlichkeiten (§ 249 Abs. 1 S. 1, 1. Alt. HGB)

---

76 *Knopp/Albrecht*, Altlastenrecht in der Praxis, Rdnr. 99–100.
77 *Sanden/Schoeneck*, a. a. O., § 24, Rdnr. 29.
78 *Knopp/Albrecht*, Altlastenrecht in der Praxis, Rdnr. 127.
79 *Knopp/Albrecht*, Altlastenrecht in der Praxis, Rdnr. 329.

- Rückstellungen für drohende Verluste aus schwebenden Geschäften (§ 249 Abs. 1 S. 1 2. Alt. HGB)
- Rückstellungen für unterlassene Aufwendungen für Instandhaltung oder für Abraumbeseitigung, die im folgenden Wirtschaftsjahr nachgeholt werden (§ 249 Abs. 1 S. 2 Nr. 1 und S. 3 HGB)
- Rückstellungen für ihrer Eigenart nach genau umschriebene, dem Geschäftsjahr oder einem früheren Geschäftsjahr zuzuordnende Aufwendungen, die am Abschlußstichtag wahrscheinlich oder sicher, aber hinsichtlich ihrer Höhe oder des Zeitpunkts ihres Eintritts unbestimmt sind (§ 249 Abs. 2 HGB)

748 Die Bildung von Rückstellungen setzt voraus, daß keine aktivierungspflichtigen Anschaffungs- oder Herstellungskosten vorliegen[80], also das Unternehmen wirtschaftlich belastet ist.

749 Hinsichtlich der vorliegenden Problematik sind Rückstellungen für unterlassene Aufwendung für Instandhaltung regelmäßig nicht relevant, da sie keinen spezifischen Bezug zu Umweltschutzmaßnahmen besitzen[81].

750 Bei den Rückstellungen für drohende Verluste aus schwebenden Geschäften handelt es sich um einen Unterfall von Rückstellungen für ungewisse Verbindlichkeiten. Diese kommen nur dann in Betracht, wenn in einem gegenseitigen Vertrag, der noch von keiner Seite erfüllt wurde, ein Verpflichtungsüberhang beim Bilanzierenden festzustellen ist. Dieser besteht in einem Überschuß künftiger Aufwendungen über zurechenbare künftige Erträge. Zwar sind die im Rahmen des BBodSchG zu thematisierenden Verträge Verwaltungsverträge (§ 54 S. 2 VwVfG), die regelmäßig auch Elemente eines Austauschvertrags aufweisen[82]. Weil sich zukünftige zurechenbare Erträge allerdings nicht ausmachen lassen, kann auch ein Verpflichtungsüberhang nicht beziffert werden. Außerdem kann nicht davon ausgegangen werden, daß Leistung und Gegenleistung ausgeglichen sind; es ist äußerst zweifelhaft, ob bei den hier in Rede stehenden Verträgen überhaupt eine Gegenleistung vorliegt. Daher ist der Gesamtaufwand aus der öffentlich-rechtlichen Verbindlichkeit nach den für Rückstellungen für ungewisse Verbindlichkeiten geltenden Grundsätzen zu berücksichtigen. Steuerrechtlich besteht ohnehin ein Verbot für Rückstellungen für drohende Verluste aus schwebenden Geschäften (§ 5 Abs. 4a EStG).

751 Im Hinblick auf das BBodSchG haben Verbindlichkeitsrückstellungen die bei weitem größte Bedeutung. Verbindlichkeitsrückstellungen dürfen nicht zur Absicherung allgemeiner Unternehmerrisiken gebildet werden. Hierzu dient vielmehr das Eigenkapital[83]. Aufwandsrückstellungen, die der Bestandssicherung des Unternehmens dienen, sind nicht so deutlich vom Eigenkapital ab-

---

80 Vgl. Kap. C.I. 8.
81 Vgl. *Günkel*, StbJb 1990/91, 102.
82 *Sahm*, UPR 1999, 377.
83 *Adler/Düring/Schmaltz*, a. a. O., § 249 HGB, Rdnr. 34.

zugrenzen; aus diesem Grunde wurde ein Wahlrecht zur Bildung bestimmter Aufwandsrückstellungen vom Gesetzgeber gewährt (§ 249 Abs. 1 S. 3 und Abs. 2 HGB)[84]. Dabei handelt es sich um antizipative Posten, die der zutreffenden Periodisierung des Unternehmensergebnisses dienen sollen[85]. Im Zusammenhang mit dem BBodSchG kommt Aufwandsrückstellungen jedoch allenfalls am Rande Bedeutung zu.

a) Ansatz von Verbindlichkeitsrückstellungen in der Handelsbilanz

752 Die Pflicht zur Bildung von Verbindlichkeitsrückstellungen (§ 249 Abs. 1 S. 1 HGB) gilt für alle Kaufleute. Verbindlichkeitsrückstellungen unterscheiden sich von den als Verbindlichkeit auszuweisenden Passivposten insofern, als über den Grund und/oder die Höhe der Belastung Ungewißheit besteht. Besteht nur Unsicherheit über die Höhe, nicht aber den Grund der Verbindlichkeit, so kann der sichere Teil unter den Verbindlichkeiten und nur der ungewisse Teil unter den Rückstellungen angesetzt werden[86].

753 Eine Verbindlichkeitsrückstellung ist vorzunehmen, wenn

- es sich um eine **Außenverpflichtung** handelt,
- die eine **wirtschaftliche Belastung** für das Unternehmen darstellt und
- ihren **wirtschaftlichen Bezugspunkt in der Vergangenheit** hat,
- wobei mit der tatsächlichen Inanspruchnahme ernsthaft zu rechnen sein muß (**Wahrscheinlichkeit des Be- oder Entstehens der Verbindlichkeit und der Inanspruchnahme**)[87].
- Der **Grund** der ungewissen Verpflichtung kann ein öffentlich-rechtlicher, ein zivilrechtlicher oder ein faktischer (wirtschaftlicher Zwang) ein[88].

(aa) Grund für die Inanspruchnahme

754 Zu fordern ist, daß sich das Unternehmen einer Leistungsverpflichtung gegenüber einem Dritten ausgesetzt sieht, dem es sich nicht entziehen kann[89]. Das Unternehmen kann sich dann einer Verpflichtung nicht entziehen, wenn ein rechtlicher oder faktischer Zwang zugrunde liegt[90]. Der rechtliche Zwang kann öffentlich-rechtlicher oder privatrechtlicher Art sein.

(1) Ungewisse öffentlich-rechtliche Verbindlichkeiten

755 Eine (ungewisse) öffentlich-rechtliche Verpflichtung bedarf einer Rechtsgrundlage. Bei einer öffentlich-rechtlichen Verbindlichkeit ist der Gläubiger

---

84 *Adler/Düring/Schmaltz*, a. a. O., § 249 HGB, Rdnr. 35.
85 *Adler/Düring/Schmaltz*, a. a. O., § 249 HGB, Rdnr. 189.
86 *Adler/Düring/Schmaltz*, a. a. O., § 249 HGB, Rdnr. 77.
87 *Clemm/Nonnenmacher*, in: Beck'scher Bilanzkommentar, § 249 HGB, Rdnr. 24.
88 *Körner*, WPg 1984, 44.
89 *Philipps*, a. a. O., S. 218–219.
90 Vgl. zu diesem Komplex auch *Freericks*, Bilanzierungsfähigkeit und Bilanzierungspflicht in Handels- und Steuerbilanz, 1976, S. 230.

das Gemeinwesen. Die Inanspruchnahme des Bilanzierenden erfolgt aufgrund eines Verwaltungsakts (§ 35 VwVfG) oder aufgrund eines öffentlich-rechtlichen Vertrags (§ 54 VwVfG).

Gemäß § 4 Abs. 3 BBodSchG sind insbesondere der Verursacher einer schädlichen Bodenveränderung oder Altlast, dessen Gesamtrechtsnachfolger, der Grundstückseigentümer und der Inhaber der tatsächlichen Gewalt über ein Grundstück verpflichtet, schädliche Bodenveränderungen zu sanieren. Die Tatbestandsmerkmale, die nach § 4 Abs. 3 S. 1 BBodSchG die öffentlich-rechtliche Verpflichtung zur Sanierung schädlicher Bodenveränderungen begründen, sind zum einen die schädliche Bodenveränderung und zum anderen die ordnungsrechtliche Verantwortlichkeit für die schädliche Bodenveränderung. Im Hinblick auf § 4 Abs. 3 S. 1 BBodSchG hat das bilanzierende Unternehmen bei einem kontaminierten Grundstück zu prüfen, ob der Tatbestand „schädliche Bodenveränderung oder Altlast" erfüllt ist und ob das bilanzierende Unternehmen für die Sanierung der schädlichen Bodenveränderung oder Altlast haftbar gemacht werden kann. 756

(2) Ungewisse zivilrechtliche Verbindlichkeiten

Auch privatrechtliche Ansprüche können den Ansatz einer Verbindlichkeitsrückstellung rechtfertigen[91]. Die Inanspruchnahme des Bilanzierenden erfolgt bei zivilrechtlichen Verbindlichkeiten aufgrund eines Gesetzes oder eines Vertrags. 757

So sind im Zusammenhang mit kontaminierten Grundstücken auch gegenseitige Verträge auf zivilrechtlicher Grundlage denkbar. Auch § 24 Abs. 2 BBodSchG ist dispositives Privatrecht, womit den Parteivereinbarungen Vorrang eingeräumt wird[92]. Dies kann vor allem dann relevant werden, wenn ein Kaufvertrag über ein sanierungsbedürftiges Grundstück abgeschlossen wird und sich der Veräußerer dem Käufer gegenüber zur (partiellen) Freistellung von etwaigen behördlicherseits aufgegebenen Sanierungsmaßnahmen verpflichtet oder die Verpflichtung zur Sanierung vor Übergabe übernimmt[93]. Bei den betreffenden Vereinbarungen und ihrer bilanziellen Abbildung geht es allerdings nicht um die originäre Begründung von Umweltschutzpflichten; vielmehr findet eine privatrechtlich organisierte wirtschaftliche Lastenverteilung im Hinblick auf bereits bestehende öffentlich-rechtliche Verpflichtungen statt[94]. 758

Auch eine Verpflichtung zum Schadenersatz kann durch eine Verbindlichkeitsrückstellung berücksichtigt werden. Daran ändert nichts, daß die Inanspruchnahme des Schuldners im Fall eines Sachschadens normalerweise nicht zur Schadensbeseitigung führt, weil hier normalerweise nicht durch Natural- 759

---
91 *Adler/Düring/Schmaltz*, a. a. O., § 249 HGB, Rdnr. 51.
92 *Wagner*, BB 2000, 420.
93 *Schlemminger*, BB 1991, 1435. – *Böttner*, a. a. O., S. 28.
94 *Böttner*, a. a. O., S. 28.

restitution, sondern durch Geldersatz zu erfüllen ist[95]. Auch ist der Gläubiger zunächst nicht verpflichtet, die erhaltene Ersatzleistung zur Schadensbeseitigung einzusetzen.

(3) Faktische Verpflichtungen

760 Der Begriff der Verbindlichkeit geht über solche im Rechtssinn hinaus; auch bloß faktische (wirtschaftliche) Zwänge gegenüber einem Dritten können eine Verbindlichkeit begründen, wobei es unerheblich ist, ob dem Leistungsverhältnis eine unwirksame oder nichtige Rechtsgrundlage oder nur eine sittliche, moralische oder geschäftliche Erwägung zugrunde liegt[96]. Eine reine Gefälligkeit ist hingegen für die Annahme einer faktischen Verpflichtung nicht hinreichend[97]. Bei den faktischen Verbindlichkeiten handelt es sich um einen Auffangtatbestand für all diejenigen Fälle, in denen es an einem rechtlichen Anspruch gegen den Bilanzierenden fehlt, gleichwohl aber sein Tätigwerden heteronom veranlaßt ist. Im Handels- und Steuerbilanzrecht gilt die sog. „wirtschaftliche Betrachtungsweise", wonach die Besteuerung grundsätzlich an wirtschaftliche Vorgänge anknüpft, weswegen ein Abweichen von zivilrechtlichen Wertungen durchaus möglich ist.

761 Bei Umweltschutzmaßnahmen, damit gerade im Bereich des Bodenschutzes, ist eine solche faktische Leistungsverpflichtung aufgrund öffentlichen Druckes denkbar. Dies gilt auch dann, wenn – etwa aufgrund der erheblichen Lücken im untergesetzlichen Regelwerk – eine gesetzliche Verpflichtung zur Durchführung der Maßnahmen (noch) nicht besteht[98].

(bb) Außenverpflichtung

762 Unter Außenverpflichtungen versteht man Verbindlichkeiten gegenüber Dritten, denen sich das Unternehmen aus rechtlichen oder wirtschaftlichen Gründen nicht entziehen kann. Voraussetzung für die Annahme einer ungewissen Verbindlichkeit ist somit, daß das Tätigwerden des Schuldners extern bzw. heteronom veranlaßt ist. Hätte das Tätigwerden des Schuldners nämlich innerbetriebliche Gründe (betriebswirtschaftliche Verpflichtung gegen sich selbst), wäre allenfalls eine Aufwandsrückstellung gerechtfertigt. In der Mehrzahl der Fälle dürfte jedoch anzunehmen sein, daß jemand, der Maßnahmen zur Vermeidung, Verhinderung oder Beseitigung einer schädlichen Bodenveränderung oder Altlast ergreift, entweder im Hinblick auf eine (mögliche) Inanspruchnahme durch eine Behörde tätig wird oder weil er sich hierzu gesetzlich oder faktisch verpflichtet fühlt. Im Regelfall dürfte die Durchführung von Umweltschutzmaßnahmen somit heteronom veranlaßt sein.

---

95 *Eilers*, DStR 1991, 103.
96 *Böttner*, a.a.O., S. 30.
97 *Philipps*, a.a.O., S. 50.
98 *Adler/Düring/Schmaltz*, a.a.O., § 249 HGB, Rdnr. 52 und 53.

(cc) Wirtschaftliche Belastung

Der Begriff „Verbindlichkeit" meint vom wirtschaftlichen Sinn her das Vorliegen einer wirtschaftlichen Last, der sich der Bilanzierende von sich aus nicht entziehen kann[99]. Eine wirtschaftliche Last liegt für das bilanzierende Unternehmen vor, wenn die Außenverpflichtung das künftige Bruttovermögen des Unternehmens mindert[100].

763

Soweit den Aufwendungen für die Erfüllung der Außenverpflichtung allerdings künftige Vermögenszugänge greifbar zugeordnet werden können, dürfen aufgrund fehlender wirtschaftlicher Belastung keine Rückstellungen für ungewisse Verbindlichkeiten passiviert werden. Dies kann der Fall sein, wenn durch die Aufwendungen neue Vermögensgegenstände geschaffen werden oder die Aufwendungen als (nachträgliche) Anschaffungs- bzw. Herstellungskosten zu qualifizieren sind. Diese Einschränkung gilt allerdings nur, soweit die geschaffenen oder hergestellten Vermögensgegenstände nicht wertlos sind und voll abgeschrieben werden müßten. Wird nämlich durch die Sanierungsmaßnahme zwar ein Wirtschaftsgut geschaffen, erbringt es jedoch für das Unternehmen keinen Nutzen, so liegt eine wirtschaftliche Last vor. Anstatt das Wirtschaftsgut zu aktivieren und sogleich wieder voll abzuschreiben, sollte die zeitliche Vorverlagerung in Gestalt einer Rückstellung geprüft werden[101]. Der Gedanke, daß wertlose Güter nicht als Wirtschaftsgüter bzw. Vermögensgegenstände zu bezeichnen sind, hat auch in § 17 Abs. 2a DMBilG Einzug gehalten und kann als Grundsatz ordnungsmäßiger Bilanzierung betrachtet werden.

764

Sanierungsaufwendungen sind auch dann nicht aktivierungspflichtig, wenn sie als Erhaltungsaufwand zu klassifizieren sind bzw. wenn der betreffende Vermögensgegenstand durch die Aufwendungen wenigstens teilweise ersetzt oder modernisiert oder in einem ordnungsmäßigen Zustand gehalten wird. In diesem Fall ist das Kriterium „wirtschaftliche Belastung" erfüllt[102], ohne daß allerdings eine Außenverpflichtung vorliegt.

765

Die wirtschaftliche Belastung muß aber heteronom veranlaßt sein. Der Verbindlichkeitsbegriff ist dann nicht mehr erfüllt, wenn eine wirtschaftliche Last nicht durch außerhalb des Unternehmens liegende Faktoren, sondern durch rein betriebswirtschaftliche Erfordernisse veranlaßt ist. Zu denken ist in diesem Zusammenhang auch an Maßnahmen zur Bodenreinhaltung bei landwirtschaftlichen Betrieben, wenn nicht gleichzeitig die Voraussetzungen für eine öffentlich-rechtliche Sanierungsverpflichtung gegeben sind[103].

766

Im übrigen muß gesehen werden, daß speziell aus Bodenkontaminationen herrührende Umweltschäden insbesondere im Hinblick auf die mögliche öf-

767

---

99 *Moxter*, Bilanzrechtsprechung, 1996, S. 78, 103.
100 *Freericks*, a.a.O., S. 228.
101 *Bordewin*, DB 1994, 1687f. – *Herzig*, DB 1990, 1350.
102 *Philipps*, a.a.O., S. 57 und 194ff.
103 *Böttner*, a.a.O., S. 31.

fentlich-rechtliche Inanspruchnahme des Unternehmens nur begrenzt versicherbar sind. Allerdings ist hier auf die Vertragsgestaltung im Einzelfall abzustellen[104]. Mittlerweile sind jedoch „Bodenkaskoversicherungen" geschaffen worden[105]. Soweit eine unstrittige Erstattungspflicht der Versicherung vorliegt, besteht keine wirtschaftliche Last.

(dd) Wirtschaftlicher Bezugspunkt

768 Der Zeitpunkt des Entstehens einer ungewissen Verbindlichkeit ist noch nicht abschließend geklärt. Grundsätzlich kommt hierfür der Zeitpunkt

- der rechtlichen Entstehung (also der Verwirklichung wenigstens der wesentlichen Tatbestandsmerkmale) als auch
- der wirtschaftlichen Verursachung

in Frage.

769 Nach herrschender Meinung ist die zeitliche Zuordnung der betreffenden Aufwendungen entsprechend dem Realisationsprinzip vorzunehmen, das seinerseits eine Ausprägung des Vorsichtsprinzips darstellt[106]. Demnach ist eine ungewisse Verbindlichkeit zu passivieren, wenn und soweit die betreffenden künftigen Aufwendungen nicht künftigen Erträgen zugerechnet werden können und deshalb bereits realisierten Erträgen zugerechnet werden müssen[107]. Die wirtschaftlich wesentlichen Tatbestandsmerkmale müssen erfüllt sein, die Außenverpflichtung muß ihren Bezugspunkt in der Vergangenheit haben und Vergangenes abgelten[108]. Über den Gegenstand dessen, was abgegolten werden soll, herrschen unterschiedliche Auffassungen. Nach der *Moxter'schen* Formel wäre dies eine am Bilanzstichtag bereits empfangene Leistung; nach einer anderen, eher statisch orientierten Auffassung die am Bilanzstichtag bestehende wirtschaftliche Last[109]. Läßt sich eine wirtschaftlich enge Verknüpfung von künftigen Aufwendungen mit künftigen Erträgen z.B. mit Hilfe von Bezugsgrößen nicht darstellen, gebietet im Zweifel das allgemeine Vorsichtsprinzip die Bilanzierung der Verpflichtung[110]. Die wirtschaftliche Verursachung tritt nach h.M. als eigenständiges Passivierungskriterium neben die rechtliche Entstehung[111].

---

104 *Herzig*, DB 1990, 1341. – *Bartels*, BB 1991, 2044.
105 Vgl. Kap. B. XI.
106 *Clemm/Nonnenmacher*, in: Beck'scher Bilanzkommentar, § 249 HGB, Rdnr. 36 und 41.
107 *Clemm/Nonnenmacher*, in: Beck'scher Bilanzkommentar, § 249 HGB, Rdnr. 37. – *Naumann*, WPg 1991, 529 ff.
108 *Philipps*, a.a.O., S. 52–53.
109 *Gschwendtner*, DStZ v. 1.5.1994, 261.
110 *Clemm/Nonnenmacher*, in: Beck'scher Bilanzkommentar, § 249 HGB, Rdnr. 39.
111 *Clemm/Nonnenmacher*, in: Beck'scher Bilanzkommentar, § 249 HGB, Rdnr. 40. – Anders: BFH v. 24.4.1968, BStBl. 1968 II, 544. – BFH v. 23.9.1969, BStBl. 1970 II, 104.

Der Zeitpunkt der Bilanzierung läßt sich somit folgendermaßen festlegen: **770**

- Fallen wirtschaftliche und rechtliche Verursachung zusammen, ist der Bilanzierungszeitpunkt unproblematisch festzulegen.
- Liegt die wirtschaftliche Verursachung vor dem Zeitpunkt der rechtlichen Entstehung, so ist gemäß dem Realisationsprinzip vom Zeitpunkt der wirtschaftlichen Verursachung an zu passivieren.
- Folgt die wirtschaftliche Verursachung der rechtlichen Entstehung, so bedarf nach *Adler/Düring/Schmaltz* das Realisationsprinzip einer Ergänzung: Das Vorsichtsprinzip i.V. mit dem Gebot des vollständigen Ausweises der Verbindlichkeiten verlangt, daß die jeweils in einem Geschäftsjahr rechtlich entstandenen Außenverpflichtungen zurückgestellt werden, auch ohne daß bereits die durch die Ausgaben alimentierten Erträge angefallen sind[112]. Eine andere Auffassung vertreten *Clemm/Nonnenmacher*: Entscheidend ist hiernach die wirtschaftliche Verursachung der Verbindlichkeit[113]. Eine Verbindlichkeit ist dann wirtschaftlich verursacht, wenn die wirtschaftlich wesentlichen Tatbestandsmerkmale erfüllt sind; entscheidend ist, daß der Kaufmann sich der Verpflichtung nicht mehr entziehen kann[114]. Dieser letzten Auffassung wird gefolgt.

Bei den meisten Umweltschutzpflichten – auch nach dem BBodSchG – ergibt **771** sich aus dem Bilanzierungszeitpunkt faktisch kein Problem, da rechtliches Entstehen und wirtschaftliche Verursachung regelmäßig ineinanderfallen. So können Schadensbeseitigungsmaßnahmen erst dann durch eine Rückstellung berücksichtigt werden, wenn der Schaden eingetreten ist, Gefahrenabwehrmaßnahmen erst dann, wenn die Gefahrenlage besteht. Eine abweichende Beurteilung kann sich möglicherweise jedoch z.B. bei Schutz- und Beschränkungsmaßnahmen (§ 2 Abs. 8 BBodSchG) ergeben, die per Verwaltungsakt angeordnet werden. Nimmt man an, daß die rechtliche der wirtschaftlichen Verursachung nicht vorgelagert sein kann, dürfte die Bilanzierung einer Rückstellung nicht in Frage kommen[115]. Zudem wird hierbei nichts Vergangenes abgegolten. Diejenigen Unternehmen, die einen Anhang erstellen müssen, haben eine ergänzende Angabe vorzunehmen[116].

Im übrigen ist der Fälligkeitszeitpunkt einer (ungewissen) Verbindlichkeit für **772** deren Bilanzierung dem Grunde nach unbeachtlich[117]. Demnach hängt auch bei noch nicht fälligen Ansprüchen die Passivierung nicht davon ab, daß die Fälligkeit kurz bevorsteht. Entscheidend ist vielmehr, ob für das Unternehmen aus der Sicht des Bilanzstichtages ein rechtlicher oder faktischer Leistungszwang besteht; dies bedeutet jedoch nicht, daß die Leistung auch zum

---

112 *Adler/Düring/Schmaltz*, a.a.O., § 249 HGB, Rdnr. 69.
113 *Clemm/Nonnenmacher*, in: Beck'scher Bilanzkommentar, § 249 HGB, Rdnr. 40.
114 *Clemm/Nonnenmacher*, in: Beck'scher Bilanzkommentar, § 249 HGB, Rdnr. 34.
115 Vgl. Kap. C.I. 5.
116 Vgl. Kap. C.III. 1. a)
117 Vgl. *Jonas*, DB 1986, 339.

Bilanzstichtag oder zu einem in unmittelbarer Nähe des Bilanzstichtages liegenden Zeitpunkt fällig sein muß[118].

(ee) Grad der Ungewißheit

773 Entsprechend dem in § 252 Abs. 1 Nr. 4 HGB verankerten Vorsichtsprinzip sind alle vorhersehbaren Risiken und Verluste, die bis zum Bilanzstichtag entstanden sind, zu berücksichtigen. Das Vorliegen einer Verbindlichkeit ist dann wahrscheinlich, wenn das Risiko objektivierbar (anhand konkreter Anhaltspunkte nachvollziehbar) ist und außerhalb des allgemeinen Unternehmerrisikos liegt. Hinsichtlich des Grades der Ungewißheit läßt sich zwischen der

- Wahrscheinlichkeit des Be- oder Entstehens einer Verbindlichkeit sowie der
- Wahrscheinlichkeit der Inanspruchnahme aus der Verbindlichkeit

unterscheiden[119].

774 Dabei geht logisch die Ermittlung der Wahrscheinlichkeit des Be- oder Entstehens einer Verbindlichkeit derjenigen der Ermittlung der Wahrscheinlichkeit der Inanspruchnahme aus der Verbindlichkeit voraus.

775 Die **Wahrscheinlichkeit des Bestehens oder Entstehens** einer Verbindlichkeit kann über die Frage indiziert werden, ob ein gedachter Erwerber des ganzen Unternehmens die Verpflichtung in seinem Kaufpreiskalkül berücksichtigen würde[120]. Zu passivieren sind nur bilanziell greifbare Schulden. Hierfür bedarf es objektiv nachvollziehbarer Anhaltspunkte. Ob mehr Gründe für als gegen das Be- oder Entstehen der Schuld sprechen müssen, ist umstritten und wird von uns aufgrund des Vorsichtsprinzips verneint[121]. Entscheidend ist vielmehr das Gewicht der jeweiligen Gründe. Somit bedarf es einer sorgfältigen Abwägung der Gründe, die für und gegen eine bestehende wirtschaftlich belastende Außenverpflichtung sprechen[122].

776 Von einer wirtschaftlichen Last kann dann gesprochen werden, wenn zu erwarten ist, daß der Bilanzierende die Leistung tatsächlich erbringen wird. Das Unternehmen darf sich nicht der wirtschaftlichen Last entziehen können. Ein valides Indiz hierfür ist, wenn die Erfüllung der zugrundeliegenden Verpflichtung von einem außenstehenden Berechtigten überwacht wird (insbesondere die Umweltbehörde). (Ungewisse) Verbindlichkeiten sind wie oben erwähnt heteronome wirtschaftliche Lasten[123].

---

118 *Philipps*, a.a.O., S. 51. – *Böttner*, a.a.O., S. 37.
119 *Clemm/Nonnenmacher*, in: Beck'scher Bilanzkommentar, § 249 HGB, Rdnr. 42.
120 *Clemm/Nonnenmacher*, in: Beck'scher Bilanzkommentar, § 249 HGB, Rdnr. 33.
121 Restriktiv: BFH v. 1. 8. 1984, BStBl. 1985 II, 46. – *Ballwieser*, in: Castan u. a. (Hrsg.), Beck'sches Handbuch der Rechnungslegung, 1989, B 131, Stichwort „Allgemeine Grundsätze". – Zutreffend: *Adler/Düring/Schmaltz*, a.a.O., § 249 HGB, Rdnr. 73 ff.
122 *Philipps*, a.a.O., S. 62.
123 *Böttner*, a.a.O., S. 32.

Die Wahrscheinlichkeit des Bestehens oder Entstehens der Verbindlichkeit 777
muß durch konkrete Anhaltspunkte objektivierbar sein. Zweifel am Verpflichtungsgrund können auf rechtlicher oder tatsächlicher Ebene liegen. Regelmäßig wird es sich jedoch um tatsächliche Unsicherheiten handeln, so z.B. um die Frage, ob einzelne Tatbestandsmerkmale einer Eingriffsermächtigung erfüllt sind[124].

Eine Verbindlichkeit ist nicht mehr dem Grunde nach ungewiß (womöglich 778 aber noch der Höhe nach!), wenn sich die Eingriffsmöglichkeit bereits in einem Verwaltungsakt oder in einem Verwaltungsvertrag (§ 54 S. 2 VwVfG) konkretisiert hat. Die Inanspruchnahme ist in diesem Fall bereits erfolgt. In diesem Fall ist auch deshalb damit zu rechnen, daß der vertragliche Anspruch durchgesetzt wird, weil der Gläubiger seine Rechte kennt.

Auch die *Inanspruchnahme* des Bilanzierenden muß wahrscheinlich sein. 779 Nach allgemeiner Ansicht ist die bloße Möglichkeit der Inanspruchnahme nicht hinreichend. Hinsichtlich der Wahrscheinlichkeit der Inanspruchnahme ergibt sich aus § 252 Abs. 1 Nr. 4 HGB, daß der Bilanzierende diese durch Tatsachen begründen können muß, die einem dritten, nicht übervorsichtigen Beurteiler einsichtig erscheinen lassen, das Risiko bilanziell zu berücksichtigen. Hierbei ist der Nachweis nicht auf bestimmte Tatsachen beschränkt; vielmehr können alle Umstände, die zur Objektivierung des Risikos geeignet sind, bei der Wahrscheinlichkeitsprognose berücksichtigt werden. Eine Quantifizierbarkeit des Risikos ist problematisch und kommt bei bodenschutzrechtlichen Verpflichtungen regelmäßig nicht in Betracht.

Grundsätzlich ist handelsrechtlich nach dem Vorsichtsprinzip zu verfahren. 780 Es ist für die handelsrechtliche Bilanzierung – auch von ungewissen öffentlich-rechtlichen Verbindlichkeiten – weder erforderlich, daß die Person des Gläubigers bekannt ist[125], noch, daß der Gläubiger von seinem Anspruch Kenntnis besitzt.

Die Inanspruchnahme eines Pflichtigen nach § 4 Abs. 3, 5 oder 6 BBodSchG 781 ist Sache des Ermessens der Umweltbehörde. Zu unterscheiden ist zwischen dem Entschließungs- und dem Auswahlermessen.

Im Hinblick auf das *Entschließungsermessen* ist es für die Bilanzierung der 782 öffentlich-rechtlichen Verbindlichkeit ausreichend, daß dieses der Inanspruchnahme nicht entgegensteht. Dies geht aus dem Vorsichtsprinzip hervor[126]. Hat die zuständige Behörde von einer schädlichen Bodenveränderung oder Altlast Kenntnis erlangt, ist für die Rückstellungsbildung nicht zusätzlich zu prüfen, ob aufgrund bekannter Behördenpraxis mit einem baldigen

---

124 *Böttner*, a.a.O., S. 34.
125 *Adler/Düring/Schmaltz*, a.a.O., § 249 HGB, Rdnr. 44.
126 *Böttner*, a.a.O., S. 136–137.

Einschreiten der Behörde zu rechnen ist. Das Entschließungsermessen ist im Rahmen des BBodSchG an einigen Punkten stark eingeengt worden[127].

783 Im Hinblick auf das **Auswahlermessen** wird es in vielen Fällen zweifelhaft sein, welche Personen als Pflichtige herangezogen werden können. Wie in Kap. B.V. ausführlich dargestellt, muß die Behörde ihr Auswahlermessen im Rahmen des § 4 Abs. 3 BBodSchG innerhalb der Grenzen fehlerfreier Ermessensbetätigung ausüben. Hierbei hat sie vornehmlich das öffentliche Interesse an einer effektiven und zweckmäßigen Gefahrenabwehr zu beachten. Die allgemeinen Auswahlgrundsätze stellen jedoch lediglich Ermessensrichtlinien dar, von denen im Einzelfall in sachlich rechtfertigender Weise abgewichen werden kann.

784 Der Bilanzierende kann angesichts der Spielräume der Behörde bezüglich des Auswahlermessens bei der Prüfung der Gefahr der Inanspruchnahme grundsätzlich keine Prognose über ihr künftiges Verhalten anstellen. Der jeweilige Pflichtige weiß nicht, ob er oder ein anderer Pflichtiger zur Sanierung herangezogen wird. Dementsprechend besteht auch Unsicherheit dem Grunde nach, ob nämlich eine öffentlich-rechtliche oder eine zivilrechtliche Verpflichtung (nach § 24 Abs. 2 BBodSchG) vorliegt. Diese Unklarheit über die Person des Anspruchsgegners ändert jedoch nichts an der wahrscheinlichen Inanspruchnahme an sich, wenn die entsprechenden Tatbestandsvoraussetzungen vorliegen.

785 Möglicherweise lassen sich jedoch dann eindeutige Aussagen zur Wahrscheinlichkeit der Inanspruchnahme treffen, wenn das Ermessen der Behörde sehr in eine Richtung gedrängt wird. Dies wird namentlich nur dann der Fall sein, wenn mehrere einschlägige Gesichtspunkte zutreffen: Z.B. steht der Verursacher zweifelsfrei fest, er ist ohne weiteres greifbar und auch mit der zu fordernden finanziellen Leistungsfähigkeit ausgestattet. In einem solchen Fall kann die Heranziehung des Zustandspflichtigen als so fernliegend zu erachten sein, daß das Risiko seiner Inanspruchnahme nicht mehr aufgrund konkreter Anhaltspunkte unter Zugrundelegung vernünftiger Erwägungen nachvollziehbar erscheint. Auch der Fall des Mehrfachverpflichteten[128] ist denkbar. Andererseits sind derartige klar liegende Sachverhalte in der Praxis wohl die Ausnahme, zumal sich die zuständige Behörde wohl kaum zu einer ausdrücklichen Entlastung einzelner Verantwortlicher bereiterklären wird, um spätere Zugriffe nicht zu gefährden. Die Haftung eines Verantwortlichen kann daher nur aufgrund besonderer, einzelfallbezogener Umstände weitgehend ausgeschlossen werden[129]. Die Wahrscheinlichkeit der Inanspruchnahme wird somit nur in eindeutig gelagerten Ausnahmefällen durch das Auswahler-

---

127 Vgl. Kap. C.I. 5. c).
128 Der Mehrfachverpflichtete ist zugleich handlungs- und zustandsverantwortlich.
129 Daher kann eine allgemeine Aussage dahingehend, daß bei Vorhandensein eines Verhaltensverantwortlichen die Haftung des Zustandsverantwortlichen nicht hinreichend wahrscheinlich sei, nicht getroffen werden. Zudem wird in vielen Fällen nicht auszuschließen sein, daß der

messen der Behörde in Frage gestellt[130]. Liegen jedoch derartige Umstände nicht vor, so muß grundsätzlich jeder Verantwortliche mit seiner Inanspruchnahme rechnen.

Dementsprechend ergibt sich für jeden beteiligten Mitverursacher aus dieser Lage dann eine ungewisse Verbindlichkeit, wenn dieser damit rechnen muß, daß seine Mitverantwortlichkeit nachgewiesen wird. Hierfür können z. B. dann besondere Anhaltspunkte bestehen, wenn zwischen der Art der Schadstoffe und dem (ehemaligen) Betrieb des möglichen Verursachers ein offensichtlicher Zusammenhang besteht. Problematisch sind die Fälle, in denen die Verursachung der schädlichen Bodenveränderung oder Altlast keinem der bisherigen Grundstückseigentümer eindeutig zugeordnet werden kann bzw. in denen (noch) nicht abgeschätzt werden kann, ob ein Voreigentümer als Verursacher in Betracht kommt. 786

Bei faktischen Verbindlichkeiten fehlt es an der konkreten Möglichkeit der Inanspruchnahme aus einer öffentlich-rechtlichen Verbindlichkeit. Im Bereich des Umwelt- bzw. Bodenschutzes kann zudem eine bestimmte betriebliche Praxis (vergleichbar mit dem Kulanzverhalten) kaum nachgewiesen werden. Somit wäre die wirtschaftliche Last durch alle denkbaren Umstände zu belegen[131]. Zu denken ist dabei z. B. an den Nachweis der Beauftragung von Fremdunternehmen mit der Erforschung und Beseitigung der schädlichen Bodenveränderung. Faktische Verbindlichkeiten können nur insoweit auftreten, wie eine öffentlich-rechtliche oder zivilrechtliche Verpflichtung ausgeschlossen ist. Dies ist v.a. dann der Fall, wenn die Kontamination des Grundstücks so gering ist, daß die einschlägigen Prüfwerte nicht überschritten werden, und/oder wenn die Legalisierungswirkung einer behördlichen Genehmigung greift oder das Unternehmen aufgrund einer behördlichen Freistellung von der Haftung befreit ist[132]. 787

(ff) Einzelfragen zu Verbindlichkeitsrückstellungen

Die folgenden Besonderheiten können nicht nur für zivilrechtliche oder öffentlich-rechtliche Verpflichtungen, die durch Verwaltungsakte, sondern auch für solche, die durch öffentlich-rechtliche Verträge durchgesetzt werden, von Bedeutung sein. 788

Mit der Erfüllung einer *Auflage* kann von dem damit verbundenen begünstigenden Verwaltungsakt Gebrauch gemacht werden. Eine Auflage ist damit als ruhende Inanspruchnahme zu charakterisieren, die erst dann aktuell wird, nachdem der Steuerpflichtige von der Begünstigung Gebrauch gemacht hat. 789

Zustandsverantwortliche die Verursachung der Gefahr durch eigenes Verhalten (z. B. mangelhafte Sicherung des Grundstücks) gefördert hat.
130 *Böttner*, a. a. O., S. 138–139. – *Böttner*s Ausführungen sind ohne weiteres auch auf die neue Rechtslage (BBodSchG) übertragbar.
131 *Böttner*, a. a. O., S. 78.
132 Vgl. Kap. C.I. 5. f).

Solange dies noch nicht der Fall ist, scheidet auch eine Rückstellung wegen der durch die Auflage auferlegten Verpflichtung aus[133].

790 Bei einer *Bedingung* hängt der Eintritt oder der Wegfall einer Verpflichtung von einem ungewissen künftigen Ereignis ab. Eine Rückstellung kommt dann in Betracht, wenn der Eintritt des betreffenden Ereignisses als hinreichend wahrscheinlich angesehen werden kann. Ohne diese Wahrscheinlichkeitsprüfung scheidet der Ansatz einer Verbindlichkeitsrückstellung aus. Die erlassene Verfügung allein reicht nicht hin.

791 Wenngleich die Hauptgeschäftswirkung noch nicht eingetreten ist und der Berechtigte noch keinen Anspruch auf Erfüllung hat, kann ein Rechtsgeschäft unter *aufschiebender Bedingung* bereits bilanzielle Folgen haben. Vorstellbar ist z. B. ein Verwaltungsakt, in dem sich die Behörde auf die Verfügung von Schutz- und Beschränkungsmaßnahmen beschränkt, solange sich die Nutzung des Grundstücks nicht ändert; andernfalls ist das Grundstück zu sanieren. Es besteht dann eine Anwartschaft des Berechtigten und eine Gebundenheit des Verpflichteten. Eine Rückstellung ist gemäß der „engen Interpretation" des Realisationsprinzips erst dann anzusetzen, wenn mit dem Eintritt der Bedingung nach vorsichtiger und vernünftiger kaufmännischer Beurteilung zu rechnen ist (hier: Nutzungsänderung). Ist der Eintritt der Bedingung wenig wahrscheinlich, kann eine Angabe nach § 285 Nr. 3 HGB in Frage kommen[134].

792 Handelt es sich hingegen um eine *auflösende Bedingung*, ist die Verbindlichkeit als eine solche und nicht als Rückstellung zu passivieren, bis sie durch Eintritt der Bedingung oder aus anderen Gründen entfällt. Anderes kann nur dann gelten, wenn die Ungewißheit in anderen Umständen als der auflösenden Bedingung liegt.

793 Wurde eine *Frist* gesetzt, um eine Maßnahme (z. B. Sanierung) durchzuführen oder nachzuholen, so ist der verpflichtungsbedingte Aufwand spätestens in dem Wirtschaftsjahr als wirtschaftlich verursacht anzusehen, in dem der betreffende Verwaltungsakt erging. Die Befristung ist nichts anderes als eine Fälligkeitsbestimmung für die Verbindlichkeit, die allenfalls für die Bewertung, nicht aber für den Ansatz der Verbindlichkeit dem Grunde nach relevant sein kann[135]. Eine Rückstellung für eine monetäre Sanktion und/oder die Inanspruchnahme aufgrund einer Ersatzvornahme wegen der Nicht-Einhaltung der Befristung ist erst in dem Wirtschaftsjahr gerechtfertigt, in dem die Befristung endet.

794 Wurde ein rechtswidriger Verwaltungsakt nicht angefochten, besteht die wirtschaftliche Belastung, als ob die Rechtswidrigkeit nicht bestünde[136]. Wurde eine Verbindlichkeitsrückstellung aufgrund eines Verwaltungsaktes gebildet, der angefochten wurde, so ist die Rückstellung solange beizubehalten, wie

---

133 *Böttner*, a. a. O., S. 39.
134 *Adler/Düring/Schmaltz*, a. a. O., § 249 HGB, Rdnr. 47.
135 *Böttner*, a. a. O., S. 83–84.
136 *Böttner*, a. a. O., S. 42–43.

keine Abhilfe durch einen erneuten Verwaltungsakt ergeht. Dies gilt ungeachtet der Tatsache, daß Widerspruch und Anfechtungsklage einen Suspensiveffekt entfalten (§ 80 Abs. 1 VwGO), sofern die sofortige Vollziehung nicht im öffentlichen Interesse oder im überwiegenden Interesse eines Beteiligten ausdrücklich angeordnet wird[137]. Der Suspensiveffekt entfaltet aufschiebende Wirkung; er befreit den Bilanzierenden nicht von seiner Verbindlichkeit.

Steht dem Schuldner eine dauernde Einrede der Verjährung zu, so kann er die Erfüllung der Verbindlichkeit auf Dauer verweigern (§ 220 Abs. 1 BGB). Wurde die Einrede erhoben und will der Kaufmann auch in Zukunft die Erfüllung der Verbindlichkeit verweigern, so muß die verjährte Verbindlichkeit ausgebucht werden. Dies kann möglicherweise in den Fällen des § 24 Abs. 2 BBodSchG relevant werden[138]. Wurde hingegen die Einrede der Verjährung noch nicht erhoben, weil etwa der Gläubiger den Schuldner noch nicht in Anspruch genommen hat, so muß die Verbindlichkeit unter dem Gesichtspunkt des faktischen Leistungszwangs nur dann weiter passiviert bleiben, wenn sich der Kaufmann der Leistungsverpflichtung aus wirtschaftlichen Gründen nicht entziehen kann und mit der Inanspruchnahme rechnen muß. Dies kann z. B. bei öffentlichem Druck aufgrund einer bekannt gewordenen schädlichen Bodenveränderung oder Altlast der Fall sein. Auf die fehlende Einklagbarkeit kommt es nicht an[139]. 795

b) Ansatz von Verbindlichkeitsrückstellungen in der Steuerbilanz

Für buchführungspflichtige Steuerpflichtige gilt der Maßgeblichkeitsgrundsatz (§ 5 Abs. 1 S. 1 EStG). Der handelsrechtliche Ansatz ist somit grundsätzlich in die Steuerbilanz zu übernehmen, sofern dem keine steuerrechtlichen Spezialvorschriften entgegenstehen (§ 5 Abs. 6 EStG). Auch freiwillig Bilanzierende (§ 4 Abs. 1 EStG) sind über § 141 Abs. 1 S. 2 AO ebenfalls zunächst an die einschlägigen handelsrechtlichen Vorschriften gebunden, soweit das Handelsrecht nicht durch steuerliche Spezialvorschriften derogiert wird. 796

Sofern keine steuerrechtliche Spezialvorschriften bestehen, legt der BFH nach h.M. im Bereich der Pflichtrückstellungen grundsätzlich Handelsrecht aus[140]. Allerdings gewinnen steuerliche Spezialvorschriften zunehmend an Bedeutung. Zudem hat die Rechtsprechung speziell bei öffentlich-rechtlichen Verbindlichkeiten eine Reihe von Konkretisierungserfordernissen statuiert, die im Einzelfall zu beträchtlichen Abweichungen von den handelsrechtlichen Grundsätzen führen können. Der Grund für diese Abweichungen liegt letztlich in den unterschiedlichen Normzwecken von Handels- und Steuerbilanz: Während in der Handelsbilanz der Gedanke des Gläubigerschutzes eine große Rolle spielt, muß dieser in der Steuerbilanz zugunsten des Prinzips der perio- 797

---

137 *Knopp/Albrecht*, Altlastenrecht in der Praxis, Rdnr. 203.
138 *Clemm/Nonnenmacher*, in: Beck'scher Bilanzkommentar, § 247 HGB, Rdnr. 221.
139 *Adler/Düring/Schmaltz*, a.a.O., § 249 HGB, Rdnr. 45.
140 *Adler/Düring/Schmaltz*, a.a.O., § 249 HGB, Rdnr. 26.

dengerechten Gewinnermittlung in den Hintergrund treten. Die Bedeutung der periodengerechten Gewinnermittlung ergibt sich aus dem Grundsatz der Gleichmäßigkeit der Besteuerung, die wiederum aus Art. 3 Abs. 1 GG abgeleitet wird. Die vom BFH angelegten Konkretisierungs- und Objektivierungserfordernisse für die steuerliche Rückstellungsbildung haben daher zu einem großen Teil einen wesentlich restriktiveren Charakter als die Voraussetzungen, die nach h. M. für die handelsbilanzielle Rückstellungsbildung anzulegen sind. Die genannten Gründe führen dazu, daß sich das Bilanzsteuerrecht immer stärker vom Handelsbilanzrecht löst. Der Maßgeblichkeitsgrundsatz verliert immer stärker an Bedeutung, statt dessen zeichnen sich die Konturen eines eigenständigen Bilanzsteuerrechtes immer deutlicher ab. Ein großer Schritt in diese Richtung wurde durch das StEntlG 1999/2000/2002 getan[141]. Da sich diese Entwicklungen – neben dem Bereich der Teilwertabschreibungen – besonders deutlich bei der Rückstellungsbildung abzeichnen, wird die Rückstellungsbildung nach Steuerrecht hier separat von der Rückstellungsbildung nach Handelsrecht besprochen. Die Konkretisierungsvoraussetzungen, die der BFH der steuerbilanziellen Rückstellungsbildung zugrunde legt, werden im Folgenden beschrieben.

(aa) Allgemeine steuerliche Konkretisierungserfordernisse

798 Nach gefestigter Rechtsprechung des BFH setzt die bilanzsteuerliche Bildung von Rückstellungen für ungewisse Verbindlichkeiten zivilrechtlicher und öffentlich-rechtlicher Art allgemein voraus[142]:

- Das Bestehen oder die Wahrscheinlichkeit des künftigen Entstehens einer Verbindlichkeit dem Grunde und/oder der Höhe nach;
- Die wirtschaftliche Verursachung der Verbindlichkeit in der Zeit vor dem Bilanzstichtag;
- Der Schuldner muß mit seiner Inanspruchnahme ernsthaft rechnen; die bloße Möglichkeit des Bestehens oder Entstehens einer Verbindlichkeit ist demgegenüber nicht ausreichend[143].

799 Diese durch die ständige Rechtsprechung statuierten allgemeinen Voraussetzungen sind keineswegs unumstritten[144]. Im einzelnen:

(1) Konkretisierungsmerkmal: Bestehen oder Wahrscheinlichkeit des Entstehens einer Verbindlichkeit

800 Ungewisse Verbindlichkeiten sind nur dann passivierbar, wenn sie auf der Sachverhaltsebene hinreichend konkretisiert sind. Dies ist dann der Fall, wenn mit dem Be- oder Entstehen der Verbindlichkeit ernsthaft zu rechnen ist. Es besteht ein weitgehender Konsens darüber, daß eine Verbindlichkeit

---

141 *Weber-Grellet*, DB 2000, 165 ff.
142 BFH v. 19. 10. 1993, BStBl. II 1993, 892. – R 31c Abs. 2 EStR 1998.
143 *Möller*, a. a. O., S. 127.
144 *Möller*, a. a. O., S. 149.

bereits dann wahrscheinlich ist, wenn das Risiko objektivierbar, d.h. aufgrund konkreter Anhaltspunkte nachvollziehbar ist und außerhalb des allgemeinen Unternehmerrisikos liegt.

Bei öffentlich-rechtlichen Verpflichtungen ist die erforderliche Konkretisierung unzweifelhaft gegeben, wenn bereits ein (Sanierungs-)Verwaltungsakt vorliegt. Problematischer sind die Fälle im Vorfeld eines Sanierungsverwaltungsaktes, insbesondere dann, wenn die Umweltbehörde noch keine Kenntnis von der schädlichen Bodenveränderung besitzt. Das Kriterium der Wahrscheinlichkeit des Entstehens einer Verbindlichkeit erfordert zwar nicht eine Entstehung dem Grunde nach mit Sicherheit, allerdings mit einer gewissen Wahrscheinlichkeit[145]. Ob dies eine überwiegende Wahrscheinlichkeit sein muß, ist umstritten; zumindest in der Literatur wird dies z.T. verneint[146]. Allerdings griff der BFH zumindest in der früheren Rechtsprechung auf das Kriterium der „überwiegenden Wahrscheinlichkeit" bei der Prüfung der Frage zurück, ob der Stpfl. mit der Inanspruchnahme aus der Verbindlichkeit ernsthaft rechnen müsse. Hier liegen sicherlich – im Vergleich zum Handelsrecht – höhere Anforderungen vor, zumal die Kategorien **801**

- Bestehen oder Wahrscheinlichkeit des künftigen Entstehens einer Verbindlichkeit und
- ernsthaftes Rechnen des Schuldners mit der Inanspruchnahme

und die im Rahmen dieser Kriterien verwendeten Indizien nicht vollkommen trennscharf gegeneinander abzugrenzen sind[147].

(2) Konkretisierungsmerkmal: „Wirtschaftliche Verursachung"

Nach ständiger Rechtsprechung des BFH ist die *wirtschaftliche Verursachung* dann gegeben, wenn der Tatbestand, dessen Rechtsfolge die Verbindlichkeit ist, im wesentlichen vor dem Bilanzstichtag verwirklicht ist (rechtliche Verursachung[148]) und die Ereignisse, die zum Entstehen der Verpflichtung führen, wirtschaftlich dem abgelaufenen Geschäftsjahr zuzuordnen sind[149]. Am Bilanzstichtag müssen so viele Merkmale des (zivil-)rechtlichen Tatbestandes einer Verbindlichkeit erfüllt sein, daß ihre Entstehung voraussichtlich nicht mehr zu verhindern ist[150]. Die wirtschaftliche Verursachung einer ungewissen **802**

---

145 BFH v. 2. 12. 1992, BStBl. 1993 II, 110. – BFH v. 13. 11. 1991, BStBl. 1992 II, 178. – BFH v. 28. 8. 1989, BStBl. 1990 II, 552.
146 *Clemm/Nonnenmacher*, in: Beck'scher Bilanzkommentar, § 249 HGB, Rdnr. 33.
147 *Herzig*, DB 1990, 1349.
148 Sofern im Fall einer Anpassungsverpflichtung dem Unternehmen eine Übergangsfrist eingeräumt wird, ist die rechtliche Entstehung erst mit dem Ende der Übergangsfrist zu bejahen; erst in diesem Zeitpunkt sind sämtliche die Anpassungsverpflichtung auslösenden Tatbestandsmerkmale erfüllt. – *Adler/Düring/Schmaltz*, a.a.O., § 249 HGB, Rdnr. 64.
149 *Adler/Düring/Schmaltz*, a.a.O., § 249 HGB, Rdnr. 66. – BFH v. 12. 12. 1991, BStBl. 1992 II 600. – R 31 c Abs. 4 EStR 1999.
150 *Gschwendtner*, DStZ 1994, 261.

Verbindlichkeit im abgelaufenen Wirtschaftsjahr oder in den Vorjahren setzt eine so enge Verknüpfung mit dem betrieblichen Geschehen des abgelaufenen Wirtschaftsjahres voraus, daß es gerechtfertigt erscheint, sie wirtschaftlich als eine bereits am Bilanzstichtag bestehende Verbindlichkeit anzusehen[151]. Auch die Finanzverwaltung fordert, daß der Tatbestand, an den das Gesetz oder der Vertrag die Verpflichtung knüpft, im wesentlichen verwirklicht ist. Die Erfüllung der Verpflichtung darf dabei nicht nur an Vergangenes anknüpfen, sondern muß auch Vergangenes abgelten[152]. Die wirtschaftliche Verursachung im abgelaufenen Geschäftsjahr ist zu verneinen, wenn die Entstehung der Verpflichtung wirtschaftlich eng mit der künftigen Gewinnsituation des Unternehmens verknüpft ist[153].

803 Die Bedeutung des Kriteriums der wirtschaftlichen Verursachung beschränkte sich ursprünglich auf die Bestimmung des Bilanzierungszeitpunkts rechtlich noch nicht voll entstandener Verbindlichkeiten. Wirtschaftlich ist eine rechtlich noch nicht voll entstandene Verbindlichkeit dann verursacht, wenn die wesentlichen Tatbestandsmerkmale erfüllt sind, so daß das zukünftige Entstehen der Verbindlichkeit als wahrscheinlich betrachtet werden kann. In der Praxis kann diese Sicht der Dinge deshalb Probleme bereiten, weil eine Ursache für einen bilanzierungsfähigen Tatbestand selten für sich allein steht. Regelmäßig ist sie eine Kausalkette von Ursachen und Wirkungen, so daß es mehr oder weniger willkürlich sein kann, aus dieser Kette ein Stück als Ursache und ein nachfolgendes Stück als Wirkung herauszugreifen[154].

804 Überlegungen aus dem Realisationsprinzip, welche eine Passivierung rechtlich bereits voll entstandener Verbindlichkeiten in Frage stellen könnten, fanden erst später in die Diskussion Eingang[155]. Entsprechend dem Kriterium der wirtschaftlichen Verursachung muß eine ungewisse Verbindlichkeit nicht notwendig am Bilanzstichtag voll entstanden sein, um als rückstellungsfähig erachtet zu werden. Maßgeblich ist, daß die später entstehende Verbindlichkeit ihren maßgeblichen wirtschaftlichen Bezugspunkt spätestens im abgelaufenen Geschäftsjahr findet[156]. Zwar hat sich der BFH der herrschenden Litera-

---

151 Das ist der Fall, wenn das Entstehen der Verbindlichkeit nur noch von wirtschaftlich unwesentlichen Tatbestandsmerkmalen abhängt und damit der Tatbestand, an den das Gesetz das Entstehen der Verpflichtung knüpft, im wesentlichen bereits verwirklicht ist. – BFH v. 25. 8. 1989, BStBl. II, S. 893–896, 895. – Rechtlich ist die Verbindlichkeit entstanden, wenn sämtliche die Leistungspflicht auslösenden Tatbestandsmerkmale erfüllt sind; dabei kommt es grundsätzlich nicht auf die konkrete Geltendmachung des Anspruchs durch den Anspruchsberechtigten an. – *Adler/Düring/Schmaltz*, a. a. O., § 249 HGB, Rdnr. 64.
152 R 31c Abs. 4 EStR 1999. – BFH v. 19. 5. 1987, BStBl. 1987 II, 848, 849. – BFH v. 25. 8. 1989, BStBl. 1989 II, 893 ff.
153 *Adler/Düring/Schmaltz*, a. a. O., § 249 HGB, Rdnr. 66.
154 *Adler/Düring/Schmaltz*, a. a. O., § 249 HGB, Rdnr. 65.
155 *Moxter*, StuW 1983, 300, 304 ff.
156 BFH v. 24. 4. 1968, BStBl. 1968 II, 544, 545. – BFH v. 24. 6. 1969, BStBl. 1969 II, 581, 582. – BFH v. 20. 1. 1983, BStBl. 1983 II, 375. – BFH v. 1. 8. 1984, BStBl. 1985 II, 44 u. 46. – BFH

turmeinung schon seit längerem angeschlossen[157], allerdings handhabt er die Passivierungsfähigkeit noch nicht entstandener Verbindlichkeiten eher restriktiv, was noch als Ausfluß der statischen Betrachtungsweise gesehen werden kann[158].

Allerdings gibt auch die BFH-Rechtsprechung bis heute in letzter Konsequenz noch keine eindeutige Antwort auf die Frage, wann eine noch nicht entstandene Verbindlichkeit wirtschaftlich verursacht ist[159]. Weichen der Zeitpunkt der wirtschaftlichen und der rechtlichen Verursachung voneinander ab, ist vom Zeitpunkt der wirtschaftlichen Verursachung an zu bilanzieren. Betont sei jedoch an dieser Stelle, daß die Tendenz des BFH nicht nur uneindeutig, sondern auch in der Literatur umstritten ist[160]. **805**

Die Problematik des Bilanzierungszeitpunktes kann im Hinblick auf Umweltschutzpflichten dann zum Tragen kommen, wenn ein Bezug zu Umsätzen vergangener oder künftiger Perioden nicht eindeutig herstellbar ist[161]. Bei Altlastensanierungen dürfte jedoch eine wirtschaftliche Verursachung im abgelaufenen Wirtschaftsjahr eindeutig zu bejahen sein[162]. Die vom BFH gesetzten Kriterien sind insofern tauglich, als sie klarstellen, daß im Hinblick auf die schon in Kap. C.I. 5. h) thematisierten Schutz- und Beschränkungsmaßnahmen mit der betreffenden Verpflichtung nichts Vergangenes abgegolten wird. Dasselbe gilt für Vorsorgeverpflichtungen[163]. **806**

Es bleibt festzuhalten, daß die handels- und steuerrechtliche Beurteilung hinsichtlich des Kriteriums der wirtschaftlichen Verursachung relativ deckungsgleich verläuft. **807**

(3) Konkretisierungsmerkmal: „Ernsthaftes Rechnen mit der Inanspruchnahme"

Der Schuldner muß mit seiner Inanspruchnahme ernsthaft rechnen; die bloße Möglichkeit des Bestehens oder Entstehens einer Verbindlichkeit reicht zur Bildung einer Rückstellung nicht aus[164]. **808**

---

v. 19. 5. 1987, BStBl. 1987 II, 848, 849. – Dies entspricht zudem dynamischer Bilanzauffassung.
157 BFH v. 24. 4. 1968, BStBl. 1968 II, 544, 545. – BFH v. 24. 6. 1969, BStBl. 1969 II, 848, 849.
158 Vgl. *Döllerer*, DStR 1979, 5 ff.
159 Vgl. hierzu BFH v. 25. 6. 1969, BStBl. 1969 II, 581 u. 582.
160 Vgl. *Mayer-Wegelin*, DB 1995, 1241, 1244 f. – *Weber-Grellet*, DStR 1996, 896, 904.
161 *Böttner*, a. a. O., S. 81.
162 *Weber-Grellet*, in: Schmidt, EStG-Kommentar 1999, § 5 EStG, Rdnr. 381.
163 *Weber-Grellet*, in: Schmidt, EStG-Kommentar 1999, § 5 EStG, Rdnr. 550, Stichwort „Umweltschutz und -schäden".
164 BFH, Urteil vom 19. 10. 1993, BStBl. 1993 II, 892. – *Weber-Grellet*, in: Schmidt, EStG-Kommentar 1999, § 5 EStG, Rdnr. 550, Stichwort „Umweltschutz und -schäden".

809 Unproblematisch ist das Kriterium der Ernsthaftigkeit der Inanspruchnahme daher

- bei Vorliegen eines privatrechtlichen Regresses oder
- eines öffentlich-rechtlichen Sanierungs-Verwaltungsaktes.

810 Problematisch ist das Kriterium allerdings bei Vorliegen einer öffentlich-rechtlichen Verbindlichkeit, die noch nicht über einen Verwaltungsakt geltend gemacht worden ist.

811 Bis Ende der achtziger Jahre hielt die Finanzverwaltung die Bildung von Rückstellungen für zukünftige Altlastensanierungen ohne Vorliegen eines Sanierungsverwaltungsaktes für unzulässig. Die zuständige Ordnungsbehörde mußte also das betreffende Unternehmen mit hoheitlichem Zwang zur Durchführung bestimmter Sanierungsmaßnahmen aufgefordert haben. Diese restriktive Regelung sollte auch nach dem Willen des BMF in einem Erlaß betreffend die ertragsteuerlichen Fragen im Zusammenhang mit der Sanierung schadstoffbelasteter Wirtschaftsgüter festgeschrieben werden[165]. Dieser Versuch scheiterte allerdings am Widerstand einiger Länderfinanzverwaltungen[166]. Gleichwohl neigte die Finanzverwaltung zu der Auffassung, daß die Bildung von Rückstellungen ohne Sanierungsverwaltungsakt nicht zulässig sei. Andererseits war jedoch unstrittig, daß Spezialvorschriften – so etwa § 17 Abs. 2a DM-Bilanzgesetz – diesen Grundsatz durchbrechen können.

812 Eine Abkehr von dieser Auffassung brachte erst die BFH-Entscheidung vom 19. 10. 1993 mit sich[167]. Die Bedeutung dieser Entscheidung ist vor allem darin zu sehen, daß die Bildung einer Rückstellung nun zweifellos auch ohne das Vorliegen eines Sanierungsverwaltungsaktes möglich ist, wenn eine hinreichende Wahrscheinlichkeit für die Inanspruchnahme des Steuerpflichtigen aus dieser Verbindlichkeit besteht. Damit gewinnt das **Kriterium der Gläubigerkenntnis** eine zentrale Bedeutung für die Beurteilung der Rückstellungsfähigkeit einer Verpflichtung[168]. Das Kriterium der Wahrscheinlichkeit der Inanspruchnahme wurde erstmals auf diese Weise präzisiert[169].

813 Nach Auffassung des BFH genügt es danach für die Passivierbarkeit einer Verbindlichkeit oder Rückstellung nicht, daß es einen Gläubiger gibt. Vielmehr müsse dieser auch wissen, daß er einen Anspruch gegen den Schuldner hat. Eine Inanspruchnahme des Schuldners sei nämlich bei Schadensersatzforderungen erst dann wahrscheinlich, wenn die den Anspruch begründenden Tatsachen entdeckt und dem Geschädigten bekannt sind oder die Kenntnisnahme unmittelbar bevorsteht[170].

---

165 Entwurf zum BMF-Erlaß, IV B 2 – S. 2137, Stand Februar 1993.
166 Vgl. *Eilers*, Rückstellungen für Altlasten und Umweltschutzverpflichtungen, 1993, S. 112.
167 BFH, Urteil vom 19. 10. 1993, BStBl. 1993 II, 892.
168 BFH, v. 19. 10. 1993, BStBl. II 1993, 891 ff. – *Eilers/Geisler*, BB 1998, 2412. *Eilers/von Rosenberg*, DStR 1996, 1113. – *Kessler*, DStR 1996, 1228.
169 *Möller*, a.a.O., S. 98.
170 BFH v. 19. 10. 1993, BStBl. 1993 II, 893.

Das Kriterium der Gläubigerkenntnis legt der BFH nicht nur ungewissen öf- **814** fentlich-rechtlichen Verbindlichkeiten, sondern auch ungewissen privatrechtlichen Verbindlichkeiten zugrunde[171]. Der BFH hat dieses Kriterium im übrigen nicht nur für ungewisse, sondern auch für gewisse Verbindlichkeiten aufgestellt; dabei ist die Gläubigerbezogenheit (noch) problematischer als bei ungewissen Verbindlichkeiten zu beurteilen[172].

Von einer Kenntnisnahme der zuständigen Behörde ist bereits dann auszuge- **815** hen, wenn der betreffende Mangel in der Öffentlichkeit (etwa durch die Presse) bekanntgeworden ist. Auch die Kenntniserlangung durch andere Behörden, die zwar nicht für den Erlaß des konkreten Verwaltungsakts zuständig sind, aber der Verpflichtung zur Weitergabe ihrer Kenntnisse an die zuständige Behörde unterliegen, kann ausreichend sein. Hierbei kann es sich in bestimmten, besonders schweren Fällen sogar um die Finanzbehörden handeln, wenn ein zwingendes öffentliches Interesse die Weitergabe der Information an die Umweltbehörde gebietet (§ 30 Abs. 4 Nr. 5 AO)[173]. Die Finanzverwaltung folgt grundsätzlich mit Verweis auf das BFH-Urteil vom 19. 10. 1993 der Meinung des BFH [174].

Demnach dürfte eine aktuelle Kenntnis der zuständigen Behörde dann nicht **816** erforderlich sein, wenn der Umweltschaden offen zutage getreten ist und die Vorsorge- oder Maßnahmenwerte deutlich verletzt werden, da in diesen Fällen damit gerechnet werden muß, daß die zuständige Behörde die für ihr Tätigwerden erforderliche Kenntnis alsbald („in Kürze") erlangen wird[175]. Diese Auffassung wird dadurch gestützt, daß Grundstücke, auf denen gegenwärtig noch mit umweltgefährdenden Stoffen umgegangen wird, häufig aufgrund des Betriebs einer genehmigungsbedürftigen Anlage (nach BImSchG, WHG, oder dem AtG), einer zulassungspflichtigen Abfallentsorgungsanlage nach dem AbfG oder einer überwachungsbedürftigen Anlage nach der Gewerbeordnung (GewO) kontaminiert werden[176]. Derartige Anlagen unterliegen aufgrund der §§ 21 WHG, 52 BImSchG, 40 KrW/AbfG und 24 Abs. 1 GewO der laufenden Überwachung durch die zuständigen Behörden bzw. der staatlichen Beaufsichtigung gem. § 19 AtG. Bei der Überwachung können die Behörden jederzeit Kenntnis von einer gefährlichen Kontamination erlangen.

Gleiches gilt für gefährlich kontaminierte Grundstücke, auf denen gegenwär- **817** tig nicht mehr mit umweltgefährdenden Stoffen umgegangen wird. Solche kontaminierten Grundstücke werden von den zuständigen Behörden als sogenannte Altlasten-Verdachtsflächen systematisch und planmäßig untersucht. Das bilanzierende Unternehmen muß daher auch bei diesen Grundstücken da-

---

171 BFH vom 17. 1. 1963, BStBl. 1963 III, 237.
172 *Möller*, a. a. O., S. 98 ff. – *Eilers*, DStR 1994, 123.
173 Vgl. BMF-Schreiben vom 1. 7. 1993, DB 1993, 1449. – Vgl. Kap. C.II. 3.
174 BFH v. 19. 10. 1993, BStBl. 1993 II, 891. – H 31c Abs. 5/Einseitige Verbindlichkeiten EStH.
175 *Böttner*, a. a. O., S. 55.
176 Zu den Legalisierungswirkungen von behördlichen Genehmigungen vgl. Kap. C.I. 5. f).

mit rechnen, daß die zuständige Behörde alsbald von der Kontamination Kenntnis erlangen wird[177].

818 Fraglich ist aber, ob schon die planmäßige katastermäßige Erfassung von Altlasten zusammen mit anderen, die Wahrscheinlichkeit der Kenntnisnahme verdichtenden Umständen (z.B. ein Pressebericht über einen Chemikalienaustritt) dem Kriterium der (unmittelbar bevorstehenden) Kenntnis des Gläubigers genügt. Dies betrifft diejenigen Fälle, in denen die verdächtigen Grundstücke noch nicht erfaßt sind. Hier ist vor dem Hintergrund des jeweiligen Einzelfalles zu beurteilen, ob die Erfassung des Grundstücks unmittelbar bevorsteht[178]. Ist das verdächtige Grundstück jedoch von der Behörde im Altlastenkataster erfaßt, kann davon ausgegangen werden, daß auch die Entdeckung der Kontamination unmittelbar bevorsteht.

819 Andererseits ist es zu unbestimmt, wenn eine gewisse Anzahl von im Betrieb Beschäftigten um den Umweltschaden weiß. In Abhängigkeit vom Urteilsvermögen der Beschäftigten und der Größe des Unternehmens wird hiervon nicht unbedingt auf ein baldiges Bekanntwerden des Schadens dem Gläubiger gegenüber geschlossen werden können[179].

820 Im übrigen wird hinsichtlich des oben zitierten BFH-Urteils vom 19. 10. 1993 in der Literatur z.T. die Meinung vertreten, daß die Entdeckung nicht unmittelbar bevorstehen müsse. Insoweit stehe das Urteil nämlich in Widerspruch zur bisherigen Rechtsprechung[180].

821 In der Literatur wurde die Frage gestellt, ob der BFH über das Konkretisierungserfordernis der Gläubigerkenntnis dasjenige der „überwiegenden Wahrscheinlichkeit" („51%-Formel") aufgegeben habe, das in der früheren Rechtsprechung für die Frage der Ernsthaftigkeit der Inanspruchnahme ausschlaggebend war[181]. Nach der *„51%-Formel"* müssen mehr Gründe für als gegen das Bestehen oder Entstehen einer Verbindlichkeit und künftigen Inanspruchnahme sprechen[182]. Die bloße Möglichkeit des Bestehens oder Entstehens einer Verbindlichkeit reicht danach zur Bildung einer Rückstellung jedenfalls nicht aus. Die „überwiegende Wahrscheinlichkeit" ist nach Auffassung des BFH nicht nach den subjektiven Erwartungen des Kaufmanns, sondern auf der Grundlage objektiver, am Bilanzstichtag vorliegender und spätestens bei Aufstellung der Bilanz erkennbarer Tatsachen aus der Sicht eines gewissenhaften und sorgfältigen Kaufmanns zu beurteilen[183]. Die überwiegende Wahrscheinlichkeit ist als Kriterium geboten, um eine den Grundsatz der Gleich-

---

177 *Philipps*, a.a.O., S. 166.
178 A. A. *Böttner*, a.a.O., S. 56.
179 FG Niedersachsen v. 16. 7. 1998 – X 42/96, NVwZ 3/1999, 335.
180 *Paus*, DStZ 1994, 247–248 mit Verweis auf BFH v. 11. 11. 1981, BStBl. 1992, 748.
181 *Möller*, a.a.O., S. 98.
182 BFH v. 2. 10. 1992, BStBl. II 1993, 153–155 (154 unter 1.). – BFH v. 1. 8. 1984, BStBl. 1985 II, 44. – R 31 c EStR 1999. – *Adler/Düring/Schmaltz*, a.a.O., § 249 HGB, Rdnr. 74.
183 BFH v. 1. 8. 1984, BStBl. 1985 II, 46. – BFH v. 2. 10. 1992, BStBl. 1993 II, 154. – *Adler/Düring/Schmaltz*, a.a.O., § 249 HGB, Rdnr. 74.

mäßigkeit der Besteuerung wahrende Objektivierung zu ermöglichen[184]. Ist die Inanspruchnahme aus der Verbindlichkeit unwahrscheinlich, stellt sie keine die finanzielle Leistungsfähigkeit des Unternehmers beeinträchtigende wirtschaftliche Belastung dar[185].

Teile der Literatur folgen dem BFH mit seiner 51%-Formel[186]. Dem BFH wurde von anderen Literaturstimmen vorgeworfen, mit seiner „51%-Formel" trage er dem über § 5 Abs. 1 EStG auch für die Steuerbilanz im Grundsatz geltenden Vorsichtsprinzip (§ 252 Abs. 1 Nr. 4 HGB i.V. mit § 5 Abs. 1 HGB) nur unzureichend Rechnung[187]. Die Kommentierung in *Adler/Düring/ Schmalz* kommt zu dem – verglichen mit der Auffassung des BFH – deutlich weniger restriktiven Ergebnis, daß die Passivierung einer Rückstellung bereits dann geboten ist, *„wenn stichhaltige Gründe dafür sprechen, daß das Unternehmen voraussichtlich in Anspruch genommen wird. Es ist somit nicht erforderlich, daß die Inanspruchnahme ‚wahrscheinlicher' als die Nichtinanspruchnahme sein muß; jede prozentuale Erfassung scheitert im übrigen an der Komplexität der zu beurteilenden Sachverhalte."*[188] In Betracht zu ziehen ist dabei nicht nur die tatsächliche, sondern auch die rechtliche Komplexität: Die einer möglichen Rückstellung für Umweltschutzverpflichtungen zugrunde liegenden Verbindlichkeiten ergeben sich aus Normen des öffentlichen Umweltrechts, des zivilrechtlichen Umwelthaftungsrechts und anderen Normen des Zivilrechts, die nur noch schwer zu überschauen sind[189].

822

Gerade weil aber der Versuch einer „Objektivierung" und „Quantifizierung" der überwiegenden Wahrscheinlichkeit vor dem Hintergrund des vorliegenden Themas wenig aussichtsreich erscheint, ist das Kriterium der Gläubigerkenntnis geeignet, das Wahrscheinlichkeitsurteil zu konkretisieren und zu objektivieren. Das Kriterium der Gläubigerkenntnis läßt sich auf diese Weise (nämlich als Objektivierungs- und Konkretisierungsmerkmal) unproblematisch in die frühere Rechtsprechung des BFH einbetten, die eine überwiegende Wahrscheinlichkeit der Inanspruchnahme zur Voraussetzung für die Rückstellbarkeit machte.

823

Die Interpretation, daß der BFH das Kriterium der „überwiegenden Wahrscheinlichkeit" nicht aufgegeben, sondern durch dasjenige der Gläubigerkenntnis nur konkretisiert hat, wird auch durch die Verwaltungsmeinung gestützt, welche die Gläubigerkenntnis zum Zwecke der Konkretisierung der „51%-Formel" heranzieht[190].

824

---

184 BFH v. 19. 10. 1993, BStBl. 1993 II, 891.
185 FG Niedersachsen v. 16. 7. 1998, NVwZ 3/1999, 335.
186 *Möller*, a. a. O., S. 163, die Hinweise in Fn. 5.
187 Nach *Herzig/Köster* genügt dementsprechend Gleichwahrscheinlichkeit. – *Herzig/Köster*, DB 1991, 53–57.
188 *Adler/Düring/Schmaltz*, a. a. O., § 249 HGB, Rdnr. 75. – Vgl. auch *Möller*, a. a. O., S. 129.
189 *Eilers/Geisler*, BB 1998, 2413.
190 R 31c Abs. 5 S. 2, 2. Hs. EStR 1999, H 31c Abs. 5 EStR 1999.

(bb) Besondere Konkretisierungserfordernisse im Hinblick auf öffentlich-rechtliche Verbindlichkeiten

825 Finanzverwaltung und Rechtsprechung sehen öffentlich-rechtliche Verbindlichkeiten nur dann als rückstellungsfähig an, wenn diese ausreichend konkretisiert sind. Dem Konkretisierungserfordernis kann nach Auffassung des BFH in Gestalt eines Gesetzes oder eines anderen Aktes öffentlicher Gewalt Genüge getan werden. Die erforderliche Konkretisierung ist regelmäßig mit der Bekanntgabe eines belastenden Verwaltungsakts zu bejahen[191].

826 Liegt kein Verwaltungsakt, sondern lediglich ein Gesetz vor, so ist nach der Rechtsprechung des BFH erforderlich, daß dieses[192]

- in sachlicher Hinsicht ein inhaltlich genau bestimmtes Handeln vorsieht,
- in zeitlicher Hinsicht ein Handeln innerhalb eines bestimmten Zeitraums fordert und
- dieses Handlungsgebot sanktionsbewehrt und damit durchsetzbar ist[193].

827 Soweit die betreffenden Kriterien so ausgelegt werden, daß sich die Verpflichtung der Zeit und dem Inhalt nach unmittelbar aus dem Gesetz ergeben muß, haben sie einen nur geringen Anwendungsbereich; der Akzent der Rechtsprechung läge auf der Forderung nach Regelung durch einen Verwaltungsakt[194]. Speziell im Hinblick auf das BBodSchG ist *Eilers/Geisler* zuzustimmen, wenn sie ausführen, daß Konstellationen, in denen sich alle Einzelheiten der Sanierungsverpflichtung aus dem Gesetz oder der Rechtsverordnung unmittelbar ergeben, praktisch ausgeschlossen sind[195]. Dies gilt auch für die vorgelagerten Gefahrerforschungsmaßnahmen sowie für die Verpflichtung zur Sanierungsuntersuchung und Erstellung eines Sanierungsplanes. Damit bleibt bei dieser Interpretation nur die Möglichkeit, die Konkretisierung durch Verwaltungsakt vorzunehmen[196].

828 Allerdings spricht einiges dafür, die Kriterien lediglich als **Beurteilungsgrundlage für das konkrete Wahrscheinlichkeitsurteil** dafür heranzuziehen, daß *der Erlaß eines entsprechenden Verwaltungsaktes ansteht*[197]. *Gschwendtner* plädiert dementsprechend dafür, das Realisationsprinzip auf der Passivseite der Bilanz über den Wahrscheinlichkeitsmaßstab zu konkretisieren. Danach wäre eine öffentlich-rechtliche Verbindlichkeit dann wahrscheinlich, wenn

---

191 BFH v. 19. 10.1993, BStBl. 1993 II, 891 ff.
192 *Gschwendtner*, DStZ 1994, 257.
193 BFH v. 12. 12. 1991, BStBl. 1992 II, 600. – BFH v. 19. 10. 1993, BStBl. 1993 II, 892. – S. auch R 31 c Abs. 3 S. 5 EStR 1999.
194 *Gschwendtner*, DStZ 1994, 262.
195 *Eilers/Geisler*, BB 1998, 2414.
196 *Möller*, a. a. O., S. 149.
197 *Gschwendtner*, DStZ 1994, 262.

- die Inanspruchnahme *durch* Verwaltungsakt (entspricht dem Be- oder Entstehen der öffentlich-rechtlichen Verbindlichkeit) und
- die Inanspruchnahme *aus dem* Verwaltungsakt (entspricht der Inanspruchnahme des Stpfl. aus der öffentlich-rechtlichen Verbindlichkeit)

als wahrscheinlich eingeschätzt werden kann[198].

Die Unklarheit darüber, ob, wann, und mit welchem Inhalt durch die Behörde Leistungspflichten bestimmt werden, ist im Rahmen dieses Wahrscheinlichkeitsurteils zu würdigen. Das Wahrscheinlichkeitsurteil wird sich deshalb je nachdem, wie viele Voraussetzungen für die Entstehung einer öffentlich-rechtlichen Verpflichtung im Einzelfall bis zum jeweiligen Bilanzstichtag erfüllt und bis zum jeweiligen Bilanzaufstellungszeitpunkt erkennbar geworden sind, schrittweise verdichten. Hiernach bestimmt sich auch der Zeitpunkt der wirtschaftlichen Verursachung der öffentlich-rechtlichen Verpflichtung[199]. Vor diesem Hintergrund haben die oben genannten Kriterien die Funktion von Indizien für die betreffenden Wahrscheinlichkeitsurteile. Das Kriterium der zeitlichen Bestimmtheit und der Sanktionsbewehrung stellen demnach ein Indiz für die Inanspruchnahme des Stpfl. aus der öffentlich-rechtlichen Verbindlichkeit dar, das Kriterium der inhaltlichen Bestimmtheit wäre als Indiz für die Existenz der öffentlich-rechtlichen Verbindlichkeit aufzufassen[200]. 829

Nach dieser Interpretation brauchen sich die Konkretisierungserfordernisse keineswegs unmittelbar aus dem gesetzlichen oder untergesetzlichen Regelwerk ergeben. Das Wahrscheinlichkeitsurteil muß vielmehr zum Bilanzstichtag eine valide Prognose darüber erlauben, daß die Entstehung der Verbindlichkeit (über den Erlaß eines Verwaltungsaktes) nicht zu verhindern ist und sich der Pflichtige der Inanspruchnahme (aus dem prospektiven Verwaltungsakt) nicht entziehen kann. Die vorhandene Gläubigerkenntnis ist dabei keine rechtliche Voraussetzung, sondern ein weiteres – wenn auch ausschlaggebendes – Indiz in Gestalt einer tatsächlichen Vermutung dafür, daß die Verpflichtung eine wirtschaftliche Last für den Stpfl. darstellt[201]. 830

Die hier vorgeschlagene Interpretation stellt sicher eine Erweiterung der Konkretisierungserfordernisse dar; allerdings bestehen Anzeichen dafür, daß die Rechtsprechung dieser Interpretation aufgeschlossen gegenübersteht[202]. 831

Die sich ergebenden Unterschiede in den Rechtsfolgen beider Interpretationen bestehen vor allem darin, daß die Rückstellungsbildung im Rahmen der letzteren Interpretation schon im Vorfeld eines Verwaltungsakts möglich ist, was der neueren Rechtsprechung entspricht. Voraussetzung ist allerdings das 832

---

198 *Gschwendtner*, DStZ 1994, 259 und 266.
199 *Gschwendtner*, DStZ 1994, 262.
200 *Gschwendtner*, DStZ 1994, 260.
201 *Gschwendtner*, DStZ 1994, 258. – Ähnlich auch die summarische Betrachtung des FG Saarland v. 7. 8. 1996, BB 1996, 2457–2458.
202 FG Niedersachsen v. 16. 7. 1998, NVwZ 3/1999, 335, 2. Spalte unten.

noch **832** Kriterium der vorhandenen oder unmittelbar bevorstehenden Gläubigerkenntnis. Dabei ist das Kriterium der „unmittelbar bevorstehenden Gläubigerkenntnis" auch weiter auslegbar, wenn ansonsten schon eine weitgehende Konkretisierung hinsichtlich der allgemeinen steuerlichen Merkmale vorliegt. Geht man mit der zweiten Interpretation davon aus, daß die Gläubigerkenntnis keine rechtliche Voraussetzung für die Rückstellungsbildung ist, sondern nur eine tatsächliche Vermutung der Gefahr der Inanspruchnahme begründet, so ist dem Stpfl. grundsätzlich auch die Widerlegung dieser Vermutung möglich[203]. Indessen wird bei fehlender Kenntnis des Gläubigers ein entsprechender Nachweis, daß mit seiner Inanspruchnahme ernsthaft zu rechnen ist, dem Schuldner regelmäßig nicht gelingen[204]. Ausnahmsweise könnte jedoch im Zuge eines planmäßigen Vorgehens der Behörde zum Zwecke einer katastermäßigen Erfassung von Altlasten in bestimmten Regionen ein solcher Nachweis möglich sein[205]. Folgt man der hier vorgeschlagenen Interpretation, stellt sich die Auslegung der o.g. Kriterien folgendermaßen dar:

- Das Konkretisierungsmerkmal *„bestimmte Handlungspflicht"* ist nicht streng auszulegen. Das Gesetz muß demnach die zu treffende Maßnahme oder die anzuwendenden Verfahren nicht selbst festlegen. Es reicht vielmehr aus, wenn das Umweltgesetz ein dem aktuellen Stand von Wissenschaft und Technik entsprechendes Handeln verlangt. Der Konkretisierung steht nicht entgegen, daß die Erfüllung der Verpflichtung auf verschiedenen Wegen möglich ist. Ausreichend ist, daß das Gesetz das zu erreichende Ziel beschreibt[206], was im BBodSchG in § 1 geschieht. Zu fordern ist eine Eingriffsermächtigung, für die aber ein generalklauselartiger Charakter hinreicht; eine bis ins einzelne gehende Konkretisierung ist somit nicht erforderlich[207]. Diesbezüglich ist das BBodSchG mit den §§ 9 Abs. 2, 10, 16 i.V. mit § 4 Abs. 3 sogar sehr konkret und leistet insoweit sogar eine „Übererfüllung" dieses Konkretisierungserfordernisses. Die in der Literatur z.T. vertretene Auffassung[208] wonach eine Konkretisierung allein durch Verwaltungsakt möglich sei, wenn das Gesetz die erforderliche Maßnahme nicht eindeutig festlege, ist damit für das BBodSchG abzulehnen.
- Bezüglich der Konkretisierung in *zeitlicher Hinsicht* wird es nach h.M. für ausreichend gehalten, wenn der Erfüllungszeitraum in Verbindung mit anderen objektiven Kriterien bestimmbar ist[209]. So wird gefordert, es müsse sich aus dem Gesetzeszweck ergeben, daß der Erfüllungszeitraum nicht dem Belieben des Stpfl. anheimgestellt bleibt, sondern sein unver-

---

203 Damit findet man sich wieder in der Nähe des „Mainstreams" der Literatur. – *Möller*, a.a.O., S. 102f. und 114.
204 *Gschwendtner*, DStZ 1994, 258–259.
205 Vgl. auch *Herzig/Köster*, Beilage 23 zu BB Heft 33, 1994.
206 *Bordewin*, DB 1992, 1097.
207 *Böttner*, a.a.O., S. 48.
208 *Christiansen*, StBp 1987, 194f. – Kritisch *Möller*, a.a.O., S. 160f.
209 *Bordewin*, DB 1992, 1098.

zügliches Tätigwerden oder sein Handeln innerhalb des durch die Sachlage bestimmten Zeitraumes zwingend geboten ist[210]. Keinesfalls kann jedoch gefordert werden, daß das Gesetz die zu erwartende Verfügung in zeitlicher Hinsicht bereits vorwegnimmt. Vielmehr ist entscheidend, daß das Gesetz jederzeit den Erlaß einer Verfügung ermöglicht. Die zeitliche Konkretisierung der ungewissen Verbindlichkeit ist im Hinblick auf das zu erwartende Verhalten des Berechtigten zu prüfen. Es wird als hinreichend angesehen, wenn der voraussichtliche Erfüllungszeitraum nach objektiven Kriterien geschätzt werden kann[211]. Dies hängt im einzelnen vom Charakter der Verpflichtung ab. Ist in einer Anordnung keine zeitliche Bestimmung enthalten, kann mit Blick auf die Intention des Gesetzgebers im Zweifel davon ausgegangen werden, daß die Verpflichtung unverzüglich zu erfüllen ist. Eventuelle Zweifelsfragen könnten sich bei der Abschätzung des künftigen Behördenverhaltens ergeben; sie sind jedoch – zumindest was das BBodSchG betrifft – nicht in dem die Inanspruchnahme ermöglichenden gesetzlichen Tatbestand angelegt[212]. Auch im Falle von Nebenbestimmungen zu begünstigenden Verwaltungsakten können Unsicherheiten auftauchen, so etwa dann, wenn zwar das Handlungsgebot selbst eindeutig, allerdings fraglich ist, ob und wann es Wirksamkeit erlangt. Dies kann z. B. bei einer Bauerlaubnis mit Sanierungsauflage der Fall sein, die erst mit Umsetzung der Bauerlaubnis wirksam wird. Ist jedoch eindeutig, welche Voraussetzungen zur Wirksamkeit der Verpflichtung erfüllt sein müssen, so ist allenfalls die wirtschaftliche Verursachung, nicht aber die Handlungspflicht an sich fraglich.

- Systematisch handelt es sich beim Merkmal *„Sanktionsbewehrung"* um ein Kriterium zur Beurteilung der Ernsthaftigkeit der Inanspruchnahme bzw. Erfüllung speziell bei öffentlich-rechtlichen Verpflichtungen[213]. Über das Vorhandensein einer Sanktionsbewehrung besteht auch ohne Zutun der Behörde ein gewisser Zwang zur Erfüllung der Verpflichtung. Eine Sanktionsbewehrung ist vorhanden, wenn die Nichterfüllung der Verpflichtung als Straftat oder Ordnungswidrigkeit geahndet werden kann. Aus einer Sanktionsandrohung läßt sich zwar nicht immer ein Tätigwerden der Behörde ableiten, weil die Verfolgung einer Ordnungswidrigkeit aufgrund des geltenden Opportunitätsprinzips nicht zwingend ist. Dennoch dürfte eine Sanktionsandrohung im Regelfall als hinreichend anzusehen sein, um ein normgemäßes Verhalten hervorzurufen. Ist eine gesetzliche Verpflichtung in diesem Sinne sanktionsbewehrt, ist ihre Erfüllung auch hinreichend wahrscheinlich und erfüllt deshalb alle Merkmale einer rückstel-

---

210 *Döllerer*, DStR 1987, 67. – *Herzig*, DB 1990, 1341 und 1346.
211 *Bordewin*, DB 1992, 1097 ff.
212 *Böttner*, a. a. O., S. 49.
213 *Böttner*, a. a. O., S. 45.

lungsfähigen ungewissen Verbindlichkeit[214]. Dennoch kann die Sanktionsbewehrung nur als ein Indiz für die Wahrscheinlichkeit der Inanspruchnahme gewertet werden. Das BBodSchG sieht für die in § 4 Abs. 1 und 2 BBodSchG statuierten Pflichten des vorsorgenden Bodenschutzes keine Sanktionen vor; es handelt sich soweit um ein „Soft law". Andererseits können die betreffenden Pflichten mangels wirtschaftlicher Verursachung bis zum Bilanzstichtag ohnehin nicht Gegenstand einer Rückstellung sein. Anders sieht es beim repressiven Bodenschutz aus, der seine Grundlage in § 4 Abs. 3 BBodSchG findet. Eine Ordnungswidrigkeit liegt dann vor, wenn vorsätzlich oder fahrlässig einer vollziehbaren Anordnung nach § 10 Abs. 1 S. 1 BBodSchG zuwidergehandelt wird, soweit sie sich auf die Pflichten nach § 4 Abs. 3 (sowie Abs. 5 oder 6) BBodSchG bezieht. Schließlich muß auch berücksichtigt werden, daß die Behörde die Verpflichteten im Falle einer ergänzungs- oder ersatzweise vorgenommenen behördlichen Sanierungsplanung (§ 14 BBodSchG) und/oder im Falle einer Ersatzvornahme (§ 24 BBodSchG) mit den Kosten der notwendigen Maßnahmen belasten kann. Ein Verstoß gegen einen Verwaltungsakt mit Sofortvollzug ist in den in § 26 Abs. 1 Nr. 2 und 3 BBodSchG aufgeführten Fällen sanktionsbewehrt oder anderweitig durchsetzbar (Ersatzvornahme, Zwangsgeld). Fraglich ist hingegen, wie das Konkretisierungsmerkmal zu beurteilen ist, wenn die Kenntnis der zuständigen Behörde eben noch nicht erfolgt ist, aber unmittelbar bevorsteht. Entscheidend ist aber hierbei, daß der Erlaß eines sanktionsbewehrten oder anderweitig durchsetzbaren Verwaltungsaktes durch die Umweltbehörde als wahrscheinlich angesehen wird; aus diesem Grunde hat die Verpflichtung einen heteronomen Charakter.

(cc) Verdichtung des Wahrscheinlichkeitsurteils durch das Kriterium der Gläubigerkenntnis

833 Folgt man dem hier propagierten Ansatz, daß die Kriterien der sachlichen sowie der inhaltlichen Bestimmtheit und der Sanktionsbewehrung des Gesetzes (lediglich) als Indizien für das Bestehen und die Inanspruchnahme des Stpfl. aus einer öffentlich-rechtlichen Verbindlichkeit herangezogen werden, so kommt der unmittelbar bevorstehenden oder vorhandenen Kenntnis des öffentlich-rechtlichen Gläubigers eine besondere Bedeutung zu. Das Wahrscheinlichkeitsurteil wird sich nämlich in Abhängigkeit davon, wie viele Voraussetzungen für die Existenz und die Inanspruchnahme aus der öffentlich-rechtlichen Verbindlichkeit bis zum jeweiligen Zeitpunkt der Bilanzaufstellung erfüllt sind, schrittweise verdichten[215]. Ohne die nahe bevorstehende oder vorhandene Kenntnis des öffentlich-rechtlichen Gläubigers von seiner

---

214 *Böttner*, a. a. O., S. 52.
215 *Gschwendtner*, DStZ 1994, 262.

Forderung ist jedoch eine Prognose dahingehend, daß der Verwaltungsakt voraussichtlich nicht mehr aufzuhalten ist, kaum möglich[216]:

- In sachlicher Hinsicht kann ohne die (nahe bevorstehende) Kenntnis des Gläubigers vor dem Hintergrund einer schrittweisen Verdichtung des Wahrscheinlichkeitsurteils nicht angenommen werden, daß die Verpflichtung am Bilanzstichtag bereits einen konkreten Schuldcharakter angenommen hat. Dies gilt insbesondere dann, wenn die Behörde die möglichen Rechtsfolgen hinsichtlich Sanierungsziel, Sanierungsmöglichkeiten und Sanierungstechniken im Einzelfall erst noch festlegen muß.
- In zeitlicher Hinsicht kann ohne die (nahe bevorstehende) Kenntnis des Gläubigers nicht der Zeitpunkt abgeschätzt werden, zu dem die Verpflichtung inhaltlich bestimmt entstehen wird und bis zu dem die betreffenden Maßnahmen voraussichtlich durchzuführen sind.
- Im Hinblick auf das Kriterium der Sanktionsbewehrung kann ohne die (unmittelbar bevorstehende) Gläubigerkenntnis oftmals kaum prognostiziert werden, ob die Behörde auf ihr zur Verfügung stehende Mittel zurückgreifen wird und welche (Auferlegung von Handlungspflichten, Bußgelder etc.) sie dabei heranzieht.

834 Vor dem Hintergrund der oben dargestellten Auslegung der Konkretisierungskriterien des BFH ist die Gläubigerkenntnis im Hinblick auf die Pflichten des BBodSchG das ausschlaggebende Kriterium, weil das Vorliegen der Gläubigerkenntnis zu einer entsprechenden Verdichtung des Wahrscheinlichkeitsurteils führt.

835 Dies heißt jedoch nicht, daß bei Vorliegen der Kenntnis des öffentlich-rechtlichen Gläubigers in jedem Falle eine Verbindlichkeitsrückstellung gebildet werden kann; möglicherweise ist z. B. die Anordnung einer nicht rückstellungsfähigen Schutz- und Beschränkungsmaßnahme zu erwarten.

(dd) Beurteilung der Konkretisierungserfordernisse und Lösungsvorschläge

836 Mit den genannten Konkretisierungserfordernissen wollte der BFH die Grenzen des Vorsichtsprinzips als GoB abstecken, um dem Gebot der Gleichmäßigkeit der Besteuerung Genüge zu tun. Tatbestände, die den Charakter allgemeinen Unternehmerrisikos haben, sollten aus der Bilanzierungsfähigkeit von Rückstellungen hinausgenommen werden, indem gefordert wurde, daß für das Bestehen einer Verpflichtung nachweisbare Anhaltspunkte sprechen sollen[217].

(1) Zum Kriterium der Gläubigerkenntnis

837 Die Finanzverwaltung behandelt das Kriterium der Wahrscheinlichkeit der Inanspruchnahme pragmatisch anderen Anforderungen vorrangig; sie stellt seit der Entscheidung vom 19.10.1993 nahezu ausschließlich auf die Wahrschein-

---

216 *Gschwendtner*, DStZ 1994, 263.
217 *Kraus*, StuW 1988, 133 und 148.

lichkeit der Inanspruchnahme durch die zuständige Behörde ab[218]. Die hinreichende Wahrscheinlichkeit einer drohenden Inanspruchnahme kann normalerweise auf die Kenntnis oder unmittelbar bevorstehende Kenntnisnahme der zuständigen Behörde oder auf andere sich im Einzelfall ergebende tatsächliche Umstände, die eine Inanspruchnahme befürchten lassen, gestützt werden[219]. Die Finanzverwaltung akzeptiert gemeinhin dann, wenn der Stpfl. die drohende Inanspruchnahme glaubhaft machen kann, die Bildung von Rückstellungen auch ohne enge Auslegung der Konkretisierungsmerkmale des BFH.

838 Indessen wird von der Literatur die vom BFH geforderte bestehende oder unmittelbar bevorstehende Kenntnis des Gläubigers von seinem Anspruch nahezu einhellig abgelehnt. Es wird argumentiert, daß nach Maßgabe dieses Kriteriums u. U. Verpflichtungen nicht passiviert werden, denen sich der Kaufmann tatsächlich nicht mehr entziehen kann. Seit langem hat sich die überwiegende Meinung herauskristallisiert, daß es weder handels- noch steuerrechtlich auf ein Tätigwerden der zuständigen Behörde in Form des Erlasses einer Sanierungsanordnung noch auf deren Kenntnis vom Vorhandensein der Altlast ankommt[220]. Die wirtschaftliche Belastung des Schuldners ist danach zu beurteilen, ob *überhaupt* mit einer Kenntnis des Gläubigers von seinem Anspruch gerechnet werden muß, nicht aber danach, ob dies in Kürze geschieht. Denn auch bei noch nicht fälligen Ansprüchen aus zivilrechtlichen Verbindlichkeiten hängt die Passivierbarkeit nicht davon ab, daß die Fälligkeit kurz bevorsteht. Der Fälligkeitszeitpunkt ist für die Bilanzierung dem Grunde nach somit unbeachtlich. An eine Berücksichtigung des Fälligkeitszeitpunktes kann allenfalls bei der Bewertung der ungewissen Verbindlichkeit gedacht werden. Für den Zeitpunkt der voraussichtlichen Kenntnisnahme des Gläubigers kann nichts anderes gelten.

839 Dem ist entgegenzuhalten, daß in der hier vorgeschlagenen Interpretation das Argument der Fälligkeit überhaupt keine Rolle spielt. Die Gläubigerkenntnis ist vielmehr der regelmäßig entscheidende Schritt zum Urteil, daß das Bestehen und die Inanspruchnahme der Verbindlichkeit überwiegend wahrscheinlich ist. Dieses Objektivierungserfordernis ergibt sich u. a. aus dem vom Handelsrecht abweichenden Normzweck des Steuerbilanzrechts. Eine weitergehende Konkretisierung ist im Steuerbilanzrecht deswegen erforderlich, weil es nicht auf die Kenntnis des Stpfl. allein ankommen kann, da von dieser noch nicht mit hinreichender Wahrscheinlichkeit auf die künftige Inanspruchnahme geschlossen werden kann[221]. Denn nicht jede Beeinträchtigung des Bodens führt zu einer künftigen Inanspruchnahme des Stpfl. durch die Verwaltung.

---

218 FG Münster v. 10. 11. 1995, EFG 1996, 424. – *Roeder*, DB 1997, 1885.
219 *Eilers/Geisler*, BB 1998, 2413.
220 *Bartels*, WPg 1992, 75. – *Adler/Düring/Schmaltz*, a. a. O., § 249 HGB, Rdnr. 51.
221 A. A. offensichtlich *Eilers*, DStR 1991, 101–107.

In der Literatur wird auch die Praktikabilität der Anforderung der Gläubiger- 840
kenntnis in Frage gestellt, da eine Passivierung nur dann zulässig wäre, wenn
sich der Schuldner zuvor Gewißheit darüber verschafft hätte, daß der Gläubiger seinen Anspruch kennt oder in Kürze kennen wird[222].

Dem steht das ebenfalls auf die Praktikabilität bezogene Argument entgegen, 841
daß die (nahe bevorstehende) Kenntnis der Behörde als notwendige Vorstufe
vor der tatsächlichen Inanspruchnahme ein valides Indiz für die baldige Inanspruchnahme darstellt.

Ein weiterer Kritikpunkt lautet, das Konkretisierungsmerkmal der Gläubiger- 842
kenntnis (als Indikator für das Risiko der Inanspruchnahme aus der Verbindlichkeit) führe faktisch zu dem Ergebnis, daß ungewisse öffentlich-rechtliche
Verpflichtungen nur dann rückstellbar sind, wenn lediglich Ungewißheit hinsichtlich ihrer Höhe, nicht jedoch hinsichtlich ihres Bestehens existiert[223].
Dem kann speziell im Hinblick auf das BBodSchG nicht ohne weiteres gefolgt werden, zumal in einem frühen Erkenntnisstadium die behördlich angeordneten Untersuchungen ergeben können, daß die Prüfwerte nicht erreicht
werden und damit kein Gefahrenverdacht besteht.

Schließlich wird die Frage gestellt, ob der BFH zur Entscheidung über die 843
Auslegung des bilanzrechtlichen Begriffs der Verbindlichkeitsrückstellung
überhaupt befugt war oder ob die Sache nicht dem EuGH hätte vorgelegt werden müssen[224]. Diese Frage ist noch offen.

Es bleibt festzuhalten, daß die von der Literatur geforderten weiteren Rück- 844
stellungsvoraussetzungen vor dem Hintergrund des handelsbilanziellen
Normzwecks (starke Bedeutung des Gläubigerschutzes) sicherlich sinnvoll
sind. Indessen hat sowohl die Finanzrechtsprechung wie auch die Finanzverwaltung angesichts des Grundsatzes der Gleichmäßigkeit der Besteuerung auf
eine hinreichende Konkretisierung und Objektivierung der ungewissen Verbindlichkeit zu achten. Wenigstens besteht zwischen Literatur und Rechtsprechung insoweit Übereinstimmung, als daß in einem zeitlich sehr frühen Stadium eines Sanierungsfalles eine Rückstellung nicht zulässig sein soll[225].

(2) Sonderrecht für öffentlich-rechtliche Verbindlichkeiten?

Im Schrifttum wurde an den speziellen Konkretisierungserfordernissen für öf- 845
fentlich-rechtliche Verbindlichkeiten kritisiert, daß diese gegenüber privatrechtlichen Verpflichtungen verschärfte Maßgaben darstellten. Das Handelsrecht kenne keine Unterscheidung zwischen öffentlich-rechtlichen und privatrechtlichen Verbindlichkeiten, und im Steuerrecht existiert keine Spezialvor-

---

222 *Adler/Düring/Schmaltz*, a.a.O., § 249 HGB, Rdnr. 75 m.w. N.
223 *Adler/Düring/Schmaltz*, a.a.O., § 249 HGB, Rdnr. 51.
224 *Bäcker*, BB 1995, 503 ff., 504.
225 *Möller*, a.a.O., S. 167.

schrift, die dieses Prinzip derogiert[226]. Weder das Handels- noch das Steuerrecht ließen somit ein Sonderrecht für ungewisse öffentlich-rechtliche Verbindlichkeiten zu, wie es durch die geforderte „Überobjektivierung" für öffentlich-rechtliche Verpflichtungen eingefordert werde[227]. Die von der Finanzverwaltung geforderten „Konkretisierungen" verstoßen nach dieser Auffassung gegen § 249 HGB und sind daher weder mit dem Vollständigkeitsgrundsatz noch dem Vorsichtsprinzip vereinbar[228]. Sie statuieren somit ohne rechtliche Grundlage ein Sonderrecht für öffentlich-rechtliche Verbindlichkeiten. Ob eine Verbindlichkeit privatrechtlichen oder öffentlich-rechtlichen Charakter hat, ist nach Auffassung der Kritiker für deren Bilanzierungsfähigkeit grundsätzlich belanglos[229].

846 Der BFH wehrt sich gegen den Vorwurf, er statuiere mit seinen Konkretisierungserfordernissen unbefugterweise ein Sonderrecht für ungewisse öffentlich-rechtliche Verbindlichkeiten[230] mit dem Argument, daß es sich um eine einseitige Verbindlichkeit handele, die nicht mit vertraglichen Verbindlichkeiten gleichgesetzt werden könnten. Einseitig begründete öffentlich-rechtliche Verbindlichkeiten seien mit den vertraglich begründeten privatrechtlichen Verbindlichkeiten nur dann vergleichbar, wenn davon auszugehen ist, daß der Gläubiger der Verbindlichkeit seinen möglichen Anspruch in Kürze kennen wird oder bereits kennt[231]. Insofern unterscheiden sich nach Auffassung des BFH die Konkretisierungserfordernisse für *einseitige* privatrechtliche Verbindlichkeiten nicht von denjenigen – einseitiger – öffentlich-rechtlicher Verbindlichkeiten[232]. Diese Argumentation entspricht zwar der dem BFH eigenen gläubigerbezogenen Konkretisierung, ist allerdings in geeigneten Fällen durch den Gesetzgeber durchaus durchbrochen worden, wie das Beispiel der in § 5 Abs. 3 EStG geregelten Rückstellungen für Patentrechtsverletzungen zeigt.

(3) Lösungsvorschläge in der Literatur

847 Eine hinreichende Konkretisierung vor der Kenntnisnahme des Gläubigers wird von Teilen der Literatur angenommen, wenn der Stpfl. im Vorgriff auf eine Sanierungsverfügung von sich aus die – auch gesetzlich einforderbaren – Maßnahmen in unumkehrbarer Weise ergreift bzw. der Stpfl. sich faktisch zur Vornahme der betreffenden Maßnahmen verpflichtet fühlt. So kann nach Auffassung von *Jonas* die ernsthafte Leistungsabsicht des Schuldners bei wirtschaftlicher Betrachtung der Gläubigerkenntnis gleichstehen[233]; dies gilt un-

---

226 *Bäcker*, BB 1995, 505.
227 Statt vieler vgl. Stellungnahme IdW, WPg 1992, 326 und 328.
228 *Möller*, a.a.O., S. 109f.
229 *Kupsch*, BB 1992, 2322.
230 *Clemm/Nonnenmacher*, in: Beck'scher Bilanzkommentar, § 249, Rdnr. 29.
231 BFH v. 19.10.1993, BStBl. II, 891 und 893. – H 31 c Abs. 5 EStH 1999.
232 *Möller*, a.a.O., S. 100.
233 *Jonas*, DB 1986, 339.

abhängig davon, ob es sich um eine öffentlich-rechtliche Verbindlichkeit oder um eine faktische Leistungsverpflichtung handelt. Für die wirtschaftliche Belastung sei es unerheblich, ob eine Verbindlichkeit erst nach Aufforderung durch den Gläubiger erfüllt wird oder ob der Schuldner dies von sich aus tut[234]. Danach können auch die Geschäftsführung des betreffenden Unternehmens bindende, nicht mehr jederzeit aufhebbare Beschlüsse geeignet sein, die ernsthafte Absicht des Unternehmens zu der Maßnahme zu belegen. Dies könne z.B. dann der Fall sein, wenn Gesellschaftergruppen ohne gleichgerichtete Interessenlage einen Sanierungsbeschluß fassen, zu dessen Aufhebung ein Quorum erforderlich ist, das keine Interessengruppe alleine erfüllen kann. Aus dem Beschluß müßte jedoch auch hervorgehen, in welchem zeitlichen Rahmen die Umsetzung der Maßnahmen angedacht ist[235]. Hingegen dürften sich nach dieser Auffassung reine Planungsmaßnahmen als zu wenig greifbar erweisen, wenn nicht im Einzelfall weitere Indizien für eine Last, der sich der Stpfl. nicht entziehen kann, vorliegen. Zugunsten dieser Auffassung wird weiter hervorgebracht, daß sich bei derartigen faktischen Verpflichtungen die vorgebrachten Indizien zur Konkretisierung der wirtschaftlichen Belastung auch überprüfen lassen, zumal die Steuerbilanz regelmäßig erst im zweiten Jahr nach der Rückstellungsbildung Gegenstand eines Steuerbescheides wird. In den meisten Fällen dürfte zwischenzeitig bereits erkennbar sein, ob die Planung ernsthaft gewesen ist[236]. Folgt man dem, ließe sich auch unterhalb der von BFH und Finanzverwaltung gesetzten Schwellen die wirtschaftliche Belastung des Stpfl. hinreichend konkretisieren.

848 Dennoch läßt sich dieser Auffassung entgegenhalten, daß es einem von sich aus tätigen Stpfl. ohne die unmittelbar bevorstehende Gläubigerkenntnis möglich wäre, sich dem Zugriff der Behörde auf unbestimmte Zeit zu entziehen. Ohne eine zumindest bevorstehende Gläubigerkenntnis der Öffentlichkeit o.ä. läge demnach keine vorgreifende Handlung auf einen Verwaltungsakt und damit keine heteronome Verursachung vor. Zwar besteht eine wirtschaftliche Last, die durch den Betrieb veranlaßt ist. Allerdings bürdet sich der Stpfl. diese Last freiwillig auf. Somit liegt laufender, nicht rückstellungsfähiger Aufwand vor. Möglicherweise könnte geprüft werden, ob die Voraussetzungen für eine Aufwandsrückstellung (§ 249 Abs. 2 HGB) vorliegen, was jedoch steuerlich nicht hilfreich ist.

849 Angesichts des Verweises des BFH auf den einseitigen Charakter der hier in Frage stehenden öffentlich-rechtlichen Verbindlichkeit besteht unter Berücksichtigung der fiskalischen Interessenlage eine weitere denkbare Lösung in einer analogen Anwendung des § 5 Abs. 3 EStG. Hierbei handelt es sich um eine Rückstellung für eine möglicherweise noch nicht bekanntgewordene Rechts-

---

234 *Böttner*, a.a.O., S. 37.
235 *Böttner*, a.a.O., S. 57.
236 *Böttner*, a.a.O., S. 79.

verletzung[237]. Die Bildung einer Rückstellung ist schon zulässig, wenn mit einer Rechtsverletzung ernsthaft zu rechnen ist (§ 5 Abs. 3 Nr. 2 EStG). Was die diesbezügliche Konkretisierung bei Patentrechtsverletzungen angeht, so liegt es in der Natur der Sache, daß eher großzügig zu verfahren ist[238]. Die Unterschiede in der Sache setzen daher bezüglich der Konkretisierung der Analogiebildung eine Grenze; ein entsprechend hohes Maß an Wahrscheinlichkeit für das Be- oder Entstehen sowie die Inanspruchnahme aus der öffentlich-rechtlichen Verbindlichkeit müßte jedoch auch hier vorausgesetzt werden, um willkürliche Gewinnverschiebungen zwischen den Perioden zu verhindern.

850 Das Auflösungsgebot nach § 5 Abs. 3 S. 2 EStG verstößt gegen den handelsbilanzrechtlichen Grundsatz, daß mit einer Inanspruchnahme nicht schon deshalb nicht zu rechnen ist, weil der Gläubiger seinen Anspruch nicht geltend gemacht hat[239]. § 5 Abs. 3 S. 2 EStG hat jedoch den Charakter einer handelsrechtlich unmaßgeblichen steuerrechtlichen Spezialvorschrift[240]. Dasselbe würde bei einer analogen Anwendung des § 5 Abs. 3 EStG bei einseitigen öffentlich-rechtlichen Verbindlichkeiten gelten. Im übrigen wird von der Literatur z.T. unabhängig von einer analogen Anwendung des § 5 Abs. 3 EStG gefordert, daß die Rückstellung aufzulösen ist, wenn die Maßnahme nicht innerhalb von drei Jahren nach Bildung der Rückstellung durchgeführt wird[241].

851 Gegen die analoge Anwendung des § 5 Abs. 3 EStG wird argumentiert, daß Patentrechtsinhaber eine ständige Überwachung des Marktes durchführen würden, so daß der Kreis der möglichen Verletzer dem potentiellen Anspruchsgläubiger regelmäßig bekannt sein wird. Daher sei der Verantwortliche für ein kontaminiertes Grundstück allenfalls dann mit einem Patentrechtsverletzer vergleichbar, wenn die Kenntnisnahme des öffentlich-rechtlichen Gläubigers von seinem Anspruch alsbald zu erwarten ist[242].

852 Diese Sicht der Dinge ist aber nur begrenzt nachvollziehbar. Wie bereits ausgeführt, kommen schädliche Bodenveränderungen und Altlasten häufig aufgrund des Betriebes von genehmigungsbedürftigen oder zulassungspflichtigen Anlagen zustande. Die betreffenden Anlagen unterliegen der laufenden behördlichen Überwachung (§§ 21 WHG, 52 BImSchG, 40 Abs. 1 KrW/AbfG und 24 Abs. 1 GewO, § 19 AtG). Es ist nicht recht einzusehen, warum

---

[237] Der BFH zieht selbst diesen Vergleich heran. – BFH v. 19.10.1993, BStBl. II, 893. – *Clemm/Nonnenmacher*, in: Beck'scher Bilanzkommentar, § 249, Rdnr. 100, Stichwort „Patentverletzung". Eine entsprechende Regelung enthielt der § 17 Abs. 2a DMBilG. – Vgl. *Ludewig*, WPg 1995, 325 ff.

[238] *Venrooy*, StuW 1991, 30 f.

[239] *Clemm/Nonnenmacher*, in: Beck'scher Bilanzkommentar, § 249, Rdnr. 100, Stichwort „Patentverletzung".

[240] Mit dieser Vorschrift wird die Maßgeblichkeit der Handels- für die Steuerbilanz durchbrochen.

[241] *Weber-Grellet*, in: Schmidt, EStG-Kommentar 1999, § 5 EStG, Rdnr. 550, Stichwort „Umweltschutz und -schäden".

[242] *Gschwendtner*, DStZ 1994, 259 f.

vor diesem Hintergrund die Wahrscheinlichkeit, daß der öffentlich-rechtliche Gläubiger von seinem Anspruch Kenntnis erhält, sich im Grundsatz wesentlich von der des Patentinhabers unterscheiden soll. Nach Abwägung aller dargestellten Argumente erscheint daher die analoge Anwendung des § 5 Abs. 3 EStG für Verpflichtungen aus schädlichen Bodenveränderungen als eine diskutable Lösung. Diese Meinung entspricht jedoch weder der Verwaltungsauffassung noch dem Stand der Rechtsprechung.

853 Der BFH führt aus, daß – bei nicht vorhandener oder unmittelbar bevorstehender Gläubigerkenntnis – allenfalls eine Aufwandsrückstellung (§ 249 Abs. 2 HGB) in Betracht käme. Er verkennt dabei, daß eine Aufwandsrückstellung in einer betriebswirtschaftlichen Verpflichtung des Unternehmers gegen sich selbst begründet liegt, wogegen eine Verbindlichkeitsrückstellung heteronom, also extern veranlaßt ist. Eine Aufwandsrückstellung ist also keineswegs eine im Hinblick auf die Konkretisierungserfordernisse abgeschwächte Form der Verbindlichkeitsrückstellung[243].

854 Abgesehen davon ist eine Aufwandsrückstellung steuerrechtlich uninteressant, weil diesbezüglich – da es sich um ein handelsrechtliches Passivierungswahlrecht handelt – ein Ansatzverbot besteht. Die Auffassung des BFH, der Steuerpflichtige könne die Gläubigerkenntnis durch eine „einfache Anzeige" herbeiführen[244], klingt in diesem Kontext fast zynisch. Sie hilft dem Steuerpflichtigen nicht weiter; zudem ist es auch im Hinblick auf den ordnungspolitischen Zweck der zugrundeliegenden Umweltschutzgesetze (hier: BBodSchG) verfehlt, einerseits die Sanierungsanforderungen und damit die Kosten ständig zu erhöhen sowie den Zugriff der Umweltbehörden zu intensivieren und andererseits dem gleichzeitig sanierungs- und steuerpflichtigen Unternehmen zu versagen, für den zu erwartenden Sanierungsaufwand angemessen Vorsorge zu treffen[245]. Dementsprechend ist aus betriebswirtschaftlicher Sichtweise zu kritisieren, daß aus dem BBodSchG neue, z.T. schwer abschätzbare unternehmerische Risiken erwachsen, die sich nicht nur auf zukünftige, sondern auch auf vergangene unternehmerische Handlungen auswirken. Die Berechnung der Vorteilhaftigkeit schon getätigter Entscheidungen kann sich somit im nachhinein erheblich verändern. Wenn aufgrund strikt gefaßter Konkretisierungserfordernisse die steuerliche Abzugsfähigkeit verweigert wird, kann sich dies auf die unternehmerische Risikobereitschaft negativ auswirken. Von einem ökologischen Standpunkt aus ist dieser Aspekt sicher nicht nur negativ zu beurteilen, da Handlungen, die schädliche Bodenveränderungen hervorzurufen geeignet sind, verschärfte monetäre Konsequenzen nach sich ziehen.

---

243 Von dieser Auffassung geht offenbar auch *Gschwendtner* aus. – *Gschwendtner*, DStZ 1994, 262 f.
244 BFH v. 19. 10. 1993, BStBl. II 1993, 894.
245 *Eilers/Geisler*, BB 1998, 2412.

855 Der BFH machte deutlich, daß sich seine Rechtsprechung anhand von Einzelfällen entwickelte und ließ es mit Blick auf die z. T. vehemente Kritik in der Literatur ausdrücklich offen, ob und inwieweit diese Rechtsprechung allgemein oder für Beseitigungspflichten im Rahmen der Umweltsanierung präzisiert oder fortentwickelt werden muß[246].

c) Rückstellungsgründe aus dem BBodSchG in der Handelsbilanz

856 Aus dem BBodSchG und der BBodSchV ergeben sich eine Abfolge von Verfahren, die im wesentlichen sind[247]:

- Altlastenvermutung und Altlastenverdacht
- Gefahrenabschätzung und -erforschung
- Sanierungsuntersuchung und -planung
- Durchführung der Sanierung

Im einzelnen können die Schritte fließend sein.

857 Die Gefahrenlage ist nicht immer bekannt. Von der Altlastenvermutung bis hin zur Durchführung der Sanierung können mehrere Bilanzstichtage vergehen. Die Problematik, die im Folgenden erörtert werden soll, liegt daher v. a. in der Ungewißheit.

858 Handelsrechtlich ist vor dem Hintergrund des Vorsichtsprinzips zu beurteilen, für welche der Schritte bilanziell Vorsorge zu treffen ist. Zu beachten ist, daß die Rückstellungsvoraussetzungen weiter als die Haftungsvoraussetzungen sind. Während die tatsächliche Inanspruchnahme im Rahmen von Gefahrerforschungs- oder Sanierungsmaßnahmen den Nachweis des Überschreitens der einschlägigen Prüf- bzw. Maßnahmenwerte notwendig macht, ist ein Rückstellungsansatz zumindest handelsrechtlich bereits dann geboten, wenn mit der Haftung nach vernünftiger kaufmännischer Beurteilung gerechnet werden muß.

(aa) Altlastenvermutung und Altlastenverdacht
(Ermittlungen der ersten Stufe)

859 Der logisch erste Schritt vor der ersten orientierenden Untersuchung sowie der möglicherweise folgenden Detailuntersuchung[248] zur Feststellung und Erfassung der Altlast ist der Altlastenverdacht (§ 2 Abs. 6 BBodSchG). Der Verordnungsgeber hat die Anhaltspunkte für das Vorliegen einer schädlichen Bodenveränderung mit denen für das Vorliegen einer Altlast verknüpft (§ 5 Abs. 1 BodSchV). In diesem Stadium müssen die Anhaltspunkte noch nicht konkret sein.

---

246 *Eilers/Geisler*, BB 1998, 2413. – BFH v. 19. 10. 1993, BStBl. II 1993, 891 ff.
247 Vgl. Kap. B.IX. 5.
248 Zu den Begriffen der „orientierenden Untersuchung" und der „Detailuntersuchung" vgl. § 2 Nr. 3 und 4 BBodSchV.

Nach § 9 Abs. 1 BBodSchG wird durch das Vorliegen einer Altlastenvermu- **860** tung eine behördliche Ermittlungspflicht ausgelöst. Anhaltspunkte für das Vorliegen einer schädlichen Bodenveränderung oder Altlast können sich aus der früheren Nutzung eines Grundstücks ergeben[249].

Liegen Anhaltspunkte für das Vorliegen einer Altlast vor (§ 3 Abs. 1 und 2 **861** BBodSchV), so soll die Verdachtsfläche oder altlastverdächtige Fläche zunächst einer orientierenden Untersuchung unterzogen werden (§ 3 Abs. 3 BBodSchV). Durch diese Untersuchung soll der bestehende Verdacht ausgeräumt oder bestätigt werden. Die Ergebnisse der orientierenden Untersuchung sind in einem gesonderten Schritt mittels der sog. Prüfwerte zu bewerten. Werden die Prüfwerte (§ 8 Abs. 1 BBodSchG) überschritten oder ist aufgrund einer Bewertung nach § 4 Abs. 3 BBodSchV mit einer Überschreitung der Prüfwerte zu rechnen (§ 3 Abs. 4 BBodSchV), so liegen konkrete Anhaltspunkte vor, die den hinreichenden Verdacht einer schädlichen Bodenveränderung oder Altlast i. S. des § 9 Abs. 2 BBodSchG begründen (§ 3 Abs. 4 BBodSchV, § 9 Abs. 2 S. 1 BBodSchG). Die hierdurch ausgelöste Detailuntersuchung ist allerdings Bestandteil der Ermittlungen der zweiten Stufe. Ergibt sich hingegen kein hinreichender Verdacht, kann das Grundstück als bodenschutzrechtlich irrelevant eingestuft werden. Über die Ergebnisse der Ermittlungen der ersten Stufe sind der Grundstückseigentümer und der Inhaber der tatsächlichen Gewalt von der zuständigen Behörde auf Antrag schriftlich zu unterrichten[250].

Während der Ermittlungen der ersten Stufe besteht noch keine Untersu- **862** chungspflicht der möglicherweise Verantwortlichen[251]. *Für die erste Stufe* ist daher nicht der Ansatz einer Rückstellung erforderlich. Ist es allerdings wahrscheinlich, daß auch die folgenden Stufen durchlaufen werden, kann handelsrechtlich schon *während der ersten Stufe* die Bildung einer Rückstellung für die Kosten der sich aus einer Konkretisierung des Altlastenverdachts ergebenden *nachfolgenden* Maßnahmen geboten sein. Diese Wahrscheinlichkeit ist gegeben, wenn die in der BBodSchV verankerten Prüfwerte – bei gleichzeitigem Vorliegen weiterer Indizien für Folgemaßnahmen – überschritten werden oder sich ein Überschreiten mit hinreichender Wahrscheinlichkeit abzeichnet.

(bb) Kosten der Gefahrenabschätzung und -erforschung
   (Ermittlungen der zweiten Stufe)

Besteht der hinreichende Verdacht einer schädlichen Bodenveränderung oder **863** einer Altlast, soll die zuständige Behörde Gefahrerforschungsmaßnahmen bzw. Detailuntersuchungen (§ 9 Abs. 2 BBodSchG, § 3 Abs. 4 und 5 BBodSchV) anordnen um festzustellen, ob eine sanierungsbedürftige schädliche Bodenveränderung oder Altlast vorliegt. Die Kosten dieser Ermittlungs-

---

[249] *Sahm*, UPR 1999, 374.
[250] *Sanden/Schoeneck*, a. a. O., § 9, Rdnr. 5, 7, 10 und 12.
[251] *Sanden/Schoeneck*, a. a. O., § 9, Rdnr. 5.

maßnahmen der zweiten Stufe hat nach § 24 Abs. 1 S. 1 BBodSchG der zur Durchführung Verpflichtete zu tragen. Angesichts der voraussichtlichen wirtschaftlichen Belastung ist die Bildung einer Rückstellung zu prüfen. Bei den Ermittlungen der zweiten Stufe handelt es sich um durch das BBodSchG begründete Außenverpflichtungen, die ihren Bezugspunkt wirtschaftlich in der Vergangenheit haben und eine wirtschaftliche Belastung darstellen können. Problematisch ist v. a. die Beurteilung des Be- oder Entstehens der Verbindlichkeit und die Wahrscheinlichkeit der Inanspruchnahme aus der Verbindlichkeit.

(1) Wahrscheinlichkeit des Be- oder Entstehens einer Verbindlichkeit

864 Vom Ergebnis der Ermittlungen der ersten Stufe hängt es ab, wie hoch die Wahrscheinlichkeit eingeschätzt werden kann, daß Gefahrerforschungsmaßnahmen i. S. des § 9 Abs. 2 BBodSchG, § 3 Abs. 5 BBodSchV veranlaßt werden.

865 Die betreffenden Gefahrerforschungsmaßnahmen nach § 9 Abs. 2 BBodSchG sind erst bei Vorliegen eines hinreichenden Verdachts vorzunehmen. Der geforderte Verdachtsgrad stimmt grundsätzlich mit dem sog. Gefahrenverdacht i. S. des allgemeinen Polizei- und Ordnungsrechts mit der Einschränkung überein, daß eine schädliche Bodenveränderung auch schon bei Vorliegen von erheblichen Nachteilen oder erheblichen Belästigungen anzunehmen ist. Unter einem Gefahrenverdacht versteht man Situationen, in denen aufgrund von Unsicherheiten über den Sachverhalt der für das Vorliegen einer Gefahr erforderliche Grad an Wahrscheinlichkeit nicht erreicht ist, andererseits nicht davon ausgegangen werden kann, daß eine Gefahrenlage ausgeschlossen werden kann[252]. Welches Maß an Wahrscheinlichkeit für das Vorliegen einer schädlichen Bodenveränderung oder Altlast erforderlich ist, hängt von den betroffenen Schutzgütern ab. Je größer und folgenschwerer der möglicherweise eintretende Schaden ist, um so geringere Anforderungen sind an die Wahrscheinlichkeit einer bestehenden Gefahr zu stellen[253]. Dieser Beurteilung darf sich auch die Wahrscheinlichkeitsprüfung für handelsbilanzielle Rückstellungen nicht entziehen.

866 Anders als bei den Ermittlungen auf Grund des § 9 Abs. 1 BBodSchG darf der Verdacht nicht auf Vermutungen oder allgemeinen und ungesicherten Erkenntnissen basieren, sondern muß auf konkreten Anhaltspunkten beruhen. Somit sind nachprüfbare und belastbare Indizien erforderlich. Dabei kommt vor allem den **Prüfwerten** die Funktion zu, die Grenze zu markieren, ab der die in § 9 Abs. 1 S. 1 BBodSchG genannten Voraussetzungen zutreffen können. Sind die Prüfwerte nicht überschritten, kann der Bilanzierende davon ausgehen, daß er künftig zu einer Sanierung nicht herangezogen werden wird (§ 4 Abs. 2 S. 1 BBodSchV). Erst bei Überschreiten der Prüfwerte hat der po-

---
252 *Sanden/Schoeneck*, a. a. O., § 9, Rdnr. 15.
253 *Knopp/Albrecht*, Altlastenrecht in der Praxis, Rdnr. 71.

tentielle Investor mit einer Einzelfallprüfung durch die Verwaltungsbehörde zu rechnen[254]. Nicht zulässig sind Verdachtsmomente allgemeiner Art, wonach etwa bei Unternehmen einer bestimmten Branche stets ein Altlastenverdacht besteht[255].

Handelsrechtlich kann aus dem Vorsichtsprinzip heraus je nach Lage des Einzelfalles möglicherweise schon vor Abschluß der Ermittlungen erster Stufe eine Rückstellung für die Kosten der Gefahrerforschungsmaßnahmen angebracht sein, wenn sich ein Überschreiten der Prüfwerte abzeichnet und damit hinreichende Indizien dafür vorliegen, daß es zu Ermittlungen der zweiten Stufe kommen wird. Die Rückstellung für die Kosten der Gefahrenabschätzung und -erforschung **ist** bei Überschreiten der Prüfwerte vorzunehmen. **867**

(2) Wahrscheinlichkeit der Inanspruchnahme aus der Verbindlichkeit

Von vorrangiger Bedeutung für die Beurteilung der Wahrscheinlichkeit der Inanspruchnahme dürfte die Einschätzung der Ausübung des der Umweltbehörde zustehenden Auswahlermessens sein. Die materielle Ermittlungslast wie auch die Kostenlast bei Gefahrerforschungseingriffen nach § 9 Abs. 2 BBodSchG wird grundsätzlich den Verantwortlichen i.S. des § 4 Abs. 3, 5 und 6 BBodSchG übertragen (§ 24 Abs. 1 BBodSchG). **868**

Was die Details zu der Wahrscheinlichkeit der Inanspruchnahme anbelangt, sei auf Kap. C.I. 5. b) verwiesen. Zwar stellt die Auswahl der Pflichtigen eine Ermessensentscheidung dar, die unter der Restriktion gefällt werden muß, daß die Verantwortlichkeit i.S. des § 4 BBodSchG feststeht und es sich nicht um einen bloßen Anscheins- oder Verdachtsstörer handelt. Weil die Pflichtigkeit des Zustandsverantwortlichen eindeutig ist, während die Verantwortlichkeit des Verursachers oft erst im Zusammenhang mit den Maßnahmen zur Gefährdungsabschätzung mit Sicherheit geklärt werden kann, wird sehr häufig der Zustandsverantwortliche als Adressat der Anordnung herangezogen werden[256]. Solange allerdings die Wahrscheinlichkeit der Inanspruchnahme für die übrigen nach § 4 Abs. 3 BBodSchG heranziehbaren Personen nicht eindeutig ausgeschlossen werden kann, haben auch diese eine Rückstellung zu bilden, wenn die übrigen Voraussetzungen vorliegen. Anders als in der Steuerbilanz ist eine „überwiegende Wahrscheinlichkeit" der Inanspruchnahme nicht erforderlich; ebenso wird eine gläubigerbezogene Auslegung des Kriteriums (positive Gläubigerkenntnis) verneint. **869**

(cc) Sanierungsuntersuchung, Sanierungsplanung und Sanierungsvertrag

Liegt eine Altlast i.S. des § 2 Abs. 5 BBodSchG vor und besteht ein Planungsbedürfnis, so soll die Behörde vom Verpflichteten die Vornahme einer **870**

---

254 *Knopp/Albrecht*, BB 1998, 1858.
255 *Sanden/Schoeneck*, a.a.O., § 9, Rdnr. 8, 15 und 16.
256 *Sanden/Schoeneck*, a.a.O., § 9, Rdnr. 17.

sog. Sanierungsuntersuchung sowie die Vorlage eines Sanierungsplans verlangen (§ 13 Abs. 1 BBodSchG). § 13 Abs. 4 BBodSchG sieht die Möglichkeit vor, mit dem Sanierungsplan den Entwurf eines sog. Sanierungsvertrags vorzulegen.

871 *Sanierungsuntersuchungen* (§ 13 Abs. 1 S. 1 BBodSchG) dienen dazu, Art und Umfang der Maßnahmen zu ermitteln, die zur Erfüllung der Pflichten nach § 4 Abs. 3 BBodSchG im Einzelfall geeignet, erforderlich und verhältnismäßig sind.

872 Sanierungsuntersuchungen sind von den in § 9 BBodSchG geregelten Untersuchungen zur Gefährdungsabschätzung abzugrenzen. Sie setzen zum einen voraus, daß eine schädliche Bodenveränderung oder Altlast und damit eine Gefahrenlage besteht, wogegen Untersuchungen zur Gefährdungsabschätzung lediglich dazu dienen, einen Gefahrenverdacht zu erhärten oder auszuräumen. Zum anderen haben Sanierungsuntersuchungen das Ziel, zu prüfen, mit welchen Maßnahmen eine Sanierung durchgeführt werden kann (§ 6 Abs. 1, Anhang 3 BBodSchV). Sie erfolgt somit im Hinblick auf die technische Machbarkeit einzelner Verfahren. Bei Untersuchungen zur Gefährdungsabschätzung geht es hingegen nur um die Feststellung des Ist-Zustandes[257].

873 In der Praxis wird ein effektives Sanierungsmanagement darauf achten, daß die Ergebnisse der Gefährdungsabschätzung gleichzeitig auch der Sanierungsuntersuchung dienen können.

874 Der *Sanierungsplan* soll die für die Durchführung der Sanierung maßgeblichen Bedingungen entwickeln und so festlegen, daß er im Regelfall als Grundlage für das weitere Vorgehen von Behörden und Verantwortlichen dienen kann. Grundsätzlich ist der vom Verantwortlichen vorzulegende Sanierungsplan vom behördlichen Sanierungsplan i.S. des § 14 BBodSchG zu unterscheiden. Die Kosten hat nach § 24 Abs. 1 S. 2 und 3 BBodSchG derjenige zu tragen, der von der Behörde zu Maßnahmen herangezogen wurde bzw. derjenige, von dem die Erstellung eines Sanierungsplans hätte verlangt werden können[258].

875 Der *Sanierungsvertrag* (§ 13 Abs. 4 BBodSchG) hat die Ausführung des Sanierungsplanes zum Inhalt. Er wird zwischen der Behörde und dem nach § 4 BBodSchG Verpflichteten abgeschlossen. Ein Sanierungsvertrag erlaubt dem Verpflichteten einen stärkeren Einfluß auf den Sanierungsablauf und die Art der Maßnahmen als bei einer bloßen einseitigen Sanierungsanordnung. Das Sanierungsrisiko kann somit überschaubar und kalkulierbar der finanziellen Leistungsfähigkeit des Pflichtigen entsprechend gestaltet werden[259]. Auch die Kosten des Sanierungsvertrages an sich (z.B. Anwalt) sind grundsätzlich rückstellbar. Es handelt sich bei den hier diskutierten Verpflichtungen um

---
257 *Sanden/Schoeneck*, a.a.O., § 13, Rdnr. 24 und 25.
258 *Knopp/Albrecht*, Altlastenrecht in der Praxis. Rdnr. 89. – Vgl. Kap. B.VII, B.VIII.
259 *Sahm*, UPR 1999, 376. – Vgl. Kap. B. VII.

bodenschutzrechtlich begründete Außenverpflichtungen mit wirtschaftlichem Bezugspunkt in der Vergangenheit, die eine wirtschaftliche Belastung darstellen können. Zu problematisieren ist die Wahrscheinlichkeit des Be- oder Entstehens und der Inanspruchnahme aus der Verbindlichkeit.

(1) Wahrscheinlichkeit des Be- oder Entstehens einer Verbindlichkeit

876 Sanierungsuntersuchungen und Sanierungspläne können angeordnet werden, wenn die Schwelle des Gefahrenverdachts überschritten und positiv eine Gefahrenlage festgestellt worden ist. Die Behörde hat bei Sanierungsuntersuchungen dann grundsätzlich kein Entschließungsermessen[260]. Bei der Veranlassung der Erstellung von Sanierungsplänen ist die Behörde ebenfalls im Regelfall in ihrem Entschließungsermessen gebunden. Wie bei einer Untersuchungsanordnung muß die Schwelle des Gefahrenverdachts überschritten sein und ein Planungsbedürfnis bestehen. Dieses sieht das Gesetz dann als gegeben an, wenn die Altlast eine bestimmte Qualität aufweist: Es muß sich um einen Sanierungsfall handeln, der wegen der Schwere oder der Komplexität der Beeinträchtigungen und/oder der Maßnahmen ein abgestimmtes und planmäßiges Vorgehen erfordert[261].

877 Ob ein Sanierungsplan erstellt wird, liegt im eingeschränkten Ermessen der zuständigen Behörde. Wenn trotz des besonderen Gefahrenpotentials einer Altlast aufgrund besonderer Umstände ein Sanierungsplan nicht erforderlich erscheint, kann auch ohne Sanierungsplan eine Sanierungsanordnung nach § 10 Abs. 1 i. V. mit § 16 Abs. 2 BBodSchG ergehen. Allerdings soll die Behörde nach § 13 Abs. 1 BBodSchG vor allem bei solchen Altlasten, von denen in besonderem Maße schädliche Bodenveränderungen oder sonstige Gefahren ausgehen, die Vorlage eines Sanierungsplans verlangen[262].

878 Liegen Anhaltspunkte für ein besonderes Gefahrenpotential und/oder eine besondere Komplexität der bevorstehenden Sanierungsmaßnahmen vor, kann mit großer Wahrscheinlichkeit damit gerechnet werden, daß dem Bilanzierenden die Erstellung eines Sanierungsplans auferlegt wird. Dementsprechend ist handelsrechtlich schon dann eine Rückstellungsbildung geboten, wenn sich während der Gefahrerforschungsmaßnahmen mit hinreichender Wahrscheinlichkeit ein entsprechender Verdacht abzeichnet. Liegen entsprechend aussagekräftige Indizien vor, ist handelsrechtlich somit schon bei Vorliegen eines entsprechenden Gefahrenverdachts die Rückstellung vorzunehmen.

879 Aus dem BBodSchG läßt sich allerdings nicht entnehmen, welche Voraussetzungen hierfür im einzelnen zu fordern sind. Zudem gibt es keinen Erfahrungssatz des Inhalts, daß sich der betreffende Verdacht regelmäßig bestä-

---

260 *Sanden/Schoeneck*, a. a. O., § 13, Rdnr. 27.
261 *Sanden/Schoeneck*, a. a. O., § 13, Rdnr. 8. – *Sahm*, UPR 1999, 375. – *Fluck*, DVBl. 15. 11. 1999, 1552.
262 *Knopp/Albrecht*, Altlastenrecht in der Praxis, Rdnr. 85.

tigt[263]. Allerdings bietet es sich im Sinne des Vorsichtsprinzips an, schon bei einem Überschreiten der Prüfwerte eine entsprechende Rückstellung einzubuchen, wenn weitere Indizien das wahrscheinliche Durchlaufen weiterer Verfahrensschritte erhärten bzw. ein Planungsbedürfnis offensichtlich gegeben ist.

880 Liegt ein Planungsbedürfnis vor, so *ist* eine Rückstellung vorzunehmen, wenn die *Maßnahmenwerte* überschritten werden bzw. wenn Indizien dafür vorliegen, daß eine Überschreitung der Maßnahmenwerte als wahrscheinlich anzusehen ist.

881 Nach § 7 BBodSchV kann auf eine Sanierungsuntersuchung und Sanierungsplanung nur dann verzichtet werden, wenn nach Feststellung der zuständigen Behörde Gefahren, erhebliche Nachteile oder erhebliche Belästigungen mit einfachen Mitteln abgewehrt werden oder sonst beseitigt werden können (§ 7 BBodSchV). Nur bei Vorliegen einer solchen Feststellung wird man nach Vorliegen der übrigen Voraussetzungen (insbesondere einem Überschreiten der Prüfwerte) von der Rückstellung von Kosten für Sanierungsuntersuchung und Sanierungsplan absehen können.

882 Wird ein Sanierungsvertrag erarbeitet, können Unsicherheiten allenfalls hinsichtlich der Bewertung der Rückstellung, nicht aber im Hinblick auf den Grund der Verbindlichkeit bestehen.

(2) Wahrscheinlichkeit der Inspruchnahme aus der Verbindlichkeit

883 Auch hier stellt sich die Frage, wie die Behörde ihr Auswahlermessen ausfüllen wird. Zur Sanierungsuntersuchung und Sanierungsplanung können nämlich die Personen herangezogen werden, die nach § 4 Abs. 3, 5 oder 6 BBodSchG für die Erfüllung der materiellen Pflichten verantwortlich sind. Es kann sich hierbei also um den Verursacher und seinen Gesamtrechtsnachfolger, den Grundstückseigentümer, den Inhaber der tatsächlichen Gewalt oder weitere Personen handeln, die für die primär Verpflichteten einzustehen haben[264]. Da das behördliche Ermessen kaum prognostiziert werden kann, haben bei Vorliegen der übrigen Voraussetzungen sämtliche dieser Personen eine Verbindlichkeitsrückstellung zu bilden, sofern die Ermessensentscheidung nicht durch die Tatsachen eindeutig in eine bestimmte Richtung gedrängt wird. Somit gelten die in C I. 5a) (ee) dargestellten Voraussetzungen für die Wahrscheinlichkeit der Inanspruchnahme auch hier entsprechend. Liegt ein öffentlich-rechtlicher Sanierungsvertrag vor, so ist ohnehin die Inanspruchnahme in bindender Weise klargestellt.

---

263 Hieran hat sich durch das BBodSchG gegenüber der alten Rechtslage nichts geändert. – Zur alten Rechtslage vgl. *Böttner*, a. a. O., S. 129.
264 *Knopp/Albrecht*, Altlastenrecht in der Praxis. Rdnr. 24.

(dd) Rückstellungen für Sanierungsverpflichtungen

Das BBodSchG sieht eine Rangfolge von Maßnahmen vor. Es unterscheidet **884** *Sanierungsmaßnahmen* (§ 2 Abs. 7 BBodSchG) von *Schutz- und Beschränkungsmaßnahmen* (§ 2 Abs. 8 BBodSchG). Letztere sind zu ergreifen, wenn Sanierungsmaßnahmen technisch nicht möglich oder nicht zumutbar sind[265]. Hierbei handelt es sich insbesondere um Nutzungsbeschränkungen. Rückstellungsfähig sind jedoch nur Sanierungs-, nicht aber Schutz- und Beschränkungsmaßnahmen, zumal letztere Umsätze alimentieren, die sich erst in der Zukunft ereignen. Auch bei Rückstellungen für Sanierungsverpflichtungen sind in erster Linie die Wahrscheinlichkeit des Be- oder Entstehens sowie diejenige der Inanspruchnahme aus der Verbindlichkeit zu problematisieren.

(1) Wahrscheinlichkeit des Be- oder Entstehens einer Verbindlichkeit

Voraussetzung für die handelsrechtliche Bildung einer Verbindlichkeitsrück- **885** stellung ist zunächst, daß die ungewisse Verbindlichkeit auch dem Bilanzierenden zugerechnet werden kann, er also als Handlungs- und/oder Zustandspflichtiger bzw. als ehemaliger Eigentümer in die Verantwortung genommen kann.

Erst bei Überschreiten der Prüfwerte im Rahmen der Gefahrerforschung kann **886** überhaupt Ungewißheit über das Vorliegen einer öffentlich-rechtlichen Verbindlichkeit bestehen. Ein Überschreiten der Prüfwerte begründet den hinreichenden Verdacht einer schädlichen Bodenveränderung oder Altlast und führt zu einer detaillierten Überprüfung. Interpretiert man den in § 3 Abs. 4 BBodSchV verwendeten Begriff des „hinreichenden Verdachts" im Sinne einer gewissen Wahrscheinlichkeit für das Bestehen einer Verpflichtung des Bilanzierenden, so kann daher schon bei Überschreiten der Prüfwerte eine dem Grunde und der Höhe nach ungewisse Verbindlichkeit angenommen werden. Allerdings ist die Konkretisierung der ungewissen Verbindlichkeit und somit die Höhe der zuzumessenden Wahrscheinlichkeit allein aufgrund des Überschreitens der Prüfwerte noch sehr schwach. Ob in diesem Stadium das Bestehen bzw. Entstehen einer öffentlich-rechtlichen Verpflichtung angenommen werden kann, hängt somit stark vom Gesamtbild der tatsächlichen Verhältnisse ab. Spricht dieses in hohem Maße für eine sanierungsbedürftige schädliche Bodenveränderung, kann bereits in diesem Stadium handelsrechtlich aufgrund des Vorsichtsprinzips eine Verbindlichkeitsrückstellung angebracht sein. Hierzu wird es jedoch neben dem Überschreiten der Prüfwerte noch weiterer Indizien dafür bedürfen, daß weitere Verfahrensschritte durchlaufen werden. Hierbei reichen jedoch allein Anhaltspunkte i.S. des § 3 Abs. 1 und 2 BBodSchV nicht aus. In diesem Zusammenhang kommt dem System der Inventur der Risiken eine besondere Bedeutung zu.

---

[265] *Knopp/Albrecht*, Altlastenrecht in der Praxis, Rdnr. 83. – Vgl. Kap. B.V.

887 Während es nach altem Recht für den Erlaß einer Sanierungsverfügung maßgeblich darauf ankam, ob die schädliche Bodenveränderung oder Altlast eine Gefahr für die öffentliche Sicherheit und Ordnung darstellt und das Einschreiten bei Vorliegen dieser Voraussetzungen im pflichtgemäßen Ermessen der zuständigen Behörde liegt, wird das Entschließungsermessen der zuständigen Behörde durch das BBodSchG besonders durch die sog. *Maßnahmenwerte* eingeschränkt. Ist der Maßnahmenwert erreicht, begründet dies im Regelfall eine Sanierungspflicht des Verantwortlichen, die dann durch Sanierungsanordnung und -vertrag umgesetzt werden muß[266]. Das heißt zwar nicht, daß die Behörde bei einem Überschreiten der Maßnahmenwerte tatsächlich in jedem Einzelfall eine Sanierungsverfügung zu erlassen hat. Andererseits müssen jedoch – anders als nach alter Rechtslage – gute Gründe vorliegen, wenn die Behörde trotz Kenntnis von Bodenbelastungen, die die betreffenden Maßnahmenwerte überschreiten, untätig bleiben will. Daher führen die Maßnahmenwerte zu einem erhöhten Haftungsrisiko, das auch bilanziell berücksichtigt werden muß[267]. Ist somit behördlich ein Überschreiten der Maßnahmenwerte festgestellt, kann mit einer überwiegenden Wahrscheinlichkeit vom Ergehen einer Sanierungsanordnung ausgegangen werden. Handelsrechtlich ist dann aus dem Vorsichtsprinzip heraus in jedem Falle eine Verbindlichkeitsrückstellung geboten. Eine Verbindlichkeitsrückstellung kann aber schon dann im Vorfeld der Auswertungen angebracht sein, wenn hinreichende Indizien für den voraussichtlichen Sanierungsbedarf vorliegen bzw. eine Überschreitung der Maßnahmenwerte im Verlauf der Vorfelduntersuchungen als wahrscheinlich angesehen werden kann.

888 Problematisch ist, daß Maßnahmenwerte bislang in der BBodSchV nur sehr spärlich festgelegt sind (Anh. 2 BBodSchV). Aus Gründen der Rechtsklarheit und Rechtssicherheit ist es aber unabdingbar, daß der Gesetzgeber für weitere Bodenschadstoffe Maßnahmenwerte erläßt[268]. Liegt ein Sanierungsvertrag vor, steht die Existenz der Verpflichtung außer Diskussion.

(2) Wahrscheinlichkeit der Inanspruchnahme aus der Verbindlichkeit

889 Auch hier gilt im Grundsatz nichts anderes als in den Punkten bb) und cc). Die Beurteilung der Wahrscheinlichkeit der Inanspruchnahme ist einzelfallbezogen vor dem Hintergrund des Auswahlermessens der Behörde vorzunehmen. Auch bei Sanierungsmaßnahmen wird die zuständige Behörde – nicht anders als nach bisherigem Recht und bisheriger Rechtsprechung – häufig vorrangig den Grundstückseigentümer heranziehen[269]. Dieser läßt sich nämlich über die Grundbücher leicht und sicher feststellen. Hingegen ist es in aller Regel sehr aufwendig, wenn nicht gar unmöglich, den jeweiligen Verursa-

---

[266] *Knopp/Albrecht*, BB 1998, 1858. – *Dies.*, Altlastenrecht in der Praxis, Rdnr. 63.
[267] *Eilers/Geisler*, BB 1998, 2413.
[268] *Knopp/Ebermann-Finken*, BB 1999, 2471.
[269] *Eilers/Geisler*, BB 1998, 2414.

cher einer Bodenkontamination oder Altlast zu ermitteln. Praktisch wird daher das Risiko für den aktuellen Grundstückseigentümer, für eine entsprechende Maßnahme herangezogen zu werden, nach wie vor hoch einzuschätzen sein. Da jedoch die Ermessensentscheidung nicht prognostiziert werden kann und auch für die anderen Pflichtigen die Wahrscheinlichkeit der Inanspruchnahme besteht, haben grundsätzlich alle gem. § 4 Abs. 3 BBodSchG in Frage kommenen Personen Vorsorge zu treffen.

d) Rückstellungen nach dem BBodSchG in der Steuerbilanz

890 Aufgrund des anderen Normzweckes des Steuerrechts gegenüber dem Handelsrecht sind für die Rückstellungsbildung in der Steuerbilanz höhere Ansprüche an die Objektivierungs- und Konkretisierungserfordernisse als in der Handelsbilanz zu stellen[270]. Dies gebietet der Grundsatz der Gleichmäßigkeit der Besteuerung und geht auch aus der BFH-Rechtsprechung hervor, welche gläubigerbezogene Anforderungen an die Konkretisierung von ungewissen und gewissen Verbindlichkeiten stellt.

891 Für die Ermittlungen der ersten Stufe gilt auch steuerbilanziell das im vorherigen Kapitel Gesagte entsprechend; eine Rückstellung scheidet mangels wirtschaftlicher Belastung aus. In Frage steht hier also die Vornahme von Rückstellungen für Gefahrerforschungsmaßnahmen, Sanierungsuntersuchungen und die Sanierungsplanung sowie für die Sanierung selbst.

892 Liegt eine diesbezügliche Anordnung der Behörde vor, die den Stpfl. zur Vornahme von Gefährdungs- oder Sanierungsuntersuchungen, zur Erstellung eines Sanierungsplanes oder zur Sanierung verpflichtet, so ist die Rückstellbarkeit der Verpflichtung unzweifelhaft. In diesem Falle liegt allerdings nur noch Unsicherheit über die Höhe, jedoch nicht mehr über den Grund der Verpflichtung vor; die Kenntnis des Gläubigers ist vorhanden.

893 Problematisch ist hingegen der Fall, daß eine derartige Anordnung noch nicht ergangen ist. Vor dem Hintergrund des in Kap. C.I. 5. b) vorgeschlagenen Interpretationsrahmens wird hier zu fordern sein, daß die Kenntnis der Umweltbehörde von der (möglichen) schädlichen Bodenveränderung oder Altlast vorhanden ist oder wenigstens unmittelbar bevorsteht.

(aa) Allgemeine steuerliche Konkretisierungsmerkmale

(1) Wahrscheinlichkeit des Bestehens oder Entstehens einer Verbindlichkeit

894 In der Praxis ergibt sich bei der Frage nach der Unsicherheit dem Grunde nach zunächst das Problem der Unkenntnis der Beteiligten über tatsächliche Umstände im Hinblick auf noch nicht erforschte Altlasten. Zumeist ist nicht bekannt, ob und welche der in Frage kommenden Maßnahmen angeordnet werden können. Für die Annahme einer ungewissen Verbindlichkeit ist je-

---

270 A. A. *Gschwendtner*, DStZ 1994, 257 ff.

doch zu fordern, daß zumindest fundierte Schätzungen über die verpflichtungsbegründenden Tatsachen (Art und Ausmaß der Verunreinigung) belegt werden können[271]. Die objektive Gefahrenlage muß einigermaßen abschätzbar sein, um zu Prognosen hinsichtlich der Sanierungserfordernisse zu gelangen. Voraussetzung dafür, daß der Schuldner von der – möglichen – Verpflichtung vor dem Gläubiger Kenntnis erhält, ist ein entsprechend entwickeltes System der Risikoinventur, das auch zur überschlägigen Abschätzung der durch das BBodSchG festgesetzten Eingriffsschwellen taugt.

895 Die vom BFH geforderte Objektivierung der Wahrscheinlichkeit eines Eingriffs zur Vornahme von *Gefahrenabschätzungen und -erforschungen* (Ermittlungen der zweiten Stufe) wird erst durch das Überschreiten der Prüfwerte im Rahmen einer behördlichen Untersuchung (Ermittlungen der ersten Stufe) oder, falls private Untersuchungen vorgenommen werden, bei behördlicher Kenntnis derselben in hinreichendem Maße indiziert. Zu einem früheren Zeitpunkt wird eine steuerbilanzielle Rückstellung regelmäßig abzulehnen sein. Die Kenntnis des Gläubigers ist zu diesem Zeitpunkt also schon vorhanden. Stellt sich im weiteren Verlauf der Untersuchungen heraus, daß die Maßnahmenwerte im Rahmen von Gefahrerforschungsmaßnahmen überschritten werden, so kommt eine Verbindlichkeit aus der Verpflichtung zur Vornahme einer Sanierungsuntersuchung oder zur Erstellung eines Sanierungsplans in aller Regel in Betracht. Ebenso kann bei Überschreiten der Maßnahmenwerte die Verpflichtung zur *Vornahme einer Sanierung* mit großer Wahrscheinlichkeit angenommen werden. Zwar bedeutet ein Überschreiten der Maßnahmenwerte nicht automatisch, daß die Behörde bei einem Überschreiten der Maßnahmenwerte tatsächlich in jedem Einzelfall eine Sanierungsverfügung zu erlassen hat. Weil aber gute Gründe für ein etwaiges Untätigbleiben der Behörde vorliegen müssen, ist das Ermessen der Behörde stark eingeengt[272]. Anders als bei der handelsbilanziellen Rückstellung wird man also mit Blick auf die eingeschränkte Bedeutung des Vorsichtsprinzips in der Steuerbilanz

- die Kenntnis der zuständigen Behörde voraussetzen müssen und zudem
- regelmäßig nur die konkret auf die jeweiligen behördlichen Schritte folgenden kostenwirksamen Maßnahmen (stufenweise) zum Gegenstand einer Rückstellung machen können, weil sich nur diese hinreichend objektivieren und konkretisieren lassen und daher zur Verdichtung des Wahrscheinlichkeitsurteils beitragen.

(2) Wirtschaftliche Verursachung zum Bilanzstichtag

896 Sowohl die Ermittlungen zweiter Stufe als auch Verpflichtung zur Vornahme einer Sanierungsuntersuchung und zur Erstellung eines Sanierungsplans ist wirtschaftlich schon durch am Bilanzstichtag feststehende Tatsachen, nämlich

---

271 *Böttner*, a. a. O., S. 50–51. – Vgl. die Ausführungen zur Inventur der Risiken in Kap. C.I. 2.
272 *Eilers/Geisler*, BB 1998, 2413.

die schädliche Bodenveränderung oder Altlast, verursacht. Gleiches gilt für *Sanierungsverpflichtungen* i. S. des § 4 BBodSchG.

(3) Gefahr der Inanspruchnahme

Die Frage, inwieweit mit der Inanspruchnahme ernsthaft zu rechnen ist, hat im Hinblick auf das BBodSchG zwei Dimensionen:

- Das **Vorhandensein der Kenntnis oder die nahe bevorstehende Kenntnis des Anspruchsgläubigers.** Hat die Behörde die Ermittlungen erster Stufe eingeleitet, ist bei einer objektiv vorhandenen Gefahrenlage die vom BFH vorausgesetzte Kenntnis gegeben. Wurde angesichts einer derartigen, objektiv bestehenden Gefahrenlage schon eine Anordnung – z.B. zur Vornahme von Ermittlungen zweiter Stufe – erlassen, so ist damit zu rechnen, daß weitere Anordnungen folgen werden.
- Die **Ausübung des Auswahlermessens** durch die zuständige Umweltbehörde. Wenn mehrere Verantwortliche für eine Gefahrenabwehr im Zusammenhang mit Altstandorten und Altablagerungen in Betracht kommen, hat die Behörde ihr Ermessen im Hinblick auf das Gebot einer effektiven, schnellen und optimalen Gefahrenbeseitigung auszuüben (vgl. § 40 VwVfG)[273]. Die in § 4 Abs. 3 BBodSchG enthaltene Rangfolge stellt keine verbindliche Rechtsregel für die Reihenfolge der Inanspruchnahme dar. In vielen Fällen wird eine schnelle und effektive Beseitigung der Störung jedoch nur durch die vorrangige Heranziehung des Zustandsverantwortlichen („Primärebene") zu erreichen sein[274]. Hierfür spricht auch, daß der Gesetzgeber auf der Sekundärebene mit § 24 Abs. 2 BBodSchG ein Instrumentarium zur Verfügung gestellt hat, um Unbilligkeiten wieder auszugleichen. Ungeachtet der Tatsache, daß in der Steuerbilanz dem Vorsichtsprinzip ein geringeres Gewicht als in der Handelsbilanz zukommt, kann somit eine hohe Wahrscheinlichkeit der ausschließlichen Inanspruchnahme eines bestimmten Pflichtigen nur dann angenommen werden, wenn das Auswahlermessen der Behörde offenkundig sehr eingeschränkt ist. Hat die Behörde in einer verfahrensmäßigen Vorstufe Zugriff auf einen bestimmten Stpfl. genommen, so ist allein dies ein hohes Indiz dafür, daß der Stpfl. auch für die darauffolgenden Maßnahmen in Anspruch genommen wird, sofern nicht andere Gründe wie z.B. die Minderung der wirtschaftlichen Leistungsfähigkeit dem entgegenstehen. Problematisch liegt der Fall, wenn in einem frühen Stadium mehrere potentielle Pflichtige i. S. des § 4 Abs. 3, 5 und 6 BBodSchG vorhanden sind, ohne daß das Ermessen der Behörde in stärkerer Weise eingeengt ist. Liegt allerdings sowohl die Kenntnis des Gläubigers als auch der diversen Pflichtigen voneinander vor, so hat jeder Pflichtige eine Verbindlichkeitsrückstellung zu bilden. Die Unsicherheit dem Grunde nach bezieht sich dann u.a. auf die Frage,

---

273 *Knopp/Albrecht*, Altlastenrecht in der Praxis, Rdnr. 120.
274 *Knopp/Albrecht*, Altlastenrecht in der Praxis, Rdnr. 125.

ob es sich um eine öffentlich-rechtliche (§ 4 Abs. 3 – 6 BBodSchG) oder eine zivilrechtlich begründete Verpflichtung (§ 24 Abs. 2 BBodSchG) handelt. Die Ungewißheit in bezug auf den Rechtsgrund der Verpflichtung ändert jedoch nichts an der Wahrscheinlichkeit der Inanspruchnahme[275].

898 Man kommt somit zum Ergebnis, daß die allgemeinen Konkretisierungserfordernisse unter den beschriebenen Voraussetzungen sehr wohl die Bilanzierung einer Rückstellung auch vor Ergehen des betreffenden Verwaltungsaktes zulassen. Allerdings müssen im Falle ungewisser öffentlich-rechtlicher Verbindlichkeiten auch die nachstehenden Voraussetzungen erfüllt sein.

(bb) Spezielle steuerliche Konkretisierungserfordernisse

899 Die speziellen steuerlichen Konkretisierungsmerkmale sind für die Fälle relevant, in denen ein Verwaltungsakt noch nicht erlassen wurde. In diesem Falle ist nach der in Kap. C.I. 5. b) vorgestellten Interpretation entscheidend, ob aufgrund der Indizienlage der Erlaß eines Verwaltungsaktes mit einem bestimmbaren Inhalt als überwiegend wahrscheinlich eingeschätzt werden kann („51%-Formel")[276]. Die Verdichtung dieses Wahrscheinlichkeitsurteils wird dabei regelmäßig die vorhandene oder unmittelbar bevorstehende Kenntnis des öffentlich-rechtlichen Gläubigers von seinem Anspruch voraussetzen. Diese Interpretation liegt auch den folgenden Ausführungen zugrunde.

(1) Sachliches Konkretisierungserfordernis: Vorgabe eines inhaltlich genau bestimmten Handelns durch das Gesetz

900 Das Konkretisierungserfordernis des inhaltlich genau bestimmten Handelns durch die betreffende Rechtsnorm ist ein Indiz für das Be- oder Entstehen der öffentlich-rechtlichen Verbindlichkeit[277].

901 In § 9 Abs. 1 S. 2 und S. 3 BBodSchG werden die Ermittlungsmaßnahmen zweiter Stufe konkretisiert. Werden die in der BBodSchV (Anhang 2 bzw. § 4 Abs. 5 BBodSchV) festgelegten Prüfwerte überschritten, hat die Behörde Feststellungen hinsichtlich des Vorliegens bzw. Nichtvorliegens einer Altlast zu treffen[278]. Die betreffende Pflicht ergibt sich für den Stpfl. jedoch nicht unmittelbar aus dem Gesetz, sondern ist Gegenstand einer behördlichen Anordnung. Das Untersuchungsprogramm ist in seinen wesentlichen Zügen Bestandteil des wahrscheinlich bevorstehenden Verwaltungsaktes[279]. Entscheidend ist aber, daß bei Überschreiten der Prüfwerte die Behörde im Hinblick auf die nachfolgende Einzelfallprüfung kaum Ermessensspielraum hat.

---

275 Vgl. auch Kap. C.I. 5. b).
276 *Gschwendtner*, DStZ 1994, 262.
277 *Gschwendtner*, DStZ 1994, 260.
278 *Knopp/Albrecht*, Altlastenrecht in der Praxis, Rdnr. 70.
279 *Sanden/Schoeneck*, a. a. O., § 9, Rdnr. 19.

Gleiches gilt für die Anordnung zur Sanierungsuntersuchung und zur Erstellung eines Sanierungsplans, wenn ein entsprechender Verwaltungsakt als überwiegend wahrscheinlich eingeschätzt werden kann. Zwar ergibt sich auch hier eine entsprechende Verpflichtung nicht unmittelbar aus dem Gesetz. Eine Ermessensausübung der Behörde ist aber bei Vorliegen der betreffenden Voraussetzungen (§ 13 BBodSchG) nur in atypischen Fällen möglich. 902

Auch für die Sanierungsverpflichtung selbst ergibt sich keine andere Beurteilung. Der Stpfl. hat keine gesetzliche Verpflichtung, eine Sanierung ohne das Vorliegen eines Verwaltungsaktes durchzuführen. Doch auch hier gilt, daß bei Überschreiten der Maßnahmenwerte für ein etwaiges Untätigbleiben der Behörde gute Gründe vorliegen müssen[280]. 903

Festzuhalten bleibt somit, daß das BBodSchG (wie auch andere Umweltgesetze) zwar nur allgemein formulierte Tatbestände enthält. Eine Konkretisierung, wie sie durch eine Verwaltungsrichtlinie oder einen Verwaltungsakt möglich ist, wird durch das BBodSchG wie auch die BBodSchV selbst nicht geleistet. Wie in Kap. C.I. 5. b) dargelegt, ist eine bis ins einzelne gehende Konkretisierung durch das Gesetz aber gar nicht erforderlich, um den Anforderungen des BFH gerecht zu werden. Dem Konkretisierungsmerkmal „bestimmte Handlungspflicht" dürfte es genügen, wenn der Inhalt der Verpflichtung durch hinreichend sichere Einschätzungen bestimmt werden kann. Das BBodSchG enthält für die Sanierung genaue Bestimmungen, die Klarheit, Rechtssicherheit und damit ökonomische Berechenbarkeit zu schaffen geeignet sind. Somit kann – ungeachtet der Flexibilität, die das BBodSchG gewährt – bejaht werden, daß es die einforderbaren Handlungspflichten hinreichend konkretisiert[281]. Wichtig ist zudem, daß das Ermessen der Behörde im Hinblick auf die Mittelauswahl durch das BBodSchG eingeschränkt wird[282]. 904

(2) Zeitliche Konkretisierung: Handeln innerhalb eines bestimmten Zeitraums

Die zeitliche Bestimmtheit ist innerhalb des in Kap. C.I. 5. b) vorgeschlagenen Interpretationsrahmens ein Indiz für die Ernsthaftigkeit, mit der ein Stpfl. mit seiner Inanspruchnahme aus der öffentlich-rechtlichen Verbindlichkeit rechnen muß[283]. 905

Aus einer Anordnung wird regelmäßig auch eine zeitliche Restriktion zu entnehmen sein. Dies ergibt sich u.a. aus dem Bestimmtheitsgebot, das § 37 Abs. 1 VwVfG zu entsprechen hat. Sollte dies nicht der Fall sein, ist davon auszugehen, welche Zeit die betreffenden Maßnahmen normalerweise in Anspruch nehmen; geht es um die Beseitigung einer Gefahrenlage, kann vom Gebot eines unverzüglichen Handelns des Stpfl. ausgegangen werden. Somit 906

---
280 Vgl. Kap. B.V. – Vgl. auch *Eilers/Geisler*, BB 1999, 2413.
281 Vgl. hierzu auch die Sperrwirkung der bundesrechtlichen Definitionen, resultierend aus Art. 72 Abs. 1 GG.
282 *Eilers/Geisler*, BB 1999, 2414.
283 *Gschwendtner*, DStZ 1994, 260.

wird bei der Anordnung von Gefahrerforschungsmaßnahmen wie auch bei der Anordnung zur Sanierungsuntersuchung bzw. zur Erstellung eines Sanierungsplans auch konkretisiert sein müssen, bis wann die betreffenden Maßnahmen zum Abschluß gebracht werden sollen.

907 Ebenso muß der voraussichtliche Erfüllungszeitraum einer Sanierungsverpflichtung nach objektiven Kriterien abschätzbar sein. Der Zeitplan ist im übrigen integraler Bestandteil sowohl eines Sanierungsplanes (§ 13 Abs. 1 Nr. 3 BBodSchG[284]) als auch eines Sanierungsvertrages[285].

908 Zusammenfassend kann gesagt werden, daß sich zwar aus dem Gesetz wie aus dem untergesetzlichen Regelwerk nicht unmittelbar eine zeitliche Konkretisierung ableiten läßt. Kann allerdings der Erlaß eines entsprechenden Verwaltungsaktes als überwiegend wahrscheinlich angesehen werden, so wird dieser die erforderliche zeitliche Konkretisierung enthalten. Folgt man der von uns vorgeschlagenen Interpretation, so wird man mit Blick auf das Kriterium der zeitlichen Konkretisierung die Rückstellbarkeit der betreffenden Aufwendungen bei Vorliegen der nahe bevorstehenden oder vorhandenen Gläubigerkenntnis ohne weiteres bejahen können, auch ohne daß bereits ein Verwaltungsakt vorliegt.

(3) Sanktionsbewehrung

909 Die Sanktionsbewehrung dient in der von uns in Kap. C.I. 5. b) vorgeschlagenen Interpretation der öffentlich-rechtlichen Konkretisierungsanforderungen v.a. als ein weiteres Indiz für die Ernsthaftigkeit der drohenden Inanspruchnahme aus einer öffentlich-rechtlichen Verbindlichkeit[286]. Eine Verpflichtung, deren Nichtbefolgung keinerlei Konsequenzen nach sich zieht, stellt nämlich im Zweifel keine wirtschaftliche Last für den Stpfl. dar.

910 § 9 Abs. 2 BBodSchG stellt die Ermächtigungsgrundlage dar, nach der die Behörde eine Anordnung zur Durchführung von *Gefahrerforschungsmaßnahmen* gegenüber den Verantwortlichen erlassen kann. Zwar besteht keine Bußgeldbewehrung über § 26 BBodSchG. Allerdings kann im Weigerungsfall die Erfüllung der entsprechenden Pflicht mittels Verwaltungszwang durchgesetzt werden, wobei als mildeste Mittel die Androhung von Zwangsgeld und die behördliche Ersatzvornahme in Betracht kommen. Auch deren Kosten haben die Verantwortlichen zu tragen[287]. Zwar stellt ein derartiger Verwaltungszwang keine Sanktion im rechtlichen Sinne dar; dennoch besteht für den Pflichtigen kaum eine Möglichkeit, sich einer rechtmäßigen Anordnung zu entziehen. Betrachtet man daher die Konkretisierungserfordernisse als Kriterien für die Wahrscheinlichkeit des Be- oder voraussichtlichen Entstehens einer wirtschaftlichen Belastung für den Stpfl., so wird man nach einem Über-

---

284 Vgl. auch *Knopp/Albrecht*, Altlastenrecht in der Praxis, Rdnr. 27. – *Fluck*, DVBl 1999, 1552.
285 *Sahm*, UPR 1999, 375, 379.
286 *Gschwendtner*, DStZ 1994, 260.
287 *Sanden/Schoeneck*, a. a. O., § 24, Rdnr. 6.

schreiten der Prüfwerte bei Kenntnis der Behörde die Rückstellbarkeit für Maßnahmen der Gefahrerforschung nicht an diesem Kriterium scheitern lassen.

Folgt man der in Kap. C.I. 5. b) vorgeschlagenen Interpretation hingegen nicht, wäre das Vorliegen eines Verwaltungsakts abzuwarten. Unsicherheit würde dann allenfalls noch der Höhe nach – also im Hinblick auf die Bewertung – bestehen. Die Konsequenz wäre, daß eine Rückstellung für eine dem Grunde nach unsichere Verpflichtung zur Gefahrerforschung nicht mehr gebildet werden könnte. 911

Will die Umweltbehörde eine Anordnung zur Vornahme einer *Sanierungsuntersuchung* und/oder zur Erstellung eines *Sanierungsplans* durchsetzen, kommt im Weigerungsfall auch hier der Verwaltungszwang bzw. die behördliche Ersatzvornahme in Betracht. Zwar gilt hinsichtlich des Sanierungsplans der Grundsatz des Vorrangs privater Planung; allerdings kann die Behörde unter den in § 14 BBodSchG genannten Voraussetzungen einen Sanierungsplan selbst erstellen bzw. ergänzen lassen[288]. Sofern die Behörde die Aufstellung eines Sanierungsplans nach § 13 Abs. 1 BBodSchG verlangen kann und hierzu den Sofortvollzug in einem Verwaltungsakt anordnet, steht eine Sanktionsbewehrung nach § 26 Abs. 1 Nr. 3 BBodSchG bei etwaigen Verstößen zur Verfügung. Somit kann sich der Stpfl. nicht seinen diesbezüglichen Pflichten entziehen. 912

Auch eine *Sanierungsanordnung* ist aufgrund von § 26 Abs. 1 Nr. 2 i. V. mit § 10 BBodSchG mit Bußgeld bewehrt und damit durchsetzbar[289]. Handelt es sich bei der Altlast um Abfälle i. S. des § 3 Abs. 1 KrW/AbfG, ist zudem u. U. eine Verfolgung nach § 61 KrW/AbfG als Ordnungswidrigkeit möglich. 913

Als Zwischenergebnis läßt sich festhalten, daß abgesehen von Anordnungen zur Gefahrenabschätzung die bedeutsamen anderen Pflichten, die mit der repressiven Gefahrenabwehr zusammenhängen, mit Bußgeld bewehrt sind. Doch auch für die Verpflichtung zur Gefahrenabschätzung gilt, daß sich der Stpfl. ihr nicht entziehen kann. Entscheidend ist, daß wahrscheinlich bevorstehende Verwaltungsakte tatsächlich eine wirtschaftliche Belastung für denjenigen Pflichtigen darstellen werden, an den sie gerichtet sind. 914

(cc) Exkurs: Vergessene Verbindlichkeiten im Rahmen der Gesamtrechtsnachfolge

Für im Rahmen von Erbübergängen und gesellschaftsrechtlichen Umwandlungsvorgängen bilanziell erfaßte öffentlich-rechtliche Verbindlichkeiten ergeben sich keine Besonderheiten. Handelt es sich hingegen um „vergessene Verbindlichkeiten"[290], so konkretisieren sich diese regelmäßig erst in den Bi- 915

---

288 *Sanden/Schoeneck*, a. a. O., § 13, Rdnr. 10.
289 *Sanden/Schoeneck*, a. a. O., § 10, Rdnr. 5.
290 Vgl. Kap. B. IV. 3. b).

lanzen der beteiligten Rechtsträger nach Vollzug des Eigentumsübergangs. Dies gilt speziell im Hinblick auf Spaltungsvorgänge (partielle Gesamtrechtsnachfolge) um so mehr, als daß steuerlich ohnehin regelmäßig ein zeitlicher Rückbezug des Umwandlungsstichtages stattfindet (§§ 2 Abs. 1, 20 Abs. 8, 24 Abs. 4 UmwStG).

e) Ausgleichsverpflichtung nach § 24 Abs. 2 BBodSchG

916 Hat die Behörde von der schädlichen Bodenveränderung Kenntnis erlangt und sind sowohl die Prüf- wie auch die Maßnahmenwerte überschritten, so ist es wahrscheinlich, daß ein Pflichtiger von der Behörde in Anspruch genommen wird. In vielen Fällen wird es sich dabei um den Zustandsverantwortlichen handeln. Dieser wird seinerseits den Ausgleichsanspruch nach § 24 Abs. 2 BBodSchG geltend machen, soweit dies praktisch möglich ist. Auch bei der Ausgleichsverpflichtung handelt es sich um eine einseitige Außenverpflichtung, die ihren Bezugspunkt wirtschaftlich in der Vergangenheit hat und eine wirtschaftliche Belastung darstellt. Problematisch im Hinblick auf die Konkretisierung ist auch hier der Grad der Ungewißheit.

(aa) Handelsrechtliche Konkretisierungserfordernisse

(1) Wahrscheinlichkeit des Be- oder Entstehens einer Verbindlichkeit

917 Voraussetzung des Ausgleichsanspruchs ist nach dem Wortlaut des BBodSchG nur die Stellung als Pflichtiger. Die betreffenden Pflichten tangieren nicht nur alle in § 24 Abs. 1 S. 1 BBodSchG unmittelbar genannten Vorschriften, sondern auch die über die dortigen Regelungen mittelbar erfaßten Vorschriften, so daß der Ausgleichsanspruch für das gesamte BBodSchG gilt. Ein „mehrpoliger" Sanierungsvertrag, der also mehrere Verantwortliche einbezieht, schließt den zivilrechtlichen Ausgleichsanspruch nach § 24 Abs. 2 BBodSchG nicht aus[291]. Eine Verbindlichkeit des Veräußerers eines Grundstücks kann allenfalls insoweit ausgeschlossen werden, als eine vertragliche Haftungsfreistellung mit dem Grundstückskäufer besteht[292]; dieser wird sich nach einer im Vordringen begriffenen Meinung den Verantwortungsteil des Privilegierten anrechnen lassen müssen[293].

(2) Wahrscheinlichkeit der Inanspruchnahme

918 Angesichts der hohen Kosten, die regelmäßig mit Sanierungsmaßnahmen verbunden sind, ist mit der Regreßnahme weiterer Verantwortlicher nach Maßgabe ihrer Verursachungsbeiträge ernsthaft zu rechnen, wenn diese dem in Anspruch genommenen Störer bekannt sind oder mit der Kenntnis ernsthaft zu rechnen ist.

---

291 *Sanden/Schoeneck*, a. a. O., § 13, Rdnr. 17.
292 Vgl. Kap. B.VI. 3. b).
293 *Wagner*, BB 2000, 425. – Dieser Aspekt betrifft jedoch die Höhe der ungewissen Verbindlichkeit.

(bb) Allgemeine steuerliche Konkretisierungserfordernisse

(1) Wahrscheinlichkeit des Be- oder des künftigen Entstehens der Ausgleichsverpflichtung

Auf die obigen Ausführungen zu den handelsrechtlichen Konkretisierungserfordernissen wird an dieser Stelle verwiesen. 919

(2) Wirtschaftliche Verursachung vor dem Bilanzstichtag

Der Beitrag des ausgleichspflichtigen Verursachers zur schädlichen Bodenveränderung oder Altlast kann denklogisch nur vor dem Bilanzstichtag stattgefunden haben. Möglich ist, daß die Inanspruchnahme des Ausgleichsverpflichteten vor derjenigen des Sanierungspflichtigen erfolgt. In Ausnahmefällen kann die Ausgleichsverpflichtung daher sogar schon zeitlich vor der öffentlich-rechtlichen Sanierungsverpflichtung zu bilanzieren sein[294]. 920

(3) Gefahr der Inanspruchnahme

Ist dem Verpflichteten der Verursachungsbeitrag des Verhaltensverantwortlichen bekannt oder steht die Kenntnis des Zustandsverantwortlichen unmittelbar bevor, dürfte die Wahrscheinlichkeit einer Regreßnahme als hinreichend groß einzuschätzen sein, um eine Rückstellungsbildung zu rechtfertigen. Anders liegt der Fall dann, wenn der Verursacher dem Zustandsverantwortlichen nicht bekannt ist und auch eine Kenntnis nicht unmittelbar bevorsteht. In diesem Fall dürfte nach den Kriterien des BFH die Rückstellbarkeit der Verpflichtung verneint werden. 921

(cc) Spezielle steuerliche Konkretisierungserfordernisse

Bei der Ausgleichsverpflichtung nach § 24 Abs. 2 BBodSchG handelt es sich um eine zivilrechtliche Verbindlichkeit[295]. Die vom BFH aufgestellten besonderen Konkretisierungserfordernisse für öffentlich-rechtliche Verbindlichkeiten greifen demnach nicht. 922

(dd) Besonderheiten

Zu Abweichungen vom o.g. Ergebnis kann es kommen, weil es sich bei § 24 Abs. 2 BBodSchG um dispositives Recht handelt, das die Parteien durch einfache, nicht an besondere Formerfordernisse gebundene, individuelle Vereinbarung ersetzen können. Denkbar sind derartige Vereinbarungen z.B. bei Grundstückskaufverträgen über kontaminierte oder kontaminationsverdächtige Flächen, aber auch bei Betriebs- oder Unternehmenspachtverträgen. Ebenso ist innerhalb öffentlich-rechtlicher Sanierungsverträge eine entsprechende Regelung möglich. 923

---

294 *Sanden/Schoeneck*, a.a.O., § 24, Rdnr. 25. – Vgl. zum ähnlich gelagerten Fall des Schadensersatzes BFH v. 2. 10. 1992, BStBl. 1993 II, 153 ff.

295 *Sanden/Schoeneck*, a.a.O., § 24, Rdnr. 27.

924 Zumeist werden Vertragsklauseln angewandt, die dem AGBG entsprechen; dementsprechend ist von den betreffenden Vertragsklauseln zu fordern, daß bei einer von § 24 Abs. 2 BBodSchG abweichenden Risikoverteilung keine unangemessene Benachteiligung eines Vertragspartners entsteht (§ 9 AGBG). Dies dürfte dann zu verneinen sein, wenn der Erwerber eines belasteten Grundstücks für die Übernahme des Altlastenrisikos eine entsprechende Ermäßigung des Kaufpreises erhält[296].

f) Haftungsbegrenzung oder -ausschluß

925 Soweit sich durch die unten genannten Umstände eine Haftungsbegrenzung oder ein Haftungsausschluß begründen ließe, der einer Inanspruchnahme des Zustands- oder Verhaltensverantwortlichen entgegensteht, könnte insoweit keine Rückstellung für die betreffende öffentlich-rechtliche Verpflichtung gebildet werden.

(aa) Haftungsbegrenzung durch die Opferrolle des Zustandsverantwortlichen?

926 Bei der Zustandsverantwortlichkeit wird eine Grenze der Kostenbelastung in der durch Art. 14 GG grundgesetzlich garantierten Privatnützigkeit des Eigentums gesehen[297]. Eine Heranziehung des Zustandsverantwortlichen für Kosten, die den Grundstückswert übersteigen, ist nur unter bestimmten Voraussetzungen zulässig, wie durch den Beschluß des BVerfG vom 16. 2. 2000 (1 BvR 242/91 und 1 BvR 315/99) festgestellt wurde. In diesem Zusammenhang sei auf die eingehenden Ausführungen in Kap. B. IV. 3 verwiesen[298].

927 Angesichts möglicher Unsicherheiten hat der Zustandsverantwortliche bei Vorliegen der übrigen Voraussetzungen zumindest handelsrechtlich selbst dann eine Rückstellung zu bilden, wenn er sich in einer Opferposition befindet[299]. Steuerrechtlich ist besonders auf den Grad der Konkretisierung der ungewissen Verbindlichkeit zu achten.

928 Anders als bei Zustandsverantwortlichen greift bei Verhaltensverantwortlichen die o.g. verfassungsrechtliche Problematik hingegen grundsätzlich nicht durch. Dies gilt unabhängig davon, ob den Verhaltensverantwortlichen Verschulden trifft[300].

(bb) Begrenzung durch die Legalisierungswirkung?

929 Die Frage nach der Legalisierungswirkung trifft zunächst den Verhaltensverantwortlichen, wenn dieser z.B. eine gewerberechtliche Genehmigung besitzt.

---

296 *Sanden/Schoeneck*, a.a.O., § 24, Rdnr. 30.
297 Vgl. Kap. B.V.
298 *Knopp/Albrecht*, Altlastenrecht in der Praxis, Rdnr. 106.
299 *Böttner*, a.a.O., S. 109.
300 *Sanden/Schoeneck*, a.a.O., § 24, Rdnr. 14–15.

Allerdings ist die Legalisierungswirkung nicht auf die Verhaltenshaftung beschränkt, sondern erstreckt sich auch auf die Zustandsverantwortlichkeit[301].

Die Problematik, inwieweit behördliche Genehmigungen, Zulassungen etc. für das Verhalten, dessen Folgen nun zum Anlaß der in Frage stehenden behördlichen Maßnahmen genommen werden, die polizei- und ordnungsrechtliche Verantwortlichkeit ausschließen, wurde lange Zeit kontrovers diskutiert. Eine wirksame Legalisierung würde einer Rückstellbarkeit entgegenstehen, da insoweit de facto kein Risiko bzw. keine wirtschaftliche Belastung bestünde. **930**

Mittlerweile haben sich Kriterien für eine Legalisierungswirkung herausgebildet. Als grundlegend wird die von *Kloepfer* eingeführte Orientierung an Bescheidungsumfang und Bescheidungsgegenstand betrachtet[302]. Mit diesen Kategorien soll die Reichweite der Genehmigung und der damit verbundenen Legalisierung des betreffenden Verhaltens ermittelt werden. Nur soweit der Genehmigung entnommen werden kann, daß sie die nun sanierungsbedürftigen Zustände einerseits gegenständlich und andererseits hinsichtlich ihrer Wirkungen tatsächlich abschließend beurteilen und ihre Übereinstimmung mit den Anforderungen des öffentlichen Rechts und der polizeirechtlichen Generalklausel im besonderen mit Wirkung auch für die Zukunft feststellen wollte, kann sie eine Legalisierungswirkung entfalten. Allgemeine, insbesondere gewerberechtliche Zulassungen scheiden damit regelmäßig aus[303]. **931**

Auch bei Duldung wird ein Ausschluß der Verantwortlichkeit abgelehnt[304]. Gleiches gilt, von atypischen Fällen abgesehen, für Verhältnismäßigkeitsüberlegungen, die ebenfalls nicht zu einem Verantwortungsausschluß führen[305]. Ebensowenig führt das Rechtsinstitut der Verwirkung zu einem Ausschluß der Verantwortlichkeit. Schließlich wird auch die Verjährung von Eingriffsbefugnissen von der herrschenden Ansicht abgelehnt, weil sie im öffentlichen Recht nur für vermögensrechtliche Ansprüche und auch nur dann gelte, wenn sie ausdrücklich gesetzlich vorgesehen sei. Im Falle der Anerkennung der Verjährung als Ausschlußtatbestand würde eine ungerechtfertigte Privilegierung des Verhaltensverantwortlichen gegenüber dem Zustandsverantwortlichen bewirkt[306]. Somit ist in jedem Einzelfall zu prüfen, ob der der Altlast zugrunde liegende Vorgang überhaupt von der Genehmigung erfaßt wird und die Legalisierungswirkung dann ihre von der polizeirechtlichen Verantwortlichkeit befreiende Funktion entfalten kann. Insbesondere kommt es darauf **932**

---

301 Vgl. hierzu *Baumann*, Der Störer im Umweltbereich, dargestellt am Beispiel der Altlasten, 1991, hier: S. 141, Fn. 2.
302 *Kloepfer*, NuR 1987, 13.
303 *Sanden/Schoeneck*, a.a.O., § 10 BBodSchG, Rdnr. 11.
304 *Möller*, a.a.O., S. 55.
305 *Knopp/Albrecht*, Altlastenrecht in der Praxis, Rdnr. 134. – *Sanden/Schoeneck*, a.a.O., § 10 BBodSchG, Rdnr. 13.
306 *Sanden/Schoeneck*, a.a.O., § 10 BBodSchG, Rdnr. 15.

an, auf welche Gefahrenlage sich der seinerzeitige Genehmigungsbescheid bezieht[307].

933 Im Regelfall wird man somit nicht von einer Legalisierungswirkung als Grund für den Ausschluß einer Inanspruchnahme ausgehen können, so daß ungeachtet der behördlichen Genehmigung oder Duldung eine Rückstellung zu bilden ist. Auch eine bewertungsbegrenzende Wirkung der Legalisierungswirkung kommt – anders als z.B. bei bestrittenen Gegenforderungen – nicht in Betracht[308]. Ist die ungewisse Verbindlichkeit nicht hinreichend konkretisierbar, so ist handelsrechtlich eine sonstige finanzielle Verpflichtung (§ 285 Nr. 3 HGB) in den Anhang aufzunehmen, sofern das Unternehmen zur Erstellung eines Anhangs verpflichtet ist[309].

(cc) Haftungsfreistellung nach dem Umweltrahmengesetz der DDR?

934 Hinsichtlich der Altlasten im Geltungsbereich des DDR-Umweltrahmengesetzes ergeben sich Besonderheiten[310]: Nach § 4 Abs. 3 URG sind Erwerber von Altanlagen für die durch den Betrieb der Anlage vor dem 1. Juli 1990 verursachten Schäden nicht verantwortlich, soweit die zuständige Behörde sie auf Antrag, der bis zum 30. 3. 1992 gestellt sein mußte, von der Verantwortlichkeit freistellt[311]. Die Freistellung wurde in der Neufassung des Gesetzes zur Beseitigung von Hemmnissen bei der Privatisierung von Unternehmen und zur Förderung von Investitionen vom 22. 3. 1991 auf privatrechtliche Ansprüche erweitert[312]. Die Freistellung kann erfolgen, wenn dies unter Abwägung der Interessen des Erwerbers, der Allgemeinheit und des Umweltschutzes geboten ist. Wurde demnach von einem Erwerber einer Anlage ein Freistellungsantrag gestellt und positiv beschieden, so ist die Inanspruchnahme des Stpfl. nur noch hinsichtlich des verbleibenden Eigenanteils möglich. Zwar bewirkt die Antragstellung die Kenntnisnahme der Behörde; allerdings scheidet eine Sanierungsrückstellung insoweit aus, wie die Freistellung reicht, da das jeweilige Bundesland mit der Schuld auch die wirtschaftliche Last übernimmt[313].

g) Rechtswidrige Inanspruchnahme eines „Nicht-Störers"

935 Wurde ein unbeteiligter Dritter („Nicht-Störer") in rechtswidriger Weise von der Behörde in Anspruch genommen, so besteht eine wirtschaftliche Belastung, solange keine Abhilfe durch einen erneuten Verwaltungsakt ergangen

---

307 *Knopp/Albrecht*, Altlastenrecht in der Praxis, Rdnr. 132.
308 *Böttner*, a.a.O., S. 110–111.
309 Vgl. Kap. C.III. 1. a). – *Philipps*, a.a.O., S. 156.
310 *Böttner*, a.a.O., S. 140–141.
311 Vgl. Kap. B.VIII. 2.
312 Vgl. *Möller*, a.a.O., S. 65. – Daneben wurde die Antragsfrist über den 31. 12. 1991 hinaus verlängert.
313 *Philipps*, a.a.O., S. 157. – A. A. *Nieland*, BB 1994, 250.

ist. Dementsprechend ist hier eine Rückstellung zu bilanzieren, obwohl keine öffentlich-rechtliche Außenverpflichtung bestand.

Im Falle der rechtswidrigen Inanspruchnahme entsteht jedoch auch ein Entschädigungsanspruch gegenüber der zuständigen Behörde. Dieser Entschädigungsanspruch ist nach § 246 Abs. 1 HGB spätestens nach seiner gerichtlichen Feststellung als Forderung zu aktivieren[314]. 936

h) Rückstellbarkeit von Vorsorgeverpflichtungen sowie Schutz- und Beschränkungsmaßnahmen?

(aa) Vorsorgeverpflichtungen

Nach § 7 BBodSchG sind der Grundstückseigentümer, der Inhaber der tatsächlichen Gewalt über ein Grundstück und derjenige, der Verrichtungen auf einem Grundstück durchführt oder durchführen läßt, die zu Veränderungen der Bodenbeschaffenheit führen könnten, verpflichtet, Vorsorge gegen das Entstehen schädlicher Bodenveränderungen zu treffen, die durch ihre Nutzung auf dem Grundstück oder in dessen Einwirkungsbereich hervorgerufen werden können[315]. In § 8 Abs. 2 BBodSchG wird die Bundesregierung ermächtigt, sog. **Vorsorgewerte** über eine Rechtsverordnung zu erlassen. Die Konkretisierung ist in § 10 Abs. 2 BBodSchV i. V. mit Anhang 2 BodSchV erfolgt. Bei Überschreiten der Vorsorgewerte und einer Überschreitung der zulässigen zusätzlichen Frachten (Anh. 2, Ziff. 5 BBodSchV) ist in der Regel davon auszugehen, daß die Besorgnis einer schädlichen Bodenveränderung besteht (§ 8 Abs. 2 S. 1 Nr. 1 BBodSchG)[316]. Zur Erfüllung der Vorsorgepflicht sind Bodeneinwirkungen zu vermeiden oder zu vermindern, soweit dies auch im Hinblick auf den Zweck der Nutzung des Grundstücks zweckmäßig ist (§ 7 S. 3 BBodSchG). Die Vorsorgepflicht des § 7 S. 1 BBodSchG ist wegen des Wortes „Entstehen" auf künftige Einwirkungen ausgerichtet; die Pflicht wird durch die Vermeidung und Verminderung von künftigen Bodeneinwirkungen erfüllt[317]. Fraglich ist, ob der solchermaßen öffentlich-rechtlich Verpflichtete eine Verbindlichkeitsrückstellung bilden kann. 937

Bei einer Vorsorgeverpflichtung handelt es sich um eine Verpflichtung, die *zukünftige Umsätze* wirtschaftlich alimentiert und wirtschaftlich auch erst in der Zukunft verursacht wird. Es wird nichts Vergangenes abgegolten. Nach diesen Kriterien ist eine Vorsorgeaufwendung nicht rückstellbar, sondern laufender Aufwand der Periode, in der die Aufwendungen getätigt werden[318]. 938

---

314 *Philipps*, a. a. O., S. 163–164.
315 § 7 S. 1 BBodSchG.
316 *Knopp/Albrecht*, Altlastenrecht in der Praxis, a. a. O., Rdnr. 65.
317 *Sanden/Schoeneck*, a. a. O., § 7, Rdnr. 8.
318 *Adler/Düring/Schmaltz*, a. a. O., § 249 HGB, Rdnr. 124. – *Weber-Grellet*, in: Schmidt, EStG-Kommentar 1999, § 5 EStG, Rdnr. 550, Stichwort „Umweltschutz und -schäden".

939 Handelsrechtlich ist eine sonstige finanzielle Verpflichtung nach § 285 Nr. 3 HGB im Anhang auszuweisen, sofern das Unternehmen zur Erstellung eines Anhangs verpflichtet ist.

(bb) Schutz- und Beschränkungsmaßnahmen

940 Ähnliches gilt auch für Schutz- und Beschränkungsmaßnahmen (§ 2 Abs. 8 BBodSchG). Zwar ist bei Veranlassung von Schutz- und Beschränkungsmaßnahmen die Kontamination schon erfolgt – das unterscheidet sie von Vorsorgemaßnahmen.

941 Für die bilanzielle Behandlung darf der in der Vergangenheit verursachte Schaden aber nicht mit den zukünftigen Aufwendungen gleichgesetzt werden, die zur Eindämmung der negativen Auswirkungen der schädlichen Bodenveränderung notwendig sind. Bei Schutz- und Beschränkungsmaßnahmen handelt es sich um zukunftsgerichtete Aktivitäten. So sollen etwa Nutzungsbeschränkungen dazu beitragen, daß die Auswirkungen von schädlichen Bodenveränderungen oder Altlasten auf Mensch und Umwelt trotz des weiter laufenden Betriebes verhindert oder vermindert werden[319]. Indem eine bedingte bzw. eingeschränkte Nutzung trotz der bestehenden Kontamination weiterhin ermöglicht wird, alimentieren die betreffenden Aufwendungen zukünftige Umsätze. Es wird nichts Vergangenes „abgegolten".

942 Beschränkungsmaßnahmen passen die künftige Nutzung oder die künftige Zugänglichkeit von Grundstücken an die Gefahrenlage an[320]. Die wirtschaftliche Verursachung liegt damit in der Zukunft; auch hier wird nichts Vergangenes „abgegolten". Eine Rückstellbarkeit erscheint angesichts des fehlenden Vergangenheits- bzw. Gegenwartsbezugs zum Bilanzstichtag ebensowenig möglich, wenn die Frage nach der Alimentation der jeweiligen Umsatzerlöse gestellt wird. Die betreffenden Aufwendungen alimentieren eindeutig künftige Umsatzerlöse[321].

i) Faktische Verpflichtungen

943 Faktische Verpflichtungen können besonders dann vorliegen, wenn die Kontamination des Grundstücks sich unterhalb der Prüf- bzw. Maßnahmenwerte befindet. Wurden diese Werte überschritten, kann aufgrund der Bestimmungen des BBodSchG eine öffentlich-rechtliche Verbindlichkeit vorliegen. Eine Überlagerung beider Typen von Verbindlichkeiten kann allerdings insbesondere in den Vorstadien (Gefahrerforschung, Sanierungsuntersuchung) anzunehmen sein.

---

319 *Knopp/Albrecht*, Altlastenrecht in der Praxis, Rdnr. 83.
320 *Sanden/Schoeneck*, a. a. O., § 2 BBodSchG, Rdnr. 111.
321 Anders offensichtlich *Böttner*, a. a. O., S. 82–83.

Auch die faktische Verpflichtung muß hinreichend konkretisiert sein. Besteht **944** die faktische Verpflichtung in Form einer unverbindlichen Absprache, muß zusätzlich gesichert sein, daß von der Wahrscheinlichkeit der Erfüllung auszugehen ist und damit für das Unternehmen eine wirtschaftliche Last vorliegt. In Fällen der Überlagerung faktischer und öffentlich-rechtlicher Verpflichtungen wird allerdings vielfach davon auszugehen sein, daß die zuständige Umweltbehörde die Erfüllung überwacht und bei Nichterfüllung das „Damoklesschwert" einer Verfügung droht. Kann dies ausgeschlossen werden, muß es sich um eine anderweitig heteronom veranlaßte Maßnahme handeln[322], was möglicherweise schwer zu belegen ist. Unterstellt, die heteronome Veranlassung ist gegeben, kann eine Konkretisierung dahingehend erbracht werden, daß der Bilanzierende bereits konkrete, nachvollziehbare Schritte darlegt, die eine tatsächliche Vornahme der Maßnahmen als wahrscheinlich erscheinen lassen. Als Indizien kommen z.B. die Erteilung von Aufträgen zur Erforschung und Sanierung der Bodenverunreinigung in Betracht. Von innerbetrieblichen Planungen und Beschlüssen ist zu fordern, daß sie in verbindlicher Form vorliegen und hinsichtlich Zeitraum und Inhalt ausreichend konkretisiert sind[323].

Kann die faktische Verpflichtung nicht hinreichend konkretisiert werden, darf **945** in den Fällen, in denen die Kontamination keine rechtliche Sanierungsverpflichtung begründet, keine Verbindlichkeitsrückstellung gebildet werden. Diejenigen Unternehmen, die handelsrechtlich zur Erstellung eines Anhangs verpflichtet sind, haben die Verpflichtung als sonstige finanzielle Verpflichtung nach § 285 Nr. 3 HGB im Anhang anzugeben[324].

j) Aufwandsrückstellungen

Sanierungsaufwendungen, die betriebswirtschaftlich veranlaßt sind und/oder **946** bei denen die Umweltbehörden noch keine Kenntnis von der Kontamination besitzen, können handelsrechtlich per Aufwandsrückstellung zu berücksichtigen sein, wenn ihre wirtschaftliche Verursachung dem abgelaufenen Wirtschaftsjahr zuzuordnen ist. Handelsrechtlich sind nach dem Kriterium der Bilanzierungsverpflichtung zweierlei Arten von Aufwandsrückstellungen zu unterscheiden:

- Nach § 249 Abs. 1 S. 2 Nr. 1 HGB sind Aufwendungen für unterlassene Instandhaltungen, die im folgenden Wirtschaftsjahr innerhalb von drei Monaten nachgeholt werden, zu passivieren (Passivierungsverpflichtung). Diese Aufwandsrückstellungen sind auch in die Steuerbilanz zu übernehmen.

---

322 Vgl. Kap. C.I. 5. a).
323 *Böttner*, a.a.O., S. 152.
324 Vgl. Kap. C.III. 1. a).

- Nach § 249 Abs. 1 S. 3 und Abs. 2 HGB besteht ein handelsrechtliches Passivierungswahlrecht für Aufwandsrückstellungen für Instandhaltungen, die nach dem o. g. Drei-Monats-Zeitraum nachgeholt werden (Abs. 1 S. 3) oder für einem früheren Geschäftsjahr zuzuordnende Aufwendungen, die am Abschlußstichtag mindestens wahrscheinlich, jedoch ihrer Höhe und des Zeitpunktes ihres Eintrittes nach ungewiß sind (Abs. 2). Für derartige Aufwandsrückstellungen gewährt das Handelsrecht ein Passivierungswahlrecht, das jedoch für die Steuerbilanz zu einem Passivierungsverbot führt[325].

947 Steuerbilanziell ist also lediglich die Rückstellung nach § 249 Abs. 1 S. 2 Nr. 1 HGB zu übernehmen, die jedoch im Hinblick auf durch das BBodSchG begründete Verpflichtungen irrelevant ist. Hinsichtlich der bodenschutzrechtlichen Problematik ist allenfalls eine Aufwandsrückstellung i. S. des § 249 Abs. 2 HGB denkbar.

948 Aufwandsrückstellungen sind nicht für die allgemeine Risikovorsorge zulässig. Vielmehr handelt es sich um solche für Innenverpflichtungen, die bilanziell greifbar sind, zu einer wirtschaftlichen Belastung des Unternehmens führen und zumindest innerhalb einer Bandbreite quantifizierbar sind[326]. Innenverpflichtungen werden dadurch begründet, daß das bilanzierende Unternehmen im abgelaufenen Geschäftsjahr bestimmte Aufwendungen unterlassen hat, die notwendig sind, damit das Unternehmen seinen Geschäftsbetrieb unverändert fortführen kann. Sie haben somit ihre Ursache in betriebswirtschaftlichen Zwängen[327]. Nach h. M. ist die Vorschrift des § 249 Abs. 2 HGB eng auszulegen, damit Aufwandsrückstellungen nicht willkürlich gebildet und aufgelöst werden können[328]. Zu fordern ist, daß sich die betreffenden, unterlassenen Aufwendungen ihrer Art nach genau umschreiben lassen, sie dem abgeschlossenen oder einem früheren Geschäftsjahr zuzuordnen sind, die Erforderlichkeit als wahrscheinlich oder sicher eingeschätzt werden kann sowie der genaue Zeitpunkt und/oder die Höhe der notwendigen Aufwendungen zum Bilanzierungszeitpunkt noch nicht genau festzulegen, allerdings hinreichend einzuschätzen ist[329].

949 Aufwandsrückstellungen sind weder ihrem Wesen noch den Anforderungen an die Konkretisierung nach eine abgeschwächte Form der Außenverpflichtung. Allerdings kann unter bestimmten Umständen eine Umqualifikation ei-

---
325 BFH, Urt. v. 3. 2. 1969, BStBl. 1969 II, 572, 575. – *Adler/Düring/Schmaltz*, a.a.O., § 249 HGB, Rdnr. 26.
326 *Esser*, StbJb 1984/85, 168.
327 *Philipps*, a.a.O., S. 64–65.
328 *Philipps*, a.a.O., S. 66–67. – Für die Forderung von *Baetge*, daß die unterlassene Maßnahme in einem engen zeitlichen Rahmen und Zusammenhang zum betreffenden Bilanzstichtag nachzuholen sei, fehlt indessen die gesetzliche Grundlage. – *Baetge*, Bilanzen, 1994, S. 168 und S. 363. – Allerdings sollte der Aufwand in zeitlicher Hinsicht konkretisierbar sein.
329 *Philipps*, a.a.O., S. 69–70.

ner Aufwandsrückstellung in eine Verbindlichkeitsrückstellung vorzunehmen sein[330].

Obwohl kein Leistungszwang gegenüber Dritten gegeben ist, können sich in der Gefahrerforschungs- und Untersuchungsphase im Einzelfall Überschneidungen zwischen Sanierungs- und Aufwandsrückstellungen ergeben. Das bilanzierende Unternehmen hat dementsprechend zu untersuchen[331], 950

- ob von der Kontamination Gefahren ausgehen, die den betrieblichen Ablauf behindern, so daß das kontaminierte Grundstück künftig bei Unterlassen der Sanierung nur noch eingeschränkt nutzbar wäre und
- ob die Kontamination keine rechtliche oder faktische Sanierungsverpflichtung begründet.

Auch in den darauffolgenden Phasen der Sanierungsuntersuchung und Sanierung ist es möglich, daß beide Verpflichtungstypen nebeneinander auftreten. Die Sanierung eines kontaminierten Grundstücks ist betriebswirtschaftlich notwendig, wenn bei Unterlassen der Sanierung betriebliche Abläufe gestört werden. Besteht dabei zugleich eine Gefahr i. S. des BBodSchG, würde die Innenverpflichtung durch eine öffentlich-rechtliche Außenverpflichtung überlagert. 951

Denkbar ist z. B., daß ein Grundstück mit einem sehr heterogenen Schadstoffgemisch kontaminiert ist, wovon die Emission einiger Schadstoffe auf einem Emissionspfad Gefahren i. S. des BBodSchG verursacht, wogegen die Emission anderer Schadstoffe über einen anderen Emissionspfad lediglich den Betriebsablauf beeinträchtigt, ohne daß jedoch eine Gefahrenlage vorliegt[332]. Gegebenenfalls kann die Dekontaminationsmaßnahme dann auch zwei Verpflichtungen zuzuordnen sein, von denen die eine als Verbindlichkeitsrückstellung zu berücksichtigen ist, während die andere als Aufwandsrückstellung berücksichtigt werden kann. 952

Allerdings sind rein innerbetriebliche Verpflichtungen ohne Drittansprüche, die die Vornahme von Maßnahmen des Umweltschutzes zum Gegenstand haben, eher in Ausnahmefällen denkbar. Die Notwendigkeit von Umweltschutzmaßnahmen ist regelmäßig nicht betriebsinterner, sondern außerbetrieblicher Natur. Wer Maßnahmen zur Vermeidung, Verhinderung oder Beseitigung von Umweltschäden ergreift, wird regelmäßig entweder im Hinblick auf eine mögliche – eventuell nachteiligere – Inanspruchnahme tätig, oder weil er hierzu gesetzlich oder faktisch verpflichtet ist. Somit liegt zumindest dann 953

---

330 *Philipps*, a. a. O., S. 250. – Allerdings bedürfen auch Aufwandsrückstellungen der Konkretisierung. Zu diesem Zwecke könnte die Entscheidung für die Sanierung z. B. durch die Niederschrift eines Vorstands- oder Geschäftsführungsbeschlusses dokumentiert werden.
331 *Philipps*, a. a. O., S. 252–253.
332 *Philipps*, a. a. O., S. 245.

eine heteronome Veranlassung vor[333], wenn die einschlägigen Prüf- bzw. Maßnahmenwerte überschritten werden.

954 Verzichtet das Unternehmen aufgrund des Wahlrechts des § 249 Abs. 2 HGB auf die Passivierung der Aufwandsrückstellung[334], so hat es, wenn es zur Aufstellung eines Anhangs verpflichtet ist, die Aufwendungen als sonstige finanzielle Verpflichtung (§ 285 Nr. 3 HGB) dort anzugeben.

6. Bewertung von Rückstellungen in der Handels- und Steuerbilanz – Ungewißheit der Höhe nach

a) Die Bedeutung des BBodSchG für die Bewertung

955 Im Hinblick auf das BBodSchG läuft die Frage nach der Ungewißheit der Höhe darauf hinaus, welche der verschiedenen vom BBodSchG vorgesehenen, unterschiedlich kostenwirksamen Maßnahmen zur Anwendung kommen soll. Die Pflicht zur Kostentragung ist – ungeachtet verfassungsrechtlicher Bedenken – in § 24 Abs. 1 S. 1 und 3 BBodSchG grundsätzlich als unbedingt und der Höhe nach unbegrenzt ausgestaltet worden.

956 Entsprechend der in Kap. C.I. 5. c) dargestellten Reihenfolge ist auch für die Bewertung zwischen den Kosten für

- Die Gefahrenabschätzung und -erforschung
- Die Sanierungsuntersuchung und Sanierungsplanung
- Die Durchführung der Sanierung

zu unterscheiden.

957 Problematisch ist dabei angesichts der Höhe der in Frage stehenden Kosten besonders die Bewertung der Rückstellung für die eigentliche Sanierung.

b) Bewertung von Verbindlichkeitsrückstellungen in der Handelsbilanz

958 Grundsätzlich kann es sich bei den in Frage stehenden Verbindlichkeiten um Geld- oder Sachleistungsverpflichtungen handeln.

959 Rückstellungen sind handelsrechtlich nach § 253 Abs. 1 S. 2 HGB in Höhe des Betrages anzusetzen, der nach vernünftiger kaufmännischer Beurteilung notwendig ist. Dabei handelt es sich um die Vollkosten. Darüber hinaus dürfen Rückstellungen nur abgezinst werden, soweit die ihnen zugrundeliegenden Verbindlichkeiten einen Zinsanteil enthalten. Andernfalls sind die Verbindlichkeitsrückstellungen gem. § 253 Abs. 1 S. 2 HGB mit ihrem Rückzahlungsbetrag zu bewerten. Als Rückzahlungsbetrag ist der Betrag zu verstehen, den der Schuldner zur Erfüllung der Verpflichtung aufbringen muß (Erfüllungsbetrag).

---

333 *Böttner*, a.a.O., S. 38.
334 *Philipps*, a.a.O., S. 248–249.

Bei der Vorgabe der „vernünftigen kaufmännischen Beurteilung" handelt es **960** sich um einen Schätzmaßstab[335]. Die Rückstellung muß demnach in angemessener[336] Höhe gebildet werden. Als „vernünftig" gilt eine Beurteilung, die in sich schlüssig ist und die sich aus den objektiven Umständen des konkreten Einzelfalls ableiten läßt. Die steuerrechtlichen Einschränkungen hinsichtlich Ansatz und Bewertung sind handelsrechtlich grundsätzlich unbeachtlich[337].

Die Beurteilung der Angemessenheit bezieht sich **961**
- auf die Auswahl der (Sanierungs-)Maßnahmen sowie
- auf die Kalkulation der hiermit verbundenen (Sanierungs-)Aufwendungen.

§ 10 BBodSchG gibt der zuständigen Behörde für den Fall einer schädlichen **962** Bodenveränderung oder Altlast die Möglichkeit, die notwendigen Maßnahmen zu treffen. Dabei sind als mögliche Arten von Sanierungsmaßnahmen Dekontaminationsmaßnahmen, Sicherungsmaßnahmen sowie Beseitigungs- und Verhinderungsmaßnahmen zu unterscheiden (§ 2 Abs. 7 BBodSchG). Das BBodSchG läßt nach dem Verhältnismäßigkeitsgrundsatz „Luxussanierungen" nicht zu; das Ziel, nämlich die Gefahrenabwehr, ist mit wirtschaftlichen Mitteln zu erreichen. Hinsichtlich der Mittelauswahl beim voraussichtlichen Verwaltungsakt kommt es entscheidend auf die dauerhafte Wirksamkeit der Maßnahmen an. Ohne eine rechtliche Rangfolge der Maßnahmen aufzustellen, sieht das BBodSchG als Regelfall die Dekontamination vor. Sicherungsmaßnahmen kommen nur bei qualitativer Gleichwertigkeit in Betracht. Hinsichtlich der sog. Neulasten (schädliche Bodenveränderungen oder Altlasten, die nach dem 1. 3. 1999 eingetreten sind) fordert das BBodSchG die Vorrangigkeit von Dekontaminationsmaßnahmen, soweit diese im Hinblick auf die Vorbelastung des Bodens verhältnismäßig sind (§ 4 Abs. 5 BBodSchG, § 5 Abs. 2 BBodSchV)[338].

§ 8 Abs. 1 S. 2 Nr. 3 BBodSchG stellt eine Ermächtigung dar, in der **963** BBodSchV Anforderungen an die Abwehr von schädlichen Bodenveränderungen (Lit. a) und an die Sanierung des Bodens von Altlasten (Lit. b) festzulegen. Dabei hat der Verordnungsgeber offensichtlich bewußt darauf verzichtet, sog. Zielwerte, die über das „Wie" der Sanierung Auskunft geben könnten, in der BBodSchV festzulegen[339]. Solange keine Präzisierung des Sanierungsziels über die Vorgabe von Sanierungszielwerten erfolgt, ist der Streit mit der Finanzbehörde über die Bewertung der Rückstellungsbildung vorprogrammiert.

Die Bewertung des rückstellungsrelevanten Risikos hängt zunächst von der **964** Einschätzung des Bilanzierenden ab. Somit kommt unter objektiven Gesichts-

---

335 *Adler/Düring/Schmaltz*, a. a. O., § 253 HGB, Rdnr. 189.
336 *Ludewig*, in: Ballwieser, u. a., Festschrift Moxter, 1994, S. 299–312.
337 *Adler/Düring/Schmaltz*, a. a. O., § 253 HGB, Rdnr. 241.
338 *Sanden/Schoeneck*, a. a. O., § 2 BBodSchG, Rdnr. 95.
339 Hierzu kritisch: *Knopp/Ebermann-Finken*, BB 1999. – Vgl. auch Kap. B.IX.6.

punkten nicht nur ein einziger Betrag in Betracht, sondern all diejenigen Beträge, die innerhalb der durch die vernünftige kaufmännische Beurteilung begrenzten Bandbreite liegen. Dabei sind alle bis zum Zeitpunkt der Aufstellung des Jahresabschlusses zugänglichen Informationen zu berücksichtigen. Die Bandbreite kann um so größer sein, je unbestimmter die vorliegenden Informationen sind und je weniger auf Erfahrungswerte zurückgegriffen werden kann. Zudem gilt speziell für öffentlich-rechtliche Verbindlichkeiten, daß die Bandbreite um so größer ist, je weitgehender sich die behördlichen Ermessensspielräume und Anordnungsbefugnisse darstellen[340]. Eine feste Untergrenze kann normalerweise mit der kostengünstigsten in Frage kommenden Maßnahme markiert werden. Die „vernünftige kaufmännische Beurteilung" hat nämlich auch den Sinn, den Beurteilungsspielraum zu begrenzen[341].

965 Die Rückstellung ist somit weder mit dem ungünstigsten noch mit dem günstigsten Betrag anzusetzen, sondern mit dem Betrag, mit dem das Unternehmen voraussichtlich in Anspruch genommen wird, also dem wahrscheinlichsten Betrag. Nach *Adler/Düring/Schmaltz* ist bei einmaligen Sachverhalten von mehreren Schätzalternativen stets eine etwas pessimistischere als die wahrscheinlichste Alternative zu wählen[342]. Dies hängt auch damit zusammen, daß – anders als im Bereich des Bilanzansatzes – bei der Bewertung das Vorsichtsprinzip (§ 252 Abs. 1 Nr. 4 HGB) einen größeren Einfluß hat[343].

966 Liegt schon eine Sanierungsanordnung vor, so kann die Höhe der Rückstellung i.d.R. aus dem Sanierungsplan abgeleitet werden. Signalisiert die Behörde ihre Zustimmung zum Entwurf eines Sanierungsvertrages (§ 13 Abs. 4 BBodSchG)[344], so kann bereits dieser Entwurf als Grundlage für die Bemessung der Rückstellung dienen. Bewertungsprobleme können sich möglicherweise bei einem „gestaffelten Sanierungsvertrag" ergeben[345]. Bei einem solchen Vertrag wird z.B. festgelegt, daß die nach der Sanierung verbleibende Bodenkontamination einen bestimmten Sanierungszielwert nicht überschreiten soll. Zeigt sich nach einer im Vertrag von vornherein festgelegten Zeit, daß der Sanierungszielwert dennoch überschritten wird, so erhöht sich der Sanierungszielwert ebenfalls um einen von vornherein festgelegten Betrag. Um seine Sanierungsverpflichtung zu erfüllen, muß der Sanierungspflichtige lediglich den zweiten, höheren Sanierungszielwert unterschreiten. Nach diesem Muster können weitere Stufen vereinbart werden. Eine letzte Stufe kann sogar vorsehen, daß der Sanierungspflichtige seine Sanierungspflicht erfüllt hat, wenn der bis dato maßgebliche Sanierungszielwert letztlich gar nicht erfüllt wird. Mit diesem Vorgehen wird dem Prinzip der Zumutbarkeit der dem Sa-

---

340 *Möller*, a.a.O., S. 50.
341 *Adler/Düring/Schmaltz*, a.a.O., § 253 HGB, Rdnr. 190.
342 *Adler/Düring/Schmaltz*, a.a.O., § 253 HGB, Rdnr. 192.
343 *Gschwendtner*, DStZ 1994, 265.
344 *Knopp/Albrecht*, Altlastenrecht in der Praxis, Rdnr. 90–91.
345 *Sahm*, UPR 1999, 377.

nierungspflichtigen obliegenden Leistung und dem Verhältnismäßigkeitsgrundsatz entsprochen. Handelsrechtlich sind hierbei die Kosten anhand des ursprünglich festgelegten Sanierungszielwertes zu bemessen; ist im Zuge des Ablaufes der Sanierung eine Änderung der voraussichtlichen Kostenbelastung absehbar, ist die Bewertung der Rückstellung erfolgswirksam anzupassen.

Wurde die Rückstellung für die Sanierungsaufwendungen handelsrechtlich in einem frühen Verfahrensstadium gebildet, besteht über die Mittelauswahl möglicherweise noch keine Klarheit, solange noch keine Detailuntersuchung erfolgt ist bzw. kein Sanierungsplan oder Sanierungsvertrag vorliegt. Um in einem solchen frühen Stadium überhaupt eine Bewertung vornehmen zu können, wird somit bei Vorliegen von schädlichen Bodenveränderungen oder Altlasten zu prüfen sein, wie das vermutliche Sanierungsziel üblicherweise zu erreichen ist; dies muß nicht unbedingt die völlige Befreiung des Grundstücks von jeglicher Schadstoffbelastung bedeuten[346]. Die Höhe der Rückstellung ist für das wahrscheinlich anzuwendende technische Verfahren zu ermitteln. Anhaltspunkte für die Dotierung können Maßnahmen in vergleichbaren Fällen, Gutachten oder Kostenvoranschläge geben. Liegen Erfahrungen über regelmäßige Inanspruchnahmen vor (was selten der Fall sein wird), könnten die Beträge auch pauschal ermittelt werden. Angesichts der Tatsache, daß sich auch die Bewertung der Rückstellung am wahrscheinlichsten Kostenbetrag orientieren sollte, können nur die Kosten der üblicherweise in Betracht kommenden Maßnahmen zurückgestellt werden[347]. In einer frühen Phase ist die Schätzung der Kosten regelmäßig nur überschlägig möglich[348]. Die Bewertung der Rückstellung ist bei Vorliegen einer besseren Erkenntnis gegebenenfalls zu einem späteren Bilanzstichtag erfolgswirksam zu revidieren. 967

Wurden aufgrund der Einschätzung des vermutlichen Sanierungsziels nur die Kosten für Sicherungsmaßnahmen zurückgestellt, so fordert das Schrifttum, daß diejenigen bilanzierenden Unternehmen, die einen Anhang aufstellen müssen, die Differenz zwischen dem Rückstellungsbetrag bei Sicherungsmaßnahmen und bei Dekontaminationsmaßnahmen im Anhang als sonstige finanzielle Verpflichtung ausweisen sollten[349]. Damit wird der Leser des handelsrechtlichen Jahresabschlusses auch über die unwahrscheinlichen Belastungen durch Aufwendungen zur Dekontamination informiert. 968

---

346 Die dem Pflichtigen auferlegten Sanierungsmaßnahmen müssen zumutbar sein. Zu beachten ist jedoch, daß durch die Erschließung externer Finanzquellen oder die Heranziehung mehrerer Verantwortlicher gegebenenfalls die Zumutbarkeit für Maßnahmen hergestellt werden kann, die von einem Verantwortlichen alleine nicht getragen werden können. – *Sanden/Schoeneck*, a.a.O., § 4 BBodSchG, Rdnr. 26.
347 A. A. *Böttner*, a.a.O., S. 143. – *Böttner* vertritt die Auffassung, daß die Kosten der günstigsten Maßnahmen für die Bewertung zugrunde zu legen sind.
348 So z.B. in Form einer „Altlast-Schätzung". – *Faatz/Seiffe*, BB 1993, 2485 ff. – *Philipps*, a.a.O., S. 133 ff.
349 *Philipps*, a.a.O., S. 230.

969 Für den Fall, daß ein sanierungspflichtiger Zustandsverantwortlicher sich in einer Opferposition befindet, wurde durch den Beschluß des Bundesverfassungsgerichtes vom 16. 2. 2000 (1 BvR 242/91 und 1 BvR 315/99) klargestellt, daß die Opfergrenze (und damit auch die Bewertung der Rückstellung) grundsätzlich auf den Verkehrswert begrenzt ist. Abweichungen hiervon können sich u. a. dann ergeben, wenn das zu sanierende Grundstück den wesentlichen Teil des Vermögens des Pflichtigen bildet und die Grundlage seiner privaten Lebensführung darstellt (hier kann die Belastung bis zur Höhe des Verkehrswertes unzumutbar sein). Andererseits kann eine Belastung über den Verkehrswert des Grundstücks hinaus dann erfolgen, wenn der Zustandsverantwortliche das Risiko bewußt in Kauf genommen hat. Bei vorwerfbarer Unkenntnis der Gefahr kann der Grad der Fahrlässigkeit für die Beurteilung der Zumutbarkeit erheblich sein. Die Obergrenze bei einer Inanspruchnahme über den Verkehrswert hinaus liegt jedoch im Wert des Vermögens, das in rechtlichem oder wirtschaftlichem Zusammenhang mit dem kontaminierten Grundstück steht (funktionale Einheit).

970 Im übrigen müssen auch Aufwendungen für die Überwachung oder Nachsorge des sanierten Grundstücks in die Bewertung der Rückstellung aufgenommen werden, wenngleich es sich hierbei nicht um eine originäre Verpflichtung aus dem BBodSchG, sondern vor allem des BImSchG und des KrW-/AbfG handelt. Nachsorgemaßnahmen können sich über einen sehr langen Zeitraum erstrecken; ggfs. kann es sich um unbefristete Aufgaben handeln. In derartigen Fällen sind die betreffenden Aufwendungen mit ihrem Barwert in die Rückstellung einzubeziehen[350].

971 In der Regel wird zumindest bei schädlichen Bodenveränderungen oder Altlasten eine Verteilung des Rückstellungsbetrages auf mehrere Jahre nicht in Frage kommen, da der Verantwortliche bereits im Erstjahr mit den Kosten der Gesamtsanierung in Anspruch genommen werden könnte.

972 Bei Neulasten (§ 4 Abs. 5 BBodSchG), die nach dem 1. 3. 1999 in verschiedenen Geschäftsjahren verursacht werden, ist jeweils nur der Betrag zurückzustellen, der auf die Schäden entfällt, die im zurückliegenden Geschäftsjahr eingetreten sind. Die Höhe der Rückstellungen ist anhand von Schätzungen der Gesamtdauer und der Gesamtkosten zu ermitteln. Bei der Rückstellungsbemessung ist jedoch zu bedenken, daß nach § 4 Abs. 5 BBodSchG den Verantwortlichen die vorrangige Pflicht zur Dekontamination trifft. Die Differenz zwischen dem Ansammlungsbetrag und dem vollen Erfüllungsbetrag der (ungewissen) Verbindlichkeit ist bei solchen Unternehmen, die einen Anhang aufstellen müssen, als sonstige finanzielle Verpflichtung im Anhang anzugeben (§ 285 Nr. 3 HGB).

973 Zu erwartende Preis- und Kostensteigerungen, die auf die Maßnahmen zurückzuführen sind, die wertbegründend im abgelaufenen Geschäftsjahr ge-

---

350 *Philipps*, a. a. O., S. 234.

wirkt haben, sind grundsätzlich bei der Bewertung der Rückstellung zu berücksichtigen[351]. Eine Vorwegnahme sämtlicher künftig zu erwartender Preissteigerungen zum Bilanzstichtag ist allerdings nicht möglich. Zukünftige Preissteigerungen treten erst nach dem Bilanzstichtag ein und sind damit als wertbeeinflussende – nicht eben wertaufhellende – Tatsachen nicht berücksichtigungsfähig. Wertaufhellend und damit berücksichtigungsfähig sind lediglich solche zukünftigen Preisänderungen, die sich bereits bis zum Zeitpunkt der Bilanzerstellung konkret abzeichnen[352]. Die Rückstellung ist somit zu jedem Bilanzstichtag neu zu berechnen, wobei die im abgelaufenen Jahr eingetretenen Preissteigerungen sowie die bereits in früheren Perioden deswegen zugeführten Beträge zu berücksichtigen sind. Nach Abzug des im Vorjahr gebildeten Rückstellungsbetrages ergibt sich die Summe, um welche die betreffende Rückstellung zu erhöhen oder zu vermindern ist. Bei gesunkenen Kosten kommt – bis zur Grenze des Ursprungsbetrages – als Wahlrecht der Ansatz eines niedrigeren Betrags in Frage[353].

Bei einer Ausgleichs*verpflichtung* nach § 24 Abs. 2 BBodSchG bestimmt sich die Höhe des zivilrechtlichen Ausgleichs unabhängig von den behördlichen Erwägungen hinsichtlich der Auswahl des Pflichtigen ausschließlich nach den Verursachungsbeiträgen. **974**

Bei der Bewertung zu beachten ist jedoch auch § 426 Abs. 1 S. 2 BGB, wonach der faktische Ausfall eines Schuldners von den anderen gemeinschaftlich zu tragen ist und nicht dem leistungsbereiten Schuldner alleine zur Last fällt[354]. **975**

Die Frage, ob nicht aktivierbare Freistellungsansprüche, wie sie sich aus dem Ausgleichs*anspruch* nach § 24 Abs. 2 BBodSchG oder aus dem Erstattungs*anspruch* nach § 9 Abs. 2 BBodSchG ergeben können, bei der Bemessung der Rückstellung wertmindernd zu berücksichtigen sind, kann nicht generell entschieden werden[355]. Grundsätzlich sind derartige Ansprüche zu aktivieren, wenn sie rechtlich und wirtschaftlich entstanden sind; eine kompensatorische Berücksichtigung bei der Rückstellungsbewertung stellt danach einen Verstoß gegen das Verrechnungsverbot des § 246 Abs. 2 HGB dar. Eine Rückgriffsforderung kann jedoch im Streitfall erst dann aktivisch berücksichtigt werden, wenn hierüber ein rechtskräftiges Urteil ergangen ist[356]. Allerdings – und dies wäre im Einzelfall auf die nach den o.g. Vorschriften des BBodSchG möglichen Rückgriffsansprüche zu prüfen – können noch nicht aktivierbare An- **976**

---

351 *Adler/Düring/Schmaltz*, § 253 HGB, Rdnr. 196. – *Clemm/Nonnenmacher*, Beck'scher Bilanzkommentar, § 253 HGB, Rdnr. 160.
352 *Bordewin*, BB 1974, 976.
353 *Böttner*, a.a.O., S. 88–89.
354 *Sanden/Schoeneck*, a.a.O., § 24, Rdnr. 29.
355 *Adler/Düring/Schmaltz*, a.a.O., § 253 HGB, Rdnr. 241. – *Clemm/Nonnenmacher*, Beck'scher Bilanzkommentar, § 253 HGB, Rdnr. 157. – *Bordewin*, DB 1992, 1536.
356 BFH v. 26.4.1989, BStBl. 1991 II, 213, 215.

sprüche dann bei der Bewertung von Verbindlichkeitsrückstellungen zu berücksichtigen sein[357], wenn sie

- in einem unmittelbaren Zusammenhang mit der drohenden Inanspruchnahme stehen; dies wird regelmäßig zu bejahen sein,
- in rechtlich verbindlicher Weise der Entstehung oder Erfüllung der Verbindlichkeit nachfolgen; dies kann – vorbehaltlich der tatsächlichen Verhältnisse – ebenfalls zutreffen
- und sie zudem vollwertig sind, weil sie vom Rückgriffsschuldner nicht bestritten werden und dessen Bonität nicht zweifelhaft ist. Dieses Kriterium kann im Einzelfall möglicherweise nicht erfüllt sein und wäre daher besonders zu überprüfen.

977 Bestand, Höhe und Durchsetzbarkeit des Rückgriffsanspruchs müssen also, um den Gegenanspruch rückstellungsmindernd berücksichtigen zu können, unzweifelhaft sein, was auch die zweifelsfreie Bonität des Rückgriffsschuldners impliziert[358]. Ein Verstoß hinsichtlich des Realisationsprinzips oder des Verrechnungsverbotes hinsichtlich des Ersatzanspruchs ist hierin nicht zu sehen, weil unter den genannten Voraussetzungen die Vermögensmehrung in Form des Ersatzanspruchs eine zwangsläufige Folge der Vermögensminderung aus der zu passivierenden Verpflichtung darstellt[359]. Voraussetzung für die kompensatorische Berücksichtigung bei der Rückstellungsbewertung ist allerdings, daß der Anspruch noch nicht geltend gemacht wurde und somit noch nicht zu aktivieren ist. Daraus geht hervor, daß die genannten Voraussetzungen eher ausnahmsweise zutreffen. Ist dies tatsächlich der Fall, so sollten die betreffenden Ansprüche, welche die Rückstellung vermindert haben, in einer Vorspalte offen abgesetzt oder im Anhang angegeben werden.

978 Wird der Anspruch jedoch bestritten oder ist er aus einem anderen Grunde unsicher, weil z. B. die Zahlungsfähigkeit des Leistungsverpflichteten fraglich ist, kann der Ausgleichsanspruch – als Forderung – erst dann aktiviert werden, wenn er zweifelsfrei rechtlich und wirtschaftlich entstanden ist, also nach Vorliegen eines rechtskräftigen Urteils[360].

979 Hinsichtlich der Wertminderung der Rückstellung aufgrund eines öffentlichrechtlichen Erstattungsanspruchs nach § 9 Abs. 2 i. V. mit § 24 Abs. 1 S. 2 BBodSchG ist entscheidend, ob und inwieweit sich im Verlauf der Untersuchungen abzeichnet, daß sich der betreffende Gefahrenverdacht ausräumen läßt. Nur in Ausnahmefällen, wenn sich der Verdacht offensichtlich nicht be-

---

357 *Clemm/Nonnenmacher*, Beck'scher Bilanzkommentar, § 253 HGB, Rdnr. 157.
358 BFH v. 17. 2. 1993, BStBl. 1993 II, 437, 440 f.
359 *Clemm/Nonnenmacher*, Beck'scher Bilanzkommentar, § 253 HGB, Rdnr. 157. – *Adler/Düring/Schmaltz*, a. a. O., § 253 HGB, Rdnr. 241.
360 *Clemm/Nonnenmacherl*, Beck'scher Bilanzkommentar, § 253 HGB, Rdnr. 157. – *Bordewin*, DB 1992, 1536. – BFH v. 27. 5. 1964, BStBl. 1964 III, 478. – BFH v. 11. 10. 1973, BStBl. 1974 II, 90.

gründen läßt, wird eine Reduzierung der Rückstellung durch den voraussichtlichen Erstattungsanspruch vertretbar sein[361].

Nach § 253 Abs. 1 S. 2, Hs. 2 HGB dürfen Verbindlichkeiten nur abgezinst werden, soweit sie einen Zinsanteil enthalten. **980**

- Wird der Bilanzierende selber als Pflichtiger herangezogen, so handelt es sich um eine Sachleistungsverpflichtung. Dann ist eine Abzinsung nicht vorzunehmen[362].
- Wird aufgrund einer Ausgleichsverpflichtung nach § 24 Abs. 2 BBodSchG eine Rückstellung für eine ungewisse Verbindlichkeit gebildet, so handelt es sich normalerweise um eine Geldleistungsverpflichtung. Bei einer Laufzeit von mehr als einem Jahr ist der Barwert anzusetzen. Allerdings kann der Erfüllungszeitpunkt schwierig zu bestimmen sein; Schätzungsreserven sind daher unvermeidlich[363].

Angesichts der vielfältigen möglichen Unsicherheiten betonen *Adler/Düring/Schmaltz*, daß es in Fällen der Ungewißheit bei Vorliegen seltener und sehr hoher Verbindlichkeiten zweckmäßig sein kann, die Feststellung des Jahresabschlusses innerhalb der gesetzlichen Fristen zunächst hinauszuschieben[364]. **981**

Da sich insbesondere Sanierungsmaßnahmen über einen längeren Zeitraum hinziehen können, ist der Verbrauch der Rückstellung zu dokumentieren. Sofern die Verbindlichkeitsrückstellung in (Teil-)Projektschritten abgewickelt wird, hat das bilanzierende Unternehmen sicherzustellen, daß die Entwicklung der Bewertung jeder einzelnen Verbindlichkeitsrückstellung im Zusammenhang mit dem kontaminierten Grundstück im Zeitablauf verfolgt werden kann. Dies kann dadurch geschehen[365], daß **982**

- das bilanzierende Unternehmen für jede Rückstellungskomponente (Gefährdungsabschätzung, Sanierungsuntersuchung und -plan, Sanierung) ein eigenes Projekt definiert und eine Projektnummer einrichtet sowie
- über die jeweilige Projektnummer alle entsprechenden Aufwendungen entsprechend dem Projektfortschritt abrechnet.

Der Projektfortschritt sollte im betrieblichen Kontaminationskataster[366] festgehalten und durch ergänzende Unterlagen (Abrechnungen, aktualisierte Kostenschätzungen etc.) dokumentiert werden[367]. **983**

---

361 *Sanden/Schoeneck*, a.a.O., § 24, Rdnr. 23.
362 *Adler/Düring/Schmaltz*, a.a.O., § 253 HGB, Rdnr. 198–199.
363 *Adler/Düring/Schmaltz*, a.a.O., § 253 HGB, Rdnr. 203.
364 *Adler/Düring/Schmaltz*, a.a.O., § 253 HGB, Rdnr. 195.
365 *Philipps*, a.a.O., S. 239.
366 Vgl. Kap. C.I. 2. a).
367 Vgl. Kap. C.IV. 2. b).

c) Bilanzsteuerrechtliche Bewertung von Verbindlichkeitsrückstellungen

984 Die Bewertung der Rückstellungen erfolgt auch bilanzsteuerrechtlich grundsätzlich mit dem Erfüllungsbetrag[368]. Führt der Stpfl. die notwendigen Maßnahmen selbst durch, so ist § 6 Abs. 1 Nr. 3b EStG n.F. zu beachten. Hiernach sind Rückstellungen in der Steuerbilanz mit den Einzelkosten und angemessenen Teilen der Gemeinkosten zu bewerten. Anders als in der Handelsbilanz sind somit seit 1999 nicht mehr die Vollkosten für eine ungewisse Sachleistungsverbindlichkeit einzustellen[369]. Die Bewertungseinschränkung entspricht nunmehr der einkommensteuerlichen Untergrenze für die Herstellungskosten[370]. Die Inanspruchnahme von Dienstleistungen zählt zu den Herstellungskosten.

985 Anders ist der Fall zu beurteilen, wenn es sich nicht um eine ungewisse Sachleistungs-, sondern um eine Geldleistungsverpflichtung handelt, etwa weil ein fremdes Unternehmen mit der Durchführung der betreffenden Maßnahmen betraut worden ist oder der Stpfl. nach § 24 BBodSchG die Kosten einer Ersatzvornahme der Behörde zu erstatten hat.

986 Es ist die Wahrscheinlichkeit zu berücksichtigen, daß der Stpfl. voraussichtlich nur zu einem Teil der Verpflichtung in Anspruch genommen wird[371].

987 Für den Fall des Vorliegens einer Opferposition sei auf die Ausführungen im vorangehenden Abschnitt verwiesen.

988 Nach § 6 Abs. 1 Nr. 3c EStG sind in der Steuerbilanz künftige Vorteile, die mit der Erfüllung der Verpflichtung voraussichtlich verbunden sein werden, bei der Bewertung der Rückstellung wertmindernd zu berücksichtigen. Dies gilt jedoch nur, soweit der Vorteil nicht bereits zu einer konkreten aktivierungspflichtigen Forderung erstarkt ist[372]. Bei den kompensatorisch zu berücksichtigenden Vorteilen handelt es sich um solche, die mit der Erfüllung der ungewissen Verbindlichkeit voraussichtlich anfallen werden. Die mit dem StEntlG 1999/2000/2002 eingeführte neue Vorschrift ist nach h.M. eng auszulegen. Bestrittene Ansprüche sind in keinem Fall wertmindernd zu berücksichtigen. Neben dem zivilrechtlichen Ausgleichsanspruch nach § 24 Abs. 2 BBodSchG kommt auch hier wiederum ein Erstattungsanspruch nach § 24 Abs. 1 S. 2 i.V. mit § 9 Abs. 2 S. 1 BBodSchG in Betracht[373]. Eine Kompensation nach § 6 Abs. 1 Nr. 3a Lit. c EStG kommt somit in den Fällen in Frage, in denen die Regreßnahme des Verursachers nach § 24 Abs. 2 BBodSchG erfolgversprechend erscheint oder der Verdacht nach § 9 Abs. 2 BBodSchG of-

---

368 *Weber-Grellet*, in: Schmidt, EStG-Kommentar 1999, § 5 EStG, Rdnr. 550, Stichwort „Umweltschutz und -schäden".
369 *Ellrott/Schulz/Bail*, Beck'scher Bilanzkommentar, § 253 HGB, Rdnr. 158.
370 *Günkel/Fenzel*, DStR 1999, 649 ff.
371 *Glanegger*, in: Schmidt, EStG-Kommentar 1999, § 6 EStG, Rdnr. 400d.
372 *Glanegger*, in: Schmidt, EStG-Kommentar 1999, § 6 EStG, Rdnr. 400f. – R 38 Abs. 1 EStR 1999. – H 38/Rückgriffsansprüche EStH 1999.
373 Vgl. Kap. B.V.

fensichtlich unbegründet ist, ohne daß der Anspruch bereits seitens des Bilanzierenden geltend gemacht wurde. Wurde hingegen der Anspruch geltend gemacht, ist er soweit konkretisiert, daß eine Forderung zu aktivieren ist. Wird ein geltend gemachter Anspruch bestritten, so berührt das die Bewertung, nicht aber den Ansatz der Forderung.

Gelingt die Regreßnahme voraussichtlich in voller Höhe, stehen sich idealerweise die öffentlich-rechtliche Verbindlichkeit und der zivilrechtliche Regreßanspruch gleichwertig gegenüber, zumal ein bloßer Zustandsverantwortlicher ausschließlich als Gläubiger in Frage kommt[374]. Eine Differenz zwischen der Höhe der Rückstellung und der Ausgleichsforderung ergibt sich allerdings dann, wenn 989

- entweder die Regreßnahme des Verursachers nach § 24 Abs. 2 BBodSchG nicht vollständig möglich oder die Verdachtsmomente nach § 9 Abs. 2 BBodSchG nicht vollständig ausgeräumt werden können oder ihn Mitverantwortung dafür trifft, daß der Verdacht überhaupt entstand und/oder
- der Zustandspflichtige selber Mitverursacher der schädlichen Bodenveränderung war.

Normalerweise wird man nicht davon ausgehen können, daß die Kompensation vollständig gelingt. 990

Ist für eine schädliche Bodenveränderung der laufende Betrieb ursächlich, so sind nach § 6 Abs. 1 Nr. 3d EStG nicht nur handelsrechtlich, sondern auch steuerbilanziell die erforderlichen Rückstellungen zeitanteilig in gleichen Raten anzusammeln. Diese Behandlung ist keineswegs durch das StEntlG 1999/2000/2002 erstmalig eingeführt, sondern entspricht der auf BFH-Rechtsprechung beruhenden praktischen Übung in der Vergangenheit. Zu unterscheiden sind hiervon diejenigen Fälle, bei denen der Rückstellungsbetrag nicht nur im wirtschaftlichen Sinne, sondern tatsächlich in jedem Wirtschaftsjahr steigt. In der Mehrzahl der mit dem BBodSchG zusammenhängenden Fälle (Ausnahme: Neulasten) dürfte jedoch eine Ansammlungsrückstellung nicht relevant sein; es handelt sich dabei eher um Fälle, die im Zusammenhang mit Rekultivierungsverpflichtungen auftauchen können[375]. 991

Verbindlichkeitsrückstellungen für Geld- wie Sachleistungsverpflichtungen sind steuerrechtlich nach § 6 Abs. 1 Nr. 3e EStG mit einem Satz von 5,5% p.a. abzuzinsen, wenn der Stpfl. voraussichtlich erst nach Ablauf von zwölf Monaten in Anspruch genommen wird. Hierbei sind die Abzinsungsvorschriften für Verbindlichkeiten entsprechend anzuwenden. Auch Sachleistungsverpflichtungen sind abzuzinsen[376]. Für die Abzinsung von Rückstellungen für Sachleistungsverpflichtungen ist der Zeitraum bis zum Beginn der Erfüllung maßgebend. Eine Ausnahme von der Verzinsungspflicht besteht 992

---

374 *Sanden/Schoeneck*, a.a.O., § 24, Rdnr. 29.
375 Rekultivierungsverpflichtungen sind jedoch im BBodSchG nicht vorgesehen.
376 *Glanegger*, in: Schmidt, EStG-Kommentar 1999, § 6 EStG, Rdnr. 400h.

dann, wenn die Verpflichtung verzinslich ist oder auf einer erhaltenen Anzahlung bzw. Vorleistung beruht. Im Falle der Kompensation ist auch der gegenzurechnende Vorteil abzuzinsen, wenn er erst später realisiert werden kann. Die Abzinsung einer gegebenenfalls ratierlich aufzubauenden Rückstellung (Ansammlungsrückstellungen) ist nicht erforderlich.

993 Beispiel für eine Abzinsung[377]:

Voraussichtlicher Erfüllungsbetrag:	300.000 DM
Laufzeit 1. 1. 2001 bis 30. 6. 2005 = 4 Jahre und 6 Monate	
Abzinsungsfaktor für 4 Jahre (Kapitalbarwerte)	0,807217
Abzinsungsfaktor für 5 Jahre	0,765134
Differenz	0,042083
davon 6/12	− 0,021041
interpoliert (0,807217−0,021041)	0,021041
Gegenwartswert am 31. 12 .2000	
(0,786176 × 300.000 DM)	235.853 DM

994 Auch Altrückstellungen sind nach den überarbeiteten Vorschriften des StEntlG 1999/2000/2002 steuerlich abzuzinsen. Der dabei entstehende Auflösungsgewinn kann auf 10 Jahre verteilt werden (§ 52 Abs. 16 S. 10 EStG). Hierzu werden zum Ende des ersten nach dem 31. 12. 1998 endenden Wirtschaftsjahres 9/10 des Auflösungsbetrages in eine Rücklage eingestellt. Die gewinnerhöhende Auflösung der Rücklage erfolgt entsprechend der Rücklagenauflösung bei den im ersten nach dem 1. 1. 1999 endenden Wirtschaftsjahr aufgelösten abgezinsten Verbindlichkeiten.

995 Künftige Kostensteigerungen sind bei der steuerlichen Bewertung von Rückstellungen nach ständiger BFH-Rechtsprechung nicht zu berücksichtigen, wenngleich diese Rechtsprechung in der Kommentarliteratur auf Kritik stößt[378]. Übrigens sind auch für die Abzinsung die Preisverhältnisse zum Bilanzstichtag maßgebend.

d) Bewertung von Aufwandsrückstellungen in der Handelsbilanz

996 Soll die Sanierung nicht aus einer bodenschutzrechtlichen Verpflichtung heraus, sondern aus betriebswirtschaftlichen Gründen vorgenommen werden, ist eine Aufwandsrückstellung gerechtfertigt. Bei langfristigen Aufwandsrückstellungen kommt grundsätzlich der Barwert in Betracht. Allerdings wird man regelmäßig auf eine Abzinsung verzichten, da die damit verbundene Änderung des Wertansatzes innerhalb des Schätzungsrahmens liegen dürfte[379].

---

377 Vgl. *Kleine-Rosenstein*, BBK F. 30, 339. – Vgl. auch BMF, BStBl. 1997 I, 832.
378 BFH v. 7. 10. 1982, BStBl. 1983 II, 104. – BFH v. 5. 2. 1987, BStBl. 1987 II, 845. – *Clemm/Nonnenmacher*, Beck'scher Bilanzkommentar, § 253 HGB, Rdnr. 160.
379 *Adler/Düring/Schmaltz*, a. a. O., § 253 HGB, Rdnr. 201–202.

Die Bewertung von Aufwandsrückstellungen hängt davon ab, ob für diese **997**
eine Passivierungspflicht oder ein Passivierungswahlrecht besteht.

- Im Fall des § 249 Abs. 1 S. 2 Nr. 1 HGB ist die handelsrechtliche Bewertung wie bei Verbindlichkeitsrückstellungen mit dem Betrag vorzunehmen, der nach vernünftiger kaufmännischer Beurteilung erforderlich ist. Dabei handelt es sich um den Betrag, der am Abschlußstichtag bereits wirtschaftlich verursacht ist und der für die Durchführung der entsprechenden Maßnahmen innerhalb der vom Gesetz vorgesehenen Nachholfristen voraussichtlich anfallen wird[380]. Werden die Instandhaltungsmaßnahmen von Dritten durchgeführt, so sind die hierfür innerhalb der Nachholfristen bereits angefallenen oder mutmaßlich noch anfallenden Aufwendungen für die Rückstellungsbemessung maßgeblich. Führt das Unternehmen die Arbeiten selbst durch, kann die Bewertung sowohl auf der Basis von Vollkosten als auch auf der Basis von variablen Kosten erfolgen. Steuerlich gelten die im vorangehenden Abschnitt besprochenen Bewertungsbeschränkungen.
- Handelt es sich hingegen um eine wahlweise anzusetzende, steuerlich unbeachtliche Aufwandsrückstellung (§ 249 Abs. 1 S. 2 Nr. 2 oder Abs. 2 HGB[381]), kann der Ansatz mit einem Betrag erfolgen, der zwischen Null und dem nach vernünftiger kaufmännischer Beurteilung notwendigem Betrag liegt. Werden bei mittelgroßen und großen Kapitalgesellschaften Rückstellungen für die künftigen finanziellen Belastungen aus notwendigen Instandhaltungen nicht gebildet, können Anhangsangaben nach § 285 Nr. 3 HGB erforderlich sein[382] (vgl. Kap. C.III. 1. a). Speziell bei Aufwandsrückstellungen i.S. des § 249 Abs. 2 HGB kann ein Maßstab für die Dotierung die bisher verursachten Aufwendungen im Verhältnis zu den insgesamt anfallenden Aufwendungen darstellen. Dieser Maßstab kann leistungsbezogen, zeitbezogen oder kombiniert angewendet werden[383]. Grundlage für die Bewertung können beispielsweise Instandhaltungspläne sein; auszugehen ist von den Preisverhältnissen zum Abschlußstichtag, wobei die normalerweise zu erwartenden Preis- und Kostensteigerungen berücksichtigt werden können[384].

Bei der Rückstellungsbewertung läßt sich nicht allgemein sagen, ob im Re- **998**
gelfall Sicherungs- oder Dekontaminationsmaßnahmen zugrundezulegen sind. Welche Maßnahmen die Grundlage für die Rückstellungsbewertung bilden, hängt von der Art und der Intensität der Beeinträchtigung des Betriebsablaufs durch die Kontamination im Einzelfall ab. Dies ist im einzelnen im Rahmen der Inventur der Risiken zu ermitteln.

---

380 *Adler/Düring/Schmaltz*, a.a.O., § 253 HGB, Rdnr. 275.
381 Hierbei kann das Ansatzwahlrecht zu jedem Abschlußstichtag neu ausgeübt werden.
382 *Adler/Düring/Schmaltz*, a.a.O., § 253 HGB, Rdnr. 276.
383 *Adler/Düring/Schmaltz*, a.a.O., § 253 HGB, Rdnr. 291.
384 *Adler/Düring/Schmaltz*, a.a.O., § 253 HGB, Rdnr. 296–297.

999 Weil eine Aufwandsrückstellung wirtschaftlich immer in der Vergangenheit verursacht wurde, ist die im Zusammenhang mit einem kontaminierten Grundstück passivierte Aufwandsrückstellung in Höhe des vollen Erfüllungsbetrags zu bilden[385].

e) Exkurs: Handels- und steuerrechtliche Zulässigkeit pauschaler Rückstellungen für Umweltschutzverpflichtungen

1000 Sind konkrete Schadensfälle bekannt, kommt sowohl handels- wie steuerrechtlich eine Einzelrückstellung in Betracht. Eine pauschalisierte Rückstellungsbildung könnte hingegen erwogen werden, um – vor Bekanntwerden eines konkreten Schadensfalles – einer erhöhten Umweltgefährdung, die von bestimmten Anlagen für benachbarte Grundstücke ausgeht, Rechnung zu tragen. Allerdings setzt die pauschale Rückstellungsbildung betriebliche Erfahrungen, die mit einer gewissen Wahrscheinlichkeit auf eine Inanspruchnahme schließen lassen, voraus[386]. Die Möglichkeit, daß aufgrund von Erfahrungswerten aus der Vergangenheit mit dem Entstehen von Verbindlichkeiten und der Inanspruchnahme des bilanzierenden Steuerpflichtigen ernsthaft zu rechnen ist, wird regelmäßig zu verneinen sein[387]. Denn anders als z.B. Garantieverpflichtungen treten diese nur vereinzelt, nicht aber mit einer gewissen, statistisch zu erfassenden Gesetzmäßigkeit auf[388]; schließlich geht es nicht um die Bewertung eines Sammelpostens. Nichts anderes trifft auch für Kontaminierungsschäden von Grund und Boden zu; sie sind dem nicht rückstellbaren allgemeinen Unternehmerrisiko zuzurechnen.

1001 Dennoch schließt diese Auffassung, der auch die Rechtsprechung folgt, eine pauschale Rückstellungsbildung **für Schadenersatzpflichten** nicht kategorisch aus[389]. Haftungsfälle, bei denen man entgegen der allgemeinen Erfahrung von einer gewissen Regelmäßigkeit des Auftretens ausgehen muß und auf deren Vorhandensein das Unternehmen aufgrund konkreter Erfahrungswerte auch ohne konkrete Kenntnis am Bilanzstichtag schließen muß, sind einer pauschalen Rückstellungsbildung zugänglich. Möglich ist z.B. die Kontaminationen durch Anlagen mit erhöhter Umweltgefährdung, die in der Vergangenheit wiederholt mit einer gewissen Regelmäßigkeit Störungen mit der Folge von schädlichen Bodenveränderungen verursachten.

---

385 *Philipps*, a.a.O., S. 255.
386 BFH v. 17. 1. 1963, BStBl. 1963 III, 237, 238. – BFH v. 12. 3. 1964, BStBl. 1964 III, 404. – BFH v. 30. 6. 1983, BStBl. 1984 II, 263, 265. – § 6 Abs. 1 Nr. 3a Lit. a EStG.
387 Vgl. hierzu auch Kap. C.IV. 2. a).
388 BFH v. 17. 1. 1963, BStBl. 1963 III, 237, 238. – BFH v. 12. 3. 1964, BStBl. 1964 III, 404, 405. – BFH v. 30. 6. 1983, BStBl. 1984 II, 263, 265.
389 *Schmidt*, BB 1984, 1788. – *Vollmer/Nick*, DB 1985, 57.

7. § 6b-Rücklage, Rücklage für Ersatzbeschaffung

Handelsrechtlich ist der hier zu besprechende Sonderposten mit Rücklageanteil nach § 247 Abs. 3 HGB für Zwecke der Steuern vom Einkommen und vom Ertrag in der Handels- und Steuerbilanz grundsätzlich übereinstimmend zu bilden. Die Auflösung geschieht nach Maßgabe des Steuerrechts. Die Bilanzierung und Bewertung im handelsrechtlichen Jahresabschluß beruht ausschließlich auf steuerrechtlichen Vorschriften. Kapitalgesellschaften können einen Sonderposten mit Rücklageanteil nur insoweit bilanzieren, als das Steuerrecht die Anerkennung des Wertansatzes bei der steuerrechtlichen Gewinnermittlung davon abhängig macht, daß ein entsprechender Ansatz in der Handelsbilanz erfolgt ist (§§ 273, 279 Abs. 2 HGB).

1002

Bei dieser Position handelt es sich um einen Mischposten aus Eigen- und Fremdkapital, der dementsprechend zwischen dem Eigenkapital und den Rückstellungen auszuweisen ist.

1003

a) Rücklage nach § 6 b EStG

Die Vorschrift des § 6b EStG ist nicht auf Wirtschaftsgüter des Umweltschutzes besonders zugeschnitten. Für kontaminierte Grundstücke dürfte ihr ebenso keine große Relevanz zukommen, da hier weniger stille Reserven, sondern eher stille Lasten die Problematik sind. Trotz der schädlichen Bodenveränderung oder Altlast könnte allerdings eine Aufdeckung stiller Reserven in Frage kommen, wenn sich das betreffende Grundstück z.B. schon sehr lange im Betriebsvermögen befindet und die Kontamination das Nutzenpotential des Grundstückes nicht wesentlich beeinträchtigt.

1004

b) Rücklage nach R 35 EStR

Grundsätzlich gilt das für Rücklagen nach § 6b EStG Gesagte entsprechend auch für Rücklagen nach R 35 EStR. Voraussetzung ist, daß ein Wirtschaftsgut (hier: ein kontaminiertes Grundstück) aufgrund höherer Gewalt oder zur Vermeidung eines behördlichen Eingriffs gegen Entschädigung aus dem Betriebsvermögen ausscheidet.

1005

Nach R 35 Abs. 7 EStR besteht die Möglichkeit, eine Ersatzbeschaffungsrücklage auch wegen einer Beschädigung des Wirtschaftsgutes zu bilden. Auch R 35 Abs. 7 EStR setzt voraus, daß das Wirtschaftsgut aufgrund höherer Gewalt oder eines behördlichen Eingriffs beschädigt worden ist und sodann eine Entschädigung erfolgt. Denkbar ist die Kontamination des Grundstücks durch staatliche Organe (z.B. Bundeswehr, soweit nicht § 23 BBodSchG greift) und dadurch bedingt eine In-Regreßnahme (§ 24 Abs. 2 BBodSchG) oder der anschließende Verkauf des Grundstücks aufgrund des betriebsindividuell gesunkenen Nutzens[390].

1006

---

390 In diesem Fall ist allerdings § 4 Abs. 6 BBodSchG zu beachten.

1007 Im Regelfall dürfte jedoch weder ein behördlicher Eingriff noch höhere Gewalt die Ursache der Kontamination sein, so daß eine Rücklage nach R 35 EStR die Ausnahme sein wird.

8. Aktivische Berücksichtigung von Kontaminationsschäden und Sanierungsaufwendungen

1008 In Kap. C.I. 2. d) wurde auf Bilanzierungskonkurrenzen hinsichtlich der aktivischen und passivischen Behandlung von Sanierungsaufwendungen und Wertminderungen des Vermögens eingegangen. Diese Aspekte werden im weiteren zu vertiefen sein.

a) Aktivierung von Sanierungsaufwendungen dem Grunde nach

(aa) Die betroffenen Wirtschaftsgüter

1009 Aufwendungen oder Betriebsausgaben sind dann zu aktivieren, wenn diese zu einem Wirtschaftsgut führen oder bei vorhandenen Wirtschaftsgütern nachträgliche Anschaffungs- bzw. Herstellungskosten vorliegen (§ 255 HGB)[391]. Dabei stehen sanierungsbedingte nachträgliche Anschaffungs- oder Herstellungskosten für Grund und Boden im Mittelpunkt der Betrachtung. Allerdings wurde in Kap. C.I. 3. bereits erörtert, daß hinsichtlich des Grundstücksbegriffs des BBodSchG nicht nur auf das Wirtschaftsgut Grund und Boden abzustellen ist, sondern daß auch bestimmte wesentliche Bestandteile eines Grundstücks (§ 94 BGB) vom Grundstücksbegriff umfaßt werden, die handelsbilanzrechtlich als eigenständige Vermögensgegenstände und bilanzsteuerrechtlich als selbständige Wirtschaftsgüter zu sehen sind. Somit können grundsätzlich sanierungsbedingte nachträgliche Anschaffungs- oder Herstellungskosten auch für andere, abnutzbare Wirtschaftsgüter anfallen. Am naheliegendsten ist hierbei die Frage, inwieweit aufstehende Gebäude durch die Kontamination bzw. die im Sinne des BBodSchG eingeleiteten Maßnahmen betroffen sind. Doch auch Betriebsvorrichtungen können Gegenstand des Interesses sein.

1010 So kann z. B. zu prüfen sein, ob Aufwendungen für Sicherungsmaßnahmen (etwa Meßgeräte) als nachträgliche Anschaffungs- oder Herstellungskosten zu beurteilen sind. Die betreffenden Anlagen werden installiert, weil das Grundstück im Zweifel ohne diese nicht mehr wie ehedem genutzt werden kann. Die betreffenden Anlagen stehen nicht in einem vom Grundstück getrennten Nutzungs- und Funktionszusammenhang und können daher keine selbständigen Wirtschaftsgüter darstellen. Andererseits dienen sie auch nicht dazu, das Grundstück überhaupt erst seinem bestimmungsgemäßen Nutzungs- und Funktionszusammenhang zuzuführen; somit kann es sich nicht um Anschaffungskosten für das Wirtschaftsgut Grund und Boden handeln.

---

[391] Vgl. *Weber-Grellet*, in: Schmidt, EStG-Kommentar 1999, § 5 EStG, Rdnr. 270, Stichwort „Umweltschützende Einrichtungen".

Zudem kommt es nicht zu einer erheblichen Erhöhung des Nutzwertes oder zu einer wesentlichen Substanzvermehrung des Wirtschaftsguts Grund und Boden (s. unten); daher liegen auch keine nachträglichen Herstellungskosten hierfür vor. Die Aufwendungen sollen vielmehr das Wirtschaftsgut Grund und Boden in seinem bestimmungsgemäßen Zustand erhalten. Es wurde somit kein neues Wirtschaftsgut geschaffen; vielmehr liegt Erhaltungsaufwand vor, der grundsätzlich auch rückstellungsfähig ist[392].

Wurde hingegen durch die Bodenschutzmaßnahme ein neues Wirtschaftsgut angeschafft oder hergestellt, besteht grundsätzlich Aktivierungspflicht. Für Aufwendungen, welche die Anschaffung oder Herstellung eines aktivierungspflichtigen Vermögensgegenstands/Wirtschaftsguts finanziell vorbereiten, kann eine Rückstellung nach h. M. nicht gebildet werden[393]. 1011

(bb) (Nachträgliche) Anschaffungs- und Herstellungskosten

Anschaffungskosten sind nach § 255 Abs. 1 HGB solche Aufwendungen, die geleistet werden, um einen Vermögensgegenstand zu erwerben und ihn in einen betriebsbereiten Zustand zu versetzen. 1012

Der Begriff der „nachträglichen Anschaffungskosten" ist nicht im HGB definiert; allerdings taucht er in der Begründung zum HGB auf. Ob Sanierungsaufwendungen als nachträgliche Anschaffungskosten zu behandeln sind, ist davon abhängig, ob die zeitlich nach dem Erwerb eines Wirtschaftsgutes angefallenen Ausgaben zeitlich oder sachlich mit dem Erwerbsvorgang zusammenhängen. Die Aufwendungen zur Sanierung eines kontaminierten Grundstücks sind also nur dann als nachträgliche Anschaffungskosten aktivierungspflichtig, wenn sie dem Erwerbsvorgang als unmittelbare Folgekosten zweifelsfrei zurechenbar sind. Dementsprechend ist zu fordern, daß das Grundstück bei Erwerb kontaminiert war, aber zeitnah zum Erwerb saniert werden muß und zugleich die künftige Sanierung bei Erwerb des Grundstücks kaufpreismindernd berücksichtigt wurde[394]. 1013

Aktivierungspflichtige Herstellungskosten (§ 255 Abs. 2 HGB) liegen vor, wenn durch die Aufwendungen eine greifbar werthaltige Nutzenkomponente entsteht, die sich in der Minderung des Risikos künftiger Aufwandsentstehung oder Ertragseinbußen durch Umweltlasten konkretisiert[395]. Die betreffende Nutzenkomponente muß also selbständig bewertungsfähig sein[396]. Zu den Herstellungskosten gehören nicht nur die Aufwendungen für die erstmalige Herstellung eines noch nicht existenten Wirtschaftsgutes, sondern auch 1014

---

392 *Böttner*, a. a. O., S. 16.
393 Vgl. BFH, Urt. v. 1. 4. 1981, BStBl. 1981 II, 660, 662. – § 5 Abs. 4 b EStG.
394 *Philipps*, a. a. O., S. 202.
395 *Förschle/Scheffels*, DB 1993, 1199.
396 BFH v. 28. 9. 1991, BStBl. 1991 II, 187. – BFH v. 16. 2. 1990, BStBl. 1990 II, 794 und 79. – *Glanegger*, DStZ 1989, 132.

noch
1014
- die Aufwendungen, durch die ein bestehender Vermögensgegenstand erweitert oder über seinen ursprünglichen Zustand hinaus wesentlich verbessert wird (§ 255 Abs. 2 S. 1, 2. Hs. HGB)[397]. Der Fall einer Erweiterung ist bei der behandelten Thematik kaum vorstellbar, da durch Sanierungsmaßnahmen keine Mehrung der Substanz eintritt[398]. Eine wesentliche Verbesserung liegt vor, wenn nach Verkehrsauffassung ein neues, bisher nicht vorhandenes Wirtschaftsgut entsteht. Als „ursprünglicher Zustand" i.S. des § 255 Abs. 2 S. 1 HGB ist dabei der Zustand eines Wirtschaftsgutes im Zeitpunkt des Zugangs im bilanzierenden Unternehmen zu betrachten. Beispielsweise können in bauplanerischer Hinsicht Nutzungseinschränkungen oder Nutzungsverbote bestehen oder es kann eine Nutzung für Wohnzwecke ausgeschlossen sein. In derartigen Fällen führen Sanierungsmaßnahmen gegenüber dem Zustand vor der Sanierung möglicherweise zu wesentlichen Verbesserungen. Probleme können dann entstehen, wenn der „ursprüngliche Zustand" nach einer Reihe von Jahren nicht mehr zweifelsfrei festgestellt werden kann. In solchen Zweifelsfällen ist grundsätzlich anzunehmen, daß die Sanierungsaufwendungen nicht mehr aktivierungsfähig sind und somit das Kriterium der wirtschaftlichen Belastung erfüllen[399]. Für die Annahme einer wesentlichen Verbesserung reicht die bloße Werterhöhung des Grundstücks, die mit den betreffenden Maßnahmen erreicht wurde, nicht aus[400]. Handelt es sich um ein abnutzbares Wirtschaftsgut (z.B. ein Gebäude), so läßt auch die etwaige Verlängerung der Nutzungsdauer keine Rückschlüsse auf eine wesentliche Verbesserung i.S. des Herstellungskostenbegriffs zu, da eine Verlängerung der Nutzungsdauer gewöhnlich auch bei laufenden Instandhaltungsmaßnahmen eintritt[401].
- die Aufwendungen, die durch die erneute Herstellung eines bereits existenten, aber aufgrund der betrieblichen Nutzung voll verschlissenen Vermögensgegenstands entstehen (Generalüberholung), § 255 Abs. 2 S. 1, 1. Hs. HGB. Die Generalüberholung eines Wirtschaftsguts setzt dessen Verschleiß voraus. Bei kontaminierten Grundstücken ist Vollverscheiß gleichbedeutend mit einer nur noch stark eingeschränkten oder gar nicht mehr vorhandenen Nutzbarkeit. Wird die vorhandene Substanz des Grundstücks durch die Sanierung so umfangreich erneuert, daß bei wirtschaftlicher Betrachtung ein neues Grundstück geschaffen wird, liegt eine Generalüberholung bzw. Zweitherstellung vor. Nach der Sanierung muß die Nutzbarkeit des Grundstücks wieder uneingeschränkt gegeben sein. Die Aktivierung von Sanierungsaufwendungen für Grundstücke als nachträgliche Herstellungskosten infolge einer Generalüberholung ist aber auf

---

397 BFH v. 13. 9. 1984, BStBl. 1985 II, 49 ff.
398 *Ellrott/Schmitt-Wendt*, in: Beck'scher Bilanzkommentar, § 255, Rdnr. 380.
399 BFH v. 3. 12. 1958, BStBl. 1959 III, 95. – BFH v. 7. 12. 1976, BStBl. 1977 II, 281.
400 BFH v. 13. 9. 1994, BStBl. 1995 II, 49, 50.
401 *Böttner*, a.a.O., S. 94.

wenige Ausnahmefälle beschränkt. Denn aufgrund der Kontamination wird die Nutzung des Grundstücks regelmäßig nicht nahezu oder gänzlich unmöglich gemacht; häufig sind die Grundstücke sogar uneingeschränkt weiter nutzbar. Nach einer Literaturauffassung soll eine Generalüberholung grundsätzlich dann anzunehmen sein, wenn die voraussichtlichen Aufwendungen mindestens das Neunfache des Teilwerts des schadstoffbelasteten Wirtschaftsguts betragen[402]. Diese Auffassung ist jedoch zu pauschal. Das Wertverhältnis zwischen dem Teilwert des belasteten Wirtschaftsguts und den Kosten der erforderlichen Sanierungsmaßnahmen ist kein geeignetes Kriterium für die Abgrenzung von aktivierungspflichtigen Herstellungskosten und sofort abzugsfähigen Betriebsausgaben[403].

- die Aufwendungen, durch die praktisch ein anderer Vermögensgegenstand entsteht, dessen Zweckbestimmung bzw. betriebliche Funktion gegenüber dem alten Vermögensgegenstand wesentlich verändert ist (Wesensänderung), § 255 Abs. 2 S. 1, Hs. 1 HGB[404]. Bei kontaminierten Grundstücken kann eine Wesensänderung vorliegen, wenn durch die Sanierung ein anderes als das ursprüngliche Grundstück entsteht. Hierzu ist erforderlich, daß sich die Zweckbestimmung des Grundstücks ändert oder ändern kann. Dies kann z.B. dann der Fall sein, wenn ein Grundstück im Gegensatz zum Zeitpunkt des Erwerbs nach der Sanierung multifunktional nutzbar ist.

In den genannten Fällen spricht man von „nachträglichen Herstellungskosten", weil bereits genutzte Wirtschaftsgüter in einen anderen/erweiterten Nutzungs- und Funktionszusammenhang gestellt werden. Nachträgliche Anschaffungs- oder Herstellungskosten kommen in der Praxis jedoch wohl eher selten vor. Bei der Anlegung der o.g. Kriterien für Generalüberholung, einer Wesensänderung und einer wesentlichen Verbesserung ist Zurückhaltung geboten[405]. 1015

Liegen die betreffenden Aufwendungen in der Zeit nach dem Bilanzstichtag, hat das Unternehmen, sofern es einen Anhang aufstellen muß, handelsrechtlich die Aufwendungen als sonstige finanzielle Verpflichtungen nach § 285 Nr. 3 HGB auszuweisen[406]. 1016

Ob bei Aktivierungspflicht der Sanierungsaufwendungen (nachträgliche) Anschaffungs- oder Herstellungskosten vorliegen, richtet sich vor allem nach dem „ursprünglichen Zustand" des Grundstücks i.S. des § 255 Abs. 2 S. 1 HGB und dem Kenntnisstand des Erwerbers. Im Hinblick auf die bessere Un- 1017

---

402 *Sarrazin*, WPg 1993, 5.
403 *Böttner*, a.a.O., S. 95.
404 *Philipps*, a.a.O., S. 204.
405 *Böttner*, a.a.O., S. 95. – *Siegel*, BB 1993, 331. – *Adler/Düring/Schmaltz*, a.a.O., § 255 HGB, Rdnr. 125. – *Förschle/Scheffels*, DB 1993, 1199. – *Ellrott/Schmidt-Wendt*, in: Beck'scher Bilanzkommentar, § 255 HGB, Rdnr. 375 ff.
406 *Philipps*, a.a.O., S. 196–197.

Handelsrechtliche, steuerrechtliche und betriebswirtschaftliche Fragestellungen

terscheidbarkeit zwischen Anschaffungs- und Herstellungskosten sowie auf die Bestimmung des „ursprünglichen Zustandes" i. S. des § 255 Abs. 2 S. 1 HGB[407] ist zweckmäßigerweise zunächst danach zu unterscheiden, ob die Kontamination des Wirtschaftsgutes vor oder nach dem Erwerb bzw. vor oder nach der erstmaligen bilanziellen Zurechnung zum zivilrechtlichen oder wirtschaftlichen Eigentümer stattfand bzw. ob schon eine Teilwertabschreibung vorgenommen wurde.

1018 Wurde auf ein sich im Betriebsvermögen befindliches Grundstück eine außerplanmäßige Abschreibung bzw. Teilwertabschreibung vorgenommen, so wird als „ursprünglicher Zustand" der Zeitpunkt der Vornahme dieser Abschreibung fingiert. Diese Fiktion wird insbesondere damit begründet, daß eine doppelte Verrechnung von Aufwand verhindert werden solle[408]. Folgt man jedoch der in Kap. C.I. 2. c) dargestellten Auffassung, daß Teilwertabschreibung und Sanierungsverpflichtung einen vollkommen unterschiedlichen Zeitbezug haben können und sich keineswegs notwendigerweise in derselben Bilanz befinden müssen, ist diese Auffassung – wenngleich wohl herrschende Meinung – als ein fragwürdiger Kunstgriff zu beurteilen.

1019 Im Regelfall wird die Kontamination des Grundstücks keine Einschränkung des Nutzungs- und Funktionszusammenhanges eines industriell genutzten Grundstücks bewirken. Soweit es sich nicht gerade um „Neulasten" handelt, dürfte in vielen Fällen vorrangig auf die – im Vergleich zu Dekontaminationsmaßnahmen kostengünstigeren – Sicherungs-, Schutz- oder Beschränkungsmaßnahmen Rückgriff genommen werden. Diese Maßnahmen verändern nicht den Zustand des Grundstücks, sondern mindern lediglich die Wirkung der Kontamination auf die Umwelt[409]. Sicherungs- sowie Schutz- und Beschränkungsmaßnahmen kommen für eine Aktivierung nach den o.g. Kriterien für nachträgliche Anschaffungs- oder Herstellungskosten regelmäßig nicht in Betracht; das Unternehmen wird in diesen Fällen durch die Erfüllung einer bodenschutzrechtlichen Verpflichtung wirtschaftlich belastet sein[410].

1020 Die Kosten der Gefährdungsabschätzung sind danach zu beurteilen, ob das Ergebnis bei der Kaufentscheidung eine Rolle spielte. War dies der Fall, und lassen sich die Kosten dem angeschafften Grundstück zuordnen, so handelt es sich um Anschaffungskosten[411]. Fielen die Kosten der Gefährdungsabschätzung hingegen nach dem Kauf an, so sind sie zusammen mit den übrigen Ko-

---

407 *Böttner*, a. a. O., S. 94.
408 Vgl. *Groh*, DB 1993, 1837. – Allerdings ist es bei Vorliegen einer Pflicht zur Wertaufholung im Ergebnis unerheblich, ob die Sanierungsaufwendungen durch eine Zuschreibung neutralisiert oder aber aktiviert werden. – Vgl. zu diesem Komplex auch o.V., DStR 2000, 471.
409 Anders als bei Grundstücken können jedoch bei der Nachrüstung genehmigungsbedürftiger Anlagen zur Anpassung an neue Emissionsstandards auch Sicherungsmaßnahmen nachträgliche Anschaffungskosten darstellen. – *Philipps*, a. a. O., S. 205.
410 *Philipps*, a. a. O., S. 216.
411 Vgl. *Ellrott/Schmidt-Wendt*, Beck'scher Bilanzkommentar, § 255 HGB, Rdnr. 71. – Dem steht auch nicht die BFH-Rechtsprechung entgegen. – Vgl. BFH v. 10. 3. 1981, BStBl. 1981 II, 470.

sten nach den untenstehenden Grundsätzen auf ihre Aktivierbarkeit zu überprüfen.

In jedem Fall ist aber die Aktivierbarkeit von Sanierungskosten sowie den Kosten der Sanierungsuntersuchung und Sanierungsplanung zu überprüfen. **1021**

(cc) Lastentragung bei Kontamination vor dem Erwerb

Hat der Stpfl. ein schon kontaminiertes Grundstück erworben, kommt es für die bilanzielle Behandlung der zu veranlassenden Maßnahmen darauf an, ob **1022**

- bei Erwerb der Mangel bekannt war und in den Kaufpreis eingeflossen ist und
- ob der Nutzungs- und Funktionszusammenhang, für den das erworbene Wirtschaftsgut bestimmt war, durch den Mangel eingeschränkt ist.

(1) Kenntnis des Mangels/eingeschränkter Nutzungs- und Funktionszusammenhang

Hat der Bilanzierende ein schon belastetes Grundstück erworben und lag bei Anschaffung Kenntnis über den Zustand des Grundstücks vor, so besteht die widerlegbare Vermutung, daß dies in die Bemessung des Kaufpreises einfloß. In diesem Fall kann von einer Werthaltigkeit der Sanierungsaufwendungen eher ausgegangen werden, als wenn die Anschaffungskosten bereits das Nutzenpotential eines schadensfreien Grundstücks repräsentieren[412]. In seinem „ursprünglichen Zustand" ist das erworbene Wirtschaftsgut möglicherweise aufgrund des Mangels nicht für seinen bestimmungsgemäßen Nutzungs- und Funktionszusammenhang einsetzbar. Bilanziert wurde dann das in seinem Nutzungswert geminderte Grundstück. Die intendierte Nutzung im Betrieb wird dann u.U. erst durch die Sanierungsmaßnahme ermöglicht. Wurden somit nach dem Erwerb im Verhältnis zum Kaufpreis hohe Aufwendungen getätigt, um das Wirtschaftsgut überhaupt erst bestimmungsgemäß einsetzen zu können bzw. eine Erhöhung des Nutzungswerts zu erreichen, handelt es sich bei den Aufwendungen für die betreffenden Maßnahmen daher um anschaffungsnahe Herstellungskosten[413]. Eine Abschreibung auf den niedrigeren beizulegenden Wert bzw. Teilwert kann in diesem Fall nicht vorgenommen werden. Als Beispiel kann die Beseitigung einer schon bei Erwerb bestehenden bauplanerischen Nutzungseinschränkung durch eine Sanierungsmaßnahme dienen. **1023**

Die offensichtliche Kenntnis des Käufers von der Kontamination bei Vertragsabschluß ist jedoch lediglich ein Indiz dafür, daß der Kaufpreis gemindert wurde[414]. Es sollte sich hierbei somit um einen widerlegbaren Anhaltspunkt handeln. Die Kenntnis oder Unkenntnis der Verunreinigung bei Erwerb **1024**

---

412 *Förschle/Scheffels*, DB 1993, 1201. – BFH v. 30. 7. 1991, BFH/NV 1992, 32, 33.
413 *Böttner*, a.a.O., S. 96.
414 Anders *Böttner*, a.a.O., S. 96.

ist subjektiv und läßt sich letztlich schwer nachweisen. Ein Anscheinsbeweis kann sich zwar aus Preisvergleichen mit ähnlichen Grundstücken ergeben. Der Kaufpreis kann aber letztlich von ganz anderen Begleitumständen beeinflußt sein, von denen wiederum der Verkäufer nichts wissen muß, wie z.B. das Bestreben, die Ansiedlung eines Konkurrenten zu verhindern. In einem solchen Fall könnte ein Preisvergleich zu dem Trugschluß führen, der Käufer hätte mangels Kenntnis von der Kontamination ein mängelfreies Grundstück bilanziert, obwohl die Kenntnis möglicherweise tatsächlich vorhanden war und der betriebsindividuelle Nutzen an ganz anderer Stelle lag, als der Verkäufer vermutete.

1025 Wird ein kontaminiertes Grundstück (z.B. ein Altstandort) mit der Intention erworben, hierauf eine Anlage oder ein Gebäude zu errichten und besteht aufgrund der zukünftigen Nutzung des Grundstücks eine Sanierungspflicht gemäß § 4 Abs. 3 BBodSchG, so darf das Unternehmen zur bilanziellen Berücksichtigung der Sanierungs- und Entsorgungsaufwendungen (Umlagerungen) keine Verbindlichkeitsrückstellung bilden. Vielmehr sind die betreffenden Aufwendungen zu aktivieren. War die Sanierungsverpflichtung ursächlich auf die intendierte Nutzung der zukünftigen Anlage bzw. des zukünftigen Gebäudes zurückzuführen, so sind die Sanierungsaufwendungen jedoch nicht als nachträgliche Anschaffungskosten des Grund und Bodens, sondern bei der Anlage bzw. beim Gebäude als Herstellungskosten zu erfassen. Der Grund für diese Behandlung liegt darin, daß die Sanierungsaufwendungen durch die Errichtung der Anlage bzw. des Gebäudes verursacht werden und somit eindeutig dem Herstellungsvorgang und nicht dem Vorgang der Anschaffung des Grundstücks zuzuordnen sind[415].

1026 Was speziell das Gebäude betrifft, bietet R 157 Abs. 4 EStR 1999 einen Anknüpfungspunkt für die Bilanzierung anschaffungsnaher Herstellungskosten bei Gebäuden, wenn es sich um eine wesentliche Verbesserung handelt, die Maßnahme innerhalb von drei Jahren nach Anschaffung vorgenommen wurde und die diesbezüglichen Aufwendungen mehr als 15% des Gebäudewertes ausmachen.

(2) Keine Kenntnis des Mangels/eingeschränkter Nutzungs- und Funktionszusammenhang

1027 Treten bei einem in gutem Glauben in die Kontaminierungsfreiheit erworbenen Grundstück unerwartet Altlasten auf, welche die Funktion bzw. Nutzung im Betriebszusammenhang beschränken, wird regelmäßig der Mangel keine Berücksichtigung im Kaufpreis erfahren haben. Bilanziert wurde ursprünglich also ein mangelfreies Grundstück.

1028 Interpretiert man die Wertminderung aufgrund der bevorstehenden Sanierung als vorübergehend, besteht das handelsrechtliche Wahlrecht auf Vornahme ei-

---

415 *Philipps*, a.a.O., S. 203.

ner Abschreibung auf den niedrigeren beizulegenden Wert (§ 253 Abs. 2 S. 3 HGB). Steuerrechtlich besteht dann ein Verbot zur Vornahme einer Teilwertabschreibung (§ 6 Abs. 1 Nr. 1, Nr. 2 EStG). Die Sanierungsaufwendungen sind dann als (rückstellungsfähige) Aufwendungen bzw. als Betriebsausgaben anzusehen[416].

Mißt man der Wertminderung – entgegen der von uns vertretenen Auffassung – dauerhaften Charakter bei, besteht eine handelsrechtliche Pflicht zur Abschreibung. Das steuerliche Wahlrecht wird aufgrund des Maßgeblichkeitsgrundsatzes (§ 5 Abs. 1 EStG) zur Abwertungspflicht. Wurde bei Vorliegen dieser Voraussetzungen eine Teilwertabschreibung vorgenommen, so tritt nach h. M. dieser Zeitpunkt für die Bestimmung des ursprünglichen Zustandes an die Stelle des Anschaffungszeitpunktes. Sanierungsmaßnahmen sind nach Vornahme der Abschreibung auf den niedrigeren beizulegenden Wert/ Teilwertabschreibung als Herstellungskosten zu qualifizieren[417]. Denn erst durch sie wird der bestimmungsgemäße (betriebsbereite) Zustand des Grundstücks (§ 255 Abs. 1, Abs. 2 HGB) erlangt. **1029**

Den hier dargestellten Verfahren wird entgegengehalten, handelsrechtlich bestünde ein Wertbeibehaltungswahlrecht nach § 253 Abs. 5 HGB auch dann, wenn die Gründe für die außerplanmäßige Abschreibung nicht mehr bestünden. Ob sich die „Gründe" verflüchtigt haben oder durch ausgabenwirksame Maßnahmen herbeigeführt wurden, ist dabei nach dem Wortlaut der Vorschrift unerheblich[418]. Das Wertbeibehaltungswahlrecht würde durch die Berücksichtigung des Sanierungsaufwandes als Herstellungskosten (in Höhe der Teilwertabschreibung) mißachtet[419]. Handelsrechtlich setzt das Wertbeibehaltungswahlrecht jedoch keineswegs die Aktivierungspflicht für nachträgliche Herstellungskosten außer Kraft; vielmehr kommt das Wertbeibehaltungswahlrecht nur dann und dort zum Zuge, wo keine nachträglichen Herstellungskosten gegeben sind. Der Herstellungskostenbegriff schränkt das Wertbeibehaltungswahlrecht ein, nicht umgekehrt. **1030**

Allerdings besteht bilanzsteuerrechtlich dieses Wertbeibehaltungswahlrecht gemäß § 6 Abs. 1 Nr. 1 und Nr. 2 EStG i.d.F. des StEntlG 1999/2000/2002 ohnehin nicht mehr. Mit Vornahme der Sanierungsmaßnahme kann nach der von uns bevorzugten Auffassung die Wertminderung als beseitigt angesehen werden. **1031**

---

416 Vertretbar erscheint auch eine Aktivierung der Sanierungsaufwendungen nach einer vorherigen außerplanmäßigen Abschreibung/Teilwertabschreibung um ebenden Betrag der Abschreibung. Sofern handelsrechtlich das Abschreibungswahlrecht ausgeübt wurde, entsprechen die handelsbilanziellen Konsequenzen denen einer dauerhaften Wertminderung; insoweit können Anschaffungs- bzw. Herstellungskosten vorliegen.
417 *Gail*, StbJb 1990/91, 91. – *Schmidt*, BB 1992, 674. – *Bartels*, WPg 1992, 80. – *Sarrazin*, WPg 1993, 5. – *Förschle/Scheffels*, DB 1993, 1201. – *Groh*, DB 1993, 1837: Die vorgetragene Auffassung ist nicht unbestritten. – *Böttner*, a.a.O., S. 98.
418 *Philipps*, a.a.O., S. 301.
419 *Bordewin*, DB 1994, 1686 f.

(3) Kenntnis des Mangels/keine Einschränkung des Nutzungs- und Funktionszusammenhangs

1032 War der Mangel bekannt, der Nutzungs- und Funktionszusammenhang hierdurch jedoch nicht beeinträchtigt, ist davon auszugehen, daß die Anschaffungskosten den beizulegenden Wert/Teilwert des Grundstücks widerspiegeln[420]. Eine Abschreibung auf den niedrigeren beizulegenden Wert/Teilwert ist – vorbehaltlich einer Widerlegung der Teilwertvermutung – zumindest solange nicht veranlaßt, wie die Prüfwerte nicht überschritten sind. Sind diese überschritten, würde ein fiktiver Erwerber des Grundstücks (§ 10 BewG) dem Sanierungsrisiko wohl durch einen Kaufpreisabschlag Rechnung tragen. Befindet sich das Grundstück im Anlagevermögen, hängt die Abschreibungspflicht von der Beurteilung der Dauerhaftigkeit der Wertminderung ab.

1033 Die Aufwendungen für die Sanierung werden normalerweise als grundsätzlich rückstellungsfähige Betriebsausgaben (§ 4 Abs. 4 EStG) zu behandeln sein, wenn mit ihnen keine Erhöhung des betrieblichen Nutzenpotentials einhergeht[421]. Wurde eine Abschreibung auf den niedrigeren beizulegenden Wert/Teilwert vorgenommen, kommt die Aktivierung der Aufwendungen bis zur Höhe der Abschreibung als anschaffungsnahe Herstellungskosten in Betracht[422]; der Zeitpunkt der Teilwertabschreibung gilt dann als der „ursprüngliche Zustand" i. S. des § 255 Abs. 2 HGB.

(4) Keine Kenntnis des Mangels/keine Einschränkung des Nutzungs- und Funktionszusammenhangs

1034 Bestand keine Kenntnis über den Mangel, spiegeln die Anschaffungskosten den beizulegenden Wert/Teilwert des Grundstücks womöglich nicht wider.

1035 Wird der Mangel vor dem Zeitpunkt der Erstellung der Bilanz bekannt und ist eine Sanierung nicht beabsichtigt bzw. steht auch keine Kenntnis der Umweltbehörde bevor, kann die Wertminderung nicht als dauerhaft angesehen werden, wenn trotz des Mangels das Wirtschaftsgut im beabsichtigten Nutzungs- und Funktionszusammenhang genutzt werden kann. Eine Abschreibung auf den niedrigeren beizulegenden Wert/Teilwertabschreibung kann dann nicht vorgenommen werden. Ist zum Stichtag der Bilanzerstellung Kenntnis vom tatsächlichen Zustand des Grundstücks eingetreten und sind die Prüfwerte nicht überschritten, würde ein gedachter Erwerber (§ 6 Abs. 1 Nr. 1 S. 3 EStG – Teilwertbegriff) nämlich nicht auf einem Kaufpreisabschlag wegen der mit einer Altlast verbundenen künftigen Risiken bestehen.

1036 Anders liegt der Fall allerdings, wenn der Multifunktionalität des Grundstücks Bedeutung zukommt, es sich z. B. bei dem betreffenden Grundstück

---

420 H 35a/Teilwertvermutung EStH 1999.
421 Die Allgemeinheit, in der *Böttner* die Rückstellbarkeit bejaht, ist m. E. jedoch nicht aufrechtzuerhalten. – Vgl. *Böttner*, a. a. O., S. 95.
422 *Böttner*, a. a. O., S. 92–93.

um nicht betriebsnotwendiges Vermögen handelt, für das als Teilwert der Einzelveräußerungspreis angesetzt werden kann[423]. Ein fiktiver Erwerber würde außerdem einen Kaufpreisabschlag wegen der Sanierungsrisiken geltend machen, wenn die Prüfwerte der jeweiligen Nutzungsart offensichtlich überschritten werden. Handelsrechtlich besteht dann die Pflicht zur außerplanmäßigen Abschreibung auf den niedrigeren beizulegenden Wert; die Abschreibungspflicht derogiert über den Maßgeblichkeitsgrundsatz das steuerliche Abschreibungswahlrecht, so daß auch steuerbilanziell eine Abschreibung auf den niedrigeren Teilwert vorzunehmen ist.

1037 Normalerweise ist in der vorliegenden Fallgruppe die bevorstehende Notwendigkeit einer Sanierung eher unwahrscheinlich, wenn die Maßnahmenwerte nicht überschritten werden. Sollte dies ausnahmsweise doch der Fall sein, kommt es darauf an, ob sich durch die Sanierung etwas am bestimmungsgemäßen Einsatz des Grundstücks ändert. Ist dies nicht der Fall, liegt keine wesentliche Verbesserung vor und die Sanierungsaufwendungen sind als rückstellungsfähiger Aufwand zu qualifizieren.

(dd) Lastentragung bei schädlicher Bodenveränderung nach dem Erwerb

1038 Geschah die schädliche Bodenveränderung nach dem Erwerb des Grundstücks, so hängt die Frage, ob es sich bei den Sanierungsmaßnahmen um sofort abziehbare Betriebsausgaben oder um nachträgliche Herstellungskosten handelt, davon ab[424],

- ob der ursprüngliche Nutzungs- und Funktionszusammenhang durch die Maßnahmen lediglich gesichert wird: Wenn die Aufwendungen beispielsweise für Sicherungsmaßnahmen getroffen werden, ohne die das Grundstück in der ursprünglichen Form nicht mehr genutzt werden darf, dienen sie zweifelsfrei dazu, das Wirtschaftsgut in seiner bestimmungsgemäßen Nutzungsfähigkeit zu erhalten. In diesem Fall liegen eindeutig keine nachträglichen Anschaffungs- oder Herstellungskosten vor, vielmehr handelt es sich um Erhaltungsaufwand[425].
- oder ob es sich um eine wesentliche Verbesserung[426] bzw. Erweiterung der Nutzungsmöglichkeit[427], eine Wesensänderung oder gar um eine Zweitherstellung handelt. Hierbei geht es um (nachträgliche) Anschaffungs- oder Herstellungskosten. Als Referenzzeitpunkt für die Beurteilung einer wesentlichen Verbesserung gegenüber dem „ursprünglichen Zustand" ist grundsätzlich auf den Zeitpunkt der Erstverbuchung des Wirtschaftsgutes

---

423 *Böttner*, a. a. O., S. 99.
424 *Glanegger*, in: Schmidt, EStG-Kommentar 1999, § 6 EStG, Rdnr. 199.
425 Vgl. auch BFH v. 16. 7. 1974, BStBl. 1975 II, 193, 194.
426 Diese kann durch eine Erhöhung des Nutzungspotentials erreicht werden.
427 Eine Erweiterung i. S. einer formellen Substanzmehrung ist – abgesehen von den Fällen, in denen es z. B. durch Auffüllen zu einer effektiven Bodenveränderung kommt, beim Wirtschaftsgut Grund und Boden nicht denkbar.

abzustellen. Wurde jedoch Abschreibung auf den niedrigeren beizulegenden Wert/Teilwert vorgenommen, so tritt nach wohl h.M. der Zeitpunkt dieser Abschreibung für die Bestimmung des ursprünglichen Zustandes an die Stelle des Anschaffungszeitpunktes[428].

1039 Geschah die schädliche Bodenveränderung oder Altlast nach dem Erwerb des Wirtschaftsgutes, kommen nachträgliche Anschaffungskosten nicht in Betracht.

(ee) Wertausgleich nach § 25 BBodSchG als nachträgliche Anschaffungs- oder Herstellungskosten?

1040 Soweit durch den Einsatz öffentlicher Mittel bei Sanierungsmaßnahmen der Verkehrswert eines Grundstücks erhöht wird und der Eigentümer die Kosten hierfür nicht (vollständig) zu tragen hat, hat die Behörde die Werterhöhung durch Festsetzung eines bestimmten Betrags, der als öffentliche Last auf dem Grundstück ruht, wieder abzuschöpfen (§ 25 Abs. 1 BBodSchG). Die Höhe des Wertausgleichsanspruchs ist nach § 25 Abs. 2 BBodSchG durch einen Vergleich von Anfangs- und Endwert zu ermitteln[429]. Die Ermittlung des Verkehrswerts richtet sich nach den Maßstäben in §§ 192 bis 199 BauGB, der Wertermittlungs-VO und den Wertermittlungs-Richtlinien.

1041 Für die bilanzielle Behandlung des Wertausgleichs nach § 25 BBodSchG sind zwei Fälle zu unterscheiden:

- Die Gründe für eine außerplanmäßige Abschreibung/Teilwertabschreibung lagen nach den in Kap. C.I. 8. c) erörterten Voraussetzungen vor. Dann sind die vom Stpfl. abgeschöpften Kosten bis zur Höhe der außerplanmäßigen Abschreibung/Teilwertabschreibung zu aktivieren. Darüber hinausgehende Beträge sind entweder unmittelbar als (rückstellbare) Betriebsausgaben zu behandeln (oder nach einer Aktivierung als nachträgliche Anschaffungs- oder Herstellungskosten außerplanmäßig abzuschreiben).
- Wurde eine außerplanmäßige Abschreibung bzw. eine Teilwertabschreibung nicht vorgenommen, umfaßt diese Behandlung den gesamten abgeschöpften Betrag.

1042 Die Regelung des § 25 BBodSchG dürfte einmal in denjenigen Fällen praxisrelevant sein, in denen die öffentliche Hand keinen potentiellen Verantwortlichen in Anspruch nehmen kann und daher die Sanierung aus Gründen der Gefahrenabwehr selber durchführen muß. Sodann muß zu einem späteren Zeitpunkt ein Grundstückseigentümer ermittelt werden, von dem die öffentliche Hand dann den Wertausgleich verlangen kann. Dies ist wohl eher selten der

---

[428] BFH v. 29. 1. 1963, BStBl. 1963 III, 185 f. – *Gail*, StbJb 1990/91, 91. – *Schmidt*, BB 1992, 674. – *Bartels*, WPg 1992, 80. – *Groh*, DB 1993, 1837. – *Sarrazin*, WPg 1993, 5. – *Förschle/Scheffels*, DB 1993, 1201. – *Groh*, DB 1993, 1837.

[429] *Knopp/Albrecht*, BB 1998, 1854. – *Dies.*, Altlastenrecht in der Praxis, Rdnr. 25, 129. – Unter bestimmten Umständen ist auch vorstellbar, daß die Entsiegelung (§ 5 BBodSchG) den entsprechenden Tatbestand erfüllt. – Vgl. Kap. B.VIII.

Fall[430]. Bedeutender sind wohl die in Kap. B.VIII dargestellten Fälle der „verschleppten Sanierung", wobei sich die Verschleppung zumeist durch einen anhängigen Rechtsstreit oder durch die Komplexität des Sachverhaltes ergibt. Relevant könnte zudem der ebenfalls in Kap. B.VIII. schon thematisierte Einsatz der Wertausgleichsregelung als Vorfinanzierungsinstrument werden, wenn der nach § 4 Abs. 3 BBodSchG Pflichtige nicht über die entsprechende Leistungsfähigkeit verfügt.

b) Ansatz der Höhe nach – Anschaffungs- oder Herstellungskosten?

1043 Altlasten bilden mit dem belasteten Grundstück eine Bewertungseinheit[431]. Aktivierungspflichtige Sanierungsaufwendungen führen dabei zu (nachträglichen) Anschaffungs- oder Herstellungskosten.

1044 Nach § 255 Abs. 1 HGB können als Anschaffungskosten nur die direkt zuordenbaren Kosten (Einzelkosten) erfaßt werden, die notwendig sind, um einen Vermögensgegenstand zu erwerben und in einen betriebsbereiten Zustand zu versetzen. Gemeinkosten bleiben außen vor. Die Anschaffungskosten erfassen auch Anschaffungsnebenkosten und Anschaffungspreisminderungen sowie die nachträglichen Anschaffungskosten.

1045 Hingegen sieht § 255 Abs. 2 HGB für Herstellungskosten vor, daß neben den Einzelkosten auch Materialgemeinkosten, Fertigungsgemeinkosten sowie die Abschreibungen, die durch die Fertigung veranlaßt sind, aktiviert werden können (§ 255 Abs. 2 S. 3 HGB). Steuerrechtlich wird hieraus eine Aktivierungspflicht (R 33 Abs. 1 bis 3 EStR 1999). Für weitere Gemeinkostenbestandteile (Kosten der allgemeinen Verwaltung, freiwillige soziale Einrichtungen etc.) besteht ein handels- und steuerrechtliches Aktivierungswahlrecht (§ 255 Abs. 2 S. 4 HGB, R 33 Abs. 4 EStR 1999). Vertriebskosten dürfen weder handels- noch steuerbilanziell aktiviert werden (§ 255 Abs. 2 S. 6 HGB).

1046 Fremdkapitalzinsen, die auf die Herstellung eines Vermögensgegenstandes/ Wirtschaftsgutes entfallen, können handels- und steuerrechtlich als Bilanzierungshilfe aktiviert werden (§ 255 Abs. 3 HGB, Wahlrecht). Der Herstellungskostenbegriff umfaßt auch die nachträglichen Herstellungskosten.

1047 Ob man im Falle von Sanierungsaufwendungen, die nach den in Kap. C.I. 8. a) dargelegten Grundsätzen zu aktivieren sind, von Anschaffungs- oder Herstellungskosten zu sprechen hat, hängt wesentlich davon ab, ob das Grundstück zum Zeitpunkt der Kontamination dem Bilanzierenden zuzurechnen ist.

- Wurde ein schon kontaminiertes Grundstück erworben und dienten die Sanierungsmaßnahmen dazu, das Grundstück überhaupt in einen betriebsbereiten Zustand zu versetzen, so kann es sich um Anschaffungskosten

---

430 *Knopp/Albrecht*, Altlastenrecht in der Praxis, Rdnr. 129.
431 *Glanegger*, in: Schmidt EStG-Kommentar 1999, § 6 EStG, Rdnr. 250 Stichwort „Umweltschutz" mit Verweis auf *Knopp/Albrecht*, BB 1998, 1853.

bzw. um nachträgliche Anschaffungskosten handeln, wenn die Kontamination erst zu einem späteren Zeitpunkt beseitigt wird[432].

- Ist ein Grundstück zum Zeitpunkt der Kontamination dem Bilanzierenden zuzurechnen, kommen Anschaffungskosten nicht in Frage, da die Beseitigung von Schäden, die der Erwerber selbst verursacht hat, dem Anschaffungsvorgang nicht zugeordnet werden können[433]. Nichts anderes gilt, wenn ein Dritter während des Zeitraums der Zurechnung die Kontamination verursacht hat, die Lasten der Sanierung aber dennoch vom wirtschaftlichen oder rechtlichen Eigentümer getragen werden. Die Anschaffung zielt auf den Erwerb bereits vorhandener Vermögensgegenstände bzw. Wirtschaftsgüter hin. Der Herstellungsvorgang hingegen ist auf die Schaffung bislang noch nicht vorhandener Wirtschaftsgüter bzw. Vermögensgegenstände gerichtet und kommt damit vorliegend nur unter bestimmten Umständen in Betracht. Von Herstellungskosten oder nachträglichen Herstellungskosten wird man hier erst dann sprechen können, wenn durch die Sanierungsmaßnahme eine Erweiterung der Nutzbarkeit bzw. eine über den ursprünglichen Zustand hinausgehende wesentliche Verbesserung stattfindet[434]. Gleiches gilt im Falle der Generalüberholung[435]. Der „ursprüngliche" Zustand kann sich sowohl auf den Zustand der erstmaligen Bilanzierung als auch auf den Zustand nach Vornahme einer außerplanmäßigen Abschreibung/Teilwertabschreibung beziehen.

1048 Sind die genannten Kriterien nicht einschlägig, stellen die betreffenden Aufwendungen Erhaltungsaufwendungen bzw. Betriebsausgaben dar, die grundsätzlich auch der Rückstellungsbildung zugänglich sind.

c) Abschreibung auf den niedrigeren beizulegenden Wert und Teilwertabschreibung

(aa) Zulässigkeit der Abschreibung auf den niedrigeren beizulegenden Wert

1049 **Handelsrechtlich** regelt § 253 Abs. 2 HGB, daß Vermögensgegenstände des Anlagevermögens auf den niedrigeren beizulegenden Wert abgeschrieben werden können (gemildertes Niederstwertprinzip). Liegen voraussichtlich dauerhafte Wertminderungen vor, muß die Abschreibung vorgenommen werden. Für Vermögensgegenstände des Umlaufvermögens gilt das strenge Niederstwertprinzip: Sie müssen auf den niedrigeren beizulegenden Wert abgeschrieben werden, ohne daß es auf die Dauerhaftigkeit der Wertminderung ankommt (§ 253 Abs. 3 S. 2 HGB).

1050 Für Kapitalgesellschaften gilt die Sonderregelung, daß eine Abschreibung, die über die planmäßigen Absetzungen hinausgeht, beim Anlagevermögen

---
432 Vgl. *Adler/Düring/Schmaltz*, a. a. O., § 255 HGB, Rdnr. 128.
433 *Böttner*, a. a. O., S. 92.
434 *Adler/Düring/Schmaltz*, a. a. O., § 255 HGB, Rdnr. 118.
435 *Adler/Düring/Schmaltz*, a. a. O., § 255 HGB, Rdnr. 121.

(Finanzanlagen ausgenommen) nur vorgenommen werden kann, wenn die Wertminderung voraussichtlich von Dauer ist (§ 279 Abs. 1 S. 2 HGB)[436]. Kapitalgesellschaften haben zudem außerplanmäßige Abschreibungen in der Gewinn- und Verlustrechnung (GuV) gesondert auszuweisen oder im Anhang anzugeben (§ 277 Abs. 3 S. 1 HGB).

Eine *dauerhafte Wertminderung* bedeutet ein nachhaltiges Absinken des den Anlagen zum Abschlußstichtag beizulegenden Wertes unter den Buchwert. In Zweifelsfällen wird aus Gründen der Vorsicht von einer dauerhaften Wertminderung auszugehen sein, es sei denn, für eine nur vorübergehende Wertminderung liegen konkrete Anhaltspunkte vor[437]. Andererseits ist bei Grund und Boden als einem nicht abnutzbarem Vermögensgegenstand die Frage einer außerplanmäßigen Abschreibung aufgrund einer dauerhaften Wertminderung besonders sorgfältig zu prüfen, da hier der Wertansatz nicht ständig durch planmäßige Abschreibungen vermindert und ein möglicher Bewertungsfehler somit nicht automatisch korrigiert wird[438]. Fraglich ist jedoch, nach welchen Kriterien über die voraussichtliche Dauerhaftigkeit einer Maßnahme zu entscheiden ist. Die einschlägigen Kommentierungen vermeiden hierbei eindeutige Aussagen[439]. Anders *Philipps*[440], der vorschlägt, daß von einer lediglich vorübergehenden Wertminderung dann ausgegangen werden sollte, wenn

1051

- die Sanierung innerhalb der nächsten fünf Jahre möglich bzw. betriebswirtschaftlich notwendig ist und
- die Beseitigung der Wertminderung möglich und auch davon auszugehen ist, daß die Wertminderung durch die Sanierung tatsächlich beseitigt wird[441].

Erwartet der bilanzierende Kaufmann dagegen, daß

1052

- die Sanierung innerhalb der nächsten fünf Jahre nicht möglich ist oder
- die Beseitigung der Wertminderung innerhalb der nächsten fünf Jahre nicht möglich ist,

ist nach dieser Auffassung von einer dauerhaften Wertminderung auszugehen.

---

436 Ähnliches gilt gem. § 340e Abs. 1 S. 3 HGB für Kreditinstitute und gem. § 341b Abs. 1 S. 3 HGB für Versicherungsunternehmen.
437 *Adler/Düring/Schmaltz*, a.a.O., § 253 HGB, Rdnr. 477.
438 *Adler/Düring/Schmaltz*, a.a.O., § 253 HGB, Rdnr. 478.
439 *Schnicke/Schramm/Bail*, in: Beck'scher Bilanzkommentar, § 253 HGB, Rdnr. 296. – *Adler/Düring/Schmaltz*, a.a.O., § 253 HGB, Tz. 476. – Im Hinblick auf die Verwaltungsanweisungen der Finanzverwaltung gilt dasselbe. – Vgl. o.V., DStR 2000, 470 ff.
440 *Philipps*, a.a.O., S. 284–285. – Der Vorschlag von *Philipps* ist nur auf das Anlagevermögen anwendbar; das Kriterium der Dauerhaftigkeit ist für das Umlaufvermögen ggfs. abweichend zu beurteilen. – Vgl. hierzu für die Steuerbilanz o.V., DStR 2000, 472. – Für die Handelsbilanz gilt im Grundsatz nichts anderes.
441 Vgl. auch FG Niedersachsen v. 16. 7. 1998, NVwZ 3/1999, 336. – Ähnlich *Herzig*, WPg 1992, 83.

1053 Sicherlich enthält der vorgeschlagene Zeitraum von fünf Jahren ein Element der Willkür; angesichts der Tatsache, daß die Kriterien der voraussichtlichen Dauerhaftigkeit bzw. Vorläufigkeit nach dem Gesetzeswortlaut unabhängig davon zu verstehen sind, ob die Beseitigung der Wertminderung mit oder ohne Zutun des Bilanzierenden erfolgen werden, erscheint eine solche Zeitvorgabe jedoch nicht nur als vertretbar, sondern im Sinne des Gebots der Willkürfreiheit der Bilanzierung sogar als notwendig. Andererseits wird in der Literatur z. T. die Dauerhaftigkeit einer Wertminderung vom aufwandswirksamen Zutun des Kaufmanns bzw. Stpfl. abhängig gemacht[442]. Danach könnte eine Sanierungsmaßnahme keine vorübergehende Wertminderung indizieren. Diese Auffassung findet jedoch keine Stütze im Gesetz.

1054 Der niedrigere beizulegende Wert soll unterschiedlichen Verhältnissen Rechnung tragen und ist daher aus dem Einzelfall heraus zu bestimmen. Zur Konkretisierung können verschiedene Hilfswerte heranzuziehen sein wie z. B. der Wiederbeschaffungswert zum Abschlußstichtag, der Einzelveräußerungswert oder der Ertragswert[443].

1055 Dabei dürfte immer eine Rolle spielen, ob ein Sanierungsrisiko besteht, weil die Prüfwerte überschritten sind. Ist dies der Fall, sind entsprechende Abschläge vorzunehmen. Dies gilt unabhängig von einer etwaigen Kenntnis der zuständigen Behörde. Gleiches trifft zu, wenn die Nutzbarkeit des Vermögensgegenstandes aufgrund der schädlichen Bodenveränderung oder Altlast beschränkt ist.

1056 An den Nachweis vorliegender Wertminderungen aus Schadstoffbelastungen sind keine strengeren Anforderungen als in anderen Fällen zu stellen[444]. Zur Bestimmung der Höhe können vergleichbare Fälle, Sachverständigengutachten, Informationen aus einem Umweltkataster oder einer Altlastenkartei herangezogen werden[445].

(bb) Zulässigkeit der Abschreibung auf den niedrigeren Teilwert

1057 Durch das StEntlG 1999/2000/2002 haben sich hinsichtlich der Zulässigkeit der Teilwertabschreibung einige bedeutsame Änderungen ergeben. Das Wirtschaftsgut wird im Normalfall mit den Anschaffungs- oder Herstellungskosten oder dem an deren Stelle tretenden Wert, vermindert um Abzüge nach § 6b EStG etc. angesetzt. Wirtschaftsgüter des abnutzbaren Anlagevermögens (Gebäude, Betriebsvorrichtungen, etc.) sind um Absetzungen für Abnutzung (AfA) zu verringern.

---

442 So *Förschle/Scheffels*, DB 1993, 1201. – *Clemm/Nonnenmacher*, Beck'scher Bilanzkommentar, § 249 HGB, Rdnr. 100 Stichwort „Altlasten".
443 *Adler/Düring/Schmaltz*, a. a. O., § 253 HGB, Rdnr. 454–456.
444 IdW, WPg 1993, 250 ff.
445 *Faatz/Seiffe*, BB 1993, 2485. – *Adler/Düring/Schmaltz*, a. a. O., § 253 HGB, Rdnr. 480.

Die Bedingungen, unter denen steuerrechtlich eine Abschreibung auf den niedrigeren Teilwert möglich ist, beschreibt für abnutzbare Wirtschaftsgüter § 6 Abs. 1 Nr. 1 S. 2 und 3, für nicht abnutzbare Wirtschaftsgüter § 6 Abs. 1 Nr. 2 S. 2 EStG. Teilwert ist der Betrag, den ein Erwerber des ganzen Betriebs im Rahmen des Gesamtkaufpreises für das einzelne Wirtschaftsgut ansetzen würde; dabei ist davon auszugehen, daß der Erwerber den Betrieb fortführt (§ 6 Abs. 1 Nr. 1 S. 3 EStG, § 10 BewG). Es handelt sich beim Teilwert um einen „organischen Wert", der im Betriebszusammenhang zu sehen ist[446]. Besteht das Risiko einer Sanierung, weil die Prüfwerte offensichtlich überschritten sind, so schlägt sich dies – unabhängig von der Kenntnis der Behörde – in einer Minderung des Teilwertes nieder, weil ein fiktiver Erwerber für dieses Risiko einen Kaufpreisabschlag einfordern würde. Das gleiche gilt, wenn das Wirtschaftsgut aufgrund der schädlichen Bodenveränderung oder Altlast nicht in seinem bestimmungsgemäßen Nutzungs- und Funktionszusammenhang eingesetzt werden kann.

1058

Nach § 6 Abs. 1 Nr. 1 S. 2 EStG n.F. ist beim abnutzbaren Anlagevermögen, nach § 6 Abs. 1 Nr. 2 S. 2 EStG n.F. beim Umlaufvermögen und bei nicht abnutzbaren Wirtschaftsgütern eine Teilwertabschreibung nur noch dann zugelassen, wenn die Wertminderung voraussichtlich von Dauer ist. Dies gilt unabhängig davon, ob es sich um ein abnutzbares oder nicht abnutzbares Wirtschaftsgut bzw. um ein Wirtschaftsgut des Anlage- oder des Umlaufvermögens handelt[447]. In diesem Fall wird dem Stpfl. ein Wahlrecht zur Abwertung eingeräumt. Besteht jedoch Maßgeblichkeit der Handels- für die Steuerbilanz (§ 5 Abs. 1 EStG), führt dies bei einer voraussichtlichen dauerhaften Wertminderung auch steuerlich zu einer Abwertungsverpflichtung (§ 253 Abs. 1, Abs. 2 S. 3, Abs. 3 S. 2 HGB, § 5 Abs. 1 EStG). Bei nur vorübergehender Wertminderung können hingegen Handels- und Steuerbilanz voneinander abweichen. Damit entfällt der bislang vorhandene, durch die unterschiedlichen Ausprägungen des Niederstwertprinzips über den Maßgeblichkeitsgrundsatz in die Steuerbilanz hineingetragene Unterschied beim Ansatz des niedrigeren Teilwerts bei Wirtschaftsgütern des Anlage- und des Umlaufvermögens. So gilt etwa für Unternehmen, die gewerblichen Grundstückshandel betreiben und daher die Grundstücke im Umlaufvermögen (Umkehrschluß aus § 247 Abs. 2 HGB) bilanzieren, steuerrechtlich die Übernahme des Ergebnisses aus dem strengen Niederstwertprinzip nicht mehr ohne weiteres. Die Wertminderung muß auch hier voraussichtlich von Dauer sein, um eine Teilwertabschreibung zu ermöglichen. Den Nachweis für die Dauerhaftigkeit der Wertminderung hat der Stpfl. zu erbringen. Wann eine Wertminderung speziell bei kontaminierten Grundstücken als dauerhaft angesehen werden kann, ist umstritten[448].

1059

---

446 *Weber-Grellet*, Bilanzsteuerrecht, a.a.O., S. 143.
447 Vgl. auch o.V., DStR 2000, 470 ff.
448 Vgl. z.B. *Siegel*, BB 1993, 330. – *Herzig*, WPg 1991, 615.

1060 Nach Auffassung der Finanzverwaltung ist von einer voraussichtlich dauernden Wertminderung auszugehen, wenn der Stpfl. aus der Sicht am Bilanzstichtag aufgrund objektiver Anzeichen ernsthaft hiermit zu rechnen hat. Aus der Sicht eines sorgfältigen und gewissenhaften Kaufmanns müssen mehr Gründe für als gegen eine Nachhaltigkeit sprechen. Grundsätzlich besteht dann eine voraussichtlich dauernde Wertminderung, wenn der Wert des Wirtschaftsgutes während eines „erheblichen Teils" der voraussichtlichen Verweildauer im Unternehmen die Anschaffungs- oder Herstellungskosten oder den an ihre Stelle tretenden Wert (vermindert um Abzüge nach § 6b EStG und ähnliche Abzüge, bei abnutzbaren Anlagegegenständen vermindert auch um die Absetzung für Abnutzung und Sonderabschreibungen) nicht erreicht. Der Eigenart des betreffenden Wirtschaftsguts kommt für die Beurteilung der Dauerhaftigkeit der Wertminderung eine maßgebliche Bedeutung zu[449]. Ein im Hinblick auf Altlasten oder schädliche Bodenveränderungen relevanter Grund für ein dauerhaftes Absinken des Teilwertes kann darin liegen, daß das Grundstück nicht in der geplanten Weise genutzt werden kann[450]. Bei Sachanlagen wird im Zweifel von einer dauernden Wertminderung auszugehen sein[451]. Entscheidend für den Begriff „voraussichtlich dauernd" ist die Sicht des Bilanzstichtages. Zusätzliche Erkenntnisse bis zum Zeitpunkt der Aufstellung der Handelsbilanz sind zu berücksichtigen. Wenn keine Handelsbilanz aufzustellen ist, ist der Zeitpunkt bis zur Aufstellung der Steuerbilanz maßgebend[452]. Der Nachweis der Dauerhaftigkeit der Wertminderung ist entbehrlich, wenn es sich um eine „Wertminderung aus besonderem Anlaß" handelt[453]. Nach der hier vertretenen Auffassung sollten sich auch schwerwiegende Bodenkontaminationen unter diesen Begriff subsumieren lassen. Dies gilt jedoch nur unter der Voraussetzung, daß eine Sanierung auf absehbare Zeit nicht in Aussicht steht.

1061 Speziell bei Grundstücken des Umlaufvermögens ist die Wertminderung als dauerhaft anzusehen, wenn sie bis zum Zeitpunkt der Bilanzaufstellung oder dem vorangegangenen Verkaufs- oder Verbrauchszeitpunkt anhält. Zusätzliche Erkenntnisse bis zu diesem Zeitpunkt sind zu berücksichtigen[454].

1062 Sollte ein Nachweis für den Wertverlust nötig sein, so kann dieser u.a. durch Sachverständigengutachten oder anderweitige Schadstoffnachweise in Verbindung mit Kostenvoranschlägen eines Sanierungsunternehmens geführt

---

449 BMF v. 29. 2. 2000, BStBl. 2000 I, 372, Rdnr. 4–5. – Vgl. auch das Beispiel in den Randnummern 12 und 13. – BFH v. 27. 11. 1974, BStBl. 1975 II, 294.
450 *Groh*, DB 1999, 978, 981 f.
451 Vgl. auch *Glanegger*, in: Schmidt, EStG-Kommentar 1999, § 6 EStG, Rdnr. 222a. – Vgl. o. V., DStR 2000, 470 f.
452 Vgl. *Kessler*, DB 1999, 2578. – BMF v. 29. 2. 2000, BStBl. 2000 I, 372, Rdnr. 4.
453 BMF v. 29. 2. 2000, Rdnr. 4.
454 BMF v. 29. 2. 2000, Rdnr. 23.

werden[455]. Auch der Verkaufspreis eines benachbarten, vergleichbar kontaminierten Grundstücks kann den gesunkenen Teilwert belegen[456].

Ist das Wirtschaftsgut aufgrund einer erheblichen schädlichen Bodenveränderung oder Altlast im Wert gemindert und hat die Behörde von der schädlichen Bodenveränderung keine Kenntnis und beabsichtigt der Stpfl. auch keine freiwilligen Sanierungsmaßnahmen, so besteht zumindest die abstrakte Möglichkeit, daß in Zukunft ein Verwaltungsakt erlassen wird. Eine solche abstrakte Möglichkeit reicht zwar nicht als Konkretisierungsmerkmal für eine Rückstellung; allerdings kann die mögliche zukünftige Nutzeneinbuße durch eine Teilwertabschreibung berücksichtigt werden. Der Hinweis des BFH in seinem Urteil vom 19. 10. 1993 auf die Möglichkeit der Vornahme einer Teilwertabschreibung hat durch die neue Gesetzeslage daher neue Aktualität gewonnen. Von einer dauerhaften Wertminderung ist nämlich dann auszugehen, wenn eine Beseitigung der Wertminderung auf absehbare Zeit nicht in Aussicht steht. Dies kann angenommen werden, wenn die Umweltbehörde nichts von ihrem Anspruch weiß und der Stpfl. auch nicht die Absicht hegt, von sich aus Sanierungsmaßnahmen zu ergreifen bzw. die Kenntnis der Umweltbehörde von sich aus herbeizuführen. **1063**

Anders ist jedoch der Fall zu beurteilen, wenn ein (Sanierungs-)Verwaltungsakt vorliegt, ein solcher unmittelbar bevorsteht, oder der Stpfl. von sich aus Maßnahmen zur Sanierung ergreifen will. Hier muß im Hinblick auf den Gesetzeszweck des BBodSchG davon ausgegangen werden, daß das Wirtschaftsgut in seinen ursprünglichen Nutzungs- und Funktionszusammenhang auf absehbare Zeit wieder eingesetzt werden kann. Eine dauerhafte Wertminderung kann somit nicht vorliegen, womit sich eine Teilwertabschreibung verbietet. Eine Ausnahme kann man sich allenfalls dann vorstellen, wenn bei der Anschaffung des Grundstücks diesem im Rahmen des Betriebskonzepts der Multifunktionalität des Grundstücks eine große Bedeutung zukam, die vorgesehenen Sanierungsmaßnahmen aber nicht geeignet sind, diese (wieder) herzustellen. **1064**

Die hier vertretene Auffassung würde die in Kap. C.I. 2. d) thematisierte Konkurrenzbeziehung zwischen Rückstellungsbildung und Teilwertabschreibung vor dem Hintergrund der neuen, durch das StEntlG 1999/2000/2002 geschaffenen Rechtslage für die Steuerbilanz wesentlich entschärfen: **1065**

---

455 Allerdings könnte bei einer solchen Führung des Nachweises das Kriterium der Dauerhaftigkeit in Frage gestellt werden, wenn die Wertminderung durch die Sanierungsmaßnahmen in Kürze beseitigt wird.
456 *Bippus*, BB 1993, 410.

Kenntnis der Behörde	Teilwertabschreibung	Verbindlichkeitsrückstellung
Ja	Nein	Ja*
Nein	Ja**	Nein

* Übrige Voraussetzungen für die Rückstellungsbildung als gegeben unterstellt
** Sanierung steht nicht in Aussicht.

1066 Schließt man sich hingegen der o. g. These an, daß das Kriterium der Dauerhaftigkeit auch im Zusammenhang mit dem aufwandswirksamen Zutun des Stpfl. zu sehen ist, so wird bei kontaminierten Grundstücken, deren Nutzung beeinträchtigt ist, zumeist eine dauerhafte Wertminderung vorliegen. Mögliche Ausnahmen können bei Sanierungen durch Dritte bestehen.

1067 Im übrigen besteht grundsätzlich die Möglichkeit, eine Verlustrealisation (z. B. durch Verkauf des Grundstücks an ein verbundenes Unternehmen) vorzunehmen, wenn die Voraussetzungen für eine Teilwertabschreibung nicht gegeben sind.

(cc) Höhe der Abschreibung auf den niedrigeren beizulegenden Wert bzw. der Teilwertabschreibung

1068 Hinsichtlich der Teilwertermittlung stellt sich – besonders vor dem Hintergrund des Maßgeblichkeitsgrundsatzes (§ 5 Abs. 1 S. 1 EStG) – die Frage, inwieweit an den handelsrechtlichen „beizulegenden Wert" anzuknüpfen ist. Das Verhältnis der beiden Begriffe „Teilwert" und „beizulegender Wert" soll an dieser Stelle nicht näher problematisiert werden. Während der Begriff des Teilwertes in § 10 BewG und § 6 Abs. 1 Nr. 1 S. 3 EStG definiert ist, hat der Gesetzgeber nicht konkretisiert, was unter dem handelsrechtlichen beizulegenden Wert zu verstehen ist. Daher wird gefordert, die Interpretation müsse dem Zweck des § 253 Abs. 2 S. 3 HGB gerecht werden[457]. Obwohl die beiden Werte im Einzelfall divergieren können, ist für das vorliegende Thema entscheidend, daß nach h. M. regelmäßig bei Grundstücken Teilwert und beizulegender Wert übereinstimmen[458].

1069 Beim beizulegenden Wert geht es wie beim Teilwert um das betriebsindividuelle Nutzenpotential des Vermögensgegenstands bzw. den spezifischen Nutzungs- und Funktionszusammenhang, den das Wirtschaftsgut im Betriebsvermögen des Stpfl. hat[459]. Dieser ist grundsätzlich getrennt von Marktpreisentwicklungen zu überprüfen. Daher darf weder der beizulegende Wert noch der Teilwert ohne weiteres mit dem gemeinen Wert (§ 9 Abs. 2 BewG) gleich-

---

457 *Baetge/Brockmeyer*, in: Leffson u. a., S. 379.
458 *Herzig*, WPg 1991, 613. – *Schildbach*, StbJb 1990/91, 42.
459 Beim Teilwert ergibt sich dies aus der Erwerberperspektive; vgl. § 10 BewG. – Daran ändert nichts, daß der Teilwert nach h. M. ein „objektiver Wert" ist.

gesetzt werden, der die Marktpreisentwicklung reflektiert[460]. Schließlich sind speziell Betriebsgrundstücke keine beliebig austauschbaren Güter wie Maschinen, so daß bei diesen Wirtschaftsgütern, sofern überhaupt ein Markt existiert, zumindest der Marktpreis durch Marktakte nicht laufend festgestellt wird.

Entsprechend dem Zweck des Imparitätsprinzips liegt eine gegebenenfalls bilanziell durch eine außerplanmäßige Abschreibung zu berücksichtigende Wertminderung vor, wenn die Wertänderung an einem Vermögensgegenstand den künftigen Unternehmenserfolg mindert. Die Konkretisierung kann anhand eines Vergleiches des letzten Buchwertes mit dem Wiederbeschaffungswert, dem Einzelveräußerungspreis oder dem Ertragswert des Vermögensgegenstands erfolgen[461]. Auch für den Teilwert wird zunächst durch Hilfswerte[462] eine Teilwertvermutung begründet; entscheidend ist jedoch letztlich, ob das Wirtschaftsgut auch in dem ihm ursprünglich zugedachten Nutzungs- und Funktionszusammenhang eingesetzt werden kann und ob ein fiktiver Erwerber des Unternehmens einen Risikoabschlag vornehmen würde. 1070

Grundstücke, die zum Anlagevermögen (§ 247 Abs. 2 HGB) gehören, sind normalerweise nicht zum Verkauf bestimmt, weswegen hier von den Wiederbeschaffungskosten auszugehen ist. Anders ist der Fall zu beurteilen, daß tatsächlich eine Veräußerung beabsichtigt ist. Die Bestimmung des Einzelveräußerungspreises bzw. Verkehrswertes kann z.B. über das Einholen konkreter Angebote oder anhand der Veräußerungspreise vergleichbarer Grundstücke bestimmt werden[463]. Hiervon ist die Wertminderung abzuziehen. 1071

Der Einzelveräußerungspreis kommt hingegen für Grundstücke in Betracht, deren baldige Veräußerung vorgesehen ist. Hierbei kann es sich sowohl um Grundstücke des Anlage- wie auch um solche des Umlaufvermögens handeln. Der Einzelveräußerungspreis kann auch für die Bewertung stillgelegter Anlagen – als wesentliche Grundstücksbestandteile – inclusive des zugehörigen Grundstücks von Bedeutung sein, wenn mit einer Wiederinbetriebnahme in absehbarer Zeit nicht zu rechnen ist und das Grundstück einschließlich seiner wesentlichen Bestandteile den bei Anschaffung/Herstellung zugedachten betrieblichen Nutzen eingebüßt hat. Als Veräußerungswert gilt dabei entsprechend dem Prinzip der verlustfreien Bewertung der vorsichtig geschätzte Verkaufserlös abzüglich aller noch entstehenden Aufwendungen. Hierzu können neben Abbruch- und Entsorgungskosten etc. auch die Sanierungsaufwendungen gehören. Ist ein längerer Zeitraum bis zur Veräußerung wahrscheinlich, 1072

---

460 Auch der Begriff des beizulegenden Wertes soll es ermöglichen, unterschiedlichen tatsächlichen Verhältnissen Rechnung zu tragen. – *Adler/Düring/Schmaltz*, a.a.O., § 253 HGB, Rdnr. 454f. – Wohl aber können verschiedene marktorientierte Werte (z.B. Wiederbeschaffungs-, Einzelveräußerungs- oder Ertragswert) als Hilfswerte heranzuziehen sein, um den beizulegenden Wert zu bestimmen.
461 *Philipps*, a.a.O., S. 270–271.
462 *Glanegger*, in: *Schmidt*, EStG-Kommentar 1999, § 6 ESG, Rdnr. 215.
463 *Philipps*, a.a.O., S. 282–283.

sind auch die voraussichtlichen Kapitaldienstkosten abzuziehen[464]. Der Einzelveräußerungspreis begrenzt die Wertermittlung nach unten[465].

1073 Wie die Abschreibung auf den niedrigeren beizulegenden Wert muß auch die Teilwertabschreibung reflektieren, inwieweit das Nutzenpotential des Grundstücks durch die Altlast eingeschränkt ist[466]. Kann das Grundstück trotz der schädlichen Bodenveränderung wie ursprünglich beabsichtigt genutzt werden, hat die schädliche Bodenveränderung oder Altlast insoweit keine Auswirkungen auf den Teilwert[467]. Wenn ungeachtet des unbeeinträchtigten Nutzungs- und Funktionszusammenhang ein Sanierungsrisiko besteht, weil die Prüfwerte überschritten werden, würde aber ein fiktiver Erwerber (Teilwertbegriff) beim Kauf des Unternehmens dieses Risiko mit einem Kaufpreisabschlag berücksichtigen[468]. Insoweit kann auch die Höhe der mit der betreffenden Eintrittswahrscheinlichkeit gewichteten Sanierungskosten für die Höhe der Teilwertabschreibung eine Rolle spielen. Andererseits sind aber Sanierungsaufwendungen und Nutzeneinbuße verschiedene Tatsachen[469]; zudem handelt es sich bei der Sanierungsverpflichtung um ein eigenständiges negatives, beim Grundstück hingegen um ein selbständiges aktivisches Wirtschaftsgut[470]. Aus diesem Grund ist auch die Bilanzierung eines negativen Teilwerts für den Fall abzulehnen[471], daß die Sanierungsverpflichtung den Wert des Grundstücks übersteigt. Handelsrechtlich kann für den beizulegenden Wert im übrigen nichts anderes gelten. Der Teilwert kann den Betrag von Null D-Mark i.d.R. nicht unterschreiten. Überspannt man hingegen – wie *Bäcker* dies tut – beim Teilwertbegriff das Kriterium der Einzelbewertung[472], so müßte man konsequenterweise auf einen großen Teil der Rückstellungen überhaupt zugunsten einer Wertberichtigung auf der Aktivseite verzichten, zumal sehr viele Rückstellungen mit bestimmten Aktiva zusammenhängen oder ihnen sogar konkret zuzuordnen sind (z.B. Rückstellungen für Instandhaltung, Rückstellungen wegen Gruben- oder Schachtversatzes, Rückstellungen nach § 89b HGB). Dies widerspricht jedoch der Generalnorm des § 264 Abs. 2 HGB; speziell das Vollständigkeitsgebot (§ 246 Abs. 1 HGB) und das Verrechnungsverbot (§ 246 Abs. 2 HGB) sind zudem verletzt.

---

464 *Adler/Düring/Schmaltz*, a.a.O., § 253 HGB, Rdnr. 526.
465 *Adler/Düring/Schmaltz*, a.a.O., § 253 HGB, Rdnr. 460–463.
466 Eine Abschreibung kann auch eine wegen der Sanierungsverpflichtung erforderliche Rückstellung mindern („kompensierte Verpflichtung"), soweit die Sanierungsmaßnahmen zu nachträglichen Herstellungskosten des Grundstückes führen. – *Clemm/Nonnenmacher*, Beck'scher Bilanzkommentar, § 249, Rdnr. 100. – *Förschle/Scheffels*, DB 1993, 1200. – *Philipps*, a.a.O., S. 273.
467 *Förschle/Scheffels*, DB 1993, 1200.
468 Für den Begriff des „beizulegenden Wertes" gelten ähnliche Überlegungen.
469 *Clemm/Nonnenmacher*, Beck'scher Bilanzkommentar, § 249, Rdnr. 100, Stichwort „Altlastensanierung".
470 Vgl. Kap. C.I. 2. d)
471 Stellvertretend für andere vgl. *Bäcker*, BB 1995, 715 ff. und *Möller*, BB 1996, 2291 ff.
472 *Bäcker*, BB 1995, 715 f. – Vgl. *Herzig*, WPg 1991, 614.

Der beizulegende Wert oder Teilwert des Grundstücks kann auch durch stille **1074**
Reserven beeinflußt sein, die das kontaminierte Grundstück enthält; auch diese würde ein fiktiver Erwerber des Unternehmens im Kaufpreis berücksichtigen[473]. Andererseits verstieße eine Saldierung des Abschreibungsaufwands mit unrealisierten stillen Reserven gegen das Realisationsprinzip (§ 252 Abs. 1 Nr. 4 HGB). Somit ist dann, wenn sich das Grundstück im Anlagevermögen (§ 247 Abs. 2 HGB, R 32 Abs. 1 EStR 1999) befindet und nicht zur Veräußerung vorgesehen ist, eine Saldierung der Abschreibungen mit den im Grundstück enthaltenen stillen Reserven unzulässig[474]; dieses käme einer verdeckten Realisierung der stillen Reserven gleich[475]. Speziell für die Bestimmung des beizulegenden Wertes eines sich im Anlagevermögen befindlichen Grundstücks sind Marktpreisänderungen in diesem Zusammenhang unbeachtlich, da diese nicht im Zusammenhang mit dem betriebsindividuellen Nutzenpotential stehen[476].

(dd) Absetzungen für außergewöhnliche technische oder wirtschaftliche Abnutzung (AfaA)

Nach § 7 Abs. 4 S. 3 i. V. mit § 7 Abs. 1 S. 6 EStG sind Absetzungen für au- **1075**
ßergewöhnliche technische oder wirtschaftliche Absetzungen zulässig. Die Absetzung für außergewöhnliche technische und wirtschaftliche Abnutzung gilt nach einer maßgeblichen Literaturauffassung[477] für sämtliche Wirtschaftsgüter des Anlagevermögens. Nach einer anderen Literaturmeinung findet die AfaA nur auf abnutzbare Wirtschaftsgüter Anwendung[478]. Sie wäre demnach bei einem kontaminierten Gebäude denkbar, nicht aber für Grund und Boden[479]. Die AfaA kann eventuell zu einem unterhalb des Teilwertes führenden Wertansatz führen[480]. Sie setzt entweder eine Substanzeinbuße eines bestehenden Wirtschaftsgutes (technische Abnutzung) oder eine Einschränkung seiner Nutzungsmöglichkeit (wirtschaftliche Abnutzung) voraus. Die hierdurch verursachte Minderung der Nutzbarkeit muß über das gewöhnliche, mit dem Einsatz des Wirtschaftsgutes zur Erzielung von Einkünften

---

473 *Förschle/Scheffels*, DB 1993, 1202.
474 Anderenfalls ist nach *Förschle/Scheffels* „eine Abschreibung nur dann erforderlich, wenn der voraussichtliche Veräußerungswert nach Berücksichtigung der Kontaminierung unter dem Buchwert des Grundstücks liegt; nur in dieser Höhe liegt ein zu antizipierender Aufwandsüberschuß vor." – *Förschle/Scheffels*, DB 1993, 1202. – Vgl. *Philipps*, a. a. O., S. 276.
475 Vgl. *Siegel*, BB 1993, 331 f.
476 *Philipps*, a. a. O., S. 276–277. – Zu der Rolle der nichtmonetären Nutzenkomponenten speziell beim Ertragswertverfahren vgl. auch *Löhr*, Die Grenzen des Ertragswertverfahrens, 1993, S. 193 ff.
477 *Drenseck*, in Schmidt, EStG-Kommentar 1999, § 7 EStG, Rdnr. 122. – *Warnke*, NWB 3, S. 10920.
478 Zu weiteren Unterschieden vgl. *Weber-Grellet*, Bilanzsteuerrecht, S. 168.
479 A. A. offensichtlich *Drenseck*, in: Schmidt, EStG-Kommentar 1999, § 7 EStG, Rdnr. 122. Hiernach kann die AfaA bei sämtlichen Wirtschaftsgütern sämtlicher Einkunftsarten vorgenommen werden, also auch nicht abnutzbaren Wirtschaftsgütern wie Grund und Boden.
480 *Drenseck*, in: Schmidt, EStG-Kommentar 1999, § 7 EStG, Rdnr. 122.

verbundene Maß hinausgehen. Dies bedeutet, daß durch ein aus dem Rahmen des Üblichen fallendes Ereignis ein außergewöhnlicher Abnutzungseffekt herbeigeführt werden muß, der über die normale Abnutzung hinausgeht und eine Beeinträchtigung der Nutzung zur Folge hat. Der BFH fordert, daß ein von außen kommendes Ereignis unmittelbar körperlich auf das Wirtschaftsgut einwirken muß[481]. All dies trifft nicht nur auf die Wirtschaftsgüter Gebäude und Betriebsvorrichtungen, sondern auch auf das Wirtschaftsgut Grund und Boden zu. Allerdings soll die AfaA auch berücksichtigen, daß sich die bisherige Verteilung der Anschaffungs- oder Herstellungskosten entsprechend der ursprünglich angenommenen Nutzungsdauer aufgrund ungewöhnlicher Umstände als nicht mehr vertretbar erweist, weil sich ein Teil der ursprünglichen Anschaffungs- oder Herstellungskosten als verbraucht oder fehlgeschlagen dargestellt hat[482]. Diese Sicht der Dinge geht von einer Abnutzbarkeit des Wirtschaftsgutes aus.

d) Wertaufholung

1076 An eine Wertaufholung ist vor allem dann zu denken, wenn der ursprüngliche Nutzungs- und Funktionszusammenhang nach einer vorangehenden Abschreibung auf den niedrigeren beizulegenden Wert bzw. Teilwertabschreibung wiederhergestellt wird, ohne daß nachträgliche Anschaffungs- oder Herstellungskosten vorliegen. Die Notwendigkeit einer Wertaufholung ist unabhängig davon zu beurteilen, ob der ursprüngliche Nutzungs- und Funktionszusammenhang durch ein Einwirken des Bilanzierenden oder durch andere Umstände geschieht.

1077 In Kap. C.I. 8. c) wurde herausgearbeitet, daß eine vorherige Abschreibung auf den niedrigeren beizulegenden Wert bzw. den niedrigeren Teilwert nur dann möglich ist, wenn

- die Beeinträchtigung des Nutzungs- und Funktionszusammenhanges nach dem Erwerb geschah
- oder das Grundstück in Unkenntnis der Beeinträchtigung durch die Kontamination erworben und die Beeinträchtigung nicht im Kaufpreis berücksichtigt wurde.

1078 Eine Wertaufholung ist dann denkbar, wenn

- nach Vornahme einer Abschreibung auf den niedrigeren beizulegenden Wert/Teilwert die aufwandswirksamen Maßnahmen den Charakter von sofort abzugsfähigem Aufwand haben
- ein Dritter die Kosten der Sanierung trägt. Dies ist z.B. im Fall der Nachhaftung eines früheren Eigentümers (§ 4 Abs. 6 BBodSchG) denkbar.

---

[481] BFH v. 31. 1. 1992, BStBl. 1992 II, 805.
[482] *Warnke*, NWB F. 3, 10921.

In diesen Fällen kann eine Wertaufholung bis zu den fortgeführten Anschaf- **1079** fungs- bzw. Herstellungskosten angebracht sein, wenn sich der Wert des Wirtschaftsgutes erhöht.

Wird das Wirtschaftsgut durch die Maßnahmen des Dritten in seiner Wesens- **1080** art derart verändert, daß von einer Zweitherstellung, wesentlichen Erweiterung oder Wesensänderung gesprochen werden muß, kann jedoch möglicherweise ein unentgeltlicher Erwerb durch den Bilanzierenden vorliegen und somit eine Aktivierung (zum gemeinen Wert, § 6 Abs. 4 EStG) angebracht sein[483]. Angesichts der Tatsache, daß das BBodSchG jedoch „Luxussanierungen" auszuschließen trachtet (§ 4 Abs. 4 BBodSchG)[484], ist dieser Fall im Anwendungsbereich des BBodSchG kaum vorstellbar.

Handelsrechtlich muß nach § 253 Abs. 5 HGB eine Zuschreibung bei Wegfall **1081** der Gründe für die Teilwertabschreibung nicht vorgenommen werden (hiervon unabhängig ist die Frage zu beurteilen, ob die Maßnahmen aktivierungspflichtig sind). Das Zuschreibungswahlrecht kann in jedem Einzelfall stetigkeitsfrei ausgeübt werden[485].

Für Kapitalgesellschaften gilt indessen ein Wertaufholungsgebot. Da nach **1082** § 280 Abs. 1 S. 2 HGB die für alle Kaufleute gültige Bestimmung des § 253 Abs. 2 und 3 HGB (Wertbeibehaltungswahlrecht) nicht anzuwenden ist, sind die Abschreibungen nach § 253 Abs. 2 und 3 HGB in späteren Wirtschaftsjahren wieder zurückzunehmen, wenn die Gründe für die Abschreibung weggefallen sind. Der Gesetzeswortlaut unterscheidet dabei nicht nach Gründen, die sich quasi „verflüchtigt" haben und solchen, die durch ausgabenwirksame Maßnahmen beseitigt wurden[486]. In der Vergangenheit konnte von diesen Zuschreibungen nur dann abgesehen werden, wenn der niedrigere Wertansatz bei der steuerlichen Gewinnermittlung beibehalten werden konnte und wenn Voraussetzung für die steuerliche Beibehaltung war, daß der niedrigere Wert auch in der Handelsbilanz beibehalten wurde (umgekehrte Maßgeblichkeit nach § 280 Abs. 2 HGB). Dies statuierte ein faktisches Wertbeibehaltungswahlrecht, das jedoch durch die neuen steuerbilanziellen Regeln des StEntlG 1999/2000/2002 entfallen ist.

Steuerrechtlich hat der Stpfl. in späteren Jahren den Nachweis zu erbringen, **1083** daß der Teilwert noch gemindert ist. Ist der Stpfl. hierzu nicht in der Lage, so besteht nach § 6 Abs. 1 Nr. 1 S. 4 EStG n.F. (abnutzbares Anlagevermögen)

---

483 Vgl. auch § 7 Abs. 2 EStDV. – Handelsrechtlich kommt man zu keinem anderen Ergebnis, so lange kein immaterieller Vermögensgegenstand vorliegt. – *Ellrott/Schmidt-Wendt*, in: Beck'scher Bilanzkommentar, § 255 HGB, Rdnr. 99 ff. – Anders wäre der Sachverhalt nach R 34 EStR zu beurteilen, wenn die Aufwendungen des Dritten als Zuschuß zu qualifizieren wären. Dies würde jedoch voraussetzen, daß der Zuschußempfänger die Sanierung vornimmt.
484 *Knopp/Albrecht*, Altlastenrecht in der Praxis, Rdnr. 24, 159, 162–163. – Dies ergibt sich u. a. aus dem Grundsatz der Verhältnismäßigkeit.
485 *Philipps*, a.a.O., S. 299.
486 *Philipps*, a.a.O., S. 301.

bzw. nach § 6 Abs. 1 Nr. 2 S. 3 EStG (sonstige Wirtschaftsgüter, darunter Grund und Boden) ein Wertaufholungsgebot[487].

1084 Dieses Wertaufholungsgebot gilt auch für Wirtschaftsgüter, bei denen eine Teilwertabschreibung in vor dem 1. 1. 1999 endenden Wirtschaftsjahren vorgenommen wurde, die Umstände für diese Abschreibung aber in Wirtschaftsjahren, die nach dem 1. 1. 1999 enden, weggefallen sind. Zu denken ist hier an die Herstellung des ursprünglichen Nutzungs- und Funktionszusammenhangs durch eine Sanierung, sofern die Sanierungsaufwendungen nicht als nachträgliche Anschaffungs- oder Herstellungskosten anzusehen sind. Der durch die nunmehr vorzunehmende Zuschreibung entstehende Gewinn kann nur im ersten nach dem 31. 12. 1998 endenden Wirtschaftsjahr zu vier Fünfteln in eine Rücklage eingestellt werden. Wird das Wirtschaftsgut im Auflösungszeitraum veräußert oder entnommen, so ist der Restbetrag der Rücklage im Wirtschaftsjahr der Veräußerung oder Entnahme in vollem Umfang gewinnerhöhend aufzulösen. Für den Fall, daß im Auflösungszeitraum erneut eine Teilwertabschreibung (z.B. erneute Kontamination) veranlaßt ist, muß die Restrücklage in Höhe des Abschreibungsbetrags gewinnerhöhend aufgelöst werden (§ 52 Abs. 16 S. 1 bis 5 EStG).

1085 Wurde eine AfaA vorgenommen, so ist eine gewinnerhöhende Zuschreibung vorzunehmen, wenn der Grund für die AfaA (§ 7 Abs. 1 S. 6 EStG) weggefallen ist (demgegenüber ist bei einer Wertaufholung nach einer Teilwertabschreibung der Grund für die weggefallene Wertminderung unerheblich). Eine liquiditätsschonende Rücklage ist hier nicht zulässig. Das Finanzamt trägt – anders als nach einer Teilwertabschreibung – die Feststellungslast. Somit kann in den Fällen, in denen gleichzeitig die Voraussetzungen für Vornahme einer Teilwertabschreibung und einer AfaA vorliegen, aus Sicht des Stpfl. die AfaA die vorzugswürdige Abschreibungsmethode sein. Die Neuregelung gilt für nach dem 31. 12. 1998 endende Wirtschaftsjahre (§ 52 Abs. 21 EStG)[488].

1086 Gemäß dem Stichtagsprinzip sind die Wertverhältnisse zum Bilanzstichtag für den Umfang der Wertaufholung relevant, wobei wertaufhellende Tatsachen zu berücksichtigen sind[489].

e) Ausgleichsansprüche als Forderungen

(aa) Ansatz

1087 Zu diskutieren sind in diesem Zusammenhang Ausgleichsansprüche nach § 24 Abs. 2 und § 24 Abs. 1 S. 2 i. V. mit § 9 Abs. 2 S. 1 BBodSchG.

---

487 Vgl. Kap. C.I. 8. c). § 6 Abs. 1 Nr. 1 S. 4 EStG macht – anders als § 280 Abs. 1 S. 1 HGB die Wertaufholung nicht vom „Wegfall der Gründe" für die frühere Teilwertabschreibung abhängig. – *Groh*, DB 1999, 978, 983.
488 *Drenseck*, in: Schmidt, EStG-Kommentar 1999, § 7 EStG, Rdnr. 128a.
489 BMF v. 29. 2. 2000, BStBl. 2000 I, 373–374, Rdnr. 21 f., 26 f.

Der Ausgleichsanspruch ist wirtschaftlich gesehen mit einem Anspruch auf Schadensersatz vergleichbar. Mit dem Vorsichts- bzw. dem Realisationsprinzip (§ 252 Abs. 1 Nr. 4 HGB) ist eine Bilanzierung der betreffenden Forderung (unter der Position „Sonstige Vermögensgegenstände", § 266 Abs. 2 B. II. Nr. 4 HGB) erst dann vorstellbar, wenn und soweit sich der Anspruch dem Grund und der Höhe nach hinreichend konkretisieren läßt[490] oder er rechtskräftig festgestellt ist[491]. Dies ist frühestens dann der Fall, wenn der Anspruchsberechtigte von seinem Anspruch Kenntnis erlangt und ihn geltend gemacht hat. Wird seitens des Anspruchsverpflichteten die Forderung von vornherein bestritten, kann der Ansatz erst nach einer rechtskräftigen Entscheidung oder ähnlichen Bestätigung angesetzt werden[492]. **1088**

(1) Ausgleichsanspruch nach § 24 Abs. 2 BBodSchG

Die Entstehung des Ausgleichsanspruchs nach § 24 Abs. 2 BBodSchG wird durch die bloße Pflichtenstellung ausgelöst; ein behördliches Tätigwerden – etwa durch den Erlaß einer Sanierungsanordnung – ist nicht erforderlich. Der Ausgleichsberechtigte muß somit mit der Geltendmachung des Anspruchs nicht warten, bis ihm die Kosten für die Durchführung der Maßnahmen entstanden sind. Vielmehr kann er schon vorher im Umfang der Verursachungsbeiträge seine Freistellung durch die anderen Verantwortlichen nach den Vorschriften des Zivil- und Zivilprozeßrechts verlangen[493]. Dies bedeutet andererseits jedoch nicht, daß § 24 Abs. 2 BBodSchG ein neues Finanzierungsinstrument bei aus freien Stücken durchgeführten Sanierungen darstellt[494]. **1089**

Die Begründung für die Zusammenfassung mehrerer Personen als Gesamtschuldner wird in ihrer gemeinsamen Verantwortlichkeit für die Erfüllung der öffentlich-rechtlichen Bodenschutzpflichten gesehen. Der zivilrechtliche Ausgleich wird unabhängig von den behördlichen Erwägungen bei der Störerauswahl ausschließlich von den Verursachungsbeiträgen bestimmt. Die Verteilung nach dem Maß der Verursachung bewirkt, daß ein bloßer Zustandsverantwortlicher nicht als Schuldner, sondern lediglich als Gläubiger eines Ausgleichsanspruchs in Frage kommt. Seine Haftung beruht nämlich gerade nicht auf einem Verursachungsbeitrag. **1090**

Der Grundfall der Anwendung des § 24 Abs. 2 BBodSchG ist somit der Regreß eines vorrangig herangezogenen Zustandsverantwortlichen beim Verursacher. Hier fällt der Nachweis der Voraussetzungen relativ leicht, sofern die Eigenschaft als Verursacher geklärt ist. **1091**

---

490 BFH v. 11. 10. 1973, BStBl. 1974 II, 90.
491 BFH v. 26. 4. 1989, BStBl. 1991 II, 213.
492 BFHE 157, 121, BStBl. 1991 II, 213. – A. A. wohl *Adler/Düring/Schmaltz*, die sich i. S. d. Vollständigkeitsgrundsatzes für einen Ansatz aussprechen und die Zweifel im Rahmen der Bewertung berücksichtigen wollen. – *Adler/Düring/Schmaltz*, a. a. O., § 246 HGB, Rdnr. 48. – *Clemm/Schulz/Bail*, in: Beck'scher Bilanzkommentar, § 247 HGB, Rdnr. 120.
493 *Sanden/Schoeneck*, a. a. O., § 24, Rdnr. 25.
494 *Wagner*, BB 2000, 421 f.

1092 Geht es dagegen um die Lastenverteilung zwischen mehreren Verursachern, wird die Klärung der verschiedenen Verursachungsanteile möglicherweise zur Streitfrage, gegebenenfalls zum Gegenstand eines zivilrechtlichen Prozesses. Dem Anspruchsberechtigten, der nach den allgemeinen Regeln grundsätzlich zum Nachweis der Verursachung verpflichtet ist, wird es häufig sehr schwerfallen, die Verursachungsbeiträge der Gegenpartei nachzuweisen[495].

(2) Ausgleichsanspruch nach § 24 Abs. 1 S. 2 i. V. mit § 9 Abs. 2 S. 1 BBodSchG

1093 Ob der zunächst mit den Kosten belastete Steuerpflichtige einen Erstattungsanspruch nach § 24 Abs. 1 S. 2 i. V. mit § 9 Abs. 2 S. 1 BBodSchG besitzt, hängt davon ab, ob nach Durchführung der Untersuchungen der Gefahrenverdacht ausgeräumt werden konnte[496].

- Voraussetzung für den Erstattungsanspruch ist, daß der zur Untersuchung Herangezogene nicht die den Verdacht begründenden Umstände zu vertreten hat[497].
- Der Erstattungsanspruch kann jedoch abgewiesen werden, wenn durch die Ergebnisse der Maßnahmen nicht exakt der ursprüngliche Verdacht bestätigt wird. Allerdings wird zu fordern sein, daß in qualitativer Hinsicht die gefundenen Ergebnisse dem formulierten Verdacht entsprechen. Dies wird nur möglich sein, wenn die Behörde den Verdacht vor Durchführung der Untersuchungen niederlegt und auch die Unsicherheiten explizit formuliert.
- Problematisch kann sich der Fall erweisen, daß der Verdacht nur teilweise bestätigt wird. Hier wird es darauf ankommen, ob man bei wertender Betrachtung die gefundenen Ergebnisse als Bestätigung des ursprünglichen Verdachts ansehen kann oder ob sie so weit davon abweichen, daß eine vollständige Kostentragung durch den Stpfl. unbillig wäre. Eine Reduktion der Pflicht zur Kostentragung wird jedoch nur in Extremfällen in Frage kommen[498].

1094 In Streitfällen ist der Anspruch auch hier erst nach Vorliegen eines rechtskräftigen Urteils oder einer sonstigen Bestätigung bilanzierbar.

(bb) Wegfall/Verzicht auf den Ausgleichsanspruch

1095 In diesem Zusammenhang geht es um Fälle des § 24 Abs. 2 BBodSchG; solche des § 24 Abs. 1 S. 2 i. V. mit § 9 Abs. 2 S. 1 BBodSchG sind hingegen kaum vorstellbar.

---

495 *Vierhaus*, NJW 1998, 1262 und 1267.
496 *Knopp/Albrecht*, Altlastenrecht in der Praxis, Rdnr. 78.
497 *Sanden/Schoeneck*, a. a. O., § 24, Rdnr. 20.
498 *Sanden/Schoeneck*, a. a. O., § 24, Rdnr. 21.

Grundsätzlich ist danach zu unterscheiden, ob der Verzicht auf den Ausgleichsanspruch betrieblich oder privat veranlaßt ist. Steht fest, daß der Verzicht auf den Ausgleichsanspruch privater Natur ist, wird die Ausgleichsforderung entnommen (§ 4 Abs. 1 S. 2 EStG). Hingegen hat ein Verzicht auf den Ausgleichsanspruch aus betrieblichen Gründen im allgemeinen gewinnmindernde Wirkung (Betriebsausgaben, § 4 Abs. 4 EStG). Wird der Verzicht gegenüber einem Tochterunternehmen erklärt, kann es sich zudem um eine verdeckte Einlage handeln. **1096**

§ 24 Abs. 2 S. 3 bis 5 BBodSchG enthält Vorschriften zur Verjährung der Ausgleichsansprüche. Nach überwiegender Meinung werden diese nicht durch die §§ 477, 558 BGB überlagert[499]. Schließt die Einrede der Verjährung die Durchsetzung der Forderung auf Dauer aus, kann die Forderung grundsätzlich nicht aktiviert werden[500]. **1097**

(cc) Bewertung

(1) Ausgleichsanspruch nach § 24 Abs. 2 BBodSchG

Die Höhe des Ausgleichsanspruchs nach § 24 Abs. 2 BBodSchG wird – unabhängig von behördlichen Erwägungen bei der Störerauswahl – durch das Ausmaß der Verursachung des Schadens der beteiligten Personen bestimmt. Dieses ist auch für die Bewertung der betreffenden Forderungen maßgebend. **1098**

Eine Modifikation dieser Regel ist im Hinblick auf § 426 Abs. 1 S. 2 BGB insoweit möglich, als der faktische Ausfall eines Schuldners von den anderen gemeinschaftlich zu tragen ist[501]. **1099**

Die Höhe des Ausgleichsanspruchs hängt nicht zuletzt davon ab, inwieweit es dem Anspruchsberechtigten gelingt, die Verursachungsbeiträge der Gegenpartei nachzuweisen. Somit besteht die Gefahr, daß eine unstrittige Bewertung der Ausgleichsansprüche nur in vergleichsweise simpel gelagerten Fällen möglich ist, insbesondere in bezug auf die zwar einprägsame, in der Praxis aber eher seltene Konstellation des Grundstückseigentümers gegen einen einzigen Verursacher. Doch selbst in diesem Fall ist wohl nicht immer ein voller Ausgleich gerechtfertigt, was sich z. B. in dem Fall zeigt, daß der Eigentümer in voller Kenntnis des Kontaminationsrisikos und gegen einen dieses Risiko reflektierenden, hohen Preis das Grundstück einem Dritten zum Zweck einer gefährlichen Nutzung überlassen hat[502]. Eine Schätzung der Verursachungsanteile gem. § 287 ZPO ist bereits möglich, wenn nur der Haftungstatbestand, hier also die ordnungsrechtliche Mitverantwortung des Regreßschuldners nach den großzügigen Maßstäben des § 4 Abs. 3, 5 und 6 BBodSchG zur Überzeugung des Gerichts nachgewiesen wird. Desgleichen **1100**

---

499 *Wagner*, BB 2000, 425 f.
500 *Adler/Düring/Schmaltz*, a. a. O., § 246 HGB, Rdnr. 49.
501 *Sanden/Schoeneck*, a. a. O., § 24, Rdnr. 29.
502 *Wagner*, BB 2000, 422 f.

ist es nicht von vornherein auszuschließen, bei nicht aufklärbaren Anteilszweifeln in bezug auf die Verursachungsbeiträge eine In-capita-Haftung nach dem Muster des § 426 Abs. 1 S. 1 BGB anzunehmen, was auf eine Haftung nach Kopfteilen hinausliefe[503].

1101 Ein besonderes Problem ergibt sich bei der Bewertung der Ausgleichsforderung vor dem Hintergrund der Koordination bilateraler Vereinbarungen mit einem multilateralen Regreßverhältnis. Dieser Fall tritt auf, wenn z.B. der aktuelle Grundstückseigentümer aufgrund des vertraglichen Verzichts auf Ausgleichsansprüche gegen den Verkäufer nicht gegen diesen vorgehen kann und deswegen einen früheren Verantwortlichen in Regreß nehmen will. Früher wurde in der Rechtsprechung die Auffassung vertreten, daß die Wirkung des vertraglichen Haftungsausschlusses nur auf die Parteien der Vereinbarung beschränkt sei. Die Folge war, daß zwar nicht der aktuelle Eigentümer, wohl aber der in Anspruch genommene (frühere) Verantwortliche den vermeintlich privilegierten Vertragspartner in Anspruch nehmen konnte. Dieser hat dementsprechend bei Vorliegen der übrigen Voraussetzungen eine Rückstellung zu bilanzieren[504].

1102 Eine in der Literatur und in der Rechtsprechung vordringende Lösung plädiert jedoch dafür, den Regreßanspruch des leistenden Gesamtschuldners von vornherein um den auf seinen Vertragspartner entfallenden Anteil zu kürzen. Somit müßte sich der aktuelle Grundstückseigentümer auf seinen Regreßanspruch gegen den früheren Verantwortlichen diejenige Quote anrechnen lassen, zu der sein Rechtsvorgänger für die Sanierungskosten aufzukommen hat[505]. Die Forderung wäre hiernach um den betreffenden Anteil geringer zu bewerten. Das gleiche gilt für die Rückstellung des in Regreß genommenen Stpfl.

1103 Im Falle eines bilateralen Ausschlusses des Ausgleichsanspruchs sind also nach dieser Vorgehensweise zunächst die Verantwortungsquoten der Beteiligten ohne Rücksicht auf vertragliche Abmachungen zu ermitteln. Die Quote desjenigen, der einen anderen durch Vereinbarung aus der Ausgleichspflicht entlassen hat, erhöht sich dann um den Verantwortungsteil des so Privilegierten[506].

1104 Die Höhe des Ausgleichsanspruchs hängt auch davon ab, inwieweit die Umweltbehörde im Rahmen ihres Auswahlermessens auf der Primärebene den Verantwortlichkeiten Rechnung getragen hat. War dies der Fall, sind die Ausgleichserfordernisse im Rahmen des § 24 Abs. 2 BBodSchG (Sekundärebene) entsprechend geringer[507].

---

503 *Wagner*, BB 2000, 423.
504 BGHZ 12, 213, 217 ff. – BGHZ 35, 317, 323 ff.
505 BGHZ 51, 37, 39 f. – BGHZ 110, 114, 117. – *Wagner*, BB 2000, 425.
506 *Wagner*, BB 2000, 425.
507 Vgl. *Wagner*, BB 2000, 426 f.

(2) Ausgleichsanspruch nach § 24 Abs. 1 S. 2 i. V. mit § 9 Abs. 2 S. 1 BBodSchG

Die Forderung nach § 24 Abs. 1 S. 2 i. V. mit § 9 Abs. 2 S. 1 BBodSchG ist in Höhe der für die auferlegten Maßnahmen entstandenen Kosten zu bewerten. **1105**

(3) Sonstiges

Bei einer Laufzeit von mehr als einem Jahr ist in der Handels- wie in der Steuerbilanz regelmäßig eine Abzinsung vorzunehmen, da die Forderung normalerweise zinslos sein wird[508]. **1106**

Je nachdem, ob handels- oder steuerrechtlich schon eine Wertminderung der Rückstellung aufgrund des voraussichtlichen Ausgleichsanspruchs vorgenommen wurde (Kompensation), sind folgende Situationen zu unterscheiden: **1107**

- Wurde zuvor schon eine Wertminderung der Rückstellung vorgenommen, so ist die Forderung insoweit erfolgsneutral einzustellen. Der Wertansatz der Rückstellung wird im Ergebnis erfolgsneutral erhöht (Bilanzverlängerung). Eine Erfolgswirkung ergibt sich nur insoweit, als eine möglicherweise mittlerweile eingetretene bessere Erkenntnis zum Stichtag der Bilanzaufstellung einen anderen Ansatz für die Forderung verlangt als denjenigen, durch den die Rückstellung gekürzt wurde.
- Wurde die Rückstellung nicht auf Grund des voraussichtlichen Ausgleichsanspruchs in ihrem Wert gemindert oder wurde möglicherweise, z.B. mangels Erfüllung der Konkretisierungserfordernisse des BFH, überhaupt noch keine Rückstellung gebucht, wird die Forderung zum Zeitpunkt ihrer Einstellung in vollem Umfang ertragswirksam.

f) Aktive Rechnungsabgrenzung

Soweit Gefahrerforschungs- oder Sanierungsaufwendungen als sofort abziehbare Betriebsausgaben (§ 4 Abs. 4 EStG) bzw. Aufwendungen vorliegen, ist auch die Periodisierung mit Hilfe eines aktiven Rechnungsabgrenzungspostens (§ 250 Abs. 1 HGB, § 5 Abs. 5 Nr. 1 EStG) zu prüfen. Eine derartige Abgrenzung kommt grundsätzlich jedoch nur dann in Frage, soweit **1108**

- keine (nachträglichen) Anschaffungs- oder Herstellungskosten vorliegen
- keine Rückstellung einzubuchen ist, d.h. die Aufwendungen dazu dienen, zukünftige Erträge des Unternehmens zu alimentieren
- soweit die Aufwendungen einer bestimmten Zeit nach dem Bilanzstichtag zuzuordnen sind (§ 250 Abs. 1 S. 1 HGB).

Regelmäßig wird die Abgrenzung am letzten Kriterium scheitern. Allerdings sind Ausnahmen denkbar, so z.B., wenn Vorsorgeaufwendungen für eine Anlage, die einen wesentlichen Grundstücksbestandteil darstellt, auf die Zeit **1109**

---

[508] *Ellrott/Schulz/Bail*, in: Beck'scher Bilanzkommentar, § 253 HGB, Rdnr. 592 ff.

ihrer gewerberechtlichen Genehmigung entfallen. In diesem Fall ist ein Zeitraum konkret bestimmbar.

9. Ausgewählte bilanzsteuerrechtliche Themenkomplexe

a) Die bilanzsteuerlichen Konsequenzen der Durchgriffshaftung

1110 Die Durchgriffshaftung (§ 4 Abs. 3 S. 4 BBodSchG) stellt – als Ausnahme vom gesellschaftsrechtlichen Trennungsprinzip – eine Erweiterung der Zustandsverantwortlichkeit dar. Voraussetzung für die Haftungserweiterung ist, daß die primäre Haftung eine juristische Person trifft; es muß sich also um eine von den handelnden natürlichen Personen unabhängige Rechtspersönlichkeit handeln.

1111 Zudem muß ein handels- oder gesellschaftsrechtlicher Rechtsgrund bestehen, der eine andere Person verpflichtet, für die juristische Person einzustehen. Die wichtigsten Fälle der Durchgriffshaftung, die der Gesetzgeber entsprechend der Gesetzesbegründung im Blick hatte, sind die der Unterkapitalisierung, der gegenständlichen Sphärenvermischung und der qualifizierten Konzernabhängigkeit[509].

1112 Liegen die Voraussetzungen für die gesellschaftsrechtliche Durchgriffshaftung vor, so kann die Verantwortlichkeit für die schädigende Handlung regelmäßig dem beherrschenden Gesellschafter zugerechnet werden. Dies gilt nach § 4 Abs. 3 S. 4 BBodSchG unabhängig davon, ob der Tatbestand der Unterkapitalisierung, der gegenständlichen Sphärenvermischung oder der nachteiligen Einflußnahme vorliegt. Die Handlungsverantwortlichkeit der Tochter-Kapitalgesellschaft wird definitorisch ausgeschlossen, obwohl sich das Grundstück in ihrem Betriebsvermögen befindet. Aus Sicht der Tochter-Kapitalgesellschaft handelt es sich bei der Obergesellschaft damit um einen Dritten, der nach § 4 Abs. 3 BBodSchG in die Pflicht genommen wird.

1113 Liegen die Voraussetzungen für den Haftungsdurchgriff zweifelsfrei vor, so hat die Tochter-Kapitalgesellschaft keine Rückstellung zu bilanzieren; hingegen ist gemäß den in Kap. C.I. 8. d) dargestellten Grundsätzen möglicherweise eine Wertaufholung bei dem in ihrem Betriebsvermögen befindlichen Grundstücks bis maximal zu den Anschaffungs- oder Herstellungskosten oder dem an deren Stelle tretenden Wert durchzuführen, wenn zuvor eine außerplanmäßige Abschreibung bzw. Teilwertabschreibung vorgenommen wurde.

1114 Der Gesellschafter ist aber – anders als die Tochter-Kapitalgesellschaft – definitiv belastet. Diese Belastung führt zu einer Betriebsausgabe oder zu Werbungskosten, wenn die schädliche Bodenveränderung in Einkunftserzielung veranlaßt war. Handelt es sich um ein Unternehmen, so hat sie in ihrer Eigenschaft als verantwortliche Konzernobergesellschaft unter den in Kap. C.I. 5. c) und d) beschriebenen Voraussetzungen eine Rückstellung einzubuchen.

---

509 *Sanden/Schoeneck*, a. a. O., § 24, Rdnr. 39–42.

Die damit einhergehende Betriebsausgabe führt zu einer Minderung des zu versteuernden Einkommens des Mutterunternehmens.

Bestehen hingegen tatsächliche und/oder rechtliche Zweifel darüber, ob die Voraussetzungen für den Haftungsdurchgriff vorliegen, hat zunächst einmal die Tochtergesellschaft als der primäre Schuldner die Rückstellung zu bilanzieren. Konkretisieren sich die Voraussetzungen für den Haftungsdurchgriff, so ist die Rückstellung in der Tochtergesellschaft erfolgswirksam aufzulösen. Die Belastung verlagert sich auf den Gesellschafter; handelt es sich bei diesem um ein Unternehmen (Obergesellschaft), so hat dieser – bei Vorliegen der betreffenden Voraussetzungen – die Rückstellung einzubuchen. 1115

Liegt ein qualifiziert faktischer Konzern vor, so ist körperschaftsteuerlich zu beachten, daß mangels eines Beherrschungs- und/oder Gewinnabführungsvertrages nicht die Voraussetzungen für eine körperschaftsteuerliche Organschaft gegeben sind (§ 14, § 17 KStG)[510]. 1116

b) Das kontaminierte Grundstück im Rahmen der Betriebsaufspaltung

(aa) Merkmale

Eine Betriebsaufspaltung liegt dann vor, wenn ein Unternehmen (Besitzunternehmen) Wirtschaftsgüter, die zu den wesentlichen Betriebsgrundlagen gehören, miet- oder pachtweise (sachliche Verflechtung) einem von ihm beherrschten (personelle Verflechtung) gewerblich tätigen Unternehmen (Betriebsunternehmen) überläßt[511]. 1117

Das Vermieten, Verpachten oder sonstige Überlassen von Wirtschaftsgütern zur Nutzung im Rahmen einer Betriebsaufspaltung ist nicht als Vermögensverwaltung, sondern als Gewerbebetrieb i.S. des § 15 Abs. 1 Nr. 1 und Abs. 2 EStG sowie § 2 GewStG zu qualifizieren. 1118

Begründet wird diese Beurteilung mit dem einheitlichen geschäftlichen Betätigungswillen, der beide Unternehmen verbindet und bewirkt, daß das Besitzunternehmen über das Betriebsunternehmen am allgemeinen wirtschaftlichen Verkehr beteiligt ist[512]. 1119

Zwischen dem Besitz- und dem Betriebsunternehmen muß aufgrund einer schuldrechtlichen oder dinglichen Überlassung von wesentlichen Betriebsgrundlagen eine enge sachliche Verflechtung bestehen[513]. Ein verpachtetes Grundstück stellt regelmäßig eine wesentliche Betriebsgrundlage dar[514]. Die sachliche Verflechtung ist immer erfüllt, wenn ein ganzer Betrieb verpachtet 1120

---

510 *Schwarz*, in: Mössner/Seeger, § 14 KStG, Rdnr. 330 ff.
511 *Clemm/Fitzner*, in: Beck'scher Bilanzkommentar, § 247 HGB, Rdnr. 887 ff.
512 BFH v. 18. 6. 1980, BStBl. 1981 II, 39.
513 BFH v. 17. 3. 1987, BStBl. 1987 II, 858.
514 *Clemm/Fitzner*, in: Beck'scher Bilanzkommentar, § 247 HGB, Rdnr. 895.

wird. Hier überlagern die Rechtsgrundsätze der Betriebsaufspaltung diejenigen der Betriebsverpachtung[515].

1121 Die hinter der Betriebs- und Besitzgesellschaft stehenden Personen müssen einen einheitlichen geschäftlichen Betätigungswillen besitzen (personelle Verflechtung)[516]. Dieser ist dann am deutlichsten, wenn an beiden Unternehmen dieselben Personen im gleichen Verhältnis beteiligt sind (Beteiligungsidentität). Hinreichend ist jedoch schon, wenn die Person oder die Personengruppe („Personengruppentheorie"[517]), die das Besitzunternehmen beherrscht, auch in der Lage ist, in der Betriebsgesellschaft ihren Willen durchzusetzen (Beherrschungsidentität)[518].

1122 Man unterscheidet mit Blick auf die Gründung zweierlei Formen:
- Bei der echten Betriebsaufspaltung wird ein bereits existierendes Unternehmen in zwei rechtlich selbständige Unternehmen aufgespalten. Hierzu wird das Betriebsunternehmen in der Rechtsform einer GmbH neu gegründet. Das Grundstück, das regelmäßig eine wesentliche Betriebsgrundlage der Betriebsgesellschaft ist, verbleibt in der Besitzgesellschaft, die normalerweise als Personenunternehmen betrieben wird.
- Die unechte Betriebsaufspaltung zeichnet sich hingegen dadurch aus, daß von vornherein zwei rechtlich selbständige Unternehmen errichtet werden, die durch die Verpachtung von Anlagevermögen miteinander verbunden sind. Handelt es sich beim Unternehmensträger wiederum um ein Unternehmen, so kann der Übergang des Vermögens dabei möglicherweise auf dem Wege der Spaltung (Abspaltung, Aufspaltung oder Ausgliederung, § 123 UmwG[519]) stattfinden. Die umwandlungssteuerliche Behandlung hängt von der Rechtsform der jeweils Beteiligten ab. Häufig wird es sich bei den Anteilseignern jedoch um Privatpersonen handeln, so daß die Gesellschaften neu gegründet werden.

(bb) Zur haftungsrechtlichen Motivation

1123 Betriebsaufspaltungen sind oft haftungsrechtlich motiviert, da die die operativen Risiken tragende Betriebsgesellschaft im Regelfall als GmbH der unbeschränkten Haftung entzogen ist. Im Hinblick auf das BBodSchG stellt sich die Situation jedoch möglicherweise anders dar, zumal sich die Kriterien der bodenschutzrechtlichen Durchgriffshaftung an der gesellschaftsrechtlichen Beurteilung orientieren[520]. Hinsichtlich der Betriebsaufspaltung stellt sich hierbei vor allem die Frage, ob ein qualifizierter faktischer Konzern vorliegt. Dies wird im allgemeinen zumindest in den typischen Fällen der Betriebsauf-

---

515 BFH v. 21. 5. 1974, BStBl. 1974 II, 613.
516 Grundlegend GrS v. 8. 11. 1971, BStBl. 1972 II, 63.
517 BFH v. 28. 5. 1991, BStBl. 1991 II, 801.
518 BMF v. 26. 1. 1989, BB 1989, 968.
519 Vgl. Kap. B.IV. 3. b).
520 Vgl. Kap. B.IV. 3. d).

spaltung, in denen das Besitzunternehmen die Rechtsform eines Personenunternehmens und das Betriebsunternehmen diejenige einer Kapitalgesellschaft besitzt, insbesondere mit der Begründung verneint, daß der beherrschende Gesellschafter Unternehmer sein muß. Die Rechtsform des herrschenden Unternehmers ist dabei unbeachtlich; es kann sich auch um eine natürliche Person handeln. Das Besitzunternehmen erfüllt dieses Kriterium nicht schon dadurch, daß es steuerlich als Gewerbebetrieb angesehen wird. Eine konzernfähige unternehmerische Betätigung setzt vielmehr eine Beteiligung am allgemeinen wirtschaftlichen Verkehr voraus, so z.B. die Führung eines Einzelunternehmens, ohne daß dies in einem inneren Zusammenhang mit der GmbH-Beteiligung stehen müßte. Möglich ist auch die Beherrschung einer Reihe von Kapitalgesellschaften. Die einfache Vermietung von Vermögen reicht hierfür jedenfalls nicht aus[521]. Zudem hat der BGH mit dem sog. „TBB"-Urteil[522] die Beweislast umgekehrt, womit er zu den allgemeinen Beweislastregeln des Zivilprozeßrechts zurückgekehrt ist.

Wenn auch im Rahmen einer Betriebsaufspaltung der qualifizierte faktische Konzern als Grund für die Durchgriffshaftung ausscheidet, so können doch die anderen Gründe, insbesondere die Unterkapitalisierung bei gleichzeitiger Gläubigerschädigungsabsicht auch im Rahmen einer Betriebsaufspaltung zur Durchgriffshaftung führen. Insoweit stellt auch die kapitalistische oder gar umgekehrte Betriebsaufspaltung keinen Weg dar, sich der Pflichtigkeit aus dem BBodSchG zu entziehen. Im Rahmen einer typischen Betriebsaufspaltung kann der Stpfl. als Eigentümer des Grundstücks mit seiner als Personenunternehmen betriebenen Besitzgesellschaft als Zustandsverantwortlicher in Regreß genommen werden (§ 4 Abs. 3 BBodSchG). Somit bleibt festzuhalten, daß jedenfalls aus bodenschutzrechtlicher Sicht die Betriebsaufspaltung in ihren vielfältigen Varianten im Regelfall kaum haftungsrechtliche Vorteile bietet. 1124

(cc) Bilanzsteuerrechtliche Konsequenzen möglicher Fälle

Je nach verwendetem Kriterium lassen sich folgende Fälle vorstellen:

Bei der *typischen Form* wird die Besitzgesellschaft in Gestalt eines Personenunternehmens und die Betriebsgesellschaft als Kapitalgesellschaft (normalerweise: GmbH) betrieben. 1125

Erfolgte die Kontamination des Grundstücks schon in der nunmehrigen Besitzgesellschaft, so ist der Verursacher und Grundstückseigentümer vor und nach der Betriebsaufspaltung identisch. Das Ermessen der Behörde ist sehr in eine Richtung gedrängt, so daß im Regelfall die öffentlich-rechtliche Verpflichtung eindeutig der Besitzgesellschaft zuzurechnen ist. Diese kann auch eine Teilwertabschreibung auf das in ihren Betriebsvermögen bilanzierte 1126

---

521 *Mayer*, DStR 1992, 792.
522 Vgl. Kap. B.IV. 3. d).

Grundstück vornehmen, wenn die Voraussetzungen des § 6 Abs. 1 Nr. 1 EStG vorliegen. Etwas Abweichendes kann sich allenfalls daraus ergeben, daß die Besitzgesellschaft nicht hinreichend leistungsfähig erscheint. In diesem Fall hat auch die Betriebsgesellschaft als Inhaber der tatsächlichen Gewalt eine Rückstellung, gleichzeitig auch einen Ausgleichsanspruch nach § 24 Abs. 2 BBodSchG gegen die Besitzgesellschaft (als Verursacher) zu bilanzieren. Ein Verzicht auf den Ausgleichsanspruch wäre als verdeckte Gewinnausschüttung an die Besitzgesellschaft zu qualifizieren (§ 8 Abs. 3 S. 2 KStG)[523].

1127 Geschah die schädliche Bodenveränderung hingegen erst während der Nutzung durch die Betriebs-Kapitalgesellschaft, so hat diese eine Verpflichtung zu bilanzieren. Wird jedoch die Besitzgesellschaft – z.B. als Grundstückseigentümer – von der Behörde in Anspruch genommen, so hat diese – bei Vorliegen der betreffenden Konkretisierungsvoraussetzungen – eine Rückstellung und gleichzeitig eine Ausgleichsforderung nach § 24 Abs. 2 BBodSchG gegen die Betriebsgesellschaft als Verursacher und Inhaber der tatsächlichen Gewalt zu bilanzieren. Ein etwaiger späterer Forderungsverzicht der Besitz- gegenüber der Betriebsgesellschaft ist wahrscheinlich aus dem Gesellschaftsverhältnis heraus veranlaßt; die Beteiligung an der Betriebs-GmbH ist Sonderbetriebsvermögen II der Besitzgesellschaft. Im Falle eines vollständigen Forderungsverzichts nimmt die Besitzgesellschaft handelsrechtlich eine Vollabschreibung der Forderung vor. Die Betriebs-GmbH bucht handelsrechtlich die Ausgleichsverbindlichkeit erfolgswirksam aus. Steuerrechtlich ist der Vorgang nach den Grundsätzen der verdeckten Einlage (A 36a KStR 1995) zu bewerten. Für die Bewertung der verdeckten Einlage kommt es allerdings darauf an, inwieweit die Betriebs-GmbH leistungsfähig ist, sie also die Verbindlichkeit hätte erfüllen können, und somit die Ausgleichsverbindlichkeit noch werthaltig war[524]. Der nicht werthaltige Teil der Verbindlichkeit ist in der Steuerbilanz der Betriebsgesellschaft erfolgswirksam aufzulösen. Der werthaltige Teil der Verbindlichkeit erhöht hingegen als verdeckte Einlage das EK 04 der Betriebsgesellschaft (§ 30 Abs. 2 Nr. 4 KStG); für die Bewertung ist der gemeine Wert im Zeitpunkt der verdeckten Einlage entscheidend[525]. Spiegelbildlich findet bei der Besitzgesellschaft eine Umbuchung von den Forderungen gegen verbundene Unternehmen auf die Beteiligung an der Betriebs-GmbH in Höhe des noch werthaltigen Teils der Forderung statt[526]; die handelsrechtliche außerplanmäßige Abschreibung wird insoweit also steuerlich nicht nachvollzogen. Der nicht werthaltige Teil der Forderung wird hingegen auch steuerbilanziell vollständig abgeschrieben, zumal eine dauernde Wertminderung unterstellt werden kann.

---

523 *Lange*, in: Mössner/Seeger, § 8, Rdnr. 267 ff.
524 *Lange*, in: Mössner/Seeger, § 8, Rdnr. 70 und 71/1. – BFH v. 9. 6. 1997, BStBl. 1998 II, 307.
525 *Lange*, in: Mössner/Seeger, § 8, Rdnr. 71/1.
526 Vgl. BFH v. 9. 6. 1997, GrS 1/94, BStBl. 1998 II, 307. – *Beranek*, NWB 1999, F. 3, 10461. – *Weber-Grellet*, DB 1998, 1532.

Um der unbeschränkten Haftung zu entgehen, liegt der Gedanke nahe, die **1128**
Besitzgesellschaft nicht als Personenunternehmen, sondern als Kapitalgesellschaft zu gestalten. In Frage kommen dabei eine *„umgekehrte"* (Besitzgesellschaft als GmbH, Betriebsgesellschaft als Personenunternehmen) oder *„kapitalistische"* (beide Gesellschaften GmbHs) *Betriebsaufspaltung*. Die kapitalistische Betriebsaufspaltung setzt die Beteiligung der Besitz-Kapitalgesellschaft an der Betriebs-Kapitalgesellschaft voraus[527].

Bei der umgekehrten Betriebsaufspaltung haftet die Besitzgesellschaft unmittelbar und unbeschränkt aus gesellschaftsrechtlichem Rechtsgrund. **1129**

Ähnlich wie bei der umgekehrten Betriebsaufspaltung[528] stellen bei der kapi- **1130**
talistischen Betriebsaufspaltung die Anteile an der Betriebs-GmbH – neben dem an die Betriebsgesellschaft verpachteten Grundstück – Betriebsvermögen der Besitzgesellschaft dar[529]. Bei der kapitalistischen Betriebsaufspaltung hängt die Beurteilung, ob schädigende Handlungen der Betriebsgesellschaft der Besitzgesellschaft zugerechnet werden können, davon ab, ob die Voraussetzungen des Haftungsdurchgriffs erfüllt sind.

Hinsichtlich der *mitunternehmerischen Betriebsaufspaltung* (Besitz- und Be- **1131**
triebsgesellschaft sind Personenunternehmen) ist zu beachten, daß das Grundstück Betriebsvermögen der Besitzgesellschaft und nicht Sonderbetriebsvermögen der Betriebsgesellschaft darstellt[530]. Die Rechtsgrundsätze der Betriebsaufspaltung haben hier Vorrang vor der Anwendung des § 15 Abs. 1 S. 1 Nr. 2, Hs. 2 EStG. Somit hat auch hier die Besitzgesellschaft gegebenenfalls die Wertminderung in Form einer Teilwertabschreibung zu berücksichtigen (vgl. Kap. C.I. 7. c). Welche Schwester-Personengesellschaften die Rückstellung zu bilanzieren hat bzw. welcher Gesellschafter wirtschaftlich belastet ist, hängt von der Verpflichtungslage im Einzelfall ab. Zu berücksichtigen ist, daß grundsätzlich die Gesellschafter aus gesellschaftsrechtlichem Rechtsgrund unmittelbar und unbeschränkt haften. Dies gilt mangels Beteiligung an der Betriebsgesellschaft nicht für die Besitzgesellschaft selber; es handelt sich ja nicht um eine mehrstöckige Personengesellschaft.

(dd) Wegfall der sachlichen Verflechtung im Zusammenhang mit Maßnahmen des BBodSchG?

Eine wesentliche Betriebsgrundlage ist dann gegeben, wenn das Wirtschafts- **1132**
gut nach dem Gesamtbild der Verhältnisse erforderlich ist und ein besonderes Gewicht für die Betriebsführung besitzt. Ausschlaggebend ist dabei die sog. „funktionale", also wirtschaftliche Bedeutung für das Betriebsunterneh-

---

527 BFH v. 1. 8. 1979, BStBl. 1980 II, 77.
528 Die Beteiligung an einer Personengesellschaft ist – anders als der Anteil an einer Kapitalgesellschaft – nach h. M. kein selbständiges Wirtschaftsgut.
529 *Clemm/Fitzner*, in: Beck'scher Bilanzkommentar, § 247 HGB, Rdnr. 913.
530 BFH v. 23. 4. 1996, BStBl. 1998 II, 325.

men[531]. Hingegen ist ein Wirtschaftsgut nicht allein schon deswegen als wesentliche Betriebsgrundlage anzusehen, weil in ihm erhebliche stille Reserven ruhen (quantitative Betrachtung).

1133 Speziell bei Grundstücken war lange Zeit strittig, unter welchen Voraussetzungen sie als wesentliche Betriebsgrundlagen angesehen werden können. Der BFH entschied sich mit seinem Urteil vom 26. 5. 1993[532] dafür, daß die wirtschaftliche Bedeutung des Grundstücks hierfür ausschlaggebend sein soll. Ein Grundstück erhält für das Unternehmen demnach dann eine wirtschaftliche Bedeutung, wenn die Betriebsführung durch die Lage des Grundstücks bestimmt wird, das Grundstück auf die Bedürfnisse des Betriebs zugeschnitten ist oder das Betriebsunternehmen aus anderen innerbetrieblichen Gründen ohne ein Grundstück dieser Art seine Tätigkeit nicht fortführen könnte. Die neuere Rechtsprechung des BFH läßt den Schluß zu, daß Grundstücke nur noch in Ausnahmefällen keine wesentlichen Betriebsgrundlagen darstellen. Dies ist dann der Fall, wenn das Grundstück für das Unternehmen von keiner oder nur noch geringer wirtschaftlicher Bedeutung ist. So kann z. B. ein Fabrikgrundstück dann seine Eigenschaft als wesentliche Betriebsgrundlage verlieren, wenn es nicht mehr für gewerbliche Fertigungszwecke genutzt wird[533].

1134 Im Hinblick auf das BBodSchG ergeben sich somit vor allem zwei Gefahrenquellen, die zu einem „Auffliegen" der Betriebsaufspaltung (mit der Folge der Versteuerung der stillen Reserven) führen können:

- Mögliche Nutzungsbeschränkungen können bewirken, daß das betreffende Grundstück seine ehemalige wirtschaftliche Bedeutung für das Betriebsunternehmen verliert.
- Längere Nutzungsunterbrechungen aufgrund von Sanierungsmaßnahmen bei Rückgriff auf „Ausweichgrundstücke" können ebenfalls zum Verlust der ehemaligen funktionellen Qualität des Grundstücks führen.

1135 Hingegen führt allein der Umstand, daß das Grundstück aufgrund der Kontamination im Wert gemindert ist, also ihm nicht mehr dieselben stillen Reserven wie ehedem anhaften, aufgrund der Ablehnung der quantitativen Betrachtung nicht zu einer Änderung der Beurteilung des Grundstücks in seiner Eigenschaft als wesentliche Betriebsgrundlage, solange die Nutzbarkeit aufgrund der Kontamination nicht wesentlich eingeschränkt ist.

1136 Ein eventueller Wegfall der sachlichen Verflechtung hat nur dann nicht eine Auflösung und Versteuerung der stillen Reserven (und Lasten!) zur Konsequenz, wenn der Gewerbebetrieb im ganzen, also mit sämtlichen wesentlichen Betriebsgrundlagen, verpachtet wurde. Stellt ein Stpfl. seine gewerbliche Tätigkeit ein und verpachtet er den Betrieb im ganzen, liegt nämlich eine

---

531 BFH v. 26. 5. 1993, BStBl. 1993 II, 718.
532 BFH v. 26. 5. 1993, BStBl. 1993 II, 718.
533 Vgl. *Schmidt*, in: Schmidt, EStG-Kommentar 1999, § 15 EStG, Rdnr. 808 ff.

bloße Betriebsunterbrechung und keine Betriebsaufgabe nach § 16 Abs. 3 EStG vor. Dem Stpfl. steht daher ein Wahlrecht zwischen Betriebsaufgabe und Fortführung des Betriebs zu, diesmal als „ruhender Gewerbebetrieb". In diesem Fall hat der Stpfl. zwar gewerbliche, aber nicht gewerbesteuerpflichtige Einkünfte[534].

Neben der Verpachtung des Gewerbebetriebs als ganzes sind weitere Voraussetzungen notwendig, um der drohenden Auflösung und Versteuerung der stillen Reserven durch „Rückfall" in die gewerbliche Betriebsverpachtung zu entkommen: **1137**

- Das Unternehmen muß als Organismus erhalten bleiben, d.h. der Betrieb muß ohne grundlegende Umgestaltung fortgeführt werden[535].
- Der Verpächter muß eine Wiederaufnahme des Betriebs beabsichtigen.
- Es darf keine Mitunternehmerschaft zwischen Pächter und Verpächter bestehen.
- Beim Verpächter muß es sich um eine natürliche, unbeschränkt steuerpflichtige Person handeln.

c) Nießbrauch

(aa) Grundsätze der Kostentragung

Die Bestellung eines Nießbrauchs kann unentgeltlich, teilentgeltlich oder entgeltlich erfolgen. Wem die Einkünfte – und damit auch die Werbungskosten – zuzurechnen sind, hängt davon ab, wer den Tatbestand der Einkunftserzielung erfüllt, d.h. wer Träger der Rechte und Pflichten eines Vermieters ist und aufgrund dieser Stellung das Grundstück bzw. den Grundstücksteil vermietet oder verpachtet[536]. Um dem Nießbraucher die Einkünfte zuzurechnen, muß ihm die volle Besitz- und Verwaltungsbefugnis zustehen und er muß die Nutzungen tatsächlich ziehen. Bislang hatte die Rechtsprechung bei der unentgeltlichen Nießbrauchsbestellung zwar den Abzug von Werbungskosten/Betriebsausgaben beim Nießbraucher anerkannt, wenn bei diesem Einkünfteerzielungsabsicht vorhanden war. Allerdings wurde der Abzug größerer Aufwendungen für die Instandsetzung eines Mietwohnhauses kurze Zeit nach der unentgeltlichen Nießbrauchsbestellung versagt, da der Nießbraucher nicht zur Tragung solcher Kosten nach § 1041 BGB verpflichtet sei[537]. Wird der Nießbraucher als Inhaber der tatsächlichen Gewalt nach § 4 Abs. 3 BBodSchG herangezogen, trifft ihn jedoch eine öffentlich-rechtliche Verpflichtung, die dementsprechend auch als Betriebsausgaben bzw. Werbungskosten anzuerkennen ist. Besteht gegenüber dem Eigentümer eine Aus- **1138**

---

534 BFH v. 13. 11. 1963, BStBl. 1964 III, 124. – BFH v. 20. 6. 1990, BStBl. 1990 II, 913.
535 *Vasel*, SteuerStud 5/99, 211.
536 O.V., NWB F. 3c, 5337. – BFH v. 26. 4. 1983, BStBl. 1983 II, 502.
537 BFH v. 19. 10. 1976, BStBl. 1977 II, 72. – BFH v. 8. 12. 1982, BStBl. 1982 II, 710.

gleichsforderung nach § 24 Abs. 2 BBodSchG, so ist diese bei Einkünfteerzielungsabsicht steuerlich beachtlich.

1139 Der Nießbrauchserlaß unterscheidet hinsichtlich der Kostentragungslast zwischen Zuwendungs- und Vorbehaltsnießbrauch[538]. Diese Unterscheidung ist besonders dann relevant, wenn durch die Sanierungsmaßnahmen an abnutzbaren Wirtschaftsgütern zusätzliches AfA-Volumen entsteht.

(bb) Zuwendungsnießbrauch

1140 Beim Zuwendungsnießbrauch handelt es sich um die Bestellung eines Nießbrauchs vom Eigentümer zugunsten eines Berechtigten.

1141 Sofern der *Nießbraucher* das zugewendete Nutzungsrecht zur Erzielung von Einkünften verwendet, darf er die öffentlich-rechtlich geschuldeten Sanierungsaufwendungen als Betriebsausgaben abziehen[539]. Ein etwaiger Ausgleichsanspruch nach § 24 Abs. 2 BBodSchG ist ebenfalls zu erfassen. Das Gesagte gilt selbst dann, wenn der Nießbrauch unentgeltlich zugewendet wurde. Diese Grundsätze sind unabhängig davon anzuwenden, ob es sich um ein privates Grundstück oder ein Grundstück handelt, das im Rahmen eines betrieblichen Nießbrauchsrechts zur Nutzung überlassen wurde. Anders sieht der Fall allerdings aus, wenn keine Einkunftserzielung vorliegt.

1142 Wird der *Nießbrauchsbesteller* als Grundstückseigentümer nach § 4 Abs. 3 BBodSchG zur Sanierung herangezogen, so kommt es darauf an, ob der Nießbrauch entgeltlich, teilentgeltlich oder unentgeltlich bestellt wurde. Im Falle einer entgeltlichen Nießbrauchsbestellung liegen i.d.R. Einkünfte aus Vermietung und Verpachtung oder aus Gewerbebetrieb vor. Eine Einmalzahlung kann auf die Laufzeit des Nießbrauchs, längstens über zehn Jahre hinweg verteilt werden[540]. Im Falle einer entgeltlichen Nießbrauchsbestellung stellen die Sanierungsaufwendungen abziehbare Werbungskosten (§ 9 EStG) bzw. Betriebsausgaben (§ 4 Abs. 4 EStG) dar; liegen (nachträgliche) Anschaffungs- oder Herstellungskosten für abnutzbare Wirtschaftsgüter vor, erhöht sich die Abschreibungsbasis. Auch für den Eigentümer stellt eine etwaige Ausgleichsforderung nach § 24 Abs. 2 BBodSchG eine Betriebseinnahme oder – bei Zufluß (§ 11 EStG) eine Einnahme (§§ 8, 21 EStG) dar, wenn der Nießbrauch entgeltlich ist.

1143 Eine unentgeltliche Nießbrauchsbestellung kann steuerlich problematisch sein, wenn der Eigentümer als Sanierungspflichtiger herangezogen wird. Da hier keine Einkunftserzielungsabsicht vorliegt, können die (Sanierungs-)Aufwendungen auch nicht als Werbungskosten bzw. Betriebsausgaben in Abzug gebracht werden. Aus demselben Grunde bringt auch die Qualifikation der Sanierungsaufwendungen in (nachträgliche) Anschaffungs- oder Herstellungs-

---

538 BMF v. 24. 7. 1998, BGBl. 1998 I, 914.
539 BMF v. 24. 7. 1998, BGBl. 1998 I, 914, Rdnr. 18 ff. und 26 ff.
540 BMF v. 24. 7. 1998, BGBl. 1998 I, 914, Rdnr. 28 ff.

kosten dem Stpfl. keinen steuerlichen Nachteil. Eine Ausgleichsforderung betrifft umgekehrt die Vermögenssphäre und ist daher steuerlich unbeachtlich.

Wurde der Nießbrauch teilentgeltlich bestellt, sind die (Sanierungs-)Aufwendungen lediglich in Höhe der Entgeltlichkeitsquote abziehbar[541]. Entsprechendes gilt mit umgekehrten Vorzeichen für einen Ausgleichsanspruch nach § 24 Abs. 2 BBodSchG. **1144**

Für den beim teilentgeltlichen oder unentgeltlichen Nießbrauch nicht abziehbaren Aufwand ist jedoch zu prüfen, ob eine außergewöhnliche Belastung vorliegt (vgl. Kap. C.II.1.c). **1145**

(cc) Vermächtnisnießbrauch

Von Vermächtnisnießbrauch spricht man, wenn aufgrund einer letztwilligen Verfügung des Grundstückseigentümers durch dessen Erben einem Dritten der Nießbrauch an dem Grundstück eingeräumt worden ist. Für den Vermächtnisnießbrauch gelten die Regelungen zum unentgeltlichen Zuwendungsnießbrauch entsprechend. **1146**

(dd) Vorbehaltsnießbrauch

Bei einem Vorbehaltsnießbrauch wird bei der Übertragung eines Grundstücks gleichzeitig ein Nießbrauchsrecht für den bisherigen Eigentümer an dem übertragenen Grundstück bestellt. Einem Vorbehaltsnießbraucher wird ein Schenker gleichgestellt, der mit dem Beschenkten im Voraus eine klare und eindeutige Schenkungsabrede über den Erwerb eines bestimmten Grundstücks und die Bestellung des Nießbrauchsrechts an diesem Grundstück trifft[542]. Gleiches gilt für einen vorläufigen Erben, der die Erbschaft mit der Maßgabe ausgeschlagen hat, daß ihm ein Nießbrauchsrecht an den zum Nachlaß gehörenden Gegenständen eingeräumt wird. **1147**

Die Bestellung des Nießbrauchs stellt keine Gegenleistung des Erwerbers dar. Dies gilt unabhängig davon, ob das Grundstück entgeltlich oder unentgeltlich übertragen wird[543]. **1148**

Der frühere Grundstückseigentümer kann gegebenenfalls nach § 4 Abs. 6 BBodSchG, als Inhaber der tatsächlichen Gewalt (§ 4 Abs. 3 S. 1 BBodSchG) oder als Verursacher einer schädlichen Bodenveränderung oder Altlast haften. Der Abzug der Sanierungsaufwendungen als Werbungskosten bzw. Betriebsausgaben beim Vorbehaltsnießbraucher ist möglich, wenn Einkünfteerzielungsabsicht vorliegt. Dann ist auch ein etwaiger Ausgleichsanspruch steuerlich beachtlich. **1149**

---

541 BMF v. 24. 7. 1998, BGBl. 1998 I, 914, Rdnr. 31.
542 BFH v. 15. 5. 1990, BStBl. 1992 II, 67.
543 BFH v. 28. 7. 1981, BStBl. 1982 II, 378. – BFH v. 10. 4. 1991, BStBl. 1991 II, 791. – BFH v. 24. 4. 1991, BStBl. 1991 II, 793.

1150 Der neue Eigentümer kann in dieser Eigenschaft nach § 4 Abs. 3 BBodSchG verpflichtet werden. Für den Eigentümer scheidet der Abzug der Sanierungsaufwendungen als Werbungskosten bzw. Betriebsausgaben insoweit aus, wie das Grundstück durch den Vorbehaltsnießbrauch belastet ist. Soweit das Nutzungsrecht reicht, können sich die Sanierungsaufwendungen ebenfalls nicht als etwaige nachträgliche Anschaffungs- oder Herstellungskosten in zusätzlichem AfA-Volumen für abnutzbare Wirtschaftsgüter niederschlagen. Das Gesagte gilt auch für die (Betriebs-)Einnahmen, die aus einem Ausgleichsanspruch nach § 24 Abs. 2 BBodSchG erwachsen können, entsprechend.

1151 Sowohl beim Vorbehalts- wie auch beim Zuwendungsnießbrauch ist ein Abzug der öffentlich-rechtlich auferlegten Lasten als außergewöhnliche Belastung zu überprüfen, wenn ein Abzug als Betriebsausgaben oder Werbungskosten (§ 9 i. V. mit § 21 EStG) mangels Einkunftserzielungsabsicht nicht in Betracht kommt[544] (vgl. Kap. C.II.1.c)).

---

544 BMF v. 24. 7. 1998, BGBl. 1998 I, 914, Rdnr. 41 ff. und 45 ff. – BFH v. 21. 6. 1977, BStBl. 1978 II, 303. – BFH v. 8. 3. 1977, BStBl. 1977 II, 629. – Dies gilt selbst dann, wenn der Vorbehaltsnießbraucher nicht wirtschaftlicher Eigentümer ist. – BFH v. 28. 3. 1995, BStBl. 1997 II, 121.

II. Einzelsteuergesetze – ausgewählte Themen

1. Einkommensteuerliche Fragen

a) Besonderheiten bei Einnahmenüberschußrechnern (Gewinnermittlung nach § 4 Abs. 3 EStG)

Diejenigen Steuerpflichtigen, die ihren Gewinn (§ 2 Abs. 2 Nr. 1 EStG) nach § 4 Abs. 3 EStG ermitteln, sind von den in Kap. C.I. diskutierten Fragen weniger berührt, da die diskutierten Bilanzierungsvorschriften letztlich Periodisierungsvorschriften darstellen, welche den Totalgewinn der Unternehmung unangetastet lassen. Die Gewinnermittlung nach § 4 Abs. 3 EStG kann sowohl für nicht buchführungspflichtige Kleingewerbetreibende (§ 15 EStG), für Freiberufler (§ 18 EStG) und bestimmte Land- und Forstwirte (§ 13 EStG) infrage kommen. 1152

Die untenstehenden Ausführungen gelten auch für die Ermittlung der Einkünfte aus Vermietung und Verpachtung (§ 21 EStG) als Überschuß der Einnahmen über die Werbungskosten (§ 2 Abs. 2 Nr. 2 EStG) entsprechend[545]. 1153

(aa) Zufluß-Abfluß-Prinzip

Bei einer Gewinnermittlung nach § 4 Abs. 3 EStG gelten die Sanierungsaufwendungen unabhängig vom Bestehen rechtlicher Ersatzansprüche (v.a. nach § 24 BBodSchG) i.S. des § 11 Abs. 2 EStG als abgeflossen, sofern keine (nachträglichen) Anschaffungs- oder Herstellungskosten vorliegen[546]. Eine eventuelle Ausgleichsforderung ist als Betriebseinnahme im Zeitpunkt des Zuflusses (§ 11 Abs. 1 EStG) zu erfassen. 1154

Ein etwaiger Verzicht auf die Ausgleichsforderungen aus betrieblichen Gründen wirkt sich nicht aus, weil sich auch der Ausgleichsanspruch als solcher nicht in der Gewinnermittlung nach § 4 Abs. 3 EStG niedergeschlagen hat. Ein Verzicht aus privaten Gründen würde jedoch eine Entnahme der Ausgleichsforderung darstellen. Der Überschuß der Betriebseinnahmen über die Betriebsausgaben wäre um den Wert der Ausgleichsforderung zu erhöhen. 1155

(bb) Verbot von Teilwertabschreibungen und Rückstellungen

Die Frage nach Teilwertabschreibung oder Rückstellungsbildung stellt sich für Einnahmenüberschuß-Rechner grundsätzlich nicht; Einnahmenüberschußrechner sind nicht berechtigt, das eine oder das andere vorzunehmen[547]. Anders sieht es hingegen mit der Absetzung für außergewöhnliche technische oder wirtschaftliche Abnutzung aus; für diese entfällt auch das für bilanzie- 1156

---

545 Vgl. auch Punkt c.bb) in diesem Kapitel.
546 Vgl. zum folgenden *Bippus*, BB 1993, 406 ff. – BFH v. 6. 5. 1976, BStBl. 1975 II, 526.
547 *Weber-Grellet*, Bilanzsteuerrecht, S. 243.

rende Stpfl. statuierte Zuschreibungsgebot[548]. Die AfaA stellt daher für Einnahmenüberschußrechner eine interessante Möglichkeit dar; angesichts des nicht vollkommen geklärten Anwendungsbereichs – gerade im Hinblick auf Grund und Boden – liegt hier jedoch auch ein Quell der Unsicherheit.

1157 Da selbst dann, wenn das Grundstück in Unkenntnis der Kontamination erworben wurde – und somit der Kaufpreis wahrscheinlich die Beeinträchtigung nicht widerspiegelt – bzw. die Kontamination später entdeckt wird und das Grundstück nicht mehr bestimmungsgemäß eingesetzt werden kann, eine Abschreibung auf den niedrigeren Teilwert nicht möglich ist, wird eine AfaA zu prüfen sein. Ansonsten wird man auch im Sinne des der Gewinnermittlungsvorschrift nach § 4 Abs. 3 EStG zugrundeliegenden Vereinfachungsgedankens davon ausgehen müssen, daß es sich bei den Sanierungsaufwendungen regelmäßig um sofort abzugsfähige Betriebsausgaben handelt[549].

1158 Grundsätzlich können die sich im Rahmen des BBodSchG ergebenden Aspekte innerhalb der allgemeinen Grundsätze der Einnahmenüberschußrechnung gelöst werden.

b) (Nach-)Haftung des Veräußerers/früheren Grundstückseigentümers

1159 Der Veräußerer eines Grundstücks kann entweder als Handlungsverantwortlicher (§ 4 Abs. 3 BBodSchG) oder als früherer Eigentümer nach § 4 Abs. 6 BBodSchG zur Sanierung verpflichtet werden, wenn er sein Eigentum nach dem 1. 3. 1999 übertragen hat und die schädliche Bodenveränderung oder Altlast hierbei kannte oder kennen mußte. Die Veräußerung des Grundstücks kann sich dabei isoliert oder im Rahmen einer Betriebsveräußerung vollziehen.

1160 Für die Behandlung einer nach Übergang des Eigentums entdeckten schädlichen Bodenveränderung oder Altlast bestehen grundsätzlich mehrere Möglichkeiten:

- Nachträgliche Minderung des Veräußerungsgewinns; hierbei kommt § 175 Abs. 1 S. 1 Nr. 2 AO (rückwirkende Ereignisse) in Betracht. § 173 AO kann hingegen nicht zur Anwendung kommen, da sich diese Vorschrift auf Tatsachen oder Beweismittel bezieht, die bei Erlaß des ursprünglichen Steuerbescheides schon entscheidungserheblich waren[550]. Dies ist bei einer verdeckten Altlast oder schädlichen Bodenveränderung nicht der Fall.
- Nachträgliche Betriebsausgaben nach § 15 EStG i. V. mit § 24 Nr. 2 EStG.
- Betriebsausgaben (sofern noch ein Teilbetrieb durch den Veräußerer fortgeführt wird).

---

548 *Warnke*, NWB F. 3, 10920. – Zur AfaA vgl. Kap. C.I. 8. c).
549 Dies gilt zumindest dann, wenn eine AfaA nicht vorgenommen wurde. Entsprechend der isolierten Betrachtungsweise ist jedoch beides nebeneinander möglich.
550 *Szymczak*, in: Koch/Scholtz, § 173 AO, Rdnr. 26.

(aa) Übereignung eines Grundstücks im Rahmen einer Betriebsveräußerung oder Entnahme des Grundstücks im Rahmen der Betriebsaufgabe

In seiner Entscheidung vom 1. 4. 1998[551] lehnte der BFH eine Änderung nach § 175 Abs. 1 S. 1 Nr. 2 AO bei einem nach der Betriebsaufgabe aufgetretenen Altlastenverdacht ab. Der BFH entnahm die überwiegende Begründung seiner Ablehnung dem Stichtagsprinzip (§ 16 Abs. 2 S. 2 EStG). Demnach ist der bei einer Betriebsaufgabe für die nicht veräußerten Wirtschaftsgüter anzusetzende gemeine Wert im Zeitpunkt der Betriebsaufgabe derjenige Wert, der sich nach den Erkenntnissen am Stichtag ergibt, und zwar ohne Berücksichtigung späterer Erkenntnisse. Bei einer Betriebsaufgabe betrifft eine spätere Wertänderung des entnommenen Grundstücks ein Wirtschaftsgut des Privatvermögens. Dies gilt zugunsten wie zuungunsten des Stpfl.[552] Dieses Urteil wurde auch in den Hinweisteil des H 139 Abs. 10 EStH aufgenommen. Hiermit wird der Verwaltung bindend vorgegeben, daß ein später auftretender Altlastenverdacht den gemeinen Wert eines Grundstücks, der zur Ermittlung des Aufgabegewinns gem. § 16 Abs. 3 S. 3 EStG zum Zeitpunkt der Aufgabe anzusetzen war, nicht mindern soll. **1161**

Die Feststellung des BFH, daß im oben zitierten Urteilsfall kein rückwirkendes Ereignis vorliegt, ist jedoch im Hinblick auf die Rechtsprechung des Großen Senats des BFH im Beschluß vom 19. 7. 1993[553] äußerst problematisch. Nach Auffassung des Großen Senats des BFH wirken nämlich spätere Ereignisse, die ergeben, daß der der Besteuerung zugrunde gelegte Wert des Betriebsvermögens zu hoch oder zu niedrig angesetzt ist, materiell-rechtlich auf den Zeitpunkt der Veräußerung zurück, solange der Erwerber seine Verpflichtung zur Zahlung des Kaufpreises noch nicht erfüllt hat. **1162**

Speziell im Hinblick auf das BBodSchG ist zudem zu beachten, daß das Urteil vor dessen Inkraftsetzung erging. Die Argumentation des BFH, daß Mängel, die bei Veräußerung oder Aufgabe beiden Vertragsparteien verborgen geblieben sind, im redlichen Geschäftsverkehr keine wertbildenden Faktoren darstellten[554], ist vor allem angesichts der § 4 Abs. 3 bis 6 BBodSchG bedenklich. Die Möglichkeit eines nachträglich auftauchenden Altlastenverdachts wird nämlich aufgrund des erhöhten bodenschutzrechtlichen Risikos in Zukunft verstärkt in Veräußerungsverträgen explizite Berücksichtigung finden. Zwar definiert das Gesetz nicht, was unter einem rückwirkenden Ereignis i. S. des § 175 Abs. 1 S. 1 Nr. 2 AO zu verstehen ist. Nach wohl h. M. sind zwar die bei laufend veranlagten Steuern aufgrund des Eintritts neuer Ereignisse materiell-rechtlich erforderlichen steuerlichen Anpassungen regelmäßig nicht rückwirkend, sondern in dem Besteuerungszeitraum vorzuneh- **1163**

---

551 BFH v. 1. 4. 1998, BStBl. 1998 II, 569.
552 BFH v. 1. 4. 1998, BStBl. 1998 II, 569. – NWB F. 2a, 2101.
553 BFHE 172, 66, BStBl. 1993 II, 897. – BFHE 174, 140, BStBl. 1994 II, 564. – *Löhrer/Calles*, NWB v. 13. 7. 1998, 2054. – *Richter*, NWB 43/1999, 3437.
554 O.V., NWB 12/1999, 1900.

men, in dem sich der maßgebende Sachverhalt ändert. Dies gilt aber nicht bei Vorgängen, die an einen einmaligen, punktuellen Sachverhalt anknüpfen[555]. Die Betriebsaufgabe bzw. die Betriebsveräußerung ist ein derartiger Vorgang, weswegen eigentlich einheitlich § 175 Abs. 1 S. 1 Nr. 2 AO hätte angewandt werden müssen.

1164 Ungeachtet aller berechtigter Einwände wird der Stpfl. allerdings damit zu rechnen haben, daß sich die Verwaltung auf das kritisierte Urteil bezieht. Ein nachträglich bekanntwerdender Altlastenverdacht wäre nach dieser zweifelhaften Rechtslage als die Vermögensebene betreffend nicht steuerlich relevant.

1165 Das o. g. Urteil läßt sich aber nicht auf Fälle der Betriebsveräußerung übertragen. Wird der begünstigte Veräußerungsgewinn somit nachträglich vermindert, wenn der Veräußerer nachträglich als Pflichtiger nach § 4 Abs. 3 oder Abs. 6 BBodSchG in Anspruch genommen wird, ist daher dennoch die Veranlagung für das Jahr der Veräußerung nach § 175 Abs. 1 S. 1 Nr. 2 AO zu ändern.

1166 Eine ähnliche Situation kann sich auch beim Ausscheiden eines Gesellschafters aus einer Personenhandelsgesellschaft ergeben. Dieser haftet für die Altverbindlichkeiten der Gesellschaft, wenn diese Verbindlichkeiten vor dem Ablauf von fünf Jahren nach dem Ausscheiden fällig und daraus Ansprüche gerichtlich – bei öffentlich-rechtlichen Verbindlichkeiten auch durch Verwaltungsakt – geltend gemacht worden sind (§ 160 Abs. 1 S. 1 HGB)[556].

1167 In der Vergangenheit hat der BFH u. a. für die Fälle, daß der Veräußerer nachträglich für vom Erwerber übernommene Betriebsschulden in Anspruch genommen wird, die Veräußerungs- oder Aufgabekosten sich nachträglich erhöhen, ungewisse betriebliche Verbindlichkeiten mit einem abweichenden Betrag getilgt werden oder betriebliche Verbindlichkeiten nachträglich getilgt werden, ein rückwirkendes Ereignis i. S. des § 175 Abs. 1 S. 1 Nr. 2 AO angenommen[557]. Diese ehemals klare Rechtslage ist durch den problematischen Beschluß des Großen Senats des BFH vom 1. 4. 1998 zumindest hinsichtlich der Betriebsaufgabe beseitigt.

1168 Es bleibt abzuwarten, ob die hier in Zweifel gezogene Rechtsprechung vor dem Hintergrund der durch das BBodSchG entstandenen neuen Rechtslage und der daraus entstehenden vertraglichen Gestaltungen Bestand haben wird.

(bb) Veräußerung einer wesentlichen Beteiligung (§ 17 EStG)

1169 Nach § 17 Abs. 1 EStG gehört auch der Gewinn aus der Veräußerung von sich im Privatvermögen befindlichen Anteilen an einer Kapitalgesellschaft, an der der Veräußerer oder im Falle des unentgeltlichen Erwerbs sein Rechts-

---

555 *Szymczak*, in: Koch/Scholtz, § 175 AO, Rdnr. 12/1 ff.
556 *Schmidt*, Gesellschaftsrecht, 1997, S. 1485.
557 Vgl. *Wacker*, in: Schmidt, EStG-Kommentar 1999, § 16, Rdnr. 360 ff. mit umfassenden Rechtsprechungshinweisen.

vorgänger innerhalb der letzten fünf Jahre mit mindestens 10% beteiligt war, zu den Einkünften aus Gewerbebetrieb.

Die altlastenbezogene Problematik ist dabei ganz ähnlich wie diejenige im Zusammenhang mit Veräußerungsgewinnen i.S. des § 16 EStG zu sehen. § 17 Abs. 2 S. 1 EStG statuiert nämlich eine „Gewinnermittlungsvorschrift eigener Art"[558]. Die Gewinnermittlung geschieht grundsätzlich bezogen auf den Stichtag der Veräußerung (eine Ausnahme stellt die Veräußerung gegen wiederkehrende Bezüge dar). Dementsprechend kommt es nicht auf den Zufluß des Entgelts (§ 11 Abs. 1 S. 1 EStG) an. Ein nachträglich auftauchender Altlastenverdacht stellt einen einmaligen, punktuellen Vorgang dar, der als rückwirkendes Ereignis i.S. des § 175 Abs. 1 S. 1 Nr. 2 AO Berücksichtigung finden müßte[559]. 1170

Eine vertragliche Freistellung des Veräußerers von der Sanierungspflicht geht regelmäßig mit einer Minderung des Veräußerungsentgelts einher. In der Risikoübernahme des Käufers ist keine selbständige Leistung an den Veräußerer zu sehen. Vielmehr ist der Veräußerungsgewinn entsprechend geringer anzusetzen. Dies gilt in gleicher Weise auch für Veräußerungen im Rahmen des § 16 EStG. 1171

(cc) Isolierte Veräußerung eines Grundstücks des Betriebsvermögens

Wird lediglich ein einzelnes Wirtschaftsgut (Grundstück) aus dem Betriebsvermögen veräußert und bleibt der Betrieb mit seinen wesentlichen Grundlagen bestehen, so handelt es sich nicht wie bei den oben behandelten Fällen um einen einzelnen, punktuellen Vorgang, der im Rahmen des § 175 Abs. 1 S. 1 Nr. 2 AO berücksichtigungsfähig wäre[560]. Bei diesem laufenden Geschäftsvorfall ist die aus § 4 Abs. 3 bis 6 BBodSchG drohende (Nach-)Haftung im Rahmen einer „normalen" Rückstellung für eine öffentlich-rechtliche Verbindlichkeit zu berücksichtigen. 1172

Entsprechendes gilt für alle genannten Fälle, wenn zwar die Kontamination über eine Rückstellung berücksichtigt wurde, diese jedoch zu gering angesetzt wurde. 1173

c) Kontamination von Grundstücken im Privatvermögen

Auch Grundstücke im Privatvermögen können von Bodenkontaminationen oder Altlasten betroffen sein, so z.B. aufgrund einer früheren betrieblichen Nutzung durch einen gewerblich tätigen Rechtsvorgänger oder vertraglich Nutzungsberechtigten. 1174

---

558 BFHE 65, 544, in: BStBl. 1957 III, 443.
559 GrS BFHE 172, 66, in: BStBl. 1993 II, 897 zu § 16 EStG. – FinMin NRW, Erlaß v. 1. 3. 1994, DB 1994, 960 zu § 17 EStG. – *Weber-Grellet*, in: Schmidt, EStG-Kommentar 1999, § 17 EStG, Rdnr. 137. – *Szymczak*, in: Koch/Scholtz, Rdnr. 12/1 und 12/2.
560 *Szymczak*, in: Koch/Scholtz, § 175 AO, Rdnr. 12/1 und 12/2.

(aa) Keine Einkünfteerzielungsabsicht

1175 Die Vorschriften des BBodSchG greifen grundsätzlich auch dann, wenn sich ein Grundstück im Privatvermögen befindet und keine Einkünfteerzielungsabsicht besteht. Aufwendungen, die in diesem Zusammenhang entstehen, sind, weil nicht der Einkünfteerzielung zuzurechnen, grundsätzlich nicht als Betriebsausgaben oder Werbungskosten abziehbar (§ 12 EStG). Allerdings gestattet der Gesetzgeber, daß bestimmte Aufwendungen, die dem Stpfl. zwangsläufig erwachsen und die seine wirtschaftliche Leistungsfähigkeit in erheblichem Maße mindern, als außergewöhnliche Belastung (§§ 33 ff. EStG) abgezogen werden können. Die Abziehbarkeit derartiger Ausgaben ist ein Ausfluß des „subjektiven Nettoprinzips"[561].

1176 Bei der Beurteilung, ob die betreffenden Aufwendungen als außergewöhnliche Belastung abziehbar sind oder nicht, ist danach zu differenzieren, ob der Stpfl. bei der Schädigung nicht vorsätzlich oder grob fahrlässig gehandelt hat. Nur, wenn dies nicht der Fall ist, kann von Zwangsläufigkeit i. S. des § 33 EStG gesprochen werden. Hingegen schließt einfache Fahrlässigkeit aufgrund des Billigkeitscharakters des § 33 EStG Zwangsläufigkeit nicht aus. Somit kann selbst ein Verursacher, der jedoch nicht grob fahrlässig handelte, in den Genuß des § 33 EStG kommen. Derartige Fälle sind dann denkbar, wenn aufgrund neuerer naturwissenschaftlich-technischer Erkenntnisse z. B. bestimmte Stoffeinträge in den Boden heute anders beurteilt werden als zum Zeitpunkt der Verursachung. Liegt allerdings eine Umweltstraftat vor, scheidet die Absetzbarkeit der hieraus erfolgenden Aufwendungen als außergewöhnliche Belastung aus[562].

(1) Ausschließliche Zustandsverantwortlichkeit/keine vorsätzliche oder grob fahrlässige Schädigung

1177 In diesem Fall ist das Tatbestandsmerkmal der Zwangsläufigkeit grundsätzlich gegeben. Zusätzlich verlangt die Finanzverwaltung für die Berücksichtigung von Kosten zur Beseitigung von Schäden an einem Vermögensgegenstand als außergewöhnliche Belastungen, daß das betreffende Wirtschaftsgut grundsätzlich für den Betroffenen von existentieller Bedeutung ist[563]. Dieses Erfordernis wird jedoch von der nach dem BBodSchG bestehenden rechtlichen Verpflichtung zur Beseitigung oder Eindämmung der schädlichen Bodenveränderung oder Altlast überlagert. Der Stpfl. kann sich nämlich den einschlägigen Pflichten des BBodSchG aus rechtlichen Gründen (§ 4 Abs. 3 und Abs. 6 BBodSchG) auch dann nicht entziehen (§ 33 Abs. 2 S. 1 EStG), wenn das betreffende Wirtschaftsgut nicht existenznotwendig ist. R 187 EStR 1999 ist nach der hier vertretenen Auffassung insoweit nicht anwendbar bzw. R 186 EStR 1999 nachrangig. Fallen somit durch eine schädliche Bodenverän-

---

561 *Tipke/Lang*, Steuerrecht, 1998, S. 97–98.
562 O. V., NWB 16/1999, 5070.
563 H 186 bis 189/Vermögensebene EStH 1999.

derung oder Altlast ausgelöste wirtschaftliche Belastungen bei einem solchen Grundstück an, sind unter der Voraussetzung, daß die zumutbare Belastung (§ 33 Abs. 2 EStG) überschritten wird, die Aufwendungen als außergewöhnliche Belastungen abzugsfähig, sofern es sich nicht um Betriebsausgaben oder Werbungskosten handelt. Dies ergibt sich auch in analoger Anwendung einer Verfügung der OFD Saarbrücken betreffend die Aufwendungen zur Vermeidung oder Behebung gesundheitlicher Schäden infolge von Formaldehyd- und Holzschutzmittelausgasungen[564]. Die betreffenden Aufwendungen bezogen sich u. a. auf die Sanierungskosten einer nicht (mehr) der Nutzungswertbesteuerung unterliegenden Wohnung. Zur Voraussetzung wurde in der genannten Verfügung gemacht, daß Gesundheitsschäden durch die Ausgasungen bereits eingetreten oder konkret zu befürchten sind; es wurde der Nachweis durch ein ärztliches Attest eingefordert. Mit Blick auf das einschlägige Instrumentarium des BBodSchG sollte dieser Nachweis durch den Beleg, daß die Maßnahmenwerte überschritten sind, ersetzt werden können. Entsprechend den Anforderungen in der o.g. Verfügung sollte hier wohl der Nachweis über ein Sachverständigengutachten erbracht werden. Inhalt dieses Gutachtens sollte u. a. sein, welche Maßnahmen konkret zur Sanierung erforderlich sind, denn nur die notwendigerweise anfallenden Aufwendungen kommen als außergewöhnliche Belastungen in Betracht. Im Hinblick auf das Verbot von Luxussanierungen wird jedoch die Forderung des Steuergesetzgebers, daß die Aufwendungen den Umständen nach notwendig sein sollen und einen angemessenen Betrag nicht übersteigen dürfen in aller Regel erfüllt sein.

(2) Vorsätzliche/grob fahrlässige Schädigung

1178 Der Abzug der Aufwendungen wird normalerweise dann verweigert, wenn der betroffene Stpfl. die schädliche Bodenveränderung als Verursacher grob fahrlässig oder vorsätzlich verursacht hat[565]. Die entstandenen Aufwendungen sind – ungeachtet der gesetzlichen Pflichten des § 4 BBodSchG – nicht zwangsläufig, wenn es sich um eine vom Stpfl. selbst gesetzte Gefahr handelt[566]. Ist der Stpfl. somit in seiner Eigenschaft als Handlungsverantwortlicher belastet, kommt ein Abzug als außergewöhnliche Belastung nur bei einer unverschuldeten oder einer leicht fahrlässigen Schädigungshandlung in Betracht.

1179 Wird die Abzugsfähigkeit als außergewöhnliche Belastung anerkannt, sind allerdings Entschädigungen (Ausgleichsanspruch nach § 24 Abs. 2 BBodSchG) und Beihilfen aus öffentlichen Mitteln gegenzurechnen[567]. In analoger Anwendung der o.g. Verfügung der OFD Saarbrücken dürften Aufwendungen

---

564 OFD Saarbrücken, Vfg. v. 18. 7. 1997, 2284, DStR 39/1997, 1536.
565 H 186 bis 189/Vermögensebene EStH 1999. – *Drenseck*, in: Schmidt, EStG-Kommentar 1999, § 33 EStG, Rdnr. 18 ff.
566 O.V., NWB 16/1999, 5070.
567 OFD Bremen, Vfg. vom 21. 9. 1987, DB 1987, 2387.

nur bis zur Wiederherstellung des Zeitwertes als außergewöhnliche Belastungen zu berücksichtigen sein („verlorener Aufwand")[568]. Fließt der Ausgleichsanspruch in einem späteren Veranlagungszeitraum zu, so ist die Verrechnung rückwirkend (§ 175 Abs. 1 S. 1 Nr. 2 AO) für den Veranlagungszeitraum des Abflusses der außergewöhnlichen Belastung vorzunehmen. Im Jahr des Abflusses ist schon ein Abzug in Höhe des Betrages vorzunehmen, mit dessen Erstattung zu rechnen ist[569]. Sollte – was kaum anzunehmen ist – der Ausgleichsanspruch die außergewöhnliche Belastung übersteigen, so ist der übersteigende Betrag nicht steuerbar[570].

1180 Die „Gegenwerttheorie" dürfte in Übertragung der bisherigen Rechtsprechung der hier vertretenen Auffassung nicht entgegenstehen[571].

(bb) Einkünfteerzielungsabsicht (§ 21 EStG)

1181 Wird das kontaminierte Grundstück nicht nur privat eigengenutzt, sondern vermietet oder verpachtet, stellt sich dem privaten Vermieter oder Verpächter die Frage, welche steuerlichen Auswirkungen die schädliche Bodenveränderung und die daraus folgende Sanierungsmaßnahme bei seinen Einkünften aus Vermietung und Verpachtung hat bzw. ob er die entstehenden Aufwendungen als Werbungskosten steuerlich absetzen kann.

1182 Gemäß der gesetzlichen Definition in § 9 Abs. 1 S. 2 EStG sind Werbungskosten Aufwendungen zur Erwerbung, Sicherung und Erhaltung der Einnahmen. Es handelt sich hierbei um Ausgaben in Geld oder Geldeswert, die eine Vermögensminderung bewirken. Die Berücksichtigung von Werbungskosten ist Ausdruck des objektiven Nettoprinzips[572].

1183 Nach h.M. ist der Werbungskostenbegriff durch das Veranlassungsprinzip geprägt[573]. Danach sind Werbungskosten alle durch die Erzielung von steuerpflichtigen Einnahmen veranlaßten Aufwendungen[574]. Hiernach ist zu fordern, daß die Aufwendungen objektiv mit der Tatbestandsverwirklichung einer Einkunftsart zusammenhängen und subjektiv zur Förderung von Einnahmen im Rahmen der betreffenden Einkunftsart getätigt werden. Der Begriff der Werbungskosten ist dabei sowohl final als auch kausal zu verstehen[575]. Die Aufwendungen im Bereich der Einkünfte aus Vermietung und Verpachtung müssen danach objektiv mit der Einkunftsart Vermietung und Verpachtung zusammenhängen und subjektiv zur Förderung der Nutzungsüberlassung getätigt

---

568 OFD Saarbrücken, Vfg. vom 18. 7. 1997, 2284, DStR 39/1997, 1536.
569 H 186 bis 189/Ersatz von dritter Seite EStH 1999.
570 O. V., NWB 16/1999, 5071.
571 R 189 EStR 1999. – BFHE 154, 63, BStBl. 1988 II, 814. – *Drenseck*, in: Schmidt, EStG-Kommentar 1999, § 33 EStG, Rdnr. 35, Stichwort „Hausrat".
572 *Tipke/Lang*, a.a.O., S. 237 ff.
573 *Tipke/Lang*, a.a.O., S. 284 ff.
574 *Tipke/Lang*, a.a.O., S. 285–286.
575 *Drenseck*, in: Schmidt, EStG-Kommentar 1999, § 9 EStG, Rdnr. 7 ff. – *Bippus*, BB 1993, 411.

worden sein, um als Werbungskosten anerkannt zu werden. Es reicht dabei schon ein mittelbarer Zusammenhang hin, der aber nicht zu lose sein darf. Auslösendes Element für die Aufwendungen muß die auf Einnahmeerzielung gerichtete relevante Tätigkeit sein. Werbungskosten sind damit auch unfreiwillige oder schuldhaft vom Stpfl. oder einem Dritten verursachte Aufwendungen[576]. Bei den Kosten der Sanierung für ein kontaminiertes Grundstück handelt es sich, sofern der ordnungsgemäße Zustand des Grundstücks wieder hergestellt werden soll, grundsätzlich um „Abwehrkosten", mit denen sich der Stpfl. gegen eine Schmälerung der Einnahmen wendet[577]. Der erforderliche Zusammenhang zwischen Aufwendungen und Einkunftsart ist allerdings dann nicht mehr gegeben, wenn die Aufwendungen durch die Veräußerung des Miet- oder Pachtobjekts veranlaßt sind[578]. Umgekehrt ist das Entgelt für eine durch eine schädliche Bodenveränderung veranlaßte Veräußerung auch dann keine Einnahme aus § 21 EStG, wenn der Preis als Entschädigung nach der Summe der Herstellungskosten und sonstiger Kosten bemessen ist[579].

1184 Wird die Sanierung nach Beendigung der Nutzung zu Zwecken der Vermietung und Verpachtung vorgenommen, können möglicherweise nachträgliche Werbungskosten (§ 9 i. V. mit § 24 Nr. 2 EStG) vorliegen. Unter nachträglichen Werbungskosten versteht man Aufwendungen, die erst nach Beendigung der auf die Einkünfteerzielung gerichteten Tätigkeit anfallen. Dies kann entweder deshalb geschehen, weil dem Stpfl. keine Einnahmen mehr aus der Einkunftsart zufließen oder, weil das betreffende Wirtschaftsgut nicht mehr im Rahmen der betreffenden Einkunftsart genutzt wird. Die betreffenden Aufwendungen müssen mit der früheren Einkünfteerzielung in wirtschaftlichem Zusammenhang stehen, so daß der Erwerbsbezug der Aufwendungen noch gegeben ist. Zudem ist zu fordern, daß die betreffenden Aufwendungen nicht auf die grundsätzlich steuerneutrale Vermögenssphäre entfallen. Wenn die Aufwendungen allerdings in Zusammenhang mit der Veräußerung des Wirtschaftsgutes anfallen, liegen keine nachträglichen Werbungskosten vor[580]. Wie nun aber der wirtschaftliche Zusammenhang zwischen Einkünfteerzielung und den damit zusammenhängenden Aufwendungen im einzelnen ausgestaltet sein muß, ist im Schrifttum umstritten:

- Nach der einen Auffassung[581] genügt ein den allgemeinen Kriterien entsprechender wirtschaftlich geprägter Veranlassungszusammenhang. Hiernach hätten zeitliche Kriterien keine rechtsbegründende Bedeutung; eine zeitliche Nähe der Aufwendungen zum Einnahmezufluß wäre danach nicht mehr als nur ein Indiz für den wirtschaftlichen Zusammenhang. Dement-

---

576 *Drenseck*, in: Schmidt, EStG-Kommentar 1999, § 9 EStG, Rdnr. 23 ff.
577 RFH v. 6. 10. 1937, RStBl. 1938, 103.
578 BFH v. 23. 1. 1990, BStBl. 1990 II, 464. – BFH v. 23. 1. 1990, BStBl. 1990 II, 465 f.
579 *Drenseck*, in: Schmidt, EStG-Kommentar 1999, § 21, Rdnr. 65, Stichwort „Werbungskosten".
580 BFH v. 23. 1. 1990, BStBl. 1990 II, 464. – BFH v. 23. 1. 1990, BStBl. 1990 II, 465 f.
581 Vgl. *Stuhrmann*, DB 1980, 1140.

sprechend würde auch der wirtschaftliche Veranlassungszusammenhang nicht notwendig durch die Beendigung der auf Einkünfteerzielung gerichteten Tätigkeit durchbrochen. Diese Auffassung dürfte die in der Literatur dominierende sein. Sanierungsaufwendungen würden dann nachträgliche Werbungskosten darstellen, wenn der Umweltschaden nachgewiesenermaßen auf die steuerpflichtige Nutzung des Grundstücks zurückzuführen ist.

- Eine andere Meinung[582] weist darauf hin, daß normalerweise nur solche Aufwendungen unproblematisch als nachträgliche Werbungskosten anzuerkennen sind, die dem Grunde und der Höhe nach in der Zeit entstanden sind, als noch Einnahmen erzielt wurden, die allerdings erst nach Beendigung der einkünftebezogenen Tätigkeit abgeflossen (§ 11 Abs. 2 EStG) sind. In den Fällen, in denen die Aufwendungen erst entstanden sind, nachdem keine Einnahmen mehr getätigt wurden, ist der wirtschaftliche Zusammenhang hingegen weniger offensichtlich.

Die benannten Differenzen sind dann unerheblich, wenn die schädliche Bodenveränderung oder Altlast offensichtlich während der Zeit der Vermietung und Verpachtung durch den Mieter bzw. Pächter verursacht wurde.

1185 In der Praxis dürfte mit Blick auf die Periodenzuordnung der Sanierungsaufwendungen der Fall von Bedeutung sein, daß das Grundstück nach einer längerfristigen Sanierungsphase, in der die betreffende Nutzung unterbrochen wurde (wieder von neuem) vermietet oder verpachtet werden soll[583]. In diesem Zusammenhang wäre zu klären, ob die Sanierungsaufwendungen nachträgliche Werbungskosten (oder Betriebsausgaben) der zunächst beendeten Einkünfteerzielung oder vorweggenommene Werbungskosten im Hinblick auf die zukünftigen Einkünfte aus § 21 EStG sind. Dabei gilt es abzuwägen, ob der wirtschaftliche und zeitliche Zusammenhang der Aufwendungen zur beendeten oder künftigen Nutzung enger ist. Kann ohne die Sanierung die beabsichtigte künftige Nutzung nicht mehr erfolgen oder sollen weitergehende Nutzungsmöglichkeiten eröffnet werden, sind die Sanierungsaufwendungen der künftigen Einkünfteerzielung aus § 21 EStG zuzuordnen. Ist hingegen die Nutzungsmöglichkeit des kontaminierten Wirtschaftsgutes nicht eingeschränkt und besteht ein erheblicher zeitlicher Abstand zwischen den Sanierungsmaßnahmen und der künftigen Nutzung des Grundstücks mit Einkünften aus § 21 EStG, spricht dies für nachträgliche Werbungskosten (oder Betriebsausgaben).

1186 Bei einer Zuordnung der Werbungskosten zu der künftigen Nutzung stellt sich grundsätzlich das Abgrenzungsproblem, ob sofort abzugsfähige Werbungskosten oder gegebenenfalls nachträgliche Herstellungskosten vorliegen. Diese Frage ist nach den in Kap. C.I. 8. a) dargelegten Grundsätzen zu entscheiden.

---

582 Vgl. hierzu die Ausführungen in *Bippus*, BB 1993, 412.
583 Zum folgenden vgl. *Bippus*, BB 1993, 413.

Ist die ehemalige mit der künftigen Nutzung des Grundstücks identisch (Einkünfte aus § 21 EStG), so ist die oben erörterte Abgrenzungsfrage zwischen nachträglichen und vorweggenommenen Werbungskosten nur dann relevant, wenn die Nutzung nicht nur eine (kürzerfristige) zeitliche Unterbrechung erfahren hat. Ansonsten lägen – unproblematisch – Werbungskosten bei den laufenden Einkünften aus § 21 EStG vor. **1187**

Besteht ein Rückgriffsanspruch nach § 24 Abs. 2 BBodSchG, so ist auch im Rahmen der Einkünfte aus § 21 EStG zu prüfen, ob die vom Stpfl. getätigten Werbungskosten hierdurch beeinflußt werden. Die Anerkennung von Aufwendungen als Werbungskosten hängt nicht davon ab, daß der Stpfl. im Zeitpunkt der Aufwendungen keinen Ersatzanspruch gegen einen Dritten hat. Im Jahr ihres Abflusses sind die Sanierungsaufwendungen daher unabhängig von der Existenz eines Ausgleichsanspruchs Werbungskosten. Sofern allerdings ein Ausgleichsanspruch nach § 24 Abs. 2 BBodSchG geltend gemacht werden kann, führt dieser zu Einkünften aus Vermietung und Verpachtung (§ 8 i. V. mit § 21 EStG), da die Einnahmen dem Zweck dienen, Werbungskosten zu ersetzen[584]. Steuerfrei wäre lediglich derjenige Teil des Ausgleichsanspruchs, der über die Werbungskosten hinausgeht, was jedoch in der Praxis kaum vorstellbar ist. **1188**

Entsprechendes gilt für den Fall, daß die Wertminderung des Grundstücks durch eine AfaA nachgezeichnet wurde (s. unten mehr). Handelt es sich bei den Sanierungsaufwendungen um (Wieder-) Herstellungskosten, so kann der Ausgleichsanspruch nach § 24 Abs. 2 BBodSchG diese maximal in Höhe des Betrages mindern, der einer vorausgegangenen AfaA entsprach. **1189**

Wird neben dem bodenschutzrechtlichen Ausgleichsanspruch noch eine Entschädigung für die Nutzungsbeeinträchtigung des Grundstücks gezahlt, so gehört diese, soweit sie nicht Werbungskosten ersetzt, in die Vermögenssphäre des Steuerpflichtigen und ist daher steuerfrei[585]. **1190**

Wird auf die Geltendmachung des Ausgleichsanspruchs aus rein privaten Gründen verzichtet, ändert sich an der o.g. Behandlung nichts. Der Stpfl. wird behandelt, als sei ihm der Ausgleichsanspruch dennoch zugeflossen[586]. **1191**

Auch bei den Einkünften aus Vermietung und Verpachtung muß – wie bei den Gewinneinkunftsarten – zwischen der durch die Kontamination entstandenen schädlichen Bodenveränderung und den Aufwendungen zur Beseitigung des Schadens unterschieden werden. Wie oben ausgeführt, sind diejenigen Aufwendungen, die unmittelbar zur Beseitigung der schädlichen Bodenveränderung getätigt werden, grundsätzlich Werbungskosten bei den Einkünften aus Vermietung und Verpachtung. Auch eventuelle Ausgleichszahlungen nach § 24 Abs. 2 BBodSchG oder anderweitige Schadensersatzleistungen, die **1192**

---
584 BFH v. 1. 12.1993, BStBl. 1994 II, 112.
585 Vgl. die Urteilsanmerkung in HFR 1993, 377.
586 A. A. *Bippus*, BB 1993, 414.

der Stpfl. an einen Dritten (z. B. den Mieter oder Pächter) erbringt, sind Werbungskosten aus Vermietung und Verpachtung.

1193 Umstritten hingegen ist, ob die durch den Umweltschaden bedingte Wertminderung des Grundstücks im Rahmen der Werbungskosten berücksichtigt werden kann. Anders als bei den Gewinneinkünften bleiben nämlich bei den Überschußeinkunftsarten, zu denen auch die Einkünfte aus Vermietung und Verpachtung zählen, Wertveränderungen an Vermögensgegenständen, die zur Einkünfteerzielung eingesetzt werden, grundsätzlich außer Betracht. Insbesondere können keine Teilwertabschreibungen vorgenommen werden.

1194 Eine Ausnahme stellt die Absetzung für außergewöhnliche technische oder wirtschaftliche Abnutzung (AfaA) nach § 7 Abs. 1 S. 6 EStG dar. Zu der Frage, ob diese auch auf das Wirtschaftsgut Grund und Boden vorgenommen werden kann, vgl. Kap. C.I. 8. c).

1195 Der BFH läßt grundsätzlich Wertveränderungen in der Vermögenssphäre bei den Überschußeinkünften außer Betracht, also gerade auch Wertveränderungen des zur Einkünfteerzielung eingesetzten Wirtschaftsguts im Zeitraum zwischen Anschaffung bzw. Herstellung und Veräußerung. Etwas anderes gilt nur für Aufwendungen, die zwar gleichfalls die Vermögenssphäre betreffen, aber mit dem Ziel getätigt wurden, Einkünfte zu erhalten[587]. Das Schrifttum steht dieser Auffassung differenziert gegenüber[588]. Schließt man sich der hier vertretenen Meinung an, daß die Berücksichtigung einer AfaA für alle von der Kontamination beeinträchtigten Wirtschaftsgüter grundsätzlich möglich ist, so ist diese in dem Jahr zu berücksichtigen, in dem sie für den Stpfl. erkennbar ist[589]. Dennoch sei an dieser Stelle noch einmal betont, daß speziell hinsichtlich der Zulässigkeit der Vornahme von AfaA auf das Wirtschaftsgut Grund und Boden noch Rechtsunsicherheit besteht. Für den Bezieher von Überschußeinkünften nach § 21 EStG erfreulich ist, daß das neu eingeführte Zuschreibungsgebot nur im Fall der Gewinnermittlung nach § 5 oder § 4 Abs. 1 EStG anzuwenden ist[590].

(cc) Private Veräußerungsgeschäfte (§ 23 EStG)

1196 Durch das StEntlG 1999/2000/2002 wurde der Begriff des „Spekulationsgeschäfts" durch den des „privaten Veräußerungsgeschäfts" ersetzt. Wird ein Grundstück des Privatvermögens innerhalb von zehn Jahren nach Anschaffung wieder veräußert, handelt es sich um ein privates Veräußerungsgeschäft (§ 23 Abs. 1 Nr. 1 S. 1 EStG), das der Einkommensteuer unterliegt.

1197 Als Anschaffung gilt auch die Überführung eines Wirtschaftsguts in das Privatvermögen des Stpfl. durch Entnahme oder Betriebsaufgabe sowie der An-

---
587 BFH v. 4. 7. 1990, BStBl. 1990 II, 836.
588 *Bippus*, BB 1993, 411–412.
589 BFH v. 13. 1. 1989, BStBl. 1989 II, 384.
590 *Warnke*, NWB F. 3, 10920.

trag nach § 21 Abs. 2 S. 1 Nr. 1 UmwStG (§ 23 Abs. 1 S. 2 EStG). Mit Blick auf die Anschaffung sind verschiedene Fälle denkbar, die im folgenden besprochen werden sollen.

(1) Kauf oder Entnahme eines schon kontaminierten Grundstücks – Verkauf nach Sanierung innerhalb von zehn Jahren

Nach der Neufassung des § 23 EStG durch das StEntlG 1999/2000/2002 ist der Verkauf eines Grundstücks innerhalb eines Zeitraums von zehn Jahren nach Kauf oder Entnahme als privates Veräußerungsgeschäft zu versteuern. 1198

Zu prüfen ist in diesem Fall, ob die Sanierungsaufwendungen den Charakter von außergewöhnlichen Belastungen oder von Veräußerungskosten haben. Die Sanierungsaufwendungen können u. U. auch nachträgliche Anschaffungskosten darstellen oder als Werbungskosten (Vermietung/Verpachtung im Vermögensbereich) oder nachträgliche Betriebsausgaben bzw. Werbungskosten zu qualifizieren sein. Die Qualifikation ist u. a. im Hinblick auf die eingeschränkten Verlustverrechnungsmöglichkeiten des § 23 Abs. 3 S. 6 und 7 EStG n. F. bzw. § 23 Abs. 3 S. 4 EStG a. F. interessant. 1199

Damit die Sanierungsaufwendungen als Veräußerungskosten angesehen werden können, müssen sie im Zusammenhang mit der Veräußerung stehen[591]. Als Veräußerungskosten kommen die betreffenden Sanierungsaufwendungen aber nur dann in Frage, wenn keine (nachträglichen) Anschaffungskosten oder Werbungskosten zu § 21 EStG vorliegen. Die Beurteilung ergibt sich aus einer wertenden Abwägung des betreffenden Veranlassungszusammenhangs[592]. Kaufvertragliche Regelungen im Hinblick auf die Sanierung sowie ein enger zeitlicher Zusammenhang zwischen den Sanierungsmaßnahmen und der Veräußerung sprechen danach eher für eine Überlagerung des Veranlassungszusammenhangs „Einkünfte aus § 21 EStG" durch den Veranlassungszusammenhang „Veräußerung", so daß man in diesem Fall im Zweifel von Veräußerungskosten ausgehen kann. Ist hingegen nicht nachgewiesen, daß im Zeitpunkt der Sanierung eine Veräußerung konkret geplant war[593], wird der wirtschaftliche Zusammenhang der Aufwendungen mit den Einkünften aus § 21 EStG nicht ohne weitere Indizien vom Veräußerungszusammenhang verdrängt. Es müßte belegt werden, daß die geplante Veräußerung, und nicht etwa ein (drohender) Verwaltungsakt der Umweltbehörde Anlaß für die Sanierungsmaßnahme war. 1200

Liegt eine Entnahme aus dem Betriebsvermögen (§ 23 Abs. 1 S. 2 EStG) vor, so hat diese zum Teilwert zu erfolgen (§ 6 Abs. 1 Nr. 4 EStG). Dieser Wert gilt für das möglicherweise folgende private Veräußerungsgeschäft als Anschaffungskosten. Dabei kann der Entnahmewert bei einem bereits kontami- 1201

---
591 BFHE 182, 363, in: BStBl. 1997 II, 603.
592 *Bippus*, BB 1993, 413.
593 Dies dürfte im Hinblick auf eine Inanspruchnahme als Zustandsverantwortlicher nach § 4 Abs. 3 BBodSchG wohl der wichtigste Fall sein.

nierten Grundstück selbst dann nicht negativ werden, wenn die Sanierungsverpflichtung den Wert des entnommenen Grundstücks übersteigen sollte. Erfolgte die Kontamination im betrieblichen Veranlassungszusammenhang, so kann die betriebliche Sanierungsverpflichtung nicht mit der Entnahme des Grundstücks „automatisch" in das Privatvermögen übergehen[594].

1202 Die Sanierungsaufwendungen stellen möglicherweise auch nachträgliche Anschaffungskosten dar, wenn das Grundstück entgeltlich erworben wurde und aufgrund einer vertraglichen Vereinbarung der Käufer die Last der Sanierung trägt. Entsprechend den in Kap. C.I. 8. a) dargelegten Grundsätzen kann im Fall eines entgeltlichen Erwerbs regelmäßig dann von nachträglichen Anschaffungskosten ausgegangen werden, wenn die Kontamination zum Zeitpunkt der Anschaffung bekannt war und im Kaufpreis Berücksichtigung fand. Speziell im Hinblick auf aufstehende Gebäude ist R 157 Abs. 4 EStR 1999 zu berücksichtigen, wonach regelmäßig dann von anschaffungsnahen Herstellungskosten auszugehen ist, wenn innerhalb eines Zeitraums von drei Jahren nach Erwerb Aufwendungen in Höhe von mehr als 15% der Anschaffungskosten des Gebäudes getätigt werden.

(2) Kauf oder Entnahme eines nicht kontaminierten Grundstücks und Kontamination im privaten Bereich – Veräußerung nach Sanierung innerhalb von zehn Jahren

1203 Wurde ein nicht kontaminiertes Grundstück angeschafft oder entnommen und aufgrund der Nutzung im privaten Bereich kontaminiert, ist wiederum danach zu differenzieren, ob die Sanierung in unmittelbarem Zusammenhang mit der Veräußerung (Veräußerungskosten) oder mit der anderweitigen Nutzung stand; im letzten Fall liegen regelmäßig Werbungskosten vor, falls die Kontamination durch die Einkünfteerzielung veranlaßt war. Ansonsten ist auch die Qualifikation der Aufwendungen als außergewöhnliche Belastungen oder steuerlich unbeachtliche Kosten der Lebensführung denkbar. Keinesfalls kommen jedoch anschaffungsnahe Herstellungskosten in Frage.

(3) Veräußerung eines kontaminierten Grundstücks außerhalb der Zehn-Jahres-Frist

1204 Bei einer Veräußerung eines kontaminierten Grundstücks außerhalb der Zehn-Jahres-Frist unterliegt der Veräußerungserlös nicht der Einkommensteuer. Dementsprechend können auch die Sanierungsaufwendungen, die getätigt wurden, um das Grundstück überhaupt erst veräußerungsfähig zu machen, nach § 3c EStG nicht einkommensteuerlich geltend gemacht werden. Unter bestimmten Umständen ist allerdings nach der hier vertretenen Meinung trotz R 187 EStR 1999 ausnahmsweise eine Berücksichtigung als außergewöhn-

---

[594] Dieser Fall ist durch R 13 Abs. 15 S. 3 EStR 1999 nicht abgedeckt. – Eine vertragliche Übernahme der Sanierungsverpflichtung durch den entnehmenden Gesellschafter ist aber selbstverständlich möglich.

liche Belastung denkbar. Davon unabhängig ist die Berücksichtigung als Werbungskosten im Rahmen vorheriger Einkünfte aus § 21 EStG möglich, wenn der diesbezügliche Veranlassungszusammenhang dominierte.

(4) Abzug von Sanierungskosten als Veräußerungskosten

Der Zeitpunkt der Besteuerung ergibt sich in den Fällen des § 23 EStG nach § 11 EStG, also nach dem Zu- und Abflußprinzip. Problematisch sind diejenigen Fälle, in denen die Veräußerungskosten als solche zwar feststehen, diese aber zeitlich nach Zufluß des Veräußerungserlöses anfallen. Zwar können die Veräußerungskosten ab dem Veranlagungszeitraum 1999 nach § 23 Abs. 3 S. 7 EStG nach Maßgabe des § 10d EStG zurückgetragen werden; der Rücktrag scheitert aber dann, wenn die Veräußerungskosten im zweiten Jahr nach der Veräußerung oder später anfallen. Mit dem StEntlG 1999/2000/2002 wurde der Verlustrücktrag nach § 10d EStG nämlich auf ein Jahr begrenzt. Allenfalls bleibt die Berichtigung der Zuflußveranlagung gem. § 175 Abs. 1. S. 1 Nr. 2 AO[595]. **1205**

Entsprechend der angeführten Neuregelung des Verlustabzugs gem. § 23 Abs. 3 S. 7 EStG kann ab 1999 ein aufgrund hoher Sanierungsaufwendungen entstandener Veräußerungsverlust nach Maßgabe des § 10d EStG mit Gewinnen aus anderen privaten Veräußerungsgeschäften ausgeglichen oder der nicht ausgleichbare Veräußerungsverlust von privaten Veräußerungsgewinnen anderer Veranlagungszeiträume abgezogen werden (§ 52 Abs. 1 EStG). Allerdings gilt bis einschließlich dem Veranlagungszeitraum 1998 die vor Inkrafttreten des StEntlG 1999/2000/2002 bestehende Rechtslage fort, die eine Verrechnung von Spekulationsverlusten mit anderen Einkünften sowie den Verlustabzug nach § 10d EStG ausschließt[596]. Möglicherweise kann die Finanzverwaltung einer Vorlage von Altfällen an das BVerfG jedoch durch Anwendung der Neuregelung im Billigkeitswege entgehen[597]. **1206**

(dd) Einbringung oder Einlage eines kontaminierten Grundstücks in das Betriebsvermögen

In Kap. C.I. 2. d) wurde dargestellt, daß bei einem kontaminierten Grundstück zwei Wirtschaftsgüter zu betrachten sind: Das Grundstück und separat die Sanierungsverpflichtung. Für die Zuordnung der Sanierungsverpflichtung sind objektive Gesichtspunkte maßgebend. **1207**

Lag der Veranlassungszusammenhang für die öffentlich-rechtliche Verpflichtung aus dem BBodSchG im privaten Bereich bzw. in der Sphäre des Gesellschafters und hat sich die Verbindlichkeit auch dort konkretisiert, so ist eine Einlage der Verbindlichkeit in das Betriebsvermögen nicht denkbar[598]. Zu **1208**

---

595 *Heinicke*, in: Schmidt EStG 1999, § 23, Rdnr. 59–60.
596 OFD Düsseldorf, Vfg. vom 6. 7. 1999, FR 1999, 670. Es bestehen ernstliche Zweifel an der Verfassungsmäßigkeit dieser Rechtslage. – FG Düsseldorf v. 13. 9. 1999, EFG 1999, 1128.
597 *Heinicke*, in: Schmidt EStG 1999, § 23, Rdnr. 60.
598 O.V., NWB 39/1999, 5431.

denken ist hierbei etwa an die Verpachtung eines Grundstücks an eine Tankstelle im Privatvermögen[599]. Die Verbindlichkeit verbleibt somit unabhängig davon, ob der Gesellschafter als Zustands- oder Verhaltensverantwortlicher von der Behörde in Anspruch genommen wurde, im Privatvermögen bzw. in der Sphäre des Gesellschafters, wenn der Gesellschafter/(Mit-)Unternehmer als Pflichtiger in Anspruch genommen ist. Verbindlichkeiten verlieren ihre Abhängigkeit vom Entstehungsgrund nämlich nicht durch eine Willensentscheidung des Stpfl.[600]; bei Schulden ist dementsprechend kein gewillkürtes Betriebsvermögen denkbar.

1209 Davon getrennt ist das kontaminierte Grundstück zu beurteilen. Hierbei soll im folgenden davon ausgegangen werden, daß sich die Verbindlichkeit noch nicht in hinreichendem Maße konkretisiert hat. Es sollen zwei Fälle unterschieden werden:

(1) Einlage des kontaminierten Grundstücks in das Betriebsvermögen einer Personenunternehmung

1210 Hat der Stpfl. von der schädlichen Bodenveränderung oder Altlast Kenntnis und soll die Überführung in das – gewillkürte – Betriebsvermögen zu dem Zweck erfolgen, die sich mit der voraussichtlichen Sanierung abzeichnenden Verluste in den Betrieb zu verlagern, so handelt es sich (bei einem Rechtsträgerwechsel) um einen Fall des § 4 Abs. 6 BBodSchG oder es greift die Verursacherhaftung nach § 4 Abs. 3 BBodSchG. Steuerlich könnte man das kontaminierte Grundstück als ein „verlustbringendes Wirtschaftsgut" betrachten mit der Folge, daß die Einlage unzulässig wäre[601]. Aus der hier vertretenen isolierten Betrachtungsweise ergibt sich hingegen, daß zwar die Einlage des Grundstücks in das Betriebsvermögen (mit einem Teilwert von mindestens Null DM) zulässig ist, nicht aber diejenige der öffentlich-rechtlichen Verpflichtung des Gesellschafters. Dies gilt unabhängig davon, ob die Übertragung in das Betriebsvermögen unentgeltlich nach § 6 Abs.1 Nr. 5 EStG oder gegen Gewährung von Gesellschaftsrechten nach § 6 Abs. 6 EStG erfolgt.

1211 War seitens des Stpfl. keine Kenntnis von der schädlichen Bodenveränderung oder Altlast bzw. kein diesbezüglicher Verdacht vorhanden, so war die Einlage ohne Zweifel zulässig. Konkretisiert sich zu einem späteren Zeitpunkt die Verbindlichkeit im Betriebsvermögen, weil die Personenunternehmung von der Behörde als Zustandspflichtige in Anspruch genommen wird, so sind die betreffenden Aufwendungen als Betriebsausgaben (§ 4 Abs. 4 EStG) abziehbar.

---

599 Allerdings ist bei anfallenden Sanierungsaufwendungen zu prüfen, ob gegebenenfalls nachträgliche Werbungskosten vorliegen.
600 *Heinicke*, in: Schmidt, ESt-Kommentar 1999, § 4 EStG, Rdnr. 228.
601 BFH v. 19. 12. 1997, BStBl. 1997 II, 399. – H 13 Abs. 1/Wirtschaftsgut EStH 1999.

War der das Grundstück einlegende Gesellschafter gleichzeitig Verursacher **1212**
der schädlichen Bodenveränderung oder Altlast, so steht der Gesellschaft jedoch ein Ausgleichsanspruch nach § 24 Abs. 2 BBodSchG gegen den Gesellschafter zu. Wird die Ausgleichsforderung dem Gesellschafter erlassen, so dürfte dies regelmäßig aus außerbetrieblichen Gründen erfolgen; die aufwandswirksame Ausbuchung der Forderung ist dann zum Zwecke der steuerlichen Gewinnermittlung rückgängig zu machen.

Wurde die Ausgleichsforderung hingegen nicht erlassen, so ist für den in Anspruch **1213**
genommenen Gesellschafter zu prüfen, ob das auslösende Moment für die Zurechnung dem betrieblichen oder außerbetrieblichen Bereich zuzurechnen war[602]. Wurde – wie hier unterstellt – die schädliche Bodenveränderung oder Altlast vor der Einlage des Grundstücks im privaten Vermögensbereich verursacht, kann keine Betriebsausgabe vorliegen. Zu prüfen ist jedoch, ob die Aufwendungen für den Gesellschafter möglicherweise als nachträgliche Werbungskosten, insbesondere nach § 24 Nr. 2 i.V. mit § 9 EStG anzusehen sind oder ob eine Beurteilung als außergewöhnliche Belastung (§ 33 EStG) in Betracht kommt.

(2) Einbringung des Grundstücks in eine Kapitalgesellschaft

Wird das kontaminierte Grundstück gegen die Gewährung von Gesellschaftsrechten **1214**
in eine Kapitalgesellschaft eingebracht, so handelt es sich hierbei nicht um einen Fall des § 20 UmwStG; vielmehr ist nach allgemeinen Tauschgrundsätzen zu verfahren[603]. Grundsätzlich ist dabei der durch das StEntlG neu eingefügte § 6 Abs. 6 EStG zu beachten.

Auch hier ist wieder zu unterscheiden, ob die schädliche Bodenveränderung **1215**
oder Altlast dem das Grundstück einbringenden Gesellschafter bekannt war oder nicht. War die Kontamination bekannt oder mußte der Einbringende die schädliche Bodenveränderung kennen, so besteht bei Einbringungsvorgängen nach dem 1.3.1999 eine Haftung des Gesellschafters nach § 4 Abs. 6 BBodSchG. Je nach Sachverhalt kann der Einbringende auch als Verursacher nach § 4 Abs. 3 BBodSchG haften. Besteht diese Haftungsverpflichtung in der Gesellschaftersphäre, so kann sie nicht ohne weiteres Gegenstand der Einbringung sein; vielmehr ist eine ausdrückliche vertragliche Regelung notwendig[604].

Wurde das Grundstück selbst bei der Einlage zu hoch bewertet, so kann je **1216**
nach den Umständen des Einzelfalles eine Forderung der Gesellschaft gegenüber dem Gesellschafter bzw. den Mitgesellschaftern nach § 9 Abs. 1

---

602 *Heinicke*, in: Schmidt, EStG-Kommentar 1999, § 4 EStG, Rdnr. 488.
603 *Haritz/Benkert*, Umwandlungssteuergesetz, 1996, § 20 UmwStG, Rdnr. 37 ff.
604 Ob dies zu einer verdeckten Gewinnausschüttung führt, richtet sich nach den jeweiligen Umständen.

GmbHG (Differenzhaftung) oder § 9a Abs. 1, 2 GmbHG bestehen[605]. Wird die GmbH zudem als Zustandsstörer von der Behörde in Anspruch genommen, so steht ihr gegenüber dem einbringenden Gesellschafter ein Ausgleichsanspruch nach § 24 Abs. 2 BBodSchG zu, wenn dieser Verursacher der schädlichen Bodenveränderung oder Altlast war.

1217 Ein durch das Gesellschaftsverhältnis veranlaßter Verzicht auf den Anspruch von seiten der Gesellschaft stellt eine verdeckte Gewinnausschüttung (§ 8 Abs. 3 S. 2 KStG) dar.

1218 Verzichtet die Gesellschaft jedoch nicht auf die oben genannten Ansprüche, ist im Hinblick auf den/die Gesellschafter wiederum zu prüfen, ob das auslösende Moment für die schädliche Bodenveränderung oder Altlast dem betrieblichen Bereich oder der Sphäre des Gesellschafters zuzurechnen ist. Für Werbungskosten (§ 9 i. V. mit § 20 EStG) kann hierbei nichts anderes gelten als für Betriebsausgaben[606]. Für den einbringenden Gesellschafter bedeutet dies, daß der Werbungskostenabzug nach § 20 EStG versagt werden muß, wenn die Kontamination in der Sphäre des Gesellschafters geschah. Möglicherweise kommen jedoch nachträgliche Werbungskosten, insbesondere aus § 21 i. V. mit § 24 Nr. 2 EStG oder eine Qualifikation der Aufwendungen als außergewöhnliche Belastung (§ 33 EStG) in Betracht[607].

1219 Eine andere Beurteilung ergibt sich für die nach § 9a Abs. 1, 2 GmbHG mithaftenden Gesellschafter. Für diese liegen für den Fall der Inanspruchnahme Werbungskosten nach § 9 i. V. mit § 20 EStG vor.

1220 Kannte der einbringende Gesellschafter hingegen die schädliche Bodenveränderung oder Altlast nicht und mußte er sie auch nicht kennen, besteht selbst dann keine Haftung nach § 4 Abs. 6 BBodSchG, wenn die Einbringung nach dem 1. 3. 1999 stattfand.

1221 Haftet der Gesellschafter auch nicht als Verursacher nach § 4 Abs. 3 BBodSchG, so konkretisiert sich die Sanierungsverpflichtung in diesem Fall im Betriebsvermögen der GmbH und führt zu Betriebsausgaben. In der hier diskutierten Konstellation wird der einbringende Gesellschafter tatsächlich oftmals nicht als Verursacher heranzuziehen sein; dann kommt ein Anspruch nach § 24 Abs. 2 BBodSchG nicht in Betracht. Allerdings ist ein Anspruch der Gesellschaft gegen den einbringenden Gesellschafter nach § 9 Abs. 1 GmbHG durchsetzbar[608], solange nicht die Einrede der Verjährung geltend

---

605 Dabei haften möglicherweise auch die Mitgesellschafter als Gesamtschuldner, § 9a Abs. 2 GmbHG. – *Dombert*, NZG 11/1998, 415. – Neben den §§ 9, 9a GmbHG werden auch die §§ 459 ff. BGB analog für anwendbar gehalten, was jedoch ohne steuerliche Auswirkungen bleibt.
606 *Drenseck*, in: Schmidt, EStG-Kommentar 1999, § 9 EStG, Rdnr. 7 ff.
607 *Drenseck*, in: Schmidt, EStG-Kommentar 1999, § 9 EStG, Rdnr. 40.
608 Der Anspruch nach § 9a GmbHG kommt hier nach § 9a Abs. 3 GmbHG nicht in Betracht, wenn weder der einbringende Gesellschafter noch die Mitgesellschafter oder die Geschäftsführer von der schädlichen Bodenveränderung oder Altlast Kenntnis hatten.

gemacht werden kann (§ 9 Abs. 2 GmbHG). Ein Verzicht auf den Anspruch mit Rücksicht auf das Gesellschaftsverhältnis stellt eine verdeckte Gewinnausschüttung dar (§ 8 Abs. 3 S. 2 KStG).

Verzichtet die Gesellschaft nicht auf ihren Anspruch, stellt sich wiederum die Frage nach dem auslösenden Moment der Verpflichtung in der Sphäre des Gesellschafters. Geschah die Kontamination offensichtlich während einer Vermietung oder Verpachtung, kommen wiederum nachträgliche Werbungskosten nach § 21, § 9 i. V. mit § 24 Nr. 2 EStG in Betracht. Wurde das Grundstück hingegen schon im kontaminierten Zustand erworben, dürften steuerlich unbeachtliche Kosten der Lebensführung (§ 12 EStG) vorliegen. Allerdings ist hier eine Beurteilung als außergewöhnliche Belastung (§ 33 EStG) denkbar. 1222

2. Problembereiche in sonstigen Einzelsteuergesetzen

a) Bedarfsbewertung/Erbschaft- und Schenkungsteuer

In Fällen des Vermögensübergangs aufgrund Erbschaft oder Schenkung ist nach § 12 Abs. 3 ErbStG für Privatvermögen, nach § 12 Abs. 5 EStG für Betriebsvermögen, die nach §§ 138 ff. BewG zu ermittelnden Bedarfswerte heranzuziehen. Auch bei der Feststellung des gemeinen Wertes der Anteile nichtnotierter Kapitalgesellschaften im Wege der Schätzung über das „Stuttgarter Verfahren" (§ 12 Abs. 2 ErbStG i. V. mit § 11 Abs. 2. S. 2 BewG) gehen in den anzusetzenden Vermögenswert die Bedarfswerte ein (§ 12 Abs. 2 i. V. mit § 12 Abs. 5 ErbStG). 1223

Bei der Bedarfsbewertung nach § 12 Abs. 3 i. V. mit § 145 Abs. 3 BewG von unbebautem Grund und Boden des Grund- und des Betriebsvermögens (§ 12 Abs. 5 S. 1 ErbStG) ist der Bodenrichtwert um 20% zu ermäßigen. Bei nicht durch das Ertragswertverfahren bewertbaren bebauten Grundstücken ist bei der Ermittlung des Wertes von Grund und Boden nach § 147 Abs. 2 S. 1 BewG ein Abschlag von 30% vorzunehmen. Durch diesen Abschlag gelten auch wertmindernde Umstände wie schädliche Bodenveränderungen oder Altlasten als abgegolten[609]. Weist der Stpfl. allerdings einen aufgrund einer schädlichen Bodenveränderung oder Altlast niedrigeren Verkehrswert nach den Wertverhältnissen zum Besteuerungszeitpunkt nach, so ist dieser festzustellen. Dies gilt sowohl für unbebaute Grundstücke (§ 145 Abs. 3 S. 3 BewG)[610] als auch für bebaute Grundstücke, deren Wert gem. § 147 BewG festgestellt wird (§ 147 Abs. 2 S. 1 i. V. mit § 145 Abs. 3 S. 3 BewG)[611]. Auch bei bebauten Grundstücken, die nach § 146 BewG im Ertragswertverfahren bewertet werden, ist gemäß § 146 Abs. 7 BewG der Nachweis eines niedrigeren Verkehrswerts möglich. Zum Zweck des Nachweis des niedrigeren Ver- 1224

---

609 R 162 S. 3 ErbStR 1998.
610 R 163 S. 1 ErbStR 1998.
611 R 179 Abs. 2 S. 3 ErbStR 1998.

kehrswerts (aufgrund der schädlichen Bodenveränderung) wird sich ein Sachverständigengutachten als vorteilhaft erweisen. Für die Festsetzung gelten die tatsächlichen Verhältnisse zum Besteuerungszeitpunkt. Somit kommt es darauf an, ob die schädliche Bodenveränderung oder Altlast zum Besteuerungszeitpunkt schon vorhanden war bzw. ob sich eine bodenschutzrechtliche Verpflichtung als Verbindlichkeit schon in hinreichendem Maße zum Besteuerungszeitpunkt konkretisiert hatte.

1225 Hatte der Erwerber von der Kontamination keine Kenntnis und wird zu einem späteren Zeitpunkt eine Sanierungsanordnung erlassen, ist die Steuer nach § 175 Abs. 1 S. 1 Nr. 2 AO zu ändern[612].

1226 War die Sanierungsverpflichtung nach den Konkretisierungserfordernissen des BFH zum Besteuerungszeitpunkt schon rückstellungsfähig und hatte sie den Charakter einer betrieblichen Schuld, so hat sie den Wert des Betriebsvermögens gemindert (§ 103 BewG, Bestandsidentität nach § 95 Abs. 1 BewG). Handelte es sich hingegen um eine private Schuld, trägt sie den Charakter einer abzugsfähigen Nachlaßverbindlichkeit nach § 10 Abs. 5 Nr. 1 ErbStG.

b) Einheitsbewertung/Grundsteuer

1227 § 18 BewG unterscheidet land- und forstwirtschaftliches Vermögen, Grundvermögen und Betriebsvermögen. Diese bilden den Grundbesitz (§ 19 Abs. 1 BewG). Für deren wirtschaftliche Einheiten sind Einheitswerte festzustellen. Diese haben ab dem 1. 1. 1998 vor allem Bedeutung für die Grundsteuer; die Einheitswerte von Betriebsgrundstücken werden zusätzlich für die Kürzung des Gewerbeertrags gemäß § 9 Nr. 1 GewStG benötigt (§ 17 BewG). Die Relevanz der Einheitsbewertung für andere Steuerarten ist nach dem Wegfall der Vermögen- und Gewerbekapitalsteuer mittlerweile sehr gering (z.B. § 10a EStDV, § 9 Nr. 1 S. 1 GewStG). Auf die für die neuen Bundesländer geltenden Bewertungsbesonderheiten wird im folgenden nicht eingegangen[613]. Gleiches gilt für die Bewertung des land- und forstwirtschaftlichen Vermögens. Die Bewertung des Betriebsvermögens richtet sich gemäß § 99 Abs. 2, 3 BewG nach den für die Bewertung des Grundvermögens geltenden Grundsätzen. Daher wird nur die Bewertung des Grundvermögens im folgenden vertieft behandelt, soweit die betreffenden Vorschriften im Hinblick auf bodenschutzrechtliche Bestimmungen relevant sind.

(aa) Unbebaute Grundstücke (des Grundvermögens)

1228 Bei den unbebauten Grundstücken unterscheidet § 72 BewG drei Fallgruppen, nämlich nichtbebaute Grundstücke (§ 72 Abs. 1 BewG), Grundstücke mit Gebäuden von untergeordneter Bedeutung (§ 72 Abs. 2 BewG) und

---

612 Vgl. aber BFH v. 1. 4. 1998, BStBl. 1998 II, 569.
613 Hierzu vgl. ausführlich *Horschitz/Groß/Schnur*, Bewertungsrecht, Grundsteuer, Erbschaft- und Schenkungsteuer, 1999.

Grundstücke mit zerstörten oder dem Verfall preisgegebenen Gebäuden (§ 72 Abs. 3 BewG). Über die Bewertung der unbebauten Grundstücke enthält der Abschnitt „Einheitsbewertung" des BewG keine besonderen Vorschriften. Daher ist nach § 9 BewG der gemeine Wert zugrunde zu legen[614]. Der gemeine Wert (Grundstückswert) umfaßt dabei den Wert des Grund und Bodens sowie den Wert der Außenanlagen. Als Grundlage für die Ermittlung des gemeinen Werts der unbebauten Grundstücke zum Hauptfeststellungszeitpunkt 1. 1. 1964 und während des gesamten Hauptfeststellungszeitraumes 1964 dienen Kaufpreissammlungen bzw. die daraus erstellten Bodenpreiskarten und die aus diesen abgeleiteten Richtwertkarten[615]. Speziell im Hinblick auf die aus dem BBodSchG resultierenden Verpflichtungen ist erforderlich, daß die wesentlichen Wertfaktoren – zu denen auch der Zustand des Bodens gehört – der zu vergleichenden Grundstücke einigermaßen übereinstimmen und die Verkäufe in zeitlicher Nähe des Hauptfeststellungszeitpunktes stattgefunden haben. Die Altlast oder schädliche Bodenveränderung ist ein wertmindernder Umstand, der sich in entsprechender Anwendung von A 10 BewRGr auf den Bodenwert auswirken muß.

(bb) Bebaute Grundstücke (des Grundvermögens)

Ein bebautes Grundstück liegt vor, wenn sich auf ihm zum Bewertungsstichtag benutzbare Gebäude befinden (§ 74 BewG). Bei der Bewertung bebauter Grundstücke lassen sich Mietwohngrundstücke, Geschäftsgrundstücke, gemischtgenutzte Grundstücke, Einfamilienhäuser, Zweifamilienhäuser und sonstige bebaute Grundstücke unterscheiden (§ 75 BewG). Die Zuordnung ist für die anzuwendende Bewertungsmethode bedeutsam (§ 76 BewG). 1229

(1) Ertragswertverfahren

Bei bebauten Grundstücken, die nach dem *Ertragswertverfahren* bewertet werden (§§ 78 ff. BewG) schlägt sich eine den Vertragsparteien bekannte schädliche Bodenveränderung oder Altlast möglicherweise schon in der tatsächlichen Jahresrohmiete (§ 79 Abs. 1 BewG) oder der üblichen Miete (§ 79 Abs. 2 BewG) nieder. Bei Nachfeststellungen oder Fortschreibungen ist der tatsächliche Zustand des Grundstücks maßgeblich, der in seinem im Nachfeststellungs- oder Fortschreibungszeitpunkt gegolten haben würde[616]. Insoweit kann eine Feststellung des mutmaßlichen Zeitpunktes des Entstehens der schädlichen Bodenveränderung oder Altlast von Interesse sein. 1230

Die schädliche Bodenveränderung oder Altlast kann sich im Hinblick auf die Lebensdauer des Gebäudes auch beim Vervielfältiger (§ 80 BewG) auswir- 1231

---

614 A 7 Abs. 1 BewRGr.
615 *Horschitz/Groß/Schnur*, a. a. O., S. 204–205. – In den neuen Bundesländern wird für Zwecke der Grundsteuer weiterhin der auf den 1. 1. 1935 festgestellte Einheitswert zugrunde gelegt.
616 § 79 Abs. 5 BewG, § 27 BewG, A 6 Abs. 3 Fortschreibungs-Richtlinien.

ken. Möglicherweise ist von einem älteren Baujahr fiktiv auszugehen (A 27 Abs. 3 BewRGr, A 6 Abs. 4 Fortschreibungsrichtlinien).

1232 Für die Berücksichtigung schädlicher Bodenveränderungen und Altlasten am wichtigsten dürfte aber der Abschlag sein, der nach § 82 Abs. 1 BewG in Betracht kommen kann[617]. Die Aufzählung des § 82 Abs. 1 BBodSchG ist nicht erschöpfend. Damit kommen auch andere wertmindernde Umstände, wie sie sich aus schädlichen Bodenveränderungen oder Altlasten ergeben können, in Betracht. Die in § 82 Abs. 1 S. 2 BewG aufgeführten Beispiele stellen sämtlich auf ungewöhnlich starke Beeinträchtigungen ab[618]. Allerdings darf eine Berücksichtigung nach § 82 BewG nur dann stattfinden, wenn die wertmindernden Umstände nicht bereits in die Jahresrohmiete oder in den Vervielfältiger eingegangen sind. Die Ermäßigung des Grundstückswertes z. B. wegen einer nahegelegenen Mülldeponie als Quelle einer schädlichen Bodenveränderung setzt voraus, daß diese Imissionen in einer Menschen, Tiere, Pflanzen oder Sachen schädigenden Weise in das Grundstück eindringen oder eingedrungen sind und – als Immissionen – die bestimmungsgemäße ortsübliche Nutzung des Grundstücks in erheblichem Maße beeinträchtigen[619]. Unter § 82 Abs. 1 Nr. 3 BBodSchG fällt auch der Fall, daß sich aufgrund einer schädlichen Bodenveränderung oder Altlast die Notwendigkeit eines baldigen Abbruchs des aufstehenden Gebäudes ergibt. Steht der Gebäudeabbruch im Zusammenhang mit einer Sanierung, hinsichtlich derer der Zustandsverantwortliche einen Ausgleichsanspruch nach § 24 Abs. 2 BBodSchG geltend macht, kommt möglicherweise eine Minderung des Abschlags in Betracht[620].

(2) Sachwertverfahren

1233 Bei Grundstücken, die nach dem *Sachwertverfahren* bewertet werden, wird zunächst ein Ausgangswert ermittelt. Dieser setzt sich aus dem Bodenwert, dem Gebäudewert und dem Wert der Außenanlagen zusammen. Durch eine Wertzahl findet sodann eine Angleichung des Ausgangswertes an den gemeinen Wert statt. Nach § 84 BewG ist der Grund und Boden mit dem Wert anzusetzen, der sich ergeben würde, wenn das Grundstück unbebaut wäre. Schadstoffeintragungen im Boden sind in entsprechender Anwendung des A 35 Abs. 3 BewRGr hierbei wertmindernd zu berücksichtigen. Bei der Ermittlung des Gebäudewertes wird zunächst auf der Grundlage durchschnittlicher Herstellungskosten der Gebäudenormalherstellungswert berechnet. Hiervon werden die Wertminderungen wegen Alters, etwaiger baulicher Mängel und Schäden abgezogen. Bauliche Schäden können auch durch die Kontamination eines Gebäudes verursacht sein. Voraussetzung für die Anwendung des § 87 BewG ist

---

617 Vgl. auch A 27 Abs. 4 BewRGr.
618 *Horschitz/Groß/Schnur*, a. a. O., S. 238.
619 BFH v. 12. 12. 1990, BStBl. 1991 II, 196.
620 Vgl. FinMin Ba-Wü v. 25. 5. 1970, Bew-Kartei Ba-Wü zu § 82 BewG, Karte 3.

allerdings, daß es sich um behebbare Schäden handelt[621]. Als Ergebnis erhält man den Gebäudesachwert, der unter entsprechenden Umständen ermäßigt oder erhöht werden kann. Der Gebäudesachwert kann nach Maßgabe des § 88 BewG modifiziert werden. § 88 BewG ist anzuwenden, wenn in Einzelfällen Umstände tatsächlicher Art vorliegen, die bei der Ermittlung des Gebäudesachwerts noch nicht berücksichtigt worden sind. Die in § 88 Abs. 2 BewG aufgeführten Beispiele sind nicht abschließend. Die Wertminderung aufgrund einer schädlichen Bodenveränderung kann daher unter diese Vorschrift subsumiert werden. Nach dieser Modifikation ergibt sich der Gebäudewert.

Der Wert der Außenanlagen wird getrennt ermittelt. Wie beim Gebäudewert kommt auch hier die Berücksichtigung von durch schädliche Bodenveränderungen oder Altlasten bedingten Wertminderungen gemäß §§ 87, 88 BewG in Betracht. 1234

(cc) Fortschreibungen

Ist eine schädliche Bodenveränderung oder Altlast nach dem Hauptfeststellungszeitpunkt entstanden, so ist unter den Voraussetzungen des § 22 Abs. 1 BewG eine Wertfortschreibung vorzunehmen. Die betreffenden Wertgrenzen werden bei schädlichen Bodenveränderungen oder Altlasten regelmäßig überschritten sein. Bei Nutzungsänderungen kann unter den Voraussetzungen des § 22 Abs. 2 BBodSchG eine Artfortschreibung angebracht sein. Eine Nutzungsänderung kann auch bodenschutzrechtliche Relevanz entfalten; möglicherweise entsteht die Notwendigkeit der Sanierung angesichts der geänderten Nutzung oder sie entfällt. Daher sollte bei einer Artfortschreibung die Notwendigkeit einer Wertfortschreibung des kontaminierten Grundstücks überprüft werden. 1235

c) Grunderwerbsteuer

(aa) Zum Begriff der Gegenleistung

Nach § 9 Abs. 1 Nr. 1 GrEStG gelten bei einem Kauf der Kaufpreis einschließlich der vom Käufer übernommenen sonstigen Leistungen und der dem Verkäufer vorbehaltenen Nutzungen als Gegenleistung[622]. „Sonstige Leistungen" sind nach ständiger Rechtsprechung des BFH jedoch nur dann ein Teil der Gegenleistung, wenn der Erwerber sie als Entgelt für den Erwerb des Grundstücks gewährt oder der Veräußerer sie als Entgelt für die Veräußerung des Grundstücks empfängt[623]. Dabei geht es jedoch nur um die sog. „erwerbsobjektbezogenen Aufwendungen"[624], unter die auch die Übernahme einer sich aus den einschlägigen Bestimmungen des BBodSchG ergebenden (Sanierungs-) Verpflichtung fallen kann. 1236

---
621 *Horschitz/Groß/Schnur*, a. a. O., S. 254.
622 FM Bayern, Schreiben v. 27. 9. 1996, in: Beck, Steuererlasse, § 8/1 zum GrEStG.
623 BFH v. 29. 6. 1988, BStBl. 1988 II, 898, 900.
624 BFH v. 19. 1. 1994, BStBl. 1994 II, 409.

1237 Der Begriff der Gegenleistung verlangt schon begrifflich die Verknüpfung zweier Leistungen. Ausschließlich eigennützige Erwerberleistungen, die der Grundstückserwerber für sich selbst erbringt, sind keine Gegenleistung. Zur Gegenleistung zählen ferner nur solche Aufwendungen, die auf den Erwerb des Grundstücks selbst, nicht aber auf Zubehörteile (§ 97 BGB) oder Betriebsvorrichtungen (§ 2 Abs. 1 S. 2 Nr. 1 GrEStG) gerichtet sind. Da sich die bodenschutzrechtlichen Verpflichtungen auch auf derartige Wirtschaftsgüter erstrecken können[625], ist die „sonstige Leistung" gegebenenfalls entsprechend abzugrenzen.

1238 Im übrigen gehört zur Gegenleistung auch die dem Erwerber gesondert in Rechnung gestellte Umsatzsteuer; diese ist zivilrechtlich Bestandteil des Kaufpreises und damit auch der grunderwerbsteuerlichen Gegenleistung[626]. Soweit der Umsatz nicht gem. § 4 Nr. 9a UStG von der Umsatzsteuer befreit ist, kommt es zu einer Kumulation von Grunderwerbsteuer und Umsatzsteuer[627].

(bb) Mögliche Vertragskonstellationen

1239 Aufgrund der ökonomischen Bedeutung von Sanierungsaufwendungen angesichts der Bestimmungen des BBodSchG werden besonders gewerblich genutzte Grundstücke künftig erst dann verkauft werden können, wenn eine Einigung auch über die Verteilung eines eventuellen Sanierungsaufwands erzielt worden ist[628]. In vielen Fällen kann nämlich hierbei der Sanierungsaufwand sogar den Grundstückswert übersteigen. Fraglich ist, wie Fälle zu beurteilen sind, bei denen separat zwischen den beteiligten Parteien noch eine Sanierungsvereinbarung i.w.S. geschlossen wird, ohne daß diese Vereinbarung unbedingt Gegenstand des eigentlichen Grundstücksgeschäftes sein muß (Problematik des „einheitlichen Leistungsgegenstandes"). Je nach gewollter Verteilung des Risikos zwischen den Vertragsparteien – gültige Verträge vorausgesetzt – sind dabei unterschiedliche Konstellationen denkbar[629]:

- Trägt der Käufer das Sanierungsrisiko, so sind nach den in (aa) dargestellten Grundsätzen die Kosten für die Beseitigung der Kontamination nur dann Bestandteil der Gegenleistung, wenn der Erwerber eine hinreichend konkretisierte Verpflichtung des Veräußerers zur Altlastensanierung durch ausdrückliche vertragliche Vereinbarung als sonstige Leistung i. S. des § 9 Abs. 1 Nr. 1 GrEStG übernimmt[630]. Dies kann insbesondere dann in Betracht kommen, wenn der Veräußerer bereits als Pflichtiger nach § 4

---

625 Diese Auffassung ist nicht unumstritten; vgl. hierzu Kap. C.I. 3.
626 Vgl. C.II. 2. d). – BFH v. 18. 10. 1972, BStBl. 1973 II, 126.
627 FM Bayern, Schreiben vom 13. 12. 1984, in: Beck, Steuererlasse, § 9/5 zum GrEStG.
628 *Wagner*, BB 2000, 424.
629 Vgl. hierzu die Ausführungen in Kap. B.VI.
630 Vgl. *Pahlke/Franz*, GrEStG-Kommentar, 1999, § 9 GrEStG, Rdnr. 107. – FM Bayern, Schreiben v. 27. 9. 1996, in: Beck, Steuererlasse, § 8/1 zum GrEStG.

Abs. 3 BBodSchG, im Rahmen der Ausgleichspflicht nach § 24 Abs. 2 BBodSchG oder zwecks Abschöpfung des Wertausgleichs gem. § 25 BBodSchG in Anspruch genommen wurde. Sind die Kosten für die Beseitigung der Altlasten und damit die Gesamtgegenleistung nicht bezifferbar, bemißt sich nach Auffassung der Verwaltung die Grunderwerbsteuer nach dem Wert des Grundstücks (§ 8 Abs. 2 Nr. 1 i. V. mit § 10 GrEStG), es sei denn, der bezifferte Teil der Gegenleistung ist bereits höher.

Ist hingegen die Verpflichtung des Veräußerers noch nicht konkretisiert, gehen die Vertragsparteien jedoch davon aus, daß wegen der Kontaminierung ein im Wert gemindertes Grundstück übertragen werden soll, und berücksichtigen sie dies bei der Kaufpreisbemessung, so sind die mit der Beseitigung der Kontaminierung verbundenen Kosten nicht Bestandteil der Gegenleistung.

- Übernimmt hingegen der Verkäufer das Kostenrisiko der Sanierung, entspricht der wirtschaftlich gewollte Zustand dem Gegenstand des schuldrechtlichen Vertrags. Dieser Fall ist im Hinblick auf die grunderwerbsteuerliche Bemessungsgrundlage unproblematisch. Die Grunderwerbsteuer bemißt sich nach dem Wert der Gegenleistung (§ 8 Abs. 1 GrEStG). Gegenleistung ist der Kaufpreis einschließlich der vom Käufer übernommenen sonstigen Leistungen (§ 9 Abs. 1 Nr. 1 GrEStG). Da Gegenstand des Grundstückübereignungsvertrags das sanierte Grundstück ist, sind insoweit keine sonstigen Leistungen zu berücksichtigen.
- Regelungen, die im Fall einer noch nicht hinreichend feststehenden Sanierungsverpflichtung das Kostentragungsrisiko auf die Vertragsparteien verteilen sollen, haben hingegen keinen Einfluß auf die Höhe der grunderwerbsteuerpflichtigen Gegenleistung.

d) Umsatzsteuer

(aa) Vorsteuerabzug für Sanierungsaufwendungen, Gutachten etc.

Die in Rechnung gestellte Umsatzsteuer für die Erstellung des Gutachtens, die Gefährdungsabschätzung, die Sanierungsaufwendungen etc. kann nur dann als Vorsteuer abgezogen werden (§ 15 Abs. 1 S. 1 Nr. 1 UStG), wenn hinsichtlich der Grundstücksnutzung und/oder -veräußerung auf die Steuerfreiheit verzichtet wurde (§ 9 i. V. mit § 4 Nr. 9a, Nr. 12 UStG). Wurde die Vorsteuer abgezogen und später steuerfrei veräußert, so ist § 15a UStG zu beachten. **1240**

War ein Vorsteuerabzug nicht möglich, erhöhen sich ertragsteuerlich entweder die Betriebsausgaben (§ 4 Abs. 4 EStG), die Werbungskosten (§ 9 EStG) oder die Herstellungskosten um den Betrag der nicht abziehbaren Vorsteuer (Umkehrschluß aus § 9b Abs. 1 S. 1 EStG). Handelt es sich um eine betriebliche Last, so ist – Buchführungspflicht vorausgesetzt – eine gegebenenfalls erforderliche Rückstellung um die Umsatzsteuer höher zu bewerten. **1241**

1242 Im übrigen ist umsatzsteuerlich zu beachten, daß der Umfang des Unternehmens und der Begriff des Unternehmers (§ 2 UStG) nicht mit der ertragsteuerlichen Begrifflichkeit übereinstimmen.

(bb) Bemessungsgrundlage bei Veräußerung des Grundstücks

1243 Wird vor der Lieferung des Grundstücks dieses durch den Grundstücksveräußerer saniert, so ist Gegenstand der Lieferung entsprechend dem Grundsatz der Einheitlichkeit der Leistung (A 29 Abs. 1 UStR 2000) das sanierte Grundstück. Verzichtet der Grundstücksveräußerer nach § 9 UStG auf die Steuerfreiheit von Grundstücksumsätzen gemäß § 4 Nr. 9a UStG, so ermittelt sich die Bemessungsgrundlage ohne Besonderheiten nach § 10 UStG. Entgelt ist nach § 10 Abs. 1 S. 2 UStG alles, was der Leistungsempfänger aufwendet, um die Leistung zu erhalten, jedoch abzüglich der Umsatzsteuer.

1244 Wie auch bei der Grunderwerbsteuer ist die Einheitlichkeit der Leistung problematisch, wenn der Käufer die Sanierungsverpflichtung des Verkäufers (§ 4 Abs. 3 oder Abs. 6 BBodSchG) vertraglich übernimmt. Auch hier ist die ausdrückliche vertraglich übernommene öffentlich-rechtliche Sanierungsverpflichtung Bestandteil der Gegenleistung. Die in Kap. C.II. 1. c) dargestellten Grundsätze gelten auch sonst für die Umsatzsteuer in entsprechender Weise.

1245 An dieser Stelle sei nochmals auf die Kumulation von Umsatz- und Grunderwerbsteuer hingewiesen: Bei einer Grundstücksveräußerung, bei der gem. § 9 UStG auf die Steuerbefreiung nach § 4 Nr. 9a UStG verzichtet wurde, rechnet nur die Hälfte der Grunderwerbsteuer zum Entgelt für die Grundstücksveräußerung, wenn die Parteien des Grundstückkaufvertrags vereinbaren, daß der Erwerber die Grunderwerbsteuer allein zu tragen hat[631]. Zur Bemessung der Umsatzsteuer für steuerpflichtige Grundstücksverkäufe ist die Hälfte der Grunderwerbsteuer nur insoweit heranzuziehen, als sie in ihrer Höhe noch nicht durch die Umsatzsteuer beeinflußt ist. Diese, von der Verwaltung getragene Meinung ist jedoch in der Literatur umstritten[632].

1246 Wird im Falle der Aufdeckung der Kontamination das Entgelt nachträglich geändert, ist eine Korrektur von Umsatz- und Vorsteuer nach § 17 Abs. 1 UStG vorzunehmen.

(cc) Ausgleichsanspruch nach § 24 Abs. 2 BBodSchG

1247 Der Ausgleich nach § 24 Abs. 2 BBodSchG wird normalerweise nicht geleistet, weil der Verpflichtete eine Lieferung oder sonstige Leistung erhalten hat, sondern weil er nach § 24 Abs. 2 BBodSchG für den von ihm verursachten Schadensanteil einzustehen hat. Dementsprechend handelt es sich um nicht steuerbaren Schadensersatz (A 3 Abs. 1 UStR 2000)[633].

---

631 BFH v. 10. 7. 1980, BStBl. 1980 II, 620. – A 149 Abs. 7 UStR 2000.
632 *Wagner*, in: Sölch/Ringleb/List, UStG-Kommentar, § 10 UStG, Rdnr. 11.
633 Vgl. auch *Wagner*, in: Sölch/Ringleb/List, § 10 UStG, Rdnr. 52.

Etwas anderes kann man sich z. B. dann vorstellen, wenn der Verursacher **1248**
durch Verwaltungsakt herangezogen wird, dennoch aber die erforderlichen
Maßnahmen in seinem Auftrag durch den Zustandsverantwortlichen durchgeführt und diese dem Verursacher sodann in Rechnung gestellt werden. In diesem Fall kann eine steuerbare Leistung vorliegen, wenn es sich beim Zustandsverantwortlichen um einen Unternehmer i. S. des § 2 UStG handelt. Es handelt sich um Werkleistungen (§ 3 Abs. 9 i. V. mit Umkehrschluß aus § 3 Abs. 4 UStG), wenn – was regelmäßig der Fall sein dürfte – keine Hauptstoffe beigegeben werden. Die Steuerbarkeit ist im Anwendungsbereich des BBodSchG dann aufgrund des § 3a Abs. 2 UStG gegeben. In einzelnen Fällen können jedoch auch Besorgungsleistungen (§ 3 Abs. 11 UStG) oder Lieferungen (z. B. Meßgeräte) vorliegen.

(dd) Wertausgleich nach § 25 BBodSchG

Im Wertausgleich nach § 25 BBodSchG ist allein deswegen keine nach § 1 **1249**
Abs. 1 UStG steuerbare Leistung zu sehen, weil die Umweltbehörde, welche mit dem Einsatz öffentlicher Mittel die Wertsteigerung des Grundstücks herbeigeführt hat, nicht als Unternehmer i. S. des § 2 UStG tätig wird. Sie übt im Rahmen der ihr nach dem BBodSchG obliegenden Pflichten und Handlungen keine „berufliche oder gewerbliche Tätigkeit" (§ 2 Abs. 1 S. 1 UStG) aus.

3. Exkurs: BBodSchG und Steuergeheimnis

§ 30 AO schützt das Steuergeheimnis. Danach darf ein Amtsträger oder eine **1250**
dem Amtsträger gleichgestellte Person die Verhältnisse eines anderen, die ihr im Besteuerungsverfahren bekannt geworden sind, oder ein fremdes Betriebs- oder Geschäftsgeheimnis nicht unbefugt offenbaren (§ 30 Abs. 1 und Abs. 2 AO). Dies gilt auch im Verhältnis zu anderen als den Finanzbehörden.

Eine derartige Situation kann z. B. dann eintreten, wenn die Finanzbehörde **1251**
anläßlich einer Betriebsprüfung eine Rückstellung entdeckt, die die steuerlichen Konkretisierungserfordernisse mangels Gläubigerkenntnis nicht erfüllt.

Für die Weitergabe derartiger Erkenntnisse gilt folgendes[634]:

Soweit Verstöße gegen Umweltschutzbestimmungen steuerliche Auswirkungen haben[635], ergibt sich die Befugnis zur Weitergabe aus § 30 Abs. 4 Nr. 1 **1252**
AO, sofern die Weitergabe zur Durchführung des Besteuerungsverfahrens notwendig ist. Sieht die Finanzbehörde die Notwendigkeit, Angaben des Stpfl., z. B. über schadstoffbelastete Wirtschaftsgüter, zu überprüfen, kann sie den Sachverhalt einer zuständigen Fachbehörde offenbaren. Dabei hat die Finanzbehörde zu prüfen, ob es ausreicht, den Sachverhalt der Fachbehörde in anonymisierter Form vorzulegen. Ist jedoch die Offenbarung der Identität des

---

634 BMF, Schreiben vom 1. 7. 1993, BStBl. 1993 I, 525.
635 So z. B. für die Anerkennung einer Teilwertabschreibung oder einer Rückstellung.

Stpfl. erforderlich, soll sie die Fachbehörde darauf hinweisen, daß die Angaben des Stpfl. nach § 30 Abs. 2 Nr. 1 c AO weiterhin dem Steuergeheimnis unterliegen.

1253 Eine Weitergabe von Erkenntnissen über Verstöße gegen Umweltschutzbestimmungen kommt insbesondere in Betracht, wenn daran ein zwingendes öffentliches Interesse nach § 30 Abs. 4 Nr. 5 AO besteht. Dieses ist nicht nur zur Verfolgung der in § 30 Abs. 4 Nr. 5 a und b AO genannten Straftaten gegeben, sondern auch zur Verfolgung anderer Straftaten, die wegen ihrer Schwere und ihrer Auswirkungen auf die Allgemeinheit den genannten Regeltatbeständen entsprechen. Bei Verdacht eines besonders schweren Falles einer Umweltstraftat im Sinne des § 330 StGB oder einer schweren Gefährdung durch Freisetzung von Giften i. S. des § 330a StGB ist ein zwingendes öffentliches Interesse für eine Offenbarung zu bejahen[636]. Wann dies der Fall ist, ist eine Frage des Gesamtbildes des Einzelfalles und nicht schablonenhaft mittels Anwendung des Überschreitens von Prüf- oder Maßnahmenwerten zu beantworten (diese müßten im vorliegenden Fall vom Betrieb selbst gemessen worden sein). Allerdings dürfte besonders das Überschreiten der einschlägigen Maßnahmenwerte die Existenz einer derartigen konkreten Gefährung (neben anderen Merkmalen) indizieren. Es besteht jedoch demnach keine Offenbarungsbefugnis, wenn lediglich der abstrakte Gefährdungstatbestand einer Umweltstraftat erfüllt ist. Kann die Finanzbehörde nicht beurteilen, ob die betreffenden Voraussetzungen für eine Weitergabe erfüllt sind, hat sie zunächst unter Anonymisierung des Sachverhalts eine sachkundige Stelle zur Klärung einzuschalten.

1254 Die Weitergabe von Erkenntnissen über Verstöße gegen Umweltschutzbestimmungen ist auch unter den übrigen in § 30 Abs. 4 AO genannten Voraussetzungen möglich. Sie kann gleichzeitig auf mehrere Offenbarungsgründe gestützt werden. Eine Weitergabe von Erkenntnissen unter dem Gesichtspunkt des zwingenden öffentlichen Interesses ist deshalb auch dann zulässig, wenn der gleiche Sachverhalt bereits nach § 30 Abs. 4 Nr. 1 AO offenbart worden ist.

1255 Bei Vorliegen der Voraussetzungen des § 30 Abs. 4 AO liegt die Offenbarung grundsätzlich im Ermessen der zuständigen Finanzbehörde. Es gelten die Grundsätze des § 5 AO.

1256 Eine Pflicht zur Offenbarung besteht nur, soweit eine gesetzliche Vorschrift diese ausdrücklich vorsieht, oder bei Gefahren für Leib und Leben. Ob diese anzunehmen sind, kann, wie schon gesagt, nicht von vornherein unter Zugrundelegung der Prüf- oder Maßnahmenwerte unterstellt werden.

---

636 BMF-Schreiben vom 9. 1. 1995, BStBl. 1995 I, 83 und vom 1. 7. 1993, BStBl. 1993 I, 525. – Vgl. auch *Koch/Scholz*, § 30 AO, Rdnr. 24.

Die Weitergabe von Informationen kann im übrigen nicht auf das Umweltinformationsgesetz vom 8. 7. 1994[637] gestützt werden. **1257**

Weiß lediglich die Umweltbehörde von der schädlichen Bodenveränderung, wird das Interesse des Stpfl. regelmäßig dahingehen, daß auch die Finanzbehörde Kenntnis erlangt, da nur dann Aussicht besteht, die Sanierungsaufwendungen als Betriebsausgaben steuermindernd in Abzug zu bringen. **1258**

---

637 BGBl. 1994 I, 1490.

III. Handels- und wertpapierrechtliche Erläuterungs- und Publizitätserfordernisse

1. Handelsrechtliche Erläuterungs- und Publizitätserfordernisse

a) Anhang

(aa) Angabe der sonstigen finanziellen Verpflichtungen nach § 285 Nr. 3 HGB

1259 Nach § 285 Nr. 3 HGB i. V. mit § 288 HGB sind mittelgroße und große Kapitalgesellschaften sowie – nach der Umsetzung der GmbH & Co.-Richtlinie – auch GmbH & Co KGs derselben Größenordnung[638] verpflichtet, den Gesamtbetrag der sonstigen finanziellen Verpflichtungen im Anhang anzugeben, sofern diese nicht in der Bilanz erscheinen und auch nicht nach § 251 HGB als Haftungsverhältnisse anzugeben sind, und die Angabe für die Beurteilung der Finanzlage der Gesellschaft von Bedeutung ist[639].

1260 Die Vorschrift des § 285 Nr. 3 HGB gilt gem. § 5 Abs. 1 und 2 PublG auch für bestimmte Kaufleute, die nach § 1 PublG zur Rechnungslegung verpflichtet sind sowie nach § 336 Abs. 2 HGB für eingetragene Genossenschaften.

1261 Ohne die Angabepflicht der sonstigen finanziellen Verpflichtungen wäre der Einblick in die Finanzlage des bilanzierenden Unternehmens unvollständig, da den Adressaten des Jahresabschlusses bedeutende finanzielle Risiken vorenthalten würden. Insoweit ergänzt § 285 Nr. 3 HGB die Vorschriften der §§ 251 HGB, 268 Abs. 4 und Abs. 5 HGB sowie 285 Nr. 1 und Nr. 2 HGB, wonach die Haftungsverhältnisse und die Restlaufzeiten der Forderungen und Verbindlichkeiten anzugeben sind. Die Angabepflicht nach § 285 Nr. 3 HGB stellt eine Auffangvorschrift für alle sonst nicht im Jahresabschluß erfaßten Verpflichtungen dar und ist daher weit zu fassen[640].

1262 Der Begriff „Umweltschutzmaßnahmen" wurde dabei in § 285 Nr. 3 HGB nicht ausdrücklich aufgenommen, ohne daß allerdings die Absicht einer Änderung des Anwendungsbereichs des § 285 Nr. 3 HGB damit verbunden war. Gesetzliche Verpflichtungen, aufgrund derer Maßnahmen zu ergreifen sind, führen somit zu einer Angabepflicht. Angabepflichtig sind allerdings nur notwendige Umweltschutzmaßnahmen, nicht solche auf freiwilliger Basis[641]. Die

---

638 *Glade*, NWB 12/2000, 3728. – Verkündung des Kapitalgesellschaften- und Co-Richtlinie-Gesetz (KapCoRiLiG) zur Durchführung der Richtlinie des Rates der EU zur Änderung der Bilanz- und der Konzernbilanzrichtlinie hinsichtlich ihres Anwendungsbereichs (90/605/EWG), zur Verbesserung der Offenlegung von Jahresabschlüssen und zur Änderung anderer handelsrechtlicher Bestimmungen vom 24. 2. 2000, BGBl. 2000 I, 154. – Das Gesetz tritt am 1. 1. 2000 in Kraft.
639 *Möller*, a. a. O., S. 86.
640 *Philipps*, a. a. O., S. 77. – U. a. werden auch die „sonstigen Haftungsverhältnisse", die nicht nach § 251 HGB unter der Bilanz vermerkpflichtig sind, von der Vorschrift erfaßt.
641 *Ellrott*, in: Beck'scher Bilanzkommentar, § 285, Rdnr. 43. – Ausnahmsweise muß aber dann eine Angabe erfolgen, wenn Investitionsaufträge bereits abgeschlossen sind.

durch das BBodSchG statuierten Pflichten sind hierunter ohne weiteres zu subsumieren.

Die Angabepflichten nach § 285 Nr. 3 HGB betreffen nur die Handelsbilanz, nicht die Steuerbilanz. Zu erfassen sind in der Angabe nach § 285 Nr. 3 HGB[642]: **1263**

- Gewisse oder zumindest als hinreichend wahrscheinlich konkretisierte Außenverpflichtungen, die wirtschaftlich nicht in der Vergangenheit verursacht wurden oder die das bilanzierende Unternehmen wirtschaftlich nicht belasten. Zu denken ist z.B. an Schutz- und Beschränkungsmaßnahmen, Vorsorgemaßnahmen oder anderweitige öffentlich-rechtliche Auflagen, die mangels wirtschaftlicher Verursachung bis zum Bilanzstichtag nicht in Form von Rückstellungen berücksichtigt werden können. Dies kann z.B. dann der Fall sein, wenn die Belastung erst in Zukunft aus dem laufenden Geschäftsbetrieb entsteht oder wenn es sich um zwangsläufige Folgeinvestitionen schon begonnener Investitionsvorhaben handelt[643].
- Noch nicht hinreichend konkretisierte rechtliche Verpflichtungen, die in der Vergangenheit begründet liegen[644]. Hierbei geht es vor allem um die fehlende Konkretisierung in zeitlicher Hinsicht[645]. Kann allerdings die öffentlich-rechtliche oder zivilrechtliche Verbindlichkeit weder zeitlich noch sachlich als konkretisierbar betrachtet werden, handelt es sich um eine allgemeine gesetzliche Haftung, mit der jeder rechnen muß und die daher keiner gesonderten Erwähnung nach § 285 Nr. 3 HGB bedarf[646]. Bei der Beurteilung der Passivierungspflicht ist davon auszugehen, daß die handelsrechtlichen Konkretisierungsschwellen geringer als die steuerlichen sind. Insbesondere ist keine Gläubigerkenntnis, und schon gar nicht eine Sanierungsanordnung gefordert[647].
- Innenverpflichtungen, für die die Bildung einer (nur) handelsrechtlichen Aufwandsrückstellung gem. § 249 Abs. 2 HGB möglich ist, auf deren Bildung aber aufgrund des betreffenden Wahlrechts verzichtet wurde. Die Bildung einer Aufwandsrückstellung bei kontaminierten Grundstücken wird jedoch nur in sehr wenigen Fällen in Frage kommen.
- Innenverpflichtungen, für die die Bildung einer Rückstellung wegen fehlender wirtschaftlicher Belastung nicht möglich ist. Hierbei geht es insbesondere um Aufwendungen, die zu (nachträglichen) Anschaffungs- oder Herstellungskosten führen, so daß wirtschaftlich lediglich eine Vermögensumschichtung vorliegt.

---

642 *Philipps*, a.a.O., S. 82–83.
643 *Adler/Düring/Schmaltz*, a.a.O., § 285 HGB, Rdnr. 33.
644 *Adler/Düring/Schmaltz*, a.a.O., § 285 HGB, Rdnr. 55.
645 *Ellrott*, in: Beck'scher Bilanzkommentar, § 285 HGB, Rdnr. 43.
646 *Adler/Düring/Schmaltz*, a.a.O., § 285 HGB, Rdnr. 37–38.
647 *Adler/Düring/Schmaltz*, a.a.O., § 285 HGB, Rdnr. 75.

- Abgesehen davon ist bei Verbindlichkeitsrückstellungen gegebenenfalls die Differenz zwischen dem wahrscheinlichen Rückstellungsbetrag auf der Grundlage von – weniger weitgehenden – Sicherungsmaßnahmen und dem unwahrscheinlicheren – weitergehenden – Rückstellungsbetrag auf der Grundlage von Dekontaminationsmaßnahmen als sonstige finanzielle Verpflichtung anzugeben[648].

1264 Anzugeben sind grundsätzlich Verpflichtungen, die ihrer Höhe nach erheblich und hinsichtlich des Zeitpunkts ihres Eintritts ungewöhnlich sind und den finanziellen Spielraum der Unternehmung erheblich einschränken[649]. Beides trifft zumeist für die durch das BBodSchG statuierten Verpflichtungen zu. Eine Aufgliederung der Verpflichtungen nach sachlichen Gesichtspunkten ist zwar als weitere Untergliederung i.S. des § 265 Abs. 5 S. 1 HGB zulässig[650], aber nicht gefordert[651]. Die Angabe eines Gesamtbetrags reicht aus. Insoweit kann die Kontamination ungeachtet der handelsrechtlichen Veröffentlichungspflichten als Betriebsgeheimnis gewahrt bleiben.

(bb) Erläuterung der Position „sonstige Rückstellungen" (§ 285 Nr. 12 HGB)

1265 Nach § 266 Abs. 1 und Abs. 3 HGB haben große und mittelgroße Kapitalgesellschaften sowie GmbH & Co. KGs (§ 264a HGB)[652] nur Rückstellungen für Pensionen und ähnliche Verpflichtungen sowie Steuerrückstellungen in der Bilanz gesondert auszuweisen.

1266 Alle übrigen Rückstellungen, also auch solche für Verpflichtungen aus dem BBodSchG, sind gem. § 266 Abs. 3 HGB unter dem Sammelposten „Sonstige Rückstellungen" auszuweisen. Dabei werden Rückstellungen für ungewisse Verbindlichkeiten und Aufwandsrückstellungen nicht getrennt, sondern zusammen ausgewiesen.

1267 Sofern sie nicht einen unerheblichen Umfang haben, sind die sonstigen Rückstellungen nach § 285 Nr. 12 HGB im Anhang zu erläutern. Hiervon ist bei Altlastenfällen regelmäßig auszugehen.

1268 Auch die §§ 266 und 285 Nr. 12 HGB gelten gem. § 5 Abs. 1 und 2 PublG für bestimmte Kaufleute, die nach § 1 PublG zur Rechnungslegung verpflichtet sind sowie nach § 336 Abs. 2 HGB für eingetragene Genossenschaften. Zudem gilt die Vorschrift des § 285 Nr. 12 HGB auch für Versicherungsunternehmen. Dies gilt dagegen nicht für die Vorschrift des § 266 HGB zur Bilanzgliederung.

1269 Kleine Kapitalgesellschaften und GmbH & Co. KGs i.S. des § 267 Abs. 1 HGB dürfen nach § 266 Abs. 1 HGB alle Rückstellungen in der Bilanz zu ei-

---

648 *Philipps*, a.a.O., S. 256.
649 *Adler/Düring/Schmaltz*, a.a.O., § 285 HGB, Rdnr. 73–74.
650 *Philipps*, a.a.O., S. 338.
651 *Adler/Düring/Schmaltz*, a.a.O., § 285 HGB, Rdnr. 76.
652 *Glade*, NWB F. 18, 3724.

nem Posten zusammenfassen und brauchen nur diesen Gesamtposten unter der Bezeichnung „Rückstellungen" auszuweisen. Da sich § 285 Nr. 12 HGB auf die „sonstigen Rückstellungen" bezieht, entfällt bei kleinen Kapitalgesellschaften auch die besondere Erläuterung einzelner Rückstellungen.

Für Kaufleute, die keine Kapitalgesellschaften sind und auf die die für Kapitalgesellschaften geltenden Vorschriften auch nicht aufgrund anderer Gesetze anzuwenden sind, gelten die Anforderungen nach § 247 Abs. 1 HGB, wonach auf der Passivseite der Bilanz das Eigenkapital, die Schulden sowie die Rechnungsabgrenzungsposten gesondert auszuweisen und hinreichend aufzugliedern sind. Aus dem in § 243 Abs. 2 HGB kodifizierten Grundsatz der Klarheit wird die Forderung abgeleitet, daß die Aufgliederung mindestens der Gliederungstiefe entsprechen sollte, die für kleine Kapitalgesellschaften vorgeschrieben ist[653]. Auf die obigen Ausführungen sei in diesem Zusammenhang noch einmal verwiesen. 1270

Mit dem Begriff „Erläuterungen" wird im Hinblick auf § 285 Nr. 12 HGB überwiegend die verbale Angabe der Rückstellungsart, des Zweckes der Rückstellungsbildung und des Grundes für die Rückstellungsbildung gemeint[654]. Hierbei sollte der jeweilige Rechtsgrund, also die einschlägige Bestimmung des BBodSchG erwähnt werden. Die Angabe der einzelnen Rückstellungsbeträge wird hingegen nur für die größten Posten gefordert. 1271

Die Vorschrift des § 285 Nr. 12 HGB wird dahingehend interpretiert, daß eine im Vergleich zu anderen Angabepflichten weitergehende Erläuterung gefordert ist. Der in § 285 Nr. 12 HGB verwendete Begriff der „Erläuterung" geht über denjenigen der „Angabe" hinaus; somit ist auch der Grund, aus dem die Rückstellung heraus gebildet wurde, anzugeben. 1272

Die für den Anhang geltende Schutzklausel des § 286 HGB ist für die hier in Frage stehenden, auf das BBodSchG bezogenen Angaben bzw. Erläuterungen ohne Bedeutung. Somit wird man davon ausgehen müssen, daß die Angaben nach § 285 Nr. 3 und Nr. 12 HGB auch dann zu machen sind, wenn hieraus der (öffentlich-rechtliche) Gläubiger möglicherweise auf seinen Anspruch erst aufmerksam gemacht wird. 1273

(cc) Erläuterung der GuV-Positionen

Die *Aufwendungen aus der Rückstellungsbildung* müssen in der Gewinn- und Verlustrechnung den zugehörigen Aufwandspositionen zugerechnet werden, ohne daß eine besondere Aufgliederung der betreffenden Positionen innerhalb der Gewinn- und Verlustrechnung verlangt wird. Da die betreffenden Sanierungsaufwendungen regelmäßig von außergewöhnlicher Art und Höhe sind, sollte die Zuordnung – sofern nicht Personalaufwand, Abschreibungen und Zinsen betroffen sind – nicht zu den „sonstigen betrieblichen Aufwendungen" 1274

---
653 *Baetge/Fey/Fey*, in: Küting/Weber, Handbuch der Rechnungslegung, 1990, S. 514 f.
654 *Philipps*, a. a. O., S. 327.

vorgenommen werden, sondern vielmehr unter „außerordentliche Aufwendungen" erfolgen[655].

1275 Der Betrag und die Art der Position „außerordentliche Aufwendungen" ist gem. § 277 Abs. 4 S. 2 HGB im Anhang zu erläutern, soweit er für die Beurteilung der Ertragslage nicht von untergeordneter Bedeutung ist[656]. Die Erläuterungspflicht gilt für alle bilanzierenden Unternehmen, die einen Anhang aufstellen müssen.

1276 In der Literatur wird auch für solche Unternehmen, die nicht zur Aufstellung eines Anhangs und zur Erläuterung der betreffenden Positionen verpflichtet sind, gefordert, daß sie den Aufwand für die Rückstellungsbildung innerhalb der außerordentlichen Aufwendungen mit einem „davon"-Vermerk angeben[657].

1277 Sofern der Betrag unter den sonstigen betrieblichen Aufwendungen ausgewiesen wird, ist er grundsätzlich nicht erläuterungspflichtig; wurde der betreffende Betrag jedoch einer Rückstellung zugeführt, ist er nach § 285 Nr. 12 HGB zu erläutern. Im übrigen ist aus Gründen der Transparenz zu fordern, daß der Betrag, der auf die Rückstellung im Zusammenhang mit einem kontaminierten Grundstück entfällt, innerhalb der sonstigen betrieblichen Aufwendungen mit einem „davon"-Vermerk gesondert angegeben wird, wenn es sich um einen wesentlichen Betrag handelt. Alternativ wäre im Anhang auf die Erläuterungen zur Aufgliederung der Rückstellungen zu verweisen. Auch für Unternehmen, die keinen Anhang zu erstellen haben, wird eine entsprechende Aufgliederung und Erläuterung auf freiwilliger Basis in der Literatur gefordert[658].

1278 Nach § 277 Abs. 3 S. 1 HGB besteht für *außerplanmäßige Abschreibungen*, die gem. § 253 Abs. 2 S. 3 HGB auf kontaminierte Grundstücke vorgenommen werden, ein Wahlrecht, diese entweder in der Gewinn- und Verlustrechnung auszuweisen oder im Anhang anzugeben.

1279 Für den Ausweis in der GuV kommen beim Gesamtkostenverfahren der Posten Abschreibungen, beim Umsatzkostenverfahren hingegen grundsätzlich die Posten Herstellungskosten, Vertriebskosten (Ausnahmefälle), allgemeine Verwaltungskosten, sonstige betriebliche Aufwendungen in Betracht. Auch hier wird zumindest von der Literatur gefordert, daß über eine Untergliederung mittels eines „davon"-Vermerkes ein entsprechendes Maß an Transparenz hergestellt wird[659]. Allerdings dürfte nach den gesetzlichen Erfordernissen sowohl bei der Angabe im Anhang als auch in der GuV lediglich die An-

---

655 Vgl. *Niehus*, DB 1986, 1297.
656 *Förschle*, in: Beck'scher Bilanzkommentar, § 275 HGB, Rdnr. 224.
657 *Philipps*, a.a.O., S. 331.
658 *Philipps*, a.a.O., S. 332.
659 *Philipps*, a.a.O., S. 333.

gabe des Gesamtbetrags der außerplanmäßigen Abschreibungen nicht zu beanstanden sein.

Alternativ kommt auch der Ausweis unter der GuV-Position „außerordentliche Aufwendungen" in Betracht; es handelt sich hierbei um die vorzugswürdige Ausweisvariante. Auch hier wären Erläuterungen im Anhang bzw. ein Verweis auf die Ausführungen zu den Rückstellungen anzubringen, sofern das Unternehmen zur Erstellung eines Anhangs verpflichtet ist. **1280**

Wurden *Zuschreibungen* vorgenommen, so kann der Ausweis entweder unter der Position „sonstige betriebliche Erträge" oder „außerordentliche Erträge" erfolgen. Ist das Unternehmen zur Erstellung eines Anhangs verpflichtet, so verbindet sich mit dem Ausweis als „außerordentliche Erträge" gemäß § 277 Abs. 4 HGB eine Angabe- und Erläuterungspflicht, sofern sie für die Beurteilung der Ertragslage keine untergeordnete Bedeutung haben. **1281**

Für den Ausweis unter die Position „sonstige betriebliche Erträge" gilt wiederum, daß eine Angabe und Erläuterung hierzu im Anhang zwar nicht zwingend vorgeschrieben (Umkehrschluß aus § 277 HGB), aber wünschenswert ist. **1282**

b) Lagebericht

Nach § 264 Abs. 1 S. 1 HGB i. V. mit § 264 Abs. 1 S. 3 HGB haben mittelgroße und große Kapitalgesellschaften und GmbH & Co. KGs (§ 264a HGB)[660] zusätzlich zum Jahresabschluß einen Lagebericht gem. § 289 HGB aufzustellen[661]. Kleine Kapitalgesellschaften und GmbH & Co. KGs sind von der Erstellung eines Lageberichts befreit (§ 264 Abs. 1 S. 3 HGB). Die Pflicht zur Aufstellung eines Lageberichts besteht gem. § 3 PublG i. V. mit § 5 Abs. 2 PublG auch für bestimmte Kaufleute, die nach dem Publizitätsgesetz rechnungslegungspflichtig sind. Darüber hinaus haben auch Genossenschaften gem. § 336 Abs. 1 HGB, Kreditinstitute gem. § 340a Abs. 1 HGB und Versicherungsunternehmen gem. § 341a Abs. 1 HGB einen Lagebericht gem. § 289 HGB aufzustellen. **1283**

Nach § 289 Abs. 1 HGB sind im Lagebericht der Geschäftsverlauf und die Lage der Gesellschaft so darzustellen, daß ein den tatsächlichen Verhältnissen entsprechendes Bild der Vermögens-, Finanz- und Ertragslage vermittelt wird. Bei den betreffenden Angaben handelt es sich um Pflichtangaben. Ausdrücklich fordert die Vorschrift, daß auch auf die Risiken der künftigen Entwicklung einzugehen ist[662]. Dabei ist zum einen über Risiken zu berichten, **1284**

---

660 *Glade*, NWB F. 18, 3724.
661 *Möller*, a. a. O., S. 87.
662 Die Vorschrift fand über das KonTraG Eingang in das HGB. Vgl. hierzu die Ausführungen in Kap. C.IV. 2. zum Risikomanagement. – Die im Beck'schen Bilanzkommentar vertretene, aber nicht unumstrittene Auffassung, daß § 289 Abs. 1 HGB grundsätzlich gegenwartsbezogen zu interpretieren sei, teilt der Verfasser dieses Abschnitts nicht. – *Förschle/Kropp*, in: Beck'scher Bilanzkommentar, § 289 HGB, Rdnr. 15.

welche die Vermögens-, Finanz- und Ertragslage spürbar nachteilig beeinflussen können und über bestandsgefährdende Risiken (Insolvenzgefahr) zu informieren[663]. Ist in den nächsten (zwei) Geschäftsjahren eine große Sanierung geplant, kommt daher eine Angabe beim Bericht über die künftige Entwicklung der Gesellschaft in Betracht. Möglicherweise besteht sogar eine Verpflichtung hierzu, wenn aufgrund von Vorgängen von besonderer Bedeutung andernfalls die tatsächliche Vermögens-, Finanz- und Ertragslage aus dem Jahresabschluß allein nicht ersichtlich ist[664]. Das lageberichterstattende Unternehmen sollte die geplanten Maßnahmen und die veranschlagten Aufwendungen angeben und erläutern[665]. § 317 Abs. 2 S. 2 HGB verlangt ausdrücklich im Rahmen der Jahresabschlußprüfung eine Untersuchung, ob die Risiken der künftigen Entwicklung zutreffend dargestellt sind.

1285 Etwaige drohende Sanierungsverpflichtungen sind zwar schon über § 285 Nr. 3 und Nr. 12 HGB in den Anhang aufzunehmen. Angesichts der Komplementärfunktion des Lageberichts ist es aber durchaus zulässig, gegebenenfalls ergänzende Angaben beizufügen, die für die Vermögens-, Finanz- und Ertragslage von Bedeutung sind[666]. Dies ergibt sich aus dem Wort „zumindest" in § 289 Abs. 1 HGB. Auf Grundlage dieser Auslegung wird in der Literatur empfohlen, innerhalb des Lageberichts in einem Umweltbericht gesondert auf den Bereich Umweltschutz einzugehen. Angesichts der sich verschärfenden Umweltgesetzgebung und dem gestiegenen öffentlichen Interesse am Umweltschutz erhöht sich nämlich die umweltpolitische Verantwortung der Unternehmen. Hieraus erwachsen für die Unternehmen grundsätzlich steigende Aufwendungen für Umweltschutzmaßnahmen, was die Pflicht zur Rechenschaft im Lagebericht indiziert. Eine dahingehende Entscheidung ist jedoch vor dem Hintergrund des Umweltgefährdungspotentials des jeweiligen Unternehmens vorzunehmen. Fällt die Entscheidung zugunsten eines derartigen Schrittes, wäre u.a. konkret darüber zu berichten, ob und wieweit Maßnahmen zur Abwehr von Gefahren bzw. zur Beseitigung von Beeinträchtigungen im Zusammenhang mit kontaminierten Grundstücken aufgrund des BBodSchG getroffen wurden und wie diese Maßnahmen die wirtschaftliche Lage des berichterstattenden Unternehmens beeinflußt haben[667].

1286 § 289 Abs. 2 Nr. 1 und 2 HGB fordert die Aufnahme zukunftsbezogener Angaben. Trotz der „Soll-Bestimmung" im Gesetzeswortlaut wird hier nach h. M. eine Verpflichtung angenommen, zumal der Vorschrift nur eine deklaratorische Bedeutung zukommt[668].

---

663 *Bitz*, a.a.O., S. 6.
664 *Ellrott*, in: Beck'scher Bilanzkommentar, § 289 HGB, Rdnr. 23 und 30f.
665 *Philipps*, a.a.O., S. 341.
666 *Adler/Düring/Schmaltz*, a.a.O., § 289 HGB, Rdnr. 12 und 81.
667 *Philipps*, a.a.O., S. 340.
668 *Adler/Düring/Schmaltz*, a.a.O., § 285 HGB, Rdnr. 94.

Der Lagebericht wird somit als dynamisch, über den Berichtszeitraum des **1287** Jahresabschlusses hinausgreifend angesehen. Das Stichtagsprinzip (§ 252 Abs. 1 Nr. 4 HGB) ist ohne Bedeutung; in der Vergangenheit begründete und sich erst zukünftig auswirkende Ereignisse und Entwicklungen sind ebenso in die Lagebeurteilung einzubeziehen wie erst zukünftig erwartete Geschehensabläufe[669].

Für Angaben nach § 289 Abs. 2 HGB wird dem angabepflichtigen Unterneh- **1288** men ein weiterer Beurteilungsspielraum („soll") als für diejenigen nach § 289 Abs. 1 HGB zugestanden („sind"). Relevant ist dies bei Vorgängen, die bei objektiver Betrachtung Nachteile für die Gesellschaft zur Folge haben, sofern sie für die Beurteilung der Lage nicht unverzichtbar sind[670]. Für Vorsorgeverpflichtungen, wie sie sich aus § 4 Abs. 1 BBodSchG (Vermeidungspflicht) bzw. § 4 Abs. 2 BBodSchG (Abwehrpflicht) ergeben können, kann hieraus eine andere Beurteilung als für Maßnahmen der repressiven Gefahrenabwehr abgeleitet werden, die bei wesentlicher Bedeutung schon nach § 289 Abs. 1 HGB erwähnt werden müssen. Zu beachten ist allerdings, daß dann, wenn aus dem Betrieb Risiken erwachsen, die derartige Vorsorgeverpflichtungen zu begründen in der Lage sind, schon nach § 289 Abs. 1, Hs. 2 HGB eine entsprechende Angabe in den Lagebericht aufzunehmen ist, zumal Verpflichtungen zur Grundstückssanierung ein erhebliches Gewicht zukommen kann.

Der weitere Beurteilungsspielraum im Rahmen des § 289 Abs. 2 HGB impli- **1289** ziert, daß dann, wenn ein Gläubiger auf einen noch nicht bestehenden, aber künftig möglichen Anspruch durch die Berichterstattung aufmerksam gemacht wird, die nach § 289 Abs. 2 HGB geforderten Angaben möglicherweise unterbleiben können.

Letztlich kommt es aber auf den Einzelfall an. Insbesondere dann, wenn nach **1290** § 289 Abs. 2 Nr. 1 HGB über ein negatives Ereignis von besonderer Bedeutung zu berichten ist, das nach dem Bilanzstichtag eingetreten ist, dürften strenge Anforderungen anzulegen sein, der o. g. Spielraum ist dann gegebenenfalls wieder eingeengt[671]. Zumindest große Sanierungen kontaminierter Grundstücke können unter die angabepflichtigen Vorgänge von besonderer Bedeutung nach Abschluß des Geschäftsjahres fallen, sofern die Sanierungsmaßnahmen im neuen Geschäftsjahr, aber noch vor der Veröffentlichung des Lageberichts eingeleitet werden[672].

Der Abschlußprüfer hat zu überprüfen, ob der Lagebericht mit dem Jahresab- **1291** schluß in Einklang steht und ob die sonstigen Angaben im Lagebericht einen zutreffenden Eindruck von der Lage des Unternehmens vermitteln. Fehlt die Erwähnung wesentlicher Sanierungs- oder Vorsorgeverpflichtungen, so ist

---

669 *Adler/Düring/Schmaltz*, a. a. O., § 289 HGB, Rdnr. 84 und 85.
670 *Adler/Düring/Schmaltz*, a. a. O., § 289 HGB, Rdnr. 97.
671 *Adler/Düring/Schmaltz*, a. a. O., § 289 HGB, Rdnr. 100.
672 Hierbei kann es aber nicht auf den Abschluß der Maßnahmen ankommen, wie *Philipps* schreibt. – *Philipps*, a. a. O., S. 340.

dies zu beanstanden bzw. im Bestätigungsvermerk einschränkend festzuhalten.

1292 Das Gesetz enthält grundsätzlich für den Lagebericht keine Schutzklausel, wie sie in § 286 HGB für den Anhang geregelt ist. Andererseits tendiert die Literatur zu der Auffassung, daß Schutzklauseln, wie sie für den Anhang gelten, auch für den Lagebericht analog anwendbar sind; allerdings wird bezweifelt, ob die Unterlassung von Angaben auch für den Fall statthaft ist, daß einem Unternehmen oder einer Tochtergesellschaft ein erheblicher Nachteil droht[673]. Dies gilt besonders für die in Abs. 1 festgeschriebenen Verpflichtungen. Da jedoch die Schutzklausel des § 286 HGB, wie oben dargestellt, im Hinblick auf die vorliegende Thematik des BBodSchG ohne Bedeutung ist, muß dies erst recht für den Lagebericht angenommen werden.

c) Handelsrechtlicher Ausweis von Eventualverbindlichkeiten (Haftungsverhältnissen)?

1293 Nach § 251 HGB sind Kaufleute (Kapitalgesellschaften: § 268 Abs. 7 HGB) verpflichtet, bestimmte Arten von Eventualverbindlichkeiten unter der Bilanz in einem Betrag zu vermerken. Hierbei handelt es sich um Fälle einer auf vertraglicher Grundlage beruhenden, rechtlich möglichen Inanspruchnahme des Kaufmanns, mit deren Eintritt aus Sicht des Abschlußstichtages nicht konkret zu rechnen ist. Ansonsten wäre der Ansatz einer Rückstellung geboten[674].

1294 Nicht einzubeziehen sind Haftungen aufgrund unerlaubter Handlungen oder gesetzlicher Bestimmungen[675]. Die möglichen Kosten öffentlich-rechtlicher Verpflichtungen in Gestalt drohender Maßnahmen zur Gefahrenabschätzung und -erforschung, der Sanierungsuntersuchung und Sanierungsplanung oder der Durchführung der Sanierung können somit nicht Gegenstand einer nach § 251 HGB bzw. § 268 Abs. 7 HGB zu vermerkenden Eventualverbindlichkeit sein. Ebensowenig sind Haftungen auf Grund Konzernverhältnissen vermerkpflichtig[676], wie sie sich aus der Durchgriffshaftung nach § 4 Abs. 3 BBodSchG ergeben können. Mit derartigen Haftungen muß nämlich auch ohne einen besonderen Vermerk allgemein gerechnet werden.

1295 Der Ausgleichsanspruch nach § 24 Abs. 2 BBodSchG ist hingegen zivilrechtlicher Natur[677]. Dennoch ist er nicht als Eventualverbindlichkeit aufzunehmen, weil er nicht auf einem Vertrag beruht[678].

1296 Sowohl für öffentlich-rechtliche Pflichten als auch für den zivilrechtlichen Ausgleichsanspruch nach § 24 Abs. 2 BBodSchG muß ohnehin eine An-

---

673 *Adler/Düring/Schmaltz*, a. a. O., § 289 HGB, Rdnr. 54.
674 *Adler/Düring/Schmaltz*, a. a. O., § 251 HGB, Rdnr. 39.
675 *Adler/Düring/Schmaltz*, a. a. O., § 251 HGB, Rdnr. 10.
676 *Adler/Düring/Schmaltz*, a. a. O., § 251 HGB, Rdnr. 10.
677 *Knopp*, DÖV 1990, 683. – *Sanden/Schoeneck*, a. a. O., § 24, Rdnr. 27.
678 *Adler/Düring/Schmaltz*, a. a. O., § 251 HGB, Rdnr. 1 und 7.

hangsangabe nach § 285 Nr. 3 HGB erfolgen, wenn die betreffenden Risiken nicht mehr abstrakter Art sind, sie andererseits aber noch nicht das Konkretisierungsstadium erreicht haben, in dem eine Rückstellung zu bilanzieren ist.

Bilanzsteuerrechtlich ist die Frage nach dem Ausweis von Haftungsverhältnissen aufgrund des unterschiedlichen Normzwecks irrelevant. 1297

Auf privatrechtlichen Verträgen begründete Ausgleichs- oder Sanierungsverpflichtungen, mittels derer die aus dem BBodSchG erwachsenden Risiken abweichend von der gesetzlichen Vorgabe verteilt werden, können jedoch durchaus Gegenstand einer vermerkpflichtigen Eventualverbindlichkeit sein. 1298

2. Wertpapierrechtliche Erläuterungs- und Publizitätserfordernisse

a) Mitteilungen im Börsenzulassungsprospekt oder Unternehmensbericht

Unabhängig davon, ob eine Notierung im Geregelten Markt, im Neuen Markt oder im Amtlichen Handel vorgesehen ist, bedarf es für die erstmalige Notierung der Aktien eines Unternehmensberichts bzw. eines Prospekts[679]. Allerdings weist der Unternehmensbericht, der beim Geregelten Markt an die Stelle des ausführlicheren Börsenzulassungsprospekts tritt, einen reduzierten Inhalt und damit eingeschränkte Publizitätsanforderungen auf (§ 73 Abs. 1 Nr. 2 BörsG). Für die Richtigkeit und Vollständigkeit des Prospekts bzw. des Unternehmensberichts haftet der Emittent der Wertpapiere. 1299

Lediglich im Freiverkehr kann unter bestimmten Bedingungen auf einen Verkaufsprospekt ganz verzichtet werden. Dies gilt allerdings nicht für den Neuen Markt, obwohl dieser ein Handelssegment des Freiverkehrs darstellt[680]. 1300

Der Emissionsprospekt wird nicht nur der Börsenzulassung wegen erstellt, sondern dient auch als zentrale Verkaufsunterlage, auf deren Basis der Anleger seine Investitionsentscheidung trifft. Dementsprechend müssen alle bewertungsrelevanten Angaben zum Unternehmen vollständig und richtig aufgeführt sein. Dem interessierten Aktionär sind alle bestehenden und auch nur denkbaren zukünftigen Risikofaktoren darzustellen, die einen negativen Einfluß auf die zukünftige Aktienkursentwicklung haben könnten. Mit der Veröffentlichung des Prospekts gelten die Risiken als allgemein bekannt und können von Anlegern später nicht im Wege einer Prospekthaftungsklage geltend gemacht werden[681]. Dies gilt sowohl für aufgeführte mögliche Sanierungs- als 1301

---

679 Der Neue Markt ist zwar aus börsenorganisationsrechtlicher Sicht ein Handelssegment des privatrechtlich organisierten Freiverkehrs als einem der drei Marktsegmente der Börse. Dennoch setzt die Aufnahme der Notierung im Neuen Markt aus Gründen des Anlegerschutzes voraus, daß die Wertpapiere das öffentlich-rechtliche Zulassungsverfahren zum Geregelten Markt durchlaufen haben, der neben dem Amtlichen Handel zu den beiden öffentlich-rechtlichen Marktsegmenten der Börse gehört. – *Kümpel*, in: Assmann/Schneider (Hrsg.), Kommentar zum Wertpapierhandelsgesetz, 1999, § 15 WpHG, Rdnr. 28a.
680 *Gericke*, Handbuch für die Börsenzulassung von Wertpapieren, 1992, S. 30.
681 *Buss/Witte*, in: Behrens/Brauner, Due Diligence bei Unternehmensakquisitionen, 1999, S. 356.

auch für Schutz- und Beschränkungsmaßnahmen, da diese zu einer Minderung des künftigen Cash Flow führen können. Zu berücksichtigen sind jedoch noch andere Faktoren, so z. B. der zu erwartende Imageschaden bei Bekanntwerden einer schädlichen Bodenveränderung.

1302 Die Entscheidung darüber, ob eine einzelne Information prospektrelevant ist, muß jedoch im Spannungsfeld zwischen Verringerung des Prospekthaftungsrisikos, des IPO-Discounts[682] und der Vermeidung von Wettbewerbsnachteilen für das Unternehmen getroffen werden[683].

b) Mitteilungen im Zwischenbericht

1303 Gesellschaften, die im Amtlichen Handel oder im Neuen Markt gehandelt werden, haben halbjährlich bzw. quartalsweise Zwischenberichte aufzustellen (§ 44b BörsG). Bis zum Inkrafttreten des 3. Finanzmarktförderungsgesetzes galt die Zwischenberichtspflicht nicht für den Geregelten Markt (§ 76 BörsG a. F.), wenngleich die Börsenordnung die Emittenten von Teilbereichen des Geregelten Marktes zu einer derartigen Berichterstattung anhielt. Nach der Neufassung des § 72 BörsG durch das 3. Finanzmarktförderungsgesetz kann die Börsenordnung nunmehr für einen Teilbereich verbindlich anordnen, daß der Emittent von Aktien oder Aktien vertretender Zertifikate des Geregelten Marktes Zwischenberichte gem. § 44b Abs. 1 BörsG zu veröffentlichen hat.

1304 Hinsichtlich der grundlegenden Anforderungen weist der Zwischenbericht deutliche Parallelen zum handelsrechtlichen Jahresabschluß und insbesondere zum Lagebericht auf[684]. Nach § 54 Abs. 1 BörsZulV sind Zwischenberichte nach handelsrechtlichen Vorschriften aufzustellen. Dies betrifft somit auch bereits eingehend diskutierte Aufwendungen für Sanierungs- bzw. Schutz- und Beschränkungsmaßnahmen.

1305 Zwar ist die Erstellung einer Bilanz nicht zwingend vorgeschrieben, doch beeinflußt eine eventuell vorzunehmende Rückstellung das Ergebnis vor oder nach Steuern, dessen Angabe nach § 54 BörsZulV zwingend ist.

1306 Hinsichtlich der Methodik des Zwischenberichts wird zwischen dem eigenständigen Ansatz („discrete view") und dem integrativen Ansatz („integral view") unterschieden[685]:

- Der eigenständige Ansatz sieht die Zwischenperiode als eine in sich geschlossene und damit prinzipiell vom Jahresabschluß unabhängige und „gleichberechtigte" Berichtsperiode. Die Abgrenzungsgrundsätze des Jahresabschlusses werden auf die betreffende Berichtsperiode übertragen.

---

682 Um eine Emission erfolgreich am Markt zu placieren, wird der Fair value um 10 bis 15% reduziert. Der Abschlag dient als Anreiz für die Investoren, die Aktien zu erwerben.
683 *Buss/Witte*, in: Behrens/Brauner, a. a. O., S. 356.
684 *Löhr*, WPg 1996, 581.
685 *Löhr*, WPg 1996, 582–583.

- Der integrative Ansatz hingegen geht davon aus, daß der Erfolg der Zwischenperiode einen Indikator für den im Jahresabschluß ausgewiesenen Erfolg liefert; der Jahresabschluß steht im Mittelpunkt des Informationsinteresses des Anlegers. Dementsprechend sind Abgrenzungen – zumindest der Aufwendungen – im Hinblick auf das Jahresergebnis vorzunehmen; das Realisationsprinzip kann hier u. U. durchbrochen werden.

Nach wohl herrschender Meinung hat entsprechend dem Zweck der zugrundeliegenden Normen die eigenständige Methode Priorität. Durchbrechungen sollte sie dort erfahren, wo aufgrund der funktionalen Zusammengehörigkeit von Zwischenbericht und Jahresabschluß aus Adressatensicht die Anpassung spezieller, nur aus der Jahresperiode interpretierbarer Ergebnisbestandteile notwendig erscheint („kombinative Methode")[686]. 1307

Andererseits sollten ausnahmsweise – um eine willkürliche Periodenzuordnung zu vermeiden – Aufwendungen und Erträge dann integrativ abgegrenzt werden, wenn diese hinsichtlich ihres Eintreffens relativ sicher und vorhersagbar sind, ohne direkten Zusammenhang mit der Unternehmensleistung anfallen und sich auf das gesamte Geschäftsjahr beziehen[687]. 1308

Rückstellungen für Gefahrerforschungseingriffe, für Sanierungsuntersuchungen und die Erstellung eines Sanierungsplans sowie für die Sanierungsaufwendungen selbst gehören dann in diese Kategorie, wenn sie sich in der zweiten[688] Zwischenberichtsperiode konkretisieren, aber zum Zeitpunkt der Erstellung des Zwischenberichts schon bekannt sind. Dasselbe gilt für Erstattungs- und Ausgleichsansprüche nach § 24 Abs. 1 S. 2 i. V. mit § 9 Abs. 2 S. 1 BBodSchG bzw. § 24 Abs. 2 BBodSchG. 1309

In jedem Fall sind im Hinblick auf die Generalnorm der Zwischenberichterstattung, wonach der Zwischenbericht ein den tatsächlichen Verhältnissen entsprechendes Bild der Lage und des Geschäftsverlaufs der Gesellschaft zu vermitteln hat (§ 44b BörsG) hinreichend ausführliche verbale Erläuterungen zu fordern. Dies gilt auch und vor allem im Hinblick auf zukünftige Belastungen und Risiken, die im Zahlenwerk des Zwischenberichts noch keinen Niederschlag gefunden haben. Hier sind ähnliche Kriterien wie beim Lagebericht anzulegen. 1310

Nach § 60 BörsZulV kann die Zulassungsstelle gestatten, daß einzelne Angaben nicht in den Zwischenbericht aufgenommen werden, wenn sie der Auffassung ist, daß die Verbreitung dieser Angaben dem öffentlichen Interesse zuwiderläuft oder die Verbreitung dieser Angaben dem Emittenten erheblichen Schaden zufügt, sofern die Nichtveröffentlichung das Publikum nicht über 1311

---

686 *Bridts*, Zwischenberichtspublizität, 1990, 116. – *Löhr*, WPg 1996, 584.
687 AK Externe Unternehmensrechnung der Schmalenbach-Gesellschaft – DGFB, Zwischenberichterstattung nach neuem Recht für börsennotierte Unternehmen, 1989, S. 30. – *Löhr*, WPg 1996, 585.
688 Bei Quartalsabschlüssen: in einer auf die erste Zwischenberichtsperiode folgenden Zwischenberichtsperiode.

die für die Beurteilung der Aktien des Emittenten wesentlichen Tatsachen und Umstände täuscht (**Schutzklausel**).

1312 Im Hinblick auf die vorliegende Thematik wird die Schutzklausel regelmäßig nicht in Anspruch genommen werden können. Angesichts der zumeist in Frage stehenden hohen Aufwendungen für die Sanierung kontaminierter Grundstücke dürfte eine Nicht-Veröffentlichung die potentiellen Anleger über wesentliche Tatsachen und Umstände in Unkenntnis lassen. Zudem würde die *Nichtverbreitung* der Information dem öffentlichen Interesse zuwider laufen.

1313 Möglicherweise liegt es im Interesse des Emittenten, bei Rückstellungen für Gefahrerforschungs- und Sanierungsuntersuchungen sowie bei Vorsorgemaßnahmen das Wort „Sanierung" unerwähnt zu lassen, um Überreaktionen des Marktes keinen Vorschub zu leisten. Diesem Begehren stattzugeben, obliegt der Zulassungsstelle. Es ist jedoch im Anlegerinteresse zu fordern, daß ein Hinweis darauf gegeben wird, daß die betreffenden Maßnahmen sich auf eine mögliche schädliche Bodenveränderung oder Altlast beziehen und ihre Rechtsgrundlage im BBodSchG besitzen.

1314 Im übrigen hängt die Reaktion des Marktes auch von der Vertrauensposition ab, die sich das Unternehmen gegenüber der Bereichsöffentlichkeit in der Vergangenheit durch seine Informationspolitik erworben hat.

c) Ad-hoc-Publizität

1315 Handelsrechtlich ist das bilanzierende Unternehmen an das Stichtagsprinzip gebunden; abgesehen davon existieren für börsengehandelte Unternehmen rechtliche oder faktische Zwischenberichtspflichten zum Halbjahresstichtag oder im Neuen Markt zu den Quartalen. Die Zwischenberichte haben derartige Risiken aufwandswirksam als Zuführung zu Rückstellungen aufzunehmen. Zumeist taucht jedoch ein Altlastenverdacht zwischen den Berichtsstichtagen auf. In diesen Fällen stellt sich die Frage nach einer Ad-hoc-Mitteilung. Die Ad-hoc-Publizität soll die Regelberichterstattung, also die handels- und aktienrechtliche Rechnungslegung und die obligatorische Zwischenberichterstattung, ergänzen[689]. Sie soll als kapitalmarktrechtliche Informationspflicht die Bildung unangemessener Börsenpreise infolge von Informationsdefiziten der Marktteilnehmer vermeiden helfen und dient insoweit der Markttransparenz und der Preiswahrheit durch die Beseitigung von Informationsasymmetrien[690]. Somit ist die Ad-hoc-Publizität auch als Instrument zur Bekämpfung des Mißbrauchs von Insiderwissen konzipiert; sie dient insoweit als insiderrechtliche Präventivmaßnahme[691]. Die rechtzeitige Veröffentlichung von kursbeeinflussenden Tatsachen soll dem Mißbrauch von Insiderkenntnissen vorbeugen. Die Ad-hoc-Publizität gilt gleichermaßen für den Amtlichen, den

---

689 Begr. RegE BT-Drucks. 10/4296, 16.
690 Bericht des Finanzausschusses des Deutschen Bundestages, BT-Drucks. 12/7918, 96.
691 Begr. RegE 2. FFG, BT-Drucks. 12/6679, 48.

Handels- und wertpapierrechtliche Erläuterungs- und Publizitätserfordernisse

Neuen wie auch den Geregelten Markt[692]. Der Freiverkehr ist – mit Ausnahme des Neuen Marktes – von der Ad-hoc-Publizität freigestellt[693].

Mit § 15 WpHG wurde die zuvor schon in § 44a BörsG geregelte Ad hoc-Publizität aktiviert; die gesetzlichen Tatbestände beider Regelungen entsprechen sich im wesentlichen[694]. Die Einhaltung der Ad hoc-Publizitätsverpflichtung unterliegt der Überwachung des Bundesaufsichtsamtes für den Wertpapierhandel; Verstöße können mit einer Geldbuße von bis zu 3 Mio. DM geahndet werden (§ 39 Abs. 3 BörsG). 1316

Nach § 15 WpHG ist der Emittent zugelassener Wertpapiere verpflichtet, unverzüglich alle Tatsachen zu veröffentlichen, die in seinem Tätigkeitsbereich eingetreten und dem Publikum nicht bekannt sind, wenn sie wegen der Auswirkungen auf die Vermögens- und Finanzlage oder auf den allgemeinen Geschäftsverlauf des Emittenten zu einer erheblichen Kursänderung zugelassener Aktien führen können oder, im Fall zugelassener Schuldverschreibungen, die Fähigkeit des Emittenten, seinen Verpflichtungen nachzukommen, beeinträchtigen können. 1317

Aus Sicht der Regelpublizität bedeutet die Ad-hoc-Publizität eine „Vorab-Veröffentlichung"[695]. 1318

Zu den Tatbestandsmerkmalen der Ad-hoc-Publizität im einzelnen: 1319

Normadressat ist jeder Emittent von Wertpapieren, die im Inland an einer Börse zum amtlichen Handel oder zum geregelten Markt zugelassen sind. Gemäß der Begriffsbestimmung in § 2 Abs. 1 WpHG erstreckt sich die Verpflichtung – abweichend vom bisherigen § 44a BörsG auf alle Arten von Wertpapieren, die zum Handel an der Börse zugelassen sind (Aktien, Zertifikate, die Aktien vertreten, Schuldverschreibungen, Genußscheine, Optionsscheine und andere Wertpapiere, die mit Aktien oder Schuldverschreibungen vergleichbar sind[696]). Die im Freiverkehr gehandelten Wertpapiere sind von §15 WpHG nicht umfaßt; hierbei handelt es sich um eine bewußte Entscheidung des Gesetzgebers.

Unter den in § 15 WpHG enthaltenen unbestimmten Rechtsbegriffen spielt derjenige der *„Tatsache"* eine bedeutsame Rolle. Der Begriff der publizitäts- 1320

---

692 Das umfangreiche Regelwerk des Neuen Marktes weist auf die Anwendbarkeit des § 15 WpHG ausdrücklich hin, wenngleich dieser Hinweis deklaratorischer Art ist. Vgl. dazu: *Potthoff/Stuhlfauth*, WM 1997, Sonderbeilage Nr. 3, 7.
693 Angesichts der Tatsache, daß die Einbeziehung in den Freiverkehr an einer inländischen Börse nicht der Zustimmung des Emittenten bedarf und dieser oftmals nicht bereit sein wird, die weittragenden Konsequenzen der Ad-hoc-Publizität zu tragen, ist dies nur konsequent. –*Kümpel*, in: Assmann/Schneider, a. a. O., § 15 WpHG, Rdnr. 31.
694 *Kümpel*, in: Assmann/Schneider, a. a. O., § 15 WpHG, Rdnr. 4. – Nicht zuletzt angesichts der Rechtsunsicherheiten über die Tragweite dieser kapitalmarktrechtlichen Informationspflicht war die Ad-hoc-Publizität unter dem § 44a BörsG weitgehend „totes Recht". – *Heidmeier*, AG 1992, 110.
695 *Kümpel*, in: Assmann/Schneider, a. a. O., § 15 WpHG, Rdnr. 21.
696 Es kommt dabei nicht darauf an, ob für diese Wertpapiere Urkunden ausgestellt sind.

pflichtigen Tatsache ist enger als derjenige der Insidertatsache[697]. Der Begriff der Tatsache ist im Hinblick auf das vorliegende Thema insbesondere im Hinblick auf unternehmensinterne (Gefahren-)Untersuchungen, (Sanierungs-)Untersuchungen und/oder (damit zusammenhängende) mehrstufige Entscheidungsprozesse relevant. Beim Begriff der Tatsache kann auf die §§ 186, 263 Abs. 1 StGB und das HGB (§ 321 Abs. 2) Bezug genommen werden. Tatsachen sind hiernach konkrete vergangene oder gegenwärtige Geschehnisse oder Zustände, die wahrnehmbar in die Wirklichkeit getreten und damit dem Beweis zugänglich gemacht sind[698]. Der Gehalt einer Äußerung muß danach einer objektiven Klärung zugänglich und als etwas Geschehenes oder Vorhandenes beweisbar sein. Hingegen liegt ein bloßes Werturteil dann vor, wenn die Äußerung durch Elemente der Stellungnahme, des Dafürhaltens oder Meinens geprägt ist und die Richtigkeit oder Unrichtigkeit Sache persönlicher Überzeugung ist. Laut Begründung des WpHG sind Werturteile und andere subjektive Wertungen, die bloße Meinungen ausdrücken, keine Tatsachen. Eine Meinungsäußerung kann allerdings dann eine Tatsache sein, wenn sie mit der Mitteilung von Fakten einhergeht. Sogar Wertungen können durchaus den Tatsachenbegriff erfüllen, wenn sie auf einer überzeugenden Beurteilung wirtschaftlicher Fakten und auf ausreichender Berufs- und Lebenserfahrung basieren[699].

1321 Ein wesentliches Abgrenzungsmerkmal der publizitätspflichtigen Insidertatsache von der einfachen Insidertatsache ist, daß der betreffende Sachverhalt schon eine ausreichende Realisierungswahrscheinlichkeit haben muß, um den Börsenkurs erheblich beeinflussen zu können. Zu bedenken ist dabei auch, daß kursrelevante Tatsachen in der Unternehmenssphäre des Emittenten ganz überwiegend eine Entwicklung durchlaufen, bis sie sich zu publizitätspflichtigen Insidertatsachen herauskristallisieren[700].

1322 Konkret stellt sich in diesem Zusammenhang die Frage, ob bereits bei

- einseitiger Kenntnis der Kontamination durch das Unternehmen bei Unkenntnis der Behörde,
- bei Überschreiten der Prüfwerte und Kenntnis der Behörde
- oder erst bei Überschreiten der Maßnahmenwerte

eine Tatsache i. S. des § 15 WpHG vorliegt.

1323 Bei Vorliegen lediglich einseitiger Kenntnis kommt es darauf an, wie hoch der Grad der Wahrscheinlichkeit zu bewerten ist, daß tatsächlich aus der schädlichen Bodenveränderung eine entsprechend hohe wirtschaftliche Last

---

697 *Pananis*, WM 1997, 460. – Vgl. auch *Kümpel*, Wertpapierhandelsgesetz: eine systematische Darstellung, 1996, S. 102.
698 *Fürhoff/Wölk*, WM 1997, 449 f.
699 *Kümpel*, in: Assmann/Schneider, a. a. O., § 15 WpHG, Rdnr. 44.
700 *Kümpel*, in: Assmann/Schneider, a. a. O., § 15 WpHG, Rdnr. 45. – *Kümpel*, Wertpapierhandelsgesetz, S. 104 ff.

erwächst. Die Kriterien sind somit ähnliche wie bei handelsrechtlichen Verbindlichkeitsrückstellungen[701]. Mangels Kursrelevanz dürften jedoch Gefahrerforschungseingriffe regelmäßig irrelevant sein, sofern sich deren Aufwendungen in Grenzen halten. Dies trifft hingegen nicht für Maßnahmen zur Sanierungsuntersuchung, Sanierungsplanung und Durchführung der Sanierung zu, die regelmäßig bei Überschreiten der Maßnahmenwerte (als Ergebnis der Gefahrerforschungsmaßnahmen!) durchzuführen sind. Diese Maßnahmen sind als wirtschaftlich zusammengehörig zu betrachten, da es hier nur noch um das „wie", nicht mehr um das „ob" der Sanierung" geht. Die Kursrelevanz ist daher im „Paket" zu beurteilen. Im übrigen dürften auch Schutz- und Beschränkungsmaßnahmen, wenn sie eine entsprechende, unausweichliche zukünftige wirtschaftliche Belastung des Unternehmens darstellen, unter den genannten Kriterien ab Vorliegen eines Beschlusses über einen öffentlich-rechtlichen Vertrag, spätestens bei Vorliegen eines Verwaltungsakts den Begriff der Tatsache erfüllen.

Handelt es sich um mehrstufige Entscheidungen, entsteht die Mitteilungs- und Veröffentlichungspflicht regelmäßig erst mit der endgültigen Entscheidung, also mit der Zustimmung des Aufsichtsrats zu einem Sanierungsvertrag[702]. Möglicherweise handelt es sich aber nach der Beschlußfassung des Vorstands bis zur Entscheidung des Aufsichtsrats um eine einfache Insidertatsache. Ausnahmsweise kann jedoch schon vor der Zustimmung des Aufsichtsrats zu publizieren sein, wenn zum Zeitpunkt der Beschlußfassung durch den Aufsichtsrat aus der Sache heraus kein eigener Ermessensspielraum des Aufsichtsrats mehr gegeben ist. Für die Praxis empfiehlt sich eine weitestmögliche Verkürzung des Zeitraums zwischen den Entscheidungen der einzelnen Entscheidungsträger[703]. 1324

Die grundsätzliche Problematik des aus dem StGB hergeleiteten Tatsachenbegriffs besteht darin, daß sich dieser auf abgeschlossene, vollendete Tatbestände bezieht, während ökonomisch gesehen nur künftige Ereignisse sich zur Beeinflussung des Börsenkurses oder Marktpreises eignen. Die enge Orientierung am hergebrachten Tatsachenbegriff impliziert daher eine Veröffentlichungspflicht nur für solche Tatsachen, die nach den Grundsätzen ordnungsgemäßer Buchführung einen „Buchungsvorgang" für den handelsrechtlichen Jahresabschluß verursachen[704]. Allerdings berücksichtigt die herrschende Meinung, daß gerade auch solche Ereignisse erfaßt werden müssen, die sich erst künftig auf die vermögensmäßige, finanzielle und geschäftliche Situation des Emittenten auswirken können; der gesetzliche Tatbestand der Ad-hoc-Pu- 1325

---

701 Vgl. Kap. C.I. 5. c)
702 Dresdner Bank (Hrsg.), Insiderhandelsverbote und Ad hoc-Publizität nach dem Wertpapierhandelsgesetz, 1994, S. 20. – *Kümpel*, Wertpapierhandelsgesetz, S. 107 ff.
703 *Kümpel*, in: Assmann/Schneider, a. a. O., § 15 WpHG, Rdnr. 50a.
704 Bericht des Finanzausschusses des Deutschen Bundestages, BT-Drucks. 12/7918, 96.

blizität ist damit stark durch prospektive Elemente geprägt[705]. Zwar fallen mangels hinreichender Konkretisierung Konzepte, Strategien und vorbereitende Maßnahmen selbst dann nicht unter den Tatsachenbegriff, wenn sie bereits beschlossen sind[706]. Andererseits sollte schon im Vorfeld eines als überwiegend wahrscheinlich angesehenen Verwaltungsakts der Umweltbehörde eine Ad-hoc-Mitteilung einzufordern sein („zeitliche Vorverlagerung der Ad-hoc-Mitteilung"[707]), wenn die entsprechende wirtschaftliche Relevanz gegeben ist, zumal möglicherweise ohnehin eine Rückstellung zu bilanzieren ist. Auf dieser Basis können Konzepte, Strategien und vorbereitende Maßnahmen, die aufgrund gesetzlicher Pflicht (§ 4 Abs. 3, 6 BBodSchG) dem Unternehmen auferlegt worden sind und denen sich das Unternehmen nicht entziehen kann, durchaus publizitätspflichtig werden. Die Befürchtung, daß die unternehmensinterne Entscheidungsfindung durch eine derartige Publizität gestört wäre oder Unternehmensgeheimnisse – in Abwägung der Interessen von Unternehmen und Kapitalmarkt – in Gefahr gerieten[708], kann bei der vorliegenden Thematik vor dem Hintergrund der regelmäßig vorliegenden Situation nur ausnahmsweise vorstellbar sein. Abgesehen davon würden handelsrechtlich z. B. Vorsorgemaßnahmen zwar keinen aktuellen Buchungsvorgang (Rückstellung) auslösen, aber – sofern ein Lagebericht zu erstellen ist – zu einer Pflichtangabe im Lagebericht führen und daher auch im Rahmen der Ad-hoc-Publizität Veröffentlichungsrelevanz besitzen[709]. Angesichts des Zweckes des § 15 WpHG sind in bedeutsamen Fällen schädlicher Bodenveränderung die vorgesehenen „Gegenmaßnahmen" daher regelmäßig zu publizieren.

1326 Die Publizitätspflicht setzt voraus, daß die betreffende Tatsache noch nicht öffentlich bekannt ist. Die aus der Unternehmenssphäre stammenden neuen Tatsachen gelten grundsätzlich vor ihrer Veröffentlichung nicht als öffentlich bekannt[710]. Öffentlich bekannt ist eine Tatsache, wenn eine unbestimmte Anzahl von Personen von ihr Kenntnis nehmen kann[711]. Dies dürfte in den Fällen, in denen eine schädliche Bodenveränderung lediglich der Umweltbehörde und dem zuständigen Finanzamt bekannt ist, noch auszuschließen sein. In diesem Fall liegt eine einfache Insidertatsache vor. Erscheint – vor dem Hintergrund des Einzelfalles – die vertrauliche Behandlung nicht gewährleistet, kann schon in diesem Stadium eine Veröffentlichung geboten sein[712].

---

705 *Fürhoff/Wölk*, WM 1997, 449, 453.
706 *Heidmeier*, AG 1992, 110 f. – *Kümpel*, Wertpapierhandelsgesetz, a. a. O., S. 108.
707 *Kümpel*, Wertpapierhandelsgesetz, S. 106.
708 *Heidmeier*, AG 1992, 110 und 114. – *Fürhoff/Wölk*, WM 1997, 449, 451 ff.
709 Vgl. Kap. C.III. 1. b). – Bei einer nur freiwilligen Angabe wäre die Situation anders zu beurteilen. – *Kümpel*, in: Assmann/Schneider, a. a. O., § 15 WpHG, Rdnr. 62. – *Kümpel*, Wertpapierhandelsgesetz, S. 113 ff.
710 *Assmann*, AG 1994, 196, 237, 251.
711 Dresdner Bank (Hrsg.), a. a. O., S. 23.
712 *Fürhoff/Wölk*, WM 1997, 449, 457.

Anders ist der Fall zu beurteilen, wenn in öffentlichen Medien über eine schädliche Bodenveränderung berichtet wurde; die betreffende Tatsache gilt dann als öffentlich bekannt[713]. **1327**

Noch nicht öffentlich bekannt ist eine Tatsache, wenn in einer öffentlichen Sitzung, z.B. im Rechtsstreit mit der Umweltbehörde, ein kursrelevantes Urteil verkündet wurde, da die Gerichtsöffentlichkeit nicht mit der Bereichsöffentlichkeit i.S. des WpHG gleichgesetzt werden kann[714]. Eine Ausnahme besteht allenfalls dann, wenn bei der Verkündung des Urteils Medienvertreter anwesend sind, die eine breite Öffentlichkeit hierüber informiert haben. Nichts anderes gilt für Hauptversammlungen, selbst wenn wie bei Publikumsgesellschaften eine Vielzahl von Personen versammelt sind. Im übrigen kommt die Bekanntgabe einer kursrelevanten Maßnahme aufgrund einer schädlichen Bodenveränderung im Rahmen einer Hauptversammlung erst dann in Betracht, wenn das hierfür vorgeschriebene Procedere gem. § 15 Abs. 2 und Abs. 3 WpHG eingehalten worden ist: Es muß also eine Vorabunterrichtung des Bundesaufsichtsamtes und der betreffenden Börsen sowie eine anschließende Veröffentlichung über ein elektronisch betriebenes Informationsverarbeitungssystem und/oder ein überregionales Börsenpflichtblatt bereits erfolgt sein (§ 15 Abs. 3 S. 2 WpHG)[715]. **1328**

Spätestens in dem Augenblick allerdings, in dem die Informationspflicht des § 12 BBodSchG greift, muß die Tatsache als öffentlich bekannt angesehen werden. **1329**

Eine sehr hohe Realisierungswahrscheinlichkeit für eine kursbeeinflussende Tatsache kann möglicherweise zu einer zeitlichen Vorverlagerung der Ad-hoc-Publizität führen[716]. Dies kann bei einem sehr hohen Grad der schädlichen Bodenveränderung, gleichzeitigem Vorliegen der „Doppelstörereigenschaft" sowie Kenntnis der Behörde der Fall sein. **1330**

Die Tatsache muß zudem geeignet sein, im Falle ihres Bekanntwerdens den Kursverlauf des Papiers erheblich zu beeinflussen. Zur Bewertung des ungewissen Ereignisses ist die Wahrscheinlichkeit des Eintritts des Ereignisses in Beziehung zu setzen zu dessen erwarteter Bedeutung[717], die sich ihrerseits aus einem Vergleich mit der Gesamtheit der unternehmerischen Aktivitäten des Emittenten ergibt[718]. Relevant ist letztlich die Bewertung der Realisierungswahrscheinlichkeit eines ungewissen Ereignisses durch den Markt. Allerdings kann letztlich nur aus Sicht der konkreten unternehmerischen Situa- **1331**

---

713 *Fürhoff/Wölk*, WM 1997, 449, 451.
714 Andererseits kann bei einem Verfahren von existentieller Bedeutung für den Angeklagten bereits die Ad-hoc-Publizität mit Eingang der Klageschrift geboten sein. – *Kümpel*, in: Assmann/Schneider, a.a.O., § 15 WpHG, Rdnr. 46.
715 *Kümpel*, in: Assmann/Schneider, a.a.O., § 15 WpHG, Rdnr. 42.
716 *Kümpel*, in: Assmann/Schneider, a.a.O., § 15 WpHG, Rdnr. 57c.
717 Vgl. hierzu die Berechnungsvorschläge in Kap. C.IV. 1. b).
718 *Pananis*, WM 1997, 460 und 464. – *Schander/Lucas*, DB 1997, 2109 und 2110.

tion beurteilt werden, ob die endgültige Realisierung eines kursrelevanten Ereignisses schon einen Konkretisierungsgrad erreicht hat, der die Publizitätspflicht nach sich zieht[719].

1332 Nach Meinung des Bundesaufsichtsamts muß bei der Beurteilung der Kursrelevanz die Marktbreite eines Wertpapiers und seine übliche Volatilität berücksichtigt werden. Bei stark gehandelten DAX-Aktien können bereits Kursausschläge von 2 bis 3% erheblich sein, während bei Wertpapieren mit geringerer Marktliquidität Schwankungen von mehr als fünf Prozent möglicherweise nicht ungewöhnlich sind. Daher sollte nicht auf eine absolute Kursänderung abgestellt werden, sondern auf die relative Veränderung zu vergleichbaren Wertpapieren oder einem Marktindex[720].

1333 Die Tatsache muß *im Tätigkeitsbereich des Emittenten* eingetreten sein. Dem Tätigkeitsbereich des Emittenten sind auch solche kursrelevanten Tatsachen zuzuordnen, die bei einem mit ihm verbundenen Konzernunternehmen eingetreten sind. Demnach ist die Tatsache auch dann zu publizieren, wenn die schädliche Bodenveränderung in einem Grundstück entstanden ist, das einer Tochtergesellschaft zuzurechnen ist und die Voraussetzungen für die Durchgriffshaftung des § 4 Abs. 3 S. 4 BBodSchG nicht gegeben sind[721]. Als Grenze des Tätigkeitsbereichs ist der zu konsolidierende Kreis von verbundenen Unternehmen zu sehen (§§ 290, 294 ff. HGB)[722].

1334 Als Sonderfall erwähnt § 15 Abs. 1 S. 1 WpHG Tatsachen, welche die Fähigkeit des Emittenten beeinträchtigen können, seinen Verpflichtungen aus begebenen Schuldverschreibungen nachzukommen. Dieser Fall ist besonders für solche Gesellschaften relevant, die nicht selbst börsennotiert sind, aber börsennotierte Schuldverschreibungen begeben haben.

1335 Neben den Liquiditätsbelastungen aus der Sanierung können solche Grundstücke eine besondere Rolle spielen, die ihre Funktion als Kreditsicherheiten aufgrund einer entdeckten schädlichen Bodenveränderung eingebüßt haben[723]. Die Kreditkonditionen erweisen sich damit als unpassend, möglicherweise sind auch Schwierigkeiten bei der Anschlußfinanzierung zu erwarten.

1336 § 15 Abs. 1 S. 2 WpHG eröffnet dem Bundesaufsichtsamt für den Wertpapierhandel die Möglichkeit, den Emittenten auf Antrag von der Veröffentlichung einer Tatsache mit relevantem Kursbeeinflussungspotential zu befreien, wenn die Ad hoc-Publizität geeignet ist, den berechtigten Interessen des Emittenten zu schaden[724].

---

719 *Kümpel*, in: Assmann/Schneider, a.a.O., § 15 WpHG, Rdnr. 50c. – *Kümpel*, Wertpapierhandelsgesetz, S. 118.
720 *Kümpel*, in: Assmann/Schneider, a.a.O., § 15 WpHG, Rdnr. 69b.
721 Ansonsten wäre die Tatsache unmittelbar dem Tätigkeitsbereich des Emittenten zuzuordnen. – *Kümpel*, in: Assmann/Schneider, a.a.O., § 15 WpHG, Rdnr. 40.
722 Vgl. *Wölk*, AG 1997, 73 und 77.
723 *Kümpel*, in: Assmann/Schneider, a.a.O., § 15 WpHG, Rdnr. 37.
724 *Kümpel*, Wertpapierhandelsgesetz, S. 98 ff.

Besonders angesichts der Unausweichlichkeit der handelsrechtlichen Informationspflicht und der Tatsache, daß der Nachteil als Folge der Veröffentlichung zu erwarten sein muß, dürfte im Hinblick auf Sanierungs- wie auch auf Schutz- und Beschränkungsmaßnahmen die betreffende Vorschrift sehr eng auszulegen sein. Ihre Anwendung wird sich allenfalls auf schwerwiegende Ausnahmen und vorübergehende, kurze Zeiträume beschränken. Dies kann z.B. dann der Fall sein, wenn das Unternehmen durch die Sanierungsverpflichtung zu einem Insolvenzfall zu werden droht. In diesem Fall ist möglicherweise mit Kreditkündigungen und Vollstreckungsmaßnahmen sonstiger Gläubiger zu rechnen. Bis ein tragfähiges Finanzierungskonzept auf den Weg gebracht ist, kann hier ein berechtigtes Interesse der Gesellschaft sowie der Mitarbeiter, der Gläubiger wie der Aktionäre an einer einstweiligen Geheimhaltung vorhanden sein[725]. **1337**

In Zweifelsfällen wird jedoch das Bundesaufsichtsamt für den Wertpapierhandel bemüht sein, Hilfestellung zu geben. **1338**

Das Unternehmen kann jedoch durch eine kontinuierliche freiwillige Information die Zahl der Ad-hoc-Mitteilungen auf ein Minimum beschränken und sich am Kapitalmarkt eine Vertrauensposition erwerben, welche die negativen Auswirkungen der Publizität beschränkt[726]. **1339**

---

725 *Kümpel*, in: Assmann/Schneider, a.a.O., § 15 WpHG, Rdnr. 81. – *Kümpel*, Wertpapierhandelsgesetz, S. 120 ff.
726 *Kümpel*, in: Assmann/Schneider, a.a.O., § 15 WpHG, Rdnr. 69c.

IV. Ausgewählte betriebswirtschaftliche Problemkomplexe

1. Due Diligence und Risikobewertung – Bestandsaufnahme

a) Umwelt Due Diligence Prüfung

1340 Aus den USA stammt die Praxis, zur Erkennung und Einschätzung der sich im Rahmen eines Unternehmenskaufs ergebenden Risiken eine „environmental due diligence" (Umwelt Due Diligence) durchzuführen.

1341 Die Umwelt Due Diligence soll möglichst alle umweltrelevanten Probleme und finanziellen Risiken erfassen, die von einem Standort ausgehen. Basis für die Umwelt Due Diligence ist das am jeweiligen Standort geltende Umweltrecht, wobei in der vorliegenden Abhandlung natürlich das BBodSchG im Fokus stehen soll.

1342 Die größte Bedeutung hat die Due Diligence Prüfung in den besonders umweltrelevanten Industriezweigen (verarbeitendes Gewerbe, Petrochemie etc.), aber auch bei weniger umweltsensibel erscheinenden Branchen (Handelsunternehmen, Banken, Versicherungen etc.) ist die Umwelt Due Diligence fester Bestandteil bei der Immobilien-Wertermittlung im Rahmen von Kaufverhandlungen geworden.

1343 Die Umwelt Due Diligence ist faktisch nicht von der in Kap. C.I. 2. beschriebenen Inventur der Risiken zu trennen; auf dieses Kapitel sei hier noch einmal ausdrücklich verwiesen. Die Umwelt Due Diligence wird häufig in zwei Stufen durchgeführt, die im wesentlichen mit der in Kap. C.I. 2. dargestellten Grob- und Feininventur der Risiken korrespondieren[727]. Während allerdings die Inventur der Risiken periodisch bzw. fortlaufend vorzunehmen ist, wird die Due Diligence-Prüfung zu besonderen Anlässen durchgeführt. Derartige Anlässe können z. B. der Verkauf eines Unternehmens oder wesentlicher Anteile an einem Unternehmen darstellen. Die „Durchsuchung" nach Risiken wird sich in der Praxis entsprechend aufwendiger darstellen. Je ausgereifter allerdings die periodische Inventur der Risiken durchgeführt wird, um so geringer wird der Zusatzaufwand zu veranschlagen sein. Das Ergebnis der Umwelt-Due Diligence-Prüfung ist ein Umweltbetriebsgutachten, welches die wesentlichen Risiken erfaßt, kategorisiert und bewertet.

1344 Zumal die Problematik schädlicher Bodenveränderungen oder Altlasten häufig als kaufpreisbeeinflussender Faktor eine große Rolle spielt, ist, soweit Rechtsstreitigkeiten mit Nachbarn[728] oder Behörden bestehen oder als wahrscheinlich anzusehen sind, eine besonders eingehende Risikoabwägung erforderlich[729]. Besonderes Augenmerk sollte dabei denjenigen altlastenbedingten

---

727 *Betko/Reiml/Schubert*, in: Berens/Brauner, a. a. O., S. 334–335.
728 Zu denken ist z. B. an die Kontamination eines Nachbargrundstücks durch die laufende oder geplante Produktion.
729 *Koch/Wegmann*, a. a. O., S. 71.

Risiken geschenkt werden, die möglicherweise zu einem Abbruch der Kaufverhandlungen führen könnten. Dies hängt jedoch nicht nur vom Akquisitionsobjekt, sondern auch von den Absichten des potentiellen Käufers ab. So sind möglicherweise die Altlasten solange nicht relevant, wie die Nutzung des Geländes nicht umgestellt wird. Zur Beurteilung kann die Heranziehung der Maßnahmenwerte zweckmäßig sein, soweit diese vorhanden sind.

b) Risikobewertung

Die Bewertung des Risikos ist grundsätzlich eine Frage des Einzelfalles. Zudem ist die Bewertung immer am Bewertungszweck orientiert: Der bilanziell relevante Wert ist möglicherweise ein anderer als derjenige in einer Due-diligence-Prüfung, zumal bei Letzterer das Vorsichtsprinzip keine Rolle spielt. An dieser Stelle soll ein Vorschlag für die Bewertung von Risiken, die aus der Pflichtigkeit nach § 4 Abs. 3 BBodSchG erwachsen können, vorgestellt werden, der sich an einer zweiphasigen Vorgehensweise orientiert. 1345

(aa) Abschätzung des subjektiven Risikos

Hierbei ist die Höhe der Wahrscheinlichkeit abzuschätzen, daß der Betreffende überhaupt im Rahmen des Pflichtigenkataloges nach § 4 Abs. 3 bis 6 BBodSchG bzw. im Rahmen eines Ausgleichsanspruchs nach § 24 BBodSchG in Anspruch genommen wird. Dazu muß der Schaden zuvor aber entdeckt bzw. der Behörde bekannt sein. 1346

Bei diesem Schritt wird man sich auf die Zumessung subjektiver Wahrscheinlichkeiten beschränken müssen[730]. Bei subjektiven Wahrscheinlichkeiten geht es um „Grade des persönlichen Fürwahrhaltens"; sie sind in keiner Weise nachprüfbar und behaupten nichts, was irgendwie widerlegt werden könnte[731]. Andererseits ist es, um die Zumessung subjektiver Wahrscheinlichkeiten vornehmen zu können, notwendig, sich detailliert mit den einschlägigen Pro- und Contra-Argumenten auseinanderzusetzen. In Kap. C.I. 5) hatten wir es für Zwecke der Bilanzierung von Rückstellungen als unmöglich abgelehnt, auf (objektive) Eintrittswahrscheinlichkeiten zurückzugreifen. Indessen handelt es sich bei der Due-Diligence-Bewertung von Risiken – ähnlich wie die Unternehmensbewertung – um eine subjektive und zudem einzelfallbezogene Wertfindung[732]; die bilanziellen und bilanzsteuerlichen Objektivierungs- und Konkretisierungskriterien haben zumindest nicht die herausragende Bedeutung wie im Bilanzrecht. Vor dem betreffenden Bewertungszweck ist somit 1347

---

730 Zum Konzept der „subjektiven Wahrscheinlichkeiten" vgl. *Tiede/Voß*, Stichproben und statistische Inferenz, 1982, S. 35 ff. – Vgl. *Ballwieser*, Unternehmensbewertung und Komplexitätsreduktion, 1990, S. 177 ff.
731 Vgl. *Bretzke*, in: Busse von Colbe/Coenenberg (Hrsg.), Unternehmensakquisition und Unternehmensbewertung, 1992, S. 142.
732 *Löhr*, Die Grenzen des Ertragswertverfahrens – Kritik und Perspektiven, S. 193 ff.

der Rückgriff auf subjektive Wahrscheinlichkeiten als Vorstufe einer subjektiven Risikoeinschätzung vertretbar.

1348 In der intensiven Auseinandersetzung mit dem Sachverhalt und der daraus erfolgenden Begründung für die Zumessung der jeweiligen subjektiven Wahrscheinlichkeiten liegt der eigentliche Wert des hier propagierten Vorgehens. Kommt ein Dritter aufgrund der dokumentierten Erwägungen zu anderen Beurteilungen, so steht es ihm frei, die Wahrscheinlichkeitsverteilung seinem subjektiven Ermessen nach zu variieren. Der Dokumentation der Erwägungen kommt somit eine entscheidende Bedeutung zu. Betont sei an dieser Stelle noch, daß die Zumessung subjektiver Wahrscheinlichkeiten zumindest theoretisch streng von der subjektiven Risikoneigung des jeweiligen Bewerters zu trennen ist.

1349 Es geht somit um die Zumessung von subjektiven Wahrscheinlichkeiten

- einmal für das Ereignis „die schädliche Bodenveränderung oder Altlast wird der Behörde bekannt"
- und zum anderen für das Ereignis „der betreffende Pflichtige wird im Rahmen des Auswahlermessens der Behörde herangezogen".

1350 Die Wahrscheinlichkeit des zweiten Ereignisses hängt offensichtlich vom Eintreffen des ersten Ereignisses ab: Die Wahrscheinlichkeiten werden so zu bedingten Wahrscheinlichkeiten[733].

1351 Die bedingte Wahrscheinlichkeit eines Ereignisses B, das unter der Bedingung eintritt, daß Ereignis A realisiert wurde, wird durch den Multiplikationssatz:

$$P(B|A) = P(B \cap A)/P(A)$$

ermittelt.

1352 Beispiel: Nach einer ausführlichen Diskussion wird einem Bekanntwerden einer Grundstückskontamination eine Wahrscheinlichkeit von 50% zugemessen. Angesichts der Tatsache, daß zwar ein Verursacher vorhanden ist, dessen Leistungsfähigkeit jedoch nicht über alle Zweifel erhaben ist, mißt man der Wahrscheinlichkeit der eigenen Inanspruchnahme als Zustandsverantwortlicher im Rahmen des Auswahlermessens einen Wert von 33,33% zu. Die bedingte Wahrscheinlichkeit errechnet sich somit wie folgt:

$$P(B \cap A) = 0{,}50 \cdot 0{,}33 = 0{,}17$$

$$P(B|A) = 0{,}17/0{,}50 = 0{,}33.$$

1353 Die Wahrscheinlichkeit, als Zustandsverantwortlicher zur Sanierung herangezogen zu werden, unter der Voraussetzung, daß die Kontamination der Behörde zur Kenntnis gelangt, beträgt hier 33%.

---

[733] *Tiede/Voß*, a.a.O., S. 46 ff.

(bb) Abschätzung des objektiven Risikos

Bei der Abschätzung des objektiven Risikos geht es darum, welchen Aufwand hinsichtlich der erforderlichen Maßnahmen der Gefahrerforschung und/oder der Sanierung das kontaminierte Grundstück erfordern wird. Dabei ist auch der Zeithorizont abzuschätzen; die voraussichtlichen Kosten der notwendigen Maßnahmen sind auf den Bezugszeitpunkt abzudiskontieren. Die Abdiskontierung ist allein schon aufgrund der Kostenintensität der in Betracht zu ziehenden Maßnahmen sowie der Möglichkeit notwendig, daß sich ein Sanierungsprogramm über längere Zeit erstrecken kann. **1354**

Hier empfiehlt es sich, verschiedene Szenarios zu bilden und die resultierenden Werte nach eingehender Analyse des Sachverhalts sowie anschließender Dokumentation wiederum mit subjektiven Eintrittswahrscheinlichkeiten zu belegen. **1355**

Beispiel (im Falle der Heranziehung): **1356**

Abdiskontierte Kosten für Maßnahmen für	Szenario 1	Szenario 2	Szenario 3
Gefahrerforschung	50 TDM	60 TDM	70 TDM
Schutz- und Beschränkungsmaßnahmen	350 TDM	50 TDM	50 TDM
Sanierung	0 TDM	800 TDM	1600 TDM
Summe	400 TDM	910 TDM	1720 TDM
Subjekt. Wahrscheinlichkeit	30%	50%	20%

Erwartungswert = (400 TDM · 30%) + (910 TDM · 50%) + (1720 TDM · 20%) = 120 TDM + 455 TDM + 344 TDM = 919 TDM

(cc) Zusammenführung zum Gesamtrisiko

Aus Gründen der Vereinfachung kann regelmäßig davon ausgegangen werden, daß es sich bei den unter aa) und unter bb) angeführten Ereignissen um voneinander unabhängige Ereignisse handelt[734]. Das Gefährdungspotential für das Unternehmen hängt sowohl von der Wahrscheinlichkeit der Inanspruchnahme als auch von der wahrscheinlichen Schadenshöhe ab. Um das Risiko quantifizieren zu können, wäre dementsprechend eine Zusammenführung im Wege einer einfachen Multiplikation vorzunehmen. **1357**

---

734 Dies wird in den meisten Fällen nicht ganz, aber annähernd zutreffend sein. Andernfalls müßte auch bei der Aggregation auf ein Modell abhängiger Wahrscheinlichkeiten zurückgegriffen werden.

1358 Im obigen Beispiel wäre das Risiko also wie folgt zu bewerten:
Wert des Risikos = 919 TDM (Erwartungswert d. Risikos) · 0,33 (Wahrscheinlichkeit des Eintritts)

= 303 TDM

1359 Ermittelt wurde das Risiko aus der Sicht eines risikoneutralen Bewerters. Da in der Praxis jedoch Risikoaversion vorherrschen dürfte, wären entsprechende Zuschläge zu machen.

2. Controlling und Risikomanagementsystem

a) Risikofrühwarnsystem und KonTraG

1360 Anders als die Due Diligence-Prüfung oder die Inventur der Risiken hat das Risikofrühwarnsystem keine retrospektive, sondern eine prospektive Funktion. Es geht hier also um die wirtschaftliche Belastung, die sich aus schon existenten, aber noch nicht konkretisierten Risiken ergeben kann, sowie um die aus der zukünftigen geschäftlichen Tätigkeit möglicherweise erwachsenden Gefährdungen für das Unternehmen. Neben schon bestehenden Altlasten oder schädlichen Bodenveränderungen können dies auch Neulasten sein, die künftig auf betriebseigenen Grundstücken entstehen bzw. Risiken aus der Haftung aufgrund der Veräußerung von Grundstücken nach § 4 Abs. 6 BBodSchG. Auch Risiken aus dem eigenständig oder im Rahmen eines Unternehmenskaufes vollzogenen Erwerb eines Grundstücks mit schädlichen Bodenveränderungen oder Altlasten sind zu erfassen. Das Risikomanagementsystem muß dabei sowohl die Risiken erfassen, die aus dem präventiven Bodenschutz (§ 4 Abs. 1 und 2 BBodSchG) als auch solche, die aus dem repressiven Bodenschutz (§ 4 Abs. 3 bis 6 BBodSchG) erwachsen.

1361 In der Prospektion unterscheidet man beim Risikomanagement häufig zwei Klassen von Risiken[735]:

- Risiken durch Schwankungen von (Markt-)Parametern, in denen sich eine Vielzahl von Einzelstörungen, die nicht voneinander getrennt werden können, widerspiegeln. Diese „verteilungsorientierten Risiken" lassen sich wahrscheinlichkeitstheoretisch fassen[736]. Gemäß dem zentralen Grenzwertsatz konvergiert die Summe solcher Einzelstörungen gegen eine Normalverteilung.
- Dagegen stehen „ereignisorientierte Risiken", die zwar dem Grunde nach bekannt sind, denen aber keine statistischen Eintrittswahrscheinlichkeiten zugeordnet werden können und die sich auch nicht durch eine Wahrschein-

---

735 *Füser/Gleißner/Meier*, DB 1999, 756.
736 *Knight* unterschied zwischen Ereignissen, denen Wahrscheinlichkeiten (a-priori-Wahrscheinlichkeiten oder statistische Wahrscheinlichkeiten) zugeordnet werden können und unsicheren Ereignissen, die eben wahrscheinlichkeitstheoretisch nicht faßbar sind. – Vgl. *Knight*, Risk, Uncertainty and Profit, Boston/New York/Chicago 1921, S. 214–216 und S. 224–226.

lichkeitsverteilung beschreiben lassen. In der Literatur spricht man auch von Situationen der *Ungewißheit* oder „Unsicherheit erster Ordnung"[737]. Allenfalls ist es möglich, den verschiedenen Umweltzuständen die schon im vorangehenden Abschnitt angesprochenen subjektiven Wahrscheinlichkeiten zuzuordnen[738]. Bodenschutzrechtliche Risiken, die in der Zukunft aus kontaminierten Grundstücken erwachsen können, sind in den meisten Fällen dieser Kategorie zuzurechnen[739]. Diese Kategorie wird in den folgenden Betrachtungen daher auch im Mittelpunkt stehen.

(aa) Pflicht zur Einrichtung eines Risikomanagementsystems gem. dem KonTraG

§ 91 Abs. 2 AktG fordert, daß der Vorstand geeignete Maßnahmen zu treffen, insbesondere ein Überwachungssystem einzurichten hat, damit Entwicklungen, die den Fortbestand der Gesellschaft zu gefährden geeignet sind, frühzeitig erkannt werden. Mit dieser, durch das Gesetz zur Kontrolle und Transparenz im Unternehmensbereich (KonTraG) in das Aktiengesetz eingefügten Vorschrift werden grundsätzlich keine neuen Ansprüche an das Controlling der Risiken gestellt. Allerdings soll die Verpflichtung des Vorstands zur Einrichtung eines Überwachungssystems klargestellt werden. Das eigentlich Neue liegt also in der Beurteilung des Überwachungssystems, seiner Einrichtung und seines guten Funktionierens durch den Abschlußprüfer nach § 317 Abs. 4 HGB[740]. Die Systemprüfung des Risikomanagementsystems wird bei etwaigen Mängeln eine Korrektur auslösen, wenn der Vorstand/die Geschäftsleitung für die Zukunft Hinweise im Prüfungsbericht auf die vorhandenen Schwächen vermeiden will. **1362**

Die gesetzliche Verankerung der betreffenden Vorstandspflicht erfolgte allein im Aktiengesetz. Ausweislich der amtlichen Gesetzesbegründung sollen die Neuregelungen des KonTraG jedoch auch Ausstrahlungswirkung auf den Pflichtenrahmen der Geschäftsleitungen von Nicht-Aktiengesellschaften haben, sofern sie den Publizitätspflichten unterliegen[741]. Je nach ihrer Größe, der Komplexität ihrer Struktur oder ihrer Aufgabenbestimmung sind besonders größere GmbHs häufig auf umfangreiche Kontroll- und Überwachungsmechanismen angewiesen. Für den Pflichtenrahmen des GmbH-Geschäftsführers ergibt sich daher grundsätzlich nichts anderes als für den Vorstand einer AG. Beide haben ihre Gesellschaft zur Existenzsicherung und Erhaltung ihrer Wettbewerbsfähigkeit vor Risiken zu schützen[742]. **1363**

---

737 *Gabler* Wirtschaftslexikon, 13. Aufl., Wiesbaden 1993, Art. „Unsicherheit".
738 Vgl. *Tiede/Voß*, a. a. O., S. 35 ff. – Vgl. *Ballwieser*, a. a. O., S. 177 ff.
739 Ausnahmsweise könnte bei größeren Immobiliengesellschaften das diesbezügliche Risiko auch wahrscheinlichkeitstheoretisch faßbar sein.
740 *Kuhl/Nickel*, DB 1999, 133.
741 *Pollanz*, DB 1999, 1277.
742 *Kuhl/Nickel*, DB 1999, 133. – *Füser/Gleißner/Meier*, DB 1999, 753.

1364 Sinnvollerweise macht das Gesetz keine konkreten Vorgaben, wie die Ausgestaltung des Risikomanagementsystems zu erfolgen hat. Jedes Unternehmen hat somit zunächst einmal individuell für sich die Instrumentarien und Mechanismen herauszuarbeiten und zu dokumentieren, welche der Überwachung von existenzgefährdenden Entwicklungen dienen.

1365 § 317 Abs. 4 HGB verlangt vom Wirtschaftsprüfer nur eine Beurteilung des Risikofrühwarnsystems im Hinblick auf bestandsgefährdende oder die Vermögens-, Finanz- und Ertragslage wesentlich beeinträchtigende Entwicklungen. Ohne daß der Gesetzgeber diesbezügliche Vorgaben gemacht hätte, werden Risiken oft dann als bestandsgefährdend angesehen, wenn ihr Eintreten mehr als die Hälfte des Eigenkapitals aufzuzehren geeignet ist. Eine Prüfung der Risikosituation im Sinne eines umfassenden Risikobegriffs, die über eine vollständige Risikoinventur zu einer Kontrolle führt, welche die Geschäftstätigkeit und ihr externes Umfeld im großen und ganzen vollständig umfaßt, ist der vom KonTraG nicht gemeint. Derartige weitergehende Schritte stehen im Leitungsermessen des Vorstands[743].

(bb) Implementation

1366 Die Ausgestaltung und Implementation eines Risikomanagementsystems sollte letztlich Chefsache sein[744]. Soweit es um die erstmalige Implementation eines Risikomanagementsystems geht, empfiehlt sich die Zusammenstellung einer interdisziplinär und mit Vertretern verschiedener Hierarchieschichten besetzten Arbeitsgruppe. Dieser sollten besonders Vertreter aus der Rechtsabteilung, dem Rechnungswesen, der Umweltgruppe, der Produktion etc. angehören. Ein Projektverantwortlicher ist zu benennen und von anderen Arbeitsaufgaben entsprechend zu entlasten.

1367 Die Federführung bei der Implementation sollte der Bereich Controlling/interne Revision innehaben, da es sinnvoll ist, das System nach Implementation auch von diesem Bereich verantwortlich pflegen zu lassen[745].

1368 Das Risikomanagementsystem muß unternehmensindividuellen Charakter haben. Checklisten und vorgefertigte Systeme sind mit entsprechendem Vorbehalt zu betrachten. Allerdings bietet sich – vorbehaltlich unternehmensindividuell bedingter Abweichungen – bei der Implementation folgendes Vorgehen an[746].

---

743 *Bitz*, a. a. O., S. 10.
744 Vgl. *Ertl*, DSWR 1–2/2000, 5.
745 Anders *Bitz*, der – entsprechend einer Projektorganisation – die Einrichtung eines „Risk-Komitees" empfiehlt. – *Bitz*, a. a. O., S. 63.
746 Vgl. hierzu auch IdW, Prüfungsstandard 340 zur Prüfung des Risikofrüherkennungssystems nach § 317 Abs. 4 HGB.

(1) Bestimmung der Risikofelder

Beachtlich im Sinne des KonTraG sind nur diejenigen Risiken, die zu bestandsgefährdenden Entwicklungen (Überschuldung oder Illiquidität) führen können. Die bestandsgefährdenden Risiken sind daher zunächst zu definieren. Zur Festlegung der relevanten Beobachtungsbereiche (Risikofelder) kann es sinnvoll sein, zwischen Kleinstschäden, mittleren Schäden und Höchstschäden zu differenzieren[747]. 1369

Ob schädliche Bodenveränderungen oder Altlasten bzw. Neulasten zu den bestandsefährdenden Risiken gehören, hängt vom Einzelfall ab. In mittelständischen Produktionsunternehmen wird dies aber häufig der Fall sein. 1370

Sämtliche relevanten betrieblichen Prozesse und Funktionsbereiche (Marketing/Absatz, Technik/Produktion, Organisation, Recht/Steuerrecht, Finanzen) sind auf die von ihnen ausgehenden bestandsgefährdenden Risiken zu untersuchen. Speziell im Hinblick auf das bodenschutzrechtliche Risiko ist hierbei nicht nur der Produktionsbereich interessant; so kann z.B. auch das Verwaltungsgebäude auf einem kontaminierten Grundstück stehen. 1371

Schließlich müssen auch drohende Kumulations-, Interdependenz- und Sekundäreffekte von Einzelrisiken erfaßt werden. Möglicherweise kumulieren Einzelrisiken, die für sich genommen nicht bestandsgefährdend sind, erst in ihrem Zusammenwirken zu einem bestandsgefährdenden Risiko. Daher ist es sinnvoll, die Kumulations- und Interdependenzeffekte als eigene Risikofelder zu definieren. Hierbei kann es z.B. um das Risiko gehen, daß im Zuge des Rückgriffs auf ein Ersatzgrundstück das ursprüngliche, sich in Sanierung befindliche Grundstück seinen Charakter als wesentliche Betriebsgrundlage verliert und dadurch eine Betriebsaufspaltung zwangsweise aufgelöst wird, vgl. Kap. C.I. 9. b)[748]. 1372

(2) Risikoerfassung und Risikokommunikation

Zunächst ist die Höhe des betreffenden Risikos zu ermitteln. Im Sinne des § 91 Abs. 2 AktG geht es dabei v.a. um die Ermittlung von Höchstschadenswerten. Der Aufwand für die Beseitigung vorhandener oder drohender Kontaminationen ist somit abzuschätzen. Gleiches gilt für Maßnahmen des präventiven Bodenschutzes. Die jeweiligen Eintrittswahrscheinlichkeiten sind regelmäßig in Form subjektiver Wahrscheinlichkeiten zu beziffern[749]. Möglicherweise ist eine Annualisierung der betreffenden Risiken sinnvoll, um Gesamterwartungswerte zu ermitteln[750]. In Kap. C.IV. 2. bb) wird ein ausführliches Fallbeispiel gegeben. 1373

---

747 *Füser/Gleißner/Meier*, DB 1999, 753, 755.
748 *Happel/Liebwein*, Versicherungswirtschaft 4/2000, 229.
749 *Bitz*, a.a.O., S. 41–42.
750 *Bitz*, a.a.O., S. 42.

1374 Von ausschlaggebender Bedeutung für ein leistungsfähiges Risikomanagementsystem ist die Definition und laufende Beobachtung geeigneter Frühwarnindikatoren[751]. Im Falle eines Produktionsverfahrens, das zu Kontaminationen führen kann, sind z. B. die Ergebnisse periodischer Messungen als Indikatoren denkbar.

1375 Es sind Wege für die regelmäßige Berichterstattung über risikorelevante Sachverhalte sowie deren Form und Soll-Inhalte („Risk-Maps") festzulegen. In Fällen besonderer Eilbedürftigkeit oder einer besonderen Gefährdung ist jedoch eine Ad-hoc-Berichterstattung unter Abkürzung des üblichen Dienstweges notwendig.

1376 Im Hinblick auf die Frühwarnindikatoren sind Schwellenwerte zu definieren, bei deren Überschreiten eine Berichtspflicht an die übergeordnete Instanz ausgelöst wird. Der Bericht sollte auch die ergriffenen Maßnahmen zur Gegensteuerung und deren Erfolgsaussichten umfassen. Bei der Festlegung der Schwellenwerte für das bodenschutzbezogene Risiko bietet sich die Orientierung an den Prüfwerten an.

1377 Es ist sinnvoll, das Risikomanagementsystem an vorhandene Berichts- und Erfassungssysteme anzuknüpfen[752].

- Hierzu sind die vorhandenen Überwachungsinstrumentarien/- mechanismen auf ihre diesbezügliche Funktion hin erfassen. Es muß entschieden werden, welche Instrumentarien überhaupt dem prüfungsrelevanten Risikomanagementsystem zuzuordnen ist. Nicht jeder umweltrelevante Bericht ist auch risikorelevant; dies gilt besonders auch im Hinblick auf bodenschutzrechtliche Risiken.
- Speziell die Umweltmanagementsysteme sind auf Funktionstüchtigkeit und Vollständigkeit im Hinblick auf die Verwendung für das Risikomanagementsystem zu untersuchen. Dies muß vor dem Hintergrund der wichtigen Geschäftsprozesse geschehen.

1378 Das Berichtssystem sollte sich auf die schwerwiegenden Risiken konzentrieren und keine Vollständigkeit anstreben, da dies die Informationsverarbeitungskapazität des Managements überfordert („Lean Data Management")[753]. Wie auch für andere Berichtssysteme gilt, daß das Risikomanagementsystem empfängerorientiert zu gestalten ist.

(3) Zuordnung von Verantwortlichkeiten, Organisation und Überwachung

1379 Es sind verantwortliche „Risikoträger" in den jeweiligen Hierarchieebenen zu benennen. Regelmäßig wird es sich hierbei um den zuständigen Berichtsempfänger handeln.

---

751 *Bitz*, a. a. O., S. 55.
752 A. A. *Weber/Weißenberger/Liekweg*, DStR 1999, 1710.
753 *Bitz*, a. a. O., S. 56.

Hinsichtlich der Organisation existieren grundsätzlich zwei Wege, das Risiko- **1380** controlling im Unternehmen zu verankern[754].

- So geht das *Integrationskonzept* davon aus, daß jede Sachentscheidung Risikokomponenten enthält, so daß diejenige Instanz, die über die Sache entscheidet, auch für die damit verbundene Risikopolitik verantwortlich ist. Das Risikomanagement ist integraler Bestandteil der Unternehmensführung und unmittelbar in die allgemeinen Geschäftsprozesse eingebunden. Die jeweiligen Prozeßverantwortlichen sind zugleich für die zugehörigen Teilaufgaben des Risikomanagement – als sog. „Risk Owner" verantwortlich. Das Integrationskonzept geht davon aus, daß die beste Kenntnis der relevanten Risiken in den operativen Einheiten liegt[755].

- Das *Separationskonzept* trennt hingegen die sachliche von der risikopolitischen Entscheidung; die Gesamtrisikolage des Unternehmens kann nach dieser Konzeption nur ein zentrales Risikomanagement im Griff haben. Das Risikomanagementsystem ist als eigenständiges zusätzliches System neben den allgemeinen Steuerungs- und Geschäftsprozessen konzipiert. Risikomanagement hat im Separationskonzept eine funktions- und instanzenüberlagernde Natur. Das Hauptproblem in der Praxis liegt in dieser Konzeption wohl darin, daß die dezentral bekannten Risiken nicht transparent genug in Richtung der Verantwortungsträger kommuniziert werden[756].

In der Praxis herrschen Mischformen vor, wobei aus Praktikabilitätsüberle- **1381** gungen häufig eine weitgehende Integration in die bestehenden Managementinformationssysteme angestrebt wird (Integrationskonzept). Für das bodenschutzrechtliche Risiko bietet sich jedoch speziell bei mittelständischen Unternehmen angesichts des möglichen Höchstschadenswertes die Erfassung und Steuerung durch die Unternehmensspitze (im Rahmen des Separationskonzepts) an.

Bei dezentralisierter Unternehmensstruktur, wie sie in größeren Konzernen **1382** häufig anzutreffen sind, kann sich jedoch die Notwendigkeit einer stärkeren Zuwendung zum Integrationskonzept ergeben. In diesem Fall kann es sich empfehlen, anhand der oben thematisierten potentiellen Höchstschäden und annualisierten Gesamterwartungswerte Verlustobergrenzen und Toleranzbereiche für die grundstücksbezogenen Entscheidungen vorzugeben, wobei die Verlustobergrenzen angesichts der potentiell immensen Sanierungskosten eine besondere Rolle spielen[757], wie sie z.B. bei Banken hinsichtlich Kreditrisiken in Gestalt der „Mindestanforderungen an das Betreiben von Handelsgeschäften" (MaH) üblich sind[758].

---

754 *Füser/Gleißner/Meier*, DB 1999, 758.
755 *Ertl*, DSWR 1–2/2000, 3.
756 *Ertl*, DSWR 1–2/2000, 3.
757 *Happel/Liebwein*, Versicherungswirtschaft 4/2000, 230.
758 Bundesaufsichtsamt für das Kreditwesen (Hrsg.), Schreiben zu den Mindestanforderungen an das Betreiben von Kreditinstituten.

1383 Wurden eigene Risikofelder für die Beobachtung kumulativer und interdependenter Risiken definiert, so muß der Informationsaustausch innerhalb dieses Risikofeldes gesichert werden. Im obigen Beispiel der gefährdeten Betriebsaufspaltung kann die Steuerabteilung ihre Planung nicht ohne ergänzende Erkenntnisse aus der Umweltabteilung durchführen. Möglicherweise bietet sich als Risikoträger für derartige Risikofelder eine übergeordnete Instanz an, im genannten Beispiel etwa der Kaufmännische Leiter.

1384 Die gemeldeten Daten sollten durch das dezentrale und – soweit erforderlich – auch durch das zentrale Controlling aufgenommen und im Rahmen der Funktion „Risiko-Controlling" überwacht werden. Eine Überprüfung auf Vollständigkeit, Durchführung und Weiterentwicklungsbedürftigkeit sollte durch fest eingebaute Kontrollen und die interne Revision erfolgen[759].

(4) Dokumentation der Maßnahmen (Risikohandbuch)

1385 Die eingeleiteten Maßnahmen zur Erfassung und Kontrolle des Risikos sollten in einem Risikohandbuch dokumentiert werden. Hierdurch kann gleichzeitig die personenunabhängige Funktionsfähigkeit des Risikomanagementsystems eine Dokumentation erfahren. Das Risikohandbuch ist eine wesentliche Grundlage für die Prüfungshandlungen des Wirtschaftsprüfers[760].

1386 Ohne Anspruch auf Vollständigkeit sollte ein Risikohandbuch beinhalten:
- Die Definition der Risikofelder (bestandsgefährdende Risiken)
- Die Benennung der Frühwarnindikatoren und Meldeschwellen
- Die Festlegung der Verantwortlichkeiten und der Kommunikationswege
- Die Zusammenstellung der integrierten Kontrollen

1387 In Konzernunternehmen sollten zudem Richtlinien über die konzerneinheitliche Handhabung des Risikomanagements erlassen werden. Die Unterlagen über Risiko(früh-)erkennung, -analyse und -kommunikation sollten selbst dann über einen längeren Zeitraum archiviert werden, wenn keine gesetzliche Verpflichtung hierzu besteht. Die Dokumentation ist so auszugestalten, daß sie als Grundlage für die Systemprüfung tauglich ist und der Rolle des Abschlußprüfers als Zuarbeiters des Aufsichtsrats dient.

(cc) Bewertung des prospektiven bodenschutzrechtsbezogenen Risikos

1388 Die Bewertung des Risikos hängt von der Eintrittswahrscheinlichkeit und der Höhe des Schadens ab. Hinsichtlich der Bewertung **existenter Risiken** sei auf die Ausführungen zur Due Diligence-Analyse im vorangehenden Kapitel verwiesen. Hingegen kann die Prognose des **prospektiven bodenschutzrechtsbezogenen Risikos** nur vor dem Hintergrund bestimmter unternehmenspolitischer Strategien erfolgen.

---

[759] *Ertl*, DSWR 1–2/2000, 6.
[760] Vgl. Vgl. *Kless*, DStR 3/1998, 93 ff.

Beispiel:

- **Strategie A**: Durchführung einer Investition zur Erhöhung der Sicherheit umweltkritischer Produktionsanlagen auf höchstem technischen Niveau. Die Gefahr schädlicher Bodenveränderungen kann – unter Inkaufnahme entsprechend kostenintensiver Investitionen – dabei minimiert werden.
- **Strategie B**: Einhaltung lediglich der gesetzlichen Mindestanforderungen. Man nimmt angesichts der hohen Vermeidungskosten hierbei das Entstehen schädlicher Bodenveränderungen durch den Anlagenbetrieb bewußt in Kauf.

Mit beiden Strategien sollen sich dieselben Umsatzerlöse erzielen lassen.

1389 Um die Risikosituation der Quantifizierung zugänglich zu machen, wird in der Praxis z.T. bewußt nach der möglichen Eintrittshäufigkeit des Schadens gefragt. Die Frage könnte somit lauten[761]: „Wie oft tritt ein Unfall in der Anlage mit der Folge einer relevanten schädlichen Bodenveränderung aufgrund des Einsickerns eines bestimmten Schadstoffs unter der Voraussetzung des Szenarios A (bzw. B) in den nächsten 10 Jahren (Nutzungsdauer der Anlage) auf?" Das Ergebnis kann in Wahrscheinlichkeiten umgerechnet werden: Lautet die Antwort z.B., im Szenario B werde ein Unfall einmal in zehn Jahren erwartet, so entspricht dies einer Wahrscheinlichkeit von 10% pro Jahr. Bei der Zumessung der betreffenden Wahrscheinlichkeiten sollte aus Vereinfachungsgründen davon ausgegangen werden, daß die Kontamination der Behörde zur Kenntnis gelangt. Alternativ könnte auch hier mit bedingten Wahrscheinlichkeiten gearbeitet werden.

1390 Logisch vorangehen sollte im Rahmen der Definition der relevanten Risikofelder die Erfassung der möglichen Schadensarten aufgrund potentieller Unfälle; dabei geht es hier vor allem um die Intensität und Extensität möglicher schädlicher Bodenveränderungen. Man wird eine Differenzierung zwischen Kleinschäden, mittleren Schäden und Höchstschäden vornehmen. Dabei bietet es sich an, im Hinblick auf das bodenschutzrechtliche Haftungsrisiko die Schadensdefinition wiederum an den Prüf-, Maßnahme- und Vorsorgewerten sowie an der Extensität der Kontamination zu orientieren.

1391 Das Resultat der Auswertung der Primärfolgen wird eine Matrix etwa folgender Art sein:

---

761 *Füser/Gleißner/Meier*, DB 1999, 755.

Handelsrechtliche, steuerrechtliche und betriebswirtschaftliche Fragestellungen

	Szenario A	Szenario B
Kleinstschäden Wahrscheinlichkeit Wert (TDM) Produkt	0% 10 TDM 0 TDM	10% 20 TDM 2 TDM
Mittlere Schäden Wahrscheinlichkeit Wert (TDM) Produkt.	10% 500 TDM 50 TDM	30% 600 TDM 180 TDM
Höchstschäden Wahrscheinlichkeit Wert (TDM) Produkt	1% 5000 TDM 50 TDM	5% 6000 TDM 300 TDM
Gesamterwartungswert	100 TDM	482 TDM

1392 Schon aus dieser Aufstellung ergibt sich, daß die abdiskontierten Vermeidungskosten im Szenario A maximal 382 TDM (482 TDM ./. 100 TDM) betragen dürften. Im Beispiel ist die Strategie A – ungeachtet der geringeren Umweltrisiken – somit dann in Frage zu stellen, wenn die hiermit einhergehenden abdiskontierten Mehraufwendungen des Investitionsprogramms mehr als 382 TDM betragen. Eine abweichende Beurteilung könnte sich dann ergeben, wenn der potentielle Höchstschadenswert zwischen den alternativen Strategien weiter differieren bzw. in den Bereich des bestandsgefährdenden Risikos reichen würde. Führt der Höchstschadenswert nämlich allein oder kumulativ für eine bestimmte Strategie zu einem bestandsgefährdenden Risiko, ist diese – unabhängig von der Eintrittswahrscheinlichkeit – zu meiden.

1393 Sollten sich – anders als im Beispiel vorausgesetzt – nicht mit den alternativen Strategien dieselben Erlöse erzielen lassen, wären entsprechende Kapitalwertberechnungen unter Einschluß der Erlöse der betreffenden Strategien notwendig.

1394 In die Zahlen des o.g. Beispiels floß ein Zweifel an einer Behauptung ein, der im Risikomanagement immer wieder aufgestellt wird: Daß nämlich Kleinstschäden eine höhere Eintrittswahrscheinlichkeit besitzen als mittlere oder gar große Schäden[762]. Diese Behauptung ist schon definitorisch nur für die wahrscheinlichkeitstheoretisch faßbaren Risiken aufstellbar, nicht aber für Situationen der Unsicherheit erster Ordnung, der bodenschutzrechtliche Risiken i. d. R. zugerechnet werden müssen.

1395 Die anhand des obigen Beispiels angestellten Überlegungen lassen sich auch auf andere bodenschutzrechtlich relevante Situationen übertragen. So kann z. B. zu hinterfragen sein, ob vor der Akquisition oder dem Verkauf eines Un-

---

762 *Füser/Gleißner/Meier*, DB 1999, 755.

ternehmens/Grundstücks entsprechend aufwendige Bodenuntersuchungen veranlaßt werden sollen oder nicht.

In der Praxis wird z.T. eine Normierung der möglichen Schäden auf einen fest definierten Bezugszeitraum vorgenommen. Ein mittlerer Schaden, der z.B. nur alle 10 Jahre auftritt und eine potentielle Schadenshöhe von 500 TDM besitzt, hat eine annualisierte Schadenshöhe von 50 TDM/J. (500 TDM/10 Jahre). **1396**

Der für Klein-, Mittel- und Höchstschäden zu bildende annualisierte Gesamterwartungswert beträgt im obigen Beispiel im Szenario A 10 TDM/J. (100 TDM/10 Jahre), im Szenario B 48 TDM/J. (482 TDM/10 Jahre). **1397**

Die Annualisierung des potentiellen Schadens ist deswegen bedeutsam, weil (im obigen Beispiel) nach Ablauf der betriebsüblichen Nutzungsdauer wahrscheinlich eine Ersatzinvestition derselben Qualität erfolgen wird. Es wird über die Annualisierung somit nicht das Risiko im Hinblick auf eine begrenzte Investitionsperiode, sondern ein periodisiertes, aber nachhaltiges Risiko aus der betreffenden Strategie ermittelt. **1398**

Bei der Bewertung und Steuerung der Risiken darf jedoch nicht nur eine Fixierung auf die unmittelbaren Schäden (Primärfolgen) stattfinden, sondern auch die mittelbaren Folgen (Sekundärfolgen) sind zu bewerten. Diese können z.B. daraus resultieren, daß ein Grundstück aufgrund einer Sanierungsmaßnahme für einen bestimmten Zeitraum nur eingeschränkt nutzbar ist und aufgrund der hierdurch erzeugten Produktionsausfälle Kunden unzufrieden werden und abwandern. Auch die (mittelbaren) Opportunitätskosten sind dabei abzuschätzen. Hierbei handelt es sich z.B. um entgangene Gewinne aufgrund von Nutzungsbeschränkungen und daraus resultierender Produktionskapazitätsengpässe etc. Die immateriellen Schäden, wie sie aus Wertminderungen des originären Geschäfts- und Firmenwertes oder aufgrund des Verlusts des „guten Rufes" entstehen können, sind unter Umständen gerade im Umweltbereich beachtlich und erfordern daher eine schätzungsweise Quantifizierung. In diesem Fall kann es sich empfehlen, den voraussichtlichen Umsatzrückgang, die zusätzlichen Aufwendungen für PR-Maßnahmen etc. zu veranschlagen und auf den gegenwärtigen Zeitpunkt abzudiskontieren. **1399**

(dd) Risikomanagementprozeß und Risikoentscheidungen

Neben der Analyse und Bewertung erfordert der Risikomanagementprozeß auch eine Planung und Steuerung der relevanten Risiken. Dies impliziert auch ein Risikocontrolling auf Basis eines Risikoplans. Die Resultate des Soll-Ist-Abgleiches sind an die Verantwortungsträger zu kommunizieren[763]. **1400**

---

[763] Vgl. *Füser/Gleißner/Meier*, DB 1999, 754 ff. – *Kromschröder/Lück*, DB 1998, 1574 ff. – *Ertl*, DSWR 1–2/2000, 4. – *Gleißner/Meier*, DSWR 1–2/2000, 9.

1401 Ein Risikomanagement in der oben skizzierten Form bietet eine Grundlage für unternehmerische Entscheidungen.

1402 Das Risiko eines existenzgefährdenden *potentiellen Höchstschadens* ist selbst dann zu vermeiden, wenn dem Höchstschaden nur eine geringe Eintrittswahrscheinlichkeit zugeordnet wird[764]. Da die bodenschutzrechtlichen Risiken besonders für mittelständische Unternehmen leicht existenzbedrohenden Charakter annehmen können, muß auch dann, wenn den betreffenden Risiken nur eine geringe Eintrittswahrscheinlichkeit beigemessen wird, immer darauf Augenmerk gelegt werden, den potentiellen Höchstschaden der favorisierten Strategie zu begrenzen[765].

1403 Zwar sind nach dem Sinn des KonTraG nur die bestandsgefährdenden Risiken im Risikomanagementsystem zu erfassen. Als kritisch sind jedoch auch solche Strategien anzusehen, die mit einem hohen annualisierten Gesamterwartungswert des Schadens einhergehen.

1404 Am bedrohlichsten sind Strategien, die gleichzeitig einen hohen potentiellen Höchstschaden und einen hohen annualisierten Gesamterwartungswert des Schadens implizieren.

1405 Insbesondere der Bereich des präventiven Bodenschutzes bietet Raum zum Agieren des Managements, indem die gewünschte Risikoposition bewußt geplant wird. Zum Zwecke der Risikoplanung sollten die Risiken in solche unterteilt werden, die beeinflußbar und solche, die nicht beeinflußbar sind[766]. Speziell für den Bereich des repressiven Bodenschutzes wäre es verkürzt, diesen nur mit einem bloßen Reagieren gleichzusetzen. Beispielsweise kann in Gestalt von Anpassungen der Nutzung an die jeweilige Gefahrenlage bei vorhandenen schädlichen Bodenveränderungen oder Altlasten das Kostenrisiko u. U. gemindert werden. Plastisch formuliert: Der Betriebskindergarten sollte nicht unbedingt am Standort einer ehemaligen Mülldeponie betrieben werden.

(ee) Aufgaben des Wirtschaftsprüfers[767]

1406 Unter den Wirtschaftsprüfern ist z. Zt. noch in der Diskussion, was überhaupt unter Risikomanagementsystemen zu verstehen ist. Große Prüfungsgesellschaften haben mittlerweile weitreichende Konzepte zur Ausgestaltung des Risikomanagementsystems entwickelt. Dabei ist jedoch zu betonen, daß

- nicht die Erstellung eines Risikomanagementsystems, sondern dessen Prüfung zu den Aufgaben des Wirtschaftsprüfers gehört und
- Vorsicht vor generalisierenden Konzeptionen angesagt ist.

---

764 *Bitz*, a. a. O., S. 23, 46.
765 Vgl. auch *Ertl*, DSWR 1–2/2000, 5.
766 *Bitz*, a. a. O., S. 20.
767 Vgl. zum folgenden *Kuhl/Nickel*, DB 1999, 135.

Checklisten können sowohl für die Prüfer wie auch für das geprüfte Unter- 1407
nehmen nicht mehr als erste Anhaltspunkte darstellen. Nicht zielführend
wäre es, derartige Listen auf Vollständigkeit hin „abzuarbeiten". Bei der Implementierung eines Frühwarnsystems ist „weniger manchmal mehr": Es
geht um die Konzentration des Risikomanagements auf die existenzbedrohenden und schwerwiegenden Risiken. Mit Frühwarnsystemen verhält es sich
nicht anders als bei Due Diligence-Prüfungen, bei denen sich regelmäßig eine
Handvoll Risikofaktoren als relevant erweist. Dementsprechend sollte auch
hinsichtlich der bodenschutzrechtlichen Gefahrenquellen sowohl vom Management als auch von den Prüfern das Augenmerk vor allem auf die relevanten, d.h. potentiell bestandsgefährdenden Risikofaktoren gelegt werden. Dies
schließt Bemühungen zur Verfeinerung des Risikomanagementsystems keineswegs aus. Entsprechende Anregungen können in geeigneter Form, z.B. in
einem Management Letter, kundgetan werden[768]. Ebenso wie das Risikomanagementsystem unternehmensindividuell aufgebaut sein muß, kann auch
dessen Prüfung nicht ausschließlich anhand vorgefertigter Schemata erfolgen.
Angesichts der naturwissenschaftlich-technischen Fragen, die sich bei einer
Prüfung des bodenschutzrechtlichen Risikofelds auftun, empfiehlt es sich zumindest für Prüfer großer Wirtschaftsprüfungsgesellschaften, die dort oft
mittlerweile eingerichteten Umweltgruppen zu Rate zu ziehen.

Im Zusammenhang mit den auf das BBodSchG erfolgten Entscheidungen der 1408
Geschäftsführung ist zu betonen, daß es sich bei § 317 Abs. 4 HGB um eine
System- und keine Geschäftsführungsprüfung handelt. Es ist daher nicht
Sache der Wirtschaftsprüfer, z.B. die wirtschaftliche Vertretbarkeit eingeleiteter Gefahrerforschungs- oder Sanierungsmaßnahmen oder die umweltpolitische Vertretbarkeit bestimmter Unternehmensstrategien zu beurteilen.

Das Ergebnis der Prüfung wird in einem Sonderteil des Prüfungsberichts dar- 1409
gestellt (§ 321 Abs. 4 HGB). Aus diesem muß hervorgehen, ob das eingerichtete Überwachungssystem seine Aufgabe erfüllen kann. Gegebenenfalls sind
Hinweise auf Mängel und Maßnahmen zur Verbesserung zu nennen. Der Aufsichtsrat bekommt somit Informationen zur Hand, die ihm bei der Kontrolle
der Unternehmensorganisation, hier also des Umweltmanagements, hinsichtlich möglicher Fehler und Schwachstellen helfen sollen.

Hingegen findet das Ergebnis der Prüfung des Risikomanagementsystems 1410
keinen Niederschlag im Bestätigungsvermerk[769].

b) Projektcontrolling/Kostenplanung

Das Controlling dient bei Sanierungsmaßnahmen dem Soll-Ist-Abgleich so- 1411
wohl in finanzieller wie auch in zeitlicher Hinsicht.

---

768 *Bitz*, a.a.O., S. 11.
769 IdW, Prüfungsstandard 340 zur Prüfung des Risikofrüherkennungssystems nach § 317 Abs. 4 HGB, Düsseldorf 1999, 10.

1412 Die Controlling-Funktion kann dabei sowohl in Gestalt des Eigen- wie des Fremd-Controlling, nämlich durch eine mit den Maßnahmen beauftragte Firma, ausgeübt werden. Das Controlling des Sanierungsprojekts hat sowohl eine quantitative wie auch eine qualitative Dimension. In quantitativer Hinsicht geht es sowohl um den Auftragsfortschritt wie um die Kontrolle der Projektkosten, in qualitativer Hinsicht um die Güte der Zielerreichung, also das gesetzte Sanierungsziel. Dabei kann das eine vom anderen nicht getrennt werden; wird das Sanierungsziel nicht erreicht, so zieht dies Nacharbeiten und (Opportunitäts-)Kosten nach sich.

1413 Als Grundlage für das Controlling kann im Hinblick auf Sanierungsmaßnahmen der Sanierungsplan bzw. der Sanierungsvertrag dienen. Bei den der Sanierung vorgelagerten Phasen kann auf die Ergebnisse der Inventur der Risiken (Kap. C.I. 2.) zurückgegriffen werden. Auf dieser Basis muß eine detaillierte Ablauf- und Kostenplanung[770] für die erforderlichen Maßnahmen erstellt werden. Diese enthält den Zeitplan, die Phasen, einzelne Aktivitäten sowie den Gesamtkostenplan und wird laufend fortgeschrieben.

(aa) Untersuchung

1414 Die Kosten für Aufschlüsse des Bodenkörpers (z. B. Bohrungen) hängen im wesentlichen von der Topographie, der Zugänglichkeit des Geländes und den geologischen wie hydrogeologischen Eigenschaften des Bodens ab. Als besonders kostenintensiv stellen sich Schürfe dar, da im Verhältnis zur Beprobungsmenge relativ große Mengen Bodenmaterials ausgehoben werden. Kostengünstiger sind Bohrungen (v.a. Kleinbohrungen). Unter Zuhilfenahme eines Rasters lassen sich auf diese Weise auch große Verdachtsflächen mit hinreichender Sicherheit beproben.

1415 Eine valide Kostenplanung kann nur aufgrund eines genauen Beprobungsrasters stattfinden, was selbstverständlich keine Totaluntersuchung bedeuten kann. Sinnvoll ist zudem, eine Recherche im Hinblick auf die Nutzungen, die in der Vergangenheit auf der Verdachtsfläche stattgefunden haben, anzustellen und von gutachterlicher Seite die Kosten voraussichtlicher Maßnahmen überprüfen zu lassen.

(bb) Sanierungsmaßnahmen

1416 Die Kostenanalyse gestaltet sich bei Sanierungsmaßnahmen normalerweise aufwendig. Zu berücksichtigen sind hierbei u.a. Kosten der Informationsunterlagen, der Beprobungen und Gutachten, Planungskosten, Kosten für das Genehmigungsverfahren, Kosten der Nacharbeiten, Kosten für Sicherungsmaßnahmen, Kosten für Versicherungen, Kosten für Öffentlichkeitsarbeit,

---

770 Es wird auch der Ausdruck „Investitionsplan" verwendet. Allerdings handelt es sich nicht in jedem Fall um eine Investition im betriebswirtschaftlichen und bilanzrechtlichen Sinne, weswegen dieser Begriff hier nicht verwendet wird.

Zinsen etc. In der Kostenrechnung sind zudem u. U. Opportunitätskosten für den Nutzungsausfall der Anlagen einzukalkulieren.

Für die betreffenden Maßnahmen sollten in jedem Fall in der Finanzbuchhaltung eigene Konten eingerichtet werden und zusätzlich eine Aufzeichnung der Kosten außerhalb der Buchführung erfolgen; eventuelle Unstimmigkeiten in der Buchführung können ansonsten möglicherweise zur Gefährdung öffentlicher Förderungen führen. Größere Unternehmen könnten für die Sanierungsmaßnahme sogar eine eigene Kostenstelle einrichten und ihr ein Budget zuweisen. **1417**

Im Hinblick auf das geplante Sanierungsziel sollte ein Kosten-Nutzen-Vergleich alternativer in Frage kommender Verfahren durchgeführt werden. Bei Verhandlungen über einen Sanierungsvertrag ist es sinnvoll, diesen Vergleich schon so früh vorzunehmen, daß er in die Verhandlungen mit der Umweltbehörde einfließen kann. Ein Vorab-Vergleich zum Zwecke der Budgetierung kann über das Einholen unverbindlicher Angebote und/oder die Erkundigung von marktüblichen Durchschnittspreisen geschehen. Die Preise sind auf das in Frage stehende Sanierungsvolumen zu beziehen, wobei sinnvollerweise ein Sicherheitszuschlag einkalkuliert werden sollte. Dieser kann je nach Sachlage 50 bis 100% betragen. Hiermit wird nicht nur der Unsicherheit der Kalkulation, sondern auch der Ausbreitung der Schadstoffe Rechnung getragen. Der Sicherheitszuschlag ist um so höher anzusetzen, je höher die Mobilität der Schadstoffe und je größer die zeitliche Distanz zwischen Feststellung, Untersuchung und Sanierung der Altlast ist. **1418**

(cc) Abschluß der Sanierung

Nach Abschluß der Sanierungs- und Nachsorgemaßnahmen müssen die entsprechenden Kostenstellen und Konten aufgelöst und reintegriert werden. Bei Abschluß der Maßnahmen empfiehlt sich eine abschließende Kosten-Nutzen-Analyse und eine Dokumentation. Die betreffenden Daten müssen auch der Finanzbuchhaltung zur Verfügung gestellt werden, damit diese etwa beurteilen kann, inwieweit die betreffenden Rückstellungen aufgelöst werden müssen oder in Anspruch genommen wurden. **1419**

Anhang

1. Gesetz zum Schutz des Bodens (BBodSchG) 431
2. Bundes-Bodenschutz- und Altlastenverordnung (BBodSchV) 447
3. Verordnung über die Eintragung des Bodenschutzlastvermerks 492
4. Strafgesetzbuch (StGB) – Auszüge 493
5. Bewertungsgesetz (BewG) – Auszüge. 495
6. Erbschaftsteuergesetz (ErbStG) – Auszüge 499
7. Grunderwerbsteuergesetz (GrEStG) – Auszüge. 500
8. Handelsgesetzbuch (HGB) – Auszüge 502
9. Abgabenordnung (AO) – Auszüge 506
10. Einkommensteuergesetz (EStG) – Auszüge 508
11. Gesetz zur Kontrolle und Transparenz im Unternehmensbereich (KonTraG) – Auszüge 512

1. Gesetz zum Schutz des Bodens
Vom 17. März 1998

Der Bundestag hat mit Zustimmung des Bundesrates das folgende Gesetz beschlossen:

Artikel 1
Gesetz zum Schutz vor schädlichen Bodenveränderungen und zur Sanierung von Altlasten (Bundes-Bodenschutzgesetz – BBodSchG)

Inhaltsübersicht

Erster Teil: Allgemeine Vorschriften
- § 1 Zweck und Grundsätze des Gesetzes
- § 2 Begriffsbestimmungen
- § 3 Anwendungsbereich

Zweiter Teil: Grundsätze und Pflichten
- § 4 Pflichten zur Gefahrenabwehr
- § 5 Entsiegelung
- § 6 Auf- und Einbringen von Materialien auf oder in den Boden
- § 7 Vorsorgepflicht
- § 8 Werte und Anforderungen
- § 9 Gefährdungsabschätzung und Untersuchungsanordnungen
- § 10 Sonstige Anordnungen

Dritter Teil: Ergänzende Vorschriften für Altlasten
- § 11 Erfassung
- § 12 Information der Betroffenen
- § 13 Sanierungsuntersuchungen und Sanierungsplanung
- § 14 Behördliche Sanierungsplanung
- § 15 Behördliche Überwachung, Eigenkontrolle
- § 16 Ergänzende Anordnungen zur Altlastensanierung

Vierter Teil: Landwirtschaftliche Bodennutzung
- § 17 Gute fachliche Praxis in der Landwirtschaft

Fünfter Teil: Schlußvorschriften
- § 18 Sachverständige und Untersuchungsstellen
- § 19 Datenübermittlung
- § 20 Anhörung beteiligter Kreise
- § 21 Landesrechtliche Regelungen
- § 22 Erfüllung von bindenden Beschlüssen der Europäischen Gemeinschaften
- § 23 Landesverteidigung
- § 24 Kosten
- § 25 Wertausgleich
- § 26 Bußgeldvorschriften

Erster Teil
Allgemeine Vorschriften

§ 1
Zweck und Grundsätze des Gesetzes

Zweck dieses Gesetzes ist es, nachhaltig die Funktionen des Bodens zu sichern oder wiederherzustellen. Hierzu sind schädliche Bodenveränderungen abzuweh-

Anhang 1

ren, der Boden und Altlasten sowie hierdurch verursachte Gewässerverunreinigungen zu sanieren und Vorsorge gegen nachteilige Einwirkungen auf den Boden zu treffen. Bei Einwirkungen auf den Boden sollen Beeinträchtigungen seiner natürlichen Funktionen sowie seiner Funktion als Archiv der Natur- und Kulturgeschichte so weit wie möglich vermieden werden.

§ 2
Begriffsbestimmungen

(1) Boden im Sinne dieses Gesetzes ist die obere Schicht der Erdkruste, soweit sie Träger der in Absatz 2 genannten Bodenfunktionen ist, einschließlich der flüssigen Bestandteile (Bodenlösung) und der gasförmigen Bestandteile (Bodenluft), ohne Grundwasser und Gewässerbetten.

(2) Der Boden erfüllt im Sinne dieses Gesetzes

1. natürliche Funktionen als
   a) Lebensgrundlage und Lebensraum für Menschen, Tiere, Pflanzen und Bodenorganismen,
   b) Bestandteil des Naturhaushalts, insbesondere mit seinen Wasser- und Nährstoffkreisläufen,
   c) Abbau-, Ausgleichs- und Aufbaumedium für stoffliche Einwirkungen auf Grund der Filter-, Puffer- und Stoffumwandlungseigenschaften, insbesondere auch zum Schutz des Grundwassers,
2. Funktionen als Archiv der Natur- und Kulturgeschichte sowie
3. Nutzungsfunktionen als
   a) Rohstofflagerstätte,
   b) Fläche für Siedlung und Erholung,
   c) Standort für die land- und forstwirtschaftliche Nutzung,
   d) Standort für sonstige wirtschaftliche und öffentliche Nutzungen, Verkehr, Ver- und Entsorgung.

(3) Schädliche Bodenveränderungen im Sinne dieses Gesetzes sind Beeinträchtigungen der Bodenfunktionen, die geeignet sind, Gefahren, erhebliche Nachteile oder erhebliche Belästigungen für den einzelnen oder die Allgemeinheit herbeizuführen.

(4) Verdachtsflächen im Sinne dieses Gesetzes sind Grundstücke, bei denen der Verdacht schädlicher Bodenveränderungen besteht.

(5) Altlasten im Sinne dieses Gesetzes sind

1. stillgelegte Abfallbeseitigungsanlagen sowie sonstige Grundstücke, auf denen Abfälle behandelt, gelagert oder abgelagert worden sind (Altablagerungen), und
2. Grundstücke stillgelegter Anlagen und sonstige Grundstücke, auf denen mit umweltgefährdenden Stoffen umgegangen worden ist, ausgenommen Anlagen, deren Stillegung einer Genehmigung nach dem Atomgesetz bedarf (Altstandorte),

durch die schädliche Bodenveränderungen oder sonstige Gefahren für den einzelnen oder die Allgemeinheit hervorgerufen werden.

(6) Altlastverdächtige Flächen im Sinne dieses Gesetzes sind Altablagerungen und Altstandorte, bei denen der Verdacht schädlicher Bodenveränderungen oder sonstiger Gefahren für den einzelnen oder die Allgemeinheit besteht.

Gesetz zum Schutz des Bodens

(7) Sanierung im Sinne dieses Gesetzes sind Maßnahmen
1. zur Beseitigung oder Verminderung der Schadstoffe (Dekontaminationsmaßnahmen),
2. die eine Ausbreitung der Schadstoffe langfristig verhindern oder vermindern, ohne die Schadstoffe zu beseitigen (Sicherungsmaßnahmen),
3. zur Beseitigung oder Verminderung schädlicher Veränderungen der physikalischen, chemischen oder biologischen Beschaffenheit des Bodens.

(8) Schutz- und Beschränkungsmaßnahmen im Sinne dieses Gesetzes sind sonstige Maßnahmen, die Gefahren, erhebliche Nachteile oder erhebliche Belästigungen für den einzelnen oder die Allgemeinheit verhindern oder vermindern, insbesondere Nutzungsbeschränkungen.

§ 3
Anwendungsbereich

(1) Dieses Gesetz findet auf schädliche Bodenveränderungen und Altlasten Anwendung, soweit
1. Vorschriften des Kreislaufwirtschafts- und Abfallgesetzes über das Aufbringen von Abfällen zur Verwertung als Sekundärrohstoffdünger oder Wirtschaftsdünger im Sinne des § 1 des Düngemittelgesetzes und der hierzu auf Grund des Kreislaufwirtschafts- und Abfallgesetzes erlassenen Rechtsverordnungen sowie der Klärschlammverordnung vom 15. April 1992 (BGBl. I S. 912),
2. Vorschriften des Kreislaufwirtschafts- und Abfallgesetzes über die Zulassung und den Betrieb von Abfallbeseitigungsanlagen zur Beseitigung von Abfällen sowie über die Stillegung von Deponien,
3. Vorschriften über die Beförderung gefährlicher Güter,
4. Vorschriften des Düngemittel- und Pflanzenschutzrechts,
5. Vorschriften des Gentechnikgesetzes,
6. Vorschriften des Zweiten Kapitels des Bundeswaldgesetzes und der Forst- und Waldgesetze der Länder,
7. Vorschriften des Flurbereinigungsgesetzes über das Flurbereinigungsgebiet, auch in Verbindung mit dem Landwirtschaftsanpassungsgesetz,
8. Vorschriften über Bau, Änderung, Unterhaltung und Betrieb von Verkehrswegen oder Vorschriften, die den Verkehr regeln,
9. Vorschriften des Bauplanungs- und Bauordnungsrechts,
10. Vorschriften des Bundesberggesetzes und der auf Grund dieses Gesetzes erlassenen Rechtsverordnungen über die Errichtung, Führung oder Einstellung eines Betriebes sowie
11. Vorschriften des Bundes-Immissionsschutzgesetzes und der auf Grund dieses Gesetzes erlassenen Rechtsverordnungen über die Errichtung und den Betrieb von Anlagen unter Berücksichtigung von Absatz 3

Einwirkungen auf den Boden nicht regeln.

(2) Dieses Gesetz findet keine Anwendung auf Anlagen, Tätigkeiten, Geräte oder Vorrichtungen, Kernbrennstoffe und sonstige radioaktive Stoffe, soweit Rechtsvorschriften den Schutz vor den Gefahren der Kernenergie und der Wirkung ionisierender Strahlen regeln. Dieses Gesetz gilt ferner nicht für das Aufsuchen, Bergen, Befördern, Lagern, Behandeln und Vernichten von Kampfmitteln.

(3) Im Hinblick auf das Schutzgut Boden gelten schädliche Bodenveränderungen im Sinne des § 2 Abs. 3 dieses Gesetzes und der auf Grund dieses Gesetzes erlassenen Rechtsverordnungen, soweit sie durch Immissionen verursacht werden, als schädliche Umwelteinwirkungen nach § 3 Abs. 1 des Bundes-Immissionsschutzgesetzes, im übrigen als sonstige Gefahren, erhebliche Nachteile oder erhebliche Belästigungen nach § 5 Abs. 1 Nr. 1 des Bundes-Immissionsschutzgesetzes. Zur näheren Bestimmung der immissionsschutzrechtlichen Vorsorgepflichten sind die in einer Rechtsverordnung nach § 8 Abs. 2 festgelegten Werte heranzuziehen, sobald in einer Rechtsverordnung oder in einer Verwaltungsvorschrift des Bundes bestimmt worden ist, welche Zusatzbelastungen durch den Betrieb einer Anlage nicht als ursächlicher Beitrag zum Entstehen schädlicher Bodenveränderungen anzusehen sind. In der Rechtsverordnung oder der Verwaltungsvorschrift soll gleichzeitig geregelt werden, daß bei Unterschreitung bestimmter Emissionsmassenströme auch ohne Ermittlung der Zusatzbelastung davon auszugehen ist, daß die Anlage nicht zu schädlichen Bodenveränderungen beiträgt.

Zweiter Teil
Grundsätze und Pflichten

§ 4
Pflichten zur Gefahrenabwehr

(1) Jeder, der auf den Boden einwirkt, hat sich so zu verhalten, daß schädliche Bodenveränderungen nicht hervorgerufen werden.

(2) Der Grundstückseigentümer und der Inhaber der tatsächlichen Gewalt über ein Grundstück sind verpflichtet, Maßnahmen zur Abwehr der von ihrem Grundstück drohenden schädlichen Bodenveränderungen zu ergreifen.

(3) Der Verursacher einer schädlichen Bodenveränderung oder Altlast sowie dessen Gesamtrechtsnachfolger, der Grundstückseigentümer und der Inhaber der tatsächlichen Gewalt über ein Grundstück sind verpflichtet, den Boden und Altlasten sowie durch schädliche Bodenveränderungen oder Altlasten verursachte Verunreinigungen von Gewässern so zu sanieren, daß dauerhaft keine Gefahren, erheblichen Nachteile oder erheblichen Belästigungen für den einzelnen oder die Allgemeinheit entstehen. Hierzu kommen bei Belastungen durch Schadstoffe neben Dekontaminations- auch Sicherungsmaßnahmen in Betracht, die eine Ausbreitung der Schadstoffe langfristig verhindern. Soweit dies nicht möglich oder unzumutbar ist, sind sonstige Schutz- und Beschränkungsmaßnahmen durchzuführen. Zur Sanierung ist auch verpflichtet, wer aus handelsrechtlichem oder gesellschaftsrechtlichem Rechtsgrund für eine juristische Person einzustehen hat, der ein Grundstück, das mit einer schädlichen Bodenveränderung oder einer Altlast belastet ist, gehört, und wer das Eigentum an einem solchen Grundstück aufgibt.

(4) Bei der Erfüllung der boden- und altlastenbezogenen Pflichten nach den Absätzen 1 bis 3 ist die planungsrechtlich zulässige Nutzung des Grundstücks und das sich daraus ergebende Schutzbedürfnis zu beachten, soweit dies mit dem Schutz der in § 2 Abs. 2 Nr. 1 und 2 genannten Bodenfunktionen zu vereinbaren ist. Fehlen planungsrechtliche Festsetzungen, bestimmt die Prägung des Gebiets und Berücksichtigung der absehbaren Entwicklung das Schutzbedürfnis. Die bei der Sa-

nierung von Gewässern zu erfüllenden Anforderungen bestimmen sich nach dem Wasserrecht.

(5) Sind schädliche Bodenveränderungen oder Altlasten nach dem 1. März 1999 eingetreten, sind Schadstoffe zu beseitigen, soweit dies im Hinblick auf die Vorbelastung des Bodens verhältnismäßig ist. Dies gilt für denjenigen nicht, der zum Zeitpunkt der Verursachung auf Grund der Erfüllung der für ihn geltenden gesetzlichen Anforderungen darauf vertraut hat, daß solche Beeinträchtigungen nicht entstehen werden, und sein Vertrauen unter Berücksichtigung der Umstände des Einzelfalles schutzwürdig ist.

(6) Der frühere Eigentümer eines Grundstücks ist zur Sanierung verpflichtet, wenn er sein Eigentum nach dem 1. März 1999 übertragen hat und die schädliche Bodenveränderung oder Altlast hierbei kannte oder kennen mußte. Dies gilt für denjenigen nicht, der beim Erwerb des Grundstücks darauf vertraut hat, daß schädliche Bodenveränderungen oder Altlasten nicht vorhanden sind, und sein Vertrauen unter Berücksichtigung der Umstände des Einzelfalles schutzwürdig ist.

§ 5
Entsiegelung

Soweit die Vorschriften des Baurechts die Befugnisse der Behörden nicht regeln, wird die Bundesregierung ermächtigt, nach Anhörung der beteiligten Kreise (§ 20) durch Rechtsverordnung mit Zustimmung des Bundesrates Grundstückseigentümer zu verpflichten, bei dauerhaft nicht mehr genutzten Flächen, deren Versiegelung im Widerspruch zu planungsrechtlichen Festsetzungen steht, den Boden in seiner Leistungsfähigkeit im Sinne des § 1 so weit wie möglich und zumutbar zu erhalten oder wiederherzustellen. Bis zum Inkrafttreten einer Rechtsverordnung nach Satz 1 können durch die nach Landesrecht zuständigen Behörden im Einzelfall gegenüber den nach Satz 1 Verpflichteten Anordnungen zur Entsiegelung getroffen werden, wenn die in Satz 1 im übrigen genannten Voraussetzungen vorliegen.

§ 6
Auf- und Erbringen von Materialien auf oder in den Boden

Die Bundesregierung wird ermächtigt, nach Anhörung der beteiligten Kreise (§ 20) durch Rechtsverordnung mit Zustimmung des Bundesrates zur Erfüllung der sich aus diesem Gesetz ergebenden Anforderungen an das Auf- und Einbringen von Materialien hinsichtlich der Schadstoffgehalte und sonstiger Eigenschaften, insbesondere

1. Verbote oder Beschränkungen nach Maßgabe von Merkmalen wie Art und Beschaffenheit der Materialien und des Bodens, Aufbringungsort und -zeit und natürliche Standortverhältnisse sowie
2. Untersuchungen der Materialien oder des Bodens, Maßnahmen zur Vorbehandlung dieser Materialien oder geeignete andere Maßnahmen

zu bestimmen.

Anhang 1

§ 7
Vorsorgepflicht

Der Grundstückseigentümer, der Inhaber der tatsächlichen Gewalt über ein Grundstück und derjenige, der Verrichtungen auf einem Grundstück durchführt oder durchführen läßt, die zu Veränderungen der Bodenbeschaffenheit führen können, sind verpflichtet, Vorsorge gegen das Entstehen schädlicher Bodenveränderungen zu treffen, die durch ihre Nutzung auf dem Grundstück oder in dessen Einwirkungsbereich hervorgerufen werden können. Vorsorgemaßnahmen sind geboten, wenn wegen der räumlichen, langfristigen oder komplexen Auswirkungen einer Nutzung auf die Bodenfunktionen die Besorgnis einer schädlichen Bodenveränderung besteht. Zur Erfüllung der Vorsorgepflicht sind Bodeneinwirkungen zu vermeiden oder zu vermindern, soweit dies auch im Hinblick auf den Zweck der Nutzung des Grundstücks verhältnismäßig ist. Anordnungen zur Vorsorge gegen schädliche Bodenveränderungen dürfen nur getroffen werden, soweit Anforderungen in einer Rechtsverordnung nach § 8 Abs. 2 festgelegt sind. Die Erfüllung der Vorsorgepflicht bei der landwirtschaftlichen Bodennutzung richtet sich nach § 17 Abs. 1 und 2, für die forstwirtschaftliche Bodennutzung richtet sie sich nach dem Zweiten Kapitel des Bundeswaldgesetzes und den Forst- und Waldgesetzen der Länder. Die Vorsorge für das Grundwasser richtet sich nach wasserrechtlichen Vorschriften. Bei bestehenden Bodenbelastungen bestimmen sich die zu erfüllenden Pflichten nach § 4.

§ 8
Werte und Anforderungen

(1) Die Bundesregierung wird ermächtigt, nach Anhörung der beteiligten Kreise (§ 20) durch Rechtsverordnung mit Zustimmung des Bundesrates Vorschriften über die Erfüllung der sich aus § 4 ergebenden boden- und altlastenbezogenen Pflichten sowie die Untersuchung und Bewertung von Verdachtsflächen, schädlichen Bodenveränderungen, altlastverdächtigen Flächen und Altlasten zu erlassen. Hierbei können insbesondere

1. Werte, bei deren Überschreiten unter Berücksichtigung der Bodennutzung eine einzelfallbezogene Prüfung durchzuführen und festzustellen ist, ob eine schädliche Bodenveränderung oder Altlast vorliegt (Prüfwerte),
2. Werte für Einwirkungen oder Belastungen, bei deren Überschreiten unter Berücksichtigung der jeweiligen Bodennutzung in der Regel von einer schädlichen Bodenveränderung oder Altlast auszugehen ist und Maßnahmen erforderlich sind (Maßnahmenwerte),
3. Anforderungen an
   a) die Abwehr schädlicher Bodenveränderungen; hierzu gehören auch Anforderungen an den Umgang mit ausgehobenem, abgeschobenem und behandeltem Bodenmaterial,
   b) die Sanierung des Bodens und von Altlasten, insbesondere an
      – die Bestimmung des zu erreichenden Sanierungsziels,
      – den Umfang von Dekontaminations- und Sicherungsmaßnahmen, die langfristig eine Ausbreitung von Schadstoffen verhindern, sowie
      – Schutz- und Beschränkungsmaßnahmen

festgelegt werden.

(2) Die Bundesregierung wird ermächtigt, nach Anhörung der beteiligten Kreise (§ 20) durch Rechtsverordnung mit Zustimmung des Bundesrates zur Erfüllung der sich aus § 7 ergebenden Pflichten sowie zur Festlegung von Anforderungen an die damit verbundene Untersuchung und Bewertung von Flächen mit der Besorgnis einer schädlichen Bodenveränderung Vorschriften zu erlassen, insbesondere über

1. Bodenwerte, bei deren Überschreiten unter Berücksichtigung von geogenen oder großflächig siedlungsbedingten Schadstoffgehalten in der Regel davon auszugehen ist, daß die Besorgnis einer schädlichen Bodenveränderung besteht (Vorsorgewerte),
2. zulässige Zusatzbelastungen und Anforderungen zur Vermeidung oder Verminderung von Stoffeinträgen.

(3) Mit den in den Absätzen 1 und 2 genannten Werten sind Verfahren zur Ermittlung von umweltgefährdenden Stoffen in Böden, biologischen und anderen Materialien festzulegen. Diese Verfahren umfassen auch Anforderungen an eine repräsentative Probenahme, Probenbehandlung und Qualitätssicherung einschließlich der Ermittlung der Werte für unterschiedliche Belastungen.

§ 9
Gefährdungsabschätzung und Untersuchungsanordnungen

(1) Liegen der zuständigen Behörde Anhaltspunkte dafür vor, daß eine schädliche Bodenveränderung oder Altlast vorliegt, so soll sie zur Ermittlung des Sachverhalts die geeigneten Maßnahmen ergreifen. Werden die in einer Rechtsverordnung nach § 8 Abs. 1 Satz 2 Nr. 1 festgesetzten Prüfwerte überschritten, soll die zuständige Behörde die notwendigen Maßnahmen treffen, um festzustellen, ob eine schädliche Bodenveränderung oder Altlast vorliegt. Im Rahmen der Untersuchung und Bewertung sind insbesondere Art und Konzentration der Schadstoffe, die Möglichkeit ihrer Ausbreitung in die Umwelt und ihrer Aufnahme durch Menschen, Tiere und Pflanzen sowie die Nutzung des Grundstücks nach § 4 Abs. 4 zu berücksichtigen. Der Grundstückseigentümer und, wenn dieser bekannt ist, auch der Inhaber der tatsächlichen Gewalt sind über die getroffenen Feststellungen und über die Ergebnisse der Bewertung auf Antrag schriftlich zu unterrichten.

(2) Besteht auf Grund konkreter Anhaltspunkte der hinreichende Verdacht einer schädlichen Bodenveränderung oder einer Altlast, kann die zuständige Behörde anordnen, daß die in § 4 Abs. 3, 5 und 6 genannten Personen die notwendigen Untersuchungen zur Gefährdungsabschätzung durchzuführen haben. Die zuständige Behörde kann verlangen, daß Untersuchungen von Sachverständigen oder Untersuchungsstellen nach § 18 durchgeführt werden. Sonstige Pflichten zur Mitwirkung der in § 4 Abs. 3, 5 und 6 genannten Personen sowie Duldungspflichten der nach § 12 Betroffenen bestimmen sich nach Landesrecht.

§ 10
Sonstige Anordnungen

(1) Zur Erfüllung der sich aus §§ 4, und 7 und den auf Grund von § 5 Satz 1, §§ 6 und 8 erlassenen Rechtsverordnungen ergebenden Pflichten kann die zuständige Behörde die notwendigen Maßnahmen treffen. Werden zur Erfüllung der Ver-

pflichtung aus § 4 Abs. 3 und 6 Sicherungsmaßnahmen angeordnet, kann die zuständige Behörde verlangen, daß der Verpflichtete für die Aufrechterhaltung der Sicherungs- und Überwachungsmaßnahmen in der Zukunft Sicherheit leistet. Anordnungen zur Erfüllung der Pflichten nach § 7 dürfen getroffen werden, soweit Anforderungen in einer Rechtsverordnung festgelegt sind. Die zuständige Behörde darf eine Anordnung nicht treffen, wenn sie auch im Hinblick auf die berechtigten Nutzungsinteressen einzelner unverhältnismäßig wäre.

(2) Trifft die zuständige Behörde gegenüber dem Grundstückseigentümer oder dem Inhaber der tatsächlichen Gewalt zur Erfüllung der Pflichten nach § 4 Anordnungen zur Beschränkung der land- und forstwirtschaftlichen Bodennutzung sowie zur Bewirtschaftung von Böden, so hat sie, wenn diese nicht Verursacher der schädlichen Bodenveränderungen sind, für die nach zumutbaren innerbetrieblichen Anpassungsmaßnahmen verbliebenen wirtschaftlichen Nachteile nach Maßgabe des Landesrechts einen angemessenen Ausgleich zu gewähren, wenn die Nutzungsbeschränkung andernfalls zu einer über die damit verbundene allgemeine Belastung erheblich hinausgehenden besonderen Härte führen würde.

Dritter Teil
Ergänzende Vorschriften für Altlasten

§ 11
Erfassung

Die Länder können die Erfassung der Altlasten und altlastverdächtigen Flächen regeln.

§ 12
Information der Betroffenen

Die nach § 9 Abs. 2 Satz 1 zur Untersuchung der Altlast und die nach § 4 Abs. 3, 5 und 6 zur Sanierung der Altlast Verpflichteten haben die Eigentümer der betroffenen Grundstücke, die sonstigen betroffenen Nutzungsberechtigten und die betroffene Nachbarschaft (Betroffenen) von der bevorstehenden Durchführung der geplanten Maßnahmen zu informieren. Die zur Beurteilung der Maßnahmen wesentlichen vorhandenen Unterlagen sind zur Einsichtnahme zur Verfügung zu stellen. Enthalten Unterlagen Geschäfts- oder Betriebsgeheimnisse, muß ihr Inhalt, soweit es ohne Preisgabe des Geheimnisses geschehen kann, so ausführlich dargestellt sein, daß es den Betroffenen möglich ist, die Auswirkungen der Maßnahmen auf ihre Belange zu beurteilen.

§ 13
Sanierungsuntersuchungen und Sanierungsplanung

(1) Bei Altlasten, bei denen wegen der Verschiedenartigkeit der nach § 4 erforderlichen Maßnahmen ein abgestimmtes Vorgehen notwendig ist oder von denen auf Grund von Art, Ausbreitung oder Menge der Schadstoffe in besonderem Maße schädliche Bodenveränderungen oder sonstige Gefahren für den einzelnen oder die Allgemeinheit ausgehen, soll die zuständige Behörde von einem nach § 4 Abs. 3, 5 oder 6 zur Sanierung Verpflichteten die notwendigen Untersuchungen zur Entscheidung über Art und Umfang der erforderlichen Maßnahmen (Sanie-

rungsuntersuchungen) sowie die Vorlage eines Sanierungsplans verlangen, der insbesondere

1. eine Zusammenfassung der Gefährdungsabschätzung und der Sanierungsuntersuchungen,
2. Angaben über die bisherige und künftige Nutzung der zu sanierenden Grundstücke,
3. die Darstellung des Sanierungsziels und die hierzu erforderlichen Dekontaminations-, Sicherungs-, Schutz-, Beschränkungs- und Eigenkontrollmaßnahmen sowie die zeitliche Durchführung dieser Maßnahmen

enthält. Die Bundesregierung wird ermächtigt, nach Anhörung der beteiligten Kreise (§ 20) durch Rechtsverordnung mit Zustimmung des Bundesrates Vorschriften über die Anforderungen an Sanierungsuntersuchungen sowie den Inhalt von Sanierungsplänen zu erlassen.

(2) Die zuständige Behörde kann verlangen, daß die Sanierungsuntersuchungen sowie der Sanierungsplan von einem Sachverständigen nach § 18 erstellt werden.

(3) Wer nach Absatz 1 einen Sanierungsplan vorzulegen hat, hat die nach § 12 Betroffenen frühzeitig, in geeigneter Weise und unaufgefordert über die geplanten Maßnahmen zu informieren. § 12 Satz 2 und 3 gilt entsprechend.

(4) Mit dem Sanierungsplan kann der Entwurf eines Sanierungsvertrages über die Ausführung des Plans vorgelegt werden, der die Einbeziehung Dritter vorsehen kann.

(5) Soweit entnommenes Bodenmaterial im Bereich der von der Altlastensanierung betroffenen Fläche wieder eingebracht werden soll, gilt § 27 Abs. 1 Satz 1 des Kreislaufwirtschafts- und Abfallgesetzes nicht, wenn durch einen für verbindlich erklärten Sanierungsplan oder eine Anordnung zur Durchsetzung der Pflichten nach § 4 sichergestellt wird, daß das Wohl der Allgemeinheit nicht beeinträchtigt wird.

(6) Die zuständige Behörde kann den Plan, auch unter Abänderungen oder mit Nebenbestimmungen, für verbindlich erklären. Ein für verbindlich erklärter Plan schließt andere die Sanierung betreffende behördliche Entscheidungen mit Ausnahme von Zulassungsentscheidungen für Vorhaben, die nach § 3 in Verbindung mit der Anlage zu § 3 des Gesetzes über die Umweltverträglichkeitsprüfung oder kraft Landesrechts einer Umweltverträglichkeitsprüfung unterliegen, mit ein, soweit sie im Einvernehmen mit der jeweils zuständigen Behörde erlassen und in dem für verbindlich erklärten Plan die miteingeschlossenen Entscheidungen aufgeführt werden.

§ 14
Behördliche Sanierungsplanung

Die zuständige Behörde kann den Sanierungsplan nach § 13 Abs. 1 selbst erstellen oder ergänzen oder durch einen Sachverständigen nach § 18 erstellen oder ergänzen lassen, wenn

1. der Plan nicht, nicht innerhalb der von der Behörde gesetzten Frist oder fachlich unzureichend erstellt worden ist,

Anhang 1

2. ein nach § 4 Abs. 3, 5 oder 6 Verpflichteter nicht oder nicht rechtzeitig herangezogen werden kann oder
3. auf Grund der großflächigen Ausdehnung der Altlast, der auf der Altlast beruhenden weiträumigen Verunreinigung eines Gewässers oder auf Grund der Anzahl der nach § 4 Abs. 3, 5 oder 6 Verpflichteten ein koordiniertes Vorgehen erforderlich ist.

§ 13 Abs. 3 bis 6 gilt entsprechend.

§ 15
Behördliche Überwachung, Eigenkontrolle

(1) Altlasten und altlastverdächtige Flächen unterliegen, soweit erforderlich, der Überwachung durch die zuständige Behörde. Bei Altstandorten und Altablagerungen bleibt die Wirksamkeit von behördlichen Zulassungsentscheidungen sowie von nachträglichen Anordnungen durch die Anwendung dieses Gesetzes unberührt.

(2) Liegt eine Altlast vor, so kann die zuständige Behörde von den nach § 4 Abs. 3, 5 oder 6 Verpflichteten, soweit erforderlich, die Durchführung von Eigenkontrollmaßnahmen, insbesondere Boden- und Wasseruntersuchungen, sowie die Einrichtung und den Betrieb von Meßstellen verlangen. Die Ergebnisse der Eigenkontrollmaßnahmen sind aufzuzeichnen und fünf Jahre lang aufzubewahren. Die zuständige Behörde kann eine längerfristige Aufbewahrung anordnen, soweit dies im Einzelfall erforderlich ist. Die zuständige Behörde kann Eigenkontrollmaßnahmen auch nach Durchführung von Dekontaminations-, Sicherungs- und Beschränkungsmaßnahmen anordnen. Sie kann verlangen, daß die Eigenkontrollmaßnahmen von einem Sachverständigen nach § 18 durchgeführt werden.

(3) Die Ergebnisse der Eigenkontrollmaßnahmen sind von den nach § 4 Abs. 3, 5 oder 6 Verpflichteten der zuständigen Behörde auf Verlangen mitzuteilen. Sie hat diese Aufzeichnungen und die Ergebnisse ihrer Überwachungsmaßnahmen fünf Jahre lang aufzubewahren.

§ 16
Ergänzende Anordnungen zur Altlastensanierung

(1) Neben den im Zweiten Teil dieses Gesetzes vorgesehenen Anordnungen kann die zuständige Behörde zur Erfüllung der Pflichten, die sich aus dem Dritten Teil dieses Gesetzes ergeben, die erforderlichen Anordnungen treffen.

(2) Soweit ein für verbindlich erklärter Sanierungsplan im Sinne des § 13 Abs. 6 nicht vorliegt, schließen Anordnungen zur Durchsetzung der Pflichten nach § 4 andere die Sanierung betreffende behördliche Entscheidungen mit Ausnahme von Zulassungsentscheidungen für Vorhaben, die nach § 3 in Verbindung mit der Anlage zu § 3 des Gesetzes über die Umweltverträglichkeitsprüfung oder kraft Landesrechts einer Umweltverträglichkeitsprüfung unterliegen, mit ein, soweit sie im Einvernehmen mit der jeweils zuständigen Behörde erlassen und in der Anordnung die miteingeschlossenen Entscheidungen aufgeführt werden.

Gesetz zum Schutz des Bodens

Vierter Teil
Landwirtschaftliche Bodennutzung

§ 17
Gute fachliche Praxis in der Landwirtschaft

(1) Bei der landwirtschaftlichen Bodennutzung wird die Vorsorgepflicht nach § 7 durch die gute fachliche Praxis erfüllt. Die nach Landesrecht zuständigen landwirtschaftlichen Beratungsstellen sollen bei ihrer Beratungstätigkeit die Grundsätze der guten fachlichen Praxis nach Absatz 2 vermitteln.

(2) Grundsätze der guten fachlichen Praxis der landwirtschaftlichen Bodennutzung sind die nachhaltige Sicherung der Bodenfruchtbarkeit und Leistungsfähigkeit des Bodens als natürlicher Ressource. Zu den Grundsätzen der guten fachlichen Praxis gehört insbesondere, daß

1. die Bodenbearbeitung unter Berücksichtigung der Witterung grundsätzlich standortangepaßt zu erfolgen hat,
2. die Bodenstruktur erhalten oder verbessert wird,
3. Bodenverdichtungen, insbesondere durch Berücksichtigung der Bodenart, Bodenfeuchtigkeit und des von den zur landwirtschaftlichen Bodennutzung eingesetzten Geräten verursachten Bodendrucks, so weit wie möglich vermieden werden,
4. Bodenabträge durch eine standortangepaßte Nutzung, insbesondere durch Berücksichtigung der Hangneigung, der Wasser- und Windverhältnisse sowie der Bodenbedeckung, möglichst vermieden werden,
5. die naturbetonten Strukturelemente der Feldflur, insbesondere Hecken, Feldgehölze, Feldraine und Ackerterrassen, die zum Schutz des Bodens notwendig sind, erhalten werden,
6. die biologische Aktivität des Bodens durch entsprechende Fruchtfolgegestaltung erhalten oder gefördert wird und
7. der standorttypische Humusgehalt des Bodens, insbesondere durch eine ausreichende Zufuhr an organischer Substanz oder durch Reduzierung der Bearbeitungsintensität erhalten wird.

(3) Die Pflichten nach § 4 werden durch die Einhaltung der in § 3 Abs. 1 genannten Vorschriften erfüllt; enthalten diese keine Anforderungen an die Gefahrenabwehr und ergeben sich solche auch nicht aus den Grundsätzen der guten fachlichen Praxis nach Absatz 2, so gelten die übrigen Bestimmungen dieses Gesetzes.

Fünfter Teil
Schlußvorschriften

§ 18
Sachverständige und Untersuchungsstellen

Sachverständige und Untersuchungsstellen, die Aufgaben nach diesem Gesetz wahrnehmen, müssen die für diese Aufgaben erforderliche Sachkunde und Zuverlässigkeit besitzen sowie über die erforderliche gerätetechnische Ausstattung verfügen. Die Länder können Einzelheiten der an Sachverständige und Untersuchungsstellen nach Satz 1 zu stellenden Anforderungen, Art und Umfang der von ihnen wahrzunehmenden Aufgaben, die Vorlage der Ergebnisse ihrer Tätigkeit und die Bekanntgabe von Sachverständigen, welche die Anforderungen nach Satz 1 erfüllen, regeln.

§ 19
Datenübermittlung

(1) Soweit eine Datenübermittlung zwischen Bund und Ländern zur Erfüllung der jeweiligen Aufgaben dieses Gesetzes notwendig ist, werden Umfang, Inhalt und Kosten des gegenseitigen Datenaustausches in einer Verwaltungsvereinbarung zwischen Bund und Ländern geregelt. Die Übermittlung personenbezogener Daten ist unzulässig.

(2) Der Bund kann unter Verwendung der von Ländern übermittelten Daten ein länderübergreifendes Bodeninformationssystem für Bundesaufgaben einrichten.

§ 20
Anhörung beteiligter Kreise

Soweit Ermächtigungen zum Erlaß von Rechtsverordnungen die Anhörung der beteiligten Kreise vorschreiben, ist ein jeweils auszuwählender Kreis von Vertretern der Wissenschaft, der Betroffenen, der Wirtschaft, Landwirtschaft, Forstwirtschaft, der Natur- und Umweltschutzverbände, des archäologischen Denkmalschutzes, der kommunalen Spitzenverbände und der für den Bodenschutz, die Altlasten, die geowissenschaftlichen Belange und die Wasserwirtschaft zuständigen obersten Landesbehörden zu hören. Sollen die in Satz 1 genannten Rechtsvorschriften Regelungen zur land- und forstwirtschaftlichen Bodennutzung enthalten, sind auch die für die Land- und Forstwirtschaft zuständigen obersten Landesbehörden zu hören.

§ 21
Landesrechtliche Regelungen

(1) Zur Ausführung des Zweiten und Dritten Teils dieses Gesetzes können die Länder ergänzende Verfahrensregelungen erlassen.

(2) Die Länder können bestimmen, daß über die im Dritten Teil geregelten altlastverdächtigen Flächen und Altlasten hinaus bestimmte Verdachtsflächen

1. von der zuständigen Behörde zu erfassen und
2. von den Verpflichteten der zuständigen Behörde mitzuteilen sind sowie

daß bei schädlichen Bodenveränderungen, von denen auf Grund von Art, Ausbreitung oder Menge der Schadstoffe in besonderem Maße Gefahren, erhebliche Nachteile oder erhebliche Belästigungen für den einzelnen oder die Allgemeinheit ausgehen,

1. Sanierungsuntersuchungen sowie die Erstellung von Sanierungsplänen und
2. die Durchführung von Eigenkontrollmaßnahmen

verlangt werden können.

(3) Die Länder können darüber hinaus Gebiete, in denen flächenhaft schädliche Bodenveränderungen auftreten oder zu erwarten sind, und die dort zu ergreifenden

Maßnahmen bestimmen sowie weitere Regelungen über gebietsbezogene Maßnahmen des Bodenschutzes treffen.

(4) Die Länder können bestimmen, daß für das Gebiet ihres Landes oder für bestimmte Teile des Gebiets Bodeninformationssysteme eingerichtet und geführt werden. Hierbei können insbesondere Daten von Dauerbeobachtungsflächen und Bodenzustandsuntersuchungen über die physikalische, chemische und biologische Beschaffenheit des Bodens und über die Bodennutzung erfaßt werden. Die Länder können regeln, daß Grundstückseigentümer und Inhaber der tatsächlichen Gewalt über ein Grundstück zur Duldung von Bodenuntersuchungen verpflichtet werden, die für Bodeninformationssysteme erforderlich sind. Hierbei ist auf die berechtigten Belange dieser Personen Rücksicht zu nehmen und Ersatz für Schäden vorzusehen, die bei Untersuchungen verursacht werden.

§ 22
Erfüllung von bindenden Beschlüssen der Europäischen Gemeinschaften

(1) Zur Erfüllung von bindenden Beschlüssen der Europäischen Gemeinschaften kann die Bundesregierung zu dem in § 1 genannten Zweck mit Zustimmung des Bundesrates Rechtsverordnungen über die Festsetzung der in § 8 Abs. 1 und 2 genannten Werte einschließlich der notwendigen Maßnahmen zur Ermittlung und Überwachung dieser Werte erlassen.

(2) Die in Rechtsverordnungen nach Absatz 1 festgelegten Maßnahmen sind durch Anordnungen oder sonstige Entscheidungen der zuständigen Träger öffentlicher Verwaltungen nach diesem Gesetz oder nach anderen Rechtsvorschriften des Bundes und der Länder durchzusetzen; soweit planungsrechtliche Festlegungen vorgesehen sind, haben die zuständigen Planungsträger zu befinden, ob und inwieweit Planungen in Betracht zu ziehen sind.

§ 23
Landesverteidigung

(1) Das Bundesministerium der Verteidigung kann Ausnahmen von diesem Gesetz und von den auf dieses Gesetz gestützten Rechtsverordnungen zulassen, soweit dies zwingende Gründe der Verteidigung oder die Erfüllung zwischenstaatlicher Verpflichtungen erfordern. Dabei ist der Schutz vor schädlichen Bodenveränderungen zu berücksichtigen.

(2) Die Bundesregierung wird ermächtigt, durch Rechtsverordnung mit Zustimmung des Bundesrates zu bestimmen, daß der Vollzug dieses Gesetzes und der auf dieses Gesetz gestützten Rechtsverordnungen im Geschäftsbereich des Bundesministeriums der Verteidigung und für die auf Grund völkerrechtlicher Verträge in der Bundesrepublik Deutschland stationierten Streitkräfte dem Bundesministerium der Verteidigung oder den von ihm bestimmten Stellen obliegt.

§ 24
Kosten

(1) Die Kosten der nach § 9 Abs. 2, § 10 Abs. 1, §§ 12, 13, 14 Satz 1 Nr. 1, § 15 Abs. 2 und § 16 Abs. 1 angeordneten Maßnahmen tragen die zur Durchführung Verpflichteten. Bestätigen im Fall des § 9 Abs. 2 Satz 1 die Untersuchungen den

Verdacht nicht oder liegen die Voraussetzungen des § 10 Abs. 2 vor, sind den zur Untersuchung Herangezogenen die Kosten zu erstatten, wenn sie die den Verdacht begründenden Umstände nicht zu vertreten haben. In den Fällen des § 14 Satz 1 Nr. 2 und 3 trägt derjenige die Kosten, von dem die Erstellung eines Sanierungsplans hätte verlangt werden können.

(2) Mehrere Verpflichtete haben unabhängig von ihrer Heranziehung untereinander einen Ausgleichsanspruch. Soweit nichts anderes vereinbart wird, hängt die Verpflichtung zum Ausgleich sowie der Umfang des zu leistenden Ausgleichs davon ab, inwieweit die Gefahr oder der Schaden vorwiegend von dem einen oder dem anderen Teil verursacht worden ist; § 426 Abs. 1 Satz 2 des Bürgerlichen Gesetzbuches findet entsprechende Anwendung. Der Ausgleichsanspruch verjährt in drei Jahren. Die Verjährung beginnt nach der Beitreibung der Kosten, wenn eine Behörde Maßnahmen selbst ausführt, im übrigen nach der Beendigung der Maßnahmen durch den Verpflichteten zu dem Zeitpunkt, zu dem der Verpflichtete von der Person des Ersatzpflichtigen Kenntnis erlangt. Der Ausgleichsanspruch verjährt ohne Rücksicht auf diese Kenntnis dreißig Jahre nach der Beendigung der Maßnahmen. Für Streitigkeiten steht der Rechtsweg vor den ordentlichen Gerichten offen.

§ 25
Wertausgleich

(1) Soweit durch den Einsatz öffentlicher Mittel bei Maßnahmen zur Erfüllung der Pflichten nach § 4 der Verkehrswert eines Grundstücks nicht nur unwesentlich erhöht wird und der Eigentümer die Kosten hierfür nicht oder nicht vollständig getragen hat, hat er einen von der zuständigen Behörde festzusetzenden Wertausgleich in Höhe der maßnahmenbedingten Wertsteigerung an den öffentlichen Kostenträger zu leisten. Die Höhe des Ausgleichsbetrages wird durch die Höhe der eingesetzten öffentlichen Mittel begrenzt. Die Pflicht zum Wertausgleich entsteht nicht, soweit hinsichtlich der auf einem Grundstück vorhandenen schädlichen Bodenveränderungen oder Altlasten eine Freistellung von der Verantwortung oder der Kostentragungspflicht nach Artikel 1 § 4 Abs. 3 Satz 1 des Umweltrahmengesetzes vom 29. Juni 1990 (GBl. I Nr. 42 S. 649), zuletzt geändert durch Artikel 12 des Gesetzes vom 22. März 1991 (BGBl. I S. 766), in der jeweils geltenden Fassung erfolgt ist. Soweit Maßnahmen im Sinne des Satzes 1 in förmlich festgelegten Sanierungsgebieten oder Entwicklungsbereichen als Ordnungsmaßnahmen von der Gemeinde durchgeführt werden, wird die dadurch bedingte Erhöhung des Verkehrswertes im Rahmen des Ausgleichsbetrags nach § 154 des Baugesetzbuchs abgegolten.

(2) Die durch Sanierungsmaßnahmen bedingte Erhöhung des Verkehrswerts eines Grundstücks besteht aus dem Unterschied zwischen dem Wert, der sich für das Grundstück ergeben würde, wenn die Maßnahmen nicht durchgeführt worden wären (Anfangswert), und dem Verkehrswert, der sich für das Grundstück nach Durchführung der Erkundungs- und Sanierungsmaßnahmen ergibt (Endwert).

(3) Der Ausgleichsbetrag wird fällig, wenn die Sicherung oder Sanierung abgeschlossen und der Betrag von der zuständigen Behörde festgesetzt worden ist. Die Pflicht zum Wertausgleich erlischt, wenn der Betrag nicht bis zum Ende des vierten Jahres nach Abschluß der Sicherung oder Sanierung festgesetzt worden ist.

Gesetz zum Schutz des Bodens

(4) Die zuständige Behörde hat von dem Wertausgleich nach Absatz 1 die Aufwendungen abzuziehen, die der Eigentümer für eigene Maßnahmen der Sicherung oder Sanierung oder die er für den Erwerb des Grundstücks im berechtigten Vertrauen darauf verwendet hat, daß keine schädlichen Bodenveränderungen oder Altlasten vorhanden sind. Kann der Eigentümer von Dritten Ersatz erlangen, so ist dies bei der Entscheidung nach Satz 1 zu berücksichtigen.

(5) Im Einzelfall kann von der Festsetzung eines Ausgleichsbetrages ganz oder teilweise abgesehen werden, wenn dies im öffentlichen Interesse oder zur Vermeidung unbilliger Härten geboten ist. Werden dem öffentlichen Kostenträger Kosten der Sicherung oder Sanierung erstattet, so muß insoweit von der Festsetzung des Ausgleichsbetrages abgesehen, ein festgesetzter Ausgleichsbetrag erlassen oder ein bereits geleisteter Ausgleichsbetrag erstattet werden.

(6) Der Ausgleichsbetrag ruht als öffentliche Last auf dem Grundstück. Das Bundesministerium der Justiz wird ermächtigt, durch Rechtsverordnung mit Zustimmung des Bundesrates die Art und Weise, wie im Grundbuch auf das Vorhandensein der öffentlichen Last hinzuweisen ist, zu regeln.

§ 26
Bußgeldvorschriften

(1) Ordnungswidrig handelt, wer vorsätzlich oder fahrlässig

1. einer Rechtsverordnung nach § 5 Satz 1, §§ 6, 8 Abs. 1 oder § 22 Abs. 1 oder einer vollziehbaren Anordnung auf Grund einer solchen Rechtsverordnung zuwiderhandelt, soweit die Rechtsverordnung für einen bestimmten Tatbestand auf diese Bußgeldvorschrift verweist,
2. einer vollziehbaren Anordnung nach § 10 Abs. 1 Satz 1 zuwiderhandelt, soweit sie sich auf eine Pflicht nach § 4 Abs. 3, 5 oder 6 bezieht,
3. einer vollziehbaren Anordnung nach § 13 Abs. 1 oder § 15 Abs. 2 Satz 1, 3 oder 4 zuwiderhandelt oder
4. entgegen § 15 Abs. 3 Satz 1 eine Mitteilung nicht, nicht richtig, nicht vollständig oder nicht rechtzeitig macht.

(2) Die Ordnungswidrigkeit kann in den Fällen des Absatzes 1 Nr. 2 mit einer Geldbuße bis zu hunderttausend Deutsche Mark, in den übrigen Fällen mit einer Geldbuße bis zu zwanzigtausend Deutsche Mark geahndet werden.

Artikel 2
Änderung des Kreislaufwirtschafts- und Abfallgesetzes

Das Kreislaufwirtschafts- und Abfallgesetz vom 27. September 1994 (BGBl. I S. 2705), geändert durch Artikel 3 des Gesetzes vom 12. September 1996 (BGBl. I S. 1354), wird wie folgt geändert:

1. Dem § 36 Abs. 2 wird folgender Satz 2 angefügt:
„Besteht der Verdacht, daß von einer stillgelegten Deponie nach Absatz 1 schädliche Bodenveränderungen oder sonstige Gefahren für den einzelnen der die Allgemeinheit ausgehen, so finden für die Erfassung, Untersuchung, Be-

Anhang 1

wertung und Sanierung die Vorschriften des Bundes-Bodenschutzgesetzes Anwendung."
2. § 40 Abs. 1 Satz 2 wird gestrichen.

Artikel 3
Änderung des Bundes-Immissionsschutzgesetzes

Das Bundes-Immissionsschutzgesetz in der Fassung der Bekanntmachung vom 14. Mai 1990 (BGBl. I S. 880), zuletzt geändert durch Artikel 2 des Gesetzes vom 18. April 1997 (BGBl. I S. 805), wird wie folgt geändert:

1. In § 5 Abs. 3 wird der einleitende Satzteil wie folgt gefaßt:
„Genehmigungsbedürftige Anlagen sind so zu errichten, zu betreiben und stillzulegen, daß auch nach einer Betriebseinstellung".
2. In § 17 Abs. 4a werden die Worte „zehn Jahren" durch die Worte „einem Jahr" ersetzt.

Artikel 4
Inkrafttreten

Die Vorschriften dieses Gesetzes, die zum Erlaß von Rechtsverordnungen ermächtigen, sowie Artikel 1 § 20 treten am Tage nach der Verkündung in Kraft. Im übrigen tritt das Gesetz am 1. März 1999 in Kraft.

2. Bundes-Bodenschutz- und Altlastenverordnung (BBodSchV)

Vom 12. Juli 1999

Auf Grund der §§ 6, 8 Abs. 1 und 2 und des § 13 Abs. 1 Satz 2 des Bundes-Bodenschutzgesetzes vom 17. März 1998 (BGBl. I S. 502) verordnet die Bundesregierung nach Anhörung der beteiligten Kreise:

Inhaltsübersicht

Erster Teil: Allgemeine Vorschriften
- § 1 Anwendungsbereich
- § 2 Begriffsbestimmungen

Zweiter Teil: Anforderungen an die Untersuchung und Bewertung von Verdachtsflächen und altlastverdächtigen Flächen
- § 3 Untersuchung
- § 4 Bewertung

Dritter Teil: Anforderungen an die Sanierung von schädlichen Bodenveränderungen und Altlasten
- § 5 Sanierungsmaßnahmen, Schutz- und Beschränkungsmaßnahmen

Vierter Teil: Ergänzende Vorschriften für Altlasten
- § 6 Sanierungsuntersuchung und Sanierungsplanung

Fünter Teil: Ausnahmen
- § 7 Ausnahmen

Sechster Teil: Ergänzende Vorschriften für die Gefahrenabwehr von schädlichen Bodenveränderungen auf Grund von Bodenerosion durch Wasser
- § 8 Gefahrenabwehr von schädlichen Bodenveränderungen auf Grund von Bondenerosion duch Wasser

Siebter Teil: Vorsorge gegen das Entstehen schädlicher Bodenveränderungen
- § 9 Besorgnis schädlicher Bodenveränderungen
- § 10 Vorsorgeanforderungen
- § 11 Zulässige Zusatzbelastung
- § 12 Anforderungen an das Aufbringen und Einbringen von Materialien auf oder in den Boden

Achter Teil: Schlußbestimmungen
- § 13 Zugänglichkeit von technischen Regeln und Normblättern
- § 14 Inkrafttreten

**Anhang 1:
Anforderungen an die Probennahme, Analytik und Qualitätssicherung bei der Untersuchung**

1. Untersuchungsumfang und erforderlicher Kenntnisstand
1.1 Orientierende Untersuchung
1.2 Detailuntersuchung
2. Probennahme
2.1 Probennahmeplanung für Bodenuntersuchungen – Festlegung der Probennahmestellen und Beprobungstiefen
2.1.1 Wirkungspfad Boden – Mensch
2.1.2 Wirkungspfad Boden – Nutzpflanze
2.1.3 Wirkungspfad Boden – Grundwasser
2.2 Probennahmeplanung Bodenluft

Anhang 2

2.3 Probennahmeplanung bei abgeschobenem und ausgehobenem Bodenmaterial
2.4 Probengewinnung
2.4.1 Böden, Bodenmaterial und sonstige Materialien
2.4.2 Bodenluft
2.5 Probenkonservierung, -transport und -lagerung
3. Untersuchungsverfahren
3.1 Untersuchungsverfahren für Böden, Bodenmaterial und sonstige Materialien
3.1.1 Probenauswahl und -vorbehandlung
3.1.2 Extraktion, Elution
3.1.3 Analysenverfahren
3.2 Untersuchung von Bodenluft
3.3 Verfahren zur Abschätzung des Stoffeintrags aus Verdachtsflächen oder altlastverdächtigen Flächen in das Grundwasser
4. Qualitätssicherung
4.1 Probennahme und Probenlagerung
4.2 Probenvorbehandlung und Analytik
5. Abkürzungsverzeichnis
5.1 Maßeinheiten
5.2 Instrumentelle Analytik
5.3 Sonstige Abkürzungen
6. Normen, Technische Regeln und sonstige Methoden, Bezugsquellen
6.1 Normen, Technische Regeln und sonstige Methoden
6.2 Bezugsquellen

Anhang 2: Maßnahmen-, Prüf- und Vorsorgewerte

1. Wirkungspfad Boden – Mensch (direkter Kontakt)
1.1 Abgrenzung der Nutzungen
1.2 Maßnahmenwerte
1.3 Anwendung der Maßnahmenwerte
1.4 Prüfwerte
2. Wirkungspfad Boden – Nutzpflanze
2.1 Abgrenzung der Nutzungen
2.2 Prüf- und Maßnahmenwerte – Ackerbauflächen und Nutzgärten im Hinblick auf die Pflanzenqualität
2.3 Maßnahmenwerte – Grünlandflächen im Hinblick auf die Pflanzenqualität
2.4 Prüfwerte – Ackerbauflächen im Hinblick auf Wachstumsbeeinträchtigungen bei Kulturpflanzen
2.5 Anwendung der Prüf- und Maßnahmenwerte
3. Wirkungspfad Boden – Grundwasser
3.1 Prüfwerte zur Beurteilung des Wirkungspfads Boden – Grundwasser
3.2 Anwendung der Prüfwerte
4. Vorsorgewerte für Böden
4.1 Vorsorgewerte für Metalle
4.2 Vorsorgewerte für organische Stoffe
4.3 Anwendung der Vorsorgewerte
5. Zulässige zusätzliche jährliche Frachten an Schadstoffen über alle Wirkungspfade

Anhang 3: Anforderungen an Sanierungsuntersuchungen und den Sanierungsplan

1. Sanierungsuntersuchungen
2. Sanierungsplan

Anhang 4: Anforderungen an die Untersuchung und Bewertung von Flächen, bei denen der Verdacht einer schädlichen Bodenveränderung auf Grund von Bodenerosion durch Wasser vorliegt

1. Anwendung
2. Untersuchung und Bewertung

Bundes-Bodenschutz- und Altlastenverordnung

Erster Teil
Allgemeine Vorschriften

§ 1
Anwendungsbereich

Diese Verordnung gilt für

1. die Untersuchung und Bewertung von Verdachtsflächen, altlastverdächtigen Flächen, schädlichen Bodenveränderungen und Altlasten sowie für die Anforderungen an die Probennahme, Analytik und Qualitätssicherung nach § 8 Abs. 3 und § 9 des Bundes-Bodenschutzgesetzes,
2. Anforderungen an die Gefahrenabwehr durch Dekontaminations- und Sicherungsmaßnahmen sowie durch sonstige Schutz- und Beschränkungsmaßnahmen nach § 4 Abs. 2 bis 5, § 8 Abs. 1 Satz 2 Nr. 3 des Bundes-Bondenschutzgesetzes,
3. ergänzende Anforderungen an Sanierungsuntersuchungen und Sanierungspläne bei bestimmten Altlasten nach § 13 Abs. 1 des Bundes-Bodenschutzgesetzes,
4. Anforderungen zur Vorsorge gegen das Entstehen schädlicher Bodenveränderungen nach § 7 des Bundes-Bodenschutzgesetzes einschließlich der Anforderungen an das Auf- und Einbringen von Materialien nach § 6 des Bundes-Bodenschutzgesetzes,
5. die Festlegung von Prüf- und Maßnahmenwerten sowie von Vorsorgewerten einschließlich der zulässigen Zusatzbelastung nach § 8 Abs. 1 Satz 2 Nr. 1 und 2 und Abs. 2 Nr. 1 und 2 des Bundes-Bodenschutzgesetzes.

§ 2
Begriffsbestimmungen

Im Sinne dieser Verordnung sind

1. Bodenmaterial:
   Material aus Böden im Sinne des § 2 Abs. 1 des Bundes-Bodenschutzgesetzes und deren Ausgangssubstraten einschließlich Mutterboden, das im Zusammenhang mit Baumaßnahmen oder anderen Veränderungen der Erdoberfläche ausgehoben, abgeschoben oder behandelt wird;
2. Einwirkungsbereich:
   Bereich, in dem von einem Grundstück im Sinne des § 2 Abs. 3 bis 6 des Bundes-Bodenschutzgesetzes Einwirkungen auf Schutzgüter zu erwarten sind oder in dem durch Einwirkungen auf den Boden die Besorgnis des Entstehens schädlicher Bodenveränderungen hervorgerufen wird;
3. Orientierende Untersuchung:
   Örtliche Untersuchungen, insbesondere Messungen, auf der Grundlage der Ergebnisse der Erfassung zum Zweck der Feststellung, ob der Verdacht einer schädlichen Bodenveränderung oder Altlast ausgeräumt ist oder ein hinreichender Verdacht im Sinne des § 9 Abs. 2 Satz 1 des Bundes-Bodenschutzgesetzes besteht;

Anhang 2

4. Detailuntersuchung:
Vertiefte weitere Untersuchung zur abschließenden Gefährdungsabschätzung, die insbesondere der Feststellung von Menge und räumlicher Verteilung von Schadstoffen, ihrer mobilen oder mobilisierbaren Anteile, ihrer Ausbreitungsmöglichkeiten in Boden, Gewässer und Luft sowie der Möglichkeit ihrer Aufnahme durch Menschen, Tiere und Pflanzen dient;

5. Sickerwasserprognose:
Abschätzung der von einer Verdachtsfläche, altlastverdächtigen Fläche, schädlichen Bodenveränderung oder Altlast ausgehenden oder in überschaubarer Zukunft zu erwartenden Schadstoffeinträge über das Sickerwasser in das Grundwasser, unter Berücksichtigung von Konzentrationen und Frachten und bezogen auf den Übergangsbereich von der ungesättigten zur wassergesättigten Zone;

6. Schadstoffe:
Stoffe und Zubereitungen, die auf Grund ihrer Gesundheitsschädlichkeit, ihrer Langlebigkeit oder Bioverfügbarkeit im Boden oder auf Grund anderer Eigenschaften und ihrer Konzentration geeignet sind, den Boden in seinen Funktionen zu schädigen oder sonstige Gefahren hervorzurufen;

7. Expositionsbedingungen:
Durch örtliche Gegebenheiten und die Grundstücksnutzung im Einzelfall geprägte Art und Weise, in der Schutzgüter der Wirkung von Schadstoffen ausgesetzt sein können;

8. Wirkungspfad:
Weg eines Schadstoffes von der Schadstoffquelle bis zu dem Ort einer möglichen Wirkung auf ein Schutzgut;

9. Hintergrundgehalt:
Schadstoffgehalt eines Bodens, der sich aus dem geogenen (natürlichen) Grundgehalt eines Bodens und der ubiquitären Stoffverteilung als Folge diffuser Einträge in den Boden zusammensetzt;

10. Erosionsfläche:
Fläche, von der Bodenmaterial mit Oberflächenabfluß abgespült wird;

11. Durchwurzelbare Bodenschicht:
Bodenschicht, die von den Pflanzenwurzeln in Abhängigkeit von den natürlichen Standortbedingungen durchdrungen werden kann.

Zweiter Teil
Anforderungen an die Untersuchung und Bewertung
von Verdachtsflächen und altlastverdächtigen Flächen

§ 3
Untersuchung

(1) Anhaltspunkte für das Vorliegen einer Altlast bestehen bei einem Altstandort insbesondere, wenn auf Grundstücken über einen längeren Zeitraum oder in erheblicher Menge mit Schadstoffen umgegangen wurde und die jeweilige Betriebs-, Bewirtschaftungs- oder Verfahrensweise oder Störungen des bestimmungsgemäßen Betriebs nicht unerhebliche Einträge solcher Stoffe in den Boden vermuten

lassen. Bei Altablagerungen sind diese Anhaltspunkte insbesondere dann gegeben, wenn die Art des Betriebs oder der Zeitpunkt der Stillegung den Verdacht nahelegen, daß Abfälle nicht sachgerecht behandelt, gelagert oder abgelagert wurden.

(2) Absatz 1 Satz 1 gilt für schädliche Bodenveränderungen entsprechend. Anhaltspunkte für das Vorliegen einer schädlichen Bodenveränderung ergeben sich ergänzend zu Absatz 1 insbesondere durch allgemeine oder konkrete Hinweise auf

1. den Eintrag von Schadstoffen über einen längeren Zeitraum und in erheblicher Menge über die Luft oder Gewässer oder durch eine Aufbringung erheblicher Frachten an Abfällen oder Abwässer auf Böden,
2. eine erhebliche Freisetzung naturbedingt erhöhter Gehalte an Schadstoffen in Böden,
3. erhöhte Schadstoffgehalte in Nahrungs- oder Futterpflanzen am Standort,
4. das Austreten von Wasser mit erheblichen Frachten an Schadstoffen aus Böden oder Altablagerungen,
5. erhebliche Bodenabträge und -ablagerungen durch Wasser oder Wind.

Einzubeziehen sind dabei auch Erkenntnisse auf Grund allgemeiner Untersuchungen oder Erfahrungswerte aus Vergleichssituationen insbesondere zur Ausbreitung von Schadstoffen.

(3) Liegen Anhaltspunkte nach Absatz 1 oder 2 vor, soll die Verdachtsfläche oder altlastverdächtige Fläche nach der Erfassung zunächst einer orientierenden Untersuchung unterzogen werden.

(4) Konkrete Anhaltspunkte, die den hinreichenden Verdacht einer schädlichen Bodenveränderung oder Altlast begründen (§ 9 Abs. 2 Satz 1 des Bundes-Bodenschutzgesetzes), liegen in der Regel vor, wenn Untersuchungen eine Überschreitung von Prüfwerten ergeben oder wenn auf Grund einer Bewertung nach § 4 Abs. 3 eine Überschreitung von Prüfwerten zu erwarten ist. Besteht ein hinreichender Verdacht im Sinne des Satzes 1 oder auf Grund sonstiger Feststellungen, soll eine Detailuntersuchung durchgeführt werden.

(5) Bei Detailuntersuchungen soll auch festgestellt werden, ob sich aus räumlich begrenzten Anreicherungen von Schadstoffen innerhalb einer Verdachtsfläche oder altlastverdächtigen Fläche Gefahren ergeben und ob und wie eine Abgrenzung von nicht belasteten Flächen geboten ist. Von einer Detailuntersuchung kann abgesehen werden, wenn die von schädlichen Bodenveränderungen oder Altlasten ausgehenden Gefahren, erheblichen Nachteile oder erheblichen Belästigungen nach Feststellung der zuständigen Behörde mit einfachen Mitteln abgewehrt oder sonst beseitigt werden können.

(6) Soweit auf Grund der örtlichen Gegebenheiten oder nach den Ergebnissen von Bodenluftuntersuchungen Anhaltspunkte für die Ausbreitung von flüchtigen Schadstoffen aus einer Verdachtsfläche oder altlastverdächtigen Fläche in Gebäude bestehen, soll eine Untersuchung der Innenraumluft erfolgen; die Aufgaben und Befugnisse anderer Behörden bleiben unberührt.

(7) Im Rahmen von Untersuchungsanordnungen nach § 9 Abs. 2 Satz 1 des Bundes-Bodenschutzgesetzes kommen auch wiederkehrende Untersuchungen der Schadstoffausbreitung und der hierfür maßgebenden Umstände in Betracht.

Anhang 2

(8) Die Anforderungen an die Untersuchung von Böden, Bodenmaterial und sonstigen Materialien sowie von Bodenluft, Deponiegas und Sickerwasser bestimmen sich im übrigen nach Anhang 1.

§ 4
Bewertung

(1) Die Ergebnisse der orientierenden Untersuchungen sind nach dieser Verordnung unter Beachtung der Gegebenheiten des Einzelfalls insbesondere auch anhand von Prüfwerten zu bewerten.

(2) Liegen der Gehalt oder die Konzentration eines Schadstoffes unterhalb des jeweiligen Prüfwertes in Anhang 2, ist insoweit der Verdacht einer schädlichen Bodenveränderung oder Altlast ausgeräumt. Wird ein Prüfwert nach Anhang 2 Nr. 3 am Ort der Probennahmen überschritten, ist im Einzelfall zu ermitteln, ob die Schadstoffkonzentration im Sickerwasser am Ort der Beurteilung den Prüfwert übersteigt. Maßnahmen im Sinne des § 2 Abs. 7 oder 8 des Bundes-Bodenschutzgesetzes können bereits dann erforderlich sein, wenn im Einzelfall alle bei der Ableitung eines Prüfwertes nach Anhang 2 angenommenen ungünstigen Umstände zusammentreffen und der Gehalt oder die Konzentration eines Schadstoffes geringfügig oberhalb des jeweiligen Prüfwertes in Anhang 2 liegt.

(3) Zur Bewertung der von Verdachtsflächen oder altlastverdächtigen Flächen ausgehenden Gefahren für das Grundwasser ist eine Sickerwasserprognose zu erstellen. Wird eine Sickerwasserprognose auf Untersuchungen nach Anhang 1 Nr. 3.3 gestützt, ist im Einzelfall insbesondere abzuschätzen und zu bewerten, inwieweit zu erwarten ist, daß die Schadstoffkonzentration im Sickerwasser den Prüfwert am Ort der Beurteilung überschreitet. Ort der Beurteilung ist der Bereich des Übergangs von der ungesättigten in die gesättigte Zone.

(4) Die Ergebnisse der Detailuntersuchung sind nach dieser Verordnung unter Beachtung der Gegebenheiten des Einzelfalls, insbesondere auch anhand von Maßnahmenwerten, daraufhin zu bewerten, inwieweit Maßnahmen nach § 2 Abs. 7 oder 8 des Bundes-Bodenschutzgesetzes erforderlich sind.

(5) Soweit in dieser Verordnung für einen Schadstoff kein Prüf- oder Maßnahmenwert festgesetzt ist, sind für die Bewertung die zur Ableitung der entsprechenden Werte in Anhang 2 herangezogenen Methoden und Maßstäbe zu beachten. Diese sind im Bundesanzeiger Nr. 161a vom 28. August 1999 veröffentlicht.

(6) Liegt innerhalb einer Verdachtsfläche oder altlastverdächtigen Fläche auf Teilflächen eine von der vorherrschenden Nutzung abweichende empfindlichere Nutzung vor, sind diese Teilflächen nach den für ihre Nutzung jeweils festgesetzten Maßstäben zu bewerten.

(7) Liegen im Einzelfall Erkenntnisse aus Grundwasseruntersuchungen vor, sind diese bei der Bewertung im Hinblick auf Schadstoffeinträge in das Grundwasser zu berücksichtigen. Wenn erhöhte Schadstoffkonzentrationen im Sickerwasser oder andere Schadstoffausträge auf Dauer nur geringe Schadstofffrachten und nur lokal begrenzt erhöhte Schadstoffkonzentrationen in Gewässern erwarten lassen, ist dieser Sachverhalt bei der Prüfung der Verhältnismäßigkeit von Untersuchungs- und Sanierungsmaßnahmen zu berücksichtigen. Wasserrechtliche Vorschriften bleiben unberührt.

(8) Eine schädliche Bodenveränderung besteht nicht bei Böden mit naturbedingt erhöhten Gehalten an Schadstoffen allein auf Grund dieser Gehalte, soweit diese Stoffe nicht durch Einwirkungen auf den Boden in erheblichem Umfang freigesetzt wurden oder werden. Bei Böden mit großflächig siedlungsbedingt erhöhten Schadstoffgehalten kann ein Vergleich dieser Gehalte mit den im Einzelfall ermittelten Schadstoffgehalten in die Gefahrenbeurteilung einbezogen werden.

Dritter Teil
Anforderungen an die Sanierung von
schädlichen Bodenveränderungen und Altlasten

§ 5
Sanierungsmaßnahmen, Schutz- und Beschränkungsmaßnahmen

(1) Dekontaminationsmaßnahmen sind zur Sanierung geeignet, wenn sie auf technisch und wirtschaftlich durchführbaren Verfahren beruhen, die ihre praktische Eignung zur umweltverträglichen Beseitigung oder Verminderung der Schadstoffe gesichert erscheinen lassen. Dabei sind auch die Folgen des Eingriffs insbesondere für Böden und Gewässer zu berücksichtigen. Nach Abschluß einer Dekontaminationsmaßnahme ist das Erreichen des Sanierungsziels gegenüber der zuständigen Behörde zu belegen.

(2) Wenn Schadstoffe nach § 4 Abs. 5 des Bundes-Bodenschutzgesetzes zu beseitigen sind und eine Vorbelastung besteht, sind vom Pflichtigen grundsätzlich die Leistungen zu verlangen, die er ohne Vorbelastung zu erbringen hätte. Die zuvor bestehenden Nutzungsmöglichkeiten des Grundstücks sollen wiederhergestellt werden.

(3) Sicherungsmaßnahmen sind zur Sanierung geeignet, wenn sie gewährleisten, daß durch die im Boden oder in Altlasten verbleibenden Schadstoffe dauerhaft keine Gefahren, erheblichen Nachteile oder erheblichen Belästigungen für den einzelnen oder die Allgemeinheit entstehen. Hierbei ist das Gefahrenpotential der im Boden verbleibenden Schadstoffe und deren Umwandlungsprodukte zu berücksichtigen. Eine nachträgliche Wiederherstellung der Sicherungswirkung im Sinne des Satzes 1 muß möglich sein. Die Wirksamkeit von Sicherungsmaßnahmen ist gegenüber der zuständigen Behörde zu belegen und dauerhaft zu überwachen.

(4) Als Sicherungsmaßnahme kommt auch eine geeignete Abdeckung schädlich veränderter Böden oder Altlasten mit einer Bodenschicht oder eine Versiegelung in Betracht.

(5) Auf land- und forstwirtschaftlich genutzten Flächen kommen bei schädlichen Bodenveränderungen oder Altlasten vor allem Schutz- und Beschränkungsmaßnahmen durch Anpassungen der Nutzung und der Bewirtschaftung von Böden sowie Veränderungen der Bodenbeschaffenheit in Betracht. Über die getroffenen Schutz- und Beschränkungsmaßnahmen sind Aufzeichnungen zu führen. Mit der zuständigen landwirtschaftlichen Fachbehörde ist Einvernehmen herbeizuführen. § 17 Abs. 3 des Bundes-Bodenschutzgesetzes bleibt unberührt.

(6) Soll abgeschobenes, ausgehobenes oder behandeltes Material im Rahmen der Sanierung im Bereich derselben schädlichen Bodenveränderung oder Altlast oder innerhalb des Gebietes eines für verbindlich erklärten Sanierungsplans wieder auf-

Anhang 2

oder eingebracht oder umgelagert werden, sind die Anforderungen nach § 4 Abs. 3 des Bundes-Bodenschutzgesetzes zu erfüllen.

Vierter Teil
Ergänzende Vorschriften für Altlasten

§ 6
Sanierungsuntersuchung und Sanierungsplanung

(1) Bei Sanierungsuntersuchungen ist insbesondere auch zu prüfen, mit welchen Maßnahmen eine Sanierung im Sinne des § 4 Abs. 3 des Bundes-Bodenschutzgesetzes erreicht werden kann, inwieweit Veränderungen des Bodens nach der Sanierung verbleiben und welche rechtlichen, organisatorischen und finanziellen Gegebenheiten für die Durchführung der Maßnahmen von Bedeutung sind.

(2) Bei der Erstellung eines Sanierungsplans sind die Maßnahmen nach § 13 Abs. 1 Satz 1 Nr. 3 des Bundes-Bodenschutzgesetzes textlich und zeichnerisch vollständig darzustellen. In dem Sanierungsplan ist darzulegen, daß die vorgesehenen Maßnahmen geeignet sind, dauerhaft Gefahren, erhebliche Nachteile oder erhebliche Belästigungen für den einzelnen oder die Allgemeinheit zu vermeiden. Darzustellen sind insbesondere auch die Auswirkungen der Maßnahmen auf die Umwelt und die voraussichtlichen Kosten sowie die erforderlichen Zulassungen, auch soweit ein verbindlicher Sanierungsplan nach § 13 Abs. 6 des Bundes-Bodenschutzgesetzes diese nicht einschließen kann.

(3) Die Anforderungen an eine Sanierungsuntersuchung und an einen Sanierungsplan bestimmen sich im übrigen nach Anhang 3.

Fünfter Teil
Ausnahmen

§ 7
Ausnahmen

Auf schädliche Bodenveränderungen und Altlasten, bei denen nach Feststellung der zuständigen Behörde Gefahren, erhebliche Nachteile oder erhebliche Belästigungen mit einfachen Mitteln abgewehrt oder sonst beseitigt werden können, findet § 6 keine Anwendung.

Sechster Teil
Ergänzende Vorschriften für die Gefahrenabwehr von schädlichen
Bodenveränderungen auf Grund von Bodenerosion durch Wasser

§ 8
Gefahrenabwehr von schädlichen Bodenveränderungen
auf Grund von Bodenerosion durch Wasser

(1) Von dem Vorliegen einer schädlichen Bodenveränderung auf Grund von Bodenerosion durch Wasser ist insbesondere dann auszugehen, wenn

1. durch Oberflächenabschluß erhebliche Mengen Bodenmaterials aus einer Erosionsfläche geschwemmt wurden und

2. weitere Bodenabträge gemäß Nummer 1 zu erwarten sind.

(2) Anhaltspunkte für das Vorliegen einer schädlichen Bodenveränderung auf Grund von Bodenerosion durch Wasser ergeben sich insbesondere, wenn außerhalb der vermeintlichen Erosionsfläche gelegene Bereiche durch abgeschwemmtes Bodenmaterial befrachtet wurden.

(3) Bestehen Anhaltspunkte nach Absatz 2, ist zu ermitteln, ob eine schädliche Bodenveränderung auf Grund von Bodenerosion durch Wasser vorliegt. Ist feststellbar, auf welche Erosionsfläche die Bodenabschwemmung zurückgeführt werden kann und daß aus dieser erhebliche Mengen Bodenmaterials abgeschwemmt wurden, so ist zu prüfen, ob die Voraussetzungen des Absatzes 1 Nr. 2 erfüllt sind.

(4) Die Bewertung der Ergebnisse der Untersuchungen erfolgt einzelfallbezogen unter Berücksichtigung der Besonderheiten des Standortes. Weitere Bodenabträge sind zu erwarten, wenn

1. in den zurückliegenden Jahren bereits mehrfach erhebliche Mengen Bodenmaterials aus derselben Erosionsfläche geschwemmt wurden oder
2. sich aus den Standortdaten und den Daten über die langjährigen Niederschlagsverhältnisse des Gebietes ergibt, daß in einem Zeitraum von zehn Jahren mit hinreichender Wahrscheinlichkeit mit dem erneuten Eintritt von Bodenabträgen gemäß Absatz 1 Nr. 1 zu rechnen ist.

(5) Die weiteren Anforderungen an die Untersuchung und Bewertung von Flächen, bei denen der Verdacht einer schädlichen Bodenveränderung auf Grund von Bodenerosion durch Wasser vorliegt, sind in Anhang 4 bestimmt.

(6) Wird die Erosionsfläche landwirtschaftlich genutzt, ist der zuständigen Beratungsstelle gemäß § 17 des Bundes-Bodenschutzgesetzes die Gelegenheit zu geben, im Rahmen der Beratung geeignete erosionsmindernde Maßnahmen für die Nutzung der Erosionsfläche zu empfehlen. Bei Anordnungen ist Einvernehmen mit der zuständigen landwirtschaftlichen Fachbehörde herbeizuführen.

Siebter Teil
Vorsorge gegen das Entstehen schädlicher Bodenveränderungen

§ 9
Besorgnis schädlicher Bodenveränderungen

(1) Das Entstehen schädlicher Bodenveränderungen nach § 7 des Bundes-Bodenschutzgesetzes ist in der Regel zu besorgen, wenn

1. Schadstoffgehalte im Boden gemessen werden, die die Vorsorgewerte nach Anhang 2 Nr. 4 überschreiten, oder
2. eine erhebliche Anreicherung von anderen Schadstoffen erfolgt, die auf Grund ihrer krebserzeugenden, erbgutverändernden, fortpflanzungsgefährdenden oder toxischen Eigenschaften in besonderem Maße geeignet sind, schädliche Bodenveränderungen herbeizuführen.

§ 17 Abs. 1 des Bundes-Bodenschutzgesetzes bleibt unberührt.

(2) Bei Böden mit naturbedingt erhöhten Schadstoffgehalten besteht die Besorgnis des Entstehens schädlicher Bodenveränderungen bei einer Überschreitung der Vorsorgewerte nach Anhang 2 Nr. 4 nur, wenn eine erhebliche Freisetzung von Schadstoffen oder zusätzliche Einträge durch die nach § 7 Satz 1 des Bundes-Boden-

Anhang 2

schutzgesetzes Verpflichteten nachteilige Auswirkungen auf die Bodenfunktionen erwarten lassen.

(3) Absatz 2 gilt entsprechend bei Böden mit großflächig siedlungsbedingt erhöhten Schadstoffgehalten.

§ 10
Vorsorgeanforderungen

(1) Sind die Voraussetzungen des § 9 Abs. 1 Satz 1 Nr. 1, Abs. 2 oder 3 gegeben, hat der nach § 7 des Bundes-Bodenschutzgesetzes Verpflichtete Vorkehrungen zu treffen, um weitere durch ihn auf dem Grundstück und dessen Einwirkungsbereich verursachte Schadstoffeinträge zu vermeiden oder wirksam zu vermindern, soweit dies auch im Hinblick auf den Zweck der Nutzung des Grundstücks verhältnismäßig ist. Dazu gehören auch technische Vorkehrungen an Anlagen oder Verfahren sowie Maßnahmen zur Untersuchung und Überwachung von Böden. Für die Untersuchung gilt Anhang 1 entsprechend.

(2) Einträge von Schadstoffen im Sinne des § 9 Abs. 1 Satz 1 Nr. 2, für die keine Vorsorgewerte festgesetzt sind, sind nach Maßgabe von Absatz 1 soweit technisch möglich und wirtschaftlich vertretbar zu begrenzen. Dies gilt insbesondere für die Stoffe, die nach § 4a Abs. 1 der Gefahrstoffverordnung als krebserzeugend, erbgutverändernd oder fortpflanzungsgefährdend eingestuft sind.

§ 11
Zulässige Zusatzbelastung

(1) Werden die in Anhang 2 Nr. 4.1 festgesetzten Vorsorgewerte bei einem Schadstoff überschritten, ist insoweit eine Zusatzbelastung bis zur Höhe der in Anhang 2 Nr. 5 festgesetzten jährlichen Frachten des Schadstoffes zulässig. Dabei sind die Einwirkungen auf den Boden über Luft und Gewässer sowie durch unmittelbare Einträge zu beachten.

(2) Soweit die in Anhang 2 Nr. 5 festgesetzte zulässige Zusatzbelastung bei einem Schadstoff überschritten ist, sind die geogenen oder großflächig siedlungsbedingten Vorbelastungen im Einzelfall zu berücksichtigen.

(3) Die in Anhang 2 Nr. 5 festgesetzten Frachten bestimmen nicht im Sinne des § 3 Abs. 3 Satz 2 des Bundes-Bodenschutzgesetzes, welche Zusatzbelastungen durch den Betrieb einer Anlage nicht als ursächlicher Beitrag zum Entstehen schädlicher Bodenveränderungen anzusehen sind.

§ 12
Anforderungen an das Aufbringen und Einbringen
von Materialien auf oder in den Boden

(1) Zur Herstellung einer durchwurzelbaren Bodenschicht dürfen in und auf Böden nur Bodenmaterial sowie Baggergut nach DIN 19731 (Ausgabe 5/98) und Gemische von Bodenmaterial mit solchen Abfällen, die die stofflichen Qualitätsanforderungen der nach § 8 des Kreislaufwirtschafts- und Abfallgesetzes erlassenen Verordnungen sowie der Klärschlammverordnung erfüllen, auf- und eingebracht werden.

(2) Das Auf- und Einbringen von Materialien auf oder in eine durchwurzelbare Bodenschicht oder zur Herstellung einer durchwurzelbaren Bodenschicht im Rahmen von Rekultivierungsvorhaben einschließlich Wiedernutzbarmachung ist zulässig, wenn

– insbesondere nach Art, Menge, Schadstoffgehalten und physikalischen Eigenschaften der Materialien sowie nach den Schadstoffgehalten der Böden am Ort des Auf- oder Einbringens die Besorgnis des Entstehens schädlicher Bodenveränderungen gemäß § 7 Satz 2 des Bundes-Bodenschutzgesetzes und § 9 dieser Verordnung nicht hervorgerufen wird und
– mindestens eine der in § 2 Abs. 2 Nr. 1 und 3 Buchstabe b und c des Bundes-Bodenschutzgesetzes genannten Bodenfunktionen nachhaltig gesichert oder wiederhergestellt wird.

Die Zwischenlagerung und die Umlagerung von Bodenmaterial auf Grundstücken im Rahmen der Errichtung oder des Umbaus von baulichen und betrieblichen Anlagen unterliegen nicht den Regelungen dieses Paragraphen, wenn das Bodenmaterial am Herkunftsort wiederverwendet wird.

(3) Die nach § 7 des Bundes-Bodenschutzgesetzes Pflichtigen haben vor dem Auf- und Einbringen die notwendigen Untersuchungen der Materialien nach den Vorgaben in Anhang 1 durchzuführen oder zu veranlassen. Die nach § 10 Abs. 1 des Bundes-Bodenschutzgesetzes zuständige Behörde kann weitere Untersuchungen hinsichtlich der Standort- und Bodeneigenschaften anordnen, wenn das Entstehen einer schädlichen Bodenveränderung zu besorgen ist; hierbei sind die Anforderungen nach DIN 19731 (Ausgabe 5/98) zu beachten.

(4) Bei landwirtschaftlicher Folgenutzung sollen im Hinblick auf künftige unvermeidliche Schadstoffeinträge durch Bewirtschaftungsmaßnahmen oder atmosphärische Schadstoffeinträge die Schadstoffgehalte in der entstandenen durchwurzelbaren Bodenschicht 70 Prozent der Vorsorgewerte nach Anhang 2 Nr. 4 nicht überschreiten.

(5) Beim Aufbringen von Bodenmaterial auf landwirtschaftlich einschließlich gartenbaulich genutzte Böden ist deren Ertragsfähigkeit nachhaltig zu sichern oder wiederherzustellen und darf nicht dauerhaft verringert werden.

(6) Bei der Herstellung einer durchwurzelbaren Bodenschicht für eine landwirtschaftliche Folgenutzung im Rahmen von Rekultivierungsvorhaben einschließlich Wiedernutzbarmachung soll nach Art, Menge und Schadstoffgehalt geeignetes Bodenmaterial auf- oder eingebracht werden.

(7) Die Nährstoffzufuhr durch das Auf- und Einbringen von Materialien in und auf den Boden ist nach Menge und Verfügbarkeit dem Pflanzenbedarf der Folgevegetation anzupassen, um insbesondere Nährstoffeinträge in Gewässer weitestgehend zu vermeiden. DIN 18919 (Ausgabe 09/90) ist zu beachten.

(8) Von dem Auf- und Einbringen von Materialien sollen Böden, welche die Bodenfunktionen nach § 2 Abs. 2 Nr. 1 und 2 des Bundes-Bodenschutzgesetzes im besonderen Maße erfüllen, ausgeschlossen werden. Dies gilt auch für Böden im Wald, in Wasserschutzgebieten nach § 19 Abs. 1 des Wasserhaushaltsgesetzes, in nach den §§ 13, 14, 14a, 17, 18, 19b und 20c des Bundesnaturschutzgesetzes rechtsverbindlich unter Schutz gestellten Gebieten und Teilen von Natur und Landschaft sowei für die Böden der Kernzonen von Naturschutzgroßprojekten des Bun-

Anhang 2

des von gesamtstaatlicher Bedeutung. Die fachlich zuständigen Behörden können hiervon Abweichungen zulassen, wenn ein Auf- und Einbringen aus forst- oder naturschutzfachlicher Sicht oder zum Schutz des Grundwassers erforderlich ist.

(9) Beim Auf- und Einbringen von Materialien auf oder in den Boden sollen Verdichtungen, Vernässungen und sonstige nachteilige Bodenveränderungen durch geeignete technische Maßnahmen sowie durch Berücksichtigung der Menge und des Zeitpunktes des Aufbringens vermieden werden. Nach Aufbringen von Materialien mit einer Mächtigkeit von mehr als 20 Zentimetern ist auf die Sicherung oder den Aufbau eines stabilen Bodengefüges hinzuwirken. DIN 19731 (Ausgabe 5/98) ist zu beachten.

(10) In Gebieten mit erhöhten Schadstoffgehalten in Böden ist eine Verlagerung von Bodenmaterial innerhalb des Gebietes zulässig, wenn die in § 2 Abs. 2 Nr. 1 und 3 Buchstabe b und c des Bundes-Bodenschutzgesetzes genannten Bodenfunktionen nicht zusätzlich beeinträchtigt werden und insbesondere die Schadstoffsituation am Ort des Aufbringens nicht nachteilig verändert wird. Die Gebiete erhöhter Schadstoffgehalte können von der zuständigen Behörde festgelegt werden. Dabei kann die zuständige Behörde auch Abweichungen von den Absätzen 3 und 4 zulassen.

(11) § 5 Abs. 6 bleibt unberührt.

(12) Absatz 3 gilt nicht für das Auf- und Einbringen von Bodenmaterial auf die landwirtschaftliche Nutzfläche nach lokal begrenzten Erosionsereignissen oder zur Rückführung von Bodenmaterial aus der Reinigung landwirtschaftlicher Ernteprodukte.

Achter Teil
Schlußbestimmungen

§ 13
Zugänglichkeit von technischen Regeln und Normblättern

(1) Technische Regeln und Normblätter, auf die in dieser Verordnung verwiesen wird, sind beim Deutschen Patentamt archivmäßig gesichert hinterlegt. Die Bezugsquellen sind in Anhang 1 Nr. 6.2 aufgeführt.

(2) Verweisungen auf Entwürfe von technischen Normen in den Anhängen beziehen sich jeweils auf die Fassung, die zu dem in der Verweisung angegebenen Zeitpunkt veröffentlicht ist.

§ 14
Inkrafttreten

Diese Verordnung tritt am Tage nach der Verkündung in Kraft.

Anhang 1
Anforderungen an die Probennahme, Analytik und Qualitätssicherung bei der Untersuchung

Dieser Anhang findet Anwendung bei der Untersuchung von Böden, Bodenmaterialien und sonstigen Materialien, die im Boden oder auf den Böden von Verdachtsflächen oder altlastverdächtigen Flächen vorkommen, oder zum Auf- und Einbringen vorgesehen sind, sowie von Bodenluft.

Bei altlastverdächtigen Altablagerungen richten sich der Untersuchungsumfang und die Probennahme, insbesondere hinsichtlich der Untersuchungen auf Deponiegas, leichtflüchtige Schadstoffe, abgelagerte Abfälle und des Übergangs von Schadstoffen in das Grundwasser, nach den Erfordernissen des Einzelfalles.

Im Sinne dieses Anhangs ist der Stand von Verfahren und Methoden der Entwicklungsstand fortschrittlicher Verfahren und Methoden, der ihre praktische Eignung zu den vorstehend genannten Untersuchungen gesichert erscheinen läßt. Erkenntnisse über solche Verfahren und Methoden und über ihre Anwendung werden durch einen ausgewählten Kreis von Fachleuten aus Bund und Ländern sowie der Betroffenen im Benehmen mit den Ländern zusammengestellt, der vom Bundesministerium für Umwelt, Naturschutz und Reaktorsicherheit einberufen wird.

1. Untersuchungsumfang und erforderlicher Kenntnisstand

Die Untersuchungen nach § 3 dieser Verordnung beziehen sich auf die Wirkungspfade, für die sich auf Grund der im Einzelfall vorliegenden Informationen der Verdacht einer Gefahr ergibt. Bei der Festlegung des Untersuchungsumfangs sind die Ergebnisse der Erfassung, insbesondere die Kenntnisse oder begründeten Vermutungen über das Vorkommen bestimmter Schadstoffe und deren Verteilung, die gegenwärtige Nutzung und die Nutzung gemäß § 4 Abs. 4 des Bundes-Bodenschutzgesetzes und die sich daraus ergebenden Schutzbedürfnisse sowie die sonstigen beurteilungserheblichen örtlichen Gegebenheiten zu berücksichtigen. Die E DIN ISO 10381-3: 02.96 ist zu beachten. Zum Arbeitsschutz wird auf die ZH 1/ 183: 04.97 hingewiesen.

Bei der Untersuchung zum Wirkungspfad Boden-Mensch sind als Nutzungen

– Kinderspielflächen
– Wohngebiete
– Park- und Freizeitanlagen
– Industrie- und Gewerbegrundstücke
und bei der Untersuchung zum Wirkungspfad Boden-Nutzpflanze die Nutzungen
– Ackerbau, Nutzgarten
– Grünland

zu unterscheiden.

Bei Untersuchungen zum Wirkungspfad Boden-Grundwasser ist nicht nach der Art der Bodennutzung zu unterscheiden.

Anhang 2

1.1 Orientierende Untersuchung

Orientierende Untersuchungen von Verdachtsflächen und altlastverdächtigen Altstandorten sollen inbesondere auch auf die Feststellung und die Einschätzung des Umfangs von Teilbereichen mit unterschiedlich hohen Schadstoffgehalten ausgerichtet werden.

Bei altlastverdächtigen Altablagerungen sind in der Regel Untersuchungen von Deponiegas und auf leichtflüchtige Schadstoffe sowie Untersuchungen insbesondere auch hinsichtlich des Übergangs von Schadstoffen in das Grundwasser durchzuführen.

Sind bei Verdachtsflächen oder altlastverdächtigen Flächen auf Verlangen der dafür zuständigen Behörde Untersuchungen des Grund- oder Oberflächenwassers durchzuführen, ist dies bei der Festlegung von Umfang und Ablauf der orientierenden Untersuchung für Boden- und Sickerwasseruntersuchungen zu berücksichtigen.

Kann bei Verdachtsflächen nicht auf vorhandene Bodenkartierungen zurückgegriffen werden oder liegen keine geeigneten bodenbezogenen Informationen vor, soll im Rahmen der orientierenden Untersuchung eine bodenkundliche Kartierung oder Bodenansprache am Ort der Probennahme auf der Grundlage der Bodenkundlichen Kartieranleitung, 4. Auflage, berichtigter Nachdruck 1996, in dem Umfange durchgeführt werden, der für die Gefahrenbeuteilung erforderlich ist.

Die Untersuchungsvorschriften für Böden und Bodenmaterial gelten für die §§ 9, 10 und 12 entsprechend.

1.2 Detailuntersuchung

Bei der Detailuntersuchung sollen neben den unter § 3 Abs. 5 und 6 dieser Verordnung genannten Sachverhalten auch die für die Wirkungspfade maßgeblichen Expositionsbedingungen, insbesondere die für die verschiedenen Wirkungspfade bedeutsamen mobilen oder mobilisierbaren Anteile der Schadstoffgehalte, geklärt werden. Es soll auch festgestellt werden, ob sich aus räumlich begrenzten Anreicherungen von Schadstoffen innerhalb einer Verdachtsfläche oder altlastverdächtigen Fläche Gefahren ergeben und ob und wie eine Abgrenzung von nicht belasteten Flächen geboten ist.

2. Probennahme

Das Vorgehen bei der Probennahme richtet sich insbesondere nach den im Einzelfall berührten Wirkungspfaden, der Flächengröße, der auf Grund der Erfassungsergebnisse vermuteten vertikalen und horizontalen Schadstoffverteilung sowie der gegenwärtigen, der planungsrechtlich zulässigen und der früheren Nutzung. Dabei sind die unter den Nummern 2.1 bis 2.3 genannten Anforderungen zu beachten. Das Vorgehen bei der Probennahme ist zu begründen und zu dokumentieren. Die Anforderungen des Arbeitsschutzes sind zu beachten.

Untersuchungsflächen sollen für die Probennahme in geeignete Teilflächen gegliedert werden. Die Teilung soll auf Grund eines unterschiedlichen Gefahrenrechts, einer unterschiedlichen Bodennutzung, der Geländeform oder der Bodenbeschaffenheit sowie von Auffälligkeiten, wie z.B. einer unterschiedlichen Vegetationsentwicklung, oder anhand von Erkenntnissen aus der Erfassung erfolgen.

2.1 Probennahmeplanung für Bodenuntersuchungen – Festlegung der Probennahmestellen und Beprobungstiefen

Soll die räumliche Verteilung der Schadstoffe ermittelt werden, ist die zu untersuchende Fläche oder Teilfläche grundsätzlich unter Zuhilfenahme eines Rasters repräsentiv zu beproben. Soweit aus Vorkenntnissen, bei altlastverdächtigen Altstandorten insbesondere nach den Ergebnissen der Erfassung, eine Hypothese über die räumliche Verteilung der Schadstoffe abgeleitet werden kann, ist diese bei der Festlegung der Probennahmestellen und des Rasters zu berücksichtigen. Für die Festlegung von Probennahmestellen können auch Ergebnisse aus einer geeigneten Vor-Ort-Analytik herangezogen werden.

Vermutete Schadstoffanreicherungen sind gezielt zu beproben. Die Beprobung ist, insbesondere hinsichtlich Zahl und räumlicher Anordnung der Probennahmestellen, so vorzunehmen, daß der Gefahrenverdacht geklärt, eine mögliche Gefahr bewertet werden und eine räumliche Abgrenzung von Schadstoffanreicherungen erfolgen kann.

Bei der Festlegung der Beprobungstiefen für die Wirkungspfade Boden–Mensch und Boden–Nutzpflanze sollen für die Untersuchung auf anorganische und schwerflüchtige organische Schadstoffe die in Tabelle 1 genannten Beprobungstiefen zugrundegelegt werden.

Tabelle 1

Nutzungsorientierte Beprobungstiefe bei Untersuchungen zu den Wirkungspfaden Boden–Mensch und Boden–Nutzpflanze

Wirkungspfad	Nutzung	Beprobungstiefe
Boden – Mensch	Kinderspielfläche, Wohngebiet	0–10 cm [1] 10–35 cm [2]
	Park- und Freizeitanlage	0–10 cm [1]
	Industrie- und Gewerbegrundstücke	0–10 cm [1]
Boden – Nutzpflanze	Ackerbau, Nutzgarten	0–30 cm [3] 30–60 cm
	Grünland	0–10 cm [4] 10–30 cm

1 Kontaktbereich für orale und dermale Schadstoffaufnahme, zusätzlich 0–2 cm bei Relevanz des inhalativen Aufnahmepfades.
2 0–35 cm: durchschnittliche Mächtigkeit aufgebrachter Bodenschichten; zugleich max. von Kindern erreichbare Tiefe.
3 Bearbeitungshorizont.
4 Hauptwurzelbereich.

Anhang 2

Böden sind möglichst horizontweise zu beproben. Grundlage für die Ermittlung der Horizontabfolge ist die Bodenkundliche Kartieranleitung der Geologischen Landesämter (AG Bodenkunde, 4. Auflage, 1994). Bis in den Unterboden gestörte Böden sind lagenweise zu beproben (siehe Tabelle 1). Die Lagen- oder Horizontmächtigkeit, die durch Entnahme einer Probe repräsentiert werden kann, beträgt in der Regel 30 cm. Mächtigere Horizonte oder Lagen sind gegebenenfalls zu unterteilen. Ergänzend zur Tabelle 1 ist die Beprobungstiefe zu berücksichtigen, für die bei der nach § 4 Abs. 4 des Bundes-Bodenschutzgesetzes zu berücksichtigenden Nutzung besondere Vorkehrungen getroffen werden müssen. Die Gründe für abweichende Beprobungstiefen sind zu dokumentieren.

Bei der Probennahme ist hinsichtlich der Wirkungspfade folgendes zu beachten:

2.1.1 Wirkungspfad Boden–Mensch

Im Rahmen der Festlegung der Probennahmestellen und der Beprobungstiefe sollen auch Ermittlungen zu den im Einzelfall vorliegenden Expositionsbedingungen vorgenommen werden, insbesondere über

- die tatsächliche Nutzung der Fläche (Art, Häufigkeit, Dauer),
- die Zugänglichkeit der Fläche,
- die Versiegelung der Fläche und über den Aufwuchs,
- die Möglichkeit der inhalativen Aufnahme von Bodenpartikeln,
- die Relevanz weiterer Wirkungspfade.

Für die Beurteilung der Gefahren durch die inhalative Aufnahme von Bodenpartikeln sind die obersten zwei Zentimeter des Bodens maßgebend. Inhalativ bedeutsam sind solche Schadstoffe, für die sich der inhalative Pfad nach den Ableitungsmaßstäben gemäß § 4 Abs. 5 dieser Verordnung als ausschlaggebend für die Festlegung des Prüfwertes erwiesen hat. Durch Rückstellproben ist sicherzustellen, daß der Schadstoffgehalt in der für die Staubbildung relevanten Feinkornfraktion bis 63 μm gegebenenfalls getrennt analysiert werden kann.

Ist auf Grund vorliegender Erkenntnisse davon auszugehen, daß die Schadstoffe in der beurteilungsrelevanten Bodenschicht annähernd gleichmäßig über eine Fläche verteilt sind, kann auf Flächen bis 10 000 m^2 für jeweils 1000 m^2, mindestens aber von 3 Teilflächen, eine Mischprobe entnommen werden. Die Mischprobe soll aus 15 bis 25 Einzelproben einer Beprobungstiefe gewonnen werden. Bei Flächen unter 500 m^2 sowie in Hausgärten oder sonstigen Gärten entsprechender Nutzung kann auf eine Teilung verzichtet werden. Für Flächen über 10 000 m^2 sollen mindestens jedoch 10 Teilflächen beprobt werden.

2.1.2 Wirkungspfad Boden–Nutzpflanze

Bei landwirtschaftlich einschließlich gartenbaulich genutzten Böden mit annähernd gleichmäßiger Bodenbeschaffenheit und Schadstoffverteilung soll auf Flächen bis 10 Hektar in der Regel für jeweils 1 Hektar, mindestens aber von 3 Teilflächen eine Mischprobe entsprechend den Beprobungstiefen entnommen werden. Bei Flächen unter 5000 m^2 kann auf eine Teilung verzichtet werden. Für Flächen größer 10 Hektar sollen mindestens jedoch 10 Teilflächen beprobt werden. Die Probennahme erfolgt nach den Regeln der Probennahme auf landwirtschaftlich genutzten Böden (E DIN ISO 10381-1: 02.96, E DIN ISO 10381-4: 02.96) durch 15 bis 25 Einzeleinstiche je Teilfläche, die zu jeweils einer Mischprobe vereinigt werden.

In Nutzgärten erfolgt die Probennahme in der Regel durch Entnahme einer grundstücksbezogenen Mischprobe für jede Beprobungstiefe und im übrigen in Anlehnung an die Regeln der Probennahme auf Ackerflächen.

Für die Eignung von Geräten zur Probennahme ist E DIN ISO 10381-2: 02.96 maßgebend.

2.1.3 Wirkungspfad Boden–Grundwasser

Beim Wirkungspfad Boden–Grundwasser ist zur Feststellung der vertikalen Schadstoffverteilung die ungesättigte Bodenzone bis unterhalb einer mutmaßlichen Schadstoffanreicherung oder eines auffälligen Bodenkörpers zu beproben. Die Beprobung erfolgt horizontal- oder schichtspezifisch. Im Untergrund dürfen Proben aus Tiefenintervallen bis max. 1 m entnommen werden. In begründeten Fällen ist die Zusammenfassung engräumiger Bodenhorizonte bzw. -schichten bis max. 1 m Tiefenintervall zulässig. Auffälligkeiten sind zu beurteilen und gegebenenfalls gesondert zu beproben. Die Beprobungstiefe soll reduziert werden, wenn erkennbar wird, daß bei Durchbohrung von wasserstauenden Schichten im Untergrund eine hierdurch entstehende Verunreinigung des Grundwassers zu besorgen ist. Ist das Durchbohren von wasserstauenden Schichten erforderlich, sind besondere Sicherungsmaßnahmen zu ergreifen. Für die Eignung von Geräten zur Probennahme ist DIN 4021: 10.90 maßgebend.

2.2 Probennahmeplanung Bodenluft

Die Probennahme erfolgt nach VDI-Richtlinie 3865, Blatt 1 und 2.

2.3 Probennahmeplanung bei abgeschobenem und ausgehobenem Bodenmaterial

Die Probennahmeplanung erfolgt in Anlehnung an DIN 52101: 03.88 oder nach DIN EN 932-1: 11.96.

2.4 Probengewinnung

2.4.1 Böden, Bodenmaterial und sonstige Materialien

Die notwendige Probemenge richtet sich gemäß DIN 18123: 11.96 nach dem Größtkorn und muß ausreichen, um nach sachgerechter Probenvorbehandlung die Laboruntersuchung sowie gegebenenfalls die Bereitstellung von Rückstellproben zu gewährleisten. Eine Abstimmung mit der Untersuchungsstelle sollte erfolgen.

Grobmaterialien (Materialien >2mm) und Fremdmaterialien, die möglicherweise Schadstoffe enthalten oder denen diese anhaften können, sind aus der gesamten Probemenge zu entnehmen und gesondert der Laboruntersuchung zuzuführen. Ihr Massenanteil an dem beprobten Bodenhorizont bzw. der Schichteinheit ist zu ermitteln und zu dokumentieren.

Zur Entnahme von Boden, Bodenmaterial und sonstigen Materialien sind Verfahren anzuwenden, die in der DIN 4021: 10.90 und E DIN ISO 10381-2: 02.96 auf-

Anhang 2

geführt sind. Bei der Verfahrensauswahl sind über die in der Norm enthaltenen Angaben hinaus die erforderliche Probenmenge und der Aufbau des Untergrundes zu berücksichtigen.

2.4.2 Bodenluft

Für die Entnahme von Bodenluftproben gilt VDI-Richtlinie 3865, Blatt 2.

2.5 Probenkonservierung, -transport und -lagerung

Für die Auswahl von Probengefäßen sowie für Probenkonservierung, -transport und -lagerung sind die entsprechenden Regelungen in den Untersuchungsvorschriften nach Nummer 3.1.3, Tabellen 3 bi 7 einzuhalten. Fehlen derartige Regelungen, sind E DIN ISO 10381-1: 02.96 und DIN EN ISO 5667-3: 04.96 zu beachten.

Der Transport der Bodenproben für die Untersuchung organischer Schadstoffe sowie ihre Lagerung erfolgt gemäß E DIN ISO 14507: 02.96.

3. Untersuchungsverfahren

3.1 Untersuchungsverfahren für Böden, Bodenmaterial und sonstige Materialien

3.1.1 Probenauswahl und -vorbehandlung

Im Falle gestufter Untersuchungen ist für den Einzelfall zu entscheiden, in welcher Abfolge im Feld gewonnene Proben zu analysieren sind, und ob ggf. auch eine Zusammenfassung mehrerer Proben zweckmäßig ist. Die Entscheidung und ihre Gründe sind zu dokumentieren.

Die Probenvorbehandlung, einschließlich der Trocknung des Probenmaterials, erfolgt für die Bestimmung physikalisch-chemischer Eigenschaften (Nummer 3.1.3, Tabelle 3) und die Bestimmung anorganischer Schadstoffe (Nummer 3.1.3, Tabelle 4) nach DIN ISO 11464: 12.96. Für organische Schadstoffe ist E DIN ISO 14507: 02.96 anzuwenden.

Ist bei Böden, Bodenmaterial und sonstigen Materialien (insbesondere Schlacken und Bauschutt) eine Auftrennung in Grob- und Feinanteil erforderlich, hat dies über ein Sieb mit einer Maschenweite von 2 mm in die Fraktionen ≤ 2 mm (Feinanteil) und >2 mm (Grobanteil) Korndurchmesser zu erfolgen. Verklumpungen sind zu zerkleinern, wobei aber geringstabile Aggregate (z.B. Carbonat-, Eisen-Konkretionen, Bims) möglichst nicht zerbrochen werden sollten. Beide Fraktionen sind zu wägen, zu beschreiben und zu dokumentieren, und deren Trockenmasseanteil ist zu bestimmen. Der Feinanteil ist zu homogenisieren und zu untersuchen. Bestehen Anhaltspunkte für einen erhöhten Schadstoffgehalt der Fraktion >2 mm, ist diese Fraktion zu gewinnen und nach Vorzerkleinerung und Homogenisierung ebenfalls zu untersuchen. Im Probenmaterial enthaltene Fremdmaterialien sind erforderlichenfalls getrennt zu untersuchen und bei der Bewertung zu berücksichtigen.

Repräsentative Teile der im Feld entnommenen Proben sind als Rückstellproben aufzubewahren. Art und Umfang der Rückstellung sind nach den Erfordernissen des Einzelfalls zu vereinbaren.

3.1.2 Extraktion, Elution

Königswasserextrakt

Die Bestimmung des Gehaltes an anorganischen Schadstoffen zum Vergleich der Schadstoffaufnahme auf dem Wirkungspfad Boden–Mensch mit den Werten nach Anhang 2 Nummer 1 mit Ausnahme der Cyanide, für den Wirkungspfad Boden–Nutzpflanze auf Ackerbauflächen und in Nutzgärten bezüglich Arsen und Quecksilber nach Anhang 2 Nummer 2.2 und für den Wirkungspfad Boden–Nutzpflanze auf Grünland nach Anhang 2 Nummer 2.3 sowie hinsichtlich der Vorsorgewerte nach Anhang 2 Nummer 4.1 erfolgt aus dem Königswasserextrakt nach DIN ISO 11466: 06.97 aus aufgemahlenen Proben (Korngröße <150 µm).

Ammoniumnitratextraktion

Der Ammoniumnitratextrakt nach DIN 19730: 06.97 ist zur Ermittlung der Gehalte anorganischer Schadstoffe für die Bewertung der Schadstoffe im Wirkungspfad Boden–Nutzpflanze auf Ackerbauflächen und in Nutzgärten im Hinblick auf die Pflanzenqualität bezüglich Cadmium, Blei und Thallium nach Anhang 2 Nummer 2.2 sowie auf Ackerbauflächen im Hinblick auf Wachstumsbeeinträchtigungen bei Kulturpflanzen nach Anhang 2 Nummer 2.4 anzuwenden und kann zur Abschätzung von anorganischen Schadstoffkonzentrationen im Sickerwasser nach Nummer 3.3 dieses Anhangs eingesetzt werden.

Extraktion organischer Schadstoffe

Die Bestimmung des Gehaltes an organischen Schadstoffen zum Vergleich der Schadstoffaufnahme auf dem Wirkungspfad Boden–Mensch mit den Werten nach Anhang 2 Nummer 1.2 sowie hinsichtlich der Vorsorgewerte nach Anhang 2 Nummer 4.2 erfolgt aus den in Nummer 3.1.3, Tabelle 5 angegebenen Bodenextrakten. Sollen andere Verfahren angewendet werden, ist dies zu begründen und nachzuweisen, daß deren Ergebnisse mit den Ergebnissen der oben angegebenen Verfahren gleichwertig oder vergleichbar sind.

Elution mit Wasser

Für die Herstellung von Eluaten mit Wasser zur Abschätzung von Schadstoffkonzentrationen im Sickerwasser nach Nummer 3.3 dieses Anhangs sind die in Tabelle 2 angegebenen Verfahren anzuwenden.

Anhang 2

Tabelle 2
Verfahren zur Herstellung von Eluaten mit Wasser

Verfahren	Verfahrenshinweise	Methode
anorganische Stoffe		
Bodensättigungsextrakt	Verfahren siehe (1)	
Elution mit Wasser	– Probenmasse unter Berücksichtigung der Trockenmasse nach DIN 38414-2: 11.85 bzw. nach DIN ISO 11465: 12.96 – Filtration siehe (2)	DIN 38414-4: 10.84
organische Stoffe		
Säulen- oder Lysimeterversuch	Die zu erwartende Geschwindigkeit, mit der sich stoffspezifisch die Gleichgewichtskonzentration einstellt, ist zu beachten.	

(1) **Gewinnung des Bodensättigungsextraktes:**
Zur Vorbereitung wird der Bodenprobe in einem Polyethylen-Gefäß langsam soviel bidestilliertes Wasser zugegeben, daß sie vollständig durchfeuchtet ist. Die benötigte Menge an Wasser zur Vorbefeuchtung ist bodenartabhängig und sollte ungefähr der Feldkapazität entsprechen. Bei sandigen Proben wird von ca. 25%, bei lehmig/schluffigen Proben von ca. 35% und bei tonigen Proben von ca. 40% der Einwaage lufttrockenen Bodens ausgegangen. Die zugegebene Wassermenge ist gravimetrisch zu erfassen und zu notieren. Die Probe wird gut vermischt und unter Verdunstungsschutz 24 h bei 5°C stehengelassen.
Zur Herstellung des Bodensättigungsextrakts wird das vorbefeuchtete Bodenmaterial in Zentrifugenbecher überführt. Bidestilliertes Wasser wird unter ständigem Rühren langsam zugegeben, bis die Fließgrenze erreicht ist (Bildung einer glänzenden Oberfläche und Zerfließen einer Spachtelkerbe). Bei tonigen Proben muß 15 min bis zum Abschluß der Quellung gewartet und gegebenenfalls Wasser nachgegeben werden. Die zugegebene Wassermenge wird gravimetrisch erfaßt und die Bodenpaste mit einem Glasstab verrührt. Die Bodenpaste ist zur Gleichgewichtseinstellung 24 h im Kühlschrank oder -raum bei 5°C unter Verdunstungsschutz aufzubewahren.
Aus der Einwaage lufttrockenen Bodens und zweimaliger Wasserzugabe wird das Boden/Wasser-Verhältnis berechnet. Dabei ist der Wassergehalt der lufttrockenen Probe an einem Aliquot separat zu erfassen (Trocknung bei 105°C bis zur Gewichtskonstanz) und rechnerisch zu berücksichtigen.
Zur Gewinnung der Gleichgewichtsbodenlösung erfolgt die Zentrifugation in einer Kühlzentrifuge für 30 min. Die überstehende Lösung wird dekantiert und zur Abtrennung suspendierter Partikel in zuvor gewogene Polyethylen-Weithalsflaschen mittels Unterdruck membranfiltriert. Die Filtratmenge ist gravimetrisch zu bestimmen. Die Lösungen sind durch Zugabe von 10 Volumenanteilen Salpetersäure (c = 5 mol/l) zu stabilisieren, wobei die Säurezugabe bei der Auswertung von Meßergebnissen und der Erstellung von Kalibrierlösungen zu berücksichtigen ist.

(2) **Filtrationsschritt:**
Verwendet wird eine Druckfiltrationseinheit für Membranfilter (142 mm Durchmesser, medienführende Teile aus PTFE) mit einem Membranfilter mit 0,45 µ Porenweite. Bei Nutzung abweichender Geräte ist das zu filtrierende Volumen entsprechend der Filterfläche zu verändern; das Verhältnis von filtrierendem Volumen und Filterfläche ist einzuhalten.
Nach dem Schütteln ist die Suspension ca. 15 min zur Sedimentation der gröberen Partikel stehenzulassen. Die überstehende Flüssigkeit ist im Zentrifugenbecher weitestgehend zu dekantieren. Die Zentrifugation erfolgt für 30 min mit 2000 g. Danach erfolgt das weitestgehend vollständige Dekantieren der überstehenden Flüssigkeit in die Membrandruckfiltrationsapparatur. Nach 5 min druckloser Filtration wird zur Beschleunigung der Filtration ein Druck von 1 bar angelegt. Haben nach 15 min weniger als zwei Drittel des Eluats das Filter passiert, wird der Druck auf 2 bar erhöht. Falls erforderlich, wird der Druck nach weiteren 30 min auf 3,5 bar erhöht. Die Filtration wird solange fortgesetzt, bis der gesamte Überstand der Zentrifugation das Filter passiert hat. Ist die Filtration nach 120 min noch unvollständig, wird sie abgebrochen und mit dem unvollständigen Filtrat weitergearbeitet.

3.1.3 Analysenverfahren

Böden, Bodenmaterial und sonstige Materialien

Die Analyse von Böden, Bodenmaterial und gegebenenfalls von sonstigen Materialien ist nach den in den Tabellen 3 bis 5 aufgeführten Untersuchungsverfahren auszuführen.

Sollen unter Nennung der Gründe andere Verfahren angewendet werden, ist nachzuweisen und zu dokumentieren, daß deren Ergebnisse mit den Ergebnissen der in den Tabellen 3 bis 5 angegebenen Verfahren gleichwertig oder vergleichbar sind. Inwieweit einzelne Verfahren insbesondere auch unter den unter Nummer 4.2 genannten Gesichtspunkten anwendbar sind, ist im Einzelfall zu prüfen. Die Schadstoffgehalte sind auf Trockenmassen (105°C) zu beziehen. Sie müssen in der gleichen Einheit wie die entsprechenden Prüf-, Maßnahmen- und Vorsorgewerte in Anhang 2 angegeben werden.

Tabelle 3
Analyse physikalisch-chemischer Eigenschaften

Untersuchungsparameter	Verfahrenshinweise	Methode
Bestimmung der Trockenmasse	feldfrische und luftgetrocknete Bodenproben	DIN ISO 11465: 12.96
Organischer Kohlenstoff und Gesamtkohlenstoff nach trockener Verbrennung	luftgetrocknete Bodenproben	DIN ISO 10694: 08.96
pH-Wert ($CaCl_2$)	Suspension der feldfrischen oder luftgetrockneten Bodenprobe in $CaCl_2$-Lösung: $c(CaCl_2)$: 0,01 mol/l	DIN ISO 10390: 05.97
Korngrößenverteilung	1) „Fingerprobe" im Gelände*)	Bodenkundliche Kartieranleitung, 4. Auflage. 1994; DIN 19682-2: 2: 04.97
	2) Siebung, Dispergierung, Pipett-Analyse*)	E DIN ISO 11277: 06.94 DIN 19683-2: 04. 97
	3) Siebung, Dispergierung, Aräometermethode	DIN 18123: 11.96 E DIN ISO 11277: 06.94
Rohdichte	Trocknung einer volumengerecht entnommenen Bodenprobe bei 105°C, rückwiegen	E DIN ISO 11272: 01.94 DIN 19683-12: 04.73

*) Empfohlende Methoden.

Anhang 2

Tabelle 4
Analyse anorganischer Schadstoffgehalte

Untersuchungsparameter	Verfahrenshinweise	Methode
Cd, Cr, Cu, Ni, Pb, Tl, Zn	AAS	E DIN ISO 11047: 06.95
As, Cd, Cr, Cu, Ni, Pb, Tl, Zn	ICP-AES (ICP-MS möglich) Berücksichtigung von spektralen Störungen bei hohen Matrixkonzentrationen erforderlich	DIN EN ISO 11885: 04.98
Arsen (As)	ET-AAS Hydrid-AAS	In Analogie zu E DIN ISO 11047: 06.95 DIN EN ISO 11969: 06.96
Quecksilber (Hg)	AAS-Kaltdampftechnik Bei der Probenvorbehandlung darf die Trocknungstemperatur 40°C nicht überschreiten	DIN EN 1483: 08.97 Reduktion mit Zinn(II)-chlorid oder NaBH4
Chrom (VI)	1) Extraktion mit phosphatgepufferter Aluminiumsulfatlösung 2) Elution mit Wasser, Abtrennung von Cr(III), Bestimmung von löslichem Cr(VI) in Böden	Spektralphotometrie DIN 19734: 01.99 DIN 38405-24: 05.87
Cyanide		E DIN ISO 11262:06.94

Tabelle 5
Analyse organischer Schadstoffgehalte

Untersuchungsparameter	Verfahrenshinweise	Methode
Polycyclische aromatische Kohlenwasserstoffe (PAK): 16 PAK (EPA) Benzo(a)pyren	1) Soxhlet-Extraktion mit Toluol, chromatographisches Clean-up; Quantifizierung mitels GC-MS* 2) Extraktion mit Tetrahydrofuran oder Acetonitril; Quantifizierung mittels HPLC-UV/DAD/F* 3) Extraktion mit Aceton, Zugeben von Petrolether, Entfernung des Acetons, chromatographische Reinigung des Petroletherextraktes, Aufnahme in Acetonitril; Quantifizierung mittels HPLC-UV/DAD/F	Merkblatt Nr. 1 des LUA-NRW, 1994* Merkblatt Nr. 1 des LUA-NRW, 1994* E DIN ISO 13877: 0.695

	4) Extraktion mit einem Wasser/ Aceton/Petrolether-Gemisch in Gegenwart von NaCl; Quantifizierung mittels GC-MS oder HPLC-UV/DAD/F	VDLUFA-Methodenbuch, Band VII; Handbuch Altlasten Bd. 7, LfU HE
Hexachlorbenzol	Extraktion mit Aceton/Cyclohexan-Gemisch oder Aceton//Petrolether, ggf. chromatographische Reinigung nach Entfernen des Acetons; Quantifizierung mittels GC-ECD oder GC-MS	E DIN ISO 10382: 02.98
Pentachlorphenol	Soxhlet-Extraktion mit Heptan oder Aceton/Heptan (50 : 50); Derivatisierung mit Essigsäureanhydrid; Quantifizierung mittels GC-ECD oder GC-MS	E DIN ISO 14154: 10.97
Aldrin, DDT, HCH-Gemisch	1) Extraktion mit Petrolether oder Aceton/Petrolether-Gemisch, chromatographische Reinigung; Quantifizierung mittels GC-ECD oder GC-MS* 2) Extraktion mit Wasser/Aceton/ Petrolether-Gemisch; Quantifizierung mittels GC-ECD oder GC-MS	E DIN ISO 10382: 02.98* VDLUFA-Methodenbuch, Band VII
Polychlorierte Biphenyle (PCB): 6 PCB-Kongenere (Nr. 28, 52, 101, 138, 153, 180 nach Ballschmiter)	1) Extraktion mit Heptan oder Aceton/Petrolether, chromatographische Reinigung; Quantifizierung mittels GC-ECD (GC-MS möglich) 2) Soxhlet-Extraktion mit Heptan, Hexan oder Pentan, chromatographische Reinigung an AgNO$_3$/Kieselsäule, Quantifizierung mittels GC-ECD (GC-MS möglich) 3) Extraktion mit einem Wasser/ Aceton/Petrolether-Gemisch in Gegenwart von NaCl; Quantifizierung mittels GC-ECD (GC-MS möglich)	E DIN ISO 10382: 02.98 DIN 38414-20: 01.96 VDLUFA-Methodenbuch, Band VII
Polychlorierte Dibenzodioxine und Dibenzofurane	Soxhlet-Extraktion gefriergetrockneter Proben mit Toluol, chromatographische Reinigung; Quantifizierung mitels GC-MS	nach Klärschlammverordnung unter Beachtung von DIN 38414-24: 04.98 VDI-Richtlinie 3499, Blatt 1: 03.90

*) Empfohlene Methode.

Anhang 2

Eluate und Sickerwasser

Die analytische Bestimmung der anorganischen Stoffkonzentrationen in Eluaten und Sickerwasser ist nach den in Tabelle 6 aufgeführten Analyseverfahren durchzuführen, die Bestimmung der organischen Stoffkonzentrationen im Sickerwasser erfolgt nach den in Tabelle 7 genannten Methoden.

Sollen unter Nennung der Gründe andere Verfahren angewendet werden, ist nachzuweisen, daß deren Ergebnisse mit den Ergebnissen der in Tabelle 6 und 7 angegebenen Verfahren gleichwertig oder vergleichbar sind.

Tabelle 6
Bestimmung der Konzentration anorganischer Schadstoffe in Eluaten und Sickerwasser

Untersuchungsparameter	Verfahrenshinweise	Methode
As, Cd, Cr, Co, Cu, Mo, Ni, Pb, Sb, Se, Sn, TI, Zn	ICP-AES (ICP-MS möglich)	Auf der Grundlage DIN EN ISO 11885: 04.98*)
Arsen (AS), Antimon (Sb)	Hydrid-AAS	DIN EN ISO 11969: 11.96
Blei (Pb)	AAS	DIN 38406-6: 07.98
Cadmium (Cd)	AAS	DIN EN ISO 5961: 05.95
Chrom (Cr), gesamt	AAS	DIN EN 1233: 08.96
Chrom (Cr VI)	Spektralphotometrie Ionenchromatographie	DIN 38405-24: 05.87 DIN EN ISO 10304-3: 11.97
Cobalt (Co)	AAS	DIN 38406-24: 03.93
Kupfer (Cu)	AAS	DIN 38406-7: 09.91
Nickel (Ni)	AAS	DIN 38406-11: 09.91
Quecksilber (Hg)	AAS-Kaltdampftechnik	DIN EN 1483: 08.97
Selen (Se)	AAS	DIN 38405-23: 10.94
Zink (Zn)	AAS	DIN 38406-8: 10.80
Cyanid (CN-), gesamt	Spektralphotometrie	DIN 38405-13: 02.81 E DIN EN ISO 14403: 05.98
Cyanid (CN-), leicht freisetzbar	Spektralphotometrie	DIN 38405-13: 02.81
Fluorid-(F-)	Fluoridsensitive Elektrode Ionenchromatographie	DIN 38405-4: 07.85 DIN EN ISO 10304-1: 04.95

*) Durch geeignete Maßnahmen oder eine geeignete gerätetechnische Ausstattung ist die Bestimmungsgrenze dem Untersuchungsziel anzupassen.

Tabelle 7
Bestimmung der Konzentration organischer Schadstoffe im Bodensickerwasser

Untersuchungsparameter	Verfahrenshinweise	Methode
Benzol	GC-FID	DIN 38407-9: 05.91*)
BTEX	GC-FID Matrixbelastung beachten	DIN 38407-9: 05.91
Leichtflüchtige Halogenkohlenwasserstoffe (LHKW)	GC-ECD	DIN EN ISO 10301: 08.97
Aldrin	GC-ECD (GC-MS möglich)	DIN 38407-2: 02.93
DDT	GC-ECD (GC-MS möglich)	DIN 38407-2: 02.93
Phenole	GC-ECD	ISO/DIS 8165-2: 01.97
Chlorphenole	GC-ECD oder GC-MS	ISO/DIS 8165-2: 01.97
Chlorbenzole	GC-ECD (GC-MS möglich)	DIN 38407-2: 02.93
PCB, gesamt	GC-ECD GC-ECD oder GC-MS	DIN EN ISO 6468: 02.97 DIN 51527-1: 05.87 DIN 38407-3: 07.98
PAK, gesamt	HPLC-F	DIN 38407-8: 10.95
Naphthalin	GC-FID oder GC-MS	DIN 38407-9: 05.91
Mineralölkohlenwasserstoffe	Extraktion mit Petrolether, gaschromatographische Quantifizierung	nach ISO/TR 11046: 06.94

*) Anpassung der Bestimmungsgrenze erforderlich.

3.2 Untersuchung von Bodenluft

Die Untersuchung von Bodenluft erfolgt nach VDI-Richtlinie 3865 Blatt 2 und 3.

3.3 Verfahren zur Abschätzung des Stoffeintrags aus Verdachtsflächen oder altlastverdächtigen Flächen in das Grundwasser

Die Stoffkonzentrationen und -frachten im Sickerwasser und der Schadstoffeintrag in das Grundwasser im Übergangsbereich von der ungesättigten zur wassergesättigten Bodenzone (Ort der Beurteilung) können abgeschätzt werden, es sei denn, günstige Umstände ermöglichen eine repräsentative Beprobung von Sickerwasser am Ort der Beurteilung.

Diese Abschätzung kann annäherungsweise

– durch Rückschlüsse oder Rückrechnungen aus Untersuchungen im Grundwasserabstrom unter Berücksichtigung der Stoffkonzentration im Grundwasseran-

Anhang 2

strom, der Verdünnung, des Schadstoffverhaltens in der ungesättigten und gesättigten Bodenzone sowie des Schadstoffinventars im Boden,
- auf der Grundlage von In-situ-Untersuchungen oder
- auf der Grundlage von Materialuntersuchungen im Labor (Elution, Extraktion), bei anorganischen Stoffen insbesondere der Elution mit Wasser, gemäß Tabelle 2

auch unter Anwendung von Stofftransportmodellen erfolgen.

Die Stoffkonzentrationen im Sickerwasser können am Ort der Probennahme
- für anorganische Schadstoffe mit den Ergebnissen des Bodensättigungsextraktes ansatzweise gleichgesetzt werden; Abschätzungen unter Heranziehung von Analysenergebnissen nach Tabelle 6 und anderer Elutionsverfahren (z.B. DIN 19730 oder DIN 38414-4) sind zulässig, wenn die Gleichwertigkeit der Ergebnisse insbesondere durch Bezug dieser Ergebnisse auf den Bodensättigungsextrakt sichergestellt ist; Ergebnisse nach DIN 38414-4: 10.84 können nur verwendet werden, wenn die Filtration nach Nummer 3.1.2 dieser Verordnung durchgeführt wurde;
- für organische Stoffe aus Säulenversuchen der entnommenen Proben unter Beachtung der Standortbedingungen am Entnahmeort, insbesondere im Hinblick auf die Kontaktzeit, mit Verfahren nach Tabelle 7 ermittelt werden.

Die Analysenergebnisse der Untersuchung von Sickerwasser, Grundwasser, Extrakten und Eluaten sowie von Bodenproben sind mit dem jeweiligen Untersuchungsverfahren anzugeben. Die darauf beruhende Abschätzung der Sickerwasserbeschaffenheit und -frachten für den Übergangsbereich von der ungesättigten zur wassergesättigten Zone ist im einzelnen darzulegen und zu begründen.

Für die Abschätzung sind insbesondere Verfahren heranzuziehen, die mit Erfolg bei praktischen Fragestellungen angewendet worden sind. Hierzu sind im Einzelfall gutachterliche Feststellungen zu treffen.

Ergänzend sind folgende Anwendungshinweise zu beachten:

Wenn im Einzelfall einer schädlichen Bodenveränderung oder Altlast ein Zutritt von sauren Sickerwässern, ein Zutritt von Lösevermittlern bzw. eine Änderung des Redoxpotentials zu erwarten ist, sollten entsprechende weitere Extraktionsverfahren angewendet werden.

Bei der Abschätzung des Schadstoffeintrags im Übergangsbereich von der ungesättigten zur gesättigten Zone ist insbesondere die Abbau- und Rückhaltewirkung der ungesättigten Zone zu berücksichtigen. Hierbei sind vor allem folgende Kriterien maßgebend:
- Grundwasserflurabstand,
- Bodenart,
- Gehalt an organischer Substanz (Humusgehalt),
- pH-Wert,
- Grundwasserneubildungsrate/Sickerwasserrate,
- Mobilität und Abbaubarkeit der Stoffe.

Der Einfluß dieser Faktoren auf die Stoffrückhaltung in der ungesättigten Zone wird auf Grund allgemein vorliegender wissenschaftlicher Erkenntnisse und Erfahrungen für den jeweiligen Standort abgeschätzt. Auch der Einsatz von Stofftransportmodellen kann zweckmäßig sein.

Bei direkter Beprobung und Untersuchung von Sickerwasser ist bei der Bewertung der gemessenen Stoffkonzentrationen deren witterungsbedingte Dynamik zu berücksichtigen.

4. Qualitätssicherung

4.1 Probennahme und Probenlagerung

Die Feststellung der Probennahmestellen und der Beprobungstiefen sowie die Probennahme sind durch hierfür qualifiziertes Personal durchzuführen.

Probennahme, Probentransport und Probenlagerung haben so zu erfolgen, daß eine Beeinflussung der chemischen, physikalischen und biologischen Beschaffenheit des Probenmaterials durch Arbeitsverfahren und/oder -materialien sowie aus Lagerungsbedingungen so weit wie möglich ausgeschlossen wird.

Die Probennahme ist zu dokumentieren. Die Dokumentation soll alle für die Laboruntersuchung und die Auswertung der Untersuchungsergebnisse relevanten Informationen enthalten, insbesondere Angaben zu

– Probennahmezeitpunkt, Probennehmer,
– der Lage der Untersuchungsfläche und der Probennahmepunkte,
– Flächenbezeichnung,
– Beprobungstiefe,
– Bodenhorizonten, gemäß Bodenkundlicher Kartieranleitung, 4. Auflage, berichtigter Nachdruck 1996,
– Schichtenverzeichnis,
– Entnahmeverfahren,
– ehemaliger und gegenwärtiger Flächennutzung, Vorkenntnissen zu Kontaminationen.

Bestehende Normen, Regelungen der Länder und fachliche Regeln zur Qualitätssicherung sind zu beachten.

4.2 Probenvorbehandlung und Analytik

Es sind geeignete interne und externe Qualitätssicherungsmaßnahmen, insbesondere hinsichtlich der Reproduzierbarkeit (Präzision) und Richtigkeit der Untersuchungsergebnisse, durchzuführen, zu überwachen und zu dokumentieren.

Interne Qualitätssicherungsmaßnahmen sind insbesondere:

– die Durchführung von unabhängigen Mehrfachbestimmungen,
– die Kalibrierung von Meß- und Prüfmitteln,
– der Einsatz zertifizierter und/oder laborinterner Referenzmaterialien zur Qualitätskontrolle von Reproduzierbarkeit und Richtigkeit,
– Plausibilitätskontrolle der Untersuchungsergebnisse.

Externe Qualitätssicherungsmaßnahmen sind insbesondere:

– die erfolgreiche Teilnahme an Vergleichsprüfungen, insbesondere Ringversuche,

Anhang 2

- Kompetenzbestätigung gemäß DIN EN 45001: 05.90.

Für die angewendeten Untersuchungsverfahren sind die Nachweis- und Bestimmungsgrenzen nach DIN 32645: 05.94 anzugeben. Das Bestimmungsverfahren ist so auszuwählen, daß auf Grund der Bestimmungsgrenze die Über- und Unterschreitung der entsprechenden Prüf-, Maßnahmen- und Vorsorgewerte nach Anhang 2 sicher beurteilt werden kann. Die angewendeten Bestimmungsverfahren sind zu dokumentieren.

Für das Analyseergebnis ist eine Meßunsicherheit gemäß DIN 1319-3: 05.96 und/ oder DIN 1319-4: 12.85 anzugeben.

5. Abkürzungsverzeichnis

5.1 Maßeinheiten

1 ng (Nanogramm) = 10^{-9} g = 0,000 000 001 Gramm
1 µg (Mikrogramm) = 10^{-6} g = 0,000 001 Gramm
1 mg (Milligramm) = 10^{-3} g = 0,001 Gramm
1 kg (Kilogramm) = 10^{3} g = 1000 Gramm
1 µm (Mikrometer) = 10^{-6} m = 0,000 001 Meter
1 mm (Millimeter) = 10^{-3} m = 0,001 Meter
1 cm (Zentimeter) = 10^{-2} m = 0,01 Meter
1 ha (Hektar)   = 10^{4} m^2 = 10 000 Quadratmeter
°C – Grad Celsius

5.2 Instrumentelle Analytik

AAS   – Atomabsorptionsspektrometrie
ET AAS   – Atomabsorptionsspektrometrie mit elektrothermaler Anregung
ICP-AES – Atomemissionsspektrometrie mit induktiv gekoppeltem Plasma
GC   – Gaschromatographie
HPLC   – Hochleistungsflüssigkeitschromatographie

Detektoren (GC, HPLC):

DAD – Dioden-Array-Detektor
ECD – Elektroneneinfangdetektor
FID – Flammenionisationsdetektor
F   – Fluoreszenzdetektor
UV   – Ultraviolett-Detektor
MS   – Massenspektrometer

5.3 Sonstige Abkürzungen

TM   – Trockenmasse
I-TEq – Internationale Toxizitätsäquivalente
PTFE – Polytetrafluorethylen

6 PCB-Kongonere (PCB$_6$) nach Ballschmiter:

Nr. 28: 2,4,4'   Trichlorbiphenyl
Nr. 52: 2,2',5,5'   Tetrachlorbiphenyl
Nr. 101: 2,2',4,5,5' Pentachlorbiphenyl

Nr. 138:   2,2',3,4,4',5'   Hexachlorbiphenyl
Nr. 153:   2,2',4,4',5,5'   Hexachlorbiphenyl
Nr. 180:   2,2',3,4,4',5,5'   Heptachlorbiphenyl

16 PAK (EPA):
Naphthalin
Acenaphthylen
Acenaphthen
Fluoren
Phenanthren
Anthracen
Fluranthen
Pyren'
Benz(a)anthracen
Chrysen
Benzo(b)fluoranthen
Benzo(k)fluoranthen
Benzo(a)pyren
Dibenz(a, h)antracen
Indeno(1,2,3-cd)pyren
Benzo(g, h, i)perylen

6. Normen, Technische Regeln und sonstige Methoden, Bezugsquellen

6.1 Normen, Technische Regeln und sonstige Methoden

E DIN ISO 10381 – 1: 02.96
Bodenbeschaffenheit – Probenahme – Teil 1: Anleitung zur Aufstellung von Probenahmeprogrammen (ISO/DIS 10381 – 1: 1995)

E DIN ISO 10381 – 2: 02.96
Bodenbeschaffenheit – Probenahme – Teil 2: Anleitung für Probenahmeverfahren (ISO/DIS 10381 – 2: 1995)

E DIN ISO 10381 – 3: 02.96
Bodenbeschaffenheit – Probenahme – Teil 3: Anleitung zur Sicherheit (ISO/DIS 10381 – 3: 1995)

E DIN ISO 10381 – 4: 02.96
Bodenbeschaffenheit – Probenahme – Teil 4: Anleitung für das Vorgehen bei der Untersuchung von natürlichen, naturnahen und Kulturstandorten (ISO/DIS 10381 – 4: 1995)

E DIN ISO 10382: 02.98
Bodenbeschaffenheit – Gaschromatographische Bestimmung des Gehaltes an polychlorierten Biphenylen (PCB) und Organopestiziden (OCP) (ISO/ CD 10382: 1995)

DIN ISO 10390: 05.97
Bodenbeschaffenheit – Bestimmung des pH-Wertes (ISO 10390: 1994)

Anhang 2

DIN ISO 10694: 08.96
Bodenbeschaffenheit – Bestimmung von organischem Kohlenstoff und Gesamtkohlenstoff nach trockener Verbrennung (Elementaranalyse) (ISO 10694: 1995)

ISO/ TR 11046: 06.94
Soil quality – Determination of mineral oil content – Methods by infrared spectrometry and gas chromatographic method

E DIN ISO 11047: 06.95
Bodenbeschaffenheit – Bestimmung von Cadmium, Chrom, Cobalt, Kuper, Blei Mangan, Nickel und Zink – Flammen- und elektrothermisches atomabsorptionsspektrometrisches Verfahren (ISO/ DIS 11047)

E DIN ISO 11262: 06.94
Bodenbeschaffenheit – Bestimmung von Cyaniden

E DIN ISO 11272: 01.94
Bodenbeschaffenheit – Bestimmung der Trockenrohdichte (ISO/DIS 11272: 1992)

E DIN ISO 11277: 06.94
Bodenbeschaffenheit – Bestimmung der Partikelgrößenverteilung in Mineralböden – Verfahren durch Sieben und Sedimentation nach Entfernen der löslichen Salze, der organischen Substanz und der Carbonate (ISO/ DIS 11277: 1994)

DIN ISO 11464: 12.96
Bodenbeschaffenheit – Probenvorbehandlung für physikalisch-chemische Untersuchungen (ISO/ DIS 11464: 1994)

DIN ISO 11465: 12.96
Bodenbeschaffenheit – Bestimmung des Trockenrückstandes und des Wassergehalts auf Grundlage der Masse – Gravimetrisches Verfahren (ISO 11465: 1993)

DIN ISO 11466: 06.97
Bodenbeschaffenheit – Extraktion in Königswasser löslicher Spurenelemente (ISO 11466: 1995)

E DIN ISO 13877: 06.95
Bodenbeschaffenheit – Bestimmung von polycyclischen aromatischen Kohlenwasserstoffen (PAK) – Hochleistungs-Flüssigkeitschromatographie – (HPLC) Verfahren (ISO/ DIS 13877)

E DIN ISO 14154: 10.97
Bodenbeschaffenheit – Bestimmung von ausgewählten Chlorphenolen in Böden – Gaschromatographisches Verfahren (ISO/ CD 14154: 1997)

E DIN ISO 14507: 02.96
Bodenbeschaffenheit – Probenvorbehandlung für die Bestimmung von organischen Verunreinigungen in Böden (ISO/DIS 14507)

DIN 19730: 06.97
Bodenbeschaffenheit – Extraktion von Spurenelementen mit Ammoniumnitratlösung

DIN 19731: 05.98
Bodenbeschaffenheit – Verwertung von Bodenmaterial

DIN 19734: 01.99
Bodenbeschaffenheit – Bestimmung von Chrom(VI) in phosphatgepufferter Lösung

DIN 19682 –2: 04.97
Bodenuntersuchungsverfahren im Landwirtschaftlichen Wasserbau – Felduntersuchungen – Teil 2: Bestimmung der Bodenart

DIN 19683 – 2: 04.97
Bodenuntersuchungsverfahren im Landwirtschaftlichen Wasserbau – Physikalische Laboruntersuchungen, Bestimmung der Korngrößenzusammensetzung nach Vorbehandlung mit Natriumpyrophosphat

DIN 19683 –12: 04.73
Bodenuntersuchungsverfahren im Landwirtschaftlichen Wasserbau; Physikalische Laboruntersuchungen, Bestimmung der Rohdichte

DIN EN 1233: 08.96
Wasserbeschaffenheit – Bestimmung von Chrom – Verfahren mittels Atomabsorptionsspektrometrie; Deutsche Fassung EN 1233: 1996

DIN EN ISO 5667 – 3: 04.96
Wasserbeschaffenheit – Probenahme – Teil 3: Anleitung zur Konservierung und Handhabung von Proben (ISO 5667 – 3: 1994); Deutsche Fassung EN ISO 5667 – 3: 1995 (A 21)

DIN EN ISO 5961: 05.95
Wasserbeschaffenheit – Bestimmung von Cadmium durch Atomabsorptionsspektrometrie (ISO 5961: 1994); Deutsche Fassung EN ISO 5961: 1995 (A 19)

DIN EN ISO 6468: 02.97
Wasserbeschaffenheit – Bestimmung ausgewählter Organoinsektizide, Polychlorbiphenyle und Chlorbenzole: Gaschromatographisches Verfahren nach Flüssig-Flüssig-Extraktion (ISO 6468: 1996): Deutsche Fassung EN ISO 6468: 1996

ISO/ DIS 8165 – 2: 01.97
Water quality – Determination of Selected Monohydric Phenols by Derivatisation and Gas Chromatography

DIN EN ISO 10301: 08.97
Wasserbeschaffenheit – Bestimmung leichtflüchtiger halogenierter Kohlenwasserstoffe – Gaschromatographisches Verfahren (ISO 10301: 1997); Deutsche Fassung EN ISO 10301: 1997

DIN EN ISO 10304 – 1: 04.95
Wasserbeschaffenheit – Bestimmung der gelösten Anionen Fluorid, Chlorid, Nitrit, Orthophosphat, Bromid, Nitrat und Sulfat mittels Ionenchromatographie – Teil 1: Verfahren für gering belastete Wässer (ISO 10304 –1: 1992); Deutsche Fassung EN ISO 10304 – 1: 1995 (D 19)

DIN EN ISO 10304 – 3: 11.97
Wasserbeschaffenheit – Bestimmung der gelösten Anionen mittels Ionenchromatographie – Teil 3: Bestimmung von Chromat, Jodid, Sulfit, Thiocyanat und Thiosulfat (ISO 10304 – 3: 1997); Deutsche Fassung EN ISO 10304 - 3: 1997 (D 22)

Anhang 2

DIN EN ISO 11885: 04.98
Wasserbeschaffenheit – Bestimmung von 33 Elementen durch induktiv gekoppelte Plasma-Atom-Emissionsspektrometrie (ISO 11885: 1996); Deutsche Fassung EN ISO 11885: 1997

DIN EN ISO 11969: 11.96
Wasserbeschaffenheit – Bestimmung von Arsen – Atomabsorptionsspektrometrie (Hydridverfahren)

E DIN EN ISO 14403: 05.98
Wasserbeschaffenheit – Bestimmung des gesamten Cyanids und des freien Cyanids mit der kontinuierlichen Fließanalytik (ISO/ DIS 14403: 1998); deutsche Fassung prEN ISO 14403: 1998

DIN 38405 – 4: 07.85
Deutsche Einheitsverfahren zur Wasser-, Abwasser- und Schlammuntersuchung – Anionen (Gruppe D); Bestimmung von Fluorid (D 4)

DIN 38405 – 13: 02.81
Deutsche Einheitsverfahren zur Wasser-, Abwasser- und Schlammuntersuchung – Anionen (Gruppe D); Bestimmung von Cyaniden (D 13)

DIN 38405 – 23: 10.94
Deutsche Einheitsverfahren zur Wasser-, Abwasser- und Schlammuntersuchung – Anionen (Gruppe D) – Teil 23: Bestimmung von Selen mittels Atomabsorptionsspektrometrie (AAS) (D 23)

DIN 38405 – 24: 05.87
Deutsche Einheitsverfahren zur Wasser-, Abwasser- und Schlammuntersuchung – Anionen (Gruppe D) – Teil 24: Photometrische Bestimmung von Chrom (VI) mittels 1,5-Diphenylcarbazig (D 24)

DIN 38406 – 6: 07.98
Deutsche Einheitsverfahren zur Wasser-, Abwasser- und Schlammuntersuchung Kationen (Gruppe E) – Bestimmung von Blei mittels Atomabsorptionsspektrometrie (AAS) (E 6)

DIN 38406 – 7: 09.91
Deutsche Einheitsverfahren zur Wasser-, Abwasser- und Schlammuntersuchung; Kationen (Gruppe E); Bestimmung von Kupfer mittels Atomabsorptionsspektrometrie (AAS) (E 7)

DIN 38406 – 8: 10.80
Deutsche Einheitsverfahren zur Wasser-, Abwasser- und Schlammuntersuchung; Kationen (Gruppe E); Bestimmung von Zink (E 8)

DIN 38406 – 11: 09.91
Deutsche Einheitsverfahren zur Wasser-, Abwasser- und Schlammuntersuchung; Kationen (Gruppe E); Bestimmung von Nickel mittels Atomabsorptionsspektrometrie (AAS) (E 11)

DIN 38406 – 24: 03.93
Deutsche Einheitsverfahren zur Wasser-, Abwasser- und Schlammuntersuchung; Kationen (Grupe E); Bestimmung von Cobalt mittels Atomabsorptionsspektrometrie (AAS) (E 24)

DIN 38407 – 2: 02.93
Deutsche Einheitsverfahren zur Wasser-, Abwasser- und Schlammuntersuchung: Gemeinsam erfaßbare Stoffgruppen (Gruppe F); Gaschromatographische Bestimmung von schwerflüchtigen Halogenkohlenwasserstoffen (F 2)

DIN 38407 – 3: 07.98
Deutsche Einheitsverfahren zur Wasser-, Abwasser- und Schlammuntersuchung; Gemeinsam erfaßbare Stoffgruppen (Gruppe F); Teil 3: Gaschromatographische Bestimmung von polychlorierten Biphenylen (F 3)

DIN 38407 – 8: 10.95
Deutsche Einheitsverfahren zur Wasser-, Abwasser- und Schlammuntersuchung; Gemeinsam erfaßbare Stoffgruppen (Gruppe F); Bestimmung von 6 polycyclischen aromatischen Kohlenwasserstoffen (PAK) in Wasser mittels Hochleistungs-Flüssigkeitschromatographie (HPLC) mit Fluoreszenzdetektion (F 8)

DIN 38407 – 9: 05.91
Deutsche Einheitsverfahren zur Wasser-, Abwasser- und Schlammuntersuchung; Gemeinsam erfaßbare Stoffgruppen (Gruppe F); Bestimmung von Benzol und einigen Derivaten mittels Gaschromatographie (F 9)

DIN 38414 – 2: 11.85
Deutsche Einheitsverfahren zur Wasser-, Abwasser- und Schlammuntersuchung; Schlamm und Sedimente (Gruppe S); Bestimmung des Wassergehaltes und des Trockenrückstandes bzw. der Trockensubstanz (S 2)

DIN 38414 – 4: 10.84
Deutsche Einheitsverfahren zur Wasser-, Abwasser- und Schlammuntersuchung Schlamm und Sedimente (Gruppe S); Bestimmung der Eluierbarkeit mit Wasser (S 4)

DIN 38414 – 20: 01.96
Deutsche Einheitsverfahren zur Wasser-, Abwasser- und Schlammuntersuchung – Schlamm und Sedimente (Gruppe S) – Teil 20: Bestimmung von 6 polychlorierten Biphenylen (PCB) S 20)

DIN 38414 – 24: 04.98
Deutsche Einheitsverfahren zur Wasser-, Abwasser- und Schlammuntersuchung – Schlamm und Sedimente (Gruppe S) – Teil 24: Bestimmung von polychlorierten Dibenzodioxinen (PCDD) und polychlorierten Dibenzofuranen (PCDF) (S 24)

DIN EN 1483: 08.97
Wasseranalytik – Bestimmung von Quecksilber; Deutsche Fassung EN 1483: 1997 (E 12)

DIN 32645: 05.94
Chemische Analytik – Nachweis-, Erfassungs- und Bestimmungsgrenze – Ermittlung unter Wiederholungsbedingungen – Begriffe, Verfahren, Auswertung

DIN 1319 – 3: 05.96
Grundlagen der Meßtechnik – Teil 3: Auswertung von Messungen einer Meßgröße, Meßunsicherheit

Anhang 2

DIN 1319 – 4: 12.85
Grundbegriffe der Meßtechnik; Behandlung von Unsicherheiten bei der Auswertung von Messungen

DIN EN 45001: 05.90
Allgemeine Kriterien zum Betreiben von Prüflaboratorien; Identisch mit EN 45001: 1989

DIN 4021: 10.90
Baugrund – Aufschluß durch Schürfe und Bohrungen sowie Entnahme von Proben

DIN 18123: 11.96
Baugrund – Untersuchung von Bodenproben – Bestimmung der Korngrößenverteilung

DIN EN 932 – 1: 11.96
Prüfverfahren für allgemeine Eigenschaften von Gesteinskörnungen – Teil 1: Probenahmeverfahren; Deutsche Fassung EN 932-1: 1996

DIN 52101: 03.88
Prüfung von Naturstein und Gesteinskörnungen – Probenahme

DIN 51527 – 1: 05.87
Prüfung von Mineralölerzeugnissen; Bestimmung polychlorierter Biphenyle (PCB) – Flüssigchromatographische Vortrennung und Bestimmung 6 ausgewählter PCB mittels eines Gaschromatographen mit Elektronen-Einfang-Detektor (ECD)

ZH 1/183: 04.97
Regeln für Sicherheit und Gesundheitsschutz bei der Arbeit in kontaminierten Bereichen, Hauptverband der gewerblichen Berufsgenossenschaften – Fachausschuß Tiefbau, Ausgabe April 1997

VDI-Richtlinie 3865: Messen organischer Bodenverunreinigungen

- Blatt 1: Messen leichtflüchtiger halogenierter Kohlenwasserstoffe, Meßplanung für Bodenluft-Untersuchungsverfahren (Okt. 1992);
- Blatt 2: Techniken für die aktive Entnahme von Bodenluftproben (Januar 1998);
- Blatt 3: Messen organischer Bodenverunreinigungen; Gaschromatographische Bestimmung von niedrigsiedenden organischen Verbindungen in Bodenluft nach Anreicherung an Aktivkohle oder XAD-4 und Desorption mit organischen Lösungsmitteln (Entwurf November 1996);

VDI-Richtlinie 3499, Blatt 1: Messen von Emissionen – Messen von Reststoffen, Messen von polychlorierten Dibenzodioxinen und -furanen in Rein- und Rohgas von Feuerungsanlagen mit der Verdünnungsmethode, Bestimmung in Filterstaub, Kesselasche und in Schlacken. VDI-Handbuch Reinhaltung der Luft, Band 5 (Entwurf März 1990)

Arbeitsgruppe Bodenkunde der Geologischen Landesämter und der Bundesanstalt für Geowissenschaften und Rohstoffe (1994): Bodenkundliche Kartieranleitung. – 4. Auflage, berichtigter Nachdruck Hannover 1996, E. Schweizerbart'sche Verlagsbuchhandlung Stuttgart

Landesumweltamt Nordrhein-Westfalen (LUA NRW): Bestimmung von polyzyklischen aromatischen Kohlenwasserstoffen (PAK) in Bodenproben. Merkblätter LUA NRW Nr. 1 Essen 1994

Hessische Landesanstalt für Umwelt (LfU HE); Bestimmung von Polycyclischen Aromatischen Kohlenwasserstoffen in Feststoffen aus dem Altlastenbereich. Handbuch Altlasten, Band 7, Wiesbaden 1998

Verband Deutscher Landwirtschaftlicher Untersuchungs- und Forschungsanstalten (VDLUFA): Methodenbuch, Band VII Umweltanalytik, VDLUFA-Verlag Darmstadt 1996

6.2 Bezugsquellen

Die in dieser Verordnung aufgeführten Normen, Technische Regeln und sonstige Methodenvorschriften sind zu beziehen:

a) DIN- und ISO-Normen und Normentwürfe, VDI-Richtlinien: Beuth-Verlag GmbH, 10772 Berlin
b) Bodenkundliche Kartieranleitung: E. Schweizerbart'sche Verlagsbuchhandlung, 70176 Stuttgart
c) VDLUFA-Methodenbuch: VDLUFA-Verlag, 64293 Darmstadt
d) Merkblatt LUA NRW: Landesumweltamt NRW, 45023 Essen
e) Handbuch Altlasten LfU HE: Hessische Landesanstalt für Umwelt, 65022 Wiesbaden
f) ZH 1/183: Hauptverband der gewerblichen Berufsgenossenschaften, Fachausschuß Tiefbau, 81241 München

Anhang 2
Maßnahmen-, Prüf- und Vorsorgewerte

1. Wirkungspfad Boden – Mensch (direkter Kontakt)

1.1 Abgrenzung der Nutzungen

a) Kinderspielflächen
Aufenthaltsbereiche für Kinder, die ortsüblich zum Spielen genutzt werden, ohne den Spielsand von Sandkästen. Amtlich ausgewiesene Kinderspielplätze sind ggf. nach Maßstäben des öffentlichen Gesundheitswesens zu bewerten.

b) Wohngebiete
Dem Wohnen dienende Gebiete einschließlich Hausgärten oder sonstige Gärten entsprechender Nutzung. Auch soweit sie nicht im Sinne der Baunutzungsverordnung planungsrechtlich dargestellt und festgesetzt sind, ausgenommen Park- und Freizeitanlagen, Kinderspielflächen sowie befestigte Verkehrsflächen.

c) Park- und Freizeitanlagen
Anlagen für soziale, gesundheitliche und sportliche Zwecke, insbesondere öffentliche und private Grünanlagen sowie unbefestigte Flächen, die regelmäßig zugänglich sind und vergleichbar genutzt werden.

Anhang 2

d) Industrie- und Gewerbegrundstücke
Unbefestigte Flächen von Arbeits- und Produktionsstätten, die nur während der Arbeitszeit genutzt werden.

1.2 Maßnahmenwerte nach § 8 Abs. 1 Satz 2 Nr. 2 des Bundes-Bodenschutzgesetzes für die direkte Aufnahme von Dioxinen/Furanen auf Kinderspielplätzen, in Wohngebieten, Park- und Freizeitanlagen und Industrie- und Gewerbegrundstücken (in ng/kg Trockenmasse, Feinboden, Analytik nach Anhang 1)

Stoff	Maßnahmenwerte [ng I-TEq/kg TM]*)			
	Kinderspielflächen	Wohngebiete	Park- u. Freizeitanlagen	Industrie- und Gewerbegrundstücke
Dioxine/Furane (PCDD/F)	100	1 000	1 000	10 000

*) Summe der 2, 3, 7, 8 – TCDD-Toxizitätsäquivalente (nach NATO/CCMS).

1.3 Anwendung der Maßnahmenwerte

Bei Vorliegen dioxinhaltiger Laugenrückstände aus Kuperschiefer („Kieselrot") erfolgt eine Anwendung der Maßnahmenwerte aufgrund der geringen Resorption im menschlichen Organismus nicht unmittelbar zum Schutz der menschlichen Gesundheit als vielmehr zum Zweck der nachhaltigen Gefahrenabwehr.

1.4 Prüfwerte nach § 8 Abs. 1 Satz 2 Nr. 1 des Bundes-Bodenschutzgesetzes für die direkte Aufnahme von Schadstoffen auf Kinderspielflächen, in Wohngebieten, Park- und Freizeitanlagen und Industrie- und Gewerbegrundstücken (in mg/kg Trockenmasse, Feinboden, Analytik nach Anhang 1)

Stoff	Prüfwerte [mg/kg TM]			
	Kinderspielflächen	Wohngebiete	Park- u. Freizeitanlagen	Industrie- und Gewerbegrundstücke
Arsen	25	50	125	140
Blei	200	400	1 000	2 000
Cadmium	10^1	20^1	50	60
Cyanide	50	50	50	100
Chrom	200	400	1 000	1 000
Nickel	70	140	350	900
Quecksilber	10	20	50	80
Aldrin	2	4	10	–

Benzo(a)pyren	2	4	10	12
DDT	40	80	200	–
Hexachlorbenzol	4	8	20	200

1   In Haus- und Kleingärten, die sowohl als Aufenthaltsbereiche für Kinder als auch für den Anbau von Nahrungspflanzen genutzt werden, ist für Cadmium der Wert von 2.0 mg/kg TM als Prüfwert anzuwenden.

	Prüfwerte [mg/kg TM]			
Stoff	Kinderspielflächen	Wohngebiete	Park- u. Freizeitanlagen	Industrie- und Gewerbegrundstücke
Hexachlorcyclohexan (HCH-Gemisch oder β-HCH)	5	10	25	400
Pentachlorphenol	50	100	250	250
Polychlorierte Biphenyle (PCB$_6$)[2]	0,4	0,8	2	40

2   Soweit PCB-Gesamtgehalte bestimmt werden, sind die ermittelten Meßwerte durch den Faktor 5 zu dividieren.

2. Wirkungspfad Boden – Nutzpflanze

2.1 Abgrenzung der Nutzungen

a) Ackerbau
   Flächen zum Anbau wechselnder Ackerkulturen einschließlich Gemüse und Feldfutter, hierzu zählen auch erwerbsgärtnerisch genutzte Flächen.

b) Nutzgarten
   Hausgarten-, Kleingarten- und sonstige Gartenflächen, die zum Anbau von Nahrungspflanzen genutzt werden

c) Grünland
   Flächen unter Dauergrünland

2.2 Prüf- und Maßnahmenwerte nach § 8 Abs. 1 Satz 2 Nr. 1 und 2 des Bundes-Bodenschutzgesetzes für den Schadstoffübergang Boden – Nutzpflanze auf Ackerbauflächen und in Nutzgärten im Hinblick auf die Pflanzenqualität (in mg/kg Trockenmasse, Feinboden, Analytik nach Anhang 1)

Anhang 2

Ackerbau, Nutzgarten			
Stoff	Methode[1]	Prüfwert	Maßnahmenwert
Arsen	KW	200[2]	–
Cadmium	AN	–	0,04/0,1[3]
Blei	AN	0,1	–
Quecksilber	KW	5	
Thallium	AN	0,1	–
Benzo(a)pyren	–	1	–

1 Extraktionsverfahren für Arsen und Schwermetalle: AN = Ammoniumnitrat, KW = Königswasser.
2 Bei Böden mit zeitweise reduzierenden Verhältnissen gilt ein Prüfwert von 50 mg/kg Trockenmasse.
3 Auf Flächen mit Brotweizenanbau oder Anbau stark Cadmium-anreichernder Gemüsearten gilt als Maßnahmenwert 0,04 mg/kg Trockenmasse; ansonsten gilt als Maßnahmenwert 0,1 mg/kg Trockenmasse.

2.3 Maßnahmenwerte nach § 8 Abs. 1 Satz 2 Nr. 2 des Bundes-Bodenschutzgesetzes für den Schadstoffübergang Boden – Nutzpflanze auf Grünlandflächen im Hinblick auf die Pflanzenqualität (in mg/kg Trockenmasse, Feinboden, Arsen und Schwermetalle im Königswasser-Extrakt, Analytik nach Anhang 1)

	Grünland
Stoff	Maßnahmenwert
Arsen	50
Blei	1 200
Cadmium	20
Kupfer	1 300[1]
Nickel	1 900
Quecksilber	2
Thallium	15
Polychlorierte Biphenyle (PCB$_6$)	0,2

1 Bei Grünlandnutzung durch Schafe gilt als Maßnahmenwert 200 mg/kg Trockenmasse

2.4 Prüfwerte nach § 8 Abs. 1 Satz 2 Nr. 1 des Bundes-Bodenschutzgesetzes für den Schadstoffübergang Boden–Pflanze auf Ackerbauflächen im Hinblick auf Wachstumsbeeinträchtigungen bei Kulturpflanzen (in mg/kg Trockenmasse, Feinboden, im Ammoniumnitrat-Extrakt, Analytik nach Anhang 1)

Stoff	Ackerbau Prüfwert
Arsen	0,4
Kupfer	1
Nickel	1,5
Zink	2

2.5 Anwendung der Prüf- und Maßnahmenwerte

Die Prüf- und Maßnahmenwerte gelten für die Beurteilung der Schafstoffgehalte in der Bodentiefe von 0 bis 30 cm bei Ackerbauflächen und in Nutzgärten sowie in der Bodentiefe von 0 bis 10 cm bei Grünland entsprechend Anhang 1 Nr. 2.1 Tabelle 1. Für die in Anhang 1 Nr. 2.1 Tabelle 1 genannten größeren Bodentiefen gelten die 1,5fachen Werte.

3. Wirkungspfad Boden – Grundwasser

3.1 Prüfwerte zur Beurteilung des Wirkungspfads Boden–Grundwasser nach § 8 Abs. 1 Satz 2 Nr. 1 des Bundes-Bodenschutzgesetzes (in µg/l, Analytik nach Anhang 1)

Anorganische Stoffe	Prüfwert [µg/l]
Antimon	10
Arsen	10
Blei	25
Cadmium	5
Chrom, gesamt	50
Chromat	8
Kobalt	50
Kupfer	50
Molybdän	50
Nickel	50
Quecksilber	1
Selen	10
Zink	500
Zinn	40
Cyanid, gesamt	50
Cyanid, leicht freisetzbar	10
Fluorid	750

Anhang 2

Organische Stoffe	Prüfwert [µg/l]
Mineralölkohlenwasserstoffe[1]	200
BTEX[2]	20
Benzol	1
LHKW[3]	10
Aldrin	0,1
DDT	0,1
Phenole	20
PCB, gesamt[4]	0,05
PAK, gesamt[5]	0,20
Naphthalin	2

1 n-Alkane (C 10 C39), Isoalkane, Cycloalkane und aromatische Kohlenwasserstoffe.
2 Leichflüchtige aromatische Kohlenwasserstoffe (Benzol, Toluol, Xylole, Ethylbenzol, Stryrol, Cumol).
3 Leichflüchtige Halogenkohlenwasserstoffe (Summe der halogenierten C1- und C2-Kohlenwasserstoffe).
4 PCB, gesamt: Summe der polychlorierten Biphenyle; in der Regel Bestimmung über die 6 Kongeneren nach Ballschmiter gemäß Altöl-VO (DIN 51527) multipliziert mit 5; ggf. z. B. bei bekanntem Stoffspektrum einfache Summenbildung aller relevanten Einzelstoffe (DIN 38407-3-2 bzw. -3-3).
5 PAK, gesamt: Summe der polycyclischen aromatischen Kohlenwasserstoffe ohne Naphthalin und Methylnaphthaline; in der Regel Bestimmung über die Summe von 15 Einzelsubstanzen gemäß Liste der US Environmental Protection Agency (EPA) ohne Naphthalin; ggf. unter Berücksichtigung weiterer relevanter PAK (z. B. Chinoline).

3.2 Anwendung der Prüfwerte

a) Die Prüfwerte gelten für den Übergangsbereich von der ungesättigten zur wassergesättigten Bodenzone (Ort der Beurteilung). Der Ort der Bodenprobennahme stimmt nicht notwendigerweise mit dem Ort der Beurteilung für das Grundwasser überein.

b) Bei der Bewertung, ob es zu erwarten ist, daß die Prüfwerte für das Sickerwasser am Ort der Beurteilung überschritten werden, sind die Veränderungen der Schadstoffkonzentrationen im Sickerwasser beim Durchgang durch die ungesättigte Bodenzone sowie die Grundwasserflurabstände und deren Schwankungen zu berücksichtigen.

c) Bei Altablagerungen ist die Abschätzung der Schadstoffkonzentrationen im Sickerwasser durch Materialuntersuchungen auf Grund von Inhomogenitäten der abgelagerten Abfälle in der Regel nicht zweckmäßig. Entsprechendes gilt für Altstandorte mit besonders ungleichmäßiger Schadstoffverteilung. In diesen Fällen kann durch Rückschlüsse oder Rückrechnung aus Abstrommessungen im Grundwasser unter Berücksichtigung insbesondere auch der Stoffkonzentration im Anstrom eine Abschätzung der Schadstoffkonzentrationen im Sickerwasser erfolgen.

d) Soweit die Schadstoffkonzentrationen im Sickerwasser direkt gemessen werden können, soll die Probennahme nach Möglichkeit am Ort der Beurteilung für das Grundwasser durchgeführt werden.

e) Soweit schädliche Bodenveränderungen und Altlasten in der wassergesättigten Bodenzone liegen, werden sie hinsichtlich einer Gefahr für das Grundwasser nach wasserrechtlichen Vorschriften bewertet.

f) Die geogen bedingte Hintergrundsituation der jeweiligen Grundwasserregion ist bei der Anwendung der Prüfwerte zu berücksichtigen.

4. Vorsorgewerte für Böden nach § 8 Abs. 2 Nr. 1 des Bundes-Bodenschutzgesetzes (Analytik nach Anhang 1)

4.1 Vorsorgewerte für Metalle
(in mg/kg Trockenmasse, Feinboden, Königswasseraufschluß)

Böden	Cadmium	Blei	Chrom	Kupfer	Quecksilber	Nickel	Zink
Bodenart Ton	1,5	100	100	60	1	70	200
Bodenart Lehm/Schluff	1	70	60	40	0,5	50	150
Bodenart Sand	0,4	40	30	20	0,1	15	60
Böden mit naturbedingt und großflächig siedlungsbedingt erhöhten Hintergrundgehalten	unbedenklich, soweit eine Freisetzung der Schadstoffe oder zusätzliche Einträge nach § 9 Abs. 2 und 3 dieser Verordnung keine nachteiligen Auswirkungen auf die Bodenfunktionen erwarten lassen						

4.2 Vorsorgewerte für organische Stoffe
(in mg/kg Trockenmasse, Feinboden)

Böden	Polychlorierte Biphenyle (PCB$_6$)	Benzo(a)pyren	Polcycl. Aromatische Kohlenwasserstoffe (PAK$_{16}$)
Humusgehalt >8%	0,1	1	10
Humusgehalt ≤8%	0,05	0,3	3

4.3 Anwendung der Vorsorgewerte

a) Die Vorsorgewerte werden nach den Hauptbodenarten gemäß Bodenkundlicher Kartieranleitung, 4. Auflage, berichtigter Nachdruck 1996, unterschieden; sie berücksichtigen den vorsorgenden Schutz der Bodenfunktionen bei empfindlichen Nutzungen. Für die landwirtschaftliche Bodennutzung gilt § 7 Abs. 1 des Bundes-Bodenschutzgesetzes.

b) Stark schluffige Sande sind entsprechend der Bodenart Lehm/Schluff zu bewerten.

c) Bei den Vorsorgewerten der Tabelle 4.1 ist der Säuregrad der Böden wie folgt zu berücksichtigen:

Anhang 2

- Bei Böden der Bodenart Ton mit einem pH-Wert von <6,0 gelten für Cadmium, Nickel und Zink die Vorsorgewerte der Bodenart Lehm/Schluff.
- Bei Böden der Bodenart Lehm/Schluff mit einem pH-Wert von <6,0 gelten für Cadmium, Nickel und Zink die Vorsorgewerte der Bodenart Sand. § 4 Abs. 8 Satz 2 der Klärschlammverordnung vom 15. April 1992 (BGBl. I S. 912), zuletzt geändert durch Verordnung vom 6. März 1997 (BGBl. I S. 446), bleibt unberührt.
- Bei Böden mit einem pH-Wert von <5,0 sind die Vorsorgewerte für Blei entsprechend den ersten beiden Anstrichen herabzusetzen.

d) Die Vorsorgewerte der Tabelle 4.1 finden für Böden und Bodenhorizonte mit einem Humusgehalt von mehr als 8 Prozent keine Anwendung. Für diese Böden können die zuständigen Behörden ggf. gebietsbezogene Festsetzungen treffen.

5. Zulässige zusätzliche jährliche Frachten an Schadstoffen über alle Wirkungspfade

nach § 8 Abs. 2 Nr. 2 des Bundes-Bodenschutzgesetzes (in Gramm je Hektar)

Element	Fracht [g/ha · a]
Blei	400
Cadmium	6
Chrom	300
Kupfer	360
Nickel	100
Quecksilber	1,5
Zink	1 200

Anhang 3
Anforderungen an Sanierungsuntersuchungen und den Sanierungsplan

1. Sanierungsuntersuchungen

Mit Sanierungsuntersuchungen bei Altlasten sind die zur Erfüllung der Pflichten nach § 4 Abs. 3 des Bundes-Bodenschutzgesetzes geeigneten, erforderlichen und angemessenen Maßnahmen zu ermitteln. Die hierfür in Betracht kommenden Maßnahmen sind unter Berücksichtigung von Maßnahmenkombinationen und von erforderlichen Begleitmaßnahmen darzustellen.

Die Prüfung muß insbesondere

- die schadstoff-, boden-, material- und standortspezifische Eignung der Verfahren,
- die technische Durchführbarkeit,
- den erforderlichen Zeitaufwand,
- die Wirksamkeit im Hinblick auf das Sanierungsziel,
- eine Kostenschätzung sowie das Verhältnis von Kosten und Wirksamkeit,

- die Auswirkungen auf die Betroffenen im Sinne von § 12 Satz 1 des Bundes-Bodenschutzgesetzes und auf die Umwelt,
- das Erfordernis von Zulassungen,
- die Entstehung, Verwertung und Beseitigung von Abfällen,
- den Arbeitsschutz,
- die Wirkungsdauer der Maßnahmen und deren Überwachungsmöglichkeiten,
- die Erfordernisse der Nachsorge und
- die Nachbesserungsmöglichkeiten

umfassen.

Die Prüfung soll unter Verwendung vorhandener Daten, insbesondere aus Untersuchungen nach § 3 dieser Verordnung, sowie auf Grund sonstiger gesicherter Erkenntnisse durchgeführt werden. Soweit solche Informationen insbesondere zur gesicherten Abgrenzung belasteter Bereiche oder zur Beurteilung der Eignung von Sanierungsverfahren im Einzelfall nicht ausreichen, sind ergänzende Untersuchungen zur Prüfung der Eignung eines Verfahrens durchzuführen.

Die Ergebnisse der Prüfung und das vorzugswürdige Maßnahmenkonzept sind darzustellen.

2. Sanierungsplan

Ein Sanierungsplan soll die unter den Nummern 1 bis 5 genannten Angaben sowie die für eine Verbindlichkeitserklärung nach § 13 Abs. 6 des Bundes-Bodenschutzgesetzes erforderlichen Angaben und Unterlagen enthalten.

1. Darstellung der Ausgangslage, insbesondere hinsichtlich
   - der Standortverhältnisse (u. a. geologische, hydrogeologische Situation; bestehende und planungsrechtlich zulässige Nutzung),
   - der Gefahrenlage (Zusammenfassung der Untersuchung nach § 3 dieser Verordnung im Hinblick auf Schadstoffinventar nach Art, Menge und Verteilung, betroffene Wirkungspfade, Schutzgüter und -bedürfnisse),
   - der Sanierungsziele,
   - der getroffenen behördlichen Entscheidungen und der geschlossenen öffentlich-rechtlichen Verträge, insbesondere auch hinsichtlich des Maßnahmenkonzeptes, die sich auf die Erfüllung der nach § 4 des Bundes-Bodenschutzgesetzes zu erfüllenden Pflichten auswirken, und
   - der Ergebnisse der Sanierungsuntersuchungen.
2. Textliche und zeichnerische Darstellung der durchzuführenden Maßnahmen und Nachweis ihrer Eignung, insbesondere hinsichtlich
   - des Einwirkungsbereichs der Altlast und der Flächen, die für die vorgesehenen Maßnahmen benötigt werden,
   - des Gebietes des Sanierungsplans,
   - der Elemente und des Ablaufs der Sanierung im Hinblick auf
     - den Bauablauf,
     - die Erdarbeiten (insbesondere Aushub, Separierung, Wiedereinbau, Umlagerungen im Bereich des Sanierungsplans),
     - die Abbrucharbeiten,
     - die Zwischenlagerung von Bodenmaterial und sonstigen Materialien,
     - die Abfallentsorgung beim Betrieb von Anlagen,

Anhang 2

- die Verwendung von Böden und die Ablagerung von Abfällen auf Deponien und
- die Arbeits- und Immissionsschutzmaßnahmen,
— der fachspezifischen Berechnungen zu
  - on-site-Bodenbehandlungsanlagen,
  - in-situ-Maßnahmen,
  - Anlagen zur Fassung und Behandlung von Deponiegas oder Bodenluft,
  - Grundwasserbehandlungsanlagen,
  - Anlagen und Maßnahmen zur Fassung und Behandlung insbesondere von Sickerwasser,
— der zu behandelnden Mengen und der Transportwege bei Bodenbehandlung in off-site-Anlagen,
— der technischen Ausgestaltung von Sicherungsmaßnahmen und begleitenden Maßnahmen, insbesondere von
  - Oberflächen-, Vertikal- und Basisabdichtungen,
  - Oberflächenabdeckungen,
  - Zwischen- bzw. Bereitstellungslagern,
  - begleitenden passiven pneumatischen, hydraulischen oder sonstigen Maßnahmen (z. B. Baufeldentwässerung, Entwässerung des Aushubmaterials, Einhausung, Abluftfassung und -behandlung) und
— der behördlichen Zulassungserfordernisse für die durchzuführenden Maßnahmen.
3. Darstellung der Eigenkontrollmaßnahmen zur Überprüfung der sachgerechten Ausführung und Wirksamkeit der vorgesehenen Maßnahmen, insbesondere
   — das Überwachungskonzept hinsichtlich
     - des Bodenmanagements bei Auskofferung, Separierung und Wiedereinbau,
     - der Boden- und Grundwasserbehandlung, der Entgasung oder der Bodenluftabsaugung,
     - des Arbeits- und Immissionsschutzes,
     - der begleitenden Probennahme und Analytik und
   — das Untersuchungskonzept für Materialien und Bauteile bei der Ausführung von Bauwerken.
4. Darstellung der Eigenkontrollmaßnahmen im Rahmen der Nachsorge einschließlich der Überwachung, insbesondere hinsichtlich
   — des Erfordernisses und der Ausgestaltung von längerfristig zu betreibenden Anlagen oder Einrichtungen zur Fassung oder Behandlung von Grundwasser, Sickerwasser, Oberflächenwasser, Bodenluft oder Deponiegas sowie Anforderungen an deren Überwachung und Instandhaltung,
   — der Maßnahmen zur Überwachung (z. B. Meßstellen) und
   — der Funktionskontrolle im Hinblick auf die Einhaltung der Sanierungserfordernisse und Instandhaltung von Sicherungsbauwerken oder -einrichtungen.
5. Darstellung des Zeitplans und der Kosten.

Anhang 4
Anforderungen an die Untersuchung und Bewertung von Flächen, bei denen der Verdacht einer schädlichen Bodenveränderung auf Grund von Bodenerosion durch Wasser vorliegt

1. Anwendung

Dieser Anhang findet gemäß § 8 Anwendung bei der Untersuchung von Flächen, bei denen der Verdacht einer schädlichen Bodenveränderung auf Grund von Bodenerosion durch Wasser besteht.

2. Untersuchung und Bewertung

Bestehen Anhaltspunkte für das Vorliegen einer schädlichen Bodenveränderung auf Grund von Bodenerosion durch Wasser, so ist zunächst zu prüfen,

a) ob erhebliche Mengen Bodenmaterials aus der Erosionsfläche geschwemmt wurden und

b) auf welche Erosionsflächen und auf welche Verursacher die Bodenabschwemmung zurückzuführen ist.

Hinweise für eine Identifikation der Erosionsfläche ergeben sich vor allem durch deutlich sichtbare Übertrittsstellen von Bodenmaterial von der Erosionsfläche zu den außerhalb der Erosionsfläche gelegenen und durch Bodenmaterial beeinträchtigten Bereichen. Weitere Hinweise ergeben sich aus dem Vorliegen deutlich sichtbarer Erosionsformen auf der Erosionsfläche. Bei der Prüfung gemäß Buchstabe a kann es erforderlich sein, die bei einem Erosionsereignis oder in Folge von Erosionsereignissen, die im Abstand von maximal wenigen Wochen nacheinander aufgetreten sind, von einer Verdachtsfläche abgeschwemmte Bodenmenge abzuschätzen. Dies kann mit Hilfe der „Kartieranleitung zur Erfassung aktueller Erosionsformen" (DVWK 1996) erfolgen.

Für die Abschätzung der Wiedereintrittswahrscheinlichkeit von Bodenabträgen gemäß § 8 Abs. 1 sind insbesondere gebietsspezifische statistische Auswertungen langjähriger Niederschlagsaufzeichnungen des Deutschen Wetterdienstes heranzuziehen. Hierzu können auch Erosionsprognosemodelle als Hilfsmittel genutzt werden, soweit sie nachweislich geeignet sind, die aus den Erosionsflächen abgeschwemmten Bodenmengen bei konkret eingetretenen Erosionsereignissen mit hinreichender Genauigkeit abzuschätzen.

Die Bedingungen für die Erwartung weiterer Bodenabträge gemäß § 8 Abs. 1 Nr. 2 sind in der Regel erfüllt, wenn innerhalb der letzten zehn Jahre mindestens in einem weiteren Fall erhebliche Mengen Bodenmaterials aus derselben Erosionsfläche geschwemmt wurden.

Anhang 3

3. Verordnung über die Eintragung des Bodenschutzlastvermerks vom 18. März 1999

(BGBl. I, S. 497)

Auf Grund des § 25 Abs. 6 Bundes-Bodenschutzgesetz vom 17. März 1998 (BGBl. I S. 502) verordnet das Bundesministerium der Justiz:

Artikel 1
Änderung der Grundbuchverfügung

Die Grundbuchverfügung in der Fassung der Bekanntmachung vom 24. Januar 1995 (BGBl. I S. 114), zuletzt geändert durch Artikel 2 der Verordnung vom 10. Februar 1999 (BGBl. I S. 147), wird wie folgt geändert:

1. Nach Abschnitt XIII wird folgender Abschnitt XIV eingefügt:

„Abschnitt XIV
Vermerke über öffentliche Lasten"

§ 93 a
Eintragung öffentlicher Lasten

Öffentliche Lasten auf einem Grundstück, die ins Grundbuch einzutragen sind oder eingetragen werden können, werden nach Maßgabe des § 10 in der zweiten Abteilung eingetragen.

§ 93 b
Eintragung des Bodenschutzlastvermerks

(1) Auf den Ausgleichsbetrag nach § 25 Bundes-Bodenschutzgesetz wird durch einen Vermerk über die Bodenschutzlast hingewiesen. Der Bodenschutzlastvermerk lautet wie folgt:

„Bodenschutzlast. Auf dem Grundstück ruht ein Ausgleichsbetrag nach § 25 Bundes-Bodenschutzgesetz als öffentliche Last."

(2) Der Bodenschutzlastvermerk wird auf Ersuchen der für die Festsetzung des Ausgleichsbetrages zuständigen Behörde eingetragen und gelöscht. Die zuständige Behörde stellt das Ersuchen auf Eintragung des Bodenschutzlastvermerks, sobald der Ausgleichsbetrag als öffentliche Last entstanden ist. Sie hat um Löschung des Vermerks zu ersuchen, sobald die Last erloschen ist. Die Einhaltung der in den Sätzen 2 und 3 bestimmten Zeitpunkte ist vom Grundbuchamt zu prüfen. Eine Zustimmung des Grundstückseigentümers ist für die Eintragung und die Löschung des Vermerks nicht erforderlich.

2. Der bisherige Abschnitt XIV wird Abschnitt XV.

Artikel 2
Inkrafttreten

Diese Verordnung tritt am 1. März 1999 in Kraft.

4. Strafgesetzbuch (StGB)

– Auszüge –

§ 324. Gewässerverunreinigung

(1) Wer unbefugt ein Gewässer verunreinigt oder sonst dessen Eigenschaften nachteilig verändert, wird mit Freiheitsstrafe bis zu fünf Jahren oder mit Geldstrafe bestraft.

(2) Der Versuch ist strafbar.

(3) Handelt der Täter fahrlässig, so ist die Strafe Freiheitsstrafe bis zu drei Jahren oder Geldstrafe.

§ 324 a. Bodenverunreinigung

(1) Wer unter Verletzung verwaltungsrechtlicher Pflichten Stoffe in den Boden einbringt, eindringen lässt oder freisetzt und diesen dadurch

1. in einer Weise, die geeignet ist, die Gesundheit eines anderen, Tiere, Pflanzen oder andere Sachen von bedeutendem Wert oder ein Gewässer zu schädigen, oder
2. in bedeutendem Umfang

verunreinigt oder sonst nachteilig verändert, wird mit Freiheitsstrafe bis zu fünf Jahren oder mit Geldstrafe bestraft.

(2) Der Versuch ist strafbar.

(3) Handelt der Täter fahrlässig, so ist die Strafe Freiheitsstrafe bis zu drei Jahren oder Geldstrafe.

§ 326. Unerlaubter Umgang mit gefährlichen Abfällen.

(1) Wer unbefugt Abfälle, die

1. Gifte oder Erreger von auf Menschen oder Tiere übertragbaren gemeingefährlichen Krankheiten enthalten oder hervorbringen können,
2. für den Menschen krebserzeugend, fruchtschädigend oder erbgutverändernd sind,
3. explosionsgefährlich, selbstentzündlich oder nicht nur geringfügig radioaktiv sind oder
4. nach Art, Beschaffenheit oder Menge geeignet sind,
    a. nachhaltig ein Gewässer, die Luft oder den Boden zu verunreinigen oder sonst nachteilig zu verändern oder
    b. einen Bestand von Tieren oder Pflanzen zu gefährden,

außerhalb einer dafür zugelassenen Anlage oder unter wesentlicher Abweichung von einem vorgeschriebenen oder zugelassenen Verfahren behandelt, lagert, abla-

Anhang 4

gert, ablässt oder sonst beseitigt, wird mit Freiheitsstrafe bis zu fünf Jahren oder mit Geldstrafe bestraft.

(2) Ebenso wird bestraft, wer Abfälle im Sinne des Absatzes 1 entgegen einem Verbot oder ohne die erforderliche Genehmigung in den, aus dem oder durch den Geltungsbereich dieses Gesetzes verbringt.

(3) Wer radioaktive Abfälle unter Verletzung verwaltungsrechtlicher Pflichten nicht abliefert, wird mit Freiheitsstrafe bis zu drei Jahren oder mit Geldstrafe bestraft.

(4) In den Fällen der Absätze 1 und 2 ist der Versuch strafbar.

(5) Handelt der Täter fahrlässig, so ist die Strafe

1. in den Fällen der Absätze 1 und 2 Freiheitsstrafe bis zu drei Jahren oder Geldstrafe,
2. in den Fällen des Absatzes 3 Freiheitsstrafe bis zu einem Jahr oder Geldstrafe.

(6) Die Tat ist dann nicht strafbar, wenn schädliche Einwirkungen auf die Umwelt, insbesondere auf Menschen, Gewässer, die Luft, den Boden, Nutztiere oder Nutzpflanzen, wegen der geringen Menge der Abfälle offensichtlich ausgeschlossen sind.

5. Bewertungsgesetz (BewG)

– Auszüge –

§ 138 Feststellung von Grundbesitzwerten

(1) ¹Einheitswerte, die für Grundbesitz nach den Wertverhältnissen vom 1. Januar 1935 oder 1. Januar 1964 festgestellt worden sind, sowie Ersatzwirtschaftswerte (§§ 125 und 126) werden bei der Erbschaftsteuer ab 1. Januar 1996 und bei der Grunderwerbsteuer ab 1. Januar 1997 nicht mehr angewendet. ²Anstelle dieser Einheitswerte und Ersatzwirtschaftswerte werden abweichend von § 19 Abs. 1 und § 126 Abs. 2 land- und forstwirtschaftliche Grundbesitzwerte für das in Absatz 2 und Grundstückswerte für das in Absatz 3 bezeichnete Vermögen unter Berücksichtigung der tatsächlichen Verhältnisse zum Besteuerungszeitpunkt und der Wertverhältnisse zum 1. Januar 1996 festgestellt.

(2) Für die wirtschaftlichen Einheiten des land- und forstwirtschaftlichen Vermögens und für Betriebsgrundstücke im Sinne des § 99 Abs. 1 Nr. 2 sind die land- und forstwirtschaftlichen Grundbesitzwerte unter Anwendung der §§ 139 bis 144 zu ermitteln.

(3) ¹Für die wirtschaftlichen Einheiten des Grundvermögens und für Betriebsgrundstücke im Sine des § 99 Abs. 1 Nr. 1 sind Grundstückswerte abweichend von § 9 mit einem typisierenden Wert unter Anwendung der §§ 68, 69 und 99 Abs. 2 und der §§ 139 und 145 bis 150 zu ermitteln. ²§ 70 gilt mit der Maßgabe, dass der Anteil des Eigentümers eines Grundstücks an anderem Grundvermögen (zum Beispiel an gemeinschaftlichen Hofflächen oder Garagen) abweichend von Absatz 2 Satz 1 dieser Vorschrift in das Grundstück einzubeziehen ist, wenn der Anteil zusammen mit dem Grundstück genutzt wird. ³§ 20 Satz 2 ist entsprechend anzuwenden.

(4) Die Wertverhältnisse zum 1. Januar 1996 gelten für Feststellungen von Grundbesitzwerten bis zum 31. Dezember 2001.

(5) ¹Die Grundbesitzwerte sind gesondert festzustellen, wenn sie für die Erbschaftsteuer oder Grunderwerbsteuer erforderlich sind (Bedarfsbewertung). ²In dem Feststellungsbescheid sind auch Feststellungen zu treffen

1. über die Art der wirtschaftlichen Einheit, bei Betriebsgrundstücken, die zu einem Gewerbebetrieb gehören (wirtschaftlichen Untereinheit), auch über den Gewerbebetrieb;

2. über die Zurechnung der wirtschaftlichen Einheit und bei mehreren Beteiligten über die Höhe des Anteils, für dessen Besteuerung ein Anteil am Grundbesitzwert ist.

³Für die Feststellung von Grundbesitzwerten gelten die Vorschriften der AO über die Feststellung von Einheitswerten des Grundbesitzes sinngemäß.

(6) ¹Das für die Feststellung von Grundbesitzwerten zuständige Finanzamt kann von jedem, für dessen Besteuerung eine Bedarfsbewertung erforderlich ist,

die Abgabe einer Feststellungserklärung innerhalb einer von ihm zu bestimmenden Frist verlangen. ²Die Frist muss mindestens einen Monat betragen.

§ 145 Unbebaute Grundstücke

(1) ¹Unbebaute Grundstücke sind Grundstücke, auf denen sich keine benutzbaren Gebäude befinden oder zur Nutzung vorgesehene Gebäude im Bau befindlich sind. ²Die Benutzbarkeit beginnt im Zeitpunkt der Bezugsfertigkeit. ³Gebäude sind als bezugsfertig anzusehen, wenn den zukünftigen Bewohnern oder sonstigen Benutzern zugemutet werden kann, sie zu benutzen; die Abnahme durch die Bauaufsichtsbehörde ist nicht entscheidend. ⁴Im Bau befindlich ist ein Gebäude, wenn auf dem Grundstück Abgrabungen begonnen worden sind oder Baustoffe eingebracht worden sind, die zur planmäßigen Errichtung des Gebäudes führen.

(2) ¹Befinden sich auf dem Grundstück Gebäude, die keiner oder nur einer unbedeutenden Nutzung zugeführt werden können, gilt das Grundstück als unbebaut; als unbedeutend gilt eine Nutzung, wenn die hierfür erzielte Jahresmiete (§ 146 Abs. 2) oder die übliche Miete (§ 146 Abs. 3) weniger als 1 vom Hundert des nach Absatz 3 anzusetzenden Werts beträgt. ²Als unbebautes Grundstück gilt auch ein Grundstück, auf dem infolge der Zerstörung oder des Verfalls der Gebäude auf Dauer benutzbarer Raum nicht mehr vorhanden ist.

(3) ¹Der Wert unbebauter Grundstücke bestimmt sich nach ihrer Fläche und den um 20 vom Hundert ermäßigten Bodenrichtwerten (§ 196 des Baugesetzbuches in der Fassung der Bekanntmachung vom 8. Dezember 1986, BGBl. I S. 2253, das zuletzt durch Artikel 24 des Gesetzes vom 20. Dezember 1996, BGBl. I S. 2049, geändert worden ist) zu ermitteln und den Finanzämtern mitzuteilen. ²Die Bodenrichtwerte sind von den Gutachterausschüssen nach dem Baugesetzbuch auf den 1. Januar 1996 zu ermitteln und den Finanzämtern mitzuteilen. ³Weist der Steuerpflichtige nach, dass der gemeine Wert des unbebauten Grundstücks niedriger ist als der nach Satz 1 ermittelte Wert ist, ist der gemeine Wert festzustellen.

§ 146 Bebaute Grundstücke

(1) Grundstücke, auf die die in § 145 Abs. 1 genannten Merkmale nicht zutreffen, sind bebaute Grundstücke.

(2) ¹Der Wert eines bebauten Grundstücks ist das 12,5fache der für dieses im Durchschnitt der letzten drei Jahre vor dem Besteuerungszeitpunkt erzielten Jahresmiete, vermindert um die Wertminderung wegen des Alters des Gebäudes (Absatz 4). ²Jahresmiete ist das Gesamtentgelt, das die Mieter (Pächter) für die Nutzung der bebauten Grundstücke auf Grund vertraglicher Vereinbarungen für den Zeitraum von zwölf Monaten zu zahlen haben. ³Betriebskosten (§ 27 Abs. 1 der Zweiten Berechnungsverordnung) sind nicht einzubeziehen; für Grundstücke, die nicht oder nur zum Teil Wohnzwecken dienen, ist diese Vorschrift entsprechend anzuwenden. ⁴Ist das Grundstück vor dem Besteuerungszeitpunkt weniger als drei Jahre vermietet worden, ist die Jahresmiete aus dem kürzeren Zeitraum zu ermitteln.

(3) ¹Wurde ein bebautes Grundstück oder Teile hiervon nicht oder vom Eigentümer oder dessen Familie selbst genutzt, anderen unentgeltlich zur Nutzung überlassen oder an Angehörige (§ 15 der AO) oder Arbeitnehmer des Eigentümers vermietet, tritt an die Stelle der Jahresmiete die übliche Miete. ²Die übliche Miete ist die Miete, die für nach Art, Lage, Größe, Ausstattung und Alter vergleichbare, nicht preisgebundene Grundstücke von fremden Mietern bezahlt wird; Betriebskosten (Absatz 2 Satz 3) sind hierbei nicht einzubeziehen. ³Ungewöhnliche oder persönliche Verhältnisse bleiben dabei außer Betracht.

(4) ¹Die Wertminderung wegen Alters des Gebäudes beträgt für jedes Jahr, das seit Bezugsfertigkeit des Gebäudes bis zum Besteuerungszeitpunkt vollendet worden ist, 0,5 vom Hundert, höchstens jedoch 25 vom Hundert des Werts nach den Absätzen 2 und 3. ²Sind nach Bezugsfertigkeit des Gebäudes bauliche Maßnahmen durchgeführt worden, die die gewöhnliche Nutzungsdauer des Gebäudes um mindestens 25 Jahre verlängert haben, ist bei der Wertminderung wegen Alters von einer der Verlängerung der gewöhnlichen Nutzungsdauer entsprechenden Bezugsfertigkeit auszugehen.

(5) Enthält ein bebautes Grundstück, das ausschließlich Wohnzwecken dient, nicht mehr als zwei Wohnungen, ist der nach den Absätzen 1 bis 4 ermittelte Wert um 20 vom Hundert zu erhöhen.

(6) Der für ein bebautes Grundstück nach den Absätzen 2 bis 5 anzusetzende Wert darf nicht geringer sein als der Wert, mit dem der Grund und Boden allein als unbebautes Grundstück nach § 145 Abs. 3 zu bewerten wäre.

(7) Ein niedrigerer Grundstückswert ist festzustellen, wenn der Steuerpflichtige nachweist, dass der gemeine Wert des Grundstücks niedriger als der nach den Absätzen 2 bis 6 ermittelte Wert ist.

(8) Die Vorschriften gelten entsprechend für Wohnungseigentum und Teileigentum

§ 147 Sonderfälle

(1) ¹Lässt sich für bebaute Grundstücke die übliche Miete (§ 146 Abs. 3) nicht ermitteln, bestimmt sich der Wert abweichend von § 146 nach der Summe des Werts des Grund und Bodens und des Werts der Gebäude. ²Dies gilt insbesondere, wenn die Gebäude zur Durchführung bestimmter Fertigungsverfahren, zu Spezialnutzungen oder zur Aufnahme bestimmter technischer Einrichtungen errichtet worden sind und nicht oder nur mit erheblichem Aufwand für andere Zwecke nutzbar gemacht werden können.

(2) ¹Der Wert des Grund und Bodens ist gemäß § 145 mit der Maßgabe zu ermitteln, dass an Stelle des in § 145 Abs. 3 vorgesehenen Abschlags von 20 vom Hundert ein solcher von 30 vom Hundert tritt. ²Der Wert der Gebäude bestimmt sich nach den ertragsteuerlichen Bewertungsvorschriften; maßgebend ist der Wert im Besteuerungszeitpunkt.

Anhang 5

§ 148 Erbbaurecht und Gebäude auf fremdem Grund und Boden

(1) ¹Ist ein Grundstück mit einem Erbbaurecht belastet, beträgt der Wert des belasteten Grundstücks das 18,6fache des nach den vertraglichen Bestimmungen im Besteuerungszeitpunkt zu zahlenden jährlichen Erbbauzinses. ²Der Wert des Erbbaurechts ist der nach § 146 oder § 147 ermittelte Wert des Grundstücks, abzüglich des nach Satz 1 ermittelten Werts des belasteten Grundstücks. ³Das Recht auf den Erbbauzins ist weder als Bestandteil des Grundstücks noch als gesondertes Recht anzusetzen; dementsprechend ist die Verpflichtung zur Zahlung des Erbbauzinses weder bei der Bewertung des Erbbaurechts noch als gesonderte Verpflichtung abzuziehen.

(2) Absatz 1 ist für Gebäude auf fremdem Grund und Boden entsprechend anzuwenden.

6. Erbschaftsteuergesetz (ErbStG)
– Auszüge –

§ 12 Bewertung

(1) Die Bewertung richtet sich, soweit nicht in den Absätzen 2 bis 6 etwas anderes bestimmt ist, nach den Vorschriften des Ersten Teils des Bewertungsgesetzes (allgemeine Bewertungsvorschriften).

(2) ^{1}Ist der gemeine Wert von Anteilen an einer Kapitalgesellschaft unter Berücksichtigung des Vermögens und der Ertragsaussichten zu schätzen (§ 11 Abs. 2 Satz 2 des Bewertungsgesetzes), wird das Vermögen mit dem Wert im Zeitpunkt der Entstehung der Steuer angesetzt. ^{2}Der Wert ist auch den Grundsätzen der Absätze 5 und 6 zu ermitteln. ^{3}Dabei sind der Geschäfts- oder Firmenwert und die Werte von firmenwertähnlichen Wirtschaftsgütern nicht in die Ermittlung einzubeziehen.

(3) Grundbesitz (§ 19 des Bewertungsgesetzes) ist mit dem Grundbesitzwert anzusetzen, der nach dem Vierten Abschnitt des Zweiten Teils des Bewertungsgesetzes (Vorschriften für die Bewertung von Grundbesitz für die Erbschaftsteuer ab 1. Januar 1996 und für die Grunderwerbsteuer ab 1. Januar 1997) auf den Zeitpunkt der Entstehung der Steuer festgestellt wird.

(4) Bodenschätze, die nicht zum Betriebsvermögen gehören, werden angesetzt, wenn für sie Absetzungen für Substanzverringerung bei der Einkunftsermittlung vorzunehmen sind; sie werden mit ihren ertragsteuerlichen Werten angesetzt.

(5) ^{1}Für den Bestand und die Bewertung von Betriebsvermögen mit Ausnahme der Bewertung der Betriebsgrundstücke (Absatz 3) sind die Verhältnisse zur Zeit der Entstehung der Steuer maßgebend. ^{2}Die §§ 95 bis 99, 103, 104 und 109 Abs. 1 und 2 und § 137 des BewG sind entsprechend anzuwenden. ^{3}Zum Betriebsvermögen gehörende Wertpapiere, Anteile und Genussscheine von Kapitalgesellschaften sind vorbehaltlich des Absatzes 2 mit dem nach § 11 oder § 12 des BewG ermittelten Wert anzusetzen.

(6) Ausländischer Grundbesitz und ausländisches Betriebsvermögen werden nach § 31 des BewG bewertet.

Anhang 7

7. Grunderwerbsteuergesetz (GrEStG)
– Auszüge –

Dritter Abschnitt. Bemessungsgrundlage

§ 8 Grundsatz

(1) Die Steuer bemisst sich nach dem Wert der Gegenleistung.

(2) ¹Die Steuer wird nach den Werten im Sinne des § 138 Abs. 2 oder 3 des BewG bemessen:
 1. wenn eine Gegenleistung nicht vorhanden oder nicht zu ermitteln ist;
 2. bei Umwandlungen auf Grund eines Bundes- oder Landesgesetzes, bei Einbringungen sowie bei anderen Erwerbsvorgängen auf gesellschaftsvertraglicher Grundlage;
 3. in den Fällen des § 1 Abs. 2a und 3

²Erstreckt sich der Erwerbsvorgang auf ein noch zu errichtendes Gebäude oder beruht die Änderung des Gesellschafterbestandes im Sinne des § 1 Abs. 2a auf einem vorgefassten Plan zur Bebauung eines Grundstücks, ist der Wert des Grundstücks abweichend von § 138 Abs. 1 Satz 2 BewG nach den tatsächlichen Verhältnissen im Zeitpunkt der Fertigstellung des Gebäudes maßgebend.

§ 9 Gegenleistung

(1) ¹Als Gegenleistung gelten
 1. bei einem Kauf: der Kaufpreis einschließlich der vom Käufer übernommenen sonstigen Leistungen und der dem Verkäufer vorbehaltenen Nutzungen;
 2. bei einem Tausch: die Tauschleistung des anderen Vertragsteils einschließlich einer vereinbarten zusätzlichen Leistung;
 3. bei einer Leistung an Erfüllungs Statt: der Wert, zu dem die Leistung an Erfüllungs Statt angenommen wird;
 4. beim Meistgebot im Zwangsversteigerungsverfahren: das Meistgebot einschließlich der Rechte, die nach den Versteigerungsbedingungen bestehen bleiben;
 5. bei Abtretung der Rechte aus dem Meistgebot: die Übernahme der Verpflichtung aus dem Meistgebot. ²Zusätzliche Leistungen, zu denen sich der Erwerber gegenüber dem Meistbietenden verpflichtet, sind dem Meistgebot hinzuzurechnen. ³Leistungen, die der Meistbietende dem Erwerber gegenüber übernimmt, sind abzusetzen;
 6. bei der Abtretung des Übereignungsanspruchs: die Übernahme der Verpflichtung aus dem Rechtsgeschäft, das den Übereignungsanspruch be-

gründet hat, einschließlich der besonderen Leistungen, zu denen sich der Übernehmer dem Abtretenden gegenüber verpflichtet. ²Leistungen, die der Abtretende dem Übernehmer gegenüber übernimmt, sind abzusetzen;

7. bei der Enteignung: die Entschädigung. ²Wird ein Grundstück einteignet, das zusammen mit anderen Grundstücken eine wirtschaftliche Einheit bildet, so gehört die besondere Entschädigung für eine Wertminderung der nicht enteigneten Grundstücke nicht zur Gegenleistung; dies gilt auch dann, wenn ein Grundstück zur Vermeidung der Enteignung veräußert wird.

8. Handelsgesetzbuch (HGB)

– Auszüge –

§ 249 Rückstellungen

(1) ¹Rückstellungen sind für ungewisse Verbindlichkeiten und für drohende Verluste aus schwebenden Geschäften zu bilden. ²Ferner sind Rückstellungen zu bilden für

1. im Geschäftsjahr unterlassene Aufwendungen für Instandhaltung, die im folgenden Geschäftsjahr innerhalb von drei Monaten, oder für Abraumbeseitigung, die im folgenden Geschäftsjahr nachgeholt werden,
2. Gewährleistungen, die ohne rechtliche Verpflichtung erbracht werden.

³Rückstellungen dürfen für unterlassene Aufwendungen für Instandhaltung auch gebildet werden, wenn die Instandhaltung nach Ablauf der Frist nach Satz 2 Nr. 1 innerhalb des Geschäftsjahrs nachgeholt wird.

(2) Rückstellungen dürfen außerdem für ihrer Eigenart nach genau umschriebene, dem Geschäftsjahr oder einem früheren Geschäftsjahr zuzuordnende Aufwendungen gebildet werden, die am Abschlussstichtag wahrscheinlich oder sicher, aber hinsichtlich ihrer Höhe oder des Zeitpunkts ihres Eintritts unbestimmt sind.

(3) ¹Für andere als die in den Absätzen 1 und 2 bezeichneten Zwecke dürfen Rückstellungen nicht gebildet werden. ²Rückstellungen dürfen nur aufgelöst werden, soweit der Grund hierfür entfallen ist.

§ 251 Haftungsverhältnisse

¹Unter der Bilanz sind, sofern sie nicht auf der Passivseite auszuweisen sind, Verbindlichkeiten aus der Begebung und der Übertragung von Wechseln, aus Bürgschaften, Wechsel- und Scheckbürgschaften und aus Gewährleistungsverträgen sowie Haftungsverhältnisse aus der Bestellung von Sicherheiten für fremde Verbindlichkeiten zu vermerken; sie dürfen in einem Betrag angegeben werden. ²Haftungsverhältnisse sind auch anzugeben, wenn ihnen gleichwertige Rückgriffsforderungen gegenüberstehen.

§ 253 Wertansätze der Vermögensgegenstände und Schulden

(1) ¹Vermögensgegenstände sind höchstens mit den Anschaffungs- oder Herstellungskosten, vermindert um Abschreibungen nach den Absätzen 2 und 3 anzusetzen. ²Verbindlichkeiten sind zu ihrem Rückzahlungsbetrag, Rentenverpflichtungen, für die eine Gegenleistung nicht mehr zu erwarten ist, zu ihrem Barwert und Rückstellungen nur in Höhe des Betrags anzusetzen, der nach vernünftiger kaufmännischer Beurteilung notwendig ist; Rückstellungen dürfen nur abgezinst werden, soweit die ihnen zugrundeliegenden Verbindlichkeiten einen Zinsanteil enthalten.

(2) ¹Bei Vermögensgegenständen des Anlagevermögens, deren Nutzung zeitlich begrenzt ist, sind die Anschaffungs- oder Herstellungskosten um planmäßige Abschreibungen zu vermindern. ²Der Plan muss die Anschaffungs- oder Herstellungskosten auf die Geschäftsjahre verteilen, in denen der Vermögensgegenstand voraussichtlich genutzt werden kann. ³Ohne Rücksicht darauf, ob ihre Nutzung zeitlich begrenzt ist, können bei Vermögensgegenständen des Anlagevermögens außerplanmäßige Abschreibungen vorgenommen werden, um die Vermögensgegenstände mit dem niedrigeren Wert anzusetzen, der ihnen am Abschlussstichtag beizulegen ist; sie sind vorzunehmen bei einer voraussichtlich dauernden Wertminderung.

(3) ¹Bei Vermögensgegenständen des Umlaufvermögens sind Abschreibungen vorzunehmen, um diese mit einem niedrigeren Wert anzusetzen, der sich aus einem Börsen- oder Marktpreis am Abschlussstichtag ergibt. ²Ist ein Börsen- oder Marktpreis nicht festzustellen und übersteigen die Anschaffungs- oder Herstellungskosten den Wert, der den Vermögensgegenständen am Abschlussstichtag beizulegen ist, so ist auf diesen Wert abzuschreiben. ³Außerdem dürfen Abschreibungen vorgenommen werden, soweit diese nach vernünftiger kaufmännischer Beurteilung notwendig sind, um zu verhindern, dass in der nächsten Zukunft der Wertansatz dieser Vermögensgegenstände auf Grund von Wertschwankungen geändert werden muss.

(4) Abschreibungen sind außerdem in Rahmen vernünftiger kaufmännischer Beurteilung zulässig.

(5) Ein niedrigerer Wertansatz nach Absatz 2 Satz 3, Absatz 3 oder 4 darf beibehalten werden, auch wenn die Gründe dafür nicht mehr bestehen.

§ 255 Anschaffungs- und Herstellungskosten

(1) ¹Anschaffungskosten sind die Aufwendungen, die geleistet werden, um einen Vermögensgegenstand zu erwerben und ihn in einen betriebsbereiten Zustand zu versetzen, soweit sie dem Vermögensgegenstand einzeln zugeordnet werden können. ²Zu den Anschaffungskosten gehören auch die Nebenkosten sowie die nachträglichen Anschaffungskosten. ³Anschaffungspreisminderungen sind abzusetzen.

(2) ¹Herstellungskosten sind die Aufwendungen, die durch den Verbrauch von Gütern und die Inanspruchnahme von Diensten für die Herstellung eines Vermögensgegenstands, seine Erweiterung oder für eine über seinen ursprünglichen Zustand hinausgehende wesentliche Verbesserung entstehen. ²Dazu gehören die Materialkosten, die Fertigungskosten und die Sonderkosten der Fertigung. ³Bei der Berechnung der Herstellungskosten dürfen auch angemessene Teile der notwendigen Materialgemeinkosten, der notwendigen Fertigungsgemeinkosten und des Wertverzehrs des Anlagevermögens, soweit er durch die Fertigung veranlasst ist, eingerechnet werden. ⁴Kosten der allgemeinen Verwaltung sowie Aufwendungen für soziale Einrichtungen des Betriebs, für freiwillige soziale Leistungen und für betriebliche Altersversorgung brauchen nicht eingerechnet zu werden. ⁵Aufwendungen im Sinne der Sätze 3 und 4 dürfen nur insoweit berücksichtigt werden, als sie auf den Zeitraum der Her-

stellung entfallen. ⁶Vertriebskosten dürfen nicht in die Herstellungskosten einbezogen werden.

(3) ¹Zinsen für Fremdkapital gehören nicht zu den Herstellungskosten. ²Zinsen für Fremdkapital, das zur Finanzierung der Herstellung eines Vermögensgegenstands verwendet wird, dürfen angesetzt werden, soweit sie auf den Zeitraum der Herstellung entfallen; in diesem Falle gelten sie als Herstellungskosten des Vermögensgegenstands.

...

Zweiter Abschnitt. Ergänzende Vorschriften für Kapitalgesellschaften (Aktiengesellschaften, Kommanditgesellschaften auf Aktien und Gesellschaften mit beschränkter Haftung)

Erster Unterabschnitt. Jahresabschluss der Kapitalgesellschaft und Lagebericht

Erster Titel. Allgemeine Vorschriften

§ 264 Pflicht zur Aufstellung

(1) ¹Die gesetzlichen Vertreter einer Kapitalgesellschaft haben den Jahresabschluss (§ 242) um einen Anhang zu erweitern, der mit der Bilanz und der Gewinn- und Verlustrechnung eine Einheit bildet, sowie einen Lagebericht aufzustellen. ²Der Jahresabschluss und der Lagebericht sind von den gesetzlichen Vertretern in den ersten drei Monaten des Geschäftsjahrs für das vergangene Geschäftsjahr aufzustellen. ³Kleine Kapitalgesellschaften (§ 267 Abs. 1) brauchen den Lagebericht nicht aufzustellen; sie dürfen den Jahresabschluss auch später aufstellen, wenn dies einem ordnungsgemäßen Geschäftsgang entspricht, jedoch innerhalb der ersten sechs Monate des Geschäftsjahres.

(2) ¹Der Jahresabschluss der Kapitalgesellschaft hat unter Beachtung der Grundsätze ordnungsmäßiger Buchführung ein den tatsächlichen Verhältnissen entsprechendes Bild der Vermögens-, Finanz- und Ertragslage der Kapitalgesellschaft zu vermitteln. ²Führen besondere Umstände dazu, dass der Jahresabschluss ein den tatsächlichen Verhältnissen entsprechendes Bild im Sinne des Satzes 1 nicht vermittelt, so sind im Anhang zusätzliche Angaben zu machen.

§ 285 Sonstige Pflichtangaben

¹Ferner sind im Anhang anzugeben:

...

    3. der Gesamtbetrag der sonstigen finanziellen Verpflichtungen, die nicht in der Bilanz erscheinen und auch nicht nach § 251 anzugeben sind, sofern diese Angabe für die Beurteilung der Finanzlage von Bedeutung ist; davon sind Verpflichtungen gegenüber verbundenen Unternehmen gesondert anzugeben;

...

12. Rückstellungen, die in der Bilanz unter dem Posten „sonstige Rückstellungen" nicht gesondert ausgewiesen werden, sind zu erläutern, wenn sie einen nicht unerheblichen Umfang haben;

...

§ 286 Unterlassen von Angaben

(1) Die Berichterstattung hat insoweit zu unterbleiben, als es für das Wohl der Bundesrepublik Deutschland oder eines ihrer Länder erforderlich ist.

(2) Die Aufgliederung der Umsatzerlöse nach § 285 Nr. 4 kann unterbleiben, soweit die Aufgliederung nach vernünftiger kaufmännischer Beurteilung geeignet ist, der Kapitalgesellschaft oder einem Unternehmen, von dem die Kapitalgesellschaft mindestens den fünften Teil der Anteile besitzt, einen erheblichen Nachteil zuzufügen.

(3) ¹Die Angaben nach § 285 Nr. 11 können unterbleiben, soweit sie
1. für die Darstellung der Vermögens-, Finanz- und Ertragslage der Kapitalgesellschaft nach § 264 Abs. 2 von untergeordneter Bedeutung sind oder
2. nach vernünftiger kaufmännischer Beurteilung geeignet sind, der Kapitalgesellschaft oder dem anderen Unternehmen einen erheblichen Nachteil zuzufügen.

²Die Angabe des Eigenkapitals und des Jahresergebnisses kann unterbleiben, wenn das Unternehmen, über das zu berichten ist, seinen Jahresabschluss nicht offenzulegen hat und die berichtende Kapitalgesellschaft weniger als die Hälfte der Anteile besitzt. ³Die Anwendung der Ausnahmeregelung nach Satz 1 Nr. 2 ist im Anhang anzugeben.

...

Sechster Teil. Lagebericht

§ 289

(1) Im Lagebericht sind zumindest der Geschäftsverlauf und die Lage der Kapitalgesellschaft so darzustellen, dass ein den tatsächlichen Verhältnissen entsprechendes Bild vermittelt wird.

(2) Der Lagebericht soll auch eingehen auf:
1. Vorgänge von besonderer Bedeutung, die nach dem Schluss des Geschäftsjahrs eingetreten sind;
2. die voraussichtliche Entwicklung der Kapitalgesellschaft;
3. den Bereich Forschung und Entwicklung;
4. bestehende Zweigniederlassungen der Gesellschaft.

9. Abgabenordnung (AO)

– Auszüge –

§ 30 Steuergeheimnis

(1) Amtsträger haben das Steuergeheimnis zu wahren.

(2) Ein Amtsträger verletzt das Steuergeheimnis, wenn er
1. Verhältnisse eines anderen, die ihm
   a) in einem Verwaltungsverfahren, einem Rechnungsprüfungsverfahren oder einem gerichtlichen Verfahren in Steuersachen,
   b) in einem Strafverfahren wegen einer Steuerstraftat oder einem Bußgeldverfahren wegen einer Steuerordnungswidrigkeit,
   c) aus anderem Anlass durch Mitteilung einer Finanzbehörde oder durch die gesetzlich vorgeschriebene Vorlage eines Steuerbescheides oder einer Bescheinigung über die bei der Besteuerung getroffenen Feststellungen

   bekannt geworden sind, oder
2. ein fremdes Betriebs- oder Geschäftsgeheimnis, das ihm in einem der in Nummer 1 genannten Verfahren bekannt geworden ist,

   unbefugt offenbart oder verwertet oder
3. nach Nummer 1 oder 2 geschützte Daten im automatisierten Verfahren unbefugt abruft, wenn sie für eines der in Nummer 1 genannten Verfahren in einer Datei gespeichert sind.

(3) Den Amtsträgern stehen gleich
1. die für den öffentlichen Dienst besonders Verpflichteten (§ 11 Abs. 1 Nr. 4 StGB),
1a. die in § 193 Abs. 2 des Gerichtsverfassungsgesetzes genannten Personen,
2. amtlich zugezogene Sachverständige,
3. die Träger von Ämtern der Kirchen und anderen Religionsgemeinschaften, die Körperschaften des öffentlichen Rechts sind.

(4) Die Offenbarung der nach Abs. 2 erlangten Kenntnisse ist zulässig, soweit
1. sie der Durchführung eines Verfahrens im Sinne des Absatzes 2 Nr. 1 a und b dient,
2. sie durch Gesetz ausdrücklich zugelassen ist,
3. der Betroffene zustimmt,
4. sie der Durchführung eines Strafverfahrens wegen einer Tat dient, die keine Steuerstraftat ist, und die Kenntnisse
   a) in einem Verfahren wegen einer Steuerstraftat oder Steuerordnungswidrigkeit erlangt worden sind; dies gilt jedoch nicht für solche Tatsachen, die der Steuerpflichtige in Unkenntnis der Einleitung des Strafverfahrens oder des Bußgeldverfahrens offenbart hat oder die bereits vor Einleitung des Strafverfahrens oder des Bußgeldverfahrens im Besteuerungsverfahren bekannt geworden sind, oder
   b) ohne Bestehen einer steuerlichen Verpflichtung der unter Verzicht auf ein Auskunftsverweigerungsrecht erlangt worden sind,

5. für sie ein zwingendes öffentliches Interesse besteht; ein zwingendes öffentliches Interesse ist namentlich gegeben, wenn
   a) Verbrechen und vorsätzliche schwere Vergehen gegen Leib und Leben oder gegen den Staat und seine Einrichtungen verfolgt werden oder verfolgt werden sollen,
   b) Wirtschaftsstraftaten verfolgt werden oder verfolgt werden sollen, die nach ihrer Begehungsweise oder wegen des Umfangs des durch sie verursachten Schadens geeignet sind, die wirtschaftliche Ordnung erheblich zu stören oder das Vertrauen der Allgemeinheit auf die Redlichkeit des geschäftlichen Verkehrs oder auf die ordnungsgemäße Arbeit der Behörden und der öffentlichen Einrichtungen erheblich zu erschüttern, oder
   c) die Offenbarung erforderlich ist zur Richtigstellung in der Öffentlichkeit verbreiteter unwahrer Tatsachen, die geeignet sind, das Vertrauen in die Verwaltung erheblich zu erschüttern; die Entscheidung trifft die zuständige oberste Finanzbehörde im Einvernehmen mit dem Bundesministerium der Finanzen; vor der Richtigstellung soll der Steuerpflichtige gehört werden.

(5) Vorsätzlich falsche Angaben des Betroffenen dürfen den Strafverfolgungsbehörden gegenüber offenbart werden.

(6) ¹Der automatisierte Abruf von Daten, die für eines der in Abs. 2 Nr. 1 genannten Verfahren in einer Datei gespeichert sind, ist nur zulässig, soweit er der Durchführung eines Verfahrens im Sinne des Absatzes 2 Nr. 1 a und b oder der zulässigen Weitergabe von Daten dient. ²Zur Wahrung des Steuergeheimnisses kann das Bundesministerium der Finanzen durch Rechtsverordnung mit Zustimmung des Bundesrates bestimmen, welche technischen und organisatorischen Maßnahmen gegen den unbefugten Abruf von Daten zu treffen sind. ³Insbesondere kann es nähere Regelungen treffen über die Art der Daten, deren Abruf zulässig ist, sowie über den Kreis der Amtsträger, die zum Abruf solcher Daten berechtigt sind. ⁴Die Rechtsverordnungen bedürfen der Zustimmung des Bundesrates, soweit sie Zölle und Verbrauchsteuern, mit Ausnahme der Biersteuer, betreffen.

§ 39 Zurechnung

(1) Wirtschaftsgüter sind dem Eigentümer zuzurechnen.

(2) Abweichend von Abs. 1 gelten die folgenden Vorschriften:
   1. ¹Übt ein anderer als der Eigentümer die tatsächliche Herrschaft über ein Wirtschaftsgut in der Weise aus, dass er den Eigentümer im Regelfall für die gewöhnliche Nutzungsdauer von der Einwirkung auf das Wirtschaftsgut wirtschaftlich ausschließen kann, so ist ihm das Wirtschaftsgut zuzurechnen. ²Bei Treuhandverhältnissen sind die Wirtschaftsgüter dem Treugeber, beim Sicherungseigentum dem Sicherungsgeber und beim Eigenbesitz dem Eigenbesitzer zuzurechnen.
   2. Wirtschaftsgüter, die mehreren zur gesamten Hand zustehen, werden den Beteiligten anteilig zugerechnet, soweit eine getrennte Zurechnung für die Besteuerung erforderlich ist.

10. Einkommensteuergesetz (EStG)

– Auszüge –

§ 6 Bewertung

(1) Für die Bewertung der einzelnen Wirtschaftsgüter, die nach § 4 Abs. 1 oder nach § 5 als Betriebsvermögen anzusetzen sind, gilt das Folgende:

1. ¹Wirtschaftsgüter des Anlagevermögens, die der Abnutzung unterliegen, sind mit den Anschaffungs- oder Herstellungskosten oder dem an deren Stelle tretenden Wert, vermindert um die Absetzungen für Abnutzung, erhöhte Absetzungen, Sonderabschreibungen, Abzüge nach § 6b und ähnliche Abzüge, anzusetzen. ²Ist der Teilwert auf Grund einer voraussichtlich dauernden Wertminderung niedriger, so kann dieser angesetzt werden. ³Teilwert ist der Betrag, den ein Erwerber des ganzen Betriebs im Rahmen des Gesamtkaufpreises für das einzelne Wirtschaftsgut ansetzen würde; dabei ist davon auszugehen, dass der Erwerber den Betrieb fortführt. ⁴Wirtschaftsgüter, die bereits am Schluss des vorangegangenen Wirtschaftsjahrs zum Anlagevermögen des Steuerpflichtigen gehört haben, sind in den folgenden Wirtschaftsjahren gemäß Satz 1 anzusetzen, es sei denn, der Steuerpflichtige weist nach, dass ein niedrigerer Teilwert nach Satz 2 angesetzt werden kann.

2. ¹Andere als die in Nummer 1 bezeichneten Wirtschaftsgüter des Betriebs (Grund und Boden, Beteiligungen, Umlaufvermögen) sind mit den Anschaffungskosten oder Herstellungskosten oder dem an deren Stelle tretenden Wert, vermindert um Abzüge nach § 6b und ähnliche Abzüge, anzusetzen. ²Ist der Teilwert (Nr. 1 Satz 3) auf Grund einer voraussichtlich dauernden Wertminderung niedriger, so kann dieser angesetzt werden. ³Nummer 1 Satz 4 gilt entsprechend.

2a. ¹Steuerpflichtige, die den Gewinn nach § 5 ermitteln, können für den Wertansatz gleichartiger Wirtschaftsgüter des Vorratsvermögens unterstellen, dass die zuletzt angeschafften oder hergestellten Wirtschaftsgüter zuerst verbraucht oder veräußert worden sind, soweit dies den handelsrechtlichen Grundsätzen ordnungsmäßiger Buchführung entspricht, und kein Bewertungsabschlag nach § 51 Abs. 1 Nr. 2 m vorgenommen wird. ²Der Vorratsbestand am Schluss des Wirtschaftsjahrs, das der erstmaligen Anwendung der Bewertung nach Satz 1 vorangeht, gilt mit seinem Bilanzansatz als erster Zugang des neuen Wirtschaftsjahrs. ³Auf einen im Bilanzansatz berücksichtigten Bewertungsabschlag nach § 51 Abs. 1 Nr. 2m ist Satz 2 dieser Vorschrift entsprechend anzuwenden. ⁴Von der Verbrauchs- oder Veräußerungsfolge nach Satz 1 kann in den folgenden Wirtschaftsjahren nur mit Zustimmung des Finanzamts abgewichen werden.

3. ¹Verbindlichkeiten sind unter sinngemäßer Anwendung der Vorschriften der Nr. 2 anzusetzen und mit einem Zinssatz von 5,5 vom Hundert abzuzinsen. ²Ausgenommen von der Abzinsung sind Verbindlichkeiten, deren

Laufzeit am Bilanzstichtag weniger als 12 Monate beträgt, und Verbindlichkeiten, die verzinslich sind oder auf einer Anzahlung oder Vorausleistung beruhen.

3a. Rückstellungen sind höchstens insbesondere unter Berücksichtigung folgender Grundsätze anzusetzen:

   a) bei Rückstellungen für gleichartige Verpflichtungen ist auf der Grundlage der Erfahrungen in der Vergangenheit aus der Abwicklung solcher Verpflichtungen die Wahrscheinlichkeit zu berücksichtigen, daß der Steuerpflichtige nur zu einem Teil der Summe dieser Verpflichtungen in Anspruch genommen wird;

   b) Rückstellungen für Sachleistungsverpflichtungen sind mit den Einzelkosten und den angemessenen Teilen der notwendigen Gemeinkosten zu bewerten;

   c) künftige Vorteile, die mit der Erfüllung der Verpflichtung voraussichtlich verbunden sein werden, sind, soweit sie nicht als Forderung zu aktivieren sind, bei ihrer Bewertung wertmindernd zu berücksichtigen;

   d) Rückstellungen für Verpflichtungen, für deren Entstehen im wirtschaftlichen Sinne der laufende Betrieb ursächlich ist, sind zeitanteilig in gleichen Raten anzusammeln. ²Rückstellungen für die Verpflichtung, ein Kernkraftwerk stillzulegen, sind ab dem Zeitpunkt der erstmaligen Nutzung bis zum Zeitpunkt, in dem mit der Stillegung begonnen werden muss, zeitanteilig in gleichen Raten anzusammeln; steht der Zeitpunkt der Stillegung nicht fest, beträgt der Zeitraum für die Ansammlung 25 Jahre, und

   e) Rückstellungen für Verpflichtungen sind mit einem Zinssatz von 5,5 vom Hundert abzuzinsen; Nummer 3 Satz 2 ist entsprechend anzuwenden. ²Für die Abzinsung von Rückstellungen für Sachleistungsverpflichtungen ist der Zeitraum bis zum Beginn der Erfüllung maßgebend. ³Für die Abzinsung von Rückstellungen für die Verpflichtung, ein Kernkraftwerk stillzulegen, ist der sich aus Buchstabe d Satz 2 ergebende Zeitraum maßgebend.

...

(3) ¹Wird ein Betrieb, ein Teilbetrieb oder der Anteil eines Mitunternehmers an einem Betrieb unentgeltlich übertragen, so sind bei der Ermittlung des Gewinns des bisherigen Betriebsinhabers (Mitunternehmers) die Wirtschaftsgüter mit den Werten anzusetzen, die sich nach den Vorschriften über die Gewinnermittlung ergeben. ²Der Rechtsnachfolger ist an diese Werte gebunden.

(4) Wird ein einzelnes Wirtschaftsgut außer in den Fällen der Einlage (§ 4 Abs. 1 Satz 5) unentgeltlich in das Betriebsvermögen eines anderen Steuerpflichtigen übertragen, gilt sein gemeiner Wert für das aufnehmende Betriebsvermögen als Anschaffungskosten.

(5) ¹Wird ein einzelnes Wirtschaftsgut von einem Betriebsvermögen in ein anderes Betriebsvermögen desselben Steuerpflichtigen überführt, ist bei der Überführung der Wert anzusetzen, der sich nach den Vorschriften über die Gewinn-

ermittlung ergibt, sofern die Besteuerung der stillen Reserven sichergestellt ist. ²Satz 1 gilt auch für die Überführung aus einem eigenen Betriebsvermögen des Steuerpflichtigen in dessen Sonderbetriebsvermögen bei einer Mitunternehmerschaft und umgekehrt sowie für die Überführung zwischen verschiedenen Sonderbetriebsvermögen desselben Steuerpflichtigen bei verschiedenen Mitunternehmerschaften. ³Satz 1 gilt dagegen nicht bei der Übertragung eines Wirtschaftsguts aus einem Betriebsvermögen des Mitunternehmers in das Gesamthandsvermögen einer Mitunternehmerschaft und umgekehrt, bei der Übertragung eines Wirtschaftsguts aus dem Gesamthandsvermögen einer Mitunternehmerschaft in das Sonderbetriebsvermögen bei derselben Mitunternehmerschaft und umgekehrt sowie bei der Übertragung zwischen den jeweiligen Sonderbetriebsvermögen verschiedener Mitunternehmer derselben Mitunternehmerschaft; in diesen Fällen ist bei der Übertragung der Teilwert anzusetzen.

...

§ 7 Absetzung für Abnutzung oder Substanzverringerung

(1) ¹Bei Wirtschaftsgütern, deren Verwendung oder Nutzung durch den Steuerpflichtigen zur Erzielung von Einkünften sich erfahrungsgemäß auf einen Zeitraum von mehr als einem Jahr erstreckt, ist jeweils für ein Jahr der Teil der Anschaffungs- oder Herstellungskosten abzusetzen, der bei gleichmäßiger Verteilung dieser Kosten auf die Gesamtdauer der Verwendung oder Nutzung auf ein Jahr entfällt (Absetzung für Abnutzung in gleichen Jahresbeträgen). ²Die Absetzung bemisst sich hierbei nach der betriebsgewöhnlichen Nutzungsdauer des Wirtschaftsguts. ³Als betriebsgewöhnliche Nutzungsdauer des Geschäfts- und Firmenwerts eines Gewerbebetriebs oder eines Betriebs der Land- und Forstwirtschaft gilt ein Zeitraum von 15 Jahren. ⁴Bei Wirtschaftsgütern, die nach einer Verwendung zur Erzielung von Einkünften im Sinne des § 2 Abs. 1 Nr. 4 bis 7 in ein Betriebsvermögen eingelegt worden sind, mindern sich die Anschaffungs- oder Herstellungskosten um die Absetzungen für Abnutzung oder Substanzverringerung, Sonderabschreibungen oder erhöhte Absetzungen, die bis zum Zeitpunkt der Einlage vorgenommen worden sind. ⁵Bei beweglichen Wirtschaftsgütern des Anlagevermögens, bei denen es wirtschaftlich begründet ist, die Absetzung für Abnutzung nach Maßgabe der Leistung des Wirtschaftsguts vorzunehmen, kann der Steuerpflichtige dieses Verfahren statt der Absetzung für Abnutzung in gleichen Jahresbeträgen anwenden, wenn er den auf das einzelne Jahr entfallenden Umfang der Leistung nachweist. ⁶Absetzungen für außergewöhnliche technische oder wirtschaftliche Abnutzung sind zulässig; soweit der Grund hierfür in späteren Wirtschaftsjahren entfällt, ist in den Fällen der Gewinnermittlung nach § 4 Abs. 1 oder nach § 5 eine entsprechende Zuschreibung vorzunehmen.

...

(4) ¹Bei Gebäuden sind abweichend von Absatz 1 als Absetzung für Abnutzung die folgenden Beträge bis zur vollen Absetzung abzuziehen:

1. bei Gebäuden, soweit sie zu einem Betriebsvermögen gehören und nicht Wohnzwecken dienen und für die der Bauantrag nach dem 31. März 1985 gestellt worden ist, jährlich 4 vom Hundert,

2. bei Gebäuden, soweit sie die Voraussetzungen der Nummer 1 nicht erfüllen und die

    a) nach dem 31. Dezember 1924 fertiggestellt worden sind, jährlich 2 vom Hundert,

    b) vor dem 1. Januar 1925 fertiggestellt worden sind, jährlich 2,5 vom Hundert

der Anschaffungs- oder Herstellungskosten; Absatz 1 Satz 4 gilt entsprechend. ²Beträgt die tatsächliche Nutzungsdauer eines Gebäudes in den Fällen der Nummer 1 weniger als 25 Jahre, in den Fällen der Nummer 2 Buchstabe a weniger als 50 Jahre, in den Fällen der Nummer 2 Buchstabe b weniger als 40 Jahre, so können an Stelle der Absetzungen nach Satz 1 die der tatsächlichen Nutzungsdauer entsprechenden Absetzungen für Abnutzung vorgenommen werden. ³Absatz 1 letzter Satz bleibt unberührt. ⁴Bei Gebäuden im Sinne der Nummer 2 rechtfertigt die für Gebäude im Sinne der Nummer 1 geltende Regelung weder die Anwendung des Abs. 1 letzter Satz noch den Ansatz des niedrigeren Teilwerts (§ 6 Abs. 1 Nr. 1 Satz 2).

Anhang 11

11. Gesetz zur Kontrolle und Transparenz im Unternehmensbereich (KonTraG)

– Auszüge –

Gesetzestexte aus dem AktG:

§ 91 Organisation; Buchführung

(1) Der Vorstand hat dafür zu sorgen, daß die erforderlichen Handelsbücher geführt werden.

(2) Der Vorstand hat geeignete Maßnahmen zu treffen, insbesondere ein Überwachungssystem einzurichten, damit den Fortbestand der Gesellschaft gefährdende Entwicklungen früh erkannt werden.

Gesetzestexte aus dem HGB:

§ 317 Gegenstand und Umfang der Prüfung

(1) In die Prüfung des Jahresabschlusses ist die Buchführung einzubeziehen. Die Prüfung des Jahresabschlusses und des Konzernabschlusses hat sich darauf zu erstrecken, ob die gesetzlichen Vorschriften und sie ergänzende Bestimmungen des Gesellschaftsvertrags oder der Satzung beachtet sind. Die Prüfung ist so anzulegen, daß Unrichtigkeiten und Verstöße gegen die in Satz 2 aufgeführten Bestimmungen, die sich auf die Darstellung des sich nach § 264 Abs. 2 ergebenden Bildes der Vermögens-, Finanz- und Ertragslage des Unternehmens wesentlich auswirken, bei gewissenhafter Berufsausübung erkannt werden.

(2) Der Lagebericht und der Konzernlagebericht sind darauf zu prüfen, ob der Lagebericht mit den bei der Prüfung gewonnenen Erkenntnissen des Abschlußprüfers in Einklang stehen und ob der Lagebericht insgesamt eine zutreffende Vorstellung von der Lage des Unternehmens und der Konzernlagebericht insgesamt eine zutreffende Vorstellung von der Lage des Konzerns vermittelt. Dabei ist auch zu prüfen, ob die Risiken der künftigen Entwicklung zutreffend dargestellt sind.

(3) Der Abschlußprüfer des Konzernabschlusses hat auch die im Konzernabschluß zusammengefaßten Jahresabschlüsse, insbesondere die konsolidierungsbedingten Anpassungen, in entsprechender Anwendung des Absatzes 1 zu prüfen. Dies gilt nicht für Jahresabschlüsse, die auf Grund gesetzlicher Vorschriften nach diesem Unterabschnitt oder die ohne gesetzliche Verpflichtung nach den Grundsätzen dieses Unterabschnitts geprüft worden sind. Satz 2 ist entsprechend auf die Jahresabschlüsse von in den Konzernabschluß einbezogenen Tochterunternehmen mit Sitz im Ausland anzuwenden; sind diese Jahresabschlüsse nicht von einem in Übereinstimmung mit den Vorschriften der Richtlinie 84/253/EWG zugelassenen Abschlußprüfer geprüft worden, so gilt dies jedoch nur, wenn der Abschlußprüfer eine den Anforderungen dieser Richtlinie gleichwertige Befähigung hat und der Jahresabschluß in einer den

Anforderungen dieses Unterabschnitts entsprechenden Weise geprüft worden ist.

(4) Bei einer Aktiengesellschaft, die Aktien mit amtlicher Notierung ausgegeben hat, ist außerdem im Rahmen der Prüfung zu beurteilen, ob der Vorstand die ihm nach § 91 Abs. 2 AktG obliegenden Maßnahmen in einer geeigneten Form getroffen hat und ob das danach einzurichtende Überwachungssystem seine Aufgaben erfüllen kann.

§ 322 Bestätigungsvermerk

(1) ...

(2) Die Beurteilung des Prüfungsergebnisses soll allgemeinverständlich und problemorientiert unter Berücksichtigung des Umstandes erfolgen, daß die gesetzlichen Vertreter den Abschluß zu verantworten haben. Auf Risiken, die den Fortbestand des Unternehmens gefährden, ist gesondert einzugehen.

...

Urteilsverzeichnis für Teil C

Urteile BFH/RFH	Urteile BFH/RFH
RFH v. 6. 10. 1937, RStBl. 1938, S. 103.	BFH v. 26. 4. 1989, BStBl. 1991 II, S. 213 ff.
BFH v. 3. 12. 1958, BStBl. 1959 III, S. 95.	BFH v. 25. 8. 1989, BStBl. 1989 II, S. 893 ff.
BFH v. 17. 1. 1963, BStBl. 1963 III, S. 237 f.	BFH v. 28. 8. 1989, BStBl. 1990 II, S. 552.
BFH v. 29. 1. 1963, BStBl. 1963 III, S. 185 f.	BFH v. 23. 1. 1990, BStBl. 1990 II, S. 465 f.
BFH v. 13. 11. 1963, BStBl. 1964 III, S. 124.	BFH v. 20. 6. 1990, BStBl. 1990 II, S. 913.
BFH v. 12. 3. 1964, BStBl. 1964 III, S. 404.	BFH v. 7. 11. 1990, BStBl. 1991 II, S. 343.
BFH v. 27. 5. 1964, BStBl. 1964 III, S. 478.	BFH v. 16. 2. 1990, BStBl. 1990 II, S. 794 ff.
BFH v. 24. 4. 1968, BStBl. 1968 II, S. 544 f.	BFH v. 15. 5. 1990, BStBl. 1992 II, S. 67.
BFH v. 3. 2. 1969, BStBl. 1969 II, S. 572 ff.	BFH v. 4. 7. 1990, BStBl. 1990 II, S. 836.
BFH v. 24. 6. 1969, BStBl. 1969 II, S. 581 f.	BFH v. 12. 12. 1990, BStBl. 1991 II, S. 196.
BFH v. 25. 6. 1969, BStBl. 1969 II, S. 581 f.	BFH v. 10. 4. 1991, BStBl. 1991 II, S. 791.
BFH v. 23. 9. 1969, BStBl. 1970 II, S. 104.	BFH v. 24. 4. 1991, BStBl. 1991 II, S. 793.
BFH v. 8. 11. 1971, BStBl. 1972 II, S. 63.	BFH v. 28. 5. 1991, BStBl. 1991 II, S. 801.
BFH v. 18. 10. 1972, BStBl. 1973 II, S. 126.	BFH v. 28. 9. 1991, BStBl. 1991 II, S. 187.
BFH v. 11. 10. 1973, BStBl. 1974 II, S. 90.	BFH v. 13. 11. 1991, BStBl. 1992 II, S. 178.
BFH v. 21. 5. 1974, BStBl. 1974 II, S. 613.	BFH v. 12. 12. 1991, BStBl. 1992 II S. 600.
BFH v. 16. 7. 1974, BStBl. 1975 II, S. 193 f.	BFH v. 31. 1. 1992, BStBl. 1992 II, S. 805.
BFH v. 6. 5. 1976, BStBl. 1975 II, S. 526.	BFH v. 2. 10. 1992, BStBl. II 1993, S. 153 ff.
BFH v. 19. 10. 1976, BStBl. 1977 II, S. 72.	BFH v. 2. 12. 1992, BStBl. 1993 II, S. 110.
BFH v. 7. 12. 1976, BStBl. 1977 II, S. 281.	BFH v. 17. 2. 1993, BStBl. 1993 II, S. 437 ff.
BFH v. 8. 3. 1977, BStBl. 1977 II, S. 629.	BFH v. 26. 5. 1993, BStBl. 1993 II, S. 718.
BFH v. 21. 6. 1977, BStBl. 1978 II, S. 303.	BFH v. 19. 10. 1993, BStBl. 1993 II, S. 891 ff.
BFH v. 1. 8. 1979, BStBl. 1980 II, S. 77.	BFH v. 1. 12.1993, BStBl. 1994 II, S. 112.
BFH v. 18. 6. 1980, BStBl. 1981 II, S. 39.	BFH v. 19. 1. 1994, BStBl. 1994 II, S. 409.
BFH v. 10. 7. 1980, BStBl. 1980 II, S. 620.	BFH v. 13. 9. 1994, BStBl. 1995 II, S. 49 f.
BFH v. 10. 3. 1981, BStBl. 1981 II, S. 470.	BFH v. 28. 3. 1995, BStBl. 1997 II, S. 121.
BFH v. 1. 4. 1981, BStBl. 1981 II, S. 660 ff.	BFH v. 23. 4. 1996, BStBl. 1998 II, S. 325.
BFH v. 28. 7. 1981, BStBl. 1982 II, S. 378.	BFH v. 9. 6. 1997, BStBl. 1998 II, S. 307.
BFH v. 7. 10. 1982, BStBl. 1983 II, S. 104.	BFH v. 19. 6. 1997, BStBl. 1997 II, S. 808.
BFH v. 8. 12. 1982, BStBl. 1982 II, S. 710.	BFH v. 19. 12. 1997, BStBl. 1997 II, S. 399.
BFH v. 20. 1. 1983, BStBl. 1983 II, S. 375.	BFH v. 1. 4. 1998, BStBl. 1998 II, S. 569.
BFH v. 26. 4. 1983, BStBl. 1983 II, S. 502.	**Sonstige**
BFH v. 30. 6. 1983, BStBl. 1984 II, S. 263 ff.	FG Düsseldorf v. 13. 9. 1999, in: EFG 1999, S. 1128.
BFH v. 1. 8. 1984, BStBl. 1985 II, S. 44 ff.	FG Münster v. 10. 11. 1995, in: EFG 1996, S. 424.
BFH v. 13. 9. 1984, BStBl. 1985 II, S. 49 ff.	FG Niedersachsen v. 16. 7. 1998, in: NVwZ 3/1999, S. 335.
BFH v. 5. 2. 1987, BStBl. 1987 II, S. 845.	FG Saarland v. 7. 8. 1996, in: BB 1996, S. 2457–2458.
BFH v. 17. 3. 1987, BStBl. 1987 II, S. 858.	
BFH v. 19. 5. 1987, BStBl. 1987 II, S. 848 f.	
BFH v. 29. 6. 1988, BStBl. 1988 II, S. 898 ff.	
BFH v. 13. 1. 1989, BStBl. 1989 II, S. 384.	

Literaturverzeichnis

Abfallentsorgungs- und Altlastensanierungsverband Nordrhein-Westfalen (AAV)-Entsorgungsverband (Hrsg.), Jahresbericht 1997, 1998, zit.: AAV, Jahresbericht 1997

Adler, Hans/Düring, Walter/Schmaltz, Kurt, Rechnungslegung und Prüfung der Unternehmen, 6. Aufl., Stuttgart, 1998

Albrecht, Eike, Das neue Bundes-Bodenschutzgesetz (Teil 3): Ausgleich von Werterhöhungen, Der Umweltbeauftragte, 1999 (6), S. 4 f.

Albrecht, Eike/Teifel, Jürgen, Auswirkungen der Wertausgleichsregelung im neuen Bundes-Bodenschutzgesetz auf die Kreditsicherung durch Grundstücke, RPfleger 1999, 336 ff.

Arbeitskreis Externe Unternehmensrechnung der Schmalenbach-Gesellschaft – DGFB, Zwischenberichterstattung nach neuem Recht für börsennotierte Unternehmen, Stuttgart, 1989

Armbruster, Jörg, Kommunales Altlastenmanagement und die Altlastenkonzeption des Landes Baden-Württemberg, in: Landeshauptstadt Stuttgart, Amt für Umweltschutz (Hrsg.), Kommunales Altlastenmanagement Baden-Württemberg, Stuttgart, 1996, S. 15 ff.

Assmann, Heinz-Dieter/Schneider, Uwe H. (Hrsg.), Wertpapierhandelsgesetz, Kommentar, 2. Aufl., Köln, 1999 (zit.: Kümpel, in: Assmann/Schneider)

Assmann, Heinz-Dieter, Das künftige deutsche Insiderrecht (Teil II), AG 1994, S. 196 ff.

Bachmann, Günther/Bertges, Wolf Dieter/König, Wilhelm, Ableitung bundeseinheitlicher Prüfwerte zur Gefahrenbeurteilung von kontaminierten Böden und Altlasten, altlasten spektrum 1997, 74 ff.

Bäcker, Roland, Rückstellungen für die Altlastensanierung, BB 1995, 503 ff.

Bäcker, Roland, Negativer Teilwert wegen eines Wertverlusts durch Umweltschäden, BB 1995, 715 ff.

Baetge, Jörg, Bilanzen, 3. Aufl., Düsseldorf, 1994

Ballwieser, Wolfgang, Unternehmensbewertung und Komplexitätsreduktion, 3. Aufl., Wiesbaden, 1990

Ballwieser, Wolfgang. u.a. (Hrsg.), Bilanzrecht und Kapitalmarkt, Festschrift für Adolf Moxter, Düsseldorf, 1994 (zit.: Ludewig, in: Ballwieser u.a., Festschrift Moxter)

Barkowski, Dietmar/Günther, Petra/Machtolf, Monika, Pfadintegrierende Bewertung von Bodenbelastungen in Haus- und Kleingärten; Teil 1: Anforderungen aus der Praxis und Lösungsansätze, altlasten spektrum 1998, 331 ff.

Bartels, Peter, Öffentlich-rechtliche Umweltschutzverpflichtungen, BB 1991, 2044 ff.

Bartels, Peter, Bilanzielle Berücksichtigung von Altlastenfällen – Anmerkungen zu dem Beitrag von Herzig, WPg 1992, 74 ff.

Literaturverzeichnis

Bartels, Peter, Rückstellungen für öffentlich-rechtliche Umweltschutzverpflichtungen bei Altlastenfällen, BB 1992, 1095 ff.

Bartl, Harald/Fichtelmann, Helmar/Schlarb, Eberhard/Schulze, Hans-Jürgen, GmbH-Recht, 4. Aufl., Heidelberg, 1998 (zit.: Bartl/Fichtelmann u. a.)

Battis, Ulrich/Krautzberger, Michael/Löhr, Rolf-Peter, Baugesetzbuch, 7. Aufl., München, 1999 (zit.: z. B. Löhr, in: Battis/Krautzberger/Löhr, BauGB)

Baumann, Petra, Der Störer im Umweltbereich, dargestellt am Beispiel der Altlasten, Diss., Marburg, 1991

Baumbach, Adolf/Hopt, Klaus J., Handelsgesetzbuch, 29. Aufl., München, 1995

Baumbach, Adolf/Hueck, Alfred, GmbH-Gesetz, 16. Aufl., München, 1996

Baur, Fritz/Baur, Jürgen F./Stürner, Rolf, Sachenrecht, 17. Aufl., München, 1999 (zit.: Baur/Stürner, Sachenrecht)

Becker, Bernd, Bundes-Bodenschutzgesetz, Starnberg, Stand: 1/2000 (Loseblatt)

Becker, Bernd, Die neue öffentlich-rechtliche Haftung für die Sanierung schädlicher Bodenveränderungen und Altlasten nach § 4 Abs. 3 BBodSchG, DVBl. 1999, 134 ff.

Beck'scher Bilanzkommentar, 3. Auflage, München, 1995 (zit.: z. B. Budde/Kunz, in: Beck'scher Bilanzkommentar, § 240 HGB)

Behörde für Arbeit, Gesundheit und Soziales (BAGS), Bericht des Ausschusses für Umwelthygiene, Arbeitsgemeinschaft der leitenden Medizinalbeamtinnen und Beamten der Länder. Standards zur Expositionseinschätzung, Hamburg, 1995 (zit.: BAGS 1995)

Behrens, Wolfgang/Brauner, Hans U. (Hrsg.), Due Diligence bei Unternehmensakquisitionen, 2. Aufl., Stuttgart 1999, (zit.: z. B. Buss/Witte, in: Behrens/Brauner)

Beranek, Axel, Verzicht auf Pensionszusagen im Sanierungsfall, NWB F. 3, S. 10461 ff.

Bickel, Christian, Hessisches Abfallwirtschafts- und Altlastengesetz – HAbfAG –, 4. Aufl., Wiesbaden, 1993

Bickel, Christian, Hessisches Altlastengesetz: HAltlastG, 2. Aufl., Wiesbaden, 1996

Bickel, Christian, Bundes-Bodenschutzgesetz, Köln/Berlin, 1999

Bippus, Birgit Elsa, Die steuerlichen Auswirkungen von Umweltschäden an Grundstücken im Betriebs- und Privatvermögen – insbesondere die Anerkennung von Werbungskosten bei Einkünften aus Vermietung und Verpachtung, BB 1993, 408 ff.

Birkmann, Stefanie, Die Sanierung von Altlasten – Eine Herausforderung für Gesetzgebung und Verwaltung, Schriftenreihe Verbraucherschutz, Produktsicherheit, Umweltschutz; Band 6, Karlsruhe, 1996

Bitz, Horst, Risikomanagement nach KonTraG, Stuttgart, 2000

Bizer, Kilian/Ewringmann, Dieter, Abgaben für den Bodenschutz in Sachsen-Anhalt, 1. Aufl., Baden-Baden, 1998

Böcking, Hans-Joachim/Orth, Christian, Kann das „Gesetz zur Kontrolle und Transparenz im Unternehmensbereich (KonTraG)" einen Beitrag zur Verringerung der Erwartungslücke leisten? – Eine Würdigung auf Basis von Rechnungslegung und Kapitalmarkt, WPg 1998, 351 ff.

Böttcher, Roland, Gesetz über die Zwangsversteigerung und die Zwangsverwaltung (ZVG), 2. Aufl., München, 1996 (zit.: Böttcher, ZVG)

Böttner, Karl-Heinz, Zulässigkeit von Rückstellungen für Umweltschutzmaßnahmen in der Ertragsteuerbilanz unter besonderer Berücksichtigung von Maßnahmen zur Altlastensanierung, Diss., Gießen, 1997

Bordewin, Arno, Zur Bemessung der Rückstellung für drohende Verluste aus Lieferverpflichtungen, BB 1974, 973 ff.

Bordewin, Arno, Umweltschutzrückstellungen: Einzelfragen zur Konkretisierung und wirtschaftlichen Verursachung bei Sanierungs- und Anpassungsverpflichtungen, DB 1992, 1097 ff.

Bordewin, Arno, Einzelfragen der Bewertung von Rückstellungen, DB 1992, 1533 ff.

Bordewin, Arno, Umweltschutzbedingte Aufwendungen in der Bilanz, DB 1994, 1685 ff.

Borries, Dietrich F. W., von, Informationssysteme als Instrument des Bodenschutzes, ZAU 1992, 25 ff.

Borries, Dietrich F. W., von, Stand des untergesetzlichen Regelwerks zum Bundesbodenschutzgesetz, in: Sächsisches Staatsministerium für Umwelt- und Landesentwicklung (Hrsg.), Materialien zum Bodenschutz Band 2/1997-2. Sächsische Bodenschutztage (zit.: von Borries, SMU 2/97)

Brandt, Edmund, Altlastenrecht, Heidelberg, 1993

Brandt, Edmund, Die Finanzierung der Altlastensanierung – eine offene Flanke der Bodenschutzgesetzgebung, in: Oldiges, Martin (Hrsg.), Das neue Bundes-Bodenschutzgesetz – Fragen und Erwartungen, Leipzig, 1996, S. 91 ff.

Brandt, Edmund, Grundfragen des Altlasten- und Bodenschutzrechts, in: Erbguth, Wilfried (Hrsg.), Aktuelle Fragen des Altlasten- und Bodenschutzrechts, Baden-Baden, 1997, S. 29 ff.

Brandt, Edmund/Sanden, Joachim, Neue Störer bei schädlichen Bodenveränderungen und Altlasten, Bodenschutz 1999, 136 ff.

Brandt, Edmund/Sanden, Joachim, Verstärkter Bodenschutz durch die Verzahnung zwischen Bau- und Raumordnungsrecht und Bodenschutzrecht, UPR 1999, 367 ff.

Bridts, Christian, Zwischenberichtspublizität, Düsseldorf, 1990

Brox, Hans/Walker, Wolf-D., Zwangsvollstreckungsrecht, 6. Aufl., Köln, Berlin, Bonn, München, 1999

Brüggemann, Jürgen/Dannemann, Horst/Dombert, Matthias/Ferber, Uwe/Fischer, Jens Uwe/Henrici, Sabine/Lietmann, Christoph/Schulz-Bödeker, Kai Uwe/Simsch, Klaus, Handlungsempfehlungen für ein effektives Flächenrecycling, altlasten spektrum 2000, 23 ff.

Literaturverzeichnis

Bundesministerium für Umwelt, Naturschutz und Reaktorsicherheit (Hrsg.), Umweltgesetzbuch (UGB-KomE), Entwurf der Unabhängigen Sachverständigenkommission zum Umweltgesetzbuch beim Bundesministerium für Umwelt, Naturschutz und Reaktorsicherheit, Berlin, 1998

Bunk, Jürgen/Nowak, Erik/Wahl, Marion, Vergleich von Szenarien zur Altlastensanierung im Rahmen der Sanierungsuntersuchung, Wasser und Abfall 1999, 36 ff.

Busch, Ralf, Unternehmen und Umweltstrafrecht, 1. Aufl., Osnabrück, 1997

Busse von Colbe, Walter/Coenenberg, Adolf G. (Hrsg.), Unternehmensakquisition und Unternehmensbewertung, Stuttgart, 1992 (zit.: Bretzke, in: Busse von Colbe/Coenenberg)

Bückmann, Walter/Dreißigacker, Ludwig/Eleveld, Roelof/Gerner, Ingrid/Lee, Yeong Heui/Mackensen, Rainer/Maier, Helmut, Bodenschutz in der Europäischen Union, Berlin, 1994

Castan, Edgar u.a. (Hrsg.), Beck'sches Handbuch der Rechnungslegung, München, 1989 (zit.: Ballwieser, in: Castan)

Christiansen, Alfred, Rückstellungen für öffentlich-rechtliche Verpflichtungen – Probleme und Überlegungen, StBp 1987, 193 ff.

Commerzbank (Hrsg.), Wer gehört zu wem, 20. Aufl., 2000

Delschen, Thomas, Pfadintegrierende Bewertung von Bodenbelastungen in Haus- und Kleingärten; Teil 2: Prüfwerte für das Nutzungsszenario „Wohngärten", altlasten spektrum 1998, 336 ff.

Deutscher Industrie und Handelstag (Hrsg.), Altlastensanierung und ihre Finanzierung in den Bundesländern. Eine Zwischenbilanz, Stand: Januar 1991

Diehr, Uwe, Der Sanierungsplan nach dem Bundes-Bodenschutzgesetz, UPR 1998, 128 ff.

Döllerer, Georg, Rückstellungen in der Steuerbilanz – Abkehr von der dynamischen Bilanz, DStR 1979, 5 ff.

Döllerer, Georg, Ansatz und Bewertung von Rückstellungen in der neueren Rechtsprechung des BFH, DStR 1987, 67 ff.

Dombert, Matthias, Das Altlastengrundstück als Sacheinlage – Gesellschaftsrecht als Möglichkeit umweltrechtlicher Haftungsvermeidung?, NZG 1998, 413 ff.

Dombert, Matthias, Die Bewertung von Altlasten nach dem neuen Bodenschutzrecht des Bundes, altlasten spektrum 1998, 86 ff.

Dombert, Matthias, Die „Konzentrationswirkung" des öffentlich-rechtlichen Vertrages im Rahmen der Altlastensanierung, altlasten spektrum 1999, 272 ff.

Döring, Patricia, Haftung und Haftpflichtversicherung als Instrumente einer präventiven Umweltpolitik, Berlin, 1999

Drax, Manfred, Durchgriffs- und Konzernhaftung der GmbH-Gesellschafter, München, 1992

Dresdner Bank (Hrsg.), Insiderhandelsverbote und Ad hoc-Publizität nach dem Wertpapierhandelsgesetz („Leitfaden"), Köln, 1994

Drews, Bill u.a., Gefahrenabwehr, Allgemeines Polizeirecht (Ordnungsrecht) des Bundes und der Länder, 9. Aufl., Köln u.a., 1986

Droese, Julia, Die Erweiterung des Kreises der Zustandsverantwortlichen nach dem Bundes-Bodenschutzgesetz, UPR 1999, 86 ff.

Eggemann, Gerd/Konradt, Thomas, Risikomanagement nach KonTraG aus dem Blickwinkel des Wirtschaftsprüfers, BB 2000, 503 ff.

Eickmann, Dieter, Zwangsversteigerungs- und Zwangsvollstreckungsrecht, München, 1991

Eigen, Norbert, Gerling stellt neues Konzept für die Versicherung von Altlasten vor, TerraTech 1999, 23 ff.

Eilers, Stephan, Rückstellungen für Altlasten: Umwelthaftungsgesetz und neueste Rechtsentwicklung, DStR 1991, 101 ff.

Eilers, Stephan, Rückstellungen für Altlasten und Umweltschutzverpflichtungen, München, 1993

Eilers, Stephan, Rückstellungen für Altlastensanierungsaufwendungen: „Konkretisierung" neu konkretisiert, DStR 1994, 121 ff.

Eilers, Stephan/Geisler, Markus, Bundes-Bodenschutzgesetz: Bilanz- und steuerrechtliche Erfassung von Umweltschutzmaßnahmen, BB 1998, 2412 ff.

Eilers Stephan/von Rosenberg, Oliver, Rückstellungen für Altlasten: Bundes-Bodenschutzgesetz und neueste Rechtsentwicklung, DStR 1996, 1113 ff.

Eisenbarth, Siegfried, Das Bund-Länder-Abkommen zur Altlastenfinanzierung, in: Franzius/Bachmann (Hrsg.), Sanierung kontaminierter Standorte und Bodenschutz 1996, S. 305 ff.

Enders, Rainald, Rechtsprobleme der Behandlung von Abfallaltanlagen und Altlasten in den neuen Bundesländern, DVBl. 1993, 82 ff.

Erbguth, Wilfried, Weiterentwicklungsbedarf im Bodenschutzrecht, NuR 1986, 137 ff.

Erbguth, Wilfried (Hrsg.), Aktuelle Fragen des Altlasten- und Bodenschutzrechts, 1. Aufl., Baden-Baden, 1997

Erbguth, Wilfried/Stollmann, Frank, Die Bodenschutz- und Altlastengesetze der Länder vor dem Hintergrund des Entwurfs eines Bundes-Bodenschutzgesetzes, UPR 1996, 281 ff.

Erbguth, Wilfried/Stollmann, Frank, Einzelfragen der Sanierung und des Altlastenmanagements im Bundes-Bodenschutzgesetz, NuR 1999, 127 ff.

Erichsen, Sven, Kreditsicherheit und Umwelthaftung, Die Bank 1997, 236 ff.

Ertl, Manfred, Der Aufbau eines Risikomanagement-Systems im Industrieunternehmen, DSWR 2000, 3 ff.

Esser, Klaus, Aufwandsrückstellungen – Bestandsaufnahme und Ausblick, StbJb 1984/85, S. 151 ff.

Faatz, Ulrich/Seiffe, Eberhard, Die Altlastenschätzung als Instrument bei der Bilanzierung kontaminierter Grundstücke, BB 1993, 2485 ff.

Fluck, Jürgen, Die Bündelungswirkung der Verbindlicherklärung von Sanierungsplänen nach dem BBodSchG, DVBl 1999, 1551 ff.

Förschle, Gerhart/Scheffels, Rolf, Die Bilanzierung von Umweltschutzmaßnahmen aus bilanztheoretischer Sicht, DB 1993, 1197 ff.

Literaturverzeichnis

Fouquet, Helmut, Die Sanierungsverantwortlichkeit nach dem Bundes-Bodenschutzgesetz, Heidelberg, 2000

Franzius, Volker/Bachmann, Günther (Hrsg.), Sanierung kontaminierter Standorte und Bodenschutz 1996, Berlin, 1996

Franzius, Volker/Wolf, Klaus/Brandt, Edmund (Hrsg.), Handbuch der Altlastensanierung (Losebl., Stand 14. Erg.-Lfg. Dez. 1999), 2. Aufl., Heidelberg, 1999

Freericks, Wolfgang, Bilanzierungsfähigkeit und Bilanzierungspflicht in Handels- und Steuerbilanz, Köln u. a., 1976

Freier, Karin/Grimski, Detlef/Reppe, Silvia, Beiträge des Umweltbundesamtes zum Flächenrecycling, altlasten spektrum 2000, 5 ff.

Freisburger, Anke, Gesetzgeberische Reaktionen der Länder auf das Bundes-Bodenschutzgesetz, UPR 1999, 381 ff.

Frenz, Walter/Kummermehr, Michael, Sanierung stillgelegter Abfallbeseitigungsanlagen und Altablagerungen aus rechtlicher Sicht, Müll und Abfall 2000, 33 ff.

Fürhoff, Jens/Wölk, Armin, Aktuelle Fragen zur Ad-hoc-Publizität, WM 1997, 449 ff.

Füser, Karsten/Gleißner, Werner/Meier, Günter, Risikomanagement (KonTraG) – Erfahrungen aus der Praxis, DB 1999, 753 ff.

Gail, Winfried, Umweltschutz und Wirtschaftsgut, StbJb 1990/91, S. 67 ff.

Gassner, Erich/Bendomir-Kahlo, Gabriele/Schmidt-Räntsch, Annette/Schmidt-Räntsch, Jürgen, Bundesnaturschutzgesetz (BNatSchG), München, 1996 (zit.: Gassner, BNatSchG)

Gerhold, Thomas, Die Behandlung streitiger Rechtsfragen der Sanierungsverantwortlichkeit durch das Bundes-Bodenschutzgesetz (BBodSchG), altlasten spektrum 1998, 107 ff.

Gerhold, Thomas/Simon, Stephan, Auswirkung von BBodSchG und Verordnung auf die Altlastensanierung, altlasten spektrum 1999, 265 ff.

Gericke, Horst, Handbuch für die Börsenzulassung von Wertpapieren, Frankfurt, 1992

Giesberts, Ludger, Die gerechte Lastenverteilung unter mehreren Störern, Berlin, 1990

Giese, Rolf, Die Prüfung des Risikomanagementsystems einer Unternehmung durch den Abschlussprüfer gemäß KonTraG, WPg 1998, 451 ff.

Glade, Anton, Die Umsetzung der GmbH & Co.-Richtlinie, NWB F. 18, 3723 ff.

Gleißner, Werner/Meier, Günter, Risikomanagement als integraler Bestandteil der wertorientierten Unternehmensführung, DSWR 1-2/2000, 9 ff.

Görtz, Werner, Auswirkungen des Bundes-Bodenschutzgesetzes auf die kommunale Altlastenbearbeitung, altlasten spektrum 1998, 103 ff.

Götz, Volkmar, Allgemeines Polizei- und Ordnungsrecht, 12. Aufl., Göttingen, 1995

Groh, Manfred, Verbindlichkeitsrückstellungen und Verlustrückstellungen: Gemeinsamkeiten und Unterschiede, BB 1988, 27 ff.

Groh, Manfred, Altlastenrückstellungen: Trügerische Hoffnungen, DB 1993, 1833 ff.

Groh, Manfred, Steuerentlastungsgesetz 1999/2000/2002: Imparitätsprinzip und Teilwertabschreibung, DB 1999, 978 ff.

Grothmann, Torsten, Der Altlastenberater: Strategien und Checklisten für Unternehmer und alle, die ein Grundstück kaufen wollen, 1. Auflage, Storckverlag, Hamburg, 1998

Gschwendtner, Hubert, Rückstellungen für Altlasten – Zum BFH-Urteil vom 19. Oktober 1993 VIII R 14/92, DStZ 1994, 257 ff.

Günkel, Manfred, Rückstellungen für Umweltschutzverpflichtungen, StbJb 1990/91, S. 97 ff.

Günkel, Manfred/Fenzl, Barbara, Ausgewählte Fragen zum Steuerentlastungsgesetz: Bilanzierung und Verlustverrechnung, DStR 1999, 649 ff.

Hachmann, Rainer/Ulrici, Wolfgang, Altlast-Konflikt-Management: Herausforderung an kommunale Politik und Verwaltung, in: Hermanns/Walcha (Hrsg.) Ökologische Altlasten in der kommunalen Praxis, Köln, 1994

Haegele, Karl/Schöner, Hartmut/Stöber, Kurt, Handbuch der Rechtspraxis (Band 4): Grundbuchrecht, 11. Aufl., München, 1997 (zit.: Haegele/Schöner/Stöber, Grundbuchrecht)

Haekel, Wolfgang, Was erwartet die Branche der sanierungsausführenden Firmen vom Bundesbodenschutzgesetz, altlasten spektrum 1998, 113 ff.

Hammel, Robert, Altlasten und Wirtschaftsförderung, in: Landeshauptstadt Stuttgart, Amt für Umweltschutz (Hrsg.), Kommunales Altlastenmanagement Baden-Württemberg, Stuttgart, 1996, S. 55 ff.

Happel, Elke/Liebwein, Peter, Risikofrüherkennung in Versicherungsunternehmen, VW 2000, 228 ff.

Haritz, Detlef/Benkert, Manfred, Umwandlungssteuergesetz, München, 1996

Harms, Rüdiger, Die Erstattungsfähigkeit von Sanierungskosten für den Käufer eines kontaminierten Grundstücks, NJW 1999, 3668 ff.

Hasche, Frank, Die Pflichten des Bundes-Bodenschutzgesetzes, DVBl. 2000, 91 ff.

Heidmeier, H., Die Ad-hoc-Publizität gemäß Art. 44a BörsG im System der Berichtspflichten für börsennotierte Aktiengesellschaften, AG 1992, S. 110

Hennings, Dorothee, Eintragungen in Abteilung II des Grundbuchs, 12. Aufl., Stuttgart, 1996

Hermanns, Klaus/Walcha, Henning (Hrsg.), Ökologische Altlasten in der kommunalen Praxis, Köln, 1994

Herzig, Norbert, Rückstellungen wegen öffentlich-rechtlicher Verpflichtungen, insbesondere Umweltschutz, DB 1990, 1341 ff.

Herzig, Norbert, Konkurrenz von Rückstellungsbildung und Teilwertabschreibung bei Altlastenfällen, WPg 1991, 610 ff.

Herzig, Norbert, Rückstellungsbildung versus Teilwertabschreibung – Statement zu den Anmerkungen von Bartels, WPg 1992, 83

Herzig, Norbert/Köster, Thomas, Die Rückstellungsrelevanz des neuen Umwelthaftungsgesetzes, DB 1991, 53 ff.

Literaturverzeichnis

Herzig, Norbert/Köster, Thomas, Rückstellungen wegen öffentlich-rechtlich begründeter Verpflichtungen, insbesondere wegen Altlastensanierungsverpflichtung, Beilage 23 zu BB, Heft 33, 1994

Hess, Tilman, Bodenkasko-Deckungen: Entwicklungen und Tendenzen im deutschen Markt, VW 1997, 1700 ff.

Hofmann, Frank, Bodenschutz durch Strafrecht?, 1. Aufl., Baden-Baden, 1996

Holzwarth, Fritz/Radtke, Hansjörg/Hilger, Bernd/Bachmann, Günther, Bundes-Bodenschutzgesetz/Bundes-Bodenschutz- und Altlastenverordnung, 2. Aufl., Berlin, 2000 (zit.: z. B. Hilger, in: Holzwarth/Radtke/Hilger/Bachmann)

Horschitz, Harald/Groß, Walter/Schnur, Peter, Bewertungsrecht, Grundsteuer, Erbschaft- und Schenkungsteuer, Stuttgart, 1999.

Hulpke, Herwig, Industrie begrüßt die Verabschiedung des Bundes-Bodenschutzgesetzes, altlasten spektrum 1998, 48

Hulpke, Herwig/Jorns, Axel C./Schendel, Frank Andreas, Das Bundes-Bodenschutzgesetz aus industrieller Sicht, altlasten spektrum 1998, 249 ff.

Hüting, Ralf/Koch, Bernd, Zur Zulässigkeit privatrechtlicher Entgelte im Rahmen der Abwasserbeseitigung, LKV 1999, 132 ff.

IdW, Ertragsteuerliche Fragen im Zusammenhang mit der Sanierung schadstoffverunreinigter Wirtschaftsgüter, WPg 1992, 326 ff.

IdW, Ertragsteuerliche Fragen im Zusammenhang mit der Sanierung schadstoffverunreinigter Wirtschaftsgüter, WPg 1993, 250 ff.

IdW, Prüfungsstandard 340 zur Prüfung des Risikofrüherkennungssystems nach § 317 Abs. 4 HGB, in: Bitz, Horst, Risikomanagement nach KonTraG, Stuttgart, 2000, S. 90 ff.

Jarass, Hans D./Pieroth, Bodo, Grundgesetz, 5. Aufl., München, 2000 (zit.: Jarass/Pieroth, GG)

Jarass, Hans D., Regelungsspielräume des Landesgesetzgebers im Bereich der konkurrierenden Gesetzgebung und in anderen Bereichen, NVwZ 1996, 1041 ff.

Jauernig, Othmar (Hrsg.), Bürgerliches Gesetzbuch, 9. Aufl., München, 1999 (zit.: z. B. Stürner, in: Jauernig, BGB)

Jauernig, Othmar, Zwangsvollstreckungs- und Insolvenzrecht, 21. Aufl., München, 1999

Jessberger, Hans Ludwig (Hrsg.), Umweltinformatik im Altlastenrecht, Rotterdam, Brookfield, 1996

Jonas, Heinrich H., Die in der aktienrechtlichen Handelsbilanz zulässige Rückstellung für ungewisse Verbindlichkeiten, DB 1986, 337 ff.

Jorczyk, Volker/Duesmann, Lars, Die Beendigung der Zustandshaftung bei Altlasten, altlasten spektrum 1999, 71 ff.

Kahl, Wolfgang, Die Sanierungsverantwortlichkeit nach dem Bundes-Bodenschutzgesetz, Die Verwaltung 2000, 29 ff.

Kalberlah, Fritz, Toxikologische Kriterien für die Gefährdungsabschätzung von polycyclischen aromatischen Kohlenwasserstoffen (PAK) in Altlasten, altlasten spektrum 1995, 231 ff.

Kallmeyer, Harald (Hrsg.), Umwandlungsgesetz, Köln, 1997 (zit.: Kallmeyer, UmwG)

Kessler, Harald, Der „Hüter des Bilanzrechts" auf Abwegen, DStR 1996, 1228 ff.

Keune, Heinz, Bayern – Der Umweltpakt, Der Umweltbeauftragte, 1999 (7), 8, 11 ff.

KfW (Kreditanstalt für Wiederaufbau), Geschäftsbericht 1999, Frankfurt a. M., 2000

Kleine-Rosenstein, Christoph, Bilanzierungsansätze für nach dem 31. 12. 1998 endende Wirtschaftsjahre, BBK, F. 30, S. 965 ff.

Kless, Thomas, Beherrschung der Unternehmensrisiken: Aufgaben und Prozesse eines Risikomanagements, DStR 1998, 93 ff.

Kloepfer, Michael, Die Verantwortlichkeit für Altlasten im öffentlichen Recht – Dargestellt am Problem der Deponiesanierung, NuR 1987, 7 ff.

Kloepfer, Michael, Umweltrecht, 2. Aufl., München, 1998

Kloepfer, Michael/Vierhaus, Hans-Peter, Umweltstrafrecht, München, 1995

Knight, Frank Hyneman, Risk, Uncertainty and Profit, Boston/New York/Chicago 1921

Knoche, Joachim, Sachmängel-Gewährleistung beim Kauf eines Altlastengrundstücks, NJW 1995, 1985 ff.

Knoche, Joachim, Ausgleichsansprüche nach § 24 Abs. II BBodSchG ohne behördliche Verpflichtung eines Sanierungsverantwortlichen?, NVwZ 1999, 1198 ff.

Knopp, Lothar, Die Duldung behördlicher Untersuchungsmaßnahmen und die Kostentragung bei Verdacht von Kontaminationen im Boden und/oder Grundwasser, BB 1988, 923 ff.

Knopp, Lothar, „Altlasten"-Regelungen im hessischen Abfallrecht, DÖV 1990, 683 ff.

Knopp, Lothar, Absicherungsstrategien beim Grundstückskauf und betriebsinterne Vorsorge, NJW 1992, 2657 ff.

Knopp, Lothar, Strafrechtliche Sanktionen im Abfallbereich, ZAP F. 21, S. 1 ff.

Knopp, Lothar, Das Bundes-Bodenschutzgesetz und seine Altlastenregelungen, ZAP F. 19, 395 ff.

Knopp, Lothar, „Flucht aus der Zustandsverantwortung?" und neues Bundes-Bodenschutzgesetz, DVBl. 1999, 1010 ff.

Knopp, Lothar, Bundes-Bodenschutzgesetz: Katalog der Sanierungsverantwortlichen und Wertausgleichsregelung, Zeitschrift für Umweltrecht (ZUR) 1999, 210 ff.

Knopp, Lothar, Bundes-Bodenschutzgesetz: Torso ohne untergesetzliches Regelwerk, BB 1999 (Heft 12), Erste Seite (Editorial)

Knopp, Lothar/Albrecht, Eike, Altlastenrecht in der Praxis. Unter Berücksichtigung des Bundes-Bodenschutzgesetzes, 2. Aufl., Herne/Berlin, 1998

Knopp, Lothar/Albrecht, Eike, Das neue Bundes-Bodenschutzgesetz und Altlasten, BB 1998, 1853 ff.

Knopp, Lothar/Albrecht, Eike, Die Wertausgleichsregelung nach BBodSchG – Problembereiche und Auswirkungen –, altlasten spektrum 1999, 204 ff.

Knopp, Lothar/Ebermann-Finken, Rebecca, Bundesrecht ist kein Torso mehr: Bodenschutz- und Altlastenverordnung in Kraft, BB 1999, 2469 ff.

Knopp, Lothar/Teifel, Jürgen, Ausgleichsanspruch und Wertausgleich nach dem Bundes-Bodenschutzgesetz, ZAP F.13, 461 ff.

Knorr, Peter, Ausgewählte Fragen zur Polizeipflicht im Altlastensanierungsrecht, VBlBW 1996, 447 ff.

Kobes, Stefan, Das Bundes-Bodenschutzgesetz, NVwZ 1998, 786 ff.

Kobes, Stefan, Die Untersuchung, Bewertung und Sanierung von Altlasten nach dem Bundes-Bodenschutzgesetz, NVwZ 2000, 261 ff.

Koch, Karl/Scholtz, Rolf-Detlef, Kommentar Abgabenordnung, 5. Aufl., Köln u. a., 1996 (zit.: Halaczinsky, in: Koch/Scholz, § 76 AO; Helsper, in: Koch/Scholtz, § 92 AO; Szymczak, in: Koch/Scholtz, § 175 AO)

Koch, Wolfgang/Wegmann, Jürgen, Praktiker-Handbuch Due Diligence – Chancen-/Risiken-Analyse mittelständischer Unternehmen, Stuttgart, 1998

Körner, Werner, Zu welchem Zeitpunkt ist eine Rückstellungsbildung für ungewisse Verbindlichkeiten zulässig? – Eine kritische Stellungnahme zur steuerlichen Rechtsprechung und Auslegung, WPg 1984, 43 ff.

Kothe, Peter, Altlastenrecht in den neuen Bundesländern, Stuttgart, München, Hannover, Berlin, Weimar, Dresden, 1996

Kothe, Peter, Was ändert sich im Umgang mit Altlasten und Verdachtsflächen?, UPR 1996, 96 ff.

Kraus, Stephan, Zum Rückstellungsbegriff des Bilanzrichtlinien-Gesetzes, StuW 1988, 133 ff.

Kretz, Claus, Altlastenrechtliche Regelungen in Landesabfallgesetzen, in: Franzius/Wolf/Brandt (Hrsg.), Handbuch der Altlastensanierung, Ziff. 10163

Kromschröder, Bernhard/Lück, Wolfgang, Grundsätze risikoorientierter Unternehmensüberwachung, DB 1998, 1574 ff.

Kügel, Wilfried J., Die Entwicklung des Altlastenrechts, NJW 1996, 2477 ff.

Kügel, Wilfried J., Die Entwicklung des Altlasten- und Bodenschutzrechts, NJW 2000, 107 ff.

Kühnenberger, Manfred/Faatz, Ulrich, Zur Bilanzierung von Altlasten, BB 1993, 98 ff.

Kümpel, Siegfried, Wertpapierhandelsgesetz: Eine systematische Darstellung, Berlin, 1996

Küting, Karlheinz/Weber, Claus-Peter (Hrsg.), Handbuch der Rechnungslegung, Kommentar zur Bilanzierung und Prüfung, Band Ia, 3. Aufl., Stuttgart, 1990 (zit.: Baetge/Fey/Fey, in: Küting/Weber, Handbuch der Rechnungslegung 1990)

Küting, Karlheinz/Weber, Claus-Peter (Hrsg.), Handbuch der Rechnungslegung, Kommentar zur Bilanzierung und Prüfung, Band Ia, 4. Aufl., Stuttgart, 1995 (zit.: Knop, in: Küting/Weber, Handbuch der Rechnungslegung 1995)

Küting, Karlheinz/Weber, Claus-Peter, Handbuch der Konzernrechnungslegung, 2. Aufl., Stuttgart, 1998

Kuhl, Karin/Nickel, Johann-Peter, Risikomanagement im Unternehmen – Stellt das KonTraG neue Anforderungen an die Unternehmen?, DB 1999, 133 ff.

Kunig, Philip/Paetow, Stefan/Versteyl, Ludger-Anselm, Kreislaufwirtschaft- und Abfallgesetz (KrW-/AbfG), München, 1998 (zit.: Kunig, in: Kunig/Paetow/Versteyl, Kreislaufwirtschafts- und Abfallgesetz)

Kupsch, Peter, Bilanzierung von Umweltlasten in der Handelsbilanz, BB 1992, 2320 ff.

Landeshauptstadt Stuttgart, Amt für Umweltschutz (Hrsg.), Kommunales Altlastenmanagement Baden-Württemberg, Stuttgart, 1996

Landeshauptstadt Stuttgart, Amt für Umweltschutz (Hrsg.), Umweltschutz in Stuttgart 1988–1998, Stuttgart, 1998

Landmann, Robert/Rohmer, Gustav, Umweltrecht, Band III (Loseblatt), Stand: 3/1999 (zit.: Dombert, in: Landmann /Rohmer)

Leffson, Ulrich u. a. (Hrsg.), Handwörterbuch unbestimmter Rechtsbegriffe im Bilanzrecht des HGB, Köln, 1986 (zit.: Baetge/Brockmeyer, in: Leffson u. a.)

Leinemann, Ralf, Amtshaftung für Altlasten: Ansprüche eines Mieters, NVwZ 1992, 146 ff.

Leitzke, Claus/Ulrici, Wolfgang, Altlastenmanagement, Heidelberg, 1999

Lemser, Bernd/Tillmann, Albert, Wirtschaftlichkeit von Bodensanierungen: Ansätze zur ökonomischen Bewertung von Altlastensanierungen im privaten und öffentlichen Bereich, Berlin, 1997

Lippe, Nanett von der, Altlastensanierung in Hamburg – Dekontaminieren oder Sichern?, altlasten spektrum 2000, 71 f.

Löhr, Dirk, Die Grenzen des Ertragswertverfahrens – Kritik und Perspektiven, Frankfurt a. M. u. a., 1993

Löhr, Dirk, Gestaltungsmöglichkeiten in der Zwischenberichterstattung börsengehandelter Aktiengesellschaften, WPg 1996, 581 ff.

Loeser, Roman/Buchholz, Rainer: System des Verwaltungsrechts: Band 1: Allgemeine Lehren, Methoden und Techniken, Baden-Baden, 1994

Lohrer, J., Überblick über die Rechtsprechung des BFH zur Abgabenordnung im Jahr 1997, NWB F. 2a, 2033 ff.

Ludewig, Rainer, § 17 Abs. 2 a D-Markbilanzgesetz – Grundsatz ordnungsmäßiger Buchführung für Rückstellungen für behebungspflichtige (ökologische) Lasten, WPg 1995, 325 ff.

Lutter, Marcus (Hrsg.), Umwandlungsgesetz, Köln, 1996 (zit.: z. B. Lutter/Hommelhoff)

Maak, Eckhard, Verkehrslenkende Abgabenmodelle. Gebühren und Beiträge im Dienst der Verkehrssteuerung, Tübingen, 1998

Mathews, Tomas/Fischer, Anna-Barbara/Exner, Stephan/Eikmann, Thomas, ECO-RISK-Verfahren zur Expositions- und Risikoabschätzung in der Gefährdungsabschätzung und Sanierungsplanung von Altlasten, Umweltmed Forsch Praxis 4 (5) 1999, 289 ff.

Maunz, Theodor/Dürig, Günter, Grundgesetz, München, Stand: 2/1999 (Loseblatt) (zit.: z. B. Papier, in: Maunz/Dürig, GG)

Literaturverzeichnis

Maurer, Hartmut, Allgemeines Verwaltungsrecht, 12. Aufl., München, 1999

Mayer, Dieter, Die Haftung im qualifizierten und faktischen GmbH-Konzern unter besonderer Berücksichtugung des „Video-Urteils" des BGH vom 23. 9. 1991 (Teil II), DStR 1992, 791 ff.

Mayer-Wegelin, Eberhard, Die wirtschaftliche Verursachung von Verbindlichkeitsrückstellungen: wie kann die Meinungsvielfalt überwunden werden?, DB 1995, 1241 ff.

Mehrhoff, Dietrich/Röhrig, Stefan, Neue Versicherungskonzepte für die Boden- und Altlastensanierung, FlächenRecycling GeoProfi 1999, 12 ff.

Meißner, Martin, Die Sanierungsverantwortlichkeit der gewerblichen Wirtschaft nach dem Bundesbodenschutzgesetz, Zeitschrift für Immobilienrecht (ZfIR) 1999, 407 ff.

Michel, Lutz, Grundstückserwerb und Altlasten, Düsseldorf, 1990

Möller, Reinhard, Das kontaminierte Betriebsgrundstück – Rückstellungen wegen Altlastenhaftung und ihre Konsequenzen bei der handelsrechtlichen und steuerrechtlichen Gewinnermittlung, Aachen, 1997

Möller, Reinhard, Ist ein negativer Teilwert bilanzierbar?, BB 1996, 2291 ff.

Mössner, Jörg Manfred/Seeger, Siegfried F., KStG-Kommentar, Herne/Berlin, Stand 1999 (zit.: Lange, in: Mössner/Seeger, § 8 KStG; Schwarz, in: Mössner/Seeger, § 14 KStG)

Moxter, Adolf, Bilanzrechtsprechung, 3. Aufl., Tübingen, 1993

Moxter, Adolf, Bilanzrechtsprechung, 4. Aufl., Tübingen, 1996

Moxter, Adolf, Wirtschaftliche Gewinnermittlung und Bilanzsteuerrecht, StuW 1983, 300 ff.

Müggenborg, Hans-Jürgen, Die Haftung des früheren Eigentümers nach § 4 Abs. 6 BBodSchG, NVwZ 2000, 50 ff.

Müller, Klaus, Sachenrecht, 3. Aufl., Köln, Berlin, Bonn, München, 1993

Müller, Reinhard, Vorsorge oder Gefahrenabwehr bei der Altlastensanierung, EP 1999, 42 ff.

Müller, Reinhard/Süß, Wolfgang, Die Heranziehung des Gesamtrechtsnachfolgers als Verhaltensstörer zur Sanierung von Altlasten in den neuen Bundesländern, altlasten spektrum 1999, 91 ff.

Müllmann, Christoph, Altlastensanierung und Kooperationsprinzip – Der öffentlich-rechtliche Vertrag als Alternative zur Ordnungsverfügung, NVwZ 1994, 876 ff.

Naumann, Klaus-Peter, Rechtliches Entstehen und wirtschaftliche Verursachung als Voraussetzung der Rückstellungsbildung, WPg 1991, 529 ff.

Niehus, Rolf J., Aufwendungen und Erträge aus der „nicht gewöhnlichen Geschäftstätigkeit" der Kapitalgesellschaft: Abgrenzungsfragen zum Ausweis der außerordentlichen Posten nach neuem Recht, DB 1986, 1293 ff.

Nieland, Michael, Bilanz- und umweltrechtliche Instrumentarien zur Berücksichtigung von Altlasten, BB 1994, 247 ff.

Nietfeld, Annette, Privatwirtschaftliche Lösungsansätze zur Finanzierung der Altlastensanierung? in: Franzius/Bachmann (Hrsg.), Sanierung kontaminierter Standorte und Bodenschutz 1996, S. 159 ff.

Notter, Harald, Bodenschutz ist mehr als das Bundes-Bodenschutzgesetz, NuR 1999, 541 ff.

Ochsenfeld, Frank, Direkthaftung von Konzernobergesellschaften in den USA: Die Rechtsprechung zum Altlasten-Superfund als Modell für das deutsche Konzernhaftungsrecht?, Berlin, 1998

Oerder, Michael, Ordnungspflichten und Altlasten, NVwZ 1992, 1031 ff.

Oerder, Michael/Numberger, Ulrich/Schönfeld, Thomas, Bundes-Bodenschutzgesetz, Stuttgart, München, Hannover, Berlin, Weimar, Dresden, 1999 (zit.: z. B. Oerder, in: Oerder/Numberger/Schönfeld)

Ohlhoff, Heidemarie, Praktische Erfahrungen mit dem Informationssystem Altlasten NW (ISAL), in: Jessberger (Hrsg.), Umweltinformatik im Altlastenbereich, Rotterdam/Brookfield 1996, S. 101 ff.

Oldiges, Martin (Hrsg.), Das neue Bundes-Bodenschutzgesetz – Fragen und Erwartungen, Leipzig, 1996

Oldiges, Martin, Verantwortlichkeit im Bodenschutz- und Altlastenrecht, in: Oldiges, Martin (Hrsg.), Das neue Bundes-Bodenschutzgesetz – Fragen und Erwartungen, Leipzig, 1996

Ossenbühl, Fritz, Verzicht – Verwirkung und Verjährung als Korrektive einer polizeilichen Ewigkeitshaftung, NVwZ 1995, 547 ff.

Pahlke, Armin/Franz, Willy, GrEStG – Kommentar, München, 1999

Palandt, Otto, Bürgerliches Gesetzbuch, 59. Aufl., München, 2000 (zit.: z. B. Palandt/Bassenge, BGB)

Pananis, Panos, Zur Abgrenzung von Insidertatsachen und Ad-hoc-publizitätspflichtigem Sachverhalt bei mehrstufigen Entscheidungsprozessen, WM 1997, 460 ff.

Papier, Hans-Jürgen, Altlasten und polizeirechtliche Störerhaftung, Köln, Berlin, Bonn, München, 1985

Papier, Hans-Jürgen, Zur rückwirkenden Haftung des Rechtsnachfolgers, DVBl. 1996, 127 ff.

Paus, Bernhard, Rückstellungen für Altlasten, DStZ 1994, 247 ff.

Peine, Franz-Joseph, Das Bundes-Bodenschutzgesetz, NuR 1999, 121 ff.

Peine, Franz-Joseph, Bodenschutzrecht und Wasserrecht, UPR 1999, 361 ff.

Peters, Hans-Joachim, Umweltverwaltungsrecht, 2. Aufl., Heidelberg, 1996

Pfeifer, Frank/Odensaß, Michael/Schroers, Stefan, Abschätzung des Stoffeintrages in das Grundwasser nach Bodenschutz- und Altlastenverordnung, altlasten spektrum 1999, 144 ff.

Philipps, Holger, Kontaminierte Grundstücke im Jahresabschluß: Rückstellungen, außerplanmäßige Abschreibungen und sonstige finanzielle Verpflichtungen bei Boden- und Grundwasserverunreinigungen, Düsseldorf, 1995

Literaturverzeichnis

Pietras, Claus-Peter/Zimmermann, Kathrin, Neuregelung der Altlastenbewältigung in den neuen Ländern – Finanzierungsmodelle vor dem Hintergrund der Beendigung der Aufgaben der Treuhandanstalt/Bundesanstalt für vereinigungsbedingte Sonderaufgaben, altlasten spektrum 1999, 355 ff.

Pohl, Andreas, Die Altlastenregelungen der Länder, NJW 1995, 1645 ff.

Pollanz, Manfred, Konzeptionelle Überlegungen zur Einrichtung und Prüfung eines Risikomanagementsystems – Droht eine Mega-Erwartungslücke?, DB 1999, 393 ff.

Pollanz, Manfred, Ganzheitliches Risikomanagement im Kontext einer wertorientierten Unternehmensführung (Risk Adjusted Balanced Scorecarding), DB 1999, 1277 ff.

Potthoff, Volker/Stuhlfauth, Jutta, Der neue Markt: ein Handelssegment für innovative und wachstumsorientierte Unternehmen – kapitalmarktrechtliche Überlegungen und Darstellung des Regelwerks, WM 1997, Sonderbeilage Nr. 3

Pougin, Erwin, Die Abgrenzung zwischen Herstellungs- und Erhaltungsaufwand in der Handels- und Steuerbilanz, DB 1983, 241 ff.

Pützenbacher, Stefan, Der Ausgleichsanspruch nach § 24 Abs. 2 BBodSchG, NJW 1999, 1137 ff.

Queitsch, Peter, Bundes-Bodenschutzgesetz, 2. Aufl., Köln, 1999

Rautenberg, Hans Günter, Die bilanzielle Behandlung von Altlasten, WPg 1993, 265 ff.

Rehbinder, Eckard, Rechtlicher Hintergrund von Prüfwerten nach dem Bundes-Bodenschutzgesetz, altlasten spektrum 1997, 263 ff.

Richter, Heinz, Später auftretender Altlastenverdacht kein rückwirkendes Ereignis (Blickpunkt Steuern), NWB 43/1998, 3437 f.

Riedel, Ulrike, Das Bundes-Bodenschutzgesetz und die Sanierungsverantwortlichkeit, ZIP 1999, 94 ff.

Roeder, Günter, Rückstellungen für Umweltschutz-Maßnahmen wegen Abfallentsorgungspflichten – Anmerkungen zum Urteil des FG Münster vom 10. 11. 1995, DB 1997, 1885 ff.

Rosenberg, Leo/Gaul, Hans Friedhelm/Schilken, Eberhard, Zwangsvollstreckungsrecht, 11. Aufl., München, 1997

Rosenkranz, Dieter/Bachmann, Günther/Einsele, Gerhard/Harreß, Hans-Michael, (Hrsg.), Bodenschutz Loseblattsammlung, Band 1–3, Berlin, Erg.-Lfg. 12/98 (zit.: Rosenkranz/Bachmann/Einsele/Harreß)

Rüpke, Anke/Burmeier, Harald/Doetsch, Peter, Boden-Wert-Bilanz: Eine neue kommunale Planungsgrundlage für das Flächenrecycling, altlasten spektrum 2000, 11 ff.

Sachs, Michael, Grundgesetz, 2. Aufl., München, 1999

SAG Bund-Länder-Sonderarbeitsgruppe „Informationsgrundlagen Bodenschutz", Konzeption zur Errichtung von Boden-Dauerbeobachtungsflächen; Bericht der Unterarbeitsgruppe „Boden-Dauerbeobachtungsflächen" im Auftrag der SAG, abgedruckt in: Rosenkranz/Bachmann/Einsele/Harreß, Bodenschutz, unter Nr. 9401

Sahm, Christoph, Der öffentlich-rechtliche Sanierungsvertrag nach dem Bundes-Bodenschutzgesetz, UPR 1999, 374 ff.

Sanden, Joachim, Gesetzgebungsvorhaben Bundes-Bodenschutzgesetz, in: Erbguth, Wilfried (Hrsg.), Aktuelle Fragen des Altlasten- und Bodenschutzrechts, 1. Aufl., Baden-Baden, 1997, S. 55 ff.

Sanden, Joachim/Schoeneck, Stefan, Bundes-Bodenschutzgesetz, Heidelberg, 1998

Sarrazin, Viktor, Zweifelsfragen zur Rückstellungsbildung, WPg 1993, 1 ff.

Schaarschmidt, Wilhelm, Die Sparkassenkredite, bearbeitet von Engelken, Heiko/Fischer, Reinfried/Herbst, Gerhard/Lang, Dietrich/Sühr, Herbert, 8. Aufl., Stuttgart, 1991

Schäfer, Kurt, Die neue Bundes-Bodenschutz- und Altlastenverordnung, altlasten spektrum 1999, 201 f.

Schander, Albert A./Lucas, Johannes H., Die Ad-hoc-Publizität im Rahmen von Übernahmevorhaben – Anmerkungen zu § 15 Abs. 1 WpHG, DB 1997, 2109 ff.

Schildbach, Thomas, Niedriger Zeitwert versus Teilwert und das Verhältnis von Handels- zu Steuerbilanz, StbJb 1990/91, S. 31 ff.

Schidlowski-Bos, Sabine, Zur Situation der Altlasten in den Bundesländern, Terra-Tech 1999, 28 ff.

Schimikowski, Peter, BBodSchG, Umwelthaftpflichtversicherung und Bodenkaskodeckungen, VersR 1998, 1452 ff.

Schimikowski, Peter, Umwelthaftungsrecht und Umwelthaftpflichtversicherung, 5. Aufl., Karlruhe, 1998

Schlabach, Erhard, Bodenbelastungsgebiete in Baden-Württemberg, VBlBW 1996, 408 ff.

Schlabach, Erhard/Simon, Alexander, Die Rechtsnachfolge beim Verhaltensstörer, NVwZ 1992, 143 ff.

Schlemminger, Horst, Die Gestaltung von Grundstückskaufverträgen bei festgestellten Altlasten oder Altlastenverdacht, BB 1991, 1433 ff.

Schmidt, Eberhard, Pauschalrückstellungen für Haftpflichtverbindlichkeiten stets unzulässig?, BB 1984, 1788

Schmidt, Eberhard, Steuerliche Behandlung von Altlasten und deren Sanierung, BB 1992, 674 ff.

Schmidt, Karsten, Die Eigenkapitalausstattung der Unternehmen als rechtspolitisches Problem, JZ 1984, 771 ff.

Schmidt, Karsten, Gesellschaftsrecht, 3. Aufl., Köln, Berlin, Bonn, München, 1997

Schmidt, Karsten, Handelsrecht, 5. Aufl., Köln, Berlin, Bonn, München, 1999

Schmidt, Ludwig (Hrsg.), EStG-Kommentar 1999, 18. Aufl., München, 1999 (zit.: z. B. Weber-Grellet, in: Schmidt, EStG-Kommentar 1999, § 5 EStG

Schmidt-Räntsch, Annette/Sanden, Joachim, Das untergesetzliche Regelwerk zum Bundes-Bodenschutzgesetz, NuR 1999, 555 ff.

Schmitz-Rode, Wolfgang/Bank, Stephan, Die konzernrechtliche Haftung nach dem Bundesbodenschutzgesetz, DB 1999, 417 ff.

Schoeneck, Stefan, Anmerkung zu OVG Münster: Lizenzmodell verfassungswidrig, ZUR 1996, 213 f.

Schramm, Volker, Konzernverantwortung und Haftungsdurchgriff im qualifizierten faktischen GmbH-Konzern, München, 1991

Schwab, Karl Heinz/Prütting, Hanns, Sachenrecht, 28. Aufl., München, 1999

Siegel, Theodor, Umweltschutz im Jahresabschluß, BB 1993, 326 ff.

Sölch, Otto u. a. (Hrsg.), Umsatzsteuergesetz, Kommentar, München, Loseblatt, Stand: Mai 1999 (zit.: Wagner, in: Sölch/Ringleb/List)

Sorge, Hans-Ulrich, Das Bundes-Bodenschutzgesetz und seine Auswirkungen auf den Grundstückskaufvertrag, MittBayNot 1999, 232 ff.

Spieth, Rolf Friedrich/Wolfers, Benedikt, Haftung ohne Grenzen? Zur Erweiterung der Altlastenhaftung im Bundes-Bodenschutzgesetz, altlasten spektrum 1998, 75 ff.

Spieth, Rolf Friedrich/Wolfers, Benedikt, Die neuen Störer: Zur Ausdehnung der Altlastenhaftung im § 4 BBodSchG, NVwZ 1999, 355 ff.

Spühler, Jörg, Bodenschutzgesetze und Bodenkaskoversicherung: Eine neue Herausforderung für den Versicherer, Schweizerische Versicherungszeitung (SVZ) 66 (1998), 259 ff.

Stadie, Holger, Rechtsnachfolge im Verwaltungsrecht, DVBl. 1990, 501 ff.

Statistisches Bundesamt (Hrsg.), Statistisches Jahrbuch 1999 für die Bundesrepublik Deutschland, Stuttgart, 1999

Steffen, Ulrich/Popp, Petra, Das Bundes-Bodenschutzgesetz in der zivil- und verwaltungsrechtlichen Vertragsgestaltung, ZNotP 1999, 303 ff. und INF 1999, 528 ff.

Steindorf, Joachim, Umwelt-Strafrecht, 2. Aufl., Berlin, New York, 1997 (Sonderausgabe der Kommentierung der §§ 311c, d, 324 – 330d in der 11. Auflage des Leipziger Kommentars zum Strafgesetzbuch, zit.: LK-Steindorf, Umwelt-Strafrecht)

Steiner, Anton, Zwangsversteigerung und Zwangsverwaltung, Band 1, 9. Aufl., Neuwied, 1984 (zit.: Hagemann, in: Steiner, Zwangsversteigerung und Zwangsverwaltung, Band 1)

Stöber, Kurt, Handbuch der Rechtspraxis, Band 2: Zwangsvollstreckung in das unbewegliche Vermögen, 6. Aufl., München, 1992

Stuhrmann, Gerd, Nachträgliche Werbungskosten bei den Einkünften aus Vermietung und Verpachtung, DB 1980, 1139 f.

Theuer, Andreas, Die Sanierungsverantwortlichkeit des Gesamtrechtsnachfolgers nach dem Bundesbodenschutzgesetz am Beispiel der Spaltung von Unternehmen, DB 1999, 621 ff.

Tiede, Manfred/Voß, Werner, Stichproben und statistische Inferenz, Teil 1, 2. Aufl., Bochum, 1982

Tipke, Klaus/Lang, Joachim, Steuerrecht, 16. Aufl., Köln 1998

Tröndle, Herbert/Fischer, Thomas, Strafgesetzbuch und Nebengesetze, 49. Aufl., München, 1999 (zit.: Tröndle/Fischer, StGB)

Turiaux, André/Knigge, Dagmar, Bundes-Bodenschutzgesetz – Altlastensanierung und Konzernhaftung, BB 1999, 377 ff.

U.S. Environmental Protection Agency (EPA), Exposure Factors Handbook, 1997. Volume I, General Factors, Washington, DC (zit.: EPA 1997)

Ulrici, Wolfgang/Hachmann, Rainer, Maßnahmen zur Konfliktminderung bei der Altlastensanierung, in: Franzius/Brandt/Wolf, Handbuch der Altlastensanierung, Ziff. 12643.

Vasel, Anke, Grundzüge der Betriebsaufspaltung, SteuerStud 1999, 205 ff.

Venrooy van, Gerd J., Handelsbilanz-Rückstellungen wegen Patentverletzungen, StuW 1991, 28 ff.

Viereck-Götte, Lothar/Thiele, Volker/Mathieu, Barbara, Daten über bodenrelevante Stoffeigenschaften, in: Jessberger (Hrsg.) Umweltinformatik im Altlastenbereich, Rotterdam/Brookfield 1996, 111 ff.

Vierhaus, Hans-Peter, Das Bundes-Bodenschutzgesetz, NJW 1998, 1262 ff.

Vogelsang-Rempe, Barbara, Umweltstrafrechtliche Relevanz der Altlasten, Bochum, 1992

Vollmer, Lothar/Nick, Thomas, Die Zulässigkeit von Pauschalrückstellungen für Produkthaftpflichtrisiken, DB 1985, 57 ff.

Wächter, Gert H., Praktische Fragen der Gestaltung und Auslegung von Altlastenklauseln in Grundstücks- und Unternehmenskaufverträgen, NJW 1997, 2073 ff.

Wagner, Gerhard, Ausgleichsanspüche unter mehreren Verantwortlichen nach dem Bundes-Bodenschutzgesetz, BB 2000, 417 ff.

Wagner, Heidemarie, Sächsisches Altlastenkataster, in: Jessberger (Hrsg.) Umweltinformatik im Altlastenbereich, Rotterdam, Brookfield 1996, S. 121 ff.

Walker/Griffin, Site-specific data confirm arsenic exposure predicted by the U.S. Environmental Protection Agency, Environmental Health Perspectives, Vol. 106, 1998, 133 ff. (so zitiert im Bundesanzeiger 161 a)

Warnke, Karsten, Absetzungen für Abnutzung und Sonderabschreibungen nach den Änderungen durch das Steuerentlastungsgesetz 1999/2000/2002, NWB F. 3, 10920

Weber, Jürgen/Weißenberger, Barbara/Liekweg, Armin, Ausgestaltung eines unternehmerischen Chancen- und Risikomanagements nach dem KonTraG, DStR 1999, 1710 ff.

Weber-Grellet, Heinrich, Realisationsprinzip und Rückstellungen unter Berücksichtigung der neueren Rechtsprechung, DStR 1996, 896 ff.

Weber-Grellet, Heinrich, Bilanzsteuerrecht, 5. Aufl., Münster, Köln, 1998

Weber-Grellet, Heinrich, Die verdeckte Einlage, DB 1998, 1532 ff.

Weber-Grellet, Heinrich, Die Gewinnermittlungsvorschriften des Steuerentlastungsgesetzes 1999/2000/2002 – Ein Fortschritt?, DB 2000, 165 ff.

Weiß, Wolfgang, Der Gefahrerforschungseingriff bei Altlasten – Versuch einer Neubestimmung, NVwZ 1997, 737 ff.

Westermann, Harry, Sachenrecht, bearbeitet von Westermann, Harm Peter/Gursky, Karl-Heinz/Eickmann, Dieter, 7. Aufl., Heidelberg, 1998 (zit.: Eickmann, in: Westermann, Sachenrecht)

Wilmowsky, Peter von, Gesetzliche Sicherungsrechte für Altlastensanierungspflichten, JZ 1997, 817 ff.

Winter, Gerhard/Morisak, Helmut, Zusammenarbeit mit Umweltbehörden beim Motorenwerk Mercedes Benz in Stuttgart, in: Landeshauptstadt Stuttgart, Amt für Umweltschutz (Hrsg.), Kommunales Altlastenmanagement Baden-Württemberg, Stuttgart, 1996, S. 86 ff.

Witt, Karl Josef, Das BBodSchG in der Praxis der Altlastenbearbeitung, Wasser & Boden 1999, 7 ff.

Wölk, Armin, Ad-hoc-Publizität – Erfahrungen aus der Sicht des Bundesaufsichtsamtes für Wertpapierhandel, AG 1997, S. 73 ff.

Wolf, Manfred, Sachenrecht, 15. Aufl., München, 1999

Wolff, Eberhard/Hennings, Dorothee, Zwangsversteigerungs- und Zwangsverwaltungsrecht, 3. Aufl., Stuttgart, 1990

Wolff, Hans J./Bachof, Otto/Stober, Rolf, Verwaltungsrecht II, Besonderes Organisations- und Dienstrecht, 5. Aufl., München, 1987

Zeddel, Andreas/Huhn, Wolfgang, Prüfwerte nach dem BBodSchG mit einheitlichem Gefahrenbezug – Ungereimtheiten nach E-BodSchV und Vorschläge zur Angleichung, altlasten spektrum 1998, 196 ff.

Zeller, Friedrich/Stöber, Kurt, Zwangsversteigerungsgesetz, Kommentar zum ZVG, 16. Aufl., München, 1999 (zit.: Zeller/Stöber, ZVG)

Zöller, Richard, Zivilprozeßordnung (ZPO), 21. Aufl., Köln, 1999 (zit.: Stöber, in: Zöller, ZPO)

Sachregister

(Die Zahlen beziehen sich auf die Randnummern)

Abbaurechte 732
Abdiskontierung 1354
Abfall
– Begriff 626
– besonders überwachungsbedürftiger 468
– Stoffe 423
– Strafrecht 625 f.
– unerlaubter Umgang mit gefährlichem 624 f.
– zur Beseitigung 532, 626
– zur Verwertung 532, 626
Abfallbeseitigungsanlage, stillgelegte 16
Abfallgebühren 318, 321
Abfallstrafrecht 625 f.
Ablauf- und Kostenplanung 1413
Ableitung
– Maßstab 495, 507, 538
– Methode 466, 496
Abraum 423
Abschlussprüfer *siehe* Wirtschaftsprüfer
Absetzungen für außergewöhnliche technische oder wirtschaftliche Abnutzung (AfaA) 1075, 1085, 1156, 1189, 1194 f.
Absicherungsstrategie 6, 364
– allgemeiner Unternehmerrisiken 751
– vertragliche 177
Abspaltung 67, 68, 72, 77, 81, 83, 85, 1122
abstraktes Gefährdungsdelikt 627
Abtretung 186, 190
Abwägung, baurechtliche 309
Abwehrkosten 1183
Abwehrpflicht 1288
Abwertungsverpflichtung 1059
Abzinsung 980, 992 ff., 996, 1106

Ad-hoc-Publizität 1315 f., 1318 f., 1325, 1330
Aktienkurs 243
Aktivvermögen 73, 681, 705
Altablagerung 4, 16, 182, 288, 292, 318 f., 510, 733, 897
Alteigentümer 138, 140 f., 143
Altlastenbearbeitung 315, 508
Altlastenbeseitigungsmaßnahme 122
Altlastenerkundungsprogramm 326
Altlastenfinanzierungsrichtlinie 272, 276
Altlastenfinanzierungsumlage 272
Altlastenfonds 257
Altlastenförderungsrichtlinie 291
Altlastenfreistellungsklausel 239
Altlastenkartei 1056
Altlastenkataster 124, 188, 191, 364, 615, 818
Altlastenklausel 163, 177
Altlastenmanagement 31, 36, 196, 314, 317
Altlastenrecherche 327
Altlastenrisiko 363 f., 924
Altlastensanierungsfonds 264
Altlastensanierungstopf 322
Altlastensanierungsverband 278
Altlastenuntersuchung 508
Altlastenverdacht 124, 179, 181 f., 327, 396, 512, 519, 720, 856, 859, 866, 1161, 1164, 1170, 1315
Altlastverdachtsfläche 18, 36, 272, 276, 300, 309, 325, 327, 420, 434, 519, 545, 562, 605, 617
Altlastenvermutung 856 f., 859 f.
Altstandort 4, 16, 108, 182, 288, 319, 733, 897, 1025
Amtlicher Handel (Börse) 1299, 1303

533

Sachregister

Amtsermittlung 171, 263, 270
Anfangswert 361
Anfechtung 199, 212
Anforderung an gesunde Wohn- und Arbeitsverhältnisse 482
Anhörung
– der beteiligten Kreise 10, 34, 421, 425, 438
– des Vermittlungsausschusses 450
– erste 584
– von Sachverständigen 10
Anlagevermögen 73
Annualisierung von Risikowerten 1371, 1398
Ansatzverbot (bilanziell) 854
Anschaffungsnahe Herstellungskosten 1023, 1026, 1033, 1203
Anscheinsbeweis 162, 1024
Anscheinsstörer 169
Anspruch
– auf Aufklärung 138
– auf Kostenausgleich 156
– auf Regress 189
– auf Schadensersatz 128, 179 f., 365, 1099
– aus c.i.c. 126
– aus Darlehen 375
– aus Mietrecht 340, 347
– aus unerlaubter Handlung 340
– Folgenbeseitigungsanspruch 169
– öffentlich-rechtlicher 120, 178
– schuldrechtlicher 393
– zivilrechtlicher 153, 347, 365
– zivilrechtlicher Ausgleichsanspruch 347
– zivilrechtlicher Ersatzanspruch 365
Arbeitsplatzsicherung 153, 303, 343, 368, 535
Arbeits- und Produktionsstätte 461
Archivrecherche 511
Arglistiges Verschweigen 179
Aufgabegewinn 1161
Aufhebung des Verfahrens 406
Aufklärungsanspruch 138

Aufklärungspflicht 138
Auflage 199, 789, 1263
Auflassung 109, 138
aufschiebende Wirkung
  siehe Suspensiveffekt
Aufsichtsrat 1324, 1387
Aufspaltung 6, 67 f., 72, 77, 79, 81 f., 85, 1122
Aufwendungsersatz 180
Ausbau von Schienenwegen 243
Ausgleichsanspruch
– Festsetzung 605
Ausgleichsbetrag 192, 218, 352, 359, 363, 367 f., 371, 386 f., 389, 391, 400, 662 ff.
Ausgleichsforderung 375
Ausgleichsmaßnahme nach BNatSchG 334
Ausgliederung 67 f., 72, 81, 83, 85 f., 88, 94, 1122
Ausschreibung 332
Ausschreibungsmodell 329, 332
Außenanlagen 1228, 1233 f.
Außenbereich 519
Außenverpflichtungen 753, 762 ff., 769 f., 775, 935, 949, 951
Außergewöhnliche Belastung 1145, 1151, 1175 f., 1178 f., 1203 f., 1213, 1218, 1222
Außerordentliche Erträge 1281
Austauschvertrag 205, 750
Auswahl
– Grundsätze 153
– Entscheidung 153, 659
– Ermessen 145, 175, 781, 783, 784, 785, 868, 869, 883, 889, 897, 1104, 1349, 1352
– Maßstab 47, 659
– Möglichkeit 286
– Sanierungsverfahren 197, 402
– unter mehreren Pflichtigen 52, 153, 155
– Verschulden 636
Autokran-Urteil 125, 128

Baden-Württemberg 3, 24, 35 f., 254, 544, 549, 552, 612, 614
BAG *siehe* Bundesarbeitsgericht
Bahn
– Ausbesserungswerk 324
– Bahnaltlast 243
– Bahnbrache 303
– Betriebsstätte 299
– Bundesbahn 243
– Deutsche Bahn AG 243, 299
– Güterbahnhof 299
Ballungsraum 299
Bank 223, 225, 227 ff., 233, 236, 252, 374, 403
– Beteiligungsverhältnis 225
– Bürgschaft 176
– Deutsche Ausgleichsbank 350
– Geschäftsbank 230 ff.
– Kreditanstalt für Wiederaufbau 223, 225, 350
– Kredite 407
– staatliche 229 ff., 233, 252
Baubehörde 378
Baugenehmigung 138, 206
Baulast 378
Bauleitplanung 309, 530, 704
Bauliche Anlage 334
Baunutzungsverordnung 459
Baurechtliche Abwägung 309
Baurechtliche Sanierung 361
Bauträger 108 f.
Bayern 217, 261, 264, 387, 555 f., 613, 615, 619
– Gesellschaft zur Altlastensanierung 261
– Offensive Zukunft 264
– Verein zur Altlastensanierung 261
Bebauungsplan 309, 530
– Änderung 309
Bedingung
– auflösende 792
– aufschiebende 791
Bedarfswerte 1223

Bedingte Wahrscheinlichkeiten 1350, 1389
Beherrschung 118, 127 f., 1123
Beherrschungs- und Gewinnabführungsvertrag 128, 1116
Beherrschungsverhältnis 127
Behördlicher Sanierungsplan 201
Behördliches Einvernehmen 199
Belehrungspflicht
– Notar 194
Belehrungsvermerk 194
Beleihung 411
Beliehener 379
Berechtigtes Vertrauen 352, 364
Bergaufsicht 565, 588, 609
Berlin 3, 35 f., 240, 265, 544, 558 f., 612, 614
Besatzungsstreitkräfte 248
Beschäftigungsförderung 276
Beschränkte Erbenhaftung 86, 92
Beschränkungsmaßnahme 23, 36, 46, 48, 198, 435, 644, 771, 791, 806, 884, 937, 940 ff., 1019, 1263, 1301, 1304, 1323, 1337
Beseitigungsmaßnahme 22, 962
Besitzer 96, 99 f., 169, 177, 655, 657
Besitzgesellschaft 1121 f., 1124 ff.
Besitzübergang 188
Besorgnisgrundsatz 438, 440, 442, 490, 937, 1420
Besorgungsleistungen 1248
Bestellung
– eines Nießbrauchsrechts 1138, 1140
– von dinglichen Sicherheiten 399
– von Sicherheiten 205
Besteuerungsverfahren 1252
Beteiligung
– am Gemeinschaftssteueranteil 547
– am Sanierungsverfahren 410, 412
– der Öffentlichkeit 547
Betretungsrecht 206

535

Sachregister

Betriebsaufgabe 1136, 1161, 1163, 1197
Betriebsaufspaltung 6, 1117f., 1120, 1122ff., 1134, 1372, 1383
Betriebsgesellschaft 1121ff., 1125ff., 1130f.
Betriebsgrundstück 299, 410
Betriebprüfung 1251
Betriebsveräußerung 1159, 1161, 1163, 1165
Betriebsvorrichtungen 732ff., 1009, 1057, 1075, 1237
Beurkundung 194
Beurteilungsspielraum 540, 964, 1288f.
Beweiserleichterung 162
Beweislastumkehr 162, 1123
Beweisniveau 315
BGB-Grundpfandrecht 376
BGH siehe Bundesgerichtshof
Bilanzierungskonkurrenzen 709ff., 718, 725f.
Billigkeitscharakter des § 33 EStG 1176
Billigkeitsgrund 363
Billigkeitshaftung 114
Billigkeitsregelung 364, 370
Bioabfall
– Verwertung 476
Bioabfallverordnung 476
Bioverfügbarkeit 432
Boden
– Aufnahmerate 497ff., 503, 506
– Beschaffenheit 22, 456, 481
– Erosion 9, 22, 101, 420, 434
– Fruchtbarkeit 22
– Funktion 14f., 41, 441
– Gutachten 327
– Nutzung 11
Bodenbehandlungsanlage 199
Bodenbelastungsgebiet 612
Bodenbelastungskataster 614
Bodendatenbank 614

Bodendauerbeobachtungsfläche 615
Bodeninformationssystem 614f.
Bodenkaskoversicherung 410, 620f., 767
Bodenprobe 173, 478
Bodensanierung
– Luxussanierung 11
– nutzungsbezogene 11
Bodenschutzkonzeption 9
Bodenschutzlast 386f., 390
Bodenschutzlastvermerk 192, 385
Bodenuntersuchung 327, 545, 559, 1395
Bodenverdichtung 22
Bodenversiegelung 308
Bohrung 173, 515, 1414
Bonitätsrisiko 342
Börsenzulassungsprospekt 1299
Bösgläubigkeit 124
Brachfläche 268, 299, 303, 308, 310, 323f., 334
Brandenburg 36, 266, 560
Braunkohletagebau 199
Bremen 267f., 566f.
Bürgschaft 112, 141, 393
Bundesanstalt für vereinigungsbedingte Sonderaufgaben 199, 294f.
Bundesarbeitsgericht 122
Bundesaufsichtsamt für den Wertpapierhandel 1316, 1328, 1332, 1336, 1338
Bundesauftragsverwaltung 245
Bundesbahn siehe Bahn
Bundesbauministerium 2
Bundesforschungsministerium 240
Bundesgerichtshof 117, 124ff., 128, 1123
– Autokran-Urteil 125, 128
– TBB-Urteil 128, 1123
Bundesjustizministerium 192, 382
Bundesländer 4, 24, 90, 150, 199, 237f., 253, 284, 467, 535f., 544, 548, 614

Bundesmittel 238, 242, 244
Bundesprojekt 238
Bundesrat 2, 10, 52, 113, 127, 137, 142 f., 382, 421, 425, 438, 445, 450, 526
Bundesregierung 2, 9 f., 52, 103, 142, 421 f., 424 f., 438, 445, 451, 937
Bundessozialgericht 115, 120
Bundestag 2, 9 f., 90, 450
Bundesverfassungsgericht 90, 106, 142, 148, 259, 273, 278, 1206
Bundesverkehrsministerium 2
Bundesverwaltung 245
Bundesverwaltungsgericht 104 f., 138
Bundeswehr 249, 1006
– Kampfmittelbeseitigung 249
– Manöver 249
– militärische Altlast 246 f.
– militärische Liegenschaften 247, 249, 251, 299, 461
– militärische Nutzung 219, 300
– Rüstungsaltlast 4
Bund-Länder-Abkommen zur Altlastenfinanzierung 239
Bußgeld 34, 595, 637, 639, 641, 910, 913 f.
BVerfG *siehe* Bundesverfassungsgericht
BvS *siehe* Bundesanstalt für vereinigungsbedingte Sonderaufgaben

CARACAS 349
Celle 581
Checklisten 1368, 1407
Chemieindustrie 199
chemische Reinigung 153
c.i.c. 126
CLARINET 349
Controlling, Controller 685, 1360, 1362, 1367, 1384, 1411 ff.
Cuxhaven 581

Daimler Benz AG 324
Darlegungs- und Beweislastgrundsätze 162
Darlehen 212, 223, 226, 231, 235, 252, 264
– Vertrag 233, 394
Daseinsvorsorge 458
Datenbank 506
– IGS 614
– ISAL 614
Datengrundlage 515, 522
Dauerbeobachtungsfläche 613, 615
„Davon"-Vermerk (bilanziell) 1276 f., 1279
DDR 199, 934
Dekontaminationsmaßnahme 18 ff., 36, 46 ff., 176, 198, 435, 621, 644, 650, 952, 962, 968, 972, 998, 1019, 1263
Deponie 271, 319, 321, 733
– stillgelegte 16, 49, 292
Dereliktion 142 f., 150 f., 656
Detailuntersuchung 315, 508, 515, 520 ff., 527, 531, 541, 692, 859, 861, 967
Deutsche Ausgleichsbank 350
Deutsches Reich
– Rechtsnachfolge 247
Deutschland 9, 38, 500 f.
Dinglicher Titel 405
Dingliches Sicherungsrecht 346, 373
– Bestellung 399
– Verwertung 373, 404, 423, 532, 627
– zur Forderungssicherung 374
Dokumentation 683, 1348, 1355, 1385, 1387, 1419
Dorfgebiet 459
Drohende Verluste aus schwebenden Geschäften 747, 750
Due Diligence 6, 1340 ff., 1360, 1388, 1407, 1420
Duldung 166, 334, 932, 933

Sachregister

Duldungspflicht   51, 166, 173, 206, 545
Durchgriffshaftung   6, 51, 113 ff., 117 f., 122, 125 f., 128, 130 f., 1110 ff., 1123 f., 1294, 1333

Echte Rückwirkung   89, 656
EFRE   349
Eigenbetrieb   279, 670
Eigenkontrolle
– Aufbewahrung der Ergebnisse   644
Eigenkontrollmaßnahme   32, 40, 198, 534, 562, 605, 644, 646
Eigennützige Erwerberleistungen   1237
Eigenständiger Ansatz (Zwischenberichterstattung)   1306
Eigentum
– Inhalt und Schranken   146
Eigentümer- und Besitzerverantwortung   96
Eigentümerhaftung   138, 141
Eigentumsaufgabe *siehe* Dereliktion
Eigentumsgarantie   144, 926
Eigentumsübertragung   107 f., 138, 143
– sittenwidrige   107 f.
Eigentumsverzicht   107
Eigentumsvorbehalt   393
Einbringung   1207, 1214 f., 1220
Eingriffsschwellen   894
Einkunftserzielung   1114, 1138, 1141, 1175, 1184 f., 1193, 1195, 1203
Einkünfteerzielungsabsicht   1138, 1143, 1149, 1151, 1175, 1181
Einkünfte aus Vermietung und Verpachtung   1142, 1153, 1181 ff., 1188, 1192 f.
Einlage   713, 1127, 1207 f., 1210 f., 1213, 1216
Einnahmeerzielung   1183

Einnahmenüberschussrechner   1152, 1156
Einrede
– der beschränkten Erbenhaftung   86
– der Verjährung   347, 795, 1097, 1221
Einstandspflicht
– aus gesellschaftsrechtlichem Rechtsgrund   111, 114, 129
– aus handelsrechtlichem Rechtsgrund   111, 132
Eintragsfracht   443
Eintragung
– Bodenschutzlastvermerk   190, 192, 381, 383, 390
– Eigentümerwechsel-   137 f., 656
– in Altlastenkataster   364
– in Register   60, 69, 75
– öffentlicher Lasten   381, 384
– Sicherungshypothek   404
– Zwangshypothek   404
Einvernehmen   205 f., 605, 608 ff., 691
– notwendiges   206
Einzelbewertung   676, 1073
Einzelfallgerechtigkeit   365, 417
Einzelrechtsnachfolge   65, 69
Einzelveräußerungspreis   1036, 1054, 1070, 1072
Emission   952
Endwert   361
Entgelt   1183, 1236, 1243, 1245 f.
Enthaftung   82, 95
Entnahme
– von Bodenproben   20
– von Grundwasserproben   478, 515
– (bilanziell)   1084, 1155, 1161, 1197 f., 1201, 1203
Entschließungsermessen   175, 782, 876, 887
Entsiegelung   334, 421, 450, 545, 562, 605, 639
Entsiegelungsanordnung   450, 569

Entsiegelungsgebot 310, 334
Entsiegelungsmaßnahme 334
Entsorgungspflichtige Gebietskörperschaft 272
Erbbauberechtigter 43, 98
Erbe 86, 1146 f.
– beschränkte Erbenhaftung 86, 92
– Erbfall 89, 212, 1223
Erforderlichkeit 160, 449
Erfüllungszeitraum 832, 907
Erfüllungsübernahme 134
Ergänzende Verfahrensregelung 547, 618
Erhaltungsaufwendungen 1048, 1078
Erhebliche Belästigung 15, 23, 41, 49, 525, 865
Erheblicher Nachteil 15, 23, 41, 525, 865
Erkundung 18, 109, 153, 195, 240, 257, 272, 288, 315, 323, 326, 396, 508, 510 f., 513
Erkundungsmaßnahme 108, 363
Ermessen 173, 197, 199, 506, 785, 877, 883, 887, 895, 897, 904, 1126, 1255, 1348
– Auswahlermessen 145, 175
– Entschließungsermessen 175
– Ermessensausübung 153, 902
– Ermessensentscheidung 153, 176, 659, 869, 883, 889
– Ermessensfehler 140, 221
– Ermessensfrage 152
– Ermessensrichtlinie 153
– Ermessensspielraum 540, 901, 964, 1324
– freies 199
– pflichtgemäßes 47, 173, 197
Ermittlung 171 f., 195, 263, 278, 326, 466, 479, 521, 562, 665, 686
Ermittlungsmaßnahme 172, 863, 901
Ermittlungspflicht 860

Ersatzanspruch
– des Eigentümers 365, 727
– Durchsetzbarkeit 365
Ersatzeigenkapital 121
Ersatzleistung Dritter 365
Ersatzpflichtiger 159
Ersatzvornahme 107 f., 201, 212, 215, 263, 267, 270, 340, 373, 389, 742, 793, 832, 910, 912, 985
Erschließung
– Gewerbefläche 268
– Kosten 409
Erstattung
– Anspruch 976, 979, 988, 1093
– von Gutachterkosten 169
Ersterkundung 276
Ertragswert 1054, 1070, 1224, 1230
Erwerber 62, 97, 133 f., 138, 143, 177, 185, 656
Erwerbsgartenbau 473
Erwerbsobjektbezogene Aufwendungen 1236
EuGH *siehe* Europäischer Gerichtshof
Europa 501, 503
Europäische Gemeinschaften 328, 579, 611
Europäischer Gerichtshof 843
Europäische Union 328, 349 f.
– CARACAS 349
– CLARINET 349
– EFRE 349
– KONVER 349
– LIVE 328, 349
– NICOLE 349
– Umweltprogramm 350
Eventualverbindlichkeit 695, 791, 1293 ff., 1298
Ewigkeitshaftung 140, 347, 698

Fachmarktzentrum 325
Fahrlässige Unkenntnis 138, 969

Sachregister

Faktische Verpflichtungen 693, 760, 943
Feininventur (der Risiken) 691, 705, 1343
Fehler 131, 179, 180
Fernstraße 243, 299
Fernverkehr 302
Festlegung
– Sanierungszone 197
– bundeseinheitlicher Standards 535
Festsetzung
– Ausgleichsbetrag 605, 665
– bauplanungsrechtliche 450
– Bekanntgabe 371
– Bescheid 371, 387
– bundeseinheitlicher Standards 535
– Frist 371
– Verfahren 371, 415
– von Bodenbelastungsgebieten 612
– von Prüfwerten 466
– von Sanierungszielwerten 540
– Wertausgleich 222, 343, 346, 352f., 366ff., 371, 387, 391, 416
Finanzausgleich 255f., 263, 272
Finanzierung
– Anteil 244f.
– Bund-Länder-Abkommen 239
– Instrument 328
– Konzept 318
– Modelle 317
– Möglichkeit 292
– Problem 217
– Unterstützung 256
Finanzierungsmaßnahme 327
Finanzierungsverwaltung 294
Finanzmarktförderungsgesetz 1303
Firmenfortführung 62, 133
Flächenrecycling 7, 204
Flächenversiegelung 41
Flucht aus der Zustandsverantwortung 143, 656

Flurbereinigung 139
Folgenbeseitigungsanspruch 169
Fördermittel 229, 272, 276, 296, 330
Förderprogramm 212, 265, 349f.
Förderprogramm Altlasten 297
Förderrichtlinie 284, 291
Förderung
– Infrastruktur 243
– städtebauliche Entwicklungsmaßnahme 242
Forderung 205, 373f., 393
– öffentlich-rechtliche 120
– Verzicht 1127
Formwechsel 64
Forschungsprojekt 240
Frankfurt a.M. 320
Freies Ermessen 199
Freiheitsstrafe 625, 629, 633
Freistellung
– Haftungs- 65, 141, 178, 205, 787
– nach sächsischem Landesrecht 283f., 286f., 356, 358
– nach URG/Verwaltungsabkommen 239, 265, 283f., 296
Freistellungsbescheid 356f.
– Rücknahme 357
– Widerruf 357
Freiverkehr (Börse) 1300, 1315, 1319
Frühwarnindikatoren 1374, 1376, 1386
Fußgängerzone 304
Futtermittel 455, 473, 474

GAB *siehe* Gesellschaft zu Altlastensanierung in Bayern
Garantenstellung 628, 634
Garantievertrag 112, 116, 393
Garantieverpflichtungen 1000
Gaswerkstandort 272
Gebietskörperschaft 281

Gebot
- der gerechten Lastenverteilung 153
- des schonenden Umgangs mit Grund und Boden 309
- einer effektiven, schnellen und optimalen Gefahrenbeseitigung 153, 897
- geringstes 408
- des vollständigen Ausweises von Verbindlichkeiten 770
- der Willkürfreiheit der Bilanzierung 1053
- der Vollständigkeit der Bilanz 676, 845, 1073
Gebrauchstauglichkeit 180
Gefahr
- Begriff 173
- Beurteilung 197, 430, 477
- für den Einzelnen 182, 246
- für die Allgemeinheit 146, 182, 212, 446, 533
- für die öffentliche Sicherheit und Ordnung 253 f., 265, 268
- nachhaltige Abwehr 485
- Verursachung 89
- Zurechnung 169
Gefahrenverdacht 169, 430, 697, 842, 865, 872, 979, 1093
Gefahrstoffverordnung 493
Gegenwerttheorie 1180
Geldleistungsverpflichtung 980, 985
Geldstrafe 625, 629, 633, 672
Gemeiner Wert 713, 1127, 1161, 1223, 1228
Gemeinde siehe Kommune
Gemeinschaftsaufgabe 245
Gemeinschaftssteuer 305
Gemeinwohl 89, 147, 153
Genehmigung
- abfallrechtliche 199
- behördliche 787, 933
- immissionsschutzrechtliche 199, 583

- von Anlagen 138
Gentechnikgesetz 423
Geomagnetische Untersuchung 515
Georgswerder
- Deponie 271
Geregelter Markt (Börse) 1299, 1303, 1315
Gerichtsverfahren 338, 346
Geringfügigkeitsschwelle 477
Geringstes Gebot 408
Gesamtkostenplan 1413
Gesamtkostenverfahren 1279
Gesamtrechtsnachfolge 53, 60, 62, 64 ff., 69 ff., 79, 86, 88 ff., 915
Gesamtschuldner 62, 79 f., 153, 659, 1090, 1102
- abstrakte Haftung 157
- Inanspruchnahme 157
- Innenausgleich 161
- mithaftender Rechtsträger 79, 82, 86
Geschäftsführungsprüfung 1408
Geschäfts- und Betriebsgeheimnis 208
Gesellschaft
- Beherrschung 118, 125, 127 f.
- Einstandspflicht 129
- Vermögen 125
- zur Altlastensanierung in Bayern 217, 261 ff.
Gesetzentwurf 103, 142, 584
Gesetzesvollzug 204, 417
Gestaltungsmöglichkeiten, gesellschaftsrechtliche 79
Gesunde Lebensverhältnisse 307
Gewährleistung 112, 186, 188 ff.
- Ausschluss 163, 179, 745
- Regelung 194
Gewässerbenutzung 199
Gewässerverunreinigung 29, 223, 624, 629, 650
Gewerbefläche
- belastete 292

541

Gewerbegebiet 310
Gewerbeordnung 816
Gewerberechtliche Genehmigung 929
Gewerbesteuer 303, 341
Gewinn- und Verlustrechnung 667, 738, 1050, 1274, 1278 f.
Gießen 577
Gläubiger 62, 78, 80, 114, 121, 124, 129, 134, 365, 373, 404 f., 408, 660
Gläubigerschutz 80, 86, 128
Gleichordnungskonzern *siehe* horizontaler Konzern
Gleichmäßigkeit der Besteuerung 797, 821, 844, 890
GmbH & Co. KG 1259, 1265, 1269, 1283
GoB *siehe* Grundsätze ordnungsmäßiger Buchführung
Göttingen 581
Grobinventur (der Risiken) 685 f., 691, 692
Große Kreisstadt 550
Großprojekt 199, 312, 324
Grünanlage 460
Grünkohl 487
Grünland 472
Grünlandnutzung 488
Grundbuch 97, 137 f., 150, 192, 381 f., 387, 390, 395 f., 656
– Bodenschutzlastvermerk 192, 385
– Eintragung in die zweite Abteilung 384
– Publizität 395 f.
Grundbuchverfügung 381, 383 ff.
Grunderwerbsteuer 1236, 1238 f., 1244 f.
Grundgesetz 142
– Bundesauftragsverwaltung 245
– Bundesverwaltung 245
– Eigentumsgarantie 144
– Finanzierungsverpflichtung 253, 265
– Gemeinschaftsaufgabe 245
– Gleichheitsgrundsatz 797
– Kompetenzverteilung 252 f., 265
– konkurrierende Gesetzgebung 278, 545
– Rechtsstaatsprinzip 89
– Rückwirkungsverbot 89, 160, 656
– Sozialbindung des Eigentums 105 f., 146 f., 166, 369
– Vertrauensschutzgrundsatz 89 f., 219
– Verwaltungskompetenz 253
Grundpfandrecht 141, 336, 394 f., 397, 401, 404, 407 f., 519
– Ausfall 409
– erstrangiges 407
– Inhaber 409
– nachrangiges 408 f.
– ranghöheres 408
Grundsatz der effektiven Gefahrenabwehr 153
Grundsatz von Treu und Glauben 117
Grundsatz der Verhältnismäßigkeit *siehe* Verhältnismäßigkeitsgrundsatz
Grundsätze ordnungsmäßiger Buchführung 712, 718, 836
Grundschuld 109, 232, 373, 375, 393, 397, 404
– erstrangige 407
Grundsteuer 409
Grundstück
– Besitzer 657
– frühere Nutzung 513
– Geschäft 177
– Historie 205
– Kauf 177, 394
– Kaufvertrag 163, 177, 183
– mehrmalige Übertragung 140
– Teilung 447
– Übertragung 143

– Veräußerung 447, 622, 656
– Verkäufer 327
– Verkehr 141
– Vermarktung 307
– Wert 342, 353
– Werterhaltung 622
Grundstückseigentumsbegriff
– zivilrechtlicher 97
– wirtschaftlicher 739, 742
Grundstücksfondsmodell 329 f.
Grundwasser
– Probe 515
– Qualität 328
– Überwachung 328
– Verunreinigung 100, 637
Grundwasserabgabe 274
Gutachten 205, 327
Gutachter 205
– Kosten 169
Gute fachliche Praxis 33, 491
Gutgläubigkeit 124, 138, 219, 655
GuV *siehe* Gewinn- und Verlustrechnung

Haftendes Eigenkapital 121
Haftung
– des Altunternehmers 133 f.
– des Derelinquenten 150
– des Verursachers 63, 65, 70, 72, 75 ff., 82, 86, 88, 91 ff., 133 f., 169, 660
– Differenzhaftung 1216
– Durchgriffshaftung 113 ff., 117 f., 122, 125 f., 128, 130 f.
– von Miteigentümern 388
– von Teil- und Wohnungseigentümern 388
– wegen Sachmangel 365
– öffentlich-rechtliche 74
Haftungsausschluss 134, 925
Haftungsausschlussklausel 139
Haftungsbefreiung 134, 140
Haftungsbegrenzung 92, 102 f., 107, 138, 149, 925 f.

Haftungsbegründende Sphärenvermischung 126
Haftungsdurchgriff 120, 122, 126, 128, 1113, 1115
Haftungserweiterung 111, 143 f., 149
Haftungsfreistellung 65, 917, 934
Haftungsprivileg 115
Haftungsrisiko 177, 396, 621, 676, 704
Haftungsübernahme 65
Haftungsverhältnisse 1259, 1261, 1293, 1297
Hamburg 270, 502, 568 f.
Handelsgeschäft 133, 1382
Handelsregister 134
Handlungskonzept 446, 533, 612
Handlungsstörer *siehe* Verursacher
Handlungsstrategie 314, 410
Hannover 318
Härtefall 257, 260
Hauptfeststellungszeitpunkt 1228, 1235
Hauptschuldner 84, 86
Hauptversammlung 1328
Haushaltsmittel 221
Heranziehungsverjährung 149
Hessen 36, 89, 137, 156, 170, 272, 275, 572
– Hessische Industriemüllgesellschaft-Altlastensanierungsgesellschaft 275
Hildesheim 581
HIM ASG *siehe* Hessische Industriemüllgesellschaft-Altlastensanierungsgesellschaft
Hintergrundwert 432, 442, 477, 481, 528
Historische Erkundung 315, 323, 508, 510 f., 513
Hochschulbau 245
Höchste Gefahrstoffdosis 505

Höchstschaden 1369, 1373, 1382, 1390 ff., 1402
Hoheitsrecht 379
Horizontaler Konzern 131
Hot Spot 525
Hüttenwerk 199
Humanbiomonitoring 524
Humantoxikologischer Bewertungsmaßstab 462
humantoxische Wirkung 473
Humusgehalt 441, 490
Hypothek 373 ff., 387, 393, 397, 404 f., 408

Immissionen 1232
Imparitätsprinzip 713 f., 723, 1070
Individualvereinbarung 622
Industriestandort 141, 268, 299, 303, 323
– stillgelegter 16, 49, 108
Industrie- und Gewerbegrundstück 461, 484
Information
– Anspruch 208
– Antrag 124
– der Betroffenen 202, 207
– Pflicht 32, 208
Informationssystem
– Altlasten 614
– für gefährliche und umweltrelevante Stoffe 614
Infrastruktur 300, 302 f.
– Investitionen 244
– Maßnahmen 243
Innenausgleich 195
Innenverhältnis
– zivilrechtliches 178
Innenverpflichtungen 948, 1263
Insider-Strafbestimmungen 1316
Insidertatsache 1320 f., 1324, 1326
In-situ-Gewinnung 478
Insolvenz 87, 130, 141, 209, 341, 1337

– des Verhaltensverantwortlichen 153
– Risiko 121, 141, 1284
Instandhaltungsmaßnahmen 711, 997, 1014
Insolvenzordnung 368, 391
Integrationskonzept 1382
Integrativer Ansatz (Zwischenberichterstattung) 1306
IPO-Discount 1302
Isolierte Betrachtungsweise 714
Investitionskredit für Umweltschutzmaßnahme 223
Investitionssicherheit 35 f., 204, 420, 535, 538
Investitionssonderprogramm 268 f.
Investor 183, 204, 323, 330, 332 f., 530
IVG-AG *siehe* Montan

Kalkulationssicherheit 224
Kampfmittelbeseitigung 246
Kapitalgesellschaft
– kleine 1269 f., 1283
– mittelgroße und große 1259, 1283
– vermögenslose 108
Kapitalmarkt 229, 399
Kaserne 306
Käufer 141, 178 f., 184, 186 ff., 193, 332, 365
Kaufpreis
– Anpassung 189
– Anrechnung 364
– Sammlungen 1228
Kaufvertrag 163, 182, 194, 745
– Beurkundung 194
Kehl 325
Kennzeichnung von belasteten Flächen im Bebauungsplan 482, 530
Kiel 322
Kleinstschäden 1369, 1391, 1394
Kombinative Methode (Zwischenberichterstattung) 1307

544

Kommunalanteil an Einkommen- und Umsatzsteuer 305
Kommunaler Altlastenfonds 256, 323
Kommunaler Investitionsfonds 256, 293
Kommunalplanung 298
Kommune
– Amt 291
– amtsfreie Gemeinde 291
– kommunaldominierte Gesellschaft 276, 279
– kommunale Altlast 272
– kommunale Deponie 272
– kommunale Maßnahme 298
– kommunaler Zuwendungsempfänger 297
– Kommunalpolitik 301, 312
– kreisfreie Stadt 263, 281, 291, 562, 581, 585, 597, 600, 602, 604, 606
– Verwaltungsgemeinschaft 550
– Kompensation 128, 988, 990, 1107
– Konkurrenz 22
Konkurrierende Gesetzgebung 278
Konkurs 374
Konkursverfahren 130
Kontaminationskataster 690 f., 983
KonTraG 6, 1360, 1362 f., 1365, 1369, 1403, 1420
Kontrollmaßnahme 371
KONVER 349
Konzentrationswirkung 199, 202, 617
Konzernleitungsmacht 128
Kooperationsmodell 280
Kooperationsprinzip 204
Kostenabschätzung 197, 323
Kostenausgleich 152, 347
Kostenausgleichsanspruch 156
Kostenausgleichsregelung 155
Kostenersatz 157, 277
– Länderregelung 389

Kostenfreistellungsinteresse 178
Kostenrisiko 109, 621, 1239, 1405
Kostentragung 40, 106, 108, 152, 205, 213, 285, 351 f., 651, 656
– Länderregelung 352
– spezielle Regelung 167
Kostenverantwortung 37 ff., 155
Kreditanstalt für Wiederaufbau 223, 225, 350
Kredite 348, 392, 410 f.
– Auftrag 116
– für Umweltschutzmaßnahmen 223
– Laufzeit 224
– notleidender 405
– Sicherung 209 f., 392 ff., 398, 403
Kreditgeber 393, 401 f., 404, 409 ff.
Kreditnehmer 401, 410
kreisfreie Stadt *siehe* Kommune
Kriegsereignis 100
Kündigung
– des Mietverhältnisses 180
Kündigungsrecht 205
Kursbeeinflussende Tatsachen 1316, 1330
Kursrelevanz 1323, 1332

Lagebericht 668, 677, 1283 ff., 1287 f., 1291 f., 1304, 1310, 1325
Länderarbeitsgemeinschaft Abfall 467
Länderarbeitsgemeinschaft Wasser 495
Länderliste 36, 496, 535
Ländermodell 253
LAGA *siehe* Länderarbeitsgemeinschaft Abfall
Landes-Abfallabgabe 290
Landesanstalt für Altlastenfreistellung 289
Landesförderprogramm 279
Landesmittel 237, 253, 263
Landesrechtliche Freistellungsregelung 283

Landschaftsverbrauch 308
Landwirtschaftliche Beratung 607
Lastenverteilung 153, 155, 758, 1092
LAWA *siehe* Länderarbeitsgemeinschaft Wasser
Lean Data Management 1378
Legalisierung 63
Legalisierungswirkung 787, 929, 931 ff.
Leistungsfähigkeit 785, 821, 875, 897, 1042, 1175, 1352
– des Pflichtigen 176, 341
– individuelle 204
Leistungsklage 205
Lieferant von Düngemitteln und Saatgut 376
LIFE 328, 349
Liquidierung 368, 391
Liquiditätsschwierigkeit 374
Listenwildwuchs 36
Listenwirrwarr 535
Lizenzmodell 278
Lowest observed advers effect level *siehe* niedrigste Gefahrstoffdosis
Lüneburg 581
Luftbildauswertung 511
Luxussanierung 11, 962, 1080, 1177, 1248
Lysimeterversuch 478

Machbarkeitsstudie 196 f.
Manöver 249
Marktindex 1332
Maßgeblichkeit der Handels- für die Steuerbilanz 669, 671, 796 f., 1029, 1036, 1059, 1082
Maßnahmen
– Arbeitsschutz- 532
– Beschränkungs- 198, 435, 644
– Beseitigungs- 22
– Dekontaminations- 18, 20, 22, 36, 46 f., 49, 198, 363, 435, 621 f., 644, 650
– Eigenkontroll- 36, 198, 534, 562, 605
– Entsiegelungs- 334
– Erkundungs- 108, 363
– Ermittlungs- 172
– Gefahrenabwehr 168
– Kontroll- 371
– Minderungs- 542
– Rekultivierungs- 24, 650, 654 f., 659, 662
– Schutz- 435
– Sicherungs- 18 f., 21 f., 36, 40, 46, 49, 173, 176, 198, 211, 271, 363, 435, 467, 644, 650
– Sonstige 30, 40
– städtebauliche Entwicklungs- 359
– Überwachungs- 176, 371, 532
– Untersuchungs- 18, 30, 40, 78, 164 ff., 169, 174, 183, 270, 509
– Vermeidungs- 542
– Verminderungs- 22
– Vorsorge- 401, 542
Maßnahmenplan 323
Mecklenburg-Vorpommern 276, 578
Mehrfachverpflichtete 785
Menschliche Gesundheit 455
Middle Management 636
Mieter 99, 178, 180, 185, 190 f., 1184, 1192
Mietereinbauten 732
Mietrecht 340, 347
Mietsache 180
Mietvertrag 182
Mietzins 180
Minderung 179 f.
– der Gebrauchstauglichkeit 180
– des Mietzinses 180
Ministerium für Umwelt, Naturschutz und Raumordnung 266, 560
Missbrauch 79, 114, 122, 143
– von Insiderkenntnissen 1315 f.
Mithaftung 86, 94

Mittlere Schäden 1369, 1390
Mittelständisches Unternehmen 264
Mitwirkungspflicht 173, 657
Montan 247
Mülldeponie 221, 1232, 1405
Multifunktionalität 1036, 1064
MUNAS *siehe* Munitionsanstalt
München 105, 153, 326, 328
Munitionsanstalt 247

Nachbar 200, 203, 206, 208
Nachfeststellungen 1230
Nachfolge 64
Nachhaftung 95, 97, 137, 150, 1078, 1159, 1172
– Begrenzung 79, 88
Nachsorge 3, 11, 45, 532, 534, 970, 1419
Nachsorgekosten 292
Nachträgliche Anschaffungskosten 1013, 1025, 1039, 1047, 1199, 1202
Nachträgliche Werbungskosten 1184 f., 1213, 1218, 1222
Naturereignis 100
Nebenbestimmung 199
Neue Bundesländer 4, 90, 199, 535, 1227
Neueigentümer 141, 143, 178, 185, 188
Neuer Markt (Börse) 1299 f., 1303, 1315
Neulasten 5, 696, 962, 972, 1019, 1360, 1370
Nichtigkeit 79, 109 f., 134, 179
NICOLE 349
Niederlande 36, 500
Niedersachsen 277, 547, 580, 616, 619
Niederstwertprinzip 1059
Niedrigste Gefahrstoffdosis 505
Nießbrauch, Nießbraucher 1138, 1141 f., 1144 ff., 1148

No observed adverse effect level *siehe* höchste Gefahrstoffdosis
Nordamerika 501
Nordrhein-Westfalen 278, 584, 614
Notar
– Belehrungspflicht 194
Nutzgarten 471, 475, 487
Nutzpflanzen 474
Nutzungsanpassung 442
Nutzungsbefugnis 110, 147
Nutzungsberechtigter 43, 200, 208
Nutzungsbeschränkung 23, 48, 435, 612, 884, 941, 1134, 1399
Nutzungsinteresse
– berechtigtes 665
Nutzungskategorie 208, 459
Nutzungskonzept 330, 332, 448
Nutzungsmöglichkeit 110, 145, 147
Nutzungsüberlassung 729, 1183
Nutzungsvariante 323
NVA 249
Nutzungsverbote 1014

Objektive Gefahrenlage 165
Objektives Nettoprinzip 1182
Offenkundigkeitsprinzip 126
Offensive Zukunft Bayern 264
Öffentliche Last 192, 210, 336, 346, 359, 372 ff., 384, 386, 390 f., 398 ff., 402, 409, 417 f., 664, 1040
– Anmeldung 390
– Baulast 378
– zugunsten privater Sanierer 377
Öffentliche Mittel 192, 195, 215 ff., 223, 225, 227, 230 f., 233, 253, 286, 337, 350, 377, 417
Öffentlicher Kostenträger 236, 360
Öffentlicher Personennahverkehr 302
Öffentliches Interesse 287, 343, 352, 366 ff.
Öffentlich-rechtliche Anstalt 216

Öffentlich-rechtliche Entsorgungseinrichtung 292
Öffentlich-rechtliche Haftungssituation 178
Öffentlich-rechtliche Körperschaft 216, 225, 228, 236, 247
Öffentlich-rechtliche Pflicht 74
Öffentlich-rechtlicher Vertrag 205, 448, 647
Öffnungsklausel 207, 526
Opfergrenze 105 f., 369, 926
Opferposition 91
Opportunitätsprinzip 832
Ordnungswidrigkeit 44, 588 ff., 595, 623, 638 ff., 642, 645, 647, 832, 913
Organ- und Vertreterverantwortlichkeit 636
Organische Schadstoffe 441, 463, 476, 478, 490, 526
Orientierende Untersuchung 315, 508, 512 ff., 517, 521
Ortsbegehung 511

Pächter 99, 178, 185, 1137, 1184, 1192
Papierpulpe 423
Park- und Freizeitanlage 459 f., 484
Parteiwille
– mutmaßlicher 205
Passivierungspflicht 997, 1263
Passivierungswahlrecht 854, 946, 997
Patentrechtsverletzung *siehe* Rückstellungen wegen Patentrechtsverletzungen
Personalsicherheit 393
Personelle Verflechtung 1117, 1121
Personenunternehmung 1210 f.
Persönliche und sachliche Nähe 153
Pfandrecht 392 f.
– an Grundstücken 392
Pflichtgemäßes Ermessen 173, 197

Pflichtiger *siehe* Verantwortlicher
Pflichtwidriges Unterlassen 654
Pilotprojekt 328
Planerischer Vorrang 310
Planung
– Absichten 323
– baurechtliche 309, 450, 482, 530, 619
– Bedürfnis 197, 870, 876, 879 f.
– kommunale 612
– Problem 330
– Sicherheit 323
– Unsicherheiten 323
Polizei- und Ordnungsrecht 35, 44, 53, 55, 89, 167, 697, 740, 865, 930, 1420
– abstrakte Polizeipflicht 78, 89 f.
– Ewigkeitshaftung 347
– Generalklausel 25
– Grundsätze 55
– Haftung 365
Positive Kenntnis 138
Präambel 205
Präventiver Bodenschutz 11, 27 ff., 44, 637, 1360, 1373, 1405
Prinzip der effektiven Gefahrenabwehr 153
Prioritätsprinzip 407
Private Veräußerungsgeschäfte 1196, 1198
Privates Kapital 329
Privatnützigkeit 147, 655, 926
Privatvermögen 125, 1161, 1169, 1174 f., 1197, 1201, 1208, 1223
Probebohrung 164
Probenahme 433, 456, 521, 537
Professoren-Kommission 648
Projektbeirat 547
Projektcontroller, Projektcontrolling 283, 1411
Projektförderung 291
Projektierungsproblem 330
Projektmanagement 317

Prospekt (für Börsenzulassung) 1299
– Haftungsrisiko 1302
Publizität
– Erfordernis 6
– Pflicht 1326, 1331
Pumpversuch 515

Qualifiziert faktischer Konzern 113, 127 ff., 1116, 1123
Qualifizierte Konzernabhängigkeit 1111
Qualitätssicherung 433, 456, 537

Rangfolge
– der Sanierungsverpflichtung 153, 897
– der Maßnahmen 884, 897, 962
– im Zwangsversteigerungsverfahren 192, 373 f.
Rangklasse 373 ff., 391, 407 ff., 416
Rangvortritt 376
Realisationsprinzip 713 f., 723, 769 f., 791, 804, 828, 977, 1074, 1088, 1306
Realsicherheit 393
Rechnungsabgrenzungsposten 1108
Recht zum Besitz
– zivilrechtliches 99
Rechtsbehelf 346
Rechtsgeschäftlicher Erwerb 139
Rechtsgrundverweisung 76, 112
Rechtsmissbrauch 117, 134
Rechtsnachfolger 63, 86, 89, 247
Rechtsregel 153
Rechtssicherheit 36, 53, 89 f., 95, 111, 114, 149, 417, 456, 518, 535, 537 f., 888, 904
Rechtsstaatsprinzip 89
Rechtsstreitigkeit 160, 339
Rechtsunsicherheit 90, 539, 1195
Rechtsvorgänger 63, 1102, 1169, 1174

Rechtsweg
– vor Zivilgericht 161
Referentenentwurf 2, 9, 558, 566, 599
Regelpublizität 1318
Regierungsentwurf 213, 526
Regressanspruch 189, 989, 1102
Rekultivierung
– Maßnahme 24, 650, 654, 659, 662
– Pflicht 650, 655 f., 991
Rentenschuld 393, 397
Repressiver Bodenschutz 11, 28 f., 637, 832, 1360
Rheinland-Pfalz 24, 170, 280, 587
Richtwertkarten 1228
Risiko, Risiken 14, 78, 87, 104, 124, 189, 333, 365, 410
– Bestandsgefährdung 1284, 1365, 1372, 1386
– ereignisorientierte 1361
– Frühwarnsystem 677, 1360
– Handbuch 1385 f.
– Inventar 684
– Kommunikation 1373
– Management 6, 412, 1361, 1380, 1394, 1401, 1420
– Managementsystem 1360, 1362, 1364, 1366, 1368, 1374, 1377 f., 1385, 1403, 1406 f., 1410
– Minimierung 410
– Verteilung 110, 147, 530, 924
– Verteilungsorientierte 1361
– Vorsorge 14, 430, 948
Rückgriffsansprüche 976 f.
Rücklage
– für Ersatzbeschaffung 1002, 1005 ff.
– nach § 6 b EStG 1002
Rückstellung
– wegen Patentrechtsverletzung 846, 849 f.
– sonstige Rückstellungen 1265
Rücknahme 357

549

Sachregister

Rücktrittsrecht 188
Rückwirkung 89, 160, 656
– echte 89
– Rückwirkendes Ereignis 1162, 1167, 1170
Rüstungsaltlast 4
Rüstungsindustrie 246
Ruhender Gewerbebetrieb 1136

Saarland 282, 592
Sachherrschaft
– rechtliche 110, 147
– tatsächliche 147
Sachmangel 179, 181, 186, 189, 815, 1022, 1027, 1032, 1034 f.
– Gewährleistungsrecht 179
– Haftung 365
Sachleistungsverpflichtung 958, 980, 992
Sachliche Verflechtung 1132, 1136
Sachsen 3, 24, 35, 283 f., 288, 544, 596, 599 f., 612, 614
Sachsen-Anhalt 288, 599 f.
Sachverständigenrat für Umweltfragen 16
Sachverständiger 16, 34, 92, 173, 195, 198, 201, 205, 480, 494, 506, 533, 538, 545, 562, 577, 582, 648, 664
– für Altlasten 494
– Gutachten 164, 189, 683, 1056, 1062, 1177, 1224
Sachwertverfahren 1233
Säulenversuch 478, 479
Saldierungsverbot 721
Sanierung
– baurechtliche 309
– Bedarf 195
– Beendigung 159
– Begriff 18
– Durchführung 197
– Finanzierung 253, 317
– gestaffelte 205
– Konzept 522

– Pflicht 60, 63, 89, 203, 635, 742, 887, 966, 1025, 1143, 1171
– Projekt 330
– Szenario 197
– Technik 197
– Überwälzung von Kosten 344
– Umfang 36, 195, 205
– Verantwortlicher 86, 112, 156, 177, 198, 208, 215
– Verantwortung 37, 40, 45, 53, 72, 74, 86 f., 120, 125, 130, 134, 153, 156, 178, 205, 247, 283, 285, 628, 656
– Vereinbarung 204
– von Gewässer 50
– von Innenstädten 242
– Vorplanung 323
– Vorschlag 197
Sanierungsabschluss 361, 371
– Abnahme 205
– Anzeige 205
Sanierungsbeirat 547
Sanierungs- und Entwicklungsgebiet 359
Sanierungs-GmbH 225, 377, 380
– landeseigene 217
Sanierungsleitwert 437
Sanierungsplan
– Erstellung 196
– Verbindlicherklärung 199, 205, 562, 605
– Vorlage 196
Sanierungsvereinbarung 204
Sanierungsverfahren 197, 199, 402, 410, 412
– aktive Beteiligung 412
– Beschleunigung 199
– passive Beteiligung 410
Sanierungsvertrag 32, 195, 202 ff., 448, 529, 647, 870, 875, 882 f., 888, 917, 923, 966 f., 1324, 1413, 1418
Sanierungsziel 197 f., 205, 435, 437, 448, 532, 963, 968
Sanierungszielwert 437, 540 f., 963

Sachregister

Schadensersatz 179 f., 365, 759, 1088, 1247
- Anspruch 128
- wegen Nichterfüllung 179
Schadensvorsorge 713
Schädigungsvorsatz 124
Schadstoff
- anorganischer 441, 463, 476, 478 f., 490
- Ausbreitungspfad 515, 522
- Barriere 432
- Belastungsschwelle 441
- Bodenaufnahmerate 497 ff., 503, 506
- höchste Gefahrstoffdosis 505
- Hot Spot 525
- jährliche Fracht 492
- Kontamination 184, 186, 188 f.
- Konzentration 692
- Löslichkeit 432
- natürlicher Abbauprozess 526
- niedrigste Schadstoffdosis 502
- organischer 441, 463, 476, 478, 490, 526
- Quelle 454
- unbeachtliche Zusatzbelastung 443
- zugeführte Dosis 498
- zulässige Zusatzbelastung 439, 443
- Zusammensetzung 446, 533
- zusätzliche Fracht 444, 542
Schenkung 1223
Schenkungsabrede 1147
Schleswig-Holstein 170, 290, 601
Schuldbeitritt 61 f., 112, 116, 393
Schuldenerlass 402
Schuldmitübernahme 62
Schuldner 61, 393, 412, 660
Schuldverpflichtung 115
Schuldverschreibungen 1317, 1319, 1334
Schutz der menschlichen Gesundheit 485

Schutzklausel 1273, 1292, 1311 f.
Schutzwürdiges Vertrauen 89, 137 ff.
Schweiz 108
Schwester-Unternehmen 131
Seismographische Untersuchung 515
Sicherheitenbestellung 205
Sicherheitsleistung 176, 620
Sicherung
- von Darlehensansprüchen 375
- von Krediten 392
Sicherungsabtretung 393
Sicherungsgrundstück 396
Sicherungshypothek 404
Sicherungsmaßnahme
- Abschluss 371
- Kosten 40
- Unmöglichkeit 49
- Vorrang 48
Sicherungsrecht
- Entwertung 393
Sicherungsübereignung 393
Sickerwasser 477 ff.
Singularsukzession *siehe* Einzelrechtsnachfolge
Sittenwidrigkeit 79, 107, 109 f., 134, 143
- Eigentumsübertragung 107 f.
Sofortige Vollstreckbarkeit 205
Sofortvollzug 832, 912
- Anordnung 108, 340, 641
Soft Law 832
Sonderabfallabgabe 259, 273
Sonderabschreibungen 1057
Sonderbetriebsvermögen 1127, 1131
Sonderposten mit Rücklageanteil 1002
Sonderrechtsnachfolge 69
Sondervermögen 294
Sonstige betriebliche Erträge 1281 f.

Sachregister

Sonstige finanzielle Verpflichtung 695 f., 933, 939, 945, 954, 968, 972, 1259, 1261, 1263
Sonstige Vermögensgegenstände 1088
Sozialbindung des Eigentums 105 f., 146 f., 166, 369
Spaltung 67 ff., 73 f., 76, 80, 915, 1122
Spaltungsfreiheit 72, 79, 87
Spaltungs- und Übernahmevertrag 69, 72 ff., 81, 93
Spekulations- und Umgehungsgeschäft 142
Spekulationsverluste 1206
Sphärenvermischung 118, 125 f.
– gegenständliche 126, 1111 f.
Spundwand 176, 736
Staatliche Bank 229 ff., 233, 252
Staatseigener Betrieb 219
Städtebauförderung 242
Städtebauliche Entwicklungsmaßnahme 359
Städtebauliche Sanierung 359, 361, 400
Stadtkreis 255, 258, 550
Stadtplanung 301, 304, 338
Stahlwerk 199
Stammkapital 120 ff.
Standortkriterium 302
Steuerbare Leistung (Umsatzsteuer) 1248 f.
Steuerfreiheit (Umsatzsteuer) 1240, 1243
Steuergeheimnis 1250, 1252
Stichtagsprinzip 1161, 1287, 1315
Stille Reserven 1074, 1134 ff.
Strafbarkeit
– Betriebsbeauftragter 636
– Betriebsleiter 636
– Geschäftsführer 636
– Geschäftsleitung 636
– Middle Management 636
– Vorstand 636

– Werkleiter 636
Straftat 623, 636, 832
– Abfallstrafrecht 625 f.
– Auf- und Einbringen von Materialien 639
– Auswahlverschulden 636
– Freiheitsstrafe 625, 629, 633
– Garantenstellung 628, 634
– Geldstrafe 625, 629, 633
– Gewässerverunreinigung 624, 629
– gleichzeitige Verwirklichung von Tatbeständen 631
– Grundwasserverunreinigung 636
– Organ- und Vertreterverantwortlichkeit 636
– Überwachungsverschulden 636
– Umweltstrafrecht 636
– Umweltstraftat 636
– unerlaubter Umgang mit gefährlichen Abfällen 624 ff.
– Unterlassungsdelikt 634
– Verwaltungsakzessorietät 634
– verwaltungsbehördliche Gestattung 630
Streitkräfte
– Besatzungsstreitkräfte 248
– Bundeswehr 249
– französische 325
– Kampfmittelbeseitigung 249
– Manöver 249
– militärische Altlasten 246 f.
– militärische Liegenschaften 247, 251, 299, 461
– militärische Nutzung 219, 300
– NVA 249
– Rüstungsaltlasten 4
Strohmann 656
Strukturhilfemittel 243 f.
Strukturpolitische Belange 153
Stundung 402
Stuttgart 323 f.
Subjektive Eintrittswahrscheinlichkeiten 1347 ff., 1355, 1361, 1373

Subjektives Nettoprinzip 1175
Superpfandrecht 376, 418
Suspensiveffekt 641, 794
Synergieeffekt 312
Systemprüfung 1362, 1387

Tatsächliche Jahresrohmiete 1230
Tatsächliche Sachherrschaft 147
– Aufgabe 150, 654
Tauschgrundsätze (steuerlich) 1214
TBB-Urteil 128, 1123
Technischer Anhang 420
Technisches Regelwerk 456
Technologieförderung 240
Teilzahlung 387
Thüringen 24, 294 f., 603, 616
Titel 405
Totaluntersuchung 1415
Trennungsprinzip 1110
Träger der Altlastensanierung 262
Treu und Glauben 117
Trinkwasser 477
Trinkwasserverordnung 477

UBA siehe Umweltbundesamt
Übereignung 65, 108 f., 138, 1160
Überlassung 180
Überwiegende Wahrscheinlichkeit der Inanspruchnahme 801, 821 ff., 887, 899
Übernehmender Rechtsträger 60, 69, 76, 82
Übertragender Rechtsträger 60, 74
Übertragung 67, 72 f., 75, 77, 79, 94, 139, 143, 147, 295
Überwachung 32, 282, 297, 534, 562, 593, 605
– Verschulden 636
Überwachungsmaßnahme 176, 371, 532
Überwachungssystem 1362
Übliche Miete 1230
UGB siehe Umweltgesetzbuch

UIG siehe Umweltinformationsgesetz
Umlaufvermögen 73, 1049, 1059, 1072
Umsatzkostenverfahren 1279
Umsatzsteuer 305, 1238, 1240 f., 1243 ff.
Umschichtung 411
Umwandlungsvorgänge 915
Umwelt-Audit 410
Umweltbericht 1285
Umweltbundesamt 240, 507, 539
Umweltgesetzbuch 218, 648
Umwelthaftpflichtversicherung 621
Umweltinformationsgesetz 124, 1257
Umweltkataster 1056
Umweltmanagementsystem 410
Umweltministerkonferenz 9, 614
Umweltprogramm 223
Umweltrahmengesetz 239, 265, 283 ff., 296, 356
Umweltstrafrecht 636
Umweltstraftat 1176, 1253
Unabhängige Sachverständigen-Kommission 92, 218, 648, 664
Unbekannte Verbindlichkeit 73
Unbestimmter Rechtsbegriff 539
Unbillige Härte 222, 345, 352, 369
Unentgeltlicher Erwerb 713
Unerlaubte Handlung 347, 365
Unerlaubter Umgang mit gefährlichen Abfällen 624 f.
Ungerechtfertigte Bereicherung 361
Ungewisse Verbindlichkeit 73
Unklare Rechtslage 90, 212
Unmittelbare Ausführung 212, 340, 389
Untätigbleiben der Behörde 895, 903
Untergesetzliches Regelwerk 1 f., 7, 11, 34, 421, 761, 830, 908

Sachregister

Unterkapitalisierung 113, 118 ff., 124, 129, 1111 f., 1124
- anfängliche 122
- nachträgliche 122
Unterlassene Aufwendungen für Instandhaltung oder für Abraumbeseitigung 747
Unternehmen
Unternehmensbericht 1299
Unternehmensbewertung 682, 1347
- Erwerber 134
- Sanierung 368, 391
- Wert 243
Untersuchung zur Gefährdungsabschätzung 173, 562
Untersuchungsanordnung 168, 173 f., 876
Untersuchungskonzept 512
Untersuchungsmaßnahme 18, 30, 40, 78, 164 ff., 169, 174, 183, 270, 509
- Anordnung 876
- behördliche 30
- Kosten 40
Untersuchungsstelle 173, 545, 562, 577, 582
Unterwerfungserklärung 205
URG siehe Umweltrahmengesetz
USA 376, 500 f.
UVP-pflichtiges Vorhaben 199

Veräußerungsgewinn 1165, 1171
Veräußerungskosten 1199 f., 1203, 1205
Verbesserung des Wohnumfeldes 268
Verbindlicherklärung 199, 205, 562, 605
Verbindlichkeiten
- einseitige 846, 916
- rechtliche Entstehung 768, 770
- wirtschaftliche Verursachung 713 ff., 717, 724, 753, 768 ff., 798, 802 ff., 829, 832, 896, 920, 942, 946

Verdachtsfläche 420, 425, 551 f., 686 f., 691, 817, 861, 1414 f.
Verdachtsstörer 869
Verfahrensbeschleunigung 294
Verfassung siehe Grundgesetz
Vergleichsvertrag 205
Verhältnismäßigkeitsgrundsatz 11, 19, 23, 43, 47, 92, 106, 153, 175 f., 205, 442, 492, 524 f., 542, 650, 932
Verjährung 63, 159, 347, 661, 795, 932, 1097, 1221
- Beginn 371, 661
- Frist 159, 179, 188
Verkehrshypothek siehe Hypothek
Verkehrswert 106, 192 f., 662, 703, 1040, 1224
Verlust, Verlustabzug 747, 750, 773, 1206, 1210
Vermächtnisnießbrauch 1146
Vermieter 180, 185, 190 f., 1138, 1181
Verminderungsmaßnahme 22
Vermittlungsausschuss 10, 103, 137, 142, 450, 660
Vermittlungsverfahren 176, 213
Vermögens-, Finanz- und Ertragslage 1284 f., 1365
Vermögensebene 1164
Vermögensgegenstand 393
Vermögensloser Dritter 143
Vermögenssphäre 1143, 1184, 1190, 1195
Vermögensübergang 60, 1223
Vermögensübernahme 61
Vermögensvermischung
 siehe Sphärenvermischung
Vermögensverwaltung 1118
Vernünftige kaufmännische Beurteilung 791, 959, 997
Verordnungsermächtigung 388, 421, 424, 451
Verordnung über die Eintragung des Bodenschutzlastvermerks 192, 381, 383

Verpächter 1137, 1181
Verpachtung eines Gewerbebetriebs 1137
Verpflichtungsermächtigung 256
Verpflichtungslage 693, 698, 1131
Verrechnungsverbot 723, 976, 1073
Verschleppte Sanierung 338, 1042
Verschmelzung 60, 66, 69, 89, 94
Verschulden 100, 153, 180, 928
Versicherung 401, 1268, 1283
– Bodenkasko- 410, 620 f.
– Forderung 395
– Gebäudebrand- 395
– Konzept 620 ff.
– Recht 620
– Schutz 621 f.
– Umwelthaftpflicht- 621
– Wasserschadens- 395
– Zielgruppe 622
Versiegelungsverbot 310
Versorgungsunternehmen
– privatrechtlich organisiertes 379
Versteigerungserlös 373 f.
Verteidigungsministerium 249
Vertikaler Konzern 129
Vertragliche Absicherungsstrategie 177
Vertrag
– Abschluss 188
– Anpassungsklausel 205
– Auslegung 85
– Gestaltungen 177
– Grundstück 184, 186, 188, 190 f.
– Individualvereinbarung 622
– öffentlich-rechtlicher 205, 448, 647, 755
– Partei 194, 205
– Präambel 205
– Sanierungsvertrag 195, 202 ff., 448, 529, 648
– Spaltungs- und Übernahmevertrag 69, 72 ff., 81, 93
– Vereinbarung 72, 178, 184
– Vergleichsvertrag 205

Vertragsverhältnis
– schuldrechtliches 178, 1239
Vertrauensschutzgrundsatz 89 f., 219
Verunreinigung eines Gewässers 629
Verursacher
– abstrakte Haftung 74
– Haftung 54 ff., 63, 65, 70, 72, 75 ff., 82, 86, 88, 91 ff., 133 f., 169, 659
Verursacherprinzip 78
Verursachungsbeitrag 153, 158, 918, 974, 1089 f., 1092, 1100
– anteiliger 158, 661
Verwaltungsakt
– rechtswidriger 794
– Rücknahme 357
– Sofortvollzug 641
– Widerruf 357
Verwaltungsakzessorietät 634
Verwaltungsbehördliche Gestattung 630
Verwaltungsgemeinschaft 550
Verwaltungskompetenz 253
Verwaltungspraxis 148
Verwaltungsvereinfachung 294
Verwaltungsverfahren 338, 389
– Zustimmungserfordernis 206
Verwaltungsvollstreckung 371
Verwaltungszwang 910, 912
Verwirkung 63, 149, 932
Verzicht 149
– auf Ausgleichsbetragsfestsetzung 368
Vollkaufmännisches Handelsgeschäft 133
Vollstreckung 340, 374
Vollstreckungsgericht 406, 413
Vollstreckungsgläubiger 406
Vollstreckungstitel 405
Vorbehaltsnießbrauch 1139, 1147, 1150
Vorfinanzierung 335, 348

Sachregister

– einer Sanierung 335
Vorrang des Bundesrechts 35, 352, 543
Vorsorge 26, 36, 424, 443, 542
– Anordnung 569
– Landwirtschaft 33
– Maßnahme 401, 542, 940, 1263, 1313, 1325
– Pflicht 11, 17, 438, 491, 806, 937, 1288, 1291
– Wert 439 ff., 444, 452, 490 ff., 542, 937
Vorsorgeanforderung 490
Vorsorgeaufwendungen 938, 1109
Vorstand, Vorstandsmitglied 636, 1324, 1362, 1365
Voruntersuchung 205
Vorversuch 197

Wandelung 179
Wassergefährdender Abfall 626
Wasserrechtliche Bewilligung 199
Wasserrechtliche Erlaubnis 199
Wasserschutzgebiet 612
Werkleistungen 1248
Wertanstieg 353
Wertaufhellende Tatsachen 973
Wertaufholung, Wertaufholungsgebot 740 f., 1075 f., 1078 f., 1082 ff., 1113
Wertausgleichsanspruch
– Begrenzung 362
– Höhe 353, 361, 389
– Voraussetzungen 214
– Vorrang 401
Wertausgleichspflicht 192 f., 356, 1040, 1042, 1249
Wertberechnung 361
Wertberichtigung 719, 721, 1073
Wertbeständigkeit 395 f.
Werterhöhung 353
Wertermittlung 192
WertermittlungsVO 361
Wertfortschreibung 1235

Wertminderung
– dauerhafte 713, 724, 1032, 1049, 1051 ff., 1059, 1063, 1066
– vorübergehende 713, 724, 1051, 1059
Wertsteigerung 192, 354, 361, 399
– maßnahmenbedingt 361
– sanierungsbedingt 362
Wertzuwachs 361
– Abschöpfung 361
– Ausgleich 662
– Berechnung 361
Wesentliche Beteiligung 1169
Wesentliche Betriebsgrundlagen 1117, 1120, 1133, 1136
Wesentliche Verbesserung 1014 f., 1026, 1037 f., 1047
Wiederbeschaffungswert 1054, 1070
Widerruf 357
Widerspruch 641
Wiedernutzbarmachung 292, 334
Wirkungspfad 433, 453 f., 465, 492
– Boden-Grundwasser 477 ff., 489, 495
– Boden-Mensch 457, 461, 463 f., 466, 484, 497
– Boden-Nutzpflanze 459, 469, 487
Wirtschaftliche Leistungsfähigkeit 153
Wirtschaftlichkeitsanalyse 269
Wirtschaftsförderung 301 f., 324
Wirtschaftsprüfer 1291, 1362, 1365, 1385, 1406, 1408
Wirtschaftsunternehmen 341
Wohl der Allgemeinheit 166
Wohngebiet 459, 468, 484

Zahlungsanspruch
– öffentlich-rechtlicher 120
Zahlungsunfähigkeit 212, 367
Zeitliche Bestimmtheit 829, 832, 905, 908
Zeitplan 205, 534

Zeitwert 703
Zeitzeugenbefragung 511
Zinssatz 224
Zinsvergünstigung 229 f., 232 f., 235, 252
Zivilprozess 162
Zivilrechtliche Einstandspflicht 112
Zivilrechtsweg 161, 661
Zu- und Abflussprinzip 1205
Zuschreibung
– Gebot 1156, 1195
– Wahlrecht 1081
Zusicherung 138, 188, 193
Zustandsverantwortung
– der öffentlichen Hand 212, 219
Zustimmung
– der beteiligten Kreise 445
– des Bundesrats 2, 10, 382, 421, 425, 438, 445
– des Finanzausschusses 10
Zuwegerecht 378
Zuwendungsnießbrauch 1139 f., 1146, 1151
Zwangsgeld
– Androhung 910

Zwangshypothek 404
Zwangsversteigerung 139, 373, 391, 404
– Ausgaben zur Erhaltung oder nötigen Verbesserung 414
– Reihenfolge der Befriedigung 407
– Verfahren 390, 409
– Verwertung von Sicherheiten 373, 404, 423
Zwangsverwalter 413
Zwangsverwaltung 404, 406, 413 f.
Zwangsvollstreckung 192, 367, 405, 408 f., 416, 664
– Anordnungsbeschluss 406
– Verfahren 401, 406, 415
Zweckverband 291
Zweigniederlassung 133
Zweitherstellung 1014, 1038, 1080
Zwingendes öffentliches Interesse 815, 1253
Zwischenbericht 1303 f., 1306 f., 1310 f., 1315
Zuwendungsempfänger
– Eigenbeteiligung 284